MAR CARIBE

OCÉANO ATLÁNTICO

PANAMÁ

Barranquilla
Maracaibo
Caracas
GUAYANA

VENEZUELA
Georgetown
Paramaribo

Medellín
Panamá
Río Orinoco
Cayena

Bogotá
SURINAME
GUAYANA FRANCESA

Cali
COLOMBIA

Quito
Ecuador

ECUADOR
Río Amazonas
Belém

Guayaquil
Manaus

PERÚ
BRASIL

Recife

CORDILLERA DE LOS ANDES

Cuzco
Lima
La Paz
Brasília

Arequipa
BOLIVIA

Sucre

PARAGUAY
Río de Janeiro

Antofagasta
Trópico de Capricornio

CHILE
San Miguel de Tucumán
Asunción
São Paulo

OCÉANO PACÍFICO
La Serena

Córdoba
Rosario
URUGUAY

Valparaíso
ARGENTINA
OCÉANO ATLÁNTICO

Santiago
Buenos Aires
Montevideo

Concepción
Río de la Plata

N

Bahía Blanca

Puerto Montt
Bariloche
Chiloé

AMÉRICA DEL SUR

Islas Malvinas
0   1500 kilómetros

Estrecho de Magallanes

0   1000 millas

Punta Arenas
Tierra del Fuego

Cabo de Hornos

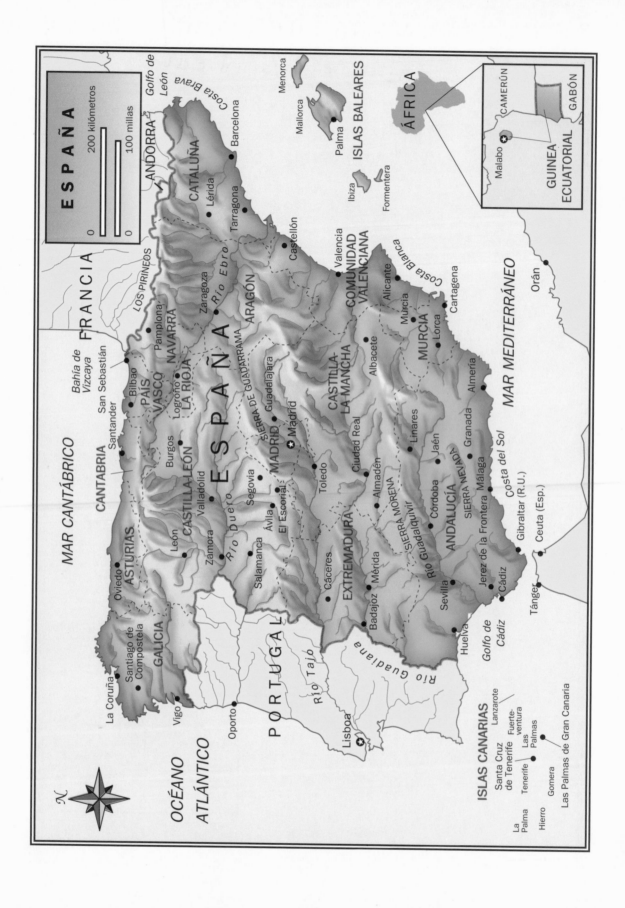

¿Sabías que...?

Instructor's Edition

¿Sabías que...?

Beginning Spanish

*reading
writing
vocabulary
oral activities*

FOURTH EDITION

Bill VanPatten
University of Illinois at Chicago

James F. Lee
Indiana University, Bloomington

Terry L. Ballman
California State University, Channel Islands

McGraw Hill

Boston   Burr Ridge, IL   Dubuque, IA   Madison, WI   New York   San Francisco   St. Louis
Bangkok   Bogotá   Caracas   Kuala Lumpur   Lisbon   London   Madrid   Mexico City
Milan   Montreal   New Delhi   Santiago   Seoul   Singapore   Sydney   Taipei   Toronto

Higher Education

This is an [EBI] book.

¿Sabías que... ?
Beginning Spanish

Published by McGraw-Hill, an imprint of The McGraw-Hill Companies, Inc., 1221 Avenue of the Americas, New York, NY 10020. Copyright © 2004, 2000, 1996, 1992 by The McGraw-Hill Companies, Inc. All rights reserved. No part of this publication may be reproduced or distributed in any form or by any means, or stored in a database or retrieval system, without the prior written consent of The McGraw-Hill Companies, Inc., including, but not limited to, in any network or other electronic storage or transmission, or broadcast for distance learning.

This book is printed on acid-free paper.

1 2 3 4 5 6 7 8 9 0   VNH VNH   0 9 8 7 6 5 4 3

ISBN 0-07-255586-6 (Student's Edition)
ISBN 0-07-285995-4 (Instructor's Edition)

Vice president and Editor-in-chief: *Thalia Dorwick*
Publisher: *William R. Glass*
Development editor: *Allen J. Bernier*
Director of development: *Scott Tinetti*
Executive marketing manager: *Nick Agnew*
Lead project manager: *David M. Staloch*
Senior production supervisor: *Richard DeVitto*
Design manager: *Violeta Díaz*

Cover designer: *Lisa Buckley*
Art director: *Jeanne M. Schreiber*
Art editor: *Emma Ghiselli*
Senior supplements producer: *Louis Swaim*
Photo researcher: *Alexandra Ambrose*
Compositor: *The GTS Companies/York, PA Campus*
Typeface: *10/12 New Aster*
Printer and binder: *Von Hoffmann Press*

Cover images (*clockwise from upper left*): © Frerck/Odyssey/Chicago; Courtesy of Cecilia Concepción Álvarez; © Owen Franken/Corbis; © David Madison/Getty Images; © Andrew Brookes/Corbis; © Ariel Skelley/Corbis

Because this page cannot legibly accommodate all the copyright notices, credits are listed after the index and constitute an extension of the copyright page.

LIBRARY OF CONGRESS CATALOGING-IN-PUBLICATION DATA

VanPatten, Bill.
   Sabías que— ?: beginning Spanish / Bill VanPatten, James F. Lee, Terry L. Ballman. —4th ed.
     p. cm.
   ISBN 0-07-255586-6 (hc.)
     1. Spanish language—Textbooks for foreign speakers—English. I. Lee, James F. II. Ballman, Terry L. III. Title.

PC4129.E5V36 2003
468.2'421—dc21   2003043002

www.mhhe.com

CONTENTS

UNIDAD UNO: ENTRE NOSOTROS

Contents **vii**

UNIDAD DOS: NUESTRAS FAMILIAS

	Vocabulario	Gramática

UNIDAD TRES: EN LA MESA

	Vocabulario	Gramática

UNIDAD CUATRO: EL BIENESTAR

Contents **xiii**

UNIDAD CINCO: SOMOS LO QUE SOMOS

	Vocabulario	Gramática

UNIDAD SEIS: HACIA EL FUTURO

	Vocabulario	Gramática

PREFACE

We are delighted to publish the fourth edition of the innovative and communicatively oriented textbook ¿Sabías que... ? When we wrote the first edition, we were responding to what we saw as a real need in the field: a package of materials that was truly oriented toward communication in the classroom and that broke away from traditional presentations and practice of grammar. We wanted to demonstrate that classrooms could be places where the language was used to talk about real things without sacrificing coverage of basic grammatical points that most instructors have come to expect from beginning Spanish textbooks. We also wanted to create a book that incorporated the ideas behind the roles of both input and output in language learning and fashioned them into a coherent approach. Our concern was simply this: Without new materials and with severe constraints on their time, how could instructors move classes toward the kinds of instructional interactions that theory and research were showing to be beneficial to language learning? We believed that without a change in approach, there could be no change in language instruction.

Now, twelve years later, we find that the description of the first edition of ¿Sabías que... ? is still appropriate for this highly revised fourth edition.

Are you looking for a Spanish textbook that

- encourages students to concentrate on exchanging real-life information about each other and the world around them?
- makes as much use of class time as possible to communicate ideas?
- is at times provocative?
- is filled with engaging activities?

Are you looking for a textbook that is all those things but doesn't sacrifice basic grammar? Then welcome to ¿Sabías que... ? and the world of information-based instruction! ¿Sabías que... ? is an innovative package of materials for introductory Spanish courses. It weaves together content language learning and interactive tasks in which information is exchanged—and it gives a complete package to instructors who want to develop students' communicative proficiency in all four skills from the first day of instruction.

Are you also looking for a textbook that can help you focus on the five Cs of the Standards for Foreign Language Learning: *Communication, Cultures, Connections, Comparisons,* and *Communities*? In as much as a beginning university level textbook can reflect the spirit of the Standards, ¿Sabías que... ? does an excellent job.

- **Communication:** ¿Sabías que... ? is ideal as a starting point in terms of communication for learners of Spanish because of the meaningful and communicative tasks that form the core of its pedagogy. Communication in ¿Sabías que... ? occurs in all skills and pushes learners to use what they have learned in a purposeful manner.
- **Cultures:** ¿Sabías que... ? introduces learners to both *big C* and *little c* cultural information through the **Los hispanos hablan** videos, the **¿Sabías que... ?** boxes, the new **Vistazos culturales** sections, and elsewhere.
- **Connections:** Learners frequently make connections with other disciplines through the readings as well as through tasks that ask them to bring in knowledge from other areas.
- **Comparisons:** Learners compare and contrast aspects of grammar, vocabulary, and usage not only between English and Spanish but also between dialects of Spanish.
- **Communities:** Finally, learners are encouraged to use Spanish outside the classroom with assignments that get them to interview people and use the Net. In this way, they are pushed to use Spanish in a non-academic setting and to seek connections with communities beyond classroom walls.

You and your students will find ¿Sabías que... ? to be a *real* book. It contains universal topics and contemporary themes that are meaningful to students. Many of its readings were culled from magazines that were written for Spanish speakers and not contrived for grammar or vocabulary practice. Spanish is actually used, not just talked about. We hope that you'll share our enthusiasm for these materials, and that you and your class will enjoy many hours of both learning Spanish and learning about each other.

The Information-Based Task Approach

The information-based task approach is a communicative approach: It springs from the idea that languages are best learned when real-world information becomes the focus of student activities. The organization of an information-based approach is simple: 1. Formulate a question or set of questions for the student to answer. 2. Give the student the linguistic tools necessary to get the answer. 3. Provide the student with a source or sources for the information. For more on this unique and innovative approach, please consult the *Instructor's Manual*.

Organization of the Text

¿Sabías que... ?, Fourth Edition, consists of a preliminary lesson (**Lección preliminar**) and six units of three lessons each. Each unit presents a general theme that is explored in its three lessons.

The organization of the major sections of each lesson allows instructors to organize class meetings better and develop course syllabi (see the *Instructor's Manual* for ideas on lesson and syllabus planning). Each of these major sections is described in the Guided Tour Through *¿Sabías que... ?* on the following pages. The first two lessons of every unit include:

- three **Ideas para explorar** sections
- vocabulary (**Vocabulario**) and grammar (**Gramática**) presentations within each **Ideas para explorar** section
- **Intercambio**
- **Vistazos culturales**

The third lesson of each unit includes:

- two **Ideas para explorar** sections
- **Vocabulario** and **Gramática** presentations
- **Vamos a ver**
- **Composición***
- **Vistazos culturales**

****Lección 3** contains an **Intercambio** activity instead of **Composición**.

A Guided Tour Through
¿Sabías que...?

Lesson-Opening Page Each lesson-opening page contains an advance organizer that informs students about what they will be focusing on in the current lesson. Another feature included on each lesson-opening page is a stop-sign icon that references the **Intercambio** or **Composición** activity at the end of the lesson. This offers students a "preview" of what they will learn in the lesson and gives them a task to work toward.

Ideas para explorar Each **Ideas para explorar** section introduces a subtopic of the lesson theme through the **Vocabulario** and **Gramática** presentations.

Vocabulario Each **Vocabulario** presents new active vocabulary related to the lesson theme and is followed by activities that encourage students to use the new vocabulary in context.

Some **Vocabulario** sections include **Vocabulario útil** boxes. These boxes highlight additional active vocabulary that students can use in the activities of the lesson.

Gramática A highlighted box accompanying many **Gramática** sections focuses on the presentation material in an easy-to-follow format. Grammar explanations are succinct and the activities that follow allow students to use the grammar in meaning-based exchanges.

¿Sabías que... ? does not offer purely mechanical grammar practice, such as transformation and substitution drills. Grammar is presented bit by bit, with points explained only as necessary for students to perform the various tasks in the lesson.

VAMOS A VER

ANTICIPACIÓN

You can learn more about the themes discussed in this **Vamos a ver** section on the Video to accompany *¿Sabías que... ?*

You will be pleasantly surprised to see how much of a magazine article in Spanish you can already understand. In this lesson, with the help of a few simple reading strategies, you will learn how to orient yourself to the content of a reading; that is, how to make use of clues to familiarize yourself with a reading's content even before you begin to read. You will also gather specific information from the article and summarize it. You are not expected to read the article word for word. You are, however, expected to do the activities step by step!

Paso 1 The reading on page 98 is adapted from a gossip magazine. Look at the title and photos without reading anything else. Can you guess the meaning of the word **superestrellas?** Select from these two options: (a) superhits; (b) superstars.

Paso 2 If you selected *superstars*, then you were correct and are demonstrating your ability to deduce the meanings of words. Now read the opening blurb under the title. Knowing that *parecidas* means *similar*

Gloria y Jennifer
¡Dos superestrellas latinas!

Gloria Estefan y Jennifer López. Las dos son latinas. Las dos cantan y actúan. Las dos hablan tanto el español como el inglés. ¿Parecidas? Aquí te damos los detalles. ¡Compáralas tú!

Todos sabemos quiénes son Gloria Estefan y Jennifer López. Estas dos artistas de ascendencia latina son conocidas mundialmente y son tal vez las únicas latinas que han ganado el estatus de «superestrella» en los Estados Unidos. ¿Qué sabes tú de estas cantantes actrices? ¿En qué se parecen? ¿En qué son diferentes? A continuación, te presentamos algunos datos sobre estas dos grandes artistas bilingües.

Gloria Estefan

Jennifer López

Nacimiento
Gloria nació en 1957 en La Habana, Cuba, con el nombre de Gloria María Fajardo. Durante la revolución de Castro, Gloria y su familia se fueron de Cuba y, como tantos otros, se establecieron en Miami. Jennifer, o «J Lo» como la llaman ahora, nació en el Bronx de Nueva York en 1970. Es de ascendencia puertorriqueña.

Familia
Gloria se casó en 1978 con Emilio Estefan, Jr. Tienen dos hijos —Nayib y Emily Marie— y viven en Miami todavía.

J Lo se casó en febrero de 1997 con el modelo Ojani Noa. Pero se divorciaron al final del mismo año. Luego, ella se casó con el coreógrafo Christopher Judd en septiembre de 2001. Pero se divorciaron en abril de 2002.

Cómo ganaron su fama
Gloria, junto con el *Miami Sound Machine*, hizo popular el ritmo latino en los Estados Unidos durante los años 1980. Así abrió la puerta para otros artistas latinos actuales como Marc Anthony, Ricky Martin, Enrique Iglesias y la misma J Lo. (Interesantemente, el esposo de Gloria, Emilio Estefan, colaboró en el primer disco compacto de J Lo.)

Jennifer recibió atención nacional por su actuación en la película *Selena* (1997), basada en la breve vida de la cantante tejana quien murió trágicamente a manos de una de sus empleadas.

INTERCAMBIO

¿Cómo es la familia de... ?

Propósito: dibujar (*to draw*) el árbol genealógico de alguna persona en la clase.

Papeles: una persona entrevistada; el resto de la clase dividido en cinco grupos.

Paso 1 El profesor (La profesora) le va a asignar a cada grupo una de las siguientes categorías.

Categoría 1: miembros de la familia nuclear
Categoría 2: abuelos
Categoría 3: tíos, incluyendo a los esposos y esposas
Categoría 4: primos
Categoría 5: características particulares de cada uno de los diferentes parientes (por ejemplo, la persona más loca [*craziest*]: ver **Así se dice**) y sus pasatiempos especiales

Cada grupo debe hacer las preguntas necesarias para obtener toda la información sobre su categoría. Por ejemplo, se puede preguntar sobre los nombres de los parientes, su edad, dónde viven, etcétera.

Paso 2 Los grupos deben entrevistar a la persona seleccionada. Toda la clase debe escuchar sus respuestas y apuntar (*jot down*) toda la información. **¡OJO!** Si no entiendes algo, debes pedir aclaración (*clarification*).

Paso 3 En casa, dibuja el árbol genealógico de la persona entrevistada. Incluye todos los detalles. A continuación hay un ejemplo de cómo se puede poner el nombre de un pariente en el árbol genealógico. Si hay tiempo, uno o dos voluntarios debe(n) presentar su dibujo a la clase y dar una descripción de dos o tres minutos de varios miembros de la familia.

María Shay, tía, divorciada. Vive en Florida. Es la más cómica de la familia.

Vamos a ver The reading selections in **Vamos a ver** are based on authentic materials.

Pre- and postreading activities help students learn such strategies as reading for content, summarizing information, and guessing contextually. Practice in recognizing cognates is often an important part of these activities.

In **Anticipación** students think about the topic they are to read, make predictions about the content of the reading, preview vocabulary, and perform other activities that will help maximize their comprehension.

In **Exploración** students read and gather information—a process accomplished by scanning for specific information, verifying predictions from the **Anticipación** section, skimming for general meaning, and so forth. Students also begin to read for detail, usually by tackling the reading a section at a time.

In **Síntesis** students pull together the information that they have gathered from the reading. Typical activities include completing information grids, creating outlines, creating semantic maps, and writing compositions.

In **Trabajando con el texto** (not included in every **Vamos a ver** section) students are directed back to the reading to examine features of language or discourse, such as recurring grammatical forms or structures, the organizational structure of the text, or the author's purpose in writing the text.

In **¡Sigamos!,** which concludes **Vamos a ver,** students work further with the themes and topics of the reading.

Intercambio **Intercambio** is the culminating activity found in most lessons. Designed for partner/pair or small group work, **Intercambio** draws upon the vocabulary and grammar structures presented within the lesson to summarize the material in an exciting and engaging lesson-ending task.

Composición The third lesson of most units culminates in **Composición,** a guided writing assignment that integrates vocabulary and grammatical structures of the lesson.

In **Antes de escribir,** students think about the writing topic through brainstorming and organize the information in their composition.

Al escribir helps students draft their compositions. In this section, students not only write, but they also reflect upon what they have written and seek feedback from peers.

In **Después de escribir,** students edit their final draft for vocabulary and grammar, and they create a clean, final version to hand in to their instructor.

Comunicación These activities are done with a partner or in small groups. Although all activities in *¿Sabías que... ?* are meaning-based in nature, **Comunicación** activities involve more interaction with classmates.

¿Sabías que... ? **¿Sabías que... ?** boxes highlight facts about Hispanic cultures as well as the world around us. All **¿Sabías que... ?** boxes are accompanied by an activity or appear as part of the new **Vistazos culturales** sections.

En tu opinión, Observaciones, Situación These are optional, open-ended activities. They contain thematically linked questions, observations, or situations for partner/pair or small group discussion that can then lead to whole-class discussion. Beginning with **Lección 1,** one of these three activities will appear in each lesson.

Icons Icons identify Web, video, reading, composition, and CD-ROM activities and features as well as classroom activities that require a separate sheet of paper or group work.

COMPOSICIÓN

Propósito: escribir una composición en la que expresas lo que has aprendido (you have learned) sobre las costumbres hispanas; comparar o contrastar las costumbres hispanas con las de este país.

Título sugerido: ¿Son semejantes las costumbres hispanas a las norteamericanas o son diferentes?

Antes de escribir

Paso 1 El propósito de la composición es informarle al lector (reader) sobre las semejanzas y diferencias que ves entre las costumbres hispanas y las norteamericanas. Tienes que convencer al lector de que hay más semejanzas que diferencias o viceversa. Primero, decide si vas a hablarle al lector directamente (¿Cree Ud. que... ?), en primera persona (Creo que...) o en tercera persona (Se cree que...).

Paso 2 A continuación aparece una lista de varios temas que exploraste en esta unidad. ¿Qué información vas a incluir?

☐ los desayunos, los almuerzos, las cenas
☐ las meriendas
☐ las comidas en los restaurantes
☐ las dietas nacionales
☐ la dieta mediterránea
☐ los modales
☐ las bebidas nacionales
☐ ¿ ?

Paso 3 Una vez que decidas qué información vas a incluir, tienes que pensar en cómo vas a organizarla. ¿Cuál de las sugerencias te parece buena para esta composición?

☐ presentar las semejanzas y luego las diferencias
☐ presentar las diferencias y luego las semejanzas
☐ presentar semejanzas y diferencias punto por punto

Paso 4 Basándote en los **Pasos 2** y **3**, haz un breve bosquejo (outline) de lo que vas a escribir.

COMUNICACIÓN

ACTIVIDAD D ¿Y otra persona?

With what you know now, how many things can you say about another person's daily routine? Using the vocabulary for daily routines, present five statements to the class about someone you all know. The class will decide if you are correct or not. Here are some suggestions, but feel free to use other people.

el presidente de los Estados Unidos
la primera dama (First Lady)
un actor o una actriz
el profesor (la profesora)
un(a) estudiante de esta clase

MODELO El presidente de los Estados Unidos se levanta temprano todos los días.

1... 2... 3... 4... 5...

¿Sabías que... el contacto corporal entre los hispanos es mayor que entre los de ascendencia anglosajona? En España, por ejemplo, al saludarse y al despedirse dos personas, frecuentemente se besan ligeramente* en las mejillas. Esto es típico sobre todo entre las mujeres y entre una mujer y un hombre pero no es costumbre entre los hombres. El beso es doble; es decir, las dos personas se besan en las dos mejillas. Frecuentemente, además, las dos personas no tienen que ser parientes ni amigos íntimos para besarse cuando se saludan.

En otras partes del mundo hispánico, es más común darse un solo beso. Abrazarse o no es cuestión de preferencia individual. Si visitas un país de habla española, deberías[b] observar cómo se saludan y se despiden las personas cuando se encuentran en la calle. Si no comprendes o no tienes oportunidad de observar estas costumbres, ¡pregúntaselo a una persona nativa del lugar que visitas!

---

*se... they kiss lightly [b]you should "pregúntaselo... ask a native resident about it)

Dos estudiantes se saludan en Madrid, España.

EN TU OPINIÓN

1. «El estudiante típico tiene un horario más flexible que el profesor típico.»
2. «Estudiar por la mañana es más difícil que estudiar por la noche.»

Be prepared to share your opinions, first with a partner or a small group, and then with the class.

OBSERVACIONES

¿Cuántos de tus amigos hacen las siguientes actividades en su tiempo libre?

correr
limpiar el apartamento (la casa)
leer
participar en una actividad espiritual o religiosa

hacer de voluntario/a en una organización
navegar la Red

SITUACIÓN

Un estudiante, Juan Mengano, pasó toda la noche estudiando para su examen de química. Esta mañana faltó a[a] la clase de matemáticas a las 9.00 y fue a su clase de química a las 10.00 para tomar el examen. Después descubrió que la profesora de matemáticas dio una prueba de sorpresa.[b] ¿Crees que Juan tiene una buena excusa para preguntarle a la profesora si puede tomar la prueba en su oficina?

[a]faltó... he missed [b]prueba... pop quiz

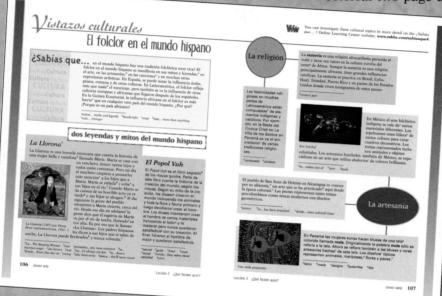

Vistazos culturales

New to the fourth edition, this informative and colorful two-page cultural section appears near the end of each lesson and addresses a specific theme as it applies to a variety of Spanish-speaking countries. Each **Vistazos culturales** is followed by comprehension questions in **¿Qué recuerdas?** and a **Navegando la Red** activity in which students complete a project and present their findings to the class. This complete **Navegando la Red** activity and some possible starting links are available in the Student Edition of the *¿Sabías que… ?* Online Learning Center website at **www.mhhe.com/sabiasque4**.

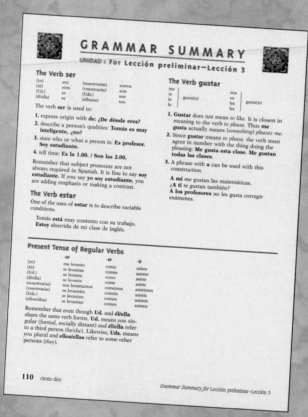

Grammar Summary A grammar summary concluding each unit highlights the major grammar points presented in the preceding lessons and offers students a handy summary guide to help them improve upon their knowledge of grammatical structures in Spanish.

What's New in the Fourth Edition?

In addition to the all new design and colorful new art for the fourth edition of *¿Sabías que... ?*, we have made the following changes in response to instructor feedback on the third edition.

■ The thematic focus of **Unidad 5** is now on humans and their personalities. Students no longer read or talk about animals. They now discuss the issues of people, personalities, and how personalities are formed. The grammatical and vocabulary focuses of the unit are largely the same as those in the third edition, however some additional grammar points have been added (e.g., the past subjunctive in hypothetical situations).

■ The grammar coverage has been expanded to provide a more balanced presentation within and across lessons. Some of the grammar explanations have been clarified and some new grammar points have been added in lessons where there is a natural link between thematic focus and the grammar point. Some of the new grammar points include: additional uses of **estar,** some work with **por** and **para,** additional work with reflexive verbs, and hypothetical situations and the past subjunctive.

■ All of the **Vamos a ver** reading selections have been updated or replaced. The reading in **Lección 3** compares two popular Hispanic superstars: Gloria Estefan and Jennifer López. In **Lección 6,** you will find a shorter, more comprehensible reading on the topic of the decreasing size of the family. In **Lección 9,** there is a new reading about national beverages. The theme of "something good turning into something bad if abused" has been retained in **Lección 12,** but now the reading addresses addiction to computers. The reading in **Lección 15** now focuses on the origins of personality and the "nature versus nurture" debate. Finally, the reading for **Lección 18** is a short literary piece reflecting one possible future for the human race.

■ The former **Vistazos** sections have been replaced by an exciting new feature: **Vistazos culturales.** Each of these colorful two-page spreads presents a cultural, political, or social topic through photos, maps, charts, and text boxes. Also, instead of limiting the focus to only one country, multiple countries are represented simultaneously as each topic is examined and applied to the Spanish-speaking world. Topics include: Spanish as a World Language, Bilingualism, **El mestizaje,** Folklore, and others. Each **Vistazos culturales** is followed by comprehension questions and a web-based, project-oriented activity that will take students beyond the scope of the presented information.

■ The **Los hispanos hablan** sections that were part of the former **Vistazos** sections now appear as integral parts of each lesson along with their corresponding pre- and postviewing activities. These video interviews with Spanish speakers from around the world, including the new segments filmed for **Lección 14** and **Lección 15** can be seen on the new *¿Sabías que... ?* Video, CD-ROM, or Online Learning Center website described later in this preface. Additionally, audio-only recordings of the **Los hispanos hablan** interviews are available on the Online Learning Center website or on a separate audio CD included in the *¿Sabías que... ?* Audio Program.

■ Short **Navegando la Red** activities appear frequently in each lesson. These activities are similar to the **Navegando la Red** activities that were found at the end of the old **Vistazos** sections in the third edition. They prompt students to surf the Net for information on various topics, thus taking advantage of the wonderful cultural resource that the Net can represent.

■ Finally, many activities and other proven features from the third edition have been revised to keep the textbook fresh and up-to-date for the many loyal users of *¿Sabías que... ?*.

New Media Supplements

There are some exciting new or updated media supplements for the fourth edition.

■ McGraw-Hill is proud to partner with **Quia™** in the development of the new *Online Manual que acompaña ¿Sabías que... ?,* Volumes 1 and 2. Carefully integrated with the textbook, this robust digital version of the printed *Manual* is easy for students to use and great for instructors who want to manage students' coursework online. Identical in practice material to the print version, the *Online Manual* contains the full audio program and provides students with automatic feedback and scoring of their work. The Instructor's Workstation contains an easy-to-use gradebook and class roster system that facilitates course management.

■ A new interactive CD-ROM, available for student purchase, features additional practice with each **Vocabulario** and **Gramática** section presented in the textbook. There are exercises and games related to each **Vistazos culturales** section, and students can watch the **Los hispanos hablan** video segments and complete pre- and postviewing activities. Finally, all exercises offer immediate feedback and correction.

■ The new video contains the **Los hispanos hablan** interviews as well as new video segments shot on location that examine particular themes within each unit and include interviews with Spanish speakers.

■ A redesigned and expanded Online Learning Center website offers even more practice with the grammar and vocabulary presented in the textbook. It also contains video or audio-only files of the **Los hispanos hablan** interviews as well as some sample links to various websites that students can use as a starting point to further explore the cultural themes presented in the new **Vistazos culturales** sections.

■ Digital transparencies of some of the new drawings from the textbook (e.g., Elena and Tomás from **Lección 3**) are available on the Online Learning Center website for use by instructors.

Premium Content on the Online Learning Center Website

If you have purchased a *new* copy of *¿Sabías que... ? Beginning Spanish,* you have access free of charge to premium content on the Online Learning Center website at **www.mhhe.com/sabiasque4**. This includes, among other items, the complete audio program that supports the *Manual.* The card bound inside the front cover of this book provides a registration code to access the premium content. *This code is unique to each individual user.* Other study resources may be added to the premium content during the life of the edition of the book.

If you have purchased a *used* copy of *¿Sabías que... ? Beginning Spanish* but would like to also have access to the premium content, you may purchase a registration code for a nominal fee.

Please visit the Online Learning Center website for more information.

If you are an instructor, you do not need a special registration code for premium content. Instructors have full access to all levels of content via the Instructor's Edition link on the homepage of the Online Learning Center website. Please contact your local McGraw-Hill sales representative for your password to the Instructor's Edition.

Supplements

As a full-service publisher of quality educational products, McGraw-Hill does much more than just sell textbooks to your students. We create and publish an extensive array of print, video, and digital supplements to support instruction on your campus. Orders of new (versus used) textbooks help us to defray the cost of developing such supplements, which is substantial. Please consult your local McGraw-Hill representative to learn about the availability of the supplements that accompany this fourth edition of *¿Sabías que... ? Beginning Spanish.*

For Instructors *and* for Students

■ The *Manual que acompaña ¿Sabías que... ?,* Volumes 1 and 2, offers additional practice with vocabulary, grammar, and listening comprehension. A distinguishing feature of the *Manual* is the **Vamos a ver** section at the end of every third lesson that provides non-conversational listening practice. Students listen to a short presentation about a topic related to the unit themes, thus practicing the skills needed to comprehend a lecture.

■ McGraw-Hill is proud to partner with **Quia™** in the development of the new *Online Manual que acompaña ¿Sabías que... ?,* Volumes 1 and 2. Carefully integrated with the textbook, this robust digital version of the printed *Manual* is easy for students to use and great for instructors who want to manage students' coursework online. Identical in practice material to the print version, the *Online Manual* contains the full audio program and provides students with automatic feedback and scoring of their work. The Instructor's Workstation contains an easy-to-use gradebook and class roster system that facilitates course management.

■ The *Audio Program* to accompany the *Manual* provides additional listening comprehension practice outside of the classroom.

■ The *Interactive CD-ROM to accompany ¿Sabías que... ?* is available in a multiplatform format and offers students opportunities to review the grammar, vocabulary, and cultural topics presented in the textbook, all in an engaging multimedia environment.

■ The Student Edition of the *¿Sabías que... ? Online Learning Center* website provides even more practice with the grammar and vocabulary presented in the textbook. It also helps students bring the Spanish-speaking world into their language-learning experience through a variety of cultural resources and activities. (Please see the section about premium content on the Online Learning Center website earlier in this preface.) The Instructor's Edition contains many resources to assist instructors in getting the most out of the *¿Sabías que... ?* program.

■ The *Video to accompany ¿Sabías que... ?* contains the **Los hispanos hablan** interviews as well as six exciting new segments shot on location that examine particular themes within each unit and include interviews with Spanish speakers.

■ The *Ultralingua en español Spanish-English Dictionary on CD-ROM* is an interactive bilingual dictionary, available for purchase, offering additional opportunities for students to enrich their vocabulary and improve their Spanish.

■ Three *cultural and literary readers* are available to supplement first- and second-year Spanish instruction. Written in Spanish, these readers offer the chance for students to broaden their knowledge of the richness of the cultures of the Spanish-speaking world as well as to increase their developing reading skills.

1. *El mundo hispano: An Introductory Cultural and Literary Reader* contains cultural information on the six major regions of the Spanish-speaking world, including the United States, as well as excerpts from Spanish-language literary classics with accompanying comprehension questions.
2. *Mundos de fantasía: Fábulas, cuentos de hadas y leyendas* contains popular Hispanic fables, fairy tales, and legends.
3. *Cocina y comidas hispanas* highlights favorite recipes from around the Hispanic world.

For Instructors Only

■ The annotated *Instructor's Edition* contains detailed suggestions for carrying out activities in class. It also offers options for expansion and follow-up.

■ The combined *Instructor's Manual and Testing Program* expands on the methodology of *¿Sabías que... ?* Among other things, it offers suggestions for carrying out the activities in the textbook and suggests ways to provide students with appropriate feedback on their compositions. The *Testing Program* includes sample quizzes for each lesson as well as unit tests. The *Testing Program* is also available in an electronic format so that you can modify the tests to best suit the needs of your students.

■ The *Audioscript* contains the material on the audio program that accompanies the *Manual*.

■ Adopters of *¿Sabías que... ?* may purchase the *Destinos Video Modules*, developed by Bill VanPatten. This set of four modules (Vocabulary, Situations, Functional Language, Culture), accompanied by supplementary activities, can be used to increase student proficiency.

Acknowledgments

We would like to thank the following instructors and students, who participated in a series of surveys and reviews that were indispensable in the development of *¿Sabías que... ?*, Fourth Edition. The appearance of their names does not necessarily constitute an endorsement of the text or its methodology.

Matthew C. Alba, *University of New Mexico, Albuquerque*
Susan Lynne Albertal, *Southern Connecticut State University, New Haven*
Jennifer L. Baker, *State University of New York, Albany*
Emily A. Ballou, *University of Massachusetts, Amherst*
Alicia Barron, *University of New Mexico, Albuquerque*
Kathleen J. "Kit" Brown, *Ohio University, Athens*
Patricia Ann Carrano, *Southern Connecticut State University, New Haven*
Lisa C. Celona, *Southern Connecticut State University, New Haven*
Students of Andrew Farley, *University of Notre Dame*

Gayle Fiedler Vierma, *University of Southern California*

Roberto Fuertes-Manjón, *Midwestern State University*

Deborah Jean Gill, *Pennsylvania State University, DuBois*

Ruth J. Hoff, *Wittenberg University*

Manel Lacorte, *University of Maryland, College Park*

Frances M. Matos-Schultz, *University of Minnesota*

Susan McMillen Villar, *University of Minnesota*

James Michnowicz, *University of Virginia, Wise*

Donald W. Mueller, *University of Virginia, Wise*

Dora V. Older, *Brandeis University*

Catalina Pérez Abreu, *University of New Mexico, Albuquerque*

Silvia Rodríguez, *College of Charleston*

Paula Straile, *Hampton University, Yorktown, VA*

Andrea Topash-Ríos, *University of Notre Dame*

María Magdalena Uzín, *University of Maryland, Mt. Rainier*

Many other individuals deserve our thanks and appreciation for their help and support. First, we are thankful to Trisha Dvorak who worked with us on the first edition and encouraged us to keep pursuing our ideas. We thank Gregory Keating for his work on the original manuscript for the new **Vistazos culturales** sections. Thanks go to Michael J. Leeser, Mark Overstreet, and Julie Sellers for their work on portions of the original manuscript for the new interactive CD-ROM. For creating the original quizzes found on the new Online Learning Center website, we thank Deborah Gill, Gayle Vierma, and Julie Sellers. We extend special thanks to the people who shared their thoughts and generously gave their time to be interviewed for the six new unit videos and the **Los hispanos hablan** segments. We also thank Laura Chastain (El Salvador), whose careful reading of the manuscript for details of style, clarity, and language added considerably to the quality of the final version.

Thanks are due to the entire production team at McGraw-Hill, especially David Staloch, Emma Ghiselli, Alexandra Ambrose, and Rich DeVitto as well as to Violeta Díaz for the new visually pleasing design of this fourth edition.

We are also grateful to Thalia Dorwick for her continued support of *¿Sabías que… ?* throughout the years and to William R. Glass our publisher. Very special thanks go to Allen J. Bernier, Scott Tinetti, and Fionnuala McEvoy for a wonderful editing job and for helping this edition move so smoothly on its path from manuscript to publication.

Last, but not least, we would like to thank our family and friends who have given us a great deal of support over the years. You know who you are and we care a great deal about you all!

¿Quién eres?

In this lesson, as you will get to know your classmates, you will share information about yourself and

- ◆ ask your classmates their names and where they are from
- ◆ ask about their majors, what classes they are taking, and which subjects they especially like or dislike
- ◆ learn the forms and uses of the verb **ser**
- ◆ learn the subject-pronoun system in Spanish
- ◆ learn to use the verb **gustar** to talk about yourself and someone you know
- ◆ learn about gender and number of articles as well as descriptive and possessive adjectives
- ◆ learn the numbers 0–30
- ◆ learn the verb **hay**

ALTO Before beginning this lesson, look over the **Intercambio** activity on pages 22–23. This is the activity you will be working toward throughout the lesson.

Un saludo típico

IDEAS PARA EXPLORAR
¿Quién eres?

VOCABULARIO

¿Cómo te llamas? ¿De dónde eres?

Introducing Yourself

—**Hola. Me llamo** Luz.
  ¿Cómo te llamas?
—**Soy** Ricardo.
—**¿De dónde eres,** Ricardo?
—**De** Puerto Rico. **¿Y tú?**
—**Soy de** California. **Mucho gusto.**
—**Encantado.**

Vocabulario, **Suggestion:** Give students 1–2 minutes to look at the **Vocabulario** explanation. Then, say *Escuchen,* and point to your ear. Pronounce each expression slowly, 2 times. Students may follow along in the book. To model expressions, walk up to a student, introduce yourself, and shake hands. For example, you say *Hola. Soy la profesora García.* The student responds *Robert Smith,* and you say *Mucho gusto.* Then ask *¿De dónde eres, Robert?* After the student responds, you say *Encantada.* Do this with 6–7 students, and substitute or expand the expressions. If a student says *Mucho gusto,* you may respond *Igualmente,* and write that word on the board.

In Spanish, you can use the following expressions to introduce yourself to others.

> Hola. Soy _____.
> *or* Me llamo _____.
> *or* Mi nombre es _____.

To find out another person's name, you can ask

> ¿Cómo te llamas?
> *or* ¿Cómo se llama usted?

¿Cómo te llamas? is used with a person your own age or with a friend or someone with whom you are on familiar speaking terms. **¿Cómo se llama usted?** is generally used with someone older than yourself or when there is a bit of formality or social distance between you and the other person.

To find out where someone is from, you can ask

> ¿De dónde eres?
> *or* ¿De dónde es usted?

¿De dónde eres? is used with the same people as **¿Cómo te llamas? ¿De dónde es usted?** is used with the same people as **¿Cómo se llama usted?** (You will learn more about this in **Lección 1.**)

To respond to these questions, say

> Soy de _____ (*place*).

or simply

> De _____ (*place*).

To report someone else's information, you can say

> Se llama _____ (*name*).
> Es de _____ (*place*).

To respond to an introduction, you can say

> Mucho gusto.
> Encantado. (*if you're a man*)
> *or* Encantada. (*if you're a woman*)

2 dos

Lección preliminar ¿Quién eres?

ACTIVIDAD A ¡Hola!

Below you will find the beginnings of several conversations. Choose the expression that would most likely follow each one.

1. **E1:*** ¿Cómo te llamas?
   E2: _____
   ☐ Mi nombre es Carlos.
   ☐ Mucho gusto.
   ☐ Soy de Chicago.

2. **E1:** Hola. Soy Adriana.
   E2: _____
   ☐ Hola. ¿Cómo te llamas?
   ☐ De Minnesota.
   ☐ Mucho gusto. Soy Daniel.

3. **E1:** ¿De dónde eres?
   E2: _____
   ☐ Me llamo Ana.
   ☐ Encantado.
   ☐ Soy de Miami.

4. **E1:** Soy de Cincinnati. ¿Y usted?
   E2: _____
   ☐ De Houston.
   ☐ ¿De dónde es usted?
   ☐ Mucho gusto.

Nota comunicativa

You know how to say *hello* to a friend, but there are a variety of other greetings that you will find useful in Spanish. Here are some very common ones.

Hola. ¿Qué tal?	Hi. What's up? (*How's it going?*)
Buenos días.	Good morning.
Buenas tardes.	Good afternoon.
Buenas noches.	Good evening.

To say *good-bye*, there are a number of leave-taking expressions that you can use, depending on the situation. Here are some frequently used ones.

Adiós. Hasta pronto.	Good-bye. See you soon.
Hasta mañana.	See you tomorrow.
Chau. Nos vemos.	Ciao. We'll be seeing each other.

---

*E1 and E2 will be used throughout *¿Sabías que… ?* as abbreviations for **Estudiante 1** and **Estudiante 2.**

COMUNICACIÓN

Act. C, **Suggestion:** Give students 20 seconds to read instructions. Read the following to students, repeating once if necessary. (1) *Hola. Mi nombre es Juan.* (b) (2) *Soy de México. ¿Y tú?* (b) (3) *Y usted, ¿cómo se llama?* (c).

GRAMÁTICA

¿Ser o no ser?

—¡Ramón! ¿**Eres** tú?
—Sí, **soy** yo.

ACTIVIDAD B ¿Qué sigue?°

¿Qué... *What follows?*

Match each expression from column A with a logical response from column B. ***Act. B,*** **Suggestion:** Give students 1 minute to do the activity.
Follow-up: Read an item from column A and have the class call out the correct response from column B.

A

1. _____ Hola. ¿Cómo te llamas?
2. _____ ¿De dónde eres?
3. _____ Soy de Tucson.
4. _____ Mi nombre es Teresa.
5. _____ ¿Cómo se llama usted?

B

a. De Nueva York.
b. Mucho gusto.
c. Soy Rodrigo. ¿Y tú?
d. Soy la profesora Gómez.
e. Ah, de Arizona.

ACTIVIDAD C ¿Qué sigue ahora°?

now

Your instructor will read the first part of several conversations. Choose the letter of the most logical response for each.

1. **a.** De Texas. **b.** Mucho gusto. **c.** Se llama Rafael.
2. **a.** ¡Hola! **b.** Soy del Canadá. **c.** Mi amigo se llama Jorge.
3. **a.** ¿Cuál es tu nombre? **b.** Encantado. **c.** Soy el profesor Ruiz.

ACTIVIDAD D ¿Cómo te llamas? ¿De dónde eres?

Paso (*Step*) 1 Introduce yourself to three people you don't know in your class, and find out where each is from. Write down their names and hometowns.

1... 2... 3...

Paso 2 Now be prepared to introduce one or two of your classmates to everyone else. Follow the model.

MODELO Clase, les presento a (*I'd like to introduce you to*) un amigo (una amiga). Se llama _____ y es de _____.

Act. D, Paso 1, **Suggestion:** First model the activity with 2–3 students, then give the class 2–3 minutes to complete the activity. ***Paso 2,*** **Suggestion:** Ask 5–6 students to introduce 1–2 classmates from their *Paso 1* list.

Forms and Uses of **ser**

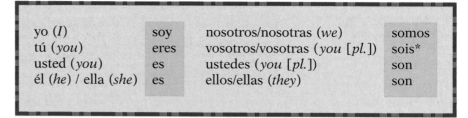

yo (*I*)	soy	nosotros/nosotras (*we*)	somos
tú (*you*)	eres	vosotros/vosotras (*you* [*pl.*])	sois*
usted (*you*)	es	ustedes (*you* [*pl.*])	son
él (*he*) / ella (*she*)	es	ellos/ellas (*they*)	son

*_____

Vosotros forms are not actively used in *¿Sabías que... ?* They are provided for recognition only. It will be for your instructor to decide whether he or she wishes for you to learn these forms.

The verb **ser** generally translates into English as *to be.* (Another verb, **estar,** also translates as *to be.* You will learn the differences between the two in later lessons.) In this lesson you have already seen some forms of **ser.** See the shaded box on the previous page for all of its forms.

Ser is a common verb in Spanish and serves to express a variety of concepts.

1. to tell what someone or something is

    María **es** estudiante.

2. to say where someone or something comes from

    Soy de California. ¿De dónde **eres** tú?

3. to indicate possession

    ¿Las fotografías? **Son** de Carmen.

4. to describe what someone or something is like

    Ana Alicia **es** inteligente.

By now, you have noticed subject pronouns such as **tú** (*you*). The complete list of subject pronouns in Spanish is provided on the previous page. In contrast to English, Spanish allows for the deletion of subject pronouns. In many instances, subject pronouns are used only to emphasize or clarify to whom the speaker is referring. Compare the following.

Soy estudiante.	*I am a student.* (It is obvious from the verb that you are only talking about yourself.)
Yo soy estudiante pero **él** es profesor.	*I am a student but he is a professor.* (Here you are emphasizing the differences.)

Mafalda cartoon, **Suggestion:** Explain to students that Mafalda is an Argentine comic strip. *Mafalda es una tira cómica de la Argentina. El humor de Mafalda es sofisticado a veces.* Point out Mafalda's confusion, pointing to the second frame. (You may want to point out the use of *vos* in Argentina, which is used in the same circumstances as *tú* elsewhere.) *Aquí, Mafalda está confundida. Felipe dice «yo-yo» y Mafalda piensa que es «yo-yo»* (point to yourself) *¿Comprenden? Yo-yo, tú-tú, ella-ella, nosotros-nosotros* (students should get it by now).

ACTIVIDAD E ¿Sí o no?

Do you agree or disagree? Check each statement accordingly. As you do the activity, take note of the forms and uses of **ser**.

	SÍ	NO
1. Soy una persona extrovertida (no introvertida).	☐	☐
2. El presidente (La presidenta) de la universidad es inteligente.	☐	☐
3. Los estudiantes de la universidad son estudiosos.	☐	☐
4. Mis amigos y yo somos conservadores (*conservative*).	☐	☐

ACTIVIDAD F ¿Qué opinas?°

¿Qué... *What do you think?*

Paso 1 Tell how you feel about each item or person listed. Choose from the list of adjectives provided. Use the correct form of **ser** in your responses.

MODELO el presidente
a. tonto (*foolish*) **b.** inteligente **c.** sincero →
El presidente es inteligente.

1. mis clases
  a. interesantes **b.** buenas (*good*) **c.** aburridas (*boring*)
2. Nueva York
  a. atractiva **b.** cosmopolita **c.** espantosa (*scary*)
3. mi familia
  a. aburrida **b.** atractiva **c.** simpática (*nice*)
4. yo
  a. una persona optimista **b.** una persona pesimista **c.** una persona realista

Paso 2 Compare your opinions with those of two classmates. How many opinions do you have in common?

Act. F, Paso 1, Suggestion: Write *Act. F, Paso 1* on the board. Give students 2–3 minutes to complete the *paso*. **Paso 2, Suggestion:** Write *Paso 2* on the board and give students 2 minutes to compare their opinions with 2 classmates. **Follow-up suggestion:** Ask students to indicate with their fingers how many items they have in common with their classmates. Call on 3–4 individual students and ask *¿Qué opiniones tienen en común?* After each person responds, ask class to give a show of hands: *¿Cuántos de Uds. también dicen que sus clases son interesantes?* **Number 4, Point out:** *Persona* is grammatically feminine whether the person referred to is male or female.
Consejo práctico: Consejo práctico boxes offer "practical advice" for the students to use as they study Spanish. Many of these boxes offer language tips as well as study hints to further the students' progress in Spanish.

Nota comunicativa

Here are several useful expressions to ask someone to repeat a statement that you didn't understand.

Repita, por favor.
Repeat, please.

Otra vez, por favor.
Again, please.

¿Cómo?
Pardon me?

¿Cómo dice?
What did you say?

Consejo práctico

Spanish and English share many cognates, words that look or sound alike in various languages. Generally, these words have the same meaning. See whether you can guess the meanings of these Spanish words.

bicicleta	confusión	examinar
cámara	diccionario	malicioso
cancelar	disco	revolución

When spoken, some cognates may not sound like cognates to you because of the differences between Spanish and English pronunciation. Here are some examples.

gen (*gene*) jirafa (*giraffe*) rifle

Some cognates are "false" cognates; their meanings are different in the two languages. Here are four common examples.

conferencia	*lecture*	librería	*bookstore*
fábrica	*factory*	pariente	*relative*

Most cognates, however, will share the same meaning and thus will be useful tools in helping you comprehend written and spoken Spanish.

COMUNICACIÓN

Act. G, Paso 1, Suggestion:
Give students 1 minute to read
Paso 1 and to think of the
questions they will ask.

ACTIVIDAD G ¡A conocernos!°

¡A... *Let's get acquainted!*

Paso 1 Interview someone in the class you do not know. Be sure to greet the person, introduce yourself, find out where he or she is from, and tell where you are from.

Paso 2 With the information you obtained in **Paso 1,** complete the paragraph below.

Mi nombre es _____ y mi compañero/a de clase se llama _____. Él (Ella) es de _____ y yo soy de _____.

Then model the activity for students by doing the *paso* with 2–3 students. Give students 3 minutes to complete the *paso*. **Paso 2, Suggestion:** Give students 2 minutes to complete the paragraph.
Follow-up suggestion: Ask several students to read their paragraphs aloud. Ask questions of the class, *¿Cuántos de Uds. son de Chicago también?*

IDEAS PARA EXPLORAR

Las carreras y las materias

VOCABULARIO

¿Qué estudias?

Courses of Study and School Subjects

Vocabulario, Suggestion: It is important that students see and hear the list of courses of study. Ask class *¿Qué estudias?* and then read the list.
Optional: The list of courses can be copied and shown on an overhead transparency. After you present each category of courses (e.g., *Las ciencias naturales*), do several comprehension checks, for example, *La astronomía es una ciencia social, ¿sí o no? No, es una de las ciencias naturales.*

Here is a list of courses of study and subjects in Spanish.

Las ciencias naturales
    la astronomía
    la biología

    la física
    la química

Las ciencias sociales
    la antropología
    las ciencias políticas
    la economía
    la geografía

    la historia
    la psicología
    la sociología

Las humanidades (Las letras)
    el arte
    la composición
    las comunicaciones
    la filosofía
    los idiomas, las lenguas extranjeras
        (*foreign languages*)
        el alemán (*German*)
        el español
        el francés
        el inglés
        el italiano
        el japonés
        el portugués

    la literatura
    la música
    la oratoria (*speech*)
    la religión
    el teatro

Otras materias y especializaciones

la **administración de empresas** (*business administration*)

la **agricultura**, la **agronomía**

el **cálculo**

la **computación**, la **informática** (*computer science*)

la **contabilidad** (*accounting*)

la **educación física**

la **enfermería** (*nursing*)

la **ingeniería**

la **justicia criminal**

las **matemáticas**

el **mercadeo** (*marketing*)

el **periodismo** (*journalism*)

Estudiando en EE.UU. ...

Carreras preferidas por los estudiantes extranjeros en EE.UU. Porcentaje de alumnos en cada carrera:

20.1% — Negocios/management
17.6% — Ingeniería
9.0% — Física/ciencias
8.4% — Informática

Fuente: Instituto de Educación Internacional

ACTIVIDAD A ¿Quién?°   *Who?*

Listen as your instructor names a subject or field of study. Can you identify who in the following list is most closely associated with each subject named?

1. Albert Einstein
2. Picasso
3. Galileo
4. Margaret Mead
5. Florence Nightingale
6. Marie Curie
7. Sigmund Freud
8. Cervantes
9. Mozart

ACTIVIDAD B ¿Qué materia?

Looking at the following lists, make logical associations by matching the items in column A with the subjects in column B.

A	B
1. _____ Dell o Macintosh	**a.** el periodismo
2. _____ fórmulas y ecuaciones	**b.** la psicología
3. _____ un mapa	**c.** la astronomía
4. _____ un telescopio	**d.** la geografía
5. _____ el psicoanálisis	**e.** la computación
6. _____ el *Washington Post*	**f.** la justicia criminal
7. _____ la publicidad	**g.** las matemáticas
8. _____ la policía	**h.** el mercadeo

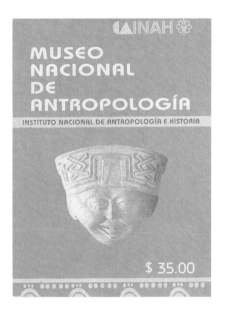

COMUNICACIÓN

ACTIVIDAD C «Firma aquí, por favor.»°

«Firma… *"Sign here, please."*

Think of a particular subject. Then survey your classmates to find five who are taking this subject this semester. Number a sheet of paper from 1 to 5. Then walk around the room and interview your classmates.

MODELO —¿Tienes clase de ____ este semestre (trimestre)?
—¿Sí, tengo clase de ____. *o* —No, no tengo.

If a person answers **Sí,** say **Firma aquí, por favor,** and have him or her sign your sheet. If a person answers **No,** ask someone else. Be sure to thank each classmate. (**Gracias.**) Do not return to your seat until you have at least five signatures.

Así se dice

Have you noticed that in Spanish all nouns have grammatical gender and number? Gender means that all nouns are considered either masculine or feminine, whether they have masculine or feminine qualities or not. Number means they are either singular or plural. Like English, Spanish has articles that are used with nouns. In English, the articles are *the* (definite article) and *a/an* (indefinite articles).

DEFINITE ARTICLE	MASCULINE	FEMININE
SINGULAR	**el** diccionario	**la** computadora
PLURAL	**los** diccionarios	**las** computadoras

INDEFINITE ARTICLE	MASCULINE	FEMININE
SINGULAR	**un** profesor	**una** profesora
PLURAL	**unos** profesores	**unas** profesoras

Note that **unos** and **unas** are the equivalent of *some* in English.

As a general rule, nouns that end in **-o** are masculine and those that end in **-a** are feminine. When you learn a new noun, be sure to learn the definite article that goes with it!

NAVEGANDO LA RED°

Navegando... *Surfing the Net*

Look at the website of a Spanish-language university. Print out a page from its catalog and bring it to class. How many new vocabulary items can you identify and understand?

GRAMÁTICA

¿Te gusta?

Discussing Likes and Dislikes

me gusta(n)	nos gusta(n)
te gusta(n)	os gusta(n)
le gusta(n)	les gusta(n)
le gusta(n)	les gusta(n)

—¿Qué materias **te gustan**?
—Pues, **me gusta** mucho la educación física y...

—¿Y **te gustan** las ciencias políticas?

—¡Huy, no! **¡No me gustan para nada!**

Spanish has no exact equivalent for the English verb *to like*. Instead, the verb **gustar** (literally: *to please* or *to be pleasing*) is used. For example, to say that you like history, you would say

Me gusta la historia.   *History is pleasing to me.*

If more than one thing pleases you, the verb takes the plural form **gustan.**

Me gustan las ciencias.   *Sciences are pleasing to me.*

To ask another person about his or her likes, you can say

¿**Te gusta** la clase de español?
¿**Te gustan** las matemáticas?

To report on what he or she says, you can say

Le gusta la clase de español.   *Spanish class pleases him/her.*
Le gustan las matemáticas.   *Math pleases him/her.*

If you mention the person's name, you must place an **a** before the name.

A Roberto **le gustan** las ciencias.
A Luisa **le gusta** la clase de oratoria.

Me, te, and **le** are called indirect object pronouns. As you can see, they precede the verb forms **gusta** or **gustan.** (You will learn more about indirect object pronouns in later lessons.)

ACTIVIDAD D Una encuesta°   *survey*

Here is a rating scale for your likes and dislikes regarding subjects of study. Circle a number to indicate how you feel about each subject. Fill in the blank with any other subject you may be taking.

Act. D, **Purpose:** Students identify their likes/dislikes regarding subjects using expressions with *gustar.*
Suggestion: Give students 20 seconds to read instructions. Then, write scale (5–1) on board and pronounce each category, e.g., *Cinco, Me gusta(n) mucho.* Give students one minute to do activity.

	5 (CINCO) *Me gusta(n) mucho.*	4 (CUATRO) *Me gusta(n).*	3 (TRES) *Me da igual.* (It's all the same to me.)	2 (DOS) *No me gusta(n).*	1 (UNO) *No me gusta(n) para nada.*
Administración de empresas	5	4	3	2	1
Computación	5	4	3	2	1
Física	5	4	3	2	1
Historia	5	4	3	2	1
Idiomas	5	4	3	2	1
Inglés	5	4	3	2	1
Matemáticas	5	4	3	2	1
Química	5	4	3	2	1
_____	5	4	3	2	1

ACTIVIDAD E Me gusta(n)...

Paso 1 Based on your responses in **Actividad D,** complete the following sentences. Make sure one of your answers is *not* true!

    a. Me gusta(n) mucho...
    b. Me gusta(n)...
    c. No me gusta(n) para nada...

Paso 2 Read your statements to a partner. Can he or she guess which statement is false?

    MODELO   **E1:** Me gusta mucho la física.
                E2: Sí. Eso es cierto. (*That's true.*)
                  o ¡Eso es falso! (*That's false!*)

ACTIVIDAD F Los hispanos hablan

Paso 1 Read the following **Los hispanos hablan** selection. Then answer the questions at the top of page 13.

Los hispanos hablan

¿Qué materias te gusta estudiar?

    NOMBRE: Mónica Prieto
    EDAD:[a] 24 años[b]
    PAÍS: España

«Me gusta mucho estudiar, pero algunas cosas me gustan más que otras. Por ejemplo,[c] no me gustan para nada las matemáticas porque me parecen[d] muy difíciles.»

...

«En España estudiábamos[e] el latín, el griego,[f] el inglés. Y otras asignaturas que tenía[g] eran la religión y la filosofía. La religión me parece aburrida pero la filosofía me parece muy interesante. Sin embargo,[h] mi favorita son los idiomas.»

---

[a]*Age* [b]*years (old)* [c]*Por... For example* [d]*me... they seem to me* [e]*we used to study*
[f]*Greek* [g]*I used to have* [h]*Sin... Nevertheless*

1. Mónica probablemente (*probably*) es una estudiante _____.

    a. excepcional **b.** horrible **c.** regular (*so-so*)

2. ¿Cuál es la oración (*sentence*) correcta?

    a. A Mónica le gustan todas las materias por igual (*the same*).
    b. Mónica tiene varias opiniones sobre las materias.
    c. A Mónica no le gustan para nada todas las materias.

3. Mónica usa una palabra que es un sinónimo (*synonym*) de **materias.** ¿Qué palabra usa? _____

Paso 2 Now watch the complete segment before answering the following questions.

Vocabulario útil

más o menos	more or less
estudiaba	I used to study
me encantan	I love (*lit.* they enchant me)

1. ¿Qué prefiere Mónica, las matemáticas o las ciencias?
2. ¿Qué le gusta más, la química o la física?
3. ¿Qué materia prefiere, la religión o la filosofía?
4. De todas las materias, ¿cuál es su favorita? Da ejemplos (*Give examples*).

Paso 3 Complete the paragraph with information about yourself.
Soy (diferente de / similar a) _____ Mónica porque (sí/no) _____ me gustan mucho los idiomas y no me gusta(n) mucho _____.

Act. G, Paso 1, **Suggestion:**
Allow students 3 minutes to
interview one another. *Paso 2,*
Suggestion: Give students 2
minutes to write their answers.
Paso 2, **Follow-up suggestion:**
Ask several students to read 1 or
2 of their statements.

ACTIVIDAD G ¿Te gusta(n)... ?

Paso 1 Pair up with a classmate to ask about his or her likes or dislikes with regard to the subjects in the survey in **Actividad D.** Be sure to introduce yourself if you haven't already done so.

MODELO   E1: ¿Te gusta(n)... ?
              E2: Sí, mucho. (No, para nada. / Sí, me gusta[n], pero no mucho.)

Paso 2 Based on your classmate's responses in **Paso 1,** report to the class how he or she feels about the following subjects.

    a. los idiomas
    b. la física
    c. la historia
    d. las matemáticas

MODELO   A Tatiana le gusta(n) mucho...

VOCABULARIO

¿Qué carrera haces?

—Mamá, quiero presentarte a^a Segismundo, mi **compañero de cuarto.**
—Mucho gusto, Segismundo.
—Igualmente, señora Méndez.
—**¿Qué carrera haces,** Segismundo?
—**Estudio** ingeniería.
—¡Qué bien!

^aquiero... *I want to introduce you to*

Act. H, **Suggestion:** Give students 1–2 minutes to complete activity.
Follow-up suggestion: Ask several students one of the questions, e.g., *¿Qué estudias?*
Act. I, **Suggestion:** Give students 3–4 minutes to read *¿Sabías que... ?* selection and to answer the questions.
Follow-up suggestion: Ask class the questions from activity.

To inquire about a classmate's major, you can ask

¿Qué estudias?	*What are you studying?*
¿Qué carrera haces?	*What's your major?* (lit. *What career are you doing?*)

To tell what your major is, you can use either of the following expressions.

Estudio biología.	*I'm studying biology.*
Soy estudiante de historia.	*I'm a history student.*

If you don't have a major yet, you can say

No lo sé todavía.	*I don't know yet.* (*I still don't know.*)

ACTIVIDAD H ¿Cómo respondes?° ¿Cómo... *How do you answer?*

Give a logical response based on the contexts provided.

1. —¿Qué estudias?
   —_____. (*You're a history major.*)
2. —¿Qué carrera haces?
   —_____. (*You haven't declared a major.*)
3. —¿Estudias psicología?
   —_____. (*No, you're studying journalism.*)

ACTIVIDAD I ¿Sabías que... ?

Read the *¿Sabías que... ?* selection on the following page. Then answer these questions.

1. ¿Es administración de empresas la carrera más popular en tu universidad?
2. ¿Es posible tomar (*to take*) «cursos electivos» en tu carrera? Si existe un requisito (*requirement*), ¿es posible seleccionar entre (*among*) varios cursos diferentes?

COMUNICACIÓN

Act. J, **Purpose:** Students interact with classmates and learn more about them.
Suggestion: Give students 30 seconds to read instructions. Write the categories on the board (*Nombre, De..., Carrera*) and model activity. Go up to one student in class and say: *Hola. Soy la profesora Tapia. ¿Cómo te llamas?* (Mike) *Mike, ¿de dónde eres?* (Denver) *Eres de Denver. Y ¿qué carrera haces?* (periodismo). Jot down the student's responses under the appropriate categories. Give students 4–5 minutes to complete activity.
Follow-up suggestion: Ask 3–4 students to share their information with the class.

ACTIVIDAD J ¡A conocernos mejor!°

¡A... *Let's get better acquainted!*

Using everything you now know how to say in Spanish, introduce yourself to three people in the class whom you haven't met yet. Ask them for the information requested in the chart and fill it in.

NOMBRE	DE...	CARRERA
_____	_____	_____
_____	_____	_____
_____	_____	_____

¿Sabías que...

la carrera más popular entre los estudiantes universitarios de Latinoamérica es derecho[a]? En los Estados Unidos,[b] la carrera más popular es administración de empresas.

En muchos países de habla española,[c] un estudiante escoge[d] la carrera al comienzo[e] de los estudios universitarios. En esta situación, el plan de estudios es predeterminado y el estudiante no tiene muchas oportunidades para explorar «cursos electivos». No existe el concepto de «educación general».

---

[a]*law* [b]*Estados... United States* [c]*países... Spanish-speaking countries* [d]*chooses* [e]*al... at the beginning*

NAVEGANDO LA RED

Find the website of a Spanish-language university (e.g., **la Universidad Autónoma de Madrid**). Look up a particular area of specialization. Are the courses offered required or optional? Print out a page and bring it to class.

IDEAS PARA EXPLORAR

Más sobre las clases

GRAMÁTICA

¿Son buenas tus clases?

Describing

Gramática, **Optional:** Patterns of gender besides *-o/-a/-os/-as.* Words that end in *-dad, -tad, -ción* are feminine: *la universidad, la libertad, la situación.* Many words that end in *-ama* or *-ema* are masculine: *el programa, el problema.*
Emphasize: Gender must be memorized in other cases: *la clase, el lápiz* (display), *el análisis, la crisis.*

Descriptive Adjectives

sincer**o**	interesant**e**
sincer**a**	interesant**e**
sincer**os**	interesant**es**
sincer**as**	interesant**es**

As you have probably noticed, Spanish nouns (for example, **la historia, los idiomas**) show gender and number. Similarly, descriptive adjectives, which are words that describe someone or something (for example, **interesante, sincero, optimista**), also show gender and number.

	MASCULINE	FEMININE
Singular	un amigo sincero	una clase aburrida
Plural	unos amigos sinceros	unas clases aburridas

Adjectives that end in **-e** and most that end in consonants only show number.

	MASCULINE	FEMININE
Singular	un amigo inteligente	una clase difícil
Plural	unos amigos inteligentes	unas clases difíciles

Have you noticed that these descriptive adjectives tend to follow the noun rather than precede it?

Possessive Adjectives

SINGULAR	PLURAL
mi	mis
tu	tus
su	sus
nuestro/a	nuestros/as

You may have noticed that certain possessive adjectives, those that indicate ownership, show number (singular or plural) only. One exception is **nuestro** (*our*), which reflects both number and gender agreement: **nuestro profesor, nuestras clases.**

Mi clase es interesante.
¿Son aburridas **tus clases**?
Nuestra profesora es inteligente.
Nuestros compañeros son dedicados.

Notice that **su** and **sus** can be used to describe what belongs to him, her, or them. Do not think that **sus** means only *their*! (You will learn more about the possessive adjectives **su** and **sus** in later lessons.)

| **su** | clase | *his/her/their class* |
| **sus** | clases | *his/her/their classes* |

ACTIVIDAD A ¿Cuál° es tu opinión?

What

Indicate your opinion by checking each statement as true (**cierto**) or false (**falso**). As you do the activity, notice the form and placement of the adjectives.

	CIERTO	FALSO
1. La cafetería de la universidad es buena.	☐	☐
2. Mis profesores son justos (*fair*).	☐	☐
3. Los estudiantes de mi clase de español son dedicados.	☐	☐
4. Mi clase de español es interesante.	☐	☐

ACTIVIDAD B ¿De qué habla tu profesor(a)?°

¿De... What is your professor talking about?

Listen as your instructor makes a statement. Based on what you know about descriptive adjectives, decide which of the choices given refers to what the statement is talking about.

MODELO **PROFESOR(A):** Son muy serios.
ESTUDIANTE: **a.** la profesora **c.** el libro
b. las enciclopedias **ⓓ.** los profesores

1. a. la historia **b.** las comunicaciones **c.** el arte **d.** los idiomas
2. a. la profesora **b.** las profesoras **c.** el profesor **d.** los profesores
3. a. la estudiante **b.** las profesionales **c.** el estudiante **d.** los actores
4. a. la clase **b.** las computadoras **c.** el inglés **d.** los estudiantes
5. a. la música **b.** las ciencias políticas **c.** el cálculo **d.** los estudios

COMUNICACIÓN

ACTIVIDAD C Entrevista

Interview two classmates to find out how they feel about each item or person listed. The people interviewed can choose an adjective from the list provided. Make sure your classmates use logical adjectives in their correct form. Jot down each person's responses. Remember to greet each person before asking him or her the question below.

MODELO E1: ¡Hola! ¿Qué opinas de tus clases/profesores?
E2: Son...

Adjetivos

aburrido/a	divertido/a (*fun*)	interesante	regular
bueno/a	**inteligente**	**malo/a** (*bad*)	**tonto/a**

	E1	E2
1. tus clases/profesores este semestre	_____	_____
2. la pizza de (nombre de un restaurante)	_____	_____
3. los políticos (*politicians*) en la capital	_____	_____
4. la MTV	_____	_____
5. tu compañero/a de cuarto	_____	_____

VOCABULARIO

Numbers 0–30

¿Cuántos créditos?

—¿**Cuántas** clases **tienes** este semestre, Vicente?
—**Cuatro. Tengo doce** créditos en total.

—Pues yo **tengo diecinueve.** ¡Mucho trabajo!

—¿**Diecinueve** créditos? ¡Pobrecito!

Vocabulario, **Suggestion:** Give class 2 minutes to read over explanation. While students are reading, write the numerals 1–30 on chalkboard or on overhead projector. Pronounce them once for students in groups of 5 (*uno, dos, tres, cuatro, cinco*), then stop, point to one of these numbers, and ask class: *¿Es el tres o el cuatro? ¿Es el dos o el cinco?* Continue until all numbers are done. Go back and repeat difficult numbers (11, 14, 15, 3 vs. 13, 2 vs. 12).

Knowing the numbers 0 through 30 will enable you to talk about the number of classes and credits you are taking this term.

0 cero	8 ocho	16 dieciséis	24 veinticuatro
1 uno	9 nueve	17 diecisiete	25 veinticinco
2 dos	10 diez	18 dieciocho	26 veintiséis
3 tres	11 once	19 diecinueve	27 veintisiete
4 cuatro	12 doce	20 veinte	28 veintiocho
5 cinco	13 trece	21 veintiuno*	29 veintinueve
6 seis	14 catorce	22 veintidós	30 treinta
7 siete	15 quince	23 veintitrés	

*****Veintiuno** becomes **veintiún** when used with masculine nouns (**veintiún profesores**) and **veintiuna** when used with feminine nouns (**veintiuna profesoras**).

ACTIVIDAD D ¿Cuántos créditos?

Your instructor will read a series of questions. Base your answer on the courses and credit systems at your institution.

> MODELO **PROFESOR(A):** Si un estudiante tiene una clase de matemáticas, una de biología y una de alemán, ¿cuántos créditos tiene?
>
> **ESTUDIANTE:** Tiene doce.

1...   2...   3...   4...   5...

ACTIVIDAD E ¿Qué número?

Divide into pairs. **Estudiante 1** chooses five numbers from the list on this and the previous page and says them aloud. **Estudiante 2** writes down the numbers he or she hears. Are the numbers correct? Then, switch roles.

1...   2...   3...   4...   5...

ACTIVIDAD F ¿Cuántas clases?

¿Cuántas? is used to express *How many?* when the item in question is feminine plural (**las clases, las ciencias**). **¿Cuántos?** is used with masculine plural items (**los estudiantes, los números**). Following the model, interview as many classmates as possible and fill in the chart. Don't forget to introduce yourself if you haven't met the person yet!

> MODELO **E1:**
> Hola. Me llamo _____.
> ¿Cómo te llamas?
> ¿Cuántas clases tienes?
> ¿Y cuántos créditos?
>
> **E2:**
> Me llamo _____.
> Tengo _____.
> _____ créditos.

NOMBRE DEL ESTUDIANTE (DE LA ESTUDIANTE)	NÚMERO DE CLASES	NÚMERO DE CRÉDITOS
_____	_____	_____
_____	_____	_____
_____	_____	_____
_____	_____	_____
_____	_____	_____

GRAMÁTICA

¿Hay muchos estudiantes en tu universidad?

The Verb Form **hay**

—¿Cuántos estudiantes **hay** en tu clase de inglés?
—**Hay** veintiocho.

Act. G, **Suggestion:** To model the activity and pronounce the verb *hay* for students, do item 1 with them. Give the class 1 minute to decide if the remaining statements are *cierto* or *falso*. **Follow-up:** You read each of the remaining items, and ask the class to call out responses. For item 2, for example, lead the class in counting how many males and how many females there are in the class. Item 3 serves to remind students of how many exams or quizzes they will have in the course. For items 4 and 5, ask students to share the names of classmates taking 6 classes, 19 units, etc. *Act. H,* **Suggestion:** After students read the selection, give them 2 minutes to answer the questions. **Follow-up:** Ask students how they responded to the questions, particularly to question 3.

To express the concept *there is* or *there are,* Spanish uses the verb **hay** (pronounced like English *eye*). **Hay** is used for both singular (*there is*) and plural (*there are*). In Spanish, **h** is silent, so do not pronounce it when you say the word **hay.**

ACTIVIDAD G ¿Cierto o falso?

Is each statement about your Spanish class true (**cierto**) or false (**falso**)?

	CIERTO	FALSO
1. Hay treinta estudiantes en mi clase de español.	☐	☐
2. Hay más hombres (*men*) que mujeres (*women*) en esta clase.	☐	☐
3. Hay en total tres exámenes (*tests*) en esta clase.	☐	☐
4. Hay estudiantes que tienen seis clases este semestre (trimestre).	☐	☐
5. Hay estudiantes que tienen diecinueve créditos este semestre (trimestre).	☐	☐

ACTIVIDAD H ¿Sabías que... ?

Read the **¿Sabías que... ?** selection on page 21 before answering the following questions.

1. Mira (*Look at*) el expediente académico (*transcript*) de un estudiante universitario de México.

	GATICA MERCADO, MAXIMILIANO	128394
Dirección	: Avenida San Jerónimo 1749 Col. Lomas Quebradas México, DF, CP 10000	
Fecha de nac[a]	: 14-ABR-1983	Sexo: Masc
Lugar de nac	: México DF	
Preparatoria	: Instituto de Humanidades y Ciencias	
Fecha ingreso	: Otoño 2002	
Licenciatura	: Ciencias de la comunicación	

clave y número	nombre del curso	unidades[b]	calificación[c]
128394	GATICA MERCADO, MAXIMILIANO		PRIMAVERA 2003
CO 140	COMUNICACIONES	06	9.0
DL 100	INGLÉS BÁSICO	07	9.4
LI 111	REDACCIÓN[d] I	06	10.0
Universidad del Tepozteco Avenida Juárez 122 Tepoztlán, Morelos, 62038			

[a]nacimiento (*birth*) [b]*credits* [c]*grade* [d]*Writing*

¿Qué tipo de calificaciones saca este estudiante (*does this student get*)?

a. ☐ Las tres calificaciones son sobresalientes.

b. ☐ Dos calificaciones son muy buenas y una es sobresaliente.

c. ☐ Las tres calificaciones son malas.

2. ¿En qué clase saca el estudiante la mejor (*best*) calificación?

3. Think about the grading system used at your university and the one described in this **¿Sabías que... ?** activity. In your opinion, which statement best describes the two systems?

a. ☐ Hay muchas diferencias entre (*between*) los dos sistemas.

b. ☐ Hay algunas diferencias entre los dos sistemas.

c. ☐ Hay pocas diferencias entre los dos sistemas.

¿Sabías que...

hay diferentes sistemas de evaluación, dependiendo de la universidad? Como sabes,[a] el sistema de evaluación más común en los Estados Unidos es el sistema de letras (A, B, C, D o F). En cambio,[b] en la mayoría[c] de las universidades del mundo hispano el sistema que se usa[d] es una escala[e] de números del 1 al 10. La equivalencia de las calificaciones en números es:

10.0 = Sobresaliente (Excelente)

9.0–9.9 = Muy bien

8.0–8.9 = Bien

7.5–7.9 = Suficiente

7.5 = Calificación mínima aprobatoria[f]

---

[a]Como... *As you know*   [b]En... *On the other hand*   [c]*majority*   [d]*se... is used*   [e]*scale*
[f]Calificación... *Minimum Passing Grade*

COMUNICACIÓN

Act. I., Suggestion: Give students 3–4 minutes to conduct interview. Be sure each student has a chance to interview and to be interviewed.
Follow-up: Ask students how they responded to the questions and what question they asked for (5). The class can learn more about their classmates.

ACTIVIDAD I ¿Dónde hay... ?

Interview a classmate to find out his or her responses to the following questions. Jot down your partner's answers. Then, switch roles. Do you agree?

1. ¿En qué clases hay muchos estudiantes?
2. ¿En qué clases hay pocos estudiantes?
3. ¿Dónde hay mucha acción en el *campus*?
4. ¿Dónde hay poca acción en el *campus*?
5. ¿ ?

Look at the website of at least one university in the Spanish-speaking world. Try to find the answers to at least one of the following questions.

1. How many specializations (majors) does the university offer?
2. What is the average class size?
3. How many total students does the university enroll?

Print out the page(s) and be ready to share your information with the class.

INTERCAMBIO

Para mi profesor(a)

Propósito (*Purpose*): to provide your instructor with some basic information on a classmate.

Papeles (*Roles*): two people, the interviewer and one who is interviewed.

Paso 1 Look over the chart below. A little later you will fill in a similar chart with information about a classmate (**un compañero [una compañera] de clase**).

Paso 2 Before you begin, think about the questions you will need to ask your classmate. How do you ask in Spanish what a person's major is? How do you find out how many credits someone is taking? Think through all of your questions before you interview your partner.

Paso 3 Pair up with someone. As you conduct the interview, jot down all the information you receive.

Intercambio, **Purpose:** This is the lesson-culminating activity toward which students have been working.
Suggestion: Give students 30 seconds to read *Propósito, Papeles,* and *Paso 1* and to look over chart. Say: *La información es para mí.*
Paso 2, **Suggestion:** Give students 1 minute to read the *paso* and to think about questions. You may want to brainstorm a few questions with the class.
Paso 3, **Suggestion:** Say: *Ahora pueden hacerle la entrevista a un compañero o una compañera de clase.* Be sure students follow instructions; in other words, discourage students from merely handing the outline to a classmate to fill out. While students are interviewing, circulate to monitor and answer questions. If a student does not have a partner, assign him/her to work with one.

Me llamo _____.

Mi compañero/a de clase

Mi compañero/a de clase se llama _____.

Es de _____ (*place*).

Su especialización: _____

Clases que tiene este semestre (trimestre): _____

_____

_____

_____

_____

_____

Total de sus créditos este semestre (trimestre): _____

Su materia favorita: _____

Paso 4 Turn in the chart to your instructor. You have just done your instructor a big favor—you've helped him or her get to know the members of the class!

Así se dice

Written accent marks in Spanish usually show a shift from normal patterns of stress in spoken words and tell you on which vowel to place stress if a word does not follow these patterns. However, a handful of words are pronounced the same whether they carry a written accent or not. The words are different in meaning, so the written accent is a spelling device. Have you noticed any of the following in **Lección preliminar?**

sí (*yes*)	si (*if*)
tú (*you*)	tu (*your*)
qué (*what*)	que (*that* [*conjunction*])
cómo (*how*)	como (*like, as*)

See whether you can spot others like this as you learn Spanish.

¿De dónde eres?

Vistazos culturales
El español como lengua mundial

¿Sabías que... después del inglés el español es la lengua de más difusión mundial[a]? Aunque muchos dicen que el chino es la lengua más hablada[b] del mundo, con más de mil millones[c] de hablantes,[d] el español se habla en muchos otros países[e] en cinco continentes. En total, unos 450 millones de personas hablan español en el mundo entero. Con tantos[f] hablantes y con tanta difusión, hay mucha variación dialectal.

[a]*in the world* [b]*spoken* [c]*mil... one billion* [d]*speakers* [e]*countries* [f]*so many*

El español se habla en los continentes de Europa, África, América del Norte, América del Sur y Asia.

El español tiene su origen en una pequeña región en el norte de España. La región hoy[a] se llama Cantabria.

[a]*today*

Países de habla española y su población* en millones de habitantes

Argentina	37.3	El Salvador	6.2	Panamá	2.8
Bolivia	8.3	España	40.0	Paraguay	5.7
Chile	15.3	Guatemala	12.9	Perú	27.4
Colombia	40.3	Guinea Ecuatorial	0.45	Puerto Rico	3.9
Costa Rica	3.7	Honduras	6.4	República Dominicana	8.5
Cuba	11.1	México	101.8	Uruguay	3.3
Ecuador	13.1	Nicaragua	4.9	Venezuela	23.9
Estados Unidos	28.1				

*Poblaciones estimadas en el año 2001.

En México, Venezuela y muchos otros países: **una naranja**[a]

En Puerto Rico: **una china**

───────

[a]*orange*

En Colombia, Cuba, el Perú y los Estados Unidos: **ustedes son**

En España: **vosotros sois** o **ustedes son**

El vocabulario

En España: **arvejas**[a]

En México: **guisantes**

───────

[a]*peas*

En España, México y muchos otros países: **tú eres**

En la Argentina, el Uruguay y Costa Rica: **vos sos**

La gramática

En Nicaragua: **un niño**[a]

En España: **un nene**

En Chile: **una guagua**

───────

[a]*child (young boy, infant)*

Las diferencias dialectales

En el Perú, México y muchos otros países: **s** final pronunciado casi siempre[a]

- tú ere**s**
- lo**s** e**s**tudiante**s**
- veintidó**s** libro**s**

En el Caribe y el sur de España: **s** final no pronunciado con mucha frecuencia

- tú ere'
- lo' e'tudiante'
- veintidó' libro'

───────

[a]*always*

La pronunciación

En el Paraguay, El Salvador y muchos otros países:

- Hasta l**ue**go.[a]

En el norte de España:

- Hasta l**uo**go.

───────

[a]*Hasta... See you later.*

En Los Ángeles (chicanos) y muchos otros lugares:[a] **ll** y **y** pronunciados como la **y** de *yoga* en inglés

- **Y**o me **y**amo [llamo] Juan.

En la Argentina y el Uruguay: **ll** y **y** pronunciados como la **s** de *treasure* o como la *ss* de *mission* en inglés

- **Zh**o me **zh**amo Juan.
- **Sh**o me **sh**amo Juan.

───────

[a]*places*

ACTIVIDAD ¿Qué recuerdas?

Indicate whether each statement is true (**cierto**) or false (**falso**).

	CIERTO	FALSO
1. En Puerto Rico una **china** es una naranja.	☐	☐
2. Hay más hispanohablantes (personas que hablan español) en México que en cualquier otro (*any other*) país del mundo.	☐	☐
3. El chino se habla en más países que el español.	☐	☐
4. En el Caribe la tendencia es pronunciar claramente la **-s** al final de las palabras.	☐	☐
5. En la Argentina y el Uruguay se dice **vos sos** y en Cuba y España se dice **tú eres.**	☐	☐
6. El español se originó en Sevilla, España.	☐	☐
7. El país de habla española más pequeño (por su población total) es la Guinea Ecuatorial.	☐	☐

NAVEGANDO LA RED

Complete *one* of the following activities. Then present your information to the class.

1. Look for about eight Spanish words spoken by Chicanos in the United States and jot down their equivalents in English.

2. Look for information about the **Real Academia Española.** Then jot down the following details.

    a. cuándo se fundó (*when it was founded*)
    b. en qué ciudad (*city*) está
    c. su misión

3. Choose a country or dialect from the Spanish-speaking world and look for 5–6 Spanish words that are unique to that country or dialect.

VOCABULARIO COMPRENSIVO

¡Hola!
Hello!

¿Cómo te llamas?
¿Cómo se llama usted?
¿Cuál es tu nombre?
} What's your name?

Me llamo _____.
Mi nombre es _____.
} My name is _____.

Soy _____.
I'm _____.

Se llama _____.
Su nombre es _____.
} His/Her name is _____.

Mucho gusto.
Encantado/a.
} Pleased to meet you.

Igualmente.
Likewise.

¿De dónde eres?
¿De dónde es usted?
} Where are you from?

Soy de _____.
I'm from _____.

¿Y tú?
¿Y usted?
} And you?

Saludos y despedidas
Greetings and Leave-takings

Buenos días.
Good morning.
Buenas tardes.
Good afternoon.
Buenas noches.
Good evening.
¿Qué tal?
What's up? How's it going?

Adiós.
Good-bye.
Chau.
Ciao.
Hasta mañana.
See you tomorrow.
Hasta pronto.
See you soon.
Nos vemos.
We'll be seeing each other.

En (la) clase
In Class

¿Cómo?
Pardon me?
¿Cómo dice?
What did you say?
¿Cómo se dice _____ en español?
How do you say _____ in Spanish?
No comprendo.
No entiendo.
} I don't understand.

No sé.
I don't know.
Otra vez, por favor.
Again, please.
Repita, por favor.
Repeat, please.
Tengo una pregunta, por favor.
I have a question, please.

Verbos
Verbs

hay
there is, there are
ser
to be
tengo
I have
tienes
you have

Carreras y materias
Majors and Subjects

Las ciencias naturales
Natural Sciences
la astronomía
astronomy
la biología
biology
la física
physics
la geografía
geography
la química
chemistry

Las ciencias sociales
Social Sciences
la antropología
anthropology
las ciencias políticas
political science
la economía
economics
la historia
history
la psicología
psychology
la sociología
sociology

Las humanidades (las letras)
Humanities (Letters)
el arte
art
la composición
writing
las comunicaciones
communications
la filosofía
philosophy
los idiomas
las lenguas extranjeras
} foreign languages
  el alemán
German
  el español
Spanish
  el francés
French
  el inglés
English
  el italiano
Italian
  el japonés
Japanese
  el portugués
Portuguese
la literatura
literature
la música
music
la oratoria
speech
la religión
religion
el teatro
theater

Otras materias y especializaciones	Other Subjects and Majors
la administración de empresas	business administration
la agricultura ⎫ la agronomía ⎭	agriculture
el cálculo	calculus
la computación	computer science
la contabilidad	accounting
la educación física	physical education
la enfermería	nursing
la informática	computer science
la ingeniería	engineering
la justicia criminal	criminal justice
las matemáticas	mathematics
el mercadeo	marketing
el periodismo	journalism

Más sobre las clases — More About Classes

el/la compañero/a de clase	classmate
el/la estudiante	student
el libro	book
el/la profesor(a)	professor

¿Qué carrera haces?	What is your major?
¿Qué estudias?	What are you studying?
Estudio _____.	I am studying _____.
Soy estudiante de _____.	I am a(n) _____ student.
No lo sé todavía.	I don't know yet.

Preferencias — Preferences

¿Te gusta(n) _____?	Do you like _____?
Sí, me gusta(n) _____.	Yes, I like _____.
No me gusta(n) _____.	I don't like _____.
No me gusta(n) para nada.	I don't like it (them) at all.

Los números 0 a 30 — Numbers 0–30

cero	ocho	dieciséis	veinticuatro
uno	nueve	diecisiete	veinticinco
dos	diez	dieciocho	veintiséis
tres	once	diecinueve	veintisiete
cuatro	doce	veinte	veintiocho
cinco	trece	veintiuno	veintinueve
seis	catorce	veintidós	treinta
siete	quince	veintitrés	

Pronombres de sujeto — Subject Pronouns

yo	I
tú	you (*fam. s.*)
usted, Ud.	you (*form. s.*)
él, ella	he, she
nosotros/as	we
vosotros/as	you (*fam. pl. Sp.*)
ustedes, Uds.	you (*form. pl.*)
ellos, ellas	they

Adjetivos descriptivos — Descriptive Adjectives

aburrido/a	boring
bueno/a	good
espantoso/a	scary
malo/a	bad
tonto/a	foolish

Cognados: atractivo/a, cómico/a, cosmopolita, famoso/a, favorito/a, insincero/a, inteligente, interesante, optimista, pesimista, raro/a, realista, serio/a, sincero/a

Adjetivos de posesión — Possessive Adjectives

mi(s)	my
tu(s)	your (*fam. s.*)
su(s)	your (*form. s., pl.*), his, her, their

Adjetivos de cantidad — Quantifying Adjectives

algunos/as	some
mucho/a	much
muchos/as	many
poco/a	little
pocos/as	few

Adjetivos demostrativos — Demonstrative Adjectives

este/a	this
estos/as	these
ese/a	that
esos/as	those

Artículos indefinidos

Indefinite Articles

un(a)   a, an
unos/as   some

Artículos definidos

Definite Articles

el, la
los, las   the

Otras palabras y expresiones útiles

Other Useful Words and Expressions

el/la amigo/a   friend
el/la chico/a   boy, girl
el/la compañero/a de cuarto   roommate
el examen   test
el país   country

aquí   here
¿cuántos/as?   how many?
de   of; from
gracias   thank you, thanks
mucho   a lot, very much
muy   very
no   no
o   or
por favor   please
que   that, when
¿qué?   what?
¿quién?   who?, whom?
sí   yes
y   and

UNIDAD UNO

Entre nosotros

El camión (*1929*) *por Frida Kahlo (mexicana, 1907–1954)*

La biblioteca de la Universidad Nacional Autónoma de México (UNAM) en México D.F.

¿Cómo es tu horario?

In this lesson, you'll focus on daily routines and schedules. You will also

◆ describe, ask, and answer questions and make comparisons related to people's daily routines

◆ talk about time and the days of the week

◆ learn how to form the singular forms of present-tense verbs

◆ learn to express when and how often you do something

ALTO Before beginning this lesson, look over the **Intercambio** activity on pages 52–53. This is the activity you will be working toward throughout the lesson.

En una cafetería en México, D.F. (Quecas = Quesadillas)

VOCABULARIO

¿Cómo es una rutina?

Talking About Daily Routines

El horario de Elena Chávez, estudiante de biología en la Universidad de Miami.

1. Elena **se levanta** temprano.

2. **Hace** ejercicio aeróbico.

3. **Desayuna** café con leche.

4. **Asiste** a clase.

5. **Trabaja** en un laboratorio por la tarde.

6. **Regresa** a casa.

7. **Da** un paseo con su perro Duque.

8. **Juega** con el perro.

9. **Come** pizza en casa.

10. **Lee** su correo electrónico.

11. **Estudia** mucho.

12. **Se acuesta** a las 11.00.

El horario de Tomás Menéndez, diseñador (*designer*) de software y estudiante de noche en la Universidad de Santo Domingo.

1. Tomás **se despierta** tarde.

2. **Lee** el periódico.

3. **Va** en carro a la oficina La Computación.

4. **Habla** por teléfono.

5. **Almuerza** con una amiga.

6. **Sale** de la oficina.

7. **Asiste** a una clase.

8. **Duerme** en clase.

9. **Cena** con dos amigos.

10. **Mira** la televisión en casa.

11. **Escucha** música y **estudia.**

12. **Se acuesta** muy tarde.

Vocabulario útil

¿Cuándo?	When?		
por la mañana	in the morning	**temprano**	early
por la tarde	in the afternoon	**tarde**	afternoon; late
por la noche	in the evening, at night		

Otros términos	Other Terms		
los mensajes	(e-mail) messages	**navegar la Red**	to surf the Net
enviar (envío), mandar	to send	**recibir**	to receive

Note in the **Vocabulario útil** box above that the word **tarde** as a noun means *afternoon* (**la tarde**), and as an adverb means *late*. (**Tomás se despierta tarde.**)

ACTIVIDAD A El horario de Elena

Look at the drawings of Elena on page 32. As your instructor describes each one, give the number of the drawing.

MODELO **PROFESOR(A):** Elena hace ejercicio aeróbico.
ESTUDIANTE: Número dos.

1... 2... 3... 4... 5... 6... 7... 8... 9... 10... 11... 12...

ACTIVIDAD B El horario de Tomás

Look at the drawings of Tomás on page 33. As your instructor describes each one, give the number of the drawing.

1... 2... 3... 4... 5... 6... 7... 8... 9... 10... 11... 12...

ACTIVIDAD C ¿Cierto o falso?

Look again at the pictures of Elena and Tomás on pages 32–33 and listen as your instructor reads statements about them. Is each statement **cierto** or **falso**? Correct the false statements.

MODELOS **PROFESOR(A):** En el número ocho, Tomás duerme en clase.
ESTUDIANTE: Cierto.

PROFESOR(A): En el diez, Elena come.
ESTUDIANTE: Falso. Elena lee su correo electrónico.

Elena: 1... 2... 3... 4... 5... 6...
Tomás: 1... 2... 3... 4... 5... 6...

GRAMÁTICA

¿Trabaja o no?

ACTIVIDAD D ¿Y otra persona?

With what you know now, how many things can you say about another person's daily routine? Using the vocabulary for daily routines, present five statements to the class about someone you all know. The class will decide if you are correct or not. Here are some suggestions, but feel free to use other people.

el presidente de los Estados Unidos
la primera dama (*First Lady*)
un actor o una actriz
el profesor (la profesora)
un(a) estudiante de esta clase

MODELO   El presidente de los Estados Unidos se levanta temprano todos los días.

1... 2... 3... 4... 5...

Act. D, Suggestion: Give students 3 minutes to read instructions and to jot down their 5 statements.
Follow-up: Ask 3–4 students to share their statements aloud with class. Ask class if it agrees with the statements.
Optional follow-up: Ask students to share their statements aloud but without mentioning the person to whom they are referring. It is then up to the class to listen and identify the person whose routine is being described.

Talking About What Someone Else Does

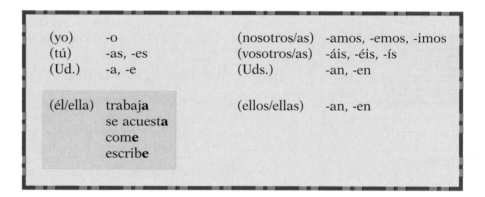

(yo)	-o	(nosotros/as)	-amos, -emos, -imos
(tú)	-as, -es	(vosotros/as)	-áis, -éis, -ís
(Ud.)	-a, -e	(Uds.)	-an, -en
(él/ella)	trabaj**a** / se acuest**a** / com**e** / escrib**e**	(ellos/ellas)	-an, -en

As in many languages, Spanish verbs (words that express actions, states, processes, and other events) consist of a stem (the part that indicates the action, state, or event) and an ending. In the verb form **trabaja, trabaj-** is the stem (it means *work*) and **-a** is the ending that tells you several things: present tense, third person singular (some other person is doing the working).

Verbs can be conjugated, that is, they can indicate who or what the subject is (as in **trabaja**) or they can be in the infinitive. Infinitives in English are usually indicated with *to: to run, to get up, to sleep.* Spanish infinitives end in **-r** and belong to one of three classes: **-ar (trabajar), -er (leer),** or **-ir (salir).**

To talk about someone else, a conjugated verb is used. It is called *third person singular.* Take the stem and add **-a** or **-e** as shown in the shaded box. (Note that **-er** and **-ir** verbs share the same ending in this case.)

Act. E, Suggestion: Give class 30 seconds to read the instructions, and 2 minutes to complete activity. **Follow-up:** Ask individuals to read one or two statements. After each student reads a statement, ask class, ¿Es el profesor típico o el estudiante típico? Comment or elaborate on each statement: Sí, el profesor típico almuerza en su oficina, y el estudiante típico almuerza en la cafetería.

Some Spanish verbs have stem-vowel changes. You will simply have to memorize these.

o → ue
ac**o**starse → se ac**ue**sta
d**o**rmir → d**ue**rme

e → ie
t**e**ner (*to have*) → t**ie**ne

e → i
p**e**dir (*to ask for, request*) → p**i**de

If you see a third person singular verb form that has a **ue, ie,** or **i** in the stem, chances are that in the stem of the infinitive there is an **o, e,** or **e,** respectively!

Here are other stem-changing verbs you will find useful.

o → ue	e → ie
jugar* (*to play*)	pensar (*to think*)
poder (*to be able to, can*)	entender (*to understand*)
volver (*to return*)	querer (*to want*)
	preferir (*to prefer*)
	venir (*to come*)

e → i
vestirse (*to get dressed*)

Notice that the present tense in Spanish is used to talk about (1) habitual actions and (2) things that are happening *right now*.

ACTIVIDAD E ¿Son típicos o no?

Based on your general assumptions about professors and students, decide if each of the following statements relates more to a typical professor or a typical student. Which statements apply to both? (Note that all verbs in the following statements are stem-changers.)

P = El profesor típico (La profesora típica)...
E = El estudiante típico (La estudiante típica)...

1. _____ se acuesta temprano.
2. _____ se viste de manera (*manner*) informal.
3. _____ prefiere la música *rock* a (*to*) la música clásica.
4. _____ almuerza en la cafetería.
5. _____ juega al tenis.
6. _____ pide explicación cuando no entiende la lección.
7. _____ piensa en (*thinks about*) su futuro.
8. _____ no duerme lo suficiente (*enough*).†

***Jugar** follows the pattern of **o → ue** verbs although its stem vowel is **u.** It is the only verb in Spanish that does so.

†Negative sentences are formed by placing **no** before the conjugated verb. If there is a reflexive verb like **se levanta** or **se acuesta,** the **no** precedes the **se.** Notice that Spanish does not have a support verb equivalent to *does* or *do*.

Tomás **no se acuesta** temprano. *Tomás doesn't go to bed early.*
Elena **no trabaja** por la mañana. *Elena doesn't work mornings.*

COMUNICACIÓN

ACTIVIDAD F ¿Y los perros°?

dogs

See whether you can talk about the daily life of a dog by using correct verb forms in logical sentences. While you may use any of the daily activities and verbs you have learned so far, below are some new verbs and words that may be useful. Afterwards, decide if the same is true for a cat (**un gato**).

Vocabulario útil

el agua	water	**beber**	to drink	**al...**	to the . . . / at the . . .
el cartero	mail carrier	**correr**	to run	**con**	with
la pelota	ball	**ladrar**	to bark		

IDEAS PARA EXPLORAR

Durante la semana

VOCABULARIO

¿Con qué frecuencia?

Talking About How Often People Do Things

Tomás lee el periódico
todas las mañanas.

You have learned how to say whether an event takes place in the morning, afternoon, or evening. To talk about routine activities that occur every day (night, and so forth) you can use either **todos los _____** or **todas las _____.***

Tomás...

se levanta tarde **todas las mañanas.**
almuerza en un café **todas las tardes.**
se acuesta tarde **todas las noches.**
escucha música **todos los días.**

To refer to a frequent activity, you can use the words **frecuentemente, generalmente, regularmente,** and **normalmente.**

Elena come pizza **frecuentemente.**

To talk about how often you do an activity, you may use the following expressions.

siempre	*always*
con frecuencia	*frequently*
a veces	*sometimes*
de vez en cuando	*from time to time*
pocas (raras) veces	*rarely*
nunca	*never*

*****Todos los** and **todas las** are equivalent to *every* in English in these contexts.

Así se dice

Do you remember the irregular verb **ser** from **Lección preliminar (soy, eres, es, es, somos, sois, son, son)?** Another highly irregular verb is **ir** (*to go*).

(yo)	voy	(nosotros/as)	vamos
(tú)	vas	(vosotros/as)	vais
(Ud.)	va	(Uds.)	van
(él/ella)	va	(ellos/ellas)	van

Act. A, Suggestion: Give students 1–2 minutes to read instructions and to do activity. **Follow-up:** Read several statements to class. If a statement generates mixed *cierto/falso* responses, elaborate. For example, *El estudiante típico siempre duerme ocho horas todas las noches. ¿Cuántos de Uds. duermen ocho horas? ¿Cuántos duermen menos de 8 horas con frecuencia? ¿más de 8 horas?* **Follow-up, Option:** Read class the following statements, asking, *¿Cuántos de Uds. dicen cierto? ¿Y cuántos dicen falso? El estudiante norteamericano (La estudiante norteamericana) normalmente va en carro a la universidad. El estudiante norteamericano (La estudiante norteamericana) siempre escucha música cuando estudia.*

ACTIVIDAD A ¿Cierto o falso?

Read the following statements about a typical week in the life of a student at your institution. Are they **cierto** or **falso?**

El estudiante norteamericano
(La estudiante norteamericana)...

	C	F
1. se levanta temprano todos los días.	☐	☐
2. no va a clases regularmente y está ausente (*is absent*) frecuentemente.	☐	☐
3. siempre duerme ocho horas todas las noches.	☐	☐
4. escribe sus composiciones a computadora normalmente.	☐	☐
5. no mira (*doesn't watch*) la televisión nunca.	☐	☐
6. lee novelas cuando (*when*) no estudia.	☐	☐
7. almuerza en McDonald's raras veces.	☐	☐
8. se acuesta muy tarde con frecuencia.	☐	☐

ACTIVIDAD B ¿Con qué frecuencia?

How often does your best friend do certain activities? Put an X in the appropriate column to indicate what is true for him (her).

	SIEMPRE	CON FRECUENCIA	DE VEZ EN CUANDO	RARAS VECES	NUNCA
1. Lee su correo electrónico.					
2. Se acuesta a las 2.00 de la mañana.					
3. Va a la biblioteca.					
4. Se levanta a las 5.00 de la mañana.					
5. Hace ejercicio aeróbico.					
6. Duerme en clase.					

ACTIVIDAD C Mi profesor(a) de español

Paso 1 Interview a classmate to find out how often he or she thinks
your Spanish instructor does the following activities. Use a different
expression from the following list in each question and answer.

todos los días
todas las mañanas/tardes/noches
frecuentemente, regularmente, generalmente
a veces
pocas (raras) veces
nunca

MODELO   mira la televisión →
    E1: ¿Mira la televisión frecuentemente el profesor (la
       profesora)?
    E2: Sí, todos los días.
       (No, no mira la televisión frecuentemente.)

1. desayuna
2. come chocolate
3. mira la televisión en español
4. habla por teléfono
5. se acuesta temprano
6. navega la Red

Paso 2 Be prepared to read aloud to the class your questions and
answers from **Paso 1.** After your classmates share their opinions about
the instructor's routine, he or she will say if you were right!

1 de cada 10 españoles
ve todos los días TV3

VOCABULARIO

¿Qué día de la semana?

LOS **DÍAS LABORALES** (*WORKDAYS*)

> lunes   martes   miércoles   jueves   viernes

LOS DÍAS DEL **FIN DE SEMANA** (*WEEKEND DAYS*)

> sábado   domingo

To ask what day it is, you say

> **¿Qué día es hoy?**

To respond, say

> **Hoy es** domingo.
> (**Mañana es** lunes.)

ACTIVIDAD D Las clases de Elena

Your instructor will make a series of statements about Elena's class schedule. Indicate whether they are **cierto** or **falso,** according to the schedule below.

1...   2...   3...   4...   5...   6...

LUNES	MARTES	MIÉRCOLES	JUEVES	VIERNES
Biología II	Biología II	Biología II	Biología II	
	Cálculo avanzado		Cálculo avanzado	
Entomología		Entomología		Entomología
Geografía de las Américas		Geografía de las Américas	La destrucción del planeta	Geografía de las Américas

COMUNICACIÓN

ACTIVIDAD E La semana del profesor (de la profesora)

As a class, see whether you can piece together your instructor's weekly schedule by asking only yes/no questions. Several examples are provided for you. As you get information, write it into a calendar like the one on the following page. See how much the class can find out in eight to ten minutes.

> MODELOS ¿Tiene Ud. una clase los lunes por la mañana?
>
> ¿Tiene Ud. horas de oficina los lunes? ¿los martes?

	LUNES	MARTES	MIÉRCOLES	JUEVES	VIERNES
por la mañana					
por la tarde					
por la noche					

NAVEGANDO LA RED

Look up the office hours of a professor at a university in a Spanish-speaking country and bring this information to class. Are this person's office hours comparable to those of your Spanish professor?

GRAMÁTICA

¿Y yo?

Talking About Your Own Activities

(yo)	trabaj**o**	(nosotros/as)	-amos, -emos, -imos
	me acuest**o**		
	com**o**		
	escrib**o**		
(tú)	-as, -es	(vosotros/as)	-áis, -éis, -ís
(Ud.)	-a, -e	(Uds.)	-an, -en
(él/ella)	-a, -e	(ellos/ellas)	-an, -en

—**Estudio** por la tarde o por la noche. No **salgo** porque **me levanto** muy temprano todas las mañanas.

—Normalmente no **duermo** mucho porque **trabajo** mucho y **estudio.**

You have already learned to form verbs ending in **-a** and **-e** to talk about someone else's daily activities. To talk about what *you* do, most verbs will end in **-o,** as illustrated in the shaded box. Note that stem-vowel changes also appear in the **yo** form of the verb, also called *first person singular.*

> Normalmente, **estudio** por la noche.
> **Duermo** una hora todas las tardes.
> **Me levanto** temprano los sábados.

Did you catch that a verb that takes **se** in the third person form will take **me** in the first person singular form? Here is another example.

> Normalmente, **me acuesto** a las 11.30.

Several of the verbs with which you are familiar have slightly altered stems.

> **Hago** ejercicio con frecuencia.
> No **salgo** mucho con mis amigos.
> **Tengo** mucho trabajo esta semana.

Remember the irregularity of **ir?**

> **Voy** al laboratorio para practicar el español.

Another common verb, **decir** (*to say; to tell*) is also highly irregular. It has more than one kind of change!

> —¿Qué **dices?**
> —¿Yo? Yo no **digo** nada.

ACTIVIDAD F ¿En qué orden?

Paso 1 Number these activities from 1 to 10 in the order in which *you* would do them.

_____ Me acuesto.
_____ Voy en carro a la universidad.
_____ Ceno.
_____ Regreso a casa (al apartamento, a la residencia [*dormitory*]).
_____ Leo el periódico.
_____ Estudio.
_____ Almuerzo.
_____ Desayuno.
_____ Navego la Red.
_____ Hago ejercicio por quince minutos.

Paso 2 Tell the class the order you decided on. Did many of your classmates put the activities in a similar order? Is there a more logical order than the one you came up with?

Paso 2, **Suggestion:** Give students 1–2 minutes to share their orders with one or more classmates.

Act. F, Paso 1, **Suggestion:** Give students 1–2 minutes to complete.

Los hispanos hablan: ¿Funcionas mejor de día o de noche? «Yo, por ser original de Guatemala, me gusta mucho el

café, y tomo café durante todo el día. Esto me da mucha energía, y entonces la energía no se termina hasta en la noche. Durante el día vengo a la universidad. Estudio, enseño —por la tarde enseño— y por la noche regreso a casa para cocinar la cena y jugar con las hijas. Después de jugar y después de cenar voy al gimnasio a hacer ejercicio. Luego después de hacer ejercicio regreso a casa, y entonces me pongo a escribir. Como he tomado mucho café entonces, energía todavía la tengo, y me acuesto a la 1.00 ó 2.00 de la mañana todos los días. El día siguiente me tengo que levantar temprano para regresar a la universidad y por las mañanas lo que hago únicamente es leer, puesto que no tengo mucha energía y puesto que no he tomado mucho café. En conclusión, pienso que funciono mejor de noche porque el café me da energía.»

Paso 3 Given the information you received from your classmates, which statement applies to you?

☐ Mi horario es un horario típico.

☐ Mi horario no es un horario típico.

ACTIVIDAD G **Mis actividades**

Paso 1 Decide whether each statement is **cierto** or **falso** for you.

	C	F
1. Voy a clase los lunes, miércoles y viernes.	☐	☐
2. Duermo cinco horas por la noche generalmente.	☐	☐
3. Compro revistas (*I buy magazines*) todas las semanas.	☐	☐
4. Estudio en la biblioteca porque necesito (*I need*) silencio.	☐	☐
5. Me acuesto temprano los días de clase.	☐	☐
6. No hago ejercicio frecuentemente.	☐	☐
7. Almuerzo con mis amigos todos los días.	☐	☐
8. Como pizza para el desayuno frecuentemente.	☐	☐
9. Escucho y tomo apuntes (*I take notes*) en mis clases.	☐	☐

Paso 2 Read the statements to a classmate. Your classmate will guess whether the statement is **cierto** or **falso** for you. Then trade places and you do the guessing.

ACTIVIDAD H **Los hispanos hablan**

Paso 1 Read the following **Los hispanos hablan** selection. The blank represents a deleted word. Based on what you read, what is the missing word?

Los hispanos hablan

¿Funcionas mejor de día o de noche?

NOMBRE: Néstor Quiroa

EDAD: 28 años

PAÍS: Guatemala

«Yo, por ser original de Guatemala, me gusta mucho el café, y tomo[a] café durante todo el día. Esto me da mucha energía[b] y entonces la energía no se termina[c] hasta en la noche.»

. . .

«En conclusión, pienso que funciono mejor de <u>noche</u> porque el café me da mucha energía.»

---

[a]*I drink* [b]*me… gives me a lot of energy* [c]*no… does not end*

Paso 2 Now watch the complete segment. Is your answer to **Paso 1** correct?

Vocabulario útil
el día siguiente   the next day
las hijas   daughters

1. Fill in the following grid with information about Néstor. Be sure to include one activity he does in the morning, one he does in the afternoon, and three activities he does at night.

Néstor...

Paso 2, Por la mañana...
(possible answers): *viene (va) a la universidad, estudia, se levanta temprano, lee.*
Por la tarde: enseña.
Por la noche... (possible answers): *regresa a casa, cocina la cena, juega con las hijas, va al gimnasio, hace ejercicio, escribe (or se pone a escribir), se acuesta a la 1.00 o las 2.00 de la mañana.*

POR LA MAÑANA...	POR LA TARDE...	POR LA NOCHE...

2. ¿Cierto o falso?

  C   Néstor toma café frecuentemente.
  F   Se acuesta a las 3.00 ó 4.00 de la mañana.
  F   Néstor es más activo por el día que por la noche.

Paso 3 Do you and your classmates function better during the day or at night? Quickly survey six of your classmates and jot down their answers. Use the following question to interview your classmates.

¿Funcionas mejor de día o de noche?

PERSONA	1	2	3	4	5	6
de día						
de noche						

Esta mujer lee su correo electrónico mientras toma su primer café del día.

COMUNICACIÓN

Act. I, Paso 1, Suggestion:
After students read over the instructions and the *Modelos*, you may wish to model the activity with 1 or 2 students. Give class 4–5 minutes to complete activity.

Paso 2, Suggestion: Ask as many students as possible to report what they learned.

ACTIVIDAD I Tú y yo

Paso 1 Here is a list of typical daily activities. See if you can find someone in the class who matches you on at least three. Follow the model.

caminar (*to walk*) a la
universidad
dormir en una clase
llegar (*to arrive*) tarde al
trabajo (a una clase)
soñar (ue) despierto (*to
daydream*)
tomar (*to drink*) café

MODELOS **E1:** Siempre tomo café por la mañana. ¿Y tú?
E2: Yo también. / Yo no.

E1: No duermo en la clase de español.
E3: Yo sí. / Yo tampoco. (*Neither do I.*)

Paso 2 When you have found someone with whom you share three activities, report to the class.

MODELO Yo siempre tomo café. Roberto también.

IDEAS PARA EXPLORAR

Más sobre las rutinas

VOCABULARIO

¿A qué hora... ?

Telling When Something Happens

To express what time of day you do something, use the expressions **a la** and **a las.**

—Asisto a mi primera (*first*) clase **a las ocho.**

—Almuerzo con mi amigo **a la una.**

Lección 1 ¿Cómo es tu horario?

cuarenta y cinco **45**

Use **cuarto** and **media** to express *quarter hour* and *half hour*.

y cuarto
y media
menos cuarto

—Llego a la oficina **a las diez menos cuarto.**

—Estudio **a las once y media.**

To express other times, add the number of minutes to the hour or subtract the number of minutes from the next hour.

—Leo mi correo electrónico **a las seis menos diez.**

—Hablo con una amiga **a las diez y veinte.**

Act. A, **Suggestion:** Give students 1–2 minutes to complete activity. Ask individuals to read a completed statement.

ACTIVIDAD A ¿A qué hora?

Elena mentions at what time she does certain activities. How does she logically complete each statement? Match the time to the appropriate activity. (See the drawings on page 32 for reference.)

1. __e__ Hago ejercicio aeróbico…
2. __d__ Trabajo en el laboratorio…
3. __c__ Prefiero levantarme…
4. __b__ Escribo la tarea…
5. __a__ Me acuesto…

a. a las once de la noche.
b. a las nueve de la noche.
c. a las seis de la mañana.
d. a las dos de la tarde.
e. a las seis y media de la mañana.

¿A qué hora sale el autobús?

Act. B, Paso 1, Answers: (1) *el español*, (2) *temprano = el norteamericano, tarde = el español*, (3) *el norteamericano*.

ACTIVIDAD B ¿Sabías que... ?

Paso 1 Read the **¿Sabías que... ?** selection. Then answer the following questions.

1. ¿Quién tiene una vida «más activa» por la noche, el español o el norteamericano?
2. ¿Quién cena (*eats dinner*) temprano y quién cena tarde?
3. ¿Quién pasa (*spends*) todo el día en el trabajo sin salir?

Paso 2 Using the question below, see whether you can find five people in class who prefer the Spanish schedule.

MODELO ¿Cuál de los dos horarios prefieres, el horario español o el norteamericano?

¿Sabías que... el horario de actividades diarias de un individuo varía de cultura a cultura?

En España y otros países hispanos, por ejemplo, generalmente uno se levanta por la mañana, trabaja hasta[a] la 1.00 o las 2.00 y va a almorzar a casa. Después, descansa[b] hasta las 4.00 y regresa al trabajo. No termina de trabajar hasta las 8.00 ó 9.00 de la noche. Cena tarde, normalmente a las 10.00, y frecuentemente sale después con sus amigos.

En este país, en cambio, una persona generalmente se levanta por la mañana, pasa ocho horas en el trabajo, regresa a casa a las 5.00, cena a las 6.00 ó 6.30, mira la televisión y se acuesta a las 11.00.

¿Cuál de los dos horarios prefieres?

---

[a]*until* [b]*Después,... Afterward, he or she rests*

Act. C, Suggestion: If Spanish is everyone's first class (e.g., 8:00 A.M.), then convert this activity to *Tu última clase.*

ACTIVIDAD C **Tu primera clase**

Get into pairs. In two minutes, ask your partner when his or her first class is on each day of the week. Jot down his or her responses. Be prepared to report the results to the class.

MODELO   E1: ¿A qué hora es tu primera clase los lunes?
           E2: A las nueve.

NAVEGANDO LA RED

Look up the banking hours of a bank in a Spanish-speaking country. **¿A qué hora abre (*opens*) el banco? ¿A qué hora cierra (*does it close*)?** Print out the information and bring it to class.

GRAMÁTICA

¿Y tú? ¿Y usted?

Addressing Others

—Pepe, **tú sales** de la universidad a las 2.00, ¿no?
—Sí. ¿Por qué **preguntas**?

(yo)	-o	(nosotros/as)	-amos, -emos, -imos
(tú)	estudi**as** te levant**as** le**es** asist**es**	(vosotros/as)	-áis, -éis, -ís
(Ud.)	estudi**a** se levant**a** le**e** asist**e**	(Uds.)	-an, -en
(él/ella)	-a, -e	(ellos/ellas)	-an, -en

—Profesora, ¿**es usted** del Perú?
—No, Eva. Soy de Bolivia. ¿Y **tú**?

You may have noticed that Spanish has several ways of expressing *you.* **Tú** implies less social distance between the speakers. **Usted** (generally abbreviated **Ud.**) indicates a more formal relationship and more social distance. The rules of usage vary from country to country and even within countries, but you can follow this rule of thumb: Use **tú** with your family, friends, anyone close to your own age—and with your pets. Use **Ud.** with everyone else.

For example, to ask a classmate about something, use **tú.** To get the **tú** verb form, add an **-s** to the final vowels **-a** or **-e** of the third person forms.

¿**Miras** la televisión todas las noches?
¿**Cenas** en restaurantes frecuentemente?

Certain verbs are used with **te.**

¿A qué hora **te levantas**?
¿**Te acuestas** tarde o temprano?

When speaking with someone whom you address as **Ud.,** use the same verb form as with **él** or **ella.**

¿**Trabaja** Ud. en la biblioteca?
Ud. **sale** con los amigos todos los días.

Note the use of **se** with some verbs in the **Ud.** form.

¿**Se levanta** Ud. tarde frecuentemente?
¿A qué hora **se acuesta** Ud.?

ACTIVIDAD D ¿Y tú? ¿Y usted?

Paso 1 Look at the questions below. Check the box that indicates whether each question is appropriate to ask a friend (**Para un amigo [una amiga]**) or your instructor (**Para mi profesor[a]**).

	PARA UN AMIGO (UNA AMIGA)	PARA MI PROFESOR(A)
1. ¿Te levantas temprano los lunes?	☐	☐
2. ¿Habla varios idiomas?	☐	☐
3. ¿Va frecuentemente al cine (*movies*)?	☐	☐
4. ¿Miras la televisión todos los días?	☐	☐
5. ¿Haces ejercicio regularmente?	☐	☐
6. ¿Empiezas (*Do you begin*) todas las mañanas de buen humor (*in a good mood*)?	☐	☐
7. ¿Lees el periódico todos los días?	☐	☐

Paso 2 Choose two of the questions from **Paso 1** that you checked as being appropriate to ask a friend. Pose these two questions to a classmate.

Paso 3 Now, choose two of the questions from **Paso 1** that you checked as being appropriate to ask your professor. Be ready to ask these questions if called on.

Act. D, Paso 3, **Suggestion:** Call on students to pose questions to you.

ACTIVIDAD E ¿A qué hora?

Pair up with a classmate you haven't already interviewed to find out at
what time (**a qué hora**) he or she does the following things. Write
down the information. Then switch roles.

> MODELO **E1:** ¿A qué hora almuerzas?
>   **E2:** A las doce.

¿A qué hora...

1. te levantas los lunes?
2. vas a tu clase favorita?
3. te acuestas los jueves?
4. vas a la universidad los miércoles?
5. regresas a casa los viernes?
6. miras la televisión, generalmente?
7. ¿ ?

GRAMÁTICA

¿Qué necesitas hacer?

Talking About What You Need or Have to Do on a Regular Basis

Tomás **tiene que trabajar...**

...y **estudiar** todos los días.

In order to talk about activities that you have to do, need to do,
should/ought to do, prefer to do, want to do, and can do, use the
appropriate verb in its conjugated form followed by an infinitive. Look
at the following examples:

> Elena **tiene que** (*has*) trabajar todas las tardes.
> **¿Necesitas** (*Do you need*) estudiar mucho?
> **Debo** (*I should*) leer el periódico más.
> **Prefiero** (*I prefer*) estudiar en la biblioteca (*library*).

Notice that when a reflexive verb such as **acostarse** or **levantarse** is
used, the pronoun can follow and be attached to the infinitive:

> Tomás **no puede** (*cannot*) acostarse temprano.
> Elena **quiere** (*wants*) levantarse temprano todos los días.

(Reflexive verbs will be discussed in more detail in later chapters.)

ACTIVIDAD F ¿Quién?

Read each of the statements below, then decide if each more likely
refers to a student, a dog, or a professor.

> **a.** una estudiante   **b.** un perro   **c.** un profesor

1. __a__ Debe estudiar todos los días.
2. __c__ Necesita corregir (*correct*) tarea con frecuencia.
3. __b__ Puede dormir dieciocho horas al día.
4. __a__ Quiere sacar notas (*grades*) buenas en sus clases.
5. __b__ Tiene que proteger (*protect*) la casa.
6. __a__ Prefiere salir con los amigos, pero no sale porque tiene que estudiar para un examen.
7. __c__ Debe memorizar los nombres de sus estudiantes.
8. __b__ No puede hablar por teléfono, navegar la Red ni (*nor*) leer el correo electrónico.

ACTIVIDAD G ¿Qué haces regularmente?

Paso 1 Think of activities you do regularly, whether you want to or not. Then complete each of the following statements with truthful information about your activities. Try to think of a different activity for each item.

Act. G, Paso 1, Suggestion:
Give students 2–3 minutes to complete activity.
Follow-up: Ask 4–5 students to share 1–2 of their responses with the class.

1. Debo _____ todos los días, pero (*but*) generalmente no lo hago (*I don't do it*).
2. Tengo que _____ todas las tardes, pero no me gusta.
3. Prefiero _____ más, pero no tengo que hacerlo (*to do it*).
4. Quiero _____ frecuentemente, pero no debo hacerlo.
5. Necesito _____ todos los días.
6. No puedo _____ todas las tardes.

Así se dice: Have students look over the new expressions and write down two things they do every day. Then have them read aloud and see how many things are repeated. Do many people in your class think alike?

Así se dice

You have already learned several useful expressions such as **con frecuencia, frecuentemente, generalmente, normalmente,** and **regularmente** to express habitual or recurring actions. Another way to express actions you perform regularly is to use a form of the verb **soler** plus an infinitive. Note that **soler** has several English equivalents.

Suelo estudiar por la mañana.   *I generally study in the morning.*
¿Cuántas horas **sueles** dormir?   *How many hours do you normally sleep?*
Suelo dormir seis horas.   *I usually sleep six hours.*

COMUNICACIÓN

ACTIVIDAD H Más actividades

Paso 1 Complete each sentence with the correct form of one of the following verbs to form truthful statements about yourself: **(no) deber, necesitar, poder, preferir, querer, soler, tener que.** Follow the model.

MODELO   Necesito dormir ocho horas todas las noches, pero no puedo.

Act. H, Paso 1, Suggestion:
Give students 3–4 minutes to complete the *paso.*
Paso 2, Suggestion: Give students 1 minute to share their responses with a classmate.
Follow-up: Ask 5–6 students to read 1–2 of their answers to the class. *¿Hay muchas respuestas en común?*

1. _____ recibir mensajes de correo electrónico,…
2. _____ hacer ejercicio,…
3. _____ tocar (*to play*) un instrumento musical,…
4. _____ asistir a clase,…
5. _____ dormir más,…
6. _____ jugar a videojuegos (*video games*),…

Paso 2 Share your responses with a classmate. How much do you have in common with him (her)?

NAVEGANDO LA RED

Look up the website of a university in a Spanish-speaking country. Are classes offered all day long? What's the earliest morning class? What's the latest evening class?

En tu opinión, **Suggestion:** *En tu opinión* is an optional, open-ended activity designed to provide students with additional opportunities to interact. You can ask students to discuss one or both of the statements in pairs or small groups before discussing with the class.

EN TU OPINIÓN

1. «El estudiante típico tiene un horario más flexible que el profesor típico.»
2. «Estudiar por la mañana es más difícil que estudiar por la noche.»

Be prepared to share your opinions, first with a partner or a small group, and then with the class.

 # INTERCAMBIO

Preguntas para un examen

Propósito: to form series of questions about two schedules.

Papeles: two people, the interviewer and one who is interviewed.

Paso 1 Fill in a schedule with at least two things you do in the morning, afternoon, or evening any two days of the week (except weekends). Include such things as when you get up, when you go to bed, when you arrive at school, and when you have lunch.

Intercambio: The entire activity may require 45–50 minutes.
Paso 3, **Optional:** This can be done as homework, with the test items (*Paso 4*) turned in the next class day.

	LUNES	MARTES	MIÉRCOLES	JUEVES	VIERNES
por la mañana					
por la tarde					
por la noche					

Paso 2 Interview someone with whom you have not worked in this lesson. Find out when he or she does the same or similar things as you on the same two days and jot down the information in the chart. Then make clean copies of your schedule and the schedule of the person you have just interviewed. (Don't forget to use **yo** forms for yourself and **él/ella** forms for your partner.)

	LUNES	MARTES	MIÉRCOLES	JUEVES	VIERNES
por la mañana					
por la tarde					
por la noche					

Paso 3 Using the two schedules, make up the following test items.

three true/false statements of a comparative nature

MODELOS Yo me levanto muy temprano por la mañana, pero Juan se levanta tarde.

Yo tengo que trabajar todos los días, pero Ana sólo necesita trabajar los jueves y viernes.

two questions that require an answer with a specific activity

MODELO Yo prefiero hacer esta actividad por la mañana, pero Juan prefiere hacer esto por la tarde. ¿Qué es? (estudiar)

Paso 4 Turn in both the schedules and the test items to your instructor.

Vistazos culturales
La vida diaria en el mundo hispano

¿Sabías que... el horario diario en el mundo hispano es muy diferente que el de este país? En muchos países hispanos la gente come, trabaja, va de compras,[a] y sale con amigos más tarde. Por ejemplo, en España es común cenar entre las 9.00 y 10.00 de la noche, mientras que[b] aquí la costumbre es cenar entre las 5.00 y 7.00 de la tarde. Sin embargo, en el mundo hispano hay diferencias de costumbre de país a país y de individuo a individuo como es el caso en este país.

[a]ir... *going shopping*   [b]mientras... *whereas*

En la mayoría de los países hispanos la comida más fuerte[a] del día es el almuerzo. Por lo general la gente[b] hispana come el almuerzo más tarde que la gente norteamericana. La siguiente tabla resume las diferencias generales entre los horarios de este país, España y México.

[a]comida... *heaviest meal*   [b]*people*

En México el horario de las comidas varía según[a] la región. En el norte de México, por ejemplo en Monterrey, el horario es más parecido[b] al de los Estados Unidos y el Canadá. El almuerzo se come[c] a las 12.30 o la 1.00 de la tarde y la cena es a las 6.00. En la parte central del país, por ejemplo en la Ciudad de México, las comidas se sirven[d] más tarde. El almuerzo se sirve entre las 2.00 y 4.00 de la tarde y la cena es entre las 8.00 y 10.00 de la noche.

[a]*according to*   [b]*similar*   [c]se... *is eaten*   [d]se... *are served*

PAÍS	EL DESAYUNO	EL ALMUERZO	LA CENA
los Estados Unidos y el Canadá	7.00–9.00	11.00–1.00	5.00–7.00
España	9.00–11.00	2.00–4.00	9.00–11.00
México (parte central)	7.00–9.00	2.00–4.00	8.00–10.00

Un almuerzo típico en México

En los Estados Unidos y el Canadá es típico que el almuerzo sea[a] una comida rápida que dura entre 30 minutos y una hora. En muchos países hispanos, el almuerzo puede durar un par[b] de horas. La gente no se marcha[c] inmediatamente después de comer. Se queda un rato[d] para conversar con la familia.

[a]*is*   [b]un... *a couple*   [c]no... *don't leave*   [d]Se... *They stay awhile*

You can investigate these cultural topics in more detail on the *¿Sabías que... ?* Online Learning Center website: **www.mhhe.com/sabiasque4**.

El horario oficial en muchos países hispanos se divide[a] en veinticuatro horas y no hay distinción entre A.M. y P.M. Por ejemplo, un autobús que sale a las 15.00, comienza su viaje[b] a las 3.00 de la tarde. Este sistema de tiempo se usa en los horarios del cine, del transporte público, de las tiendas[c] y de los bancos, etcétera.

_____
[a]se... is divided   [b]trip   [c]stores

¡ *Placer al Viajar* !

Pullman de Morelos

CUERNAVACA
AEROPUERTO DE LA CD. DE MEXICO

AEROPUERTO - CUERNAVACA		CUERNAVACA - AEROPUERTO	
6:30	15:45	4:00	12:00
7:30	16:30	4:30	12:40
8:15	17:15	5:00	13:20
9:15	18:00	5:30	14:15
10:30	18:45	6:00	15:00
11:15	19:30	7:00	16:00
12:00	20:15	8:00	16:40
12:45	21:00	9:00	17:15
13:30	22:00	10:00	18:15
14:15	23:00	10:40	19:30
15:00		11:20	

MEXICO D.F. **55-49-35-05 AL 08**
CUERNAVACA (73) **18-46-38 Ó 18-91-87**
TIEMPO APROX. DE RECORRIDO: **1 HR. 40 min.**

En España, México y otros países las discotecas suelen abrirse[a] a las 11.30 de la noche y se cierran a eso de[b] las 4.30 ó 5.00 de la mañana. En este país muchos clubes y discotecas se abren y se cierran más temprano.

_____
[a]open   [b]a... around

Aunque el día se divide en veinticuatro horas para los horarios, este sistema no se usa con mucha frecuencia para decir la hora. A la pregunta «¿Qué hora es?», se contesta[a] normalmente: «Son las 10.00 (de la noche)» y no «Son las 22.00.»

_____
[a]se... one answers

La vida nocturna

La hora

Los horarios diferentes

De compras

En este país el día laboral comienza a eso de las 8.00 de la mañana y termina a eso de las 6.00 de la tarde. En España el día laboral comienza a las 8.00 de la mañana pero termina a eso de la 1.30 cuando la gente come y toma una siesta. Después de la siesta, a eso de las 3.00 ó 4.00 de la tarde, la gente vuelve al trabajo donde permanece[a] hasta las 7.00 u[b] 8.00 de la tarde.

_____
[a](they) stay   [b]or

El día laboral

En el mundo hispano las tiendas suelen abrirse entre las 9.00 y 10.00 de la mañana y se cierran a las 2.00 de la tarde para la siesta. Se abren otra vez a eso de las 4.00 ó 5.00 y no se cierran hasta las 8.00 de la noche. También[a] muchas tiendas tienen horarios limitados los sábados y están cerradas los domingos.

_____
[a]Also

La **siesta** es un descanso de un par de horas en que los trabajadores suelen regresar a casa para almorzar, convivir[a] con la familia y descansar antes de regresar al trabajo. (Desafortunadamente, esta costumbre se está desapareciendo con las demandas y el ritmo acelerado de la sociedad del siglo XXI.)

_____
[a]spend time

ACTIVIDAD ¿Qué recuerdas?

Answer the following questions by completing each sentence.

1. ¿A qué hora termina el día laboral en España?

   Termina a eso de las ___7.00___ u ___8.00___ de la noche.

2. ¿Cómo son los horarios de las tiendas hispanas los fines de semana?

   Están abiertas los ___sábados___ pero cerradas los ___domingos___.

3. ¿A qué hora suele almorzar la gente del norte de México?

   Suele almorzar a las ___12.30___ o a la ___1.00___ de la tarde.

4. ¿En qué país se cierran más tarde las discotecas, en España o en los Estados Unidos?

   Se cierran más tarde en ___España___.

5. ¿A qué hora se suele cenar en la parte central de México?

   Se suele cenar entre las ___8.00___ y las ___10.00___ de la noche.

6. Si necesitas tomar un tren en España que sale a las 11.30 de la noche, ¿qué hora se indicará (*will be indicated*) en el horario de trenes?

   Se indicará: ___23.30___.

NAVEGANDO LA RED

Complete *one* of the following activities. Then present your information to the class.

1. Look for information about a bank in the Spanish-speaking world. Then compare the schedule of your bank in this country with that of the bank in that country and present your findings to the class. Answer the following questions.

   a. ¿Cuál banco se abre más temprano?
   b. ¿Cuál banco se cierra más tarde?
   c. ¿Cuál banco está abierto los fines de semana? (Da los horarios.)

2. Look for information about academic calendars in two different universities, each in a different Spanish-speaking country. Then compare your university's academic calendar with the calendars of the two universities you find on the Web and present your findings to the class. Answer the following questions.

   a. ¿Cuándo empieza el año académico en cada universidad y cuándo termina?
   b. ¿Cuántos días o semanas libres (*free*) tienen durante el calendario académico?

VOCABULARIO COMPRENSIVO

La vida de todos los días — Everyday Life

abrir	to open
acostarse (ue)	to go to bed
almorzar (ue)	to have lunch
asistir (a)	to attend
cenar	to have dinner
cerrar (ie)	to close
comer	to eat
conducir (conduzco)	to drive
conocer (conozco)	to know (*someone*)
deber + *inf.*	ought to, should, must (*do something*)
desayunar	to have breakfast
descansar	to rest
despertarse (ie)	to wake up
dormir (ue)	to sleep
entender (ie)	to understand
enviar (envío)	to send
escribir	to write
escuchar	to listen to
estudiar (R)*	to study
hablar	to speak
hablar por teléfono	to talk on the phone
hacer (*irreg.*)	to do; to make
hacer ejercicio	to exercise
hacer ejercicio aeróbico	to do aerobics
ir (*irreg.*)	to go
jugar (ue) (a)	to play (*sports*)
leer	to read
levantarse	to get up
mandar	to send
manejar	to drive
mirar (la televisión)	to look at, watch (TV)
navegar la Red	to surf the Net
necesitar	to need
pasar	to spend (*time*)
pedir (i)	to ask for, request
pensar (ie) (en)	to think (about)
poder (ue)	to be able, can
preferir (ie)	to prefer
preguntar	to ask (*a question*)
querer (ie)	to want
recibir	to receive
regresar	to return (*to a place*)
salir (*irreg.*)	to go out, leave
soler (ue) + *inf.*	to be in the habit of (*doing something*)

tener (*irreg.*)	to have
tener que + *inf.*	to have to (*do something*)
tocar (la guitarra)	to play (the guitar)
trabajar	to work
venir (*irreg.*)	to come
vestirse (i)	to get dressed
volver (ue)	to return (*to a place*)

¿Cuándo? — When?

durante	during
mañana	tomorrow
(muy) tarde	(very) late
(muy) temprano	(very) early
por la mañana	in the morning
por la tarde	in the afternoon
por la noche	in the evening, at night

¿Con qué frecuencia? — How Often?

a veces	sometimes
con frecuencia	often
de vez en cuando	from time to time
frecuentemente	frequently
generalmente	generally
normalmente	normally
nunca	never
pocas (raras) veces	rarely
regularmente	regularly
siempre	always
todas las mañanas (tardes, noches)	every morning (afternoon, night)
todos los días	every day

¿Qué día es hoy? — What Day Is It Today?

lunes	Monday
martes	Tuesday
miércoles	Wednesday
jueves	Thursday
viernes	Friday
sábado	Saturday
domingo	Sunday
el día laboral	workday
el fin de semana	weekend
Hoy es...	Today is . . .
Mañana es...	Tomorrow is . . .

---

*Words that appear with an (R) in a lesson vocabulary list are review (**Repaso**) words that were active in a previous lesson. They are included in these lists when they thematically fit the lesson.

¿Qué hora es?	What Time Is It?	**el cuarto**	room
Es la una.	It's one o'clock.	**el laboratorio**	laboratory
Son las (dos, tres).	It's (two, three) o'clock.	**el mensaje**	message
menos cuarto	quarter to	**el periódico**	newspaper
y cuarto	quarter past	**la rutina**	routine
y media	half past	**la tarea**	homework
		bueno/a (buen) (R)	good
¿A qué hora?	At What Time?	**en casa**	at home
A la una.	At one o'clock.	**con**	with
A las (dos, tres).	At (two, three) o'clock.	**en**	in; at
		más	more
		menos	less
Otras palabras y		**para**	for
expresiones útiles		**pero**	but
la biblioteca	library	**por**	during; for
el correo electrónico	e-mail	**porque**	because

¿Qué haces los fines de semana?

The focus of this lesson is weekend activities. In exploring this topic, you will

◆ learn how to talk about weekend activities

◆ describe your ideal weekend and make comparisons about how people spend their leisure time

◆ learn words of negation and how to use them

◆ learn more about the verb **gustar** and how to talk about likes/dislikes

◆ talk about the weather and discuss how it affects your free time

◆ learn more present-tense verb forms as well as the present progressive

◆ talk about the seasons and months

◆ learn to talk about things you are going to do

ALTO Before beginning this lesson, look over the **Intercambio** activity on page 79. This is the activity you will be working toward throughout the lesson.

En un lago de Sevilla, España

IDEAS PARA EXPLORAR

Actividades para el fin de semana

VOCABULARIO

¿Qué hace una persona los sábados?

Talking About Someone's Weekend Routine

El sábado de Elena

1. Por la mañana, Elena **corre** tres millas.

2. Después, **participa** en una sala de charla.

3. Por la tarde, **toma** café con dos amigos.

4. Por la noche, **baila** en un club de música latina.

El sábado de Tomás

1. Por la mañana, Tomás **limpia** su apartamento.

2. Luego, **hace de voluntario.**

3. Por la tarde, **saca** vídeos.

4. Por la noche, **se queda** en casa. (No **sale.**)

Act. A, Suggestion: Give students 20 seconds to read instructions. Make sure books are opened to these drawings. To start activity, say: *Yo voy a leer una descripción, y Uds. me dicen si es sábado o domingo.*
Statements: Read each statement once. Remind students they know how to ask for repetition. (1) *Elena nada en el mar este día.* (domingo) (2) *Tomás hace de voluntario este día.* (sábado) (3) *Tomás no hace nada en particular.* (domingo) (4) *Elena toma café con sus amigos.* (sábado) (5) *Tomás va de compras al supermercado.* (domingo) (6) *Elena va a la iglesia.* (domingo)

Act. B, Suggestion: Give students 20 seconds to read instructions. To start activity, say: *Voy a leer la descripción de una actividad, y Uds. me dicen si la persona es Elena o Tomás.*
Statements: Read each statement. (1) *Esta persona saca vídeos los sábados.* (Tomás) (2) *Los domingos esta persona juega al voleibol.* (Elena) (3) *Los sábados esta persona corre mucho.* (Elena) (4) *Esta persona lava su ropa los domingos.* (Tomás) (5) *En un sábado típico esta persona baila en un club.* (Elena) (6) *En un sábado típico esta persona hace de voluntario.* (Tomás) (7) *Frecuentemente los sábados esta persona se queda en casa.* (Tomás) (8) *Esta persona participa en una sala de charla los sábados.* (Elena)

Lección 2 ¿Qué haces los fines de semana?

El domingo de Elena

1. Por la mañana, Elena **va** a la iglesia.

2. Después, **juega** al voleibol con sus amigas.

3. Luego, **nada** en el mar.

4. Más tarde, **charla** con una amiga.

El domingo de Tomás

1. Por la mañana, Tomás **lava** su ropa.

2. Luego, **no hace nada** en particular.

3. Por la tarde, **va de compras** al supermercado.

4. Por la noche, **hace** la tarea para mañana.

ACTIVIDAD A ¿Qué día es?

Listen as your instructor reads statements about the typical weekend activities of Elena and Tomás. Then identify which day each statement refers to, according to the information in the drawings.

MODELO **PROFESOR(A):** Tomás limpia su apartamento.
ESTUDIANTE: Es sábado.

1… 2… 3… 4… 5… 6…

ACTIVIDAD B ¿Quién es?

Look again at the drawings. Your instructor will read several statements. Give the name of the person doing the activities described in each statement.

1… 2… 3… 4… 5… 6… 7… 8…

Act. C, Suggestion: Give students 2–3 minutes to write down 4–6 statements.
Follow-up: Have students get up and circulate in the class, finding classmates who do activities on the same days.

ACTIVIDAD C ¿Elena o Tomás?

Look again at the pictures of Elena and Tomás. Indicate two or three activities you have in common with either Elena or Tomás and two or three you don't have in common. Write your activities down, using the following models. Remember to put the verbs in the correct **yo** form. In class, compare your activities to those of your classmates.

MODELOS   Yo también corro los sábados.

               Normalmente no lavo mi ropa los domingos.

ACTIVIDAD D Mis fines de semana

This activity is a version of **Veinte preguntas.** Think of something that you normally do on the weekends. (If you do not know the Spanish expression for it, ask your instructor for help.) Your classmates will try to guess what the activity is by asking you yes/no questions.

MODELOS   ¿Haces la actividad con un amigo? ¿con una amiga? ¿solo/a (*alone*)?

               ¿Haces la actividad en casa? ¿en la universidad? ¿en un café? ¿en la playa (*beach*)?

               ¿Haces la actividad por la mañana, normalmente? ¿por la tarde? ¿por la noche? ¿a cualquier (*any*) hora?

               ¿Haces la actividad los sábados? ¿los domingos?

C OMUNICACIÓN

Act. D, Suggestion: Model activity so students understand that they are to ask only yes/no questions. You can ask students to first do activity in pairs or small groups. After, ask for a volunteer to come before the class and answer the class's questions. Repeat with 2–3 students. This can be converted into a game, with the class divided into two teams, and the team that correctly guesses the activity wins a point.

VOCABULARIO

¿No haces nada?

Negation and Negative Words

—Esto **no me gusta para nada. No quiero hacer nada** esta noche.
—Ay, eres imposible. **No hay nadie** como tú.

You know that the word **nunca** means *never.* A synonym of **nunca** is **jamás.** Note that **nunca** or **jamás** can precede a verb or follow it. If they follow a verb, then a **no** is required before the verb.

Nunca puedo dormir bien. / **No** puedo dormir bien **nunca.**

Jamás me quedo en casa los sábados. / **No** me quedo en casa los sábados **jamás.**

Here are some other negative words that function like **nunca** and **jamás.** Note how in English some of these words have several translations.

nada	*nothing, not anything*
nadie	*no one, not anyone*
ninguno/a	*none, not any*
tampoco	*neither, not either*

Así se dice

You have learned that **por** is used in expressions of time to mean *during* and *for:*

Elena toma café **por** la tarde y después estudia **por** dos horas.
Elena drinks coffee during the afternoon and then studies for two hours.

One of the uses of **para** is in reference to a future deadline:

Tomás hace la tarea **para** mañana.
Tomás is doing the homework for tomorrow.

(You will learn more about **por** and **para** in future lessons of *¿Sabías que... ?*)

No quiero hacer **nada.** — *I don't want to do anything.*

¿Quién se levanta temprano? **¿Nadie? ¿Nadie** se levanta temprano? / **¿No** se levanta **nadie** temprano? — *Who gets up early? No one? Doesn't anyone get up early?*

No voy a **ningún*** lugar este fin de semana. — *I'm not going anywhere this weekend.*

Yo (**no** voy a **ningún** lugar) **tampoco.** — *I'm not (going anywhere) either.*

Act. E, Suggestion: Give students 20 seconds to read instructions.

ACTIVIDAD E ¿Qué hace los fines de semana?

Listen as your instructor reads statements about several types of students. Circle the letter of the person described.

1. a. el estudiante dedicado   **b.** el estudiante no dedicado
2. a. el estudiante sociable   **b.** el estudiante solitario
3. a. el estudiante activo   **b.** el estudiante sedentario

ACTIVIDAD F Mis fines de semana

Indicate whether each statement is true or false according to your weekend routines.

	C	F
1. Nunca me acuesto antes de (*before*) la 1.00 de la mañana los sábados.	☐	☐
2. No limpio la casa los fines de semana.	☐	☐
3. Nunca me quedo en casa los viernes por la noche.	☐	☐
4. Tampoco me quedo en casa los sábados por la noche.	☐	☐
5. No saco vídeos con mucha frecuencia.	☐	☐
6. Tampoco veo la televisión mucho.	☐	☐
7. No hago ejercicio nunca los domingos.	☐	☐
8. Jamás voy a la biblioteca los sábados.	☐	☐

Statements: Read each of the sentences once. Remind students to ask for repetition if they need it. (1) *Este tipo de estudiante no estudia nunca los fines de semana.* (b) (2) *Este estudiante no hace ninguna actividad con otras personas.* (b) (3) *Este tipo de estudiante sale mucho y con frecuencia hace ejercicio.* (a)

COMUNICACIÓN

Act. F, Suggestion: Give students 2 minutes to complete the activity.
Follow-up suggestion: Read several of the statements, polling students how they answered. On the chalkboard write the number of those answering *cierto* or *falso.*

ACTIVIDAD G Los fines de semana del profesor (de la profesora)

Paso 1 What are your instructor's weekends like? With two other people, make up four statements using some negative expressions (**nada, nadie, nunca,** and so forth) to describe your instructor's typical weekend.

Paso 2 Each group should present its statements to the rest of the class, who then decide if each statement is true or not. Your instructor will react. Who knows him or her the best?

Optional follow-up: Have students work in pairs. E1 reads statements 1–4 to E2, and E2 guesses how E1 responded. Roles are reversed: E2 reads statements 5–8 to E1, and E1 guesses how E2 responded. Which partner guessed more accurately? An optional follow-up would have you asking these questions.
Act. G, Paso 1, Suggestion: Make sure students work in trios. Give them 2–3 minutes to make up their four statements.
Paso 2, Suggestion: As each group presents its statements, quietly keep track of the statements that are correct. After each group has presented, ask the groups with the most accurate statements to reread their statements. Which groups know you better? Is the class surprised at any of the statements made about your weekends?

***Ninguno** is shortened to **ningún** before singular masculine nouns.

GRAMÁTICA

¿A quién le gusta... ?

More About Likes and Dislikes

A Elena y a sus amigos **les gusta** bailar.

Gramática, Optional: In Spain, *les gusta(n)* is used in formal situations. *Os gusta(n)* is used with friends and other informal situations. *¿A vosotros os gusta hacer ejercicio? ¿Os gustan las discotecas?* etc.

To talk about another person's likes or dislikes in Spanish is to talk about what pleases him or her. To do this, use **le gusta** or **le gustan.**

> A Elena **le gusta** hacer ejercicio temprano.
> A mi compañero de cuarto **no le gustan** los lunes.

Note that in the first example, **gustar** is in the singular form (**gusta**) because **hacer ejercicio** is singular and is the subject of the sentence. Translated literally, the sentence means *Exercising early is pleasing to Elena.*
  To talk about what is pleasing to two or more people, you can use **les gusta** or **les gustan.**

> A mis amigos **no les gusta** levantarse temprano nunca.
> A muchos argentinos **les gustan** las películas norteamericanas.

To express what is pleasing to you and someone else (pleasing to us), you should use **nos gusta** or **nos gustan.**

> **Nos gusta** mucho pasar tiempo con la familia los fines de semana.
> **No nos gustan** los quehaceres domésticos (*household chores*).

Remember that **gustar** does not mean *to like,* although it is often translated that way. Remember that **le, les,** or **nos** is used depending on to whom something is pleasing, and **gusta** or **gustan** is used depending on who or what is pleasing.

ACTIVIDAD H ¿Qué les gusta?

Paso 1 Like people, cats and dogs differ in their likes and dislikes. Decide which of the following statements refer to dogs (**los perros**), which to cats (**los gatos**), and which to both (**los dos**). The last item is for you to make up and see what your classmates think.

> MODELO   **PROFESOR(A):** Les gusta dormir mucho.
>   **TÚ:** Eso se refiere (se puede referir) a los dos.

1. Les gusta dormir con sus dueños (*owners*).
2. Les gusta mucho el pescado (*fish*).
3. No les gusta nadar mucho.
4. Les gusta salir por la noche.
5. Les gusta cazar (*to hunt*).
6. Les gusta hacer trucos (*tricks*).
7. No les gusta ir en coche.
8. No les gusta _____.

Act. H, Paso 1, **Suggestion:** Say each item out loud and call on a student to provide an answer. Then ask others if they agree. Give about 2–3 minutes to complete *paso.*
Paso 2, **Suggestion:** Allow students 2–3 minutes to think of what they want to say. Then ask for 4 or 5 volunteers to present their statements.

Paso 2 If you have a pet, use items from **Paso 1** to talk about its likes and dislikes.

> MODELO   Tengo un perro. Se llama Nikki. A Nikki le gusta nadar. También le gusta mucho ir en carro.

Así se dice

Did you notice the **a** before names or the mention of specific people in the sentences with **gustar**? Since **gustar** actually means *to please* or *be pleasing,* the **a** is used to mark *to* whom or *to* what something is pleasing.

> **A los profesores** les gusta explicar la gramática.
>
> **¿A quiénes** les gusta no hacer nada por la noche?
>
> **A nosotros** nos gusta lavar la ropa los sábados.
>
> **¿A Uds.** les gusta limpiar la casa?

Act. J, Paso 1, Suggestion: Give students 20 seconds to read instructions. Tell them *Saquen una hoja de papel y escriban números del 1 al 4 en el papel.* Encourage them to get up and circulate through the classroom. Give them 3–5 minutes to find two people with affirmative answers to each question. Then ask 4–5 students to share their findings with class.
Paso 3, Suggestion: Give class 1–2 minutes to complete *paso.* Students can work individually or in pairs. Ask 4–5 students at least one of the questions, *¿A ti y a tus amigos les gusta levantarse muy tarde los sábados?*

COMUNICACIÓN

ACTIVIDAD I Estudiantes y profesores

The following are five statements that you might make as students. First decide in groups of three or as a class if they are true. Make any changes necessary. Then complete the second sentence in a logical manner and see how your instructor responds. (**¡OJO!** Be sure to pay attention to how **gustar** is used in each sentence and what the word order looks like!)

1. A nosotros los estudiantes no nos gusta tomar (*to take*) exámenes finales. No sabemos (*We don't know*) si a los profesores les gusta...
2. A nosotros los estudiantes no nos gusta levantarnos temprano para ir a clases. No sabemos si a los profesores les gusta...
3. A nosotros los estudiantes no nos gusta tener clases los viernes por la tarde. No sabemos si a los profesores les gusta...
4. A nosotros los estudiantes no nos gusta estudiar los sábados. Probablemente a los profesores no les gusta...

ACTIVIDAD J Una encuesta

Paso 1 Find two people who answer **Sí** to the following questions and report your findings to the class.

1. ¿Te gusta levantarte muy tarde los sábados?
2. ¿Te gusta quedarte en casa los fines de semana?
3. ¿Te gustan los conciertos de música *rock*?

Paso 2 How would you and your friends respond to the questions in **Paso 1**?

MODELOS   Sí, nos gustan los conciertos de música *rock*.

No nos gusta quedarnos en casa los fines de semana.

IDEAS PARA EXPLORAR

Las otras personas

GRAMÁTICA

¿Qué hacen?

Talking About the Activities of Two or More People

(yo)	-o	(nosotros/as)	-amos, -emos, -imos
(tú)	-as, -es	(vosotros/as)	-áis, -éis, -ís
(Ud.)	-a, -e	(Uds.)	-an, -en
(él/ella)	-a, -e	(ellos/ellas)	limpi**an**
			se qued**an**
			corr**en**
			asist**en**

When your instructor describes the actions of two or more people, you may have noticed that a particular verb form is used. That is, if more than one person is the subject of the sentence, an **-n** is added to the final vowel of the verb. For example, **estudia → estudian; come → comen.** This is known as the *third person plural* or **ellos/ellas** form.

Los domingos por la tarde, Elena y sus amigas siempre **juegan** al voleibol.
Los domingos por la tarde, Tomás y un amigo **van** al supermercado.

Note that **se** is used before the third person plural form of verbs like **acostarse.**

El sábado, Tomás y sus amigos **sacan** vídeos y **se quedan** en casa por la tarde.

ACTIVIDAD A ¿Qué hacen y por qué?

Tomás and his friend from work have a lot of weekend plans. Match their activity in column A with a logical reason in column B.

Tomás y un compañero de trabajo...

A
1. ___d___ sacan un vídeo porque...
2. ___b___ van al cine porque...
3. ___a___ van de compras porque...
4. ___c___ corren porque...
5. ___e___ se levantan tarde porque...

B
a. necesitan ropa nueva (*new*).
b. quieren ver la última (*latest*) película (*film*) de acción.
c. necesitan hacer ejercicio.
d. quieren ver una película en casa.
e. no tienen que trabajar por la mañana.

ACTIVIDAD B ¿Quiénes?

For each statement, decide whether the weekend activity is typical of students, of people who work full-time, or could easily refer to both groups.

1. Juegan a los videojuegos.
2. Limpian la casa.
3. Se quedan en casa y miran la televisión por la noche.
4. Lavan la ropa.
5. Visitan a parientes.
6. Trabajan en el jardín (*yard*).
7. Duermen más que (*more than*) durante la semana y se levantan más tarde.
8. Van de compras.
9. Dan un paseo con su perro.
10. Salen a bailar.

*In Spanish America **Uds.** is used for *you all.* In Spain **vosotros/as** is used for two or more people singularly addressed as **tú; Uds.** is used for two or more people singularly addressed as **Ud.**

Lección 2   ¿Qué haces los fines de semana?

ACTIVIDAD C Los hispanos hablan

Paso 1 Read the **Los hispanos hablan** selection. Then answer the following questions.

1. Según Begoña, ¿qué hacen los españoles cuando salen?
2. Según Begoña, ¿por qué salen los norteamericanos*?

Los hispanos hablan: En general, ¿qué diferencias has notado entre salir en los Estados Unidos y salir en España?

«Bueno, una de las diferencias que más me ha llamado la atención es que en España la gente sale, va a los bares, charla con los amigos, baila, para aquí para allá, y la gente por supuesto sale hasta muy tarde. Es más, hasta por la mañana. Sin embargo, en los Estados Unidos, la gente sale solamente por el hecho de beber y beber y beber. Esa es mi opinión. También un factor importante es el hecho de que los bares se cierran muy temprano. El horario es diferente en España y en Estados Unidos. Entonces eso hace que la gente beba todavía más, claro. Y, hmm… ¿qué más puedo decir? Pues… bueno, una cosa que también me parece curiosa es que en los Estados Unidos es muy típico hacer fiestas en los apartamentos de la gente y eso en España es algo muy poco común. Y bueno, más o menos esas son las diferencias más destacables.»

Los hispanos hablan

En general, ¿qué diferencias has notado entre salir en los Estados Unidos y salir en España?

NOMBRE: Begoña Pedrosa
EDAD: 24 años
PAÍS: España

«Bueno, una de las diferencias que más me ha llamado la atención[a] es que en España la gente sale, va a los bares, charla con los amigos, baila, para aquí para allá,[b] y la gente por supuesto sale hasta muy tarde. Es más,[c] hasta por la mañana. Sin embargo, en los Estados Unidos, la gente sale solamente por el hecho[d] de beber y beber y beber… »

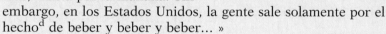

[a]más… *I've noticed most*   [b]para… *(go) here and there*   [c]Es… *What's more*   [d]reason

Paso 2 Now watch the segment and answer the following questions.

Vocabulario útil

más destacables	**más notables**	**se cierran**	(they) close
muy poco común	**muy raro**	**hacer fiestas**	to have parties

1. ¿Cierto o falso?

_____ Los españoles salen hasta más tarde que los norteamericanos.

_____ Los bares en España se cierran más temprano.

2. ¿Cuál es otra diferencia entre España y los Estados Unidos que nota Begoña?

Paso 3 Begoña dice: «En los Estados Unidos la gente sale solamente por el hecho de beber y beber y beber.» ¿Estás de acuerdo (*Do you agree*)?

Completa la siguiente oración:

Cuando (mis amigos / mi familia) _____ y yo salimos por la noche, las actividades en que participamos son: _____, _____ y _____.

Footnote, Suggestion:
Introduce students to the term **estadounidense** to refer to citizens of the U.S. only.

*Throughout ¿*Sabías que… ?*, the term **norteamericano/a** is used to refer to citizens of either Canada and the United States or the United States only. Context will determine the intended meaning.

Act. D, Paso 1,
Suggestion: Give students 1–2 minutes to read instructions and statements.
Paso 2, **Suggestion:** Give students 2–3 minutes to write their questions.
Paso 3, **Suggestion:** Encourage students to get up and circulate through the classroom.
Paso 4, **Suggestion:** After first person presents findings to class, allow activity to continue until 2 or 3 other people present their findings.

ACTIVIDAD D ¿Qué actividades tienen en común°?

en... *in common*

Paso 1 Here is a list of activities that some people do on weekends. Read the list and make sure you understand each item before going on to **Paso 2**.

1. Sacan muchos vídeos del videoclub y se quedan enfrente del televisor (*in front of the TV set*) todo el fin de semana.
2. Limpian la casa, lavan la ropa y van al supermercado porque no tienen tiempo durante la semana.
3. Se quedan en casa, escuchan la radio y leen sin parar (*without stopping*).
4. Practican un deporte (*sport*) o hacen ejercicio.
5. No hacen absolutamente nada. Son perezosos (*lazy*).
6. Van al cine.

Paso 2 Make a list of six questions to ask classmates about their weekend activities, based on the preceding statements.

MODELOS ¿Practicas algún deporte los fines de semana?

¿Haces ejercicio?

Leave space for two people's names after each question.

Paso 3 For each question on your list, find two people who answer **Sí** to that question and write down their names.

Paso 4 The first person who finds two people who answer **Sí** for each of the six questions shouts **"¡Ya lo tengo! ¡Ya lo tengo!"** and presents the findings to the class, following the model.

MODELO _____ y _____ sacan vídeos del videoclub y se quedan enfrente del televisor todo el fin de semana.

GRAMÁTICA

¿Qué hacemos nosotros?

Talking About Activities That You and Others Do

(yo)	-o	(nosotros/as)	limpi**amos** nos qued**amos** corr**emos** asist**imos**
(tú)	-as, -es	(vosotros/as)	-áis, -éis, -ís
(Ud.)	-a, -e	(Uds.)	-an, -en
(él/ella)	-a, -e	(ellos/ellas)	-an, -en

When talking about the actions of a group of people that includes yourself, use the following verb forms.

For **-ar** verbs, add **-amos** to the stem.
For **-er** verbs, add **-emos** to the stem.
For **-ir** verbs, add **-imos** to the stem.

For example:

gastar → **gastamos**
leer → **leemos**
salir → **salimos**

This is known as the first person plural or **nosotros/nosotras** form of the verb.

Todos los sábados, mi compañera de cuarto y yo **vamos*** de compras y **gastamos** (*we spend*) mucho dinero.
Luego **almorzamos** en un restaurante.
Frecuentemente, por la tarde **asistimos** a una conferencia (*lecture*) en el museo de arte.
Cuando **salimos** del museo, **regresamos** al apartamento.

Verbs with a vowel change in the stem, such as **me acuesto** and **suelo,** don't have a vowel change in the **nosotros/as** form.

Nos acostamos muy tarde todos los sábados porque **solemos** salir con los amigos.

---

*Note the **nosotros/as** forms for two irregular verbs you know: **vamos (ir)** and **somos (ser).**

ACTIVIDAD E Dos estudiantes argentinos

Paso 1 In a recent interview, two brothers, both Argentine college
students, described their typical weekend activities. But the activities
they mentioned are not in logical order. Assign each of the following a
number from 1 to 6, with 1 being the first activity and 6 being the last
activity they do.

<u> 4 </u> Dormimos hasta muy tarde el domingo.

<u> 2 </u> Damos un paseo por las calles (*streets*) el viernes por la noche.
Siempre hay muchas personas allí.

<u> 6 </u> Leemos y estudiamos el domingo por la noche.

<u> 5 </u> Regresamos a la universidad el domingo por la tarde.

<u> 1 </u> El viernes por la tarde salimos de la universidad y vamos a visi-
tar a la familia.

<u> 3 </u> Salimos a bailar el sábado. Volvemos a casa a las 4.00 ó 5.00 de
la mañana.

Paso 2 Now, analyze the activities in **Paso 1** from the perspective of
yourself and your friends. Which activities do you and your friends tend
to do? Which do you tend not to do? Make two lists.

Nosotros/as también…

_____

_____

_____

_____

Nosotros/as no…

_____

_____

_____

_____

COMUNICACIÓN

ACTIVIDAD F ¿Qué hacemos los fines de semana?

Paso 1 Write three statements that describe what you and your friends
or family tend to do on weekends.

MODELO Practicamos un deporte los fines de semana.

Paso 2 Now, search for at least one classmate with whom you have in
common two activities from **Paso 1**. Ask questions using **Uds.**

MODELO Tus amigos y tú, ¿practican un deporte los fines de semana?

Paso 3 Now share your information with the class. What activities do
most people have in common?

IDEAS PARA EXPLORAR

El tiempo y las estaciones

VOCABULARIO

¿Qué tiempo hace?

To talk about the weather and how it affects what people do, the following expressions are used in Spanish.

Hace sol. Hace buen tiempo. Está despejado.

Llueve. (Está lloviendo.) Hace mal* tiempo. Está nublado.

Hace viento.

Nieva. (Está nevando.)

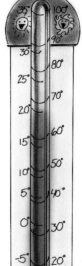

La temperatura | El tiempo

Hace mucho calor.

Hace calor.

Hace fresco.

Hace frío.

Hace mucho frío.

Grados centígrados   Fahrenheit

---

*__Malo/a__ (*Bad*) is shortened to **mal** before a masculine singular noun: **un mal día, una mala semana.**

Note that the verbs **hacer** and **estar** are both translated as *to be* in these expressions. (You will learn more about **estar** later in this lesson.)

Así se dice

The Spanish word **tiempo** has at least two translations into English: *weather* and *time* (not a specific time, but time in general).

¿Qué **tiempo** hace en Buenos Aires ahora? — *What's the weather like in Buenos Aires right now?*

¿Cómo pasas el **tiempo** los fines de semana? — *How do you spend your time on weekends?*

Time in English has at least two translations into Spanish, **hora** and **tiempo.**

What time is it? — ¿Qué **hora** es?

I don't have any free time these days. — No tengo **tiempo** libre estos días.

Act. A, **Statements:** Read each statement. If students need repetition, they should ask for it.
(1) *Hace sol y mucho calor.*
(2) *Hace viento.* (3) *Llueve. / Está lloviendo.* (4) *Nieva. / Está nevando.* (5) *Hace frío.* (6) *Está despejado.* (7) *Hace fresco.*
(8) *Está nublado.*
Answers: 4, 1, 2, 5, 6, 8, 7, 3.
Act. A, **Follow-up:** Ask students either/or questions about the weather today. (*¿Qué tiempo hace? ¿Hace frío o calor? ¿Está despejado o nublado?*)
Optional: Bring to class pictures of different weather conditions and use them as stimuli for *cierto/falso* or either/or questions.

ACTIVIDAD A El tiempo

Listen as your instructor describes the weather conditions in the following pictures. Give the number of each picture being described.

1.

2.

3.

4.

5.

6.

7.

8.

Lección 2 ¿Qué haces los fines de semana?

ACTIVIDAD B Asociaciones

Certain activities are typically associated with specific weather conditions. Match the activities in column A with an appropriate weather condition in column B. Then compare your associations with those of another person. Are your associations similar?

A
1. _____ quedarse en casa (no salir)
2. _____ practicar un deporte
3. _____ correr
4. _____ dar un paseo
5. _____ nadar o ir a la playa
6. _____ ir al cine
7. _____ limpiar la casa
     (el apartamento)

B
a. Hace mucho calor.
b. Hace mucho frío.
c. Está nevando.
d. Está lloviendo.
e. Hace fresco.
f. Está despejado.

Act. B, **Suggestion:** Give students 1–2 minutes to do the matching, then 30 seconds to compare their answers with a classmate's.

ACTIVIDAD C ¿Qué tiempo hace?

Look over the following weather information for Buenos Aires, Argentina, for a Monday. See whether you can guess the meaning of several terms, such as **parcialmente nublado, humedad, visibilidad,** and **soleado.** Then answer the questions on the next page.

Act. C, **Optional:** Explain to students that in most Spanish-speaking countries, temperature is given in Celsius, not Fahrenheit. *En los países de habla española, usan el sistema Celsius o centígrado. Cero grados centígrados equivalen a 32 grados Fahrenheit. Miren el dibujo del termómetro en la página 72. ¿Cuál es la temperatura en grados Fahrenheit de 10 grados centígrados?* (50°) **Answers:** (1) c (2) d (3) No (4) No

Ciudad de Buenos Aires

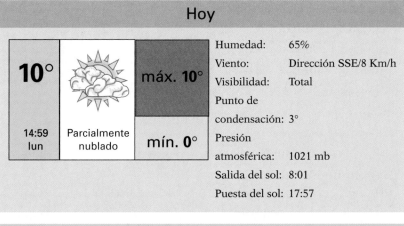

10°	Parcialmente nublado	**máx. 10°**
14:59 lun		**mín. 0°**

Humedad: 65%
Viento: Dirección SSE/8 Km/h
Visibilidad: Total
Punto de
condensación: 3°
Presión
atmosférica: 1021 mb
Salida del sol: 8:01
Puesta del sol: 17:57

mar
Parcialmente despejado
máx. 8
mín. 0

mié
Parcialmente despejado
máx. 10
mín. 0

jue
Nublado
máx. 10
mín. 0

vie
Soleado
máx. 12
mín. 3

1. ¿Qué tiempo hace hoy en Buenos Aires?

　　a. Hace buen tiempo.
　　b. Hace mal tiempo.
　　c. No hace ni buen tiempo ni mal tiempo.

2. ¿En qué ciudad hace más frío?

　　a. Buenos Aires　　**b.** Córdoba　　**c.** Mendoza　　**d.** Río Gallegos

3. ¿Está lloviendo en alguna ciudad?

　　☐ Sí　　☐ No

4. ¿Está nevando en alguna ciudad?

　　☐ Sí　　☐ No

COMUNICACIÓN

Act. D, Paso 1, Suggestion:
Give students 5 minutes to read instructions and to interview a partner.
Paso 2, Suggestion: Ask 4–5 students to share their findings with class and to give examples.

ACTIVIDAD D ¿Qué te gusta hacer los fines de semana?

Paso 1 Take the following survey yourself. Then interview someone else and note his or her responses.

MODELO　¿Te gusta estudiar hasta muy tarde los sábados si hace buen tiempo? ¿y si hace mal tiempo?

	...si hace buen tiempo		...si hace mal tiempo	
Los sábados	SÍ	NO	SÍ	NO
1. Me gusta estudiar hasta muy tarde...	☐	☐	☐	☐
2. Me gusta ir al cine...	☐	☐	☐	☐
3. Me gusta hacer ejercicio aeróbico...	☐	☐	☐	☐
4. Me gusta lavar la ropa...	☐	☐	☐	☐
5. Me gusta dormir mucho...	☐	☐	☐	☐
6. Me gusta ir de compras y gastar dinero...	☐	☐	☐	☐
7. Me gusta _____...	☐	☐	☐	☐
Los domingos				
1. Me gusta ir a la playa...	☐	☐	☐	☐
2. Me gusta charlar con mis amigos...	☐	☐	☐	☐
3. Me gusta sacar vídeos...	☐	☐	☐	☐
4. Me gusta no hacer nada...	☐	☐	☐	☐
5. Me gusta practicar un deporte...	☐	☐	☐	☐
6. Me gusta escuchar música *rock*...	☐	☐	☐	☐
7. Me gusta _____...	☐	☐	☐	☐

Paso 2 Now decide where you fall on the following scale.

NUESTRA REACCIÓN AL TIEMPO Y LAS ACTIVIDADES QUE HACEMOS SON IGUALES.			NUESTRA REACCIÓN AL TIEMPO Y LAS ACTIVIDADES QUE HACEMOS SON MUY DIFERENTES.	
5	4	3	2	1

Consejo práctico

The acquisition of grammar is a slow and somewhat piecemeal process. Errors in speaking are natural and even expected. The best thing you can do, as suggested earlier, is to work at linking meaning with form. Thus, don't memorize a verb paradigm, simply memorize that **dormimos** means *we sleep* or *we're sleeping,* while **duerme** means *someone else sleeps.* Practice by looking at pictures and seeing whether you can say what someone is doing. As you go to sleep at night, say to yourself **Ahora me acuesto.** In this way you will be using grammar to express meaning.

Navegando la Red, **Follow-up:** Encourage as many students as possible to share their weather reports with the class.

Find a current weather report in Spanish. Present the report (**el pronóstico del tiempo**) to the class, answering the following questions.

1. ¿Qué tiempo hace en dos o tres ciudades principales?
2. ¿Cuál es la temperatura en la capital?

You should also be prepared to present one other fact about the weather in the report.

VOCABULARIO

¿Cuándo comienza el verano?

Talking About Seasons of the Year

To talk about the months and seasons of the year, you can use these terms.

Los meses y las estaciones del año

el otoño	**el invierno**	**la primavera**	**el verano**

septiembre, octubre, noviembre	diciembre, enero, febrero	marzo, abril, mayo	junio, julio, agosto

Así se dice

You have learned that **está lloviendo** means *it's raining*. The **-ndo** forms of many verbs can be used with **estar** to express something that is occurring *right now*. Some **-ndo** forms have slight irregularities.

¿Qué estás **haciendo**?
What are you doing?

Estoy **leyendo** el periódico.

Estoy **viendo** la televisión.

ACTIVIDAD E ¿Qué estación es?

Read over the following statements and decide which season is being described.

1. En los meses de junio, julio y agosto, suele hacer mucho calor. En esta estación, muchos estudiantes están de vacaciones.
2. Esta estación se asocia con la lluvia, las flores y el amor. Comprende los meses de marzo, abril y mayo.
3. En esta estación hay viento y las hojas (*leaves*) cambian (*change*) de color. Incluye los meses de septiembre, octubre y noviembre.
4. Los meses de esta estación son diciembre, enero y febrero, y hace frío.

Así se dice: Time permitting, read the following statements and have students mark down whether each is true for them or not. Then have them reveal their responses as you review each. Which seems to be the way(s) that most students spend time on Saturday?
Para mí es típico pasar unas horas el sábado... (1) *estudiando.* (2) *haciendo tareas domésticas.* (3) *durmiendo.* (4) *haciendo ejercicio.* (5) *leyendo una buena novela.* (6) *meditando.* (7) *practicando algún deporte.*
Suggestion: Point out the problems of translating *-ing* to *-ndo* (*Salgo mañana,* not *Estoy saliendo mañana*). Tell students to restrict their use of *-ndo* to *pasar* and *estar* for now.

Act. E, Suggestion: Give students 2–3 minutes to do the activity.
Answers: (1) *el verano* (2) *la primavera* (3) *el otoño* (4) *el invierno*.

ACTIVIDAD F ¿Sabías que... ?

Read the **¿Sabías que... ?** selection. Then listen to the statements your instructor reads and say whether each refers to **España** or **la Argentina**.

> MODELO   **PROFESOR(A):** Es enero y hace calor.
> **ESTUDIANTE:** Estamos en la Argentina.

¿Sabías que...

en lugares como la Argentina las estaciones están invertidas en relación con la época en que ocurren en países como España y México? El mundo está dividido en dos hemisferios: el hemisferio norte y el hemisferio sur. Cuando es verano en el hemisferio norte, es invierno en el hemisferio sur. Y cuando es invierno en el hemisferio norte, es verano en el hemisferio sur. Durante las Navidades (25 de diciembre), por ejemplo, en Buenos Aires hace mucho calor y los estudiantes tienen las vacaciones de verano. ¡No hay clases y todos van a la playa!

Optional follow-up: Do a quick geography quiz. Say: *Voy a nombrar varios países hispanos. Digan Uds. si el país está en el hemisferio norte o en el hemisferio sur. México* (norte), *Puerto Rico* (norte), *Bolivia* (sur), *Venezuela* (norte), *Costa Rica* (norte), *Chile* (sur), *Colombia* (norte), *el Perú* (sur).

COMUNICACIÓN

ACTIVIDAD G Encuesta

Using the following table as a guide, find out from two people about their favorite and least favorite seasons and weather. Then fill in the same information for yourself. How do the three of you compare? Write a short paragraph with the results. The following are some questions to help you begin your interview.

> MODELOS   ¿Cuál es tu estación preferida?
> ¿Qué estación prefieres más?
> ¿Te gusta el invierno?
> ¿   ?

Así se dice

You can also use **pasar** with **-ndo** forms to talk about how you or other people spend time. See if you can determine the meaning of the sentences below.

Paso mucho tiempo **estudiando.**
I spend a lot of time studying.

Mi perro **pasa** mucho tiempo **durmiendo.**

Paso todo el día **trabajando.**

	E1	E2	YO
nombre			
estación preferida			
tiempo preferido			
estación menos preferida			
tiempo menos preferido			

Lección 2   ¿Qué haces los fines de semana?

GRAMÁTICA

¿Qué vas a hacer?

		ir			**a**	+ *infinitive*
(yo)	voy		(nosotros/as)	vamos		estudiar
(tú)	vas		(vosotros/as)	vais	a	leer
(Ud.)	va		(Uds.)	van		
(él/ella)	va		(ellos/as)	van		salir

—El pronóstico es que **va a llover** mucho este fin de semana.

One of the ways to talk about what you are going to do in the future is to use the the **ir a** + *infinitive* construction. **Ir** is conjugated to agree with the subject, followed by **a** and an infinitive.

El sábado mis amigos y yo **vamos a nadar.**
Elena **va a tomar** clases de verano.
Tomás y sus colegas de la oficina **van a trabajar** mucho.

ACTIVIDAD H ¿Qué van a hacer?

Act. H, Suggestion: Give students 1–2 minutes to complete activity.
Follow-up: Ask one student to read the activities in order from 1 to 6. ¿*Están todos de acuerdo?*

Elena y sus amigas tienen planes para las próximas vacaciones. ¿En qué orden van a hacer las siguientes actividades (1 = la primera actividad, 6 = la última actividad)?

Elena y sus amigas…

   _3, 4_ van a ir al cine.
   _3, 4_ van de compras.
   _1_ van a despertarse a las 8.00 u 8.30.
   _2_ van a desayunar en un café.
   _6_ van a acostarse tarde.
   _5_ van a cenar en un restaurante cubano.

Act. I, Suggestion: Give students 1–2 minutes to complete activity.
Follow-up: Ask 3–4 students to read 1 or 2 statements aloud to class.

Act. J., Paso 1, Suggestion: Make sure students understand instructions. Ask them to help you complete the model. Give students 3–4 minutes to complete *paso*.
Paso 2, Suggestion: Give students 1–2 minutes to work with a partner.

COMUNICACIÓN

Follow-up:
Ask 5–6 students to read their statements aloud to class. Class listens and identifies which season is referred to.
Paso 3, Suggestion: Give students 2 minutes to complete the paragraph.
Follow-up: Ask several students to read their paragraphs aloud to class. **Optional Follow-up:** Ask students to hand in paragraphs to you.

Observaciones, **Suggestion:** This is an optional activity. Students are asked a question that requires them to share their real-life observations on the current topics being studied (in this case, on the topic of free-time activities). You can ask students to discuss the question in pairs or small groups before conducting a whole-class discussion. Of the activities in the list, which are the most popular? least popular?

ACTIVIDAD I ¿Qué va a hacer?

Elena has specific plans for the weekend. Complete each statement in column A with the most logical activity from column B.

A

1. __c__ Elena tiene mucha ropa sucia (*dirty*)...
2. __e__ Quiere pasar tiempo con su perro...
3. __a__ Si (*If*) no llueve,...
4. __b__ Como quiere hacer algo espiritual,...
5. __d__ Tiene que hacer investigaciones (*research*),...

B

a. va a tomar el sol.
b. va a ir a la iglesia.
c. y va a usar mucho detergente.
d. y va a buscar información en la biblioteca o en la Red.
e. y va a dar un paseo con él.

ACTIVIDAD J ¿Qué van a hacer Uds.?

Paso 1 Think of a particular season (**la primavera, el verano, el otoño** or **el invierno**). Write a list of six activities, five that you plan to do during this season, and one that you do *not* plan to do. Do not mention the season in your descriptions.

MODELO Voy a _____, pero no voy a _____.

Paso 2 Read your statements to a partner, who will identify the season in which you plan (do not plan) to do your activities. Then, switch roles.

Paso 3 Complete the following paragraph, based on your partner's and your information.

_____ (*Name of partner*) y yo vamos a _____ y _____, pero no vamos a _____. _____ (Él/Ella) va a _____ y yo voy a _____.

OBSERVACIONES

¿Cuántos de tus amigos hacen las siguientes actividades en su tiempo libre?

correr
limpiar el apartamento (la casa)
leer
participar en una actividad espiritual o religiosa

hacer de voluntario/a en una organización
navegar la Red

NAVEGANDO LA RED

Some countries have a lot of temperature and climate variation because they are large or because their geography is so varied. On the Web, locate two Spanish-speaking countries, one that does not seem to have much variation in temperature and climate within its borders and one that does. Present your findings to the class.

INTERCAMBIO

¡Un fin de semana ideal!

Propósito: to guess the authorship of various descriptions of an ideal weekend.

Papeles: everyone writes something and the entire class guesses.

Paso 1 Sit back and visualize yourself spending an ideal weekend. What are you doing? For how long? With whom? What is the weather like? What month is it? Are you imagining a Saturday or Sunday?

Paso 2 Write a paragraph describing a day of your ideal weekend. Include all the information suggested in **Paso 1.** Then place your composition face down on your instructor's desk. Do not write your name on it.

Paso 3 One by one, each person in the class goes up to the instructor's desk and selects a composition other than his or her own. Read the one you have chosen and try to find the person in the class who wrote it.

1. First, think of all the questions you can ask to find the author. The only question you cannot ask is **¿Qué te gusta hacer los fines de semana?** It may help to write out some of the questions. You can begin the process of elimination by asking people whether they prefer Saturday or Sunday.
2. Do not show the composition to anyone.
3. When you think you have found the author, write that person's name at the top of the composition and write your name underneath it. Do not tell the author that you think you have found him or her. Place the composition face down on the instructor's desk.

Paso 4 When all compositions have been returned to the instructor, he or she will call on you to announce the author of the composition and to tell the clues that led you to your decision (for example, **porque le gusta practicar deportes los sábados**). Your instructor will then ask that person if he or she is the author.

Vistazos culturales
La música y la danza en el mundo hispano

¿Sabías que...

en el mundo hispano el mestizaje (mezcla[a] de culturas diferentes) se refleja[b] no sólo en las características físicas de la gente sino también[c] en su música y danza? En España, por ejemplo, la música y la danza tienen sus raíces[d] en la cultura árabe, ya que[e] los moros[f] ocuparon ese país desde el año 711 hasta 1492. En el Caribe, las varias corrientes[g] musicales reflejan una influencia africana gracias a los esclavos[h] traídos[i] a la región durante el período colonial.

---

[a]*blend* [b]*se... is reflected* [c]*sino... but also* [d]*roots* [e]*ya... because* [f]*Moors* [g]*trends*
[h]*slaves* [i]*brought*

La Argentina

El **tango** comenzó como un baile[a] en los arrabales[b] de Buenos Aires a finales del siglo XIX. Al principio, el tango tenía mala fama[c] por asociarse con la clase baja y con los burdeles.[d] El cantante de tango más notable fue Carlos Gardel.

---

[a]*dance* [b]*slums* [c]*tenía... had a bad reputation* [d]*brothels*

La música y el baile flamencos tienen influencias gitanas,[a] andaluces,[b] moras[c] y sefarditas.[d] El baile flamenco se caracteriza por movimientos y golpes[e] rítmicos de los pies[f] contra el suelo.[g] Esta técnica se llama «el zapateado».

---

[a]*Gypsy* [b]*Andalusian* [c]*Moorish* [d]*of the Sephardic Jews*
[e]*stomps* [f]*feet* [g]*floor*

España

El tango se baila en parejas[a] con una variedad de pasos y posturas sensuales.

---

[a]*couples*

Bailando tango en Buenos Aires

La música **flamenca** para guitarra tiene armonías influídas por los árabes y ritmos de tipo africano.

La **salsa,** una reinterpretación y modernización del **son** cubano (otro tipo de música y baile) se ha hecho[a] muy popular en Cuba, Puerto Rico, Nueva York, Venezuela y otros lugares.

_____
[a]se... *has become*

El **merengue** es el baile nacional de la República Dominicana. Su música se conoce por ser muy rápida y se ha hecho popular en Puerto Rico, Nueva York y Miami.

Bailando en la Calle Ocho durante Carnaval en Miami

Los cubanos y puertorriqueños también popularizaron el **mambo** y el **chachachá** durante los años 50.[a]

_____
[a]los... *the 50s*

ESTADOS UNIDOS

ISLAS BAHAMAS

Nassau

OCÉANO ATLÁNTICO

Golfo de México   La Habana

CUBA

Santo Domingo

PUERTO RICO

San Juan

MÉXICO

HAITÍ

JAMAICA

Kingston

Puerto Príncipe

REPÚBLICA DOMINICANA

BELICE

Belmopan

GUATEMALA

Guatemala

HONDURAS

Tegucigalpa

MAR CARIBE

ANTILLAS MENORES

EL SALVADOR

San Salvador

Managua

NICARAGUA

Caracas

San José

OCÉANO PACÍFICO

COSTA RICA

Panamá

PANAMÁ

COLOMBIA

Bogotá

VENEZUELA

El **tamborito** es una música tradicional de Panamá que tiene influencias africanas, españolas, indígenas[a] y norteamericanas. Como la música africana, la letra[b] es repetitiva, incorpora proverbios y trata de temas políticos.

_____
[a]*indigenous*   [b]*lyrics*

La **cumbia,** un baile y una música de origen colombiano, es muy popular en toda Latinoamérica.

El **vallenato** es una música colombiana que combina música mestiza con ritmos afrocaribeños. El instrumento principal del vallenato es el acordeón. La letra del vallenato tiende a[a] dar comentarios sociales sobre la pobreza[b] y la corrupción.

_____
[a]tiende... *tends*   [b]*poverty*

ACTIVIDAD ¿Qué recuerdas?

Indicate whether each statement is **cierto** o **falso**.

	C	F
1. El instrumento principal del vallenato es la trompeta.	☐	☐
2. El baile nacional de la República Dominicana es la salsa.	☐	☐
3. La letra del tamborito tiende a ser repetitiva.	☐	☐
4. La música y el baile flamencos tienen influencias gitanas y moras.	☐	☐
5. Los árabes ocuparon España por aproximadamente 100 años.	☐	☐
6. El cantante de tango más conocido (*known*) es Carlos Gardel.	☐	☐

NAVEGANDO LA RED

Complete *one* of the following activities. Then present your information to the class.

1. Look for information about the **Ballet Folklórico* de México.** Then jot down the following details.

   a. Explica qué es el ballet folclórico.

   b. Describe la vestimenta (*apparel*) que usan los bailadores.

   c. Menciona dónde se puede ver el ballet folclórico en este país.

2. Look for information about the **corridos mexicanos.** Then jot down the following details.

   a. Define qué es un corrido.

   b. Resume brevemente la historia de los corridos en México y en los Estados Unidos. Es decir, menciona los eventos históricos que influyeron (*that influenced*) los compositores de los corridos.

   c. Menciona los temas principales de los corridos.

   d. Menciona en qué ciudades mexicanas y norteamericanas se tocan los corridos.

---

*Here **Folklórico** is spelled with a *k* because it is part of the official name of Mexico's Folkloric Ballet. Elsewhere in *¿Sabías que... ?* you will see this word spelled **folclórico.**

Actividades para el fin de semana — Weekend Activities

bailar	to dance
correr (R)	to run
charlar	to chat
dar (*irreg.*) **un paseo**	to take a walk
gastar (dinero)	to spend (money)
ir (R)	to go
a la iglesia	to church
al cine	to the movies
de compras	shopping
jugar (R)	to play
al fútbol	soccer
al fútbol americano	football
lavar (la ropa)	to wash (clothes)
limpiar (el apartamento)	to clean (the apartment)
nadar	to swim
no hacer nada	to do nothing
practicar un deporte	to practice, play a sport
quedarse (en casa)	to stay (at home)
sacar vídeos	to rent videos
tomar (un café)	to drink (a cup of coffee)
ver (*irreg.*) **la televisión**	to watch television

Palabras de negación — Words of Negation

jamás / **nunca** (R)	never
nada	nothing, not anything
nadie	no one, not anyone
ninguno/a	none, not any
tampoco	neither, not either

¿Qué tiempo hace? — What's the Weather Like?

Hace (mucho) calor.	It's (very) hot.
Hace fresco.	It's cool.
Hace (mucho) frío.	It's (very) cold.
Hace sol.	It's sunny.
Hace viento.	It's windy.
Hace buen tiempo.	The weather's good.
Hace mal tiempo.	The weather's bad.
Está despejado.	It's clear.
Está nublado.	It's cloudy.
Llueve. (Está lloviendo.)	It's raining.
Nieva. (Está nevando.)	It's snowing.
la temperatura	temperature

Los meses y las estaciones del año — Months and Seasons of the Year

enero, febrero, marzo, abril, mayo, junio, julio, agosto, septiembre, octubre, noviembre, diciembre

la primavera	spring
el verano	summer
el otoño	fall, autumn
el invierno	winter

Otras palabras y expresiones útiles

la discoteca	discotheque
la fiesta	party
cada	each
después	after
hasta (muy) tarde	until (very) late
luego	then; therefore
también	also

¿Qué hiciste ayer?

In this lesson, you will look into what you and your classmates did in the recent past. As part of this lesson, you will

◆ ask and answer questions about last night's activities

◆ ask and answer questions about last weekend's activities

◆ talk about some special events from the past

◆ learn how to use a past tense called the preterite to ask questions and to talk about yourself and others

En un café de Madrid, España

ALTO Before beginning this lesson, look over the **Intercambio** activity on page 105. This is the activity you will be working toward throughout the lesson.

Gloria y Jennifer

¡Dos superestrellas latinas!

Gloria Estefan y Jennifer López. Las dos son latinas. Las dos cantan y actúan. Las dos hablan tanto el español como el inglés. ¿Parecidas? Aquí te damos los detalles. ¡Compáralas tú!

Gloria Estefan

Jennifer López

Todos sabemos quiénes son Gloria Estefan y Jennifer López. Estas dos artistas de ascendencia latina son conocidas mundialmente y son tal vez las únicas latinas que han ganado el estatus de «superestrella» en los Estados Unidos. ¿Qué sabes tú de estas cantantes actrices? ¿En qué se parecen? ¿En qué son diferentes? A continuación, te presentamos algunos datos sobre estas dos grandes artistas bilingües.

Nacimiento

Gloria nació en 1957 en La Habana, Cuba, con el nombre de Gloria María Fajardo. Durante la revolución de Castro, Gloria y su familia se fueron de Cuba y, como tantos otros, se establecieron en Miami.

Jennifer, o «J Lo» como la llaman ahora, nació en el Bronx de Nueva York en 1970. Es de ascendencia puertorriqueña.

Familia

Gloria se casó en 1978 con Emilio Estefan, Jr. Tienen dos hijos —Nayib y Emily Marie— y viven en Miami todavía.

J Lo se casó en febrero de 1997 con el modelo Ojani Noa. Pero se divorciaron al final del mismo año. Luego, ella se casó con el coreógrafo Christopher Judd en septiembre de 2001. Pero se divorciaron en abril de 2002.

Cómo ganaron su fama

Gloria, junto con el *Miami Sound Machine,* hizo popular el ritmo latino en los Estados Unidos durante los años 1980. Así abrió la puerta para otros artistas latinos actuales como Marc Anthony, Ricky Martin, Enrique Iglesias y la misma J Lo. (Interesantemente, el esposo de Gloria, Emilio Estefan, colaboró en el primer disco compacto de J Lo.)

Jennifer recibió atención nacional por su actuación en la película *Selena* (1997), basada en la breve vida de la cantante tejana quien murió trágicamente a manos de una de sus empleadas.

SÍNTESIS

TRABAJANDO CON EL TEXTO

One way to summarize and remember contrastive information is to make charts or tables. Use the following table to summarize the contents of this reading. Compare your table with someone else's.

| | COMPARACIÓN | |
	GLORIA ESTEFAN	JENNIFER LÓPEZ
Nacimiento		
Familia		
Cómo ganó su fama		

Paso 1 Readings can be a rich source for vocabulary acquisition as well as for learning about how words are related. For example, did you notice that the adjective **parecidas** and the verb **se parecen** are related? Scan the article for other words that end in **-ado/a/s** or **-ido/a/s.** Jot down the adjectives and then write the verb next to them that must be related. Can you deduce the meaning of each adjective?

Paso 2 Select three verbs that you already know in Spanish. Create an adjective for each and link it to a noun that makes sense. Remember that adjectives must agree in number and gender! For example, **pagar** → **cuentas pagadas** (*paid bills*) and **recibir** → **mensajes no recibidos** (*un-received messages; messages not received*). Present your results to the class.

Consejo práctico

You may remember that cognates are words that look or sound similar to words in another language. Some words are close cognates and look or sound almost exactly alike, such as *independence* and **independencia,** for example. Others are more distant from each other, such as *to desire* and **desear.** See whether you can guess the English equivalents of the following cognates.

corrección	lámpara	resolver
cromosoma	ordenar	tomate
dinosaurio	prestigioso	volumen

At first, you may have to work hard to recognize the more distant cognates. But as you progress, you will begin to read cognates in Spanish and know what they mean without even thinking about it!

NAVEGANDO LA RED

Look for a website about any Spanish-language musical artist except Gloria Estefan or Jennifer López. Print out a page and take it to class. Be prepared to present the same type of information about this artist that you read about Gloria and Jennifer in this lesson.

IDEAS PARA EXPLORAR
Ayer y anoche (II)

GRAMÁTICA

¿Qué hiciste anoche?

Talking to a Friend About What He or She Did Recently

—Sí, sí. Y la última vez que no **hiciste** la tarea fue porque **trabajaste** cinco horas la noche anterior...

(yo)	-é, -í	(nosotros/as)	-amos, -imos
(tú)	trabaj**aste** te qued**aste** com**iste** sal**iste**	(vosotros/as)	-asteis, -isteis
(Ud.) (él/ella)	-ó, -ió -ó, -ió	(Uds.) (ellos/ellas)	-aron, -ieron -aron, -ieron

To ask a classmate what he or she did in the past, use the **tú** form of the preterite. **Tú** forms end in **-aste** for **-ar** verbs and **-iste** for **-er** and **-ir** verbs. **Fuiste** and **hiciste** are useful irregular **tú** forms for you to know.

¿Qué **hiciste** anoche? ¿Te **quedaste** en casa o **saliste**? ¿**Fuiste** a alguna fiesta?

ACTIVIDAD A ¿Y qué más?

Imagine that someone makes the following statements to you. What follow-up question would you logically ask after each statement?

1. __d__ Fui al cine anoche.
2. __e__ Tuve un examen esta mañana.
3. __f__ Hice ejercicio esta mañana.
4. __a__ Anoche comí en un restaurante elegante.
5. __b__ Anoche llamé a mis padres por teléfono.
6. __c__ La semana pasada no asistí a clases.
7. __g__ Fui a una fiesta anoche.
8. __h__ Decidí salir anoche para escapar de la monotonía.

a. ¿Estuvo buena la comida?
b. ¿Hablaste mucho tiempo con ellos?
c. ¿Por qué? ¿Estuviste enfermo/a?
d. ¿Qué viste?
e. ¿Estudiaste mucho anoche?
f. ¿Corriste o nadaste?
g. ¿Te quedaste hasta muy tarde?
h. ¿Adónde fuiste?

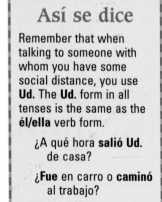

● ● ● ● ● ● ● ● ● ●
Así se dice

Remember that when talking to someone with whom you have some social distance, you use **Ud.** The Ud. form in all tenses is the same as the **él/ella** verb form.

¿A qué hora **salió Ud.** de casa?

¿**Fue** en carro o **caminó** al trabajo?
● ● ● ● ● ● ● ● ● ●

ACTIVIDAD B Los hispanos hablan

Paso 1 Read the following **Los hispanos hablan** selection. Then answer this question: **¿Qué compró Marita?**

Los hispanos hablan: ¿En qué gastaste tu primer sueldo? «Cuando comencé a asistir a la universidad quise mudarme a un apartamento y lo que hice con mi primer sueldo fue comprar cosas para la casa —sábanas, toallas y comestibles, y luego para celebrar salí con unos amigos a un buen restaurante. Ah, en resumen, lo que hice con mi primer sueldo fue comprar cosas para la casa e ir a comer a un buen restaurante.»

Los hispanos hablan

¿En qué gastaste tu primer sueldo[a]?

NOMBRE: Marita Romine

EDAD: 41 años

PAÍS: el Perú

«Cuando comencé a asistir a la universidad quise mudarme a un apartamento y lo que hice con mi primer sueldo fue comprar cosas para la casa —sábanas, toallas y comestibles,[b] y... »

[a]*paycheck* [b]*sábanas... sheets, towels, and food*

Paso 2 Now watch the complete segment. Then answer the following questions.

1. ¿Qué más (*What else*) hizo Marita con su primer sueldo?

2. Según lo que compró, se puede concluir que Marita es una persona...

☐ práctica.

☐ generosa con sus amigos.

☐ práctica y también generosa con sus amigos.

Paso 3 Ask five classmates the same question: **¿En qué gastaste tu primer sueldo?** Jot down what each person says. Then check the appropriate box.

En sus respuestas...

☐ mis compañeros son como Marita.

☐ mis compañeros son más o menos como Marita.

☐ mis compañeros son diferentes de Marita.

ACTIVIDAD C Tú y yo

Paso 1 Write four sentences about things you did yesterday.

1... **2**... **3**... **4**...

Paso 2 Find different people in the class who did the things you listed in **Paso 1.**

Act. C, Paso 1, **Suggestion:** Give students 2–3 minutes to write sentences.

Paso 2, Suggestion: Give students 3–4 minutes to complete *paso*.
Paso 2, Follow-up: Ask several students to share their findings with class.

ACTIVIDAD	OTRA PERSONA QUE TAMBIÉN HIZO LA ACTIVIDAD
1. _____	_____
2. _____	_____
3. _____	_____
4. _____	_____

GRAMÁTICA

¿Salieron ellos anoche?

Talking About What Two or More People Did Recently

(yo)	-é, -í	(nosotros/as)	-amos, -imos
(tú)	-aste, -iste	(vosotros/as)	-asteis, -isteis
(Ud.)	-ó, -ió	(Uds.)	-aron, -ieron
(él/ella)	-ó, -ió	(ellos/ellas)	trabaj**aron** comi**eron** sali**eron** se vist**ieron**

—¿**Salieron** ellos anoche?
—¡Sí! Y no **regresaron** a casa hasta las 3.00 de la mañana.

When you describe what two or more people did in the past, you use the **ellos/ellas** form of the preterite. All regular preterites end in **-aron** for **-ar** verbs, and **-ieron** for **-er** and **-ir** verbs.

—¿**Salieron** Rodrigo y Sonia anoche?
—No, **se quedaron** en casa y **estudiaron.**

The same stem-vowel and spelling changes that occur in the third person singular also occur in the third person plural of the preterite.

Anoche los estudiantes **leyeron** mucho y **durmieron** poco.

Most irregular preterites end in **-ieron,** but there are some exceptions. Two of these are **ir** and **decir.**

Ayer mis compañeros hicieron todos los ejercicios y después **fueron** al cine.

¿**Dijeron** la verdad (*truth*) los estudiantes que estuvieron ausentes?

Así se dice

You may remember from **Lección 1** that when you want to ask a question of more than one person, you need to use the second person plural or **Uds.** forms. The **Uds.** forms are identical to the third person plural (**ellos/ellas**) forms.

¿**Salieron Uds.** o **se quedaron** en casa?

¿**Fueron Uds.** al cine o **miraron** un vídeo en casa?

Así se dice

Remember that stem changes in the preterite that occur in third person singular (**él/ella**) forms also occur in third person plural (**ellos/ellas**) forms. This is also true of irregular preterite verbs. Here are third person plural preterite forms of some common stem-changing and irregular verbs.

anduvieron	estuvieron	pudieron
dieron	fueron	supieron
dijeron	hicieron	tuvieron
durmieron	pidieron	vinieron

Lección 3   ¿Qué hiciste ayer?

ACTIVIDAD D ¿Qué hicieron ayer?

Read each of the following statements and decide which group(s) probably did each activity yesterday.

	ESTUDIANTES	PROFESORES	SECRETARIOS
1. Se acostaron tarde.	☐	☐	☐
2. Miraron una telenovela (*soap opera*).	☐	☐	☐
3. Durmieron mucho.	☐	☐	☐
4. Fueron a la biblioteca.	☐	☐	☐
5. Navegaron la Red.	☐	☐	☐

COMUNICACIÓN

ACTIVIDAD E ¿Qué hicieron anoche?

Trabajaron de 8 a 9 horas (en la oficina).

Paso 1 Get into groups of four. Take out one sheet of paper to be shared in the group. Everyone in the group will take turns writing a sentence describing an activity he or she and some friends did last night. Each person will have 30 seconds to write a sentence. After writing a sentence, each person will fold the page so that others cannot read what has been written. After writing a sentence, that person will pass the folded paper to the person on his or her left (in a clockwise direction).

MODELO   Anoche mis amigos…

Paso 2 When your instructor indicates, one member of your group should open the sheet of paper and read the sentences. As a group, put the sentences in logical order, and delete or modify sentences that do not make sense. Be ready to read your list to the class.

Paso 3 Listen to the lists written by the other groups. Be prepared to vote for:

la lista más completa
la lista más cómica

GRAMÁTICA

¿Qué hicimos nosotros?

Talking About What You and Someone Else Did Recently

(yo)	-é, -í	(nosotros/as)	almorz**amos** volv**imos** asist**imos** nos vest**imos**
(tú)	-aste, -iste	(vosotros/as)	-asteis, -isteis
(Ud.)	-ó, -ió	(Uds.)	-aron, -ieron
(él/ella)	-ó, -ió	(ellos/ellas)	-aron, -ieron

—¿Recuerdas cuando **fuimos** a España? Ay, ¡qué recuerdos (*memories*)! **Comimos** bien, **conocimos** a tantas personas interesantes, ¡y los lugares que **vimos**! ¡Quiero volver!

COMUNICACIÓN

Act. G, Paso 1, **Suggestion:** Give students 4–5 minutes to do *paso.*

When you talk about what you and another person did, you use the **nosotros/as** form of the preterite. All regular **-ar** preterites end in **-amos** (just like the present tense). All regular **-er** and **-ir nosotros/as** forms end in **-imos.** There are no stem-vowel or other changes for these verb forms!

> Ayer Pepe y yo **almorzamos** en la cafetería.
> Mi compañera de cuarto y yo no **salimos** anoche.

Irregular preterite verbs end in **-imos.**

> **Fuimos** al cine el sábado pasado.
> **Tuvimos** un examen en la clase de química la semana pasada.

ACTIVIDAD F **Todos nosotros...**

Act. F, Paso 1, **Suggestion:** Give students 1–2 minutes to do checklist.

Paso 1 Decide which of the following activities you think every student in the class did yesterday and/or last night.

Todos nosotros...

☐ estudiamos.

☐ fuimos a un bar.

☐ miramos una telenovela.

☐ gastamos dinero en ropa.

☐ tuvimos un examen.

☐ comimos en un restaurante de comida rápida.

☐ fuimos a la biblioteca.

☐ hablamos por teléfono.

☐ nos acostamos antes de las 12.00.

☐ hicimos ejercicio.

☐ leímos el periódico.

☐ asistimos a dos clases (por lo menos).

Paso 2 One of you should volunteer to read out loud the list of items you checked. After each statement, those who did the activities should raise their hands. Was the volunteer correct?

Paso 3 Repeat **Pasos 1** and **2,** this time including your instructor as one of the group!

ACTIVIDAD G ¿Qué actividades hicimos?

Paso 1 Interview a classmate and find out what you each did during the week. Here is a list of sample activities. Feel free to come up with others!

asistir a una conferencia pública
bailar en una fiesta
correr cinco millas
hacer de voluntario/a

ir a un restaurante
navegar la Red
practicar un deporte
ver una telenovela

MODELO   La semana pasada, ¿bailaste en una fiesta? ¿Corriste cinco millas?

Así se dice

You already know what **ayer, anoche,** and **la semana pasada** mean. To express a particular day of last week you use the definite article with *the day of the week* + **pasado.**

> **El lunes pasado** fui a la casa de mis padres.

To express how long *ago* something was done, you use the verb **hace** + *a unit of time.*

> Vine a esta universidad **hace un año.**

> Empecé a estudiar **hace unos minutos.**

Paso 2 Now with your partner find two other people who did at least two of the same activities that you two did.

MODELO   E1: Nosotros estudiamos para un examen, practicamos un deporte, vimos una telenovela y fuimos a un restaurante.

            E2: Nosotros también estudiamos para un examen y practicamos un deporte, pero no vimos una telenovela ni fuimos a un restaurante.

Paso 2, **Suggestion:** Ask several pairs to share their findings with the class.

SITUACIÓN

Un estudiante, Juan Mengano, pasó toda la noche estudiando para su examen de química. Esta mañana faltó a[a] la clase de matemáticas a las 9.00 y fue a su clase de química a las 10.00 para tomar el examen. Después descubrió que la profesora de matemáticas dio una prueba de sorpresa.[b] ¿Crees que Juan tiene una buena excusa para preguntarle a la profesora si puede tomar la prueba en su oficina?

[a]faltó... *he missed*   [b]prueba... *pop quiz*

Situación, **Suggestion:** This is an optional activity in which students are provided a thematically linked situation to which they are asked to respond. You can ask students to first discuss the situation in pairs or small groups before conducting a whole-class discussion. As an instructor, how would you respond to such a request?

INTERCAMBIO

¿Es típico esto?

Propósito: to write a paragraph on what a classmate did and decide whether it's typical.

Papeles: two students, interviewer and person interviewed.

Paso 1 Look over the following paragraph. Imagine that you are going to fill it in with information about one of your classmates.

> Ayer mi compañero/a de clase _____, _____ y _____. También _____, _____ y _____. Pero no _____ ni _____ ayer. Anoche él (ella) _____ y después _____. ¿Es típico esto? ¡Creo que sí (no)!

Paso 2 Now interview a person you do not know well. Before starting the interview, think of questions that will provide the information you will need to fill in and expand on the model paragraph in **Paso 1.** As you formulate your questions, remember to find out when your partner did the activity, whether he or she did it alone, and other similar details.

Paso 3 Use the paragraph in **Paso 1** as a guide to write up the information you have gathered. Make any adjustments to the format of the paragraph that you feel are necessary.

Paso 4 Before turning in your paragraph, let your partner read it. Does he or she agree with your final sentence (that is, **¿Es típico esto? ¡Creo que sí [no]!**)?

Vistazos culturales

El folclor en el mundo hispano

¿Sabías que... en el mundo hispano hay una tradición folclórica muy rica? El folclor en el mundo hispano se manifiesta en sus mitos y leyendas,[a] en el arte, en las artesanías,[b] en las canciones[c] y en muchas otras expresiones artísticas. En España, se puede notar la influencia árabe, gitana, romana y de otras culturas. En Latinoamérica, el folclor refleja más que nada[d] el mestizaje, pero también se ve la influencia de otras culturas europeas y africanas que llegaron después de los españoles. En la Guinea Ecuatorial, la influencia africana en el folclor es más fuerte[e] que en cualquier otro país del mundo hispano. ¿Por qué? ¡Porque es un país africano!

[a]mitos... *myths and legends*   [b]*handicrafts*   [c]*songs*   [d]más... *more than anything*   [e]más... *stronger*

dos leyendas y mitos del mundo hispano

La Llorona[a]

La Llorona es una leyenda mexicana que cuenta la historia de una mujer bella y vanidosa[b] llamada María. María se casa con un ranchero, tienen varios hijos y todos están contentos. Pero un día el ranchero empieza a prestarles más atención[c] a los hijos que a María. María se enfada[d] y echa[e] a sus hijos en el río.[f] Cuando María se da cuenta de su horrible acto ya es tarde[g] y sus hijos se ahogan.[h] Al día siguiente la gente del pueblo encuentra a María muerta, cerca del río. Desde ese día en adelante[i] la gente dice que el espíritu de María va por el río de noche, llorando[j] en voz alta. Es por eso que le llaman «La Llorona». Los padres hispanos les dicen a sus hijos que si salen de noche, La Llorona puede llevárselos[k] y nunca volverán.[l]

La Llorona (1987) por Diana Bryer (norteamericana, 1942–)

[a]La... *The Weeping Woman*   [b]*vain*   [c]prestarles... *pay more attention*   [d]se... *becomes angry*   [e]*she throws*   [f]*river*   [g]ya... *it's already too late*   [h]se... *drown*   [i]Desde... *From that day on*   [j]*crying*   [k]*take them away*   [l]nunca... *they'll never return*

El Popol Vuh

El *Popol Vuh* es el libro sagrado[a] de los mayas quiché. Parte de este libro cuenta la historia de la creación del mundo, según los mayas. Según su mito de la creación, los dioses[b] crearon el mundo incluyendo los animales y toda la flora y fauna primero y luego decidieron crear al hombre. Los dioses intentaron[c] crear al hombre de varios materiales incluyendo el lodo[d] y la madera[e] pero nunca quedaron satisfechos[f] con su creación. Al final, hicieron al hombre de maíz[g] y quedaron satisfechos.

[a]*sacred*   [b]*gods*   [c]*tried*   [d]*mud*   [e]*wood*   [f]nunca... *they were never satisfied*   [g]*corn*

La religión

La **santería** es una religión afrocaribeña parecida al vudú y tiene sus raíces en la cultura yoruba del oeste[a] de África. Aunque la santería es una religión principalmente africana, tiene grandes influencias católicas. La santería se practica en Brasil, Cuba, Haití, Trinidad, Puerto Rico y en partes de los Estados Unidos donde viven inmigrantes de estos países.

[a]*western part*

Las festividades religiosas en muchas partes de Latinoamérica están compuestas[a] de elementos indígenas y católicos. Por ejemplo, en la fiesta del *Corpus Cristi* en La Villa de los Santos en Panamá se ve el sincretismo[b] de varias tradiciones religiosas.

[a]*composed*   [b]*síntesis*

Arte huichol

En México el arte folclórico indígena se vale de[a] varios materiales diferentes. Los tepehuanes usan hilaza[b] de varios colores para crear cuadros decorativos. Los temas representados incluyen animales y objetos celestiales. Los artesanos huicholes, también de México, se especializan en un arte que utiliza abalorios[c] de colores brillantes.

[a]*se... makes use of*   [b]*yarn*   [c]*beads*

El pueblo de San Juan de Oriente en Nicaragua se conoce por su alfarería,[a] un arte que se ha practicado[b] aquí desde la época colonial.[c] Las piezas representan tanto temas precolombinos como temas modernos con diseños geométricos.

[a]*pottery*   [b]*se... has been practiced*   [c]*desde... since colonial times*

La artesanía

Una mola panameña

En Panamá las mujeres kunas hacen blusas de una tela[a] colorida llamada **mola**. Originalmente la palabra **mola** sólo se refería a la tela. Ahora se refiere también a las blusas y otras artesanías hechas[b] de esta tela. Los diseños[c] típicos representan animales, mariposas,[d] flores y peces.[e]

[a]*fabric*   [b]*made*   [c]*designs*   [d]*butterflies*   [e]*fish*

ACTIVIDAD ¿Qué recuerdas?

Select the answer that best fits each of the following sentences.

1. Según la leyenda de La Llorona, María mata (*kills*) a sus hijos porque está __c__.

   a. nerviosa   **b.** triste   **c.** celosa (*jealous*)

2. Según la historia maya de la creación, el hombre ideal se creó de __c__.

   a. madera   **b.** lodo   **c.** maíz

3. La religión de origen yoruba que se practica en Cuba y otros países es __a__.

   a. la santería   **b.** el catolicismo   **c.** el vudú

4. La mola es una tela usada en la artesanía de __b__.

   a. los huicholes   **b.** los kunas   **c.** los tepehuanes

5. El país hispano que tiene fama internacional por su larga tradición de alfarería es __b__.

   a. Panamá   **b.** Nicaragua   **c.** Cuba

6. Los huicholes de México hacen una artesanía de __c__.

   a. hilaza   **b.** tela   **c.** abalorios

NAVEGANDO LA RED

Complete *one* of the following activities. Then present your information to the class.

1. Look for information about the legends and myths of the Quiché Mayans. Choose one legend or myth and write a brief summary of the story, including its central themes and the moral (**moraleja**) if it has one.

2. Look for information about a folkloric musical genre (**género**) in the Spanish-speaking world. Jot down the following information.

   a. el país o la región donde se toca esta música
   b. las características generales de la música
   c. los temas principales de la letra que acompaña la música y el título de una canción popular de este género

Ayer y anoche

Yesterday and Last Night

andar (*irreg.*)	to walk
buscar	to look for
dar (*irreg.*)	to give
decir (*irreg.*)	to say; to tell
dormirse (ue, u)	to fall asleep
empezar (ie)	to begin
estar (*irreg.*)	to be
jugar a los videojuegos	to play video games
llamar (por teléfono)	to call (on the phone)
llegar	to arrive
pagar (la cuenta)	to pay (the bill)
practicar un deporte (R)	to practice, play a sport
preparar (la cena)	to prepare (dinner)
recibir (R)	to receive

recordar (ue)	to remember
saber (*irreg.*)	to know (*facts, information*)
tener un examen	to have (take) a test
ver (*irreg.*) **una telenovela**	to watch a soap opera

¿Cuándo?

When?

anoche	last night
ayer	yesterday
el fin de semana pasado	last weekend
un rato	little while, short time
la semana pasada	last week
la última vez	last time
una vez	once
hace + *time*	_____ ago

GRAMMAR SUMMARY

UNIDAD I For Lección preliminar–Lección 3

The Verb ser

(yo)	soy	(nosotros/as)	somos
(tú)	eres	(vosotros/as)	sois
(Ud.)	es	(Uds.)	son
(él/ella)	es	(ellos/as)	son

The verb **ser** is used to:

1. express origin with **de: ¿De dónde eres?**

2. describe a person's qualities: **Tomás es muy inteligente, ¿no?**

3. state who or what a person is: **Es profesor. Soy estudiante.**

4. tell time: **Es la 1.00. / Son las 2.00.**

Remember that subject pronouns are not always required in Spanish. It is fine to say **soy estudiante.** If you say **yo soy estudiante,** you are adding emphasis or making a contrast.

The Verb estar

One of the uses of **estar** is to describe variable conditions.

Tomás **está** muy contento con su trabajo.
Estoy aburrida de mi clase de inglés.

The Verb gustar

me			nos		
te	} gusta(n)		os	} gusta(n)	
le			les		
le			les		

1. **Gustar** does not mean *to like.* It is closest in meaning to the verb *to please.* Thus **me gusta** actually means (*something*) *pleases me.*

2. Since **gustar** means *to please,* the verb must agree in number with the thing doing the pleasing: **Me gusta esta clase. Me gustan todas las clases.**

3. A phrase with **a** can be used with this construction.

A mí me gustan las matemáticas.
¿A ti te gustan también?
A los profesores no les gusta corregir exámenes.

Present Tense of Regular Verbs

	-ar	-er	-ir
(yo)	me levanto	como	asisto
(tú)	te levantas	comes	asistes
(Ud.)	se levanta	come	asiste
(él/ella)	se levanta	come	asiste
(nosotros/as)	nos levantamos	comemos	asistimos
(vosotros/as)	os levantáis	coméis	asistís
(Uds.)	se levantan	comen	asisten
(ellos/ellas)	se levantan	comen	asisten

Remember that even though **Ud.** and **él/ella** share the same verb forms, **Ud.** means *you* singular (formal, socially distant) and **él/ella** refer to a third person (*he/she*). Likewise, **Uds.** means *you* plural and **ellos/ellas** refer to some other persons (*they*).

Verbs in the present tense can refer to daily or habitual actions

Todos los días **me levanto** a las 6.00.

but can also be used to refer to an action in progress.

—¿Qué **haces**?
—**Preparo** la cena. ¿Por qué **preguntas**?

Verbs with Stem-Vowel Changes

Verbs with stem-vowel changes are changed in those forms in which the pronounced accent falls on the stem: **yo, tú, Ud., él/ella, Uds., ellos/ellas.** They do not have the change in those forms where the pronounced accent falls on the ending: **nosotros/as, vosotros/as.**

dormir $\begin{cases} \text{o} \rightarrow \text{ue} \\ \text{d}\mathbf{ue}\text{rme} \\ \text{dormimos} \\ \text{dormís} \end{cases}$

tener $\begin{cases} \text{e} \rightarrow \text{ie} \\ \text{t}\mathbf{ie}\text{ne} \\ \text{tenemos} \\ \text{tenéis} \end{cases}$

vestirse $\begin{cases} \text{e} \rightarrow \text{i} \\ \text{se v}\mathbf{i}\text{ste} \\ \text{nos vestimos} \\ \text{os vestís} \end{cases}$

Verbs with Irregularities

Some verbs have irregularities in the **yo** form.

conduzco (conducir)   hago (hacer)
conozco (conocer)   sé (saber)
doy (dar)   tengo (tener)
estoy (estar)   vengo (venir)

Some verbs don't follow predicted patterns.

ir: voy, vas, va, va,
    vamos, vais, van, van
estar: estoy, estás, está, está,
    estamos, estáis, están, están

Descriptive Adjectives

Adjectives tend to follow nouns. Also, adjectives must agree in gender and in number with the nouns they modify.

un amig**o** dedicad**o**   unos amig**os** dedicad**os**
una amig**a** dedicad**a**   unas amig**as** dedicad**as**

However, adjectives that end in **-e** and most that end in a consonant only show number agreement.

un libro interesante   unas clase**s** difícile**s**

Possessive Adjectives

Possessive adjectives precede the noun and agree in number with the noun.

mi profesor   mi**s** profesor**es**
tu amiga   tu**s** amiga**s**
su perro   su**s** perro**s**

Note that the equivalent of **su** or **sus** in English is **his, her, your,** or **their.**

Nuestro is an exception. It reflects both the number and gender of a noun.

nuestr**o** profesor   nuestr**os** profesor**es**
nuestr**a** profesor**a**   nuestr**as** profesor**as**

Negation

Certain negative words like **tampoco, nunca,** and **nadie** can be placed before a verb or after. In the latter case, a **no** before the verb is required.

Yo **no** me levanto temprano.
    Yo **tampoco** me levanto temprano.
    Yo **no** me levanto temprano **tampoco.**
¿Quién se levanta temprano?
    Nadie se levanta temprano.
    No se levanta **nadie** temprano.
¿Cuándo haces ejercicio?
    Nunca hago ejercicio.
    No hago ejercicio **nunca.**

The negative word **nada** normally follows a verb and will be accompanied by **no.**

No hay **nada.**
No tengo **nada.**

Preterite Tense: Regular Forms

	-ar	-er	-ir
(yo)	me levanté	comí	salí
(tú)	te levantaste	comiste	saliste
(Ud.)	se levantó	comió	salió
(él/ella)	se levantó	comió	salió
(nosotros/as)	nos levantamos	comimos	salimos
(vosotros/as)	os levantasteis	comisteis	salisteis
(Uds.)	se levantaron	comieron	salieron
(ellos/ellas)	se levantaron	comieron	salieron

The preterite tense is used to talk about simple actions and events in the past that are viewed as completed. It is useful when talking about events that happened yesterday, last night, and so forth.

Preterite Tense: Irregular Verbs

Some common verbs do not have the characteristic stress on the verb ending in the preterite. These irregular verbs all share the same endings, regardless of whether they are **-ar, -er,** or **-ir** verbs.

andar:	anduv-		-e (yo)
estar:	estuv-		-iste (tú)
hacer:	hic-*		-o (Ud.)
poder:	pud-		-o (él/ella)
saber:	sup-	+	-imos (nosotros/as)
tener:	tuv-		-isteis (vosotros/as)
venir:	vin-		-ieron (Uds.)
			-ieron (ellos/ellas)

Two other irregular verbs share a common ending in the **Uds.** and **ellos/ellas** form.

conducir → condujeron
decir → dijeron

Saber in the preterite means *to find out* (lit. *at a point in time, to begin to know*)

Entonces **supe** la verdad.
Then I found out the truth.

Poder in the preterite means *to manage to, succeed in* (doing something)

Por fin **pude** hablar con ella.
I was finally able to speak with her. (I had tried before, but had always failed.)

The verbs **ser** and **ir** share the same forms in the preterite: **fui, fuiste, fue, fue, fuimos, fuisteis, fueron, fueron.** Context will determine meaning.

Lincoln **fue** presidente entre 1861 y 1865.
Lincoln **fue** al teatro.

The Verb Form hay

The verb form **hay** can mean *there is* and *there are.*

¿**Hay** café?
No, no **hay** café. Pero sí **hay** refrescos.

Necesitar + *infinitive* and tener que + *infinitive*

In order to talk about what you *need* or *have* to do, you use a conjugated form of **necesitar** + *infinitive* or **tener que** + *infinitive.*

Necesito estudiar mucho esta tarde.
I need to study a lot this afternoon.

Elena **tiene que trabajar** mañana.
Elena has to work tomorrow.

Other helping verbs that are followed by an infinitive include **deber, preferir,** and **querer.**

Debemos hacer ejercicio todos los días.
We should exercise every day.

Tomás y sus amigos **prefieren cenar** tarde.
Tomás and his friends prefer to eat dinner late.

¿**Quieren** Uds. **ir** al cine o **quedarse** en casa?
Do you (plural) want to go to the movies or stay at home?

---

*Hic- becomes **hiz-** when used with **Ud.** and **él/ella: hizo.**

Ir a + *infinitive*

One way to discuss future activities is to use the conjugated form of **ir a** + *infinitive*.

Voy a levantarme temprano mañana.
I'm going to get up early tomorrow.

Elena y sus amigos **van a bailar** el sábado.
Elena and her friends are going to dance on Saturday.

"Do"

English requires the support verb *do* to make negatives, ask questions, and to emphasize. Spanish has no such verb, and you should not equate the English support verb *do* with **hacer.**

No sabes la respuesta.
*You **do**n't know the answer.*

¿Sueles levantarte tarde?
***Do** you normally get up late?*

¿Dormiste bien?
***Did** you sleep well?*

¡Tú sí saliste anoche!
*You **did** go out last night!*

"It"

Keep in mind that the subject *it* is not expressed in Spanish as it is in English. English is a language that requires sentences to have expressed subjects, but Spanish does not. English requires "dummy" subjects such as *it,* where Spanish needs no expressed subject.

Llueve.
***It**'s raining.*

Hace frío.
***It**'s cold.*

Son las dos y media.
***It**'s two-thirty.*

Es imposible.
***It**'s impossible.*

Nuestras familias

Nuestra familia nuclear

Te quiero mucho, papá.

¿Cómo es tu familia?

In this lesson, you will explore the topic of families. In the process, you will

◆ describe your family (size, members, names)

◆ ask your classmates about their families

◆ learn that speakers of Spanish often use two last names

◆ review interrogatives

◆ learn to use direct object pronouns

◆ learn more about the verb **estar**

ALTO Before beginning this lesson, look over the **Intercambio** activity on page 137. This is the activity you will be working toward throughout the lesson.

Mi familia «extendida» no es muy grande, pero me gusta.

IDEAS PARA EXPLORAR

La familia nuclear

VOCABULARIO

¿Cómo es tu familia?

Talking About Your Immediate Family

La familia de José Luis Gómez

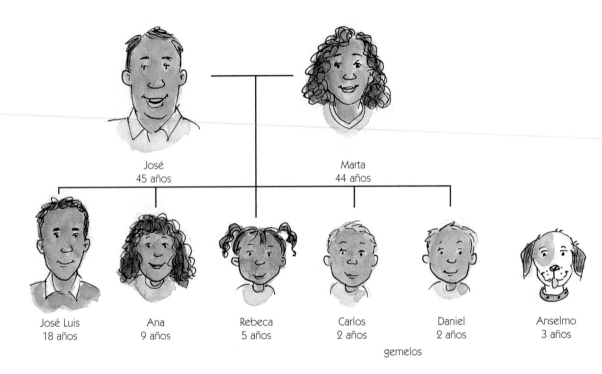

José es **el padre** de José Luis.
Marta es **la madre** de José Luis.
José y Marta son **los padres**.
Ana es **una hermana** de José Luis.
Carlos es **un hermano** de José Luis.
Anselmo es **el perro** de José Luis.

José Luis tiene cuatro **hermanos**.
No tiene **hermanastros**.

José Luis, Ana, Rebeca, Carlos y Daniel son **los hijos** de Marta y
José. (Ana es **una hija**; Carlos es **un hijo**.)

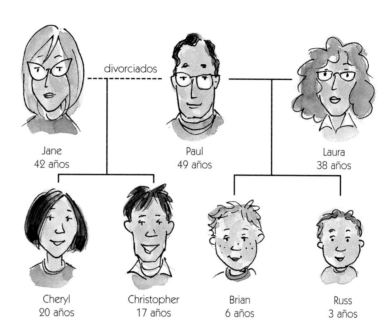

Así se dice

The title of this lesson is *¿Cómo es tu familia?* **¿Cómo es… ?** asks what something is like. In short, it asks for a description. Below are things that should come to mind when you hear **¿Cómo es (eres, son, etcétera)… ?**

age	height
color	personality
dimension(s)	shape
facial features	size

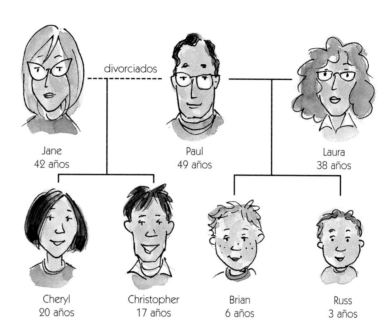

Jane
42 años

Paul
49 años

Laura
38 años

divorciados

Cheryl
20 años

Christopher
17 años

Brian
6 años

Russ
3 años

Paul es **el padre** de Cheryl.
Jane es **la madre** de Cheryl. Es una **madre soltera**.
Paul y Jane son **los padres**.
Cheryl no tiene **hermanas**.
Christopher es **el hermano** de Cheryl.

Cheryl tiene **un hermano** y dos **medio hermanos**, Russ y Brian.
También tiene **una madrastra**, Laura.

Cheryl y Christopher son **los hijos** de Paul y Jane.
Russ y Brian son **los hijos** de Paul y Laura.

Vocabulario útil, **Suggestion:** Briefly explain that many Spanish speakers do not distinguish between *hermanos* and *hermanastros*. Briefly explain that *la pareja* means "couple" or a "partner" (*la* is still used whether the partner is a man or a woman).

Vocabulario útil

la esposa, la mujer	wife	**el padre soltero**	single father
el esposo, el marido	husband	**la pareja**	couple; partner
los esposos	husband and wife		
		mayor	older
los gemelos	twins	**menor**	younger
		el/la mayor	the oldest
la hermanastra	stepsister	**el/la menor**	the youngest
el hermanastro	stepbrother		
el padrastro	stepfather	**tiene… años**	he/she is . . . years old

Act. A, Suggestion: Allow 2–3 minutes for this activity.
Statements: Read each statement, pausing after each for students to answer. (1) *En la familia Gómez, hay tres hijos y dos hijas; cinco hijos en total.* (C) (2) *Los padres se llaman José y Marta.* (C) (3) *Carlos y Daniel son gemelos y tienen doce años.* (F; *Tienen dos años.*) (4) *José Luis tiene tres hermanas.* (F; *Tiene dos hermanas.*) (5) *De los hijos, José Luis es el mayor.* (C) (6) *Ana es la esposa de José.* (F; *Marta es la esposa de José.*) (7) *Carlos y Daniel son los menores de la familia.* (C)
Optional follow-up: Ask: *¿Quién es el padre de José Luis? ¿Y la madre? ¿Quién es la hermana menor de José Luis? ¿Tiene José Luis hermanos? ¿Cómo se llaman? ¿Quién en la familia tiene cinco años?* Students respond with names or words they already know.

COMUNICACIÓN

Act. C, Suggestions: Do not explain the *se* of *se refiere a.* Using model statement, students supply family name only. Allow 2 minutes for this activity.
Statements: Read statements aloud, pausing after each for students to answer. (1) *En esta familia hay una hija que tiene una madre y una madrastra.* (*los Fuller*) (2) *En esta familia hay tres hermanos.* (*los Gómez y los Fuller*) (3) *En esta familia el hijo mayor se llama como su padre.* (*los Gómez*) (4) *Esta familia tiene menos hijos (hijos e hijas) que la otra.* (*los Fuller*) (5) *En esta familia hay hermanos gemelos.* (*los Gómez*) (6) *Hay un perro en esta familia.* (*los Gómez*)

Act. D, Description: *Hola. Me llamo Alfredo García Pérez. En*

ACTIVIDAD A ¿Cierto o falso?

Your instructor will make a series of statements about the Gómez family in the previous drawings. According to their family tree, is each statement **cierto** or **falso**?

1… 2… 3… 4… 5… 6… 7…

Act. B, Statements: (1) *los padres de Cheryl* (*Pau[l] Jane*) (2) *el hermano de Cheryl* (*Christopher*) (3) *u[n] hermanastro de Cheryl* (*Brian* or *Russ*) (4) *el otro hermanastro de Cheryl* (*Brian* or *Russ*) (5) *la madr[e] de Christopher* (*Jane*) (6) *la hermana de Christoph[er]* (*Cheryl*) (7) *la madrastra de Cheryl y Christopher* (*Laura*) (8) *la hija de Paul y Jane* (*Cheryl*).

ACTIVIDAD B ¿Quién es?

Listen as your instructor says a phrase. Relying only on the drawing of Cheryl Fuller's family tree, can you name the person(s) described by your instructor?

1… 2… 3… 4… 5… 6… 7… 8…

ACTIVIDAD C ¿Los Gómez o los Fuller?° ¿Los… *The Gómez family or the Fullers?*

According to what you know about the Gómez and Fuller families, indicate which is being referred to in each statement you hear. See if you can do this activity from memory without looking at the family trees. (Note: **Se refiere a** means *it refers to*.)

MODELO En esta familia hay cuatro hijos. → Se refiere a los Fuller.

1… 2… 3… 4… 5… 6…

ACTIVIDAD D La familia de Alfredo

Alfredo, a friend of José Luis, has written a description of his family. Listen to the description and then draw his family tree, using the Gómez family tree as a guide. Be sure to include everyone's name and age.

ACTIVIDAD E En mi familia…

Prepare a brief oral description of your own family using Alfredo's description in **Actividad D** as a guide. Include all the members of your family and their ages.

Así se dice, Point out: Remind students that both *conocer* and *saber* have irregular *yo* forms: *conozco* and *sé.*

Así se dice

By now you may have noticed that there are two ways to express *to know* in Spanish: **conocer** and **saber**. **Conocer** is used to express *to know* (*be acquainted with*) *a person or a place*. **Saber** expresses *to know facts or information*. When followed by an infinitive, **saber** also means *to know how to do something*.

—¿**Conoces** a mi hermano Jaime?
—Sí, **conozco** muy bien a Jaime. **Sabe tocar** la guitarra, ¿verdad?
—Sí. También **sabe jugar** al béisbol, **bailar, hablar** el japonés…

mi familia somos seis hermanos, tres chicos y tres chicas. Yo soy el mayor y tengo 18 años. Mis hermanas son Ángela (que tiene 12 años), Dolores (que tiene 15) y Gloria (que tiene sólo 5). Mis hermanos se llaman Roberto y Julio. Roberto, el menor de la familia, tiene 3 años. Julio tiene 17. Mis padres son Lilián y Rodolfo. Mi papá tiene 42 años y mi mamá tiene 40.

Act. E, Follow-up: Ask one or two students questions with *más/menos, mayor/menor* about family members or friends. *¿Son altas todas las personas en tu familia? ¿Quién es mayor, tu hermano/a o tú? ¿Es tu hermano/a más alto/a que tú?*

GRAMÁTICA

¿Cuántas hijas... ?

—¿Y **cuántos** hermanos tienes, José Luis?
—Tengo cuatro: dos hermanas y dos hermanitos gemelos.

> **¿cuántos/as?**
> **¿cómo?**
> **¿dónde?**
> **¿cuál(es)?**
> **¿qué?**
> **¿quién(es)?**
> **¿cuándo?**

Interrogatives, or question words, are used to obtain information from others. You have already been introduced to the main question words in Spanish. Here is a summary of them.

¿Cuántos?	¿Cuántos hijos tienes?
¿Cuántas?	¿Cuántas hijas tienes?
¿Cómo?	¿Cómo se llama tu madre?
¿Dónde?	¿Dónde viven tus padres?
¿Cuál?	¿Cuál es tu apellido (*last name*)?
¿Cuáles?	¿Cuáles son los nombres de tus hijos?
¿Qué?	¿Qué familia es más grande, la de los Fuller o la de los Gómez?
¿Quién?	¿Quién es esa chica? ¿Es tu hermana?
¿Quiénes?	¿Quiénes son los padres de José Luis?
¿Cuándo?	¿Cuándo llamas a tu familia?

Note that both **¿qué?** and **¿cuál?** can mean *which?* For now, use **¿qué?** with a noun and **¿cuál(es)?** with **es (son)** to mean *which.*

> **¿Qué apellido** es más común, García o Gómez?
> **¿Cuál es** el nombre más popular, Juan o José?

Act. F, Optional follow-up: Una familia famosa. Whisper the name of a famous family to someone in the class. Students must try to figure out which family you have named by asking questions using interrogative words. Students may not ask for names. All questions must pertain to nuclear family members (parents and children) only. Examples of questions that may be asked: ¿Dónde vive esta familia? ¿Cuántas personas hay en esta familia? ¿Están divorciados los padres? ¿Hay gemelos en la familia?

ACTIVIDAD F ¿Qué familia?

Silently think of a famous family and write that family's name down without anyone seeing it. Then team up with a partner who will try to guess who that family is by asking questions.

MODELOS   ¿Cuántas personas hay en la familia en total?

¿Cuántos hijos (Cuántas hijas) hay?

¿Cuántos años tiene el hijo (la hija) mayor?

Once your partner guesses, switch roles and try to guess the family he or she has chosen.

Así se dice, **Point out:** The root *su* refers to the possessor and the singular/plural distinction refers to the thing possessed. There is work on this in the student manual.

Hay once personas en esta familia chilena. ¿Cuántas personas hay en tu familia?

COMUNICACIÓN

Act. G, **Follow-up:** Have students write a short essay with the information they have obtained, using the model paragraph as a structural guide. Tell them they may need to make adjustments according to their partner's information and to feel free to ask other questions to add to the paragraph.

Before turning in the essay, have each student work with a different partner to describe his or her classmate's family. The partner should attempt to sketch out the family tree as it is described to him or her. Have students check the sketch against the essay.

ACTIVIDAD G Un breve ensayo°

Un... A brief essay

Pair up with someone whom you do not know well to find out about his or her family.

Paso 1 Read the following paragraphs. Make a note of the type of information that is missing in each blank.

La familia de ____

La familia de mi compañero/a es ____.* En total son ____ personas: ____ padres y ____ hijo(s) (hija[s]). Toda la familia vive en (Los padres viven en)† ____. Su padre tiene ____ años y su madre tiene ____.

Sus hermanos asisten a ____. Se llaman ____ y ____ y tienen ____ y ____ años, respectivamente. ____ es el (la) mayor de la familia y ____ es el (la) menor.

Paso 2 Make up a series of questions to obtain all the missing information needed to construct a composite of your partner's family. It may help to write out the questions first. As you interview, jot down all the information your partner gives.

ACTIVIDAD H ¿Sabías que... ?

Read the **¿Sabías que... ?** selection on the next page. Report to the class what your name would be if you used the system found in Spanish-speaking countries. From now on, use this name on all your assignments in Spanish!

---

*Choose the appropriate word: **pequeña** (*small*), **mediana** (*medium*), **grande.**
†The family may not all live together, so choose accordingly.

¿Sabías que...

muchos hispanos usan dos apellidos? En los países de habla inglesa, las personas generalmente tienen un apellido, por ejemplo, Judd Emerson o Lillian Hoffman.* Pero en los países de habla española, las personas pueden tener dos apellidos, el paterno y el materno: por ejemplo, Juanita Pérez Trujillo o Ramón Sáenz García. En el primer ejemplo, Pérez es el apellido paterno y Trujillo es el materno. En el otro ejemplo, Sáenz es el apellido paterno y García es el materno. En ocasiones formales u oficiales, las personas usan los dos apellidos. Sin embargo,[a] en algunos países, como la Argentina, el doble apellido generalmente no se usa, excepto si el apellido paterno es un nombre muy común (González, Ramírez, Gómez, Pérez, etcétera). En estos casos se incluye el apellido materno para evitar la confusión. Otro punto interesante es que en los países hispanos, las mujeres no cambian sus apellidos cuando se casan. Y en España, si los padres así lo deciden, sus hijos pueden tomar el apellido de la mamá.

Traducciones Dovita
Traducciones español-inglés o inglés-español

Lic. Paloma Novoa García

Avda. Teopanzolco 200
Col. Jacarandas
Cuernavaca, Morelos 62420

Tel. 322-07-90
dovita@infosel.com.mx

BREEN PUBLICIDAD

Félix Hugo Parada Mejía
DIRECTOR GENERAL

FELIX HUGO Y ASOCIADOS, S. A. DE C. V.
Acambay 201, Col. Pirules. C. P. 54040
Edo. de México. Tels: 379 86 01   399 97 07

[a]Sin... *However*

NAVEGANDO LA RED

Look for an online phone book from a Spanish-speaking country. How are women and men listed? Print out a section of the phone book and report your findings to the class.

*También es frecuente en este país ver apellidos «compuestos» (Robert Bley-Vroman, Mary Smith-González). ¿Es este sistema similar o diferente del sistema hispano?

IDEAS PARA EXPLORAR

La familia «extendida»

VOCABULARIO

¿Y los otros parientes?

Vocabulario, **Point out:** The meaning of *Q.E.P.D.* (*Que en paz descanse*) is similar to the English R.I.P. (Rest in Peace). Also point out that *parientes* means "relatives" and not "parents."

You have already learned vocabulary related to immediate or nuclear families. Here is a summary of some of the expressions related to extended families.

La familia «extendida» de los Gómez

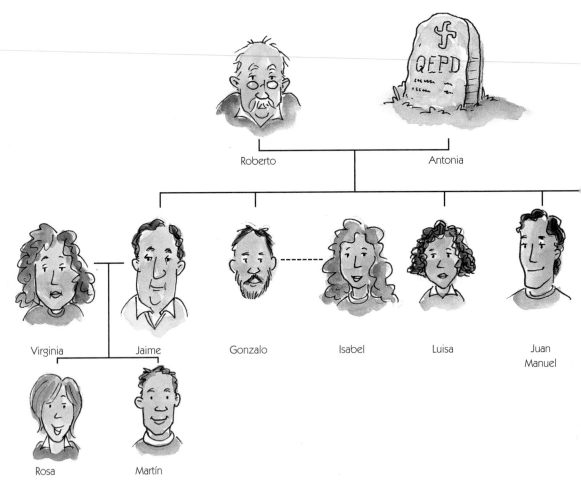

Enrique y Teresa y Roberto y Antonia son **los abuelos** de José Luis.

Roberto y Antonia son sus **abuelos paternos**.

Enrique y Teresa son sus **abuelos maternos**.

Antonia es su **abuela paterna** y Teresa su **abuela materna**.

Antonia, su abuela paterna, **ya murió**.

Enrique, su **abuelo materno, ya murió**.

José Luis tiene varios **tíos:** Gonzalo, Luisa, Jaime, Juan Manuel y Virginia.

Su **tía** favorita es Luisa. No tiene un **tío** favorito.

Su tío Jaime y su tía Virginia tienen dos hijos, Rosa y Martín. Ellos son **los primos** de José Luis.

Enrique

Teresa

José

Marta

José Luis

Ana

Rebeca

Carlos

Daniel

Anselmo

ACTIVIDAD A La familia «extendida»

Lee las oraciones en la última sección. Después, en el dibujo (*drawing*) de la familia Gómez, busca a las personas mencionadas en las oraciones. ¿Puedes deducir el significado de todas las palabras nuevas?

ACTIVIDAD B Los parientes de José Luis

Estudia el dibujo de la familia Gómez y las palabras nuevas. Luego, identifica a los miembros de la familia que están en la columna A. Contesta con oraciones completas, según (*according to*) el modelo.

MODELO   Rosa y Martín son los primos de José Luis.

A		B	
1. <u>b</u> Rosa		**a.** una tía	
2. <u>e</u> Roberto		**b.** una prima	
3. <u>f</u> Enrique		**c.** un tío	
4. <u>d</u> Teresa	es / son	**d.** la abuela materna	de José Luis.
5. <u>c</u> Juan Manuel		**e.** el abuelo paterno	
6. <u>g</u> Jaime y Gonzalo		**f.** el abuelo materno	
7. <u>a</u> Virginia		**g.** dos tíos	
		h. los primos	

COMUNICACIÓN

ACTIVIDAD C El profesor (La profesora)

Usando el nuevo vocabulario y el vocabulario que ya sabes, hazle preguntas (*ask questions*) al profesor (a la profesora). ¿Cuántos datos (*bits of information*) pueden Uds. obtener en sólo cuatro minutos?

MODELOS   ¿Tiene Ud. abuelos?
         ¿Cómo se llaman?

VOCABULARIO

¿Tienes sobrinos?

Additional Vocabulary Related to Family Members

Here are some other words related to families. Read each Spanish definition and example. Using the family tree on pages 122–123, can you determine what each new word means?

sobrino/a: hijo o hija de tu hermano/a

José Luis es **el sobrino** de Luisa (la hermana de su padre José).

nieto/a: hijo o hija de tu hijo/a

José Luis es **el nieto** de Enrique y Teresa.

cuñado/a: esposo o esposa de tu hermano/a

Virginia es **la cuñada** de Gonzalo.

suegro/a: padre o madre de tu esposo/a

Roberto es **el suegro** de Marta.

Act. E, Suggestions: Allow 3–5 minutes for this activity. Students should look only at drawing and cover statements and definitions. Alternatively, present family tree on an overhead transparency. **Statements:** Read statements aloud, pausing after each for students to answer. (1) *El abuelo paterno de José Luis se llama Roberto y está vivo.* (C) (2) *La abuela materna de José Luis se llama Teresa y ya murió.* (F; *Está viva.*) (3) *Los suegros de Marta son Roberto y Antonia.* (C) (4) *La relación entre Rosa y José Luis es de tíos. Es decir que Rosa es la tía de José Luis.* (F; *Son primos.*) (5) *Gonzalo es un hermano de Marta.* (F; *Es su cuñado.*) (6) *El abuelo de José Luis no está vivo. Ya murió.* (F; *Uno está vivo, uno muerto.*) (7) *Marta y Luisa son cuñadas.* (C) (8) *Antonia ya murió y por eso Roberto es viudo.* (C) (9) *Jaime, un tío de José Luis, está casado.* (C) (10) *José Luis es el hijo de José y el sobrino de Teresa.* (F; *Es el nieto de Teresa.*)

COMUNICACIÓN

Act. E, Optional: Divide class into 2 teams; 1 point for each correct response *but* false statements must be corrected to receive point. Then continue game with short-answer questions: (1) *¿Cuántos abuelos muertos hay en total?* (dos) (2) *¿Cómo se llama la abuela muerta de José Luis?* (Antonia) (3) *¿Qué relación existe entre Roberto y José Luis?* (Students must say *Es su abuelo **paterno*** to get point.) (4) *¿Cuántas tías tiene José Luis?* (tres) (5) *¿Quién es su tía favorita* (Luisa) (6) *¿Quiénes son los nietos de Roberto y Antonia?* (Students must give all 7 grandchildren to get point.) (*Rosa, Martín, José Luis, Ana, Rebeca, Carlos, Daniel*)

casado/a: cuando una persona tiene esposo/a

Marta está **casada.**

divorciado/a: cuando un esposo y una esposa se separan legalmente

Gonzalo está **divorciado.**

soltero/a: una persona que no tiene esposo/a

Juan Manuel es **soltero.**

ya murió (pasado de **morir**): sin vida

El abuelo materno de José Luis **ya murió.**

viudo/a: cuando el esposo (la esposa) ya murió

Roberto es **viudo.**

vivo/a: que tiene vida

El abuelo paterno de José Luis está **vivo.**

ACTIVIDAD D Más sobre los Gómez

Tu profesor(a) va a leer una serie de preguntas sobre la familia Gómez. Para contestar, puedes consultar el dibujo de las páginas 122–123.

1...   2...   3...   4...   5...   6...   7...   8...

ACTIVIDAD E ¿Cierto o falso?

Estudia otra vez el dibujo de la familia «extendida» de José Luis. Luego escucha las afirmaciones del profesor (de la profesora). ¿Son ciertas o falsas?

1...   2...   3...   4...   5...   6...   7...   8...   9...   10...

ACTIVIDAD F Firma aquí, por favor

¿Cómo es tu familia «extendida»? Pregúntaselo a tus compañeros de clase. Cuando alguien contesta afirmativamente, pídele que firme (*ask him/her to sign*) su nombre en tu hoja de papel.

1. ¿Tienes cuñados?
2. ¿Están vivos todos tus abuelos?
3. ¿Tienes un tío soltero o una tía soltera?
4. ¿Tienes sobrinos?
5. ¿Hay más de treinta personas en tu familia «extendida»?
6. ¿Hay una persona divorciada en tu familia?
7. ¿Tienes primos que no conoces?
8. ¿Tienes suegros?

GRAMÁTICA

¿Están casados?

More on **estar** + Adjectives

You may remember from the **Lección preliminar** that the verb **estar** can be used with some adjectives when a characteristic or trait is not seen as inherent or defining of a person. However, some adjectives that are almost always used with **estar** include **casado/a, divorciado/a, muerto/a, separado/a,** and **vivo/a.** These adjectives are used with **estar** no matter how long the situation endures. They are not viewed as inherent traits of the person, rather they represent the resultant condition of some process. Interestingly, in Spanish most native speakers use **ser** with the adjective **soltero/a.** Perhaps this is because people are by nature single but then become married.

ACTIVIDAD G ¿Casados o divorciados?

Escucha los nombres de las parejas famosas que menciona tu profesor(a). Indica si **están casados** o **divorciados.**

1... 2... 3... 4... 5... 6...

ACTIVIDAD H ¿Vivos o muertos?

Escucha el nombre de cada persona famosa que menciona tu profesor(a). Indica si **está vivo/a** o **muerto/a.** Optional follow-up: Bring in some photos of the last three people and explain to students why they are (were) famous.

1... 2... 3... 4... 5... 6...

COMUNICACIÓN

ACTIVIDAD I En tu familia...

Piensa en tu familia. ¿Quiénes están casados? ¿Hay personas divorciadas? ¿Están vivos todos tus abuelos? ¿Alguien ya murió? Escribe cinco o seis oraciones para describir el estado de varias personas de tu familia. (Alternativa: Si prefieres, puedes pensar en una familia famosa y hacer lo mismo [*the same*].)

NAVEGANDO LA RED

Find information in Spanish about *one* of the following topics.

1. family makeup (members and size) of Spain's royal family
2. family makeup (members and size) of a current Latin American president or leader
3. family makeup (members and size) of a current Spanish-speaking celebrity

Print out the information and come to class prepared with five or six statements about the family.

IDEAS PARA EXPLORAR

Mis relaciones con la familia

GRAMÁTICA

¿Te conocen bien?

First and Second Person Direct Object Pronouns

me	nos
te	os
lo/la	los/las
lo/la	los/las

In addition to having a subject, a verb in a sentence will also often have an object. An object is generally defined as a thing or person on which an action or process is performed. Thus, in the sentence *John writes letters*, *John* is the subject and *letters* is the object (the action of writing is performed on the letters). In the sentence *She has an idea*, *She* is the subject (pronoun) and *an idea* is the object (the thing on which the process of having is performed). What is the subject and what is the object of the verb **miran** in the following sentence?

Los padres miran a los hijos.

If you said **padres** is the subject (parents are the ones doing the watching) and **hijos** is the object (the people being watched), you were correct. Did you notice that **los hijos** is preceded by **a?** This **a** is called the *personal* **a** and must be used in Spanish before human objects of a verb. (You will learn more about it later.)

What is the subject *pronoun* that corresponds to **padres: ellos, él,** or **nosotros?**

_____ miran a los hijos.

If you said **ellos,** you were correct again. **Los padres** is the subject *noun* and **ellos** is the subject *pronoun.* Subject pronouns are already familiar to you.

yo	nosotros/as
tú	vosotros/as
usted (Ud.)	ustedes (Uds.)
él/ella	ellos/ellas

In Spanish (and English), not only are there subject pronouns, but there are also object pronouns.

Los padres **los** miran (es   *The parents watch **them** (that*
    decir, a los hijos).   *is, the kids).*

Here is the first set of subject and object pronouns in Spanish with which you will become familiar.

PRONOUNS		
	SUBJECT	OBJECT
1st person singular	**yo**	**me**
	Yo comprendo (*understand*) a mi hermano.	Mi hermano **me** comprende.
2nd person singular	**tú**	**te**
	Tú comprendes a los abuelos.	Los abuelos **te** comprenden.
1st person plural	**nosotros/as**	**nos**
	Nosotros comprendemos a los parientes.	Los parientes **nos** comprenden.

Me, te, and **nos** are objects of the verb. Can you figure out who is being understood in the first example in the righthand column? *Me.* In the second, who is being understood? *You.* And in the third, who is being understood? *Us.* Keep in mind the following two facts about object pronouns.

1. They are placed before conjugated verbs.
2. They indicate on whom or what the action or process is performed, not who or what is performing the action or process.

It's also important to keep in mind Spanish word order. In Spanish, subjects can come before or after the verb.

Juan no viene. No viene **Juan.**

Objects marked with **a** generally follow the verb.

María visita **a su hermano.**

Object pronouns must always precede a conjugated verb.

Mis tíos **me fascinan.**

However, they can be attached to the end of an infinitive or a present participle. Note that when a pronoun is attached to a participle, a written accent mark is added to maintain the original pronunciation of the participle.

Mis primos van a **visitarme** en junio.	*or*	Mis primos **me** van a visitar en junio.
Mi abuela está **escuchándome.**		Mi abuela **me** está escuchando.

Spanish also uses the pronouns **me, te,** and **nos** as indirect objects: *to whom, from whom,* and *for whom.*

Mis hermanos **me** escriben cartas muy largas.

To whom are the letters being written? To me.

¿Y **te** dan dinero tus padres?

To whom is money given? To you—or at least that's what is being asked.

You already know how to use indirect objects with the verb **gustar.**

Me gusta recibir cartas de mi familia.

Receiving letters from my family is pleasing to me.

¿**Te** gusta escribir cartas?

Is writing letters pleasing to you?

What can get tricky in correctly interpreting a sentence is that often you will see or hear a sentence in which the order is object pronoun-verb-subject, just the opposite of English!

Nos invitan a cenar las chicas.

The girls are inviting us to eat dinner.

No te comprende el profesor.

The professor doesn't understand you.

Act. A, **Answers:** (1) b (2) b (3) a (4) a.

ACTIVIDAD A Los pronombres

Select the correct interpretation of each sentence. Keep in mind that Spanish has flexible word order and doesn't necessarily follow subject-verb-object order as English does.

1. Mi hermana me llama frecuentemente.

 a. I call my sister frequently.
 b. My sister calls me frequently.

2. ¿Te escriben tus padres?

 a. Do you write to your parents?
 b. Do your parents write to you?

3. No nos escuchan los padres.

 a. Parents don't listen to us.
 b. We don't listen to parents.

4. Me conocen bien mis hermanos.

 a. My siblings know me well.
 b. I know my siblings well.

Nota comunicativa

Here are some ways of saying what you do without using complete sentences. Note: Remember that Spanish does not have a "support verb" equivalent to English *do.*

SOMEONE SAYS	YOU CAN SAY	
No comprendo a mis padres.	Yo sí.	*I do.*
	Yo tampoco.	*Neither do I. (Me neither.)*
Veo a mi familia con frecuencia.	Yo también.	*I do, too.*
	Yo no.	*I don't.*

Act. B, Suggestion: Read each sentence once, checking on students' answers before proceeding to the next sentence. (1) *Me llama un hombre.* (*a*) (2) *Mis padres me visitan.* (*a*) (3) *Me siguen otros.* (*b*) (4) *Un amigo nos saluda.* (*b*) (5) *No nos comprenden los parientes.* (*a*) (6) *Te invita un amigo a cenar.* (*a*) (7) *Miramos al profesor.* (*b*) (8) *Te busca María.* (*a*) (9) *Nos cree Juan.* (*a*)

ACTIVIDAD B ¿Objeto o sujeto?

Your instructor will say a series of sentences. Match each sentence you hear with one of the statements below. Remember that Spanish does not always follow subject-verb-object word order!

1. a. ☐ A man is calling me.

   b. ☐ I am calling a man.

2. a. ☐ My parents visit me.

   b. ☐ I visit my parents.

3. a. ☐ I follow others.

   b. ☐ Others follow me.

4. a. ☐ We are greeting a friend.

   b. ☐ A friend is greeting us.

5. a. ☐ Our relatives don't understand us.

   b. ☐ We don't understand our relatives.

6. a. ☐ A friend is inviting you to dinner.

   b. ☐ You are inviting a friend to dinner.

7. a. ☐ The professor is watching us.

   b. ☐ We are watching the professor.

8. a. ☐ María is looking for you.

   b. ☐ You are looking for María.

9. a. ☐ Juan believes us.

   b. ☐ We believe Juan.

COMUNICACIÓN

ACTIVIDAD C Los parientes

What are things that relatives do to us? They can bother us, visit us, criticize us, love us, and so forth.

Paso 1 Read each statement and select the ones that you think are typical.

Los parientes…

   a. ☐ nos molestan (*bother*).

   b. ☐ nos critican.

   c. ☐ nos ayudan.

   d. ☐ nos visitan.

   e. ☐ nos quieren (*love*).

   f. ☐ nos _____.

Paso 2 Now select the alternatives that you think make sense.

Los parientes…

   a. ☐ pueden molestarnos aunque (*although*) no deben hacerlo.

   b. ☐ pueden criticarnos aunque no deben hacerlo.

   c. ☐ pueden ayudarnos aunque no deben hacerlo.

   d. ☐ pueden visitarnos aunque no deben hacerlo.

   e. ☐ pueden querernos aunque no deben hacerlo.

   f. ☐ pueden _____nos aunque no deben hacerlo.

Compare your answers with a classmate's.

Act. D, Suggestion: Find out who has a dog or a cat. Ask one or two of these students some questions using *te*, e.g., *¿Te besa el perro? ¿Te obedece siempre? ¿Te escucha cuando le hablas? ¿Te sigue por la casa?* etc. Have rest of class listen and come to a conclusion about how the person feels about his animal, e.g., *Son mejores amigos. Son animales nada más*, etc. (Note: Students will talk about animals and their importance in our lives in a later lesson.)

ACTIVIDAD D Los perros y los gatos

Para muchas personas, los perros y los gatos son parte de la familia. ¿Qué dices tú en cuanto a (*regarding*) estos animales domésticos? Inventa una o dos oraciones y preséntala(s) a la clase. ¿Están de acuerdo tus compañeros con tus ideas?

MODELOS   Los perros nos quieren. Son nuestros mejores (*best*) amigos.

Los animales no me importan. Son animales nada más.

Vocabulario útil

ayudar	**escuchar**	**molestar**
besar (*to kiss*)	**hablar**	**obedecer** (*to obey*)
comprender	**hacer compañía**	**querer**

GRAMÁTICA

¿La quieres?

Third Person Direct Object Pronouns

me	nos
te	os
lo/la	**los/las**
lo/la	**los/las**

The most difficult object pronoun system for students of Spanish is the set of third person object pronouns. The third person direct object pronouns are presented in the second column of the following list of sentences.

SUBJECT	OBJECT*
Ella besa a Juan.	Juan **la** besa.
She kisses Juan.	*Juan kisses her.*
Él besa a María.	María **lo** besa.
He kisses María.	*María kisses him.*
Ellos observan a Marcos.	Marcos **los** observa.
They observe Marcos.	*Marcos observes them.*
Ellas observan a Carlitos.	Carlitos **las** observa.
They observe Carlitos.	*Carlitos observes them.*

---

*Third person object pronouns can also refer to animals, things, and ideas.

¿Mi libro? No **lo** tengo.

¿Mis clases? **Las** detesto.

¿Mis dos perros? Ay, **los** quiero muchísimo.

¿Mi personalidad? **La** heredé (*I inherited it*) de mi madre.

Keeping in mind that Spanish has flexible word order, what do you think the following sentence means?

Lo escucha Roberto.

If you said *Roberto listens to him,* you were correct!

Unlike **me, te,** and **nos,** the direct object pronouns **lo, la, los,** and **las** cannot function as indirect object pronouns. This means that they do not normally express *to him, to her, to them, for him, for her, for them,* and so forth, with verbs like **dar, gustar, escribir,** and others. (You will learn about third person indirect object pronouns in a later lesson.)

ACTIVIDAD E La familia de Cheryl

Paso 1 Imagine you overheard the following statements about Cheryl Fuller, whose family tree you studied earlier in this lesson. Indicate to whom each sentence could refer from the choices given.

1. No la quiere para nada.

    a. su madrastra   **b.** su padre

2. Lo ve todos los días.

    a. su hermano Christopher   **b.** su madre

3. Los obedece.

    a. su madre   **b.** sus padres

Paso 2 Now indicate the subject and object of each verb in the sentences in **Paso 1.**

COMUNICACIÓN

ACTIVIDAD F Mi familia

How do you interact with your parents, children, or siblings? Identify whom you are talking about and indicate whether or not each statement applies to you. Note that **yo** is not used in any of the sentences. This is because the verb form tells who the subject is.

_____ mis padres   _____ mis hijos   _____ mis hermanos

	SÍ, SE ME APLICA.	NO, NO SE ME APLICA.
1. Los llamo con frecuencia por teléfono.	☐	☐
2. Los visito los fines de semana.	☐	☐
3. Los visito una vez al mes.	☐	☐
4. Los abrazo (*hug*) cuando los veo.	☐	☐
5. Los comprendo muy bien.	☐	☐
6. Los aprecio (*appreciate*) mucho.	☐	☐
7. Los admiro.	☐	☐

Debate, **Suggestion:** Have students briefly scan article to find object pronouns. Have them identify the subject of the verb and then give a rough English translation of the object pronoun + verb, e.g., *me sigue* = he (Manuel) follows me. Then have students read quickly for content. Take a quick poll. *¿Con quién estás de acuerdo, con Alicia o con Manny? ¿Son buenos los motivos de Manny?* Then ask the guys in the class *¿Tienen hermanas? ¿Las vigilan como Manny o las dejan en paz?*

DEBATE Un drama familiar muy común: Ella se siente[a] dominada, perseguida por su hermano mayor y no sabe qué hacer. Alicia y Manuel son el caso típico.

ALICIA CUENTA SU PARTE

«Manuel es muy posesivo. No me deja respirar. Cada vez que voy a salir, me pregunta con quién, adónde voy, qué vamos a hacer... A veces me sigue. Cuando un chico viene a visitarme, Manny lo interroga. De veras, mi hermano es peor que mis padres. Por eso peleamos mucho.»

MANNY HACE UNA ACLARACIÓN

«Si vigilo a mi hermana, es porque me ha dado[b] motivos para sospechar de[c] ella. En varias ocasiones la sorpendí[d] con un tal Sergio, que es uno de esos rebeldes sin causa con la reputación por el suelo. Ella no conoce a los chicos. Ese tipo sólo busca una cosa.»

[a]*se... feels*   [b]*ha... has given*   [c]*be suspicious*   [d]*I surprised*

Así se dice

Do not mistakenly use **lo** as subject pronoun *it* as in English *It is raining.* **Lo** can only be a direct object. Remember that the subject pronoun *it* is not expressed in Spanish.

Está lloviendo.
It's raining.

Son las doce.
It's twelve o'clock.

but

¿**Lo** tienes?
Do you have it?

ACTIVIDAD G Mis parientes

Select a *female* relative of yours (**madre, hermana, tía, abuela, esposa,** and so forth) and write her name below. Which of the statements describes how you feel about her?

Nombre del pariente: _____ Relación: _____

☐ La admiro.
☐ La respeto.
☐ La quiero mucho.
☐ Trato de imitarla.
☐ La detesto.
☐ La...

Now select a *male* relative and do the same!

Nombre del pariente: _____ Relación: _____

☐ Lo admiro.
☐ Lo respeto.
☐ Lo quiero mucho.
☐ Trato de imitarlo.
☐ Lo detesto.
☐ Lo...

Compare your responses with those of two other people. Did you select the same relatives? Did you mark the same feelings?

ACTIVIDAD H Los hispanos hablan

Paso 1 Lee la siguiente selección **Los hispanos hablan** y contesta las preguntas a continuación (*the following questions*).

1. ¿Cuántos años tiene Leslie Merced?
2. ¿Es española, mexicana o puertorriqueña?
3. Según lo que (*what*) entiendes de la palabra «unida», escoge la opción que mejor termine la siguiente oración. Es posible escoger más de una sola opción.

   En una familia unida...

   a. todos cenan juntos.
   b. los hijos se van de (*leave*) la casa entre los 18 y los 21 años.
   c. hay mucho apoyo (*support*) entre los varios miembros.
   d. los hermanos no se llevan bien (*don't get along well*).

Los hispanos hablan

¿Cómo son las relaciones familiares en tu país?

NOMBRE: Leslie Merced

EDAD: 38 años

PAÍS: Puerto Rico

«En mi opinión la familia en Puerto Rico es muy unida. No tenemos una restricción en cuanto a la cantidad de tiempo que los hijos se quedan en casa... »

Paso 2 Ahora mira el segmento completo. Luego contesta las siguientes preguntas.

1. Leslie da un ejemplo de sus...

   a. hermanos.　　**b.** primos.　　**c.** abuelos.

2. Dice que ellos viven en casa con sus padres hasta...

   a. los 20 años.　　**b.** los 30 años.　　**c.** los 40 años.

Paso 3 En clase, comenta lo que dice Leslie. ¿Es esto típico en tu familia? ¿A qué edad se van los hijos de la casa? En la televisión norteamericana, ¿hay ejemplos de familias unidas? Describe estas familias.

Paso 4 Ahora lee el artículo de una revista hispana que aparece en la siguiente página. ¿Con quién estás de acuerdo, con Olivia o con Ana Lorena? ¿A qué edad debe uno independizarse de sus padres?

En la edición del mes de octubre de la revista *Tú*, en la sección *Las lectoras opinan*, el argumento fue un tema super-interesante, pues refleja una situación que están viviendo las chicas de hoy: «¿Estás a favor o en contra de independizarte de tus padres, cuando ya has terminado de estudiar,[a] pero aún no te has casado[b]?». Al final del artículo pedimos tu opinión, y aquí la tienes. Descubre lo que piensan al respecto, las chicas como Tú.

¿Debes independizarte de tus padres?

«Yo creo que cuando uno cuenta con los recursos necesarios y la mayoría de edad, es bueno independizarse. Una chica debe vivir su propia vida… »
Olivia Narváez, México

«¿Para qué quiere una mujer vivir sola? ¿Con quién compartirá sus alegrías, dudas, tristezas[c]… ? Me parece que la chica que se va de la casa puede ganar[d] en independencia, pero va a perder[e] en comunicación y en calor humano.»
Ana Lorena Castillo, Costa Rica

EL RESULTADO
El 60% de las opiniones de nuestras lectoras está a favor de independizarse de los padres, cuando se llega a la mayoría de edad.

[a]has… *you've finished studying*   [b]aún… *you haven't gotten married yet*   [c]compartirá… *will she share her joys, doubts, sad moments*   [d]*lose*   [e]*warmth; contact*

NAVEGANDO LA RED

In Spanish, find one of the following services: family counseling, reproductive services, child care possibilities, adoption services, or geneological services. Report to the class the following: name, location, type of service, phone number or URL, and anything interesting you learned about the service.

GRAMÁTICA

Llamo a mis padres

The Personal **a**

Recall that Spanish uses the object marker **a**.

Los padres miran **a** los hijos.
Llamo **a** mis padres.

This object marker has no equivalent in English, but it's important in Spanish because it provides an extra clue about who did what to whom in the sentence. Because Spanish has flexible word order, the **a** reminds you that even if a noun appears before the verb it may not be the subject!

Juan llama **a** María.
A María la llama Juan. } *Juan calls María.*

Note that when an object appears before the verb, the corresponding object pronoun must also be used. If you think that this is redundant, it is! But redundancy is a natural feature of languages. For example, we put past-tense endings on verbs even if we also say *yesterday* or *last night*. What does the following sentence mean? Who is doing what to whom?

A la chica la busca el chico.

You were correct if you said *The boy is looking for the girl.*

ACTIVIDAD I ¿Quién?

Select the correct English version of each sentence.

1. A mi mamá la besa mucho mi papá.

    a. My mom kisses my dad a lot.
    b. My dad kisses my mom a lot.

2. A mi papá no lo comprendo yo.

    a. I don't understand my father.
    b. My father doesn't understand me.

3. A la señora la saluda el señor.

    a. The woman greets the man.
    b. The man greets the woman.

4. A los chicos los sorprende la profesora.

    a. The professor surprises the boys.
    b. The boys surprise the professor.

[a]*baby*   [b]«quieres» en el dialecto argentino   [c]*I feel*

COMUNICACIÓN

ACTIVIDAD J ¿A quién?

Paso 1 Contesta las siguientes preguntas. Si no quieres hablar de tu familia, puedes hablar de amigos y otras personas que no son de tu familia.

  MODELOS **E1:** ¿A quién de tu familia admiras?
          E2: A mi madre.

      o   Admiro a mi madre.
           Admiro a varias personas: a mi padre, a mi madre…

1. ¿A quién de tu familia admiras?
2. ¿A quién de tu familia comprendes mejor?
3. ¿A quién de tu familia no comprendes para nada?

Paso 2 Habla con otra persona en la clase para ver si contesta igual que tú. ¿Hay ciertos sentimientos comunes a la clase, por ejemplo, admiran todos a su abuela? ¿a un tío en particular?

EN TU OPINIÓN

«Es beneficioso tener (muchos) hermanos.»
«Al casarse (*Upon marrying*), las personas deben combinar sus apellidos.»

INTERCAMBIO

¿Cómo es la familia de... ?

Propósito: dibujar (*to draw*) el árbol genealógico de alguna persona en la clase.

Papeles: una persona entrevistada; el resto de la clase dividido en cinco grupos.

Paso 1 El profesor (La profesora) le va a asignar a cada grupo una de las siguientes categorías.

Categoría 1: miembros de la familia nuclear
Categoría 2: abuelos
Categoría 3: tíos, incluyendo a los esposos y esposas
Categoría 4: primos
Categoría 5: características particulares de cada uno de los diferentes parientes (por ejemplo, la persona más loca [*craziest*]; ver **Así se dice**) y sus pasatiempos especiales

Cada grupo debe hacer las preguntas necesarias para obtener toda la información sobre su categoría. Por ejemplo, se puede preguntar sobre los nombres de los parientes, su edad, dónde viven, etcétera.

Paso 2 Los grupos deben entrevistar a la persona seleccionada. Toda la clase debe escuchar sus respuestas y apuntar (*jot down*) toda la información. **¡OJO!** Si no entiendes algo, debes pedir aclaración (*clarification*).

Paso 3 En casa, dibuja el árbol genealógico de la persona entrevistada. Incluye todos los detalles. A continuación hay un ejemplo de cómo se puede poner el nombre de un pariente en el árbol genealógico.

Si hay tiempo, uno o dos voluntarios debe(n) presentar su dibujo a la clase y dar una descripción de dos o tres minutos de varios miembros de la familia.

Así se dice,
Point out: *De* and not *en* is used with these expressions, e.g., *la más inteligente de la familia.*
Suggestion: Tell the class who in your family is the most conservative, the most aggressive, the youngest, etc. (you may need to introduce a few new adjectives here: *simpático, cómico, serio,* etc.). Then ask some students to make statements about their family members.

Así se dice

To say *the biggest, the smallest,* and so forth, Spanish uses the *definite article* + **más** + *adjective.* To say *the least intelligent, the least shy,* and so forth, Spanish uses the *definite article* + **menos** + *adjective.* Two exceptions are **mayor** and **menor.**

el/la más inteligente
the smartest

el/la menos tímido/a
the least shy

el/la mayor
the oldest

el/la menor
the youngest

María Shay, tía, divorciada. Vive en Florida. Es la más cómica de la familia.

Vistazos culturales
El bilingüismo en el mundo hispano

¿Sabías que... el bilingüismo es común en la mayoría de los países de habla española? El bilingüismo consiste en el uso habitual de dos lenguas en una misma región. Por ejemplo, Montreal es una ciudad bilingüe porque la vasta mayoría de sus habitantes habla francés e inglés. Es igual en el mundo hispano, sobre todo en España y en algunos países latinoamericanos. ¡Y por supuesto en los Estados Unidos también!

En Galicia, se habla **gallego**, una lengua muy similar al portugués. Aquí hay algunos contrastes entre el español y el gallego.

> **los niños** = *os rapaces*
> **mi nombre** = *meu nome*
> **habla** = *fala*

En el País Vasco,[a] unas 600.000 personas hablan **vasco** y español también. El vasco no es una lengua de origen latino como el español. No se sabe cuál es su origen. En vasco, el nombre de la región es *Euskadi*.

_____
[a]País... *Basque Provinces, a region of Spain*

En Cataluña se habla **catalán** además del[a] español. A diferencia del vascuence, el catalán es de origen latino. Aquí hay algunos contrastes entre el español y el catalán.

> **soy** = *sóc*
> **libro** = *libre*
> **nosotros** = *nosaltres*
> **dónde** = *on*

_____
[a]además... *in addtion to*

Hay dialectos distintos del catalán que se hablan en Valencia, en las Islas Baleares y en otras regiones de España.

- Santiago de Compostela
- Bilbao
- Barcelona
- ESPAÑA
- ★ Madrid
- Sevilla

España es un país en donde se hablan varias lenguas.

En la región andina, es decir, en el Ecuador, el Perú, Bolivia, el norte de Chile, parte de la Argentina y en el sur de Colombia, hay unos 13 millones de hablantes del **quechua**, la lengua de los incas. A diferencia del español, el quechua utiliza muchos sufijos para expresar conceptos como la distancia, la posesión, cuándo, dónde, etcétera.

casa = *wasi*
de la casa = *wasip*
en la casa = *wasipi*
mi casa = *wasii*
casas = *wasikuna*
mis casas = *wasiikuna*

El **guaraní** es una lengua indígena que se habla principalmente en el Paraguay. Es muy diferente de las demás lenguas que se hablan en Sudamérica.

¿Habla español María? = *María piko oñe'ê España ñe'ême?*

En el sur de Chile y la Argentina vive una tribu indígena llamada los mapuches. El **mapuche** es una lengua muy diferente de las lenguas europeas. Por ejemplo, en el mapuche, al usar un verbo es necesario distinguir si se refiere a **él**, a **ellos dos** o a **ellos tres o más**.

ACTIVIDADES ¿Qué recuerdas?

Choose the answer that best fits the following sentences.

1. El quechua es una lengua indígena que utiliza muchos __c__.
   a. adjetivos   **b.** latinismos   **c.** sufijos   **d.** adverbios

2. El guaraní es una lengua hablada en __d__.
   a. España   **b.** Bolivia   **c.** Colombia   **d.** el Paraguay

3. En Barcelona, Valencia y las Islas Baleares se hablan dialectos del __b__.
   a. gallego   **b.** catalán   **c.** vasco   **d.** portugués

4. El quechua es la lengua de los __b__.
   a. mayas   **b.** incas   **c.** aztecas   **d.** mapuches

5. El vasco es una lengua de origen __d__.
   a. indígena   **b.** greco   **c.** latino   **d.** desconocido (*unknown*)

6. El mapuche se habla en __a__.
   a. Chile   **b.** el Ecuador   **c.** el Perú   **d.** España

NAVEGANDO LA RED

Select *one* of the following activities. Then present your findings to the class.

1. Busca la siguiente información sobre una lengua indígena hablada en México o Centroamérica.
   a. el nombre de una tribu indígena y su idioma
   b. el número de hablantes que hay
   c. el nombre de los países o regiones donde se habla esa lengua
   d. Da algunos ejemplos de palabras que son diferentes o similares al español.

2. Busca algunas palabras del español caribeño que son de origen africano y apunta su significado (*meaning*) en inglés.

VOCABULARIO COMPRENSIVO

La familia nuclear — The Immediate Family

la esposa/mujer	wife
el esposo/marido	husband
los esposos	married couple
el/la hermanastro/a	stepbrother, stepsister
el/la hermano/a	brother, sister
los hermanos	brothers and sisters, siblings
el/la hijo/a	son, daughter
los hijos	children
la madrastra	stepmother
la madre	mother
la madre soltera	single mother
el/la medio/a hermano/a	half brother, half sister
el padrastro	stepfather
el padre	father
el padre soltero	single father
los padres	parents
la pareja	couple; partner

La familia «extendida» — The Extended Family

el/la abuelo/a	grandfather, grandmother
los abuelos	grandparents
el/la cuñado/a	brother-in-law, sister-in-law
el/la nieto/a	grandson, granddaughter
los nietos	grandchildren
el/la primo/a	cousin
el/la sobrino/a	nephew, niece
el/la suegro/a	father-in-law, mother-in-law
los suegros	in-laws
el/la tío/a	uncle, aunt
los tíos	aunts and uncles

Para describir a los parientes — Describing Relatives

es...	he/she is . . .
soltero/a	single
viudo/a	a widower, widow
está...	he/she is . . .
casado/a	married
divorciado/a	divorced
muerto/a	dead
vivo/a	alive
ya murió	he/she already died
mayor	older
el/la mayor	oldest
menor	younger
el/la menor	youngest

Para hacer preguntas — Asking Questions

¿cómo?	how?
¿cuál?, ¿cuáles?	which?, what?
¿cuándo? (R)	when?
¿cuántos/as? (R)	how many?
¿dónde? (R)	where?
¿qué? (R)	what?, which?
¿quién?, ¿quiénes? (R)	who?

Otras palabras y expresiones útiles

el apellido	last name
el/la gemelo/a	twin
el pariente	relative
el perro	dog
nuevo/a (R)	new
pequeño/a	small
simpático/a (R)	nice, pleasant
tener... años	to be . . . years old

LECCIÓN 5

¿A quién te pareces?

Las hermanas (1969) por Fernando Botero (colombiano, 1932–)

In this lesson, you will explore the topic of family resemblances. As you do so, you will

- learn to describe people's physical appearance and to understand descriptions given by others
- talk about family resemblances
- learn about true reflexives and reciprocal reflexive constructions and use these to talk about relationships among family members and friends
- continue to use adjectives
- learn the difference between the verbs **saber** and **conocer**
- learn more about the verb **estar**
- review comparisons with **más** and **menos**

ALTO Before beginning this lesson, look over the **Intercambio** activity on page 159. This is the activity you will be working toward throughout the lesson.

IDEAS PARA EXPLORAR
Características físicas

VOCABULARIO
¿Cómo es? (I)

el pelo rizado
Es alto.
el pelo lacio
el pelo negro
el pelo rubio
los ojos azules
los ojos castaños
Es de estatura mediana.
pelirrojo
las mejillas
los ojos verdes
las orejas
el mentón
el pelo canoso
Es baja.
la nariz grande
las pecas

Rosario Maira   Heriberto Rodríguez   Evelyn Roman   Bobby Feldman   Marisela González

Vocabulario útil

la cara	face	**describir**	to describe
la característica física	physical characteristic, trait	**¿Cómo es?**	What does he/she look like?
los rasgos	traits (*usually facial features*)		
		más alto/a (que)	taller (than)
calvo/a	bald	**menos grande (que)**	smaller (than)
moreno/a	dark-haired; dark-skinned	**el/la más alto/a (de)**	the tallest
		el/la menos grande (de)	the smallest

ACTIVIDAD A ¿Quién es?

Da el nombre de la persona que ves en los dibujos en la página anterior.

1. ¿Quién tiene los ojos castaños?
2. ¿Quién es pelirrojo?
3. ¿Quién tiene el pelo rubio?
4. ¿Quién es moreno?
5. ¿Quién tiene las orejas grandes?
6. ¿Quién es baja?
7. ¿Quién tiene el pelo rizado?
8. ¿Quién tiene el pelo lacio?

ACTIVIDAD B Descripciones

Tu profesor(a) va a describir a una persona que está en los mismos dibujos. ¿A quién describe?

ACTIVIDAD C Otras personas

Escucha lo que dice el profesor (la profesora). Para cada característica física, da el nombre de una persona famosa que la tiene o que es así (*that way*) o que la tenía (*had it*) o era (*was*) así si ya murió.

1... 2... 3... 4... 5... 6... 7... 8...

ACTIVIDAD D Los compañeros de clase

Paso 1 Mira a las personas de la clase y observa algunas de sus características físicas. Luego cierra los ojos y escucha la descripción que da el profesor (la profesora).

Paso 2 Escribe los nombres de todas las personas en la clase que tienen los rasgos físicos que el profesor (la profesora) describe.

Paso 3 Compara tu lista con la de tus compañeros de clase. La clase debe eliminar los nombres que no deben estar en la lista y preparar una lista de finalistas.

Paso 4 Escucha mientras (*while*) el profesor (la profesora) da más información sobre la persona. De las personas que están en la lista de finalistas, ¿a quién describe?

1.

2.

3.

4.

Las características físicas de los hispanos varían mucho de país a país y de región a región. ¿Cómo describirías (would you describe) a las personas en las fotos?

GRAMÁTICA

¿Quién es más alto?

Making Comparisons

Remember that **más** and **menos** can be used with adjectives and nouns to make comparisons. The invariant form of **mucho** can be used to express that the difference is great when an adjective is used but must agree when a noun is used.

> Mi herman*a* es **más alt*a* que** yo.
> Mi pel*o* es **(mucho) más rizad*o* que** el pelo de mis hermanos.
> Mi hermano tiene **(much*as*) menos pec*as*** que yo.

Don't forget that adjectives must agree with the person or thing they describe.

ACTIVIDAD E ¿Cuál es?

Paso 1 Indica qué oraciones se te aplican.

1. **a.** Soy más alto/a que mi padre (hermano, abuelo, tío, etcétera).
   b. Soy menos alto/a que mi padre (hermano, abuelo, tío, etcétera).
   c. Somos de la misma estatura.
2. **a.** Soy más alto/a que mi madre (hermana, abuela, tía, etcétera).
   b. Soy menos alto/a que mi madre (hermana, abuela, tía, etcétera).
   c. Somos de la misma estatura.

Paso 2 ¿Hay diferencias entre los hombres y las mujeres de la clase? ¿Suelen ser todos más altos que su madre o sólo los hombres son más altos? ¿Y en comparación con su padre?

ACTIVIDAD F Las parejas

Paso 1 Utilizando los adjetivos a continuación, haz unas comparaciones entre tu mamá y tu papá, tu abuelo y tu abuela, tu tío y tu tía, etcétera. Puedes sustituir un adjetivo, pero debes usar por lo menos dos de la lista.

cómico/a   delgado/a   extrovertido/a   optimista*

Paso 2 Como clase compartan (*share*) sus comparaciones. Con la información compartida, ¿pueden decir si todos están de acuerdo con lo siguiente?

En un matrimonio, los opuestos se atraen (*attract each other*).

VOCABULARIO

¿Nos parecemos?

Talking About Family Resemblances

Twins and triplets may be identical, but most of the time brothers and sisters have only some similar physical characteristics. To talk about whether two people resemble each other, the verb **parecerse** is used.

Juan y Roberto **se parecen.** *Juan and Roberto look like each other.*

Mi hermana y yo **nos parecemos.** *My sister and I look like each other.*

Me parezco a mi padre. *I look like my father.*

You can also use the adjective **parecido/a** with the verb **ser** to describe resemblances and similarities.

Mi hermana y mi madre **son** muy **parecidas.** *My sister and my mother are very similar (much alike).*

Soy muy **parecido** a mi padre. *I'm very much like my father.*

<table>
<tr><td></td><td></td></tr>
</table>

Julio Iglesias y su hijo Enrique. Los dos son cantantes (singers). ¿En qué más se parecen?

> ### Así se dice
>
> Remember, don't mistake the pronouns **me, te, se,** and **nos** as subject pronouns! For example, the **nos** of **nos parecemos** does not mean *we;* rather, **nosotros** means *we* as does the ending **-mos** on the verb. Likewise, **me** does not mean *I,* **se** does not mean *he/she,* and so on. Compare:
>
> (Nosotros) Nos parecemos.
> *We look alike.*
>
> (Él) Se parece a su madre.
> *He looks like his mother.*

*Adjectives ending in **-ista** do not change according to gender. However, they do for number. Ell**os** son muy optimist**as.**

Los hispanos hablan: ¿A quién de tu familia te pareces más?

«Mi familia. Bueno. Mis padres y yo nos parecemos bastante. Físicamente dicen que me parezco más a mi madre pero no lo sé. Tal vez sí, tal vez no. De manera de ser, de personalidad, creo que me parezco más a mi padre. Veo cosas más comunes con él. Por ejemplo, mi padre es bastante callado, no habla mucho y es bastante serio también, y creo que tengo esas cosas de él. Aunque también tengo cosas de mi madre —algunas veces como que protesto mucho. Pero bueno, está bien.

Tengo una hermana más joven que yo y nos parecemos mucho físicamente, por lo que dice la gente. Hay muchas personas que, cuando no estamos juntas, no saben quién es quién. Dicen que siempre tienen problemas con eso. Pero de manera

COMUNICACIÓN

de ser, de personalidad, creo que no nos parecemos mucho. Mi hermana se parece más a mi madre. Tiene bastante mal genio y —sí, bastante mal genio y poca paciencia. Pero es muy buena también. Y soy más como mi padre.»

Los hijos son la imagen de sus padres

ACTIVIDAD G ¿Es verdad?

¿Cuál de las siguientes oraciones describe tu situación?

Sobre tus hermanos

1. ☐ Mi(s) hermano(s) y yo nos parecemos.
2. ☐ Me parezco sólo a uno de mis hermanos.
3. ☐ No me parezco a ninguno de mis hermanos.
4. ☐ No tengo hermanos.

Sobre tus padres

5. ☐ Me parezco a mi padre.
6. ☐ Me parezco a mi madre.
   ☐ Tengo algunas características de mi padre y otras de mi madre.
   ☐ No me parezco ni a mi madre ni a mi padre.

Sobre tus otros parientes (hijos, abuelos, etcétera)

7. Mi _____ y yo nos parecemos.
8. Mi _____ se parece más a _____.

ACTIVIDAD H Mi familia y yo

Trae (*Bring*) a la clase una fotografía de un miembro de tu familia. ¿Pueden identificar a la persona de tu fotografía tus compañeros de clase?

MODELO   **ESTUDIANTE:** La persona de la foto es el padre (el hermano, la madre, etcétera) de Jane porque se parecen.
    PROFESOR(A): ¿En qué se parecen?
    ESTUDIANTE: Los dos tienen los ojos azules y...

ACTIVIDAD I Los hispanos hablan

Paso 1 Lee **Los hispanos hablan** y contesta las preguntas.

1. Según otras personas, ¿con quién comparte Inma más rasgos físicos?
2. Según Inma, ¿a quién se parece en cuanto a su carácter?

Act. I, Paso 1, Answers: (1) *con su madre* (2) *a su padre* **Paso 2,** Answers: (1) *callado; serio* (2) *protesta mucho* (3) *se parecen mucho físicamente; de personalidad*

Los hispanos hablan

¿A quién de tu familia te pareces más?

NOMBRE: Inma Muñoa

   EDAD: 30 años

    PAÍS: España

«Mis padres y yo nos parecemos bastante. Físicamente dicen que me parezco más a mi madre pero no lo sé. Tal vez sí, tal vez no. De manera de ser, de personalidad, creo que me parezco más a mi padre. Veo cosas más comunes con él. Por ejemplo... »

Paso 2 Ahora mira el segmento completo. Luego contesta las siguientes preguntas. (Nota: **tiene mal genio** = *has a bad temper*)

1. Inma menciona dos características de la personalidad de su padre. Apúntalos aquí: Él es ＿＿＿ y también ＿＿＿.
2. ¿Qué hace la madre de Inma que ella también hace a veces?
3. Según lo que dice Inma de su hermana, completa la siguiente oración: Inma y su hermana ＿＿＿ pero no ＿＿＿.

Paso 3 De las cosas que Inma menciona, ¿cuántas se te aplican a ti?: **callado/a, gregario/a, hablador(a), serio/a, protestar mucho/poco, tener mal genio, tener mucha paciencia.**

NAVEGANDO LA RED

Busca información sobre una persona famosa de habla española que tenga (*has*) hermanos. Imprime (*Print*) algunas fotos de la persona famosa y sus hermanos y tráelas a clase. Explica cómo estos hermanos se parecen o cómo no se parecen.

IDEAS PARA EXPLORAR

Otras características

VOCABULARIO

¿Cómo es? (II)

More on Describing People

En muchos cuentos de hadas (*fairy tales*) el príncipe es **guapo, delgado** y **joven.**

En cambio, el gnomo suele ser **feo, gordo** y **viejo.**

Vocabulario útil

aventurero/a	adventurous	**reservado/a**	
cómico/a		**retraído/a**	reclusive
extrovertido/a		**serio/a**	
feliz	happy	**tímido/a**	shy
gregario/a		**triste**	sad

C OMUNICACIÓN

ACTIVIDAD A ¿De quién hablo?

Escucha el adjetivo que menciona tu profesor(a). ¿A quién de los siguientes personajes describe? Basa tu respuesta en la película *Blanca Nieves* (*Snow White*) de Disney.

a. Blanca Nieves
b. Doc y Happy (dos enanos [*dwarfs*])
c. la Bruja (*the Witch*)
d. el Príncipe

1... 2... 3... 4... 5... 6... 7... 8... 9... 10...

ACTIVIDAD B Descripciones famosas

Usando el nuevo vocabulario, da unos adjetivos para describir a estos parientes famosos.

1. Martin y Charlie Sheen
2. Bill y Chelsea Clinton
3. Julio y Enrique Iglesias
4. ¿ ?
5. ¿ ?

ACTIVIDAD C Características familiares

Paso 1 Prepara una breve descripción, basándote en los modelos a continuación. La idea es ver si tienes algo en común con los miembros de tu familia en cuanto a la personalidad.

MODELOS   En mi familia nadie es tímido. Todos somos extrovertidos. Hablamos mucho y nos gusta estar con otras personas.

o

En mi familia algunos son reservados y otros no. Por ejemplo, mi papá es un poco reservado pero mi mamá es gregaria y aventurera. Yo no soy muy aventurero pero me parezco más a mi mamá.

Paso 2 Ahora comparte tu descripción con la clase. Después decidan todos si están de acuerdo con la siguiente oración.

De tal palo, tal astilla.   *Like father, like son.*

GRAMÁTICA

¿Cómo está?

Describing People's Physical or Mental State

ngela, ¿qué te pasa? **Estás** uy **seria.**

You have learned that **ser** is used to describe inherent physical or personality traits—or at least a trait that the speaker views as a definitive characteristic of the person. Many of the same adjectives can be used with **estar** to express some kind of change from what is expected or what is viewed as inherent. Note that English sometimes uses a verb other than *to be* to indicate this change from what is expected.

Paco **es** gregario. Hoy **está** un poco reservado.
Paco is gregarious (by nature). Today he's (he seems) a bit reserved.

Mi tío bajó (*lost*) 30 kilos. ¡Está muy delgado!
My uncle lost 30 kilos. He looks so thin!

When someone uses the adjective **guapo/a** with **estar,** the normal meaning is that the person described looks nice or looks better than ever and not that the person is necessarily ugly by nature.

Don't get confused thinking that **ser** implies *permanent* or that **estar** implies *temporary.* A change can be temporary *or* permanent. The matter here is the speaker's expectations and concept of the way the person (or thing) is supposed to be. Twenty years after losing 100 pounds and keeping it off, someone could say to another person:

Todavía (*Still*) estás muy delgado. ¿Cómo lo haces?

(You will learn more about this use of **estar** in later lessons.)

Act. D: Read each of the following statements twice. (1) *Es tímido.* (*esperado*) (2) *Está un poco gordo.* (*inesperado*) (3) *Es serio.* (*esperado*) (4) *Es un poco feo.* (*esperado*) (5) *Está muy feliz.* (*inesperado*) (6) *Está guapo.* (*inesperado*)
Follow-up: Use other adjectives that students already know in the same way.

ACTIVIDAD D ¿Esperado o inesperado?°

Expected or unexpected?

Escucha las oraciones que dice tu profesor(a) mientras describe a un amigo. Indica si la descripción representa algo esperado o inesperado.

1... 2... 3... 4... 5... 6...

ACTIVIDAD E Correspondencias

En la columna A aparecen unas oraciones que una persona le dice a otra. Escoge de la columna B la respuesta más lógica para cada oración. Sé cortés. (*Be polite.*)

A
1. __c__ ¡Estás muy guapo!
2. __d__ Estás un poco retraído.
3. __a__ Estoy fea.
4. __b__ Estoy muy feliz.

B
a. ¡Qué va! Te ves bien. (*No way! You look good.*)
b. ¿Por qué? ¿Qué pasó?
c. Gracias.
d. Tengo un examen mañana y mucha tarea también.

COMUNICACIÓN

ACTIVIDAD F ¿Cuándo cambia tu personalidad?

Paso 1 Utilizando el modelo, escribe unas oraciones sobre cómo eres y cómo cambia tu personalidad en ciertas situaciones. Si prefieres, puedes hablar de un hermano (una hermana), tu mamá, tu papá, un tío (una tía), etcétera.

MODELO en una situación formal →
Normalmente soy cómico. Pero en una situación formal, estoy muy serio.

1. con buenos amigos
2. en público
3. en una fiesta
4. en clase
5. en una entrevista (*interview*)
6. en una primera cita (*date*)

Paso 2 Ahora comparte tus descripciones con la clase. ¿Hay semejanzas en la clase?

GRAMÁTICA

¿La conoces?

Talking About Knowing Someone

Gramática, **Point out:** Point out the use of personal **a** with **conocer** when talking about someone.

You have already encountered the verb **saber** to express something like *to know*. Remember that **saber** is restricted in use to expressing the concept of knowing something such as a fact or knowing that something has happened, will happen, and so on.

> **Sé** que mi profesor habla español.
> Todos **sabemos** el número de teléfono del profesor, ¿no?
> ¿No **sabes** si viene Tomás?

The verb **conocer** also translates into English as *to know* but means a different kind of knowing. This verb is used when talking about knowing a person (as in having met that person, having read about that person, and so on). It can also be used to talk about *being familiar with* a place or thing.

> **Conozco** bien a mis compañeros de clase pero no **conozco** bien al profesor.
> ¿**Conoces** San José? Es muy lindo.
> No **conozco** la música de Shakira. ¿Es buena?

Saber is used to talk about people only when expressing knowledge of information about a person.

> No **sé** si Jaime es inteligente o no. De hecho (*In fact*), no **sé** mucho de Jaime.
> **Sé** muy poco de los Gómez. ¿Dónde viven?

¿Conoces a Elena?
, pero no muy bien. ¿Por qué?

ACTIVIDAD G ¿Sabemos o conocemos?

Indica si cada oración debe comenzar por **Sabemos** o **Conocemos**. Luego indica si la oración es cierta (C) o falsa (F) para la clase.

	C	F
1. __s__ que muchos de esta clase viven en apartamentos.	☐	☐
2. __c__ bien el sistema universitario.	☐	☐
3. __c__ al presidente (a la presidenta) de la universidad.	☐	☐
4. No __s__ si Jennifer López es puertorriqueña o cubana.	☐	☐
5. No __s__ nada de las películas de George Lucas.	☐	☐
6. __c__ bastante bien el libro *¿Sabías que... ?*	☐	☐

ACTIVIDAD H ¿Conocemos bien al profesor (a la profesora)?

Paso 1 Escribe por lo menos (*at least*) tres cosas que sabes del profesor (de la profesora). Luego escribe tres cosas que *no* sabes de él (ella) con certeza (*certainty*) pero que crees que son ciertas.

> MODELOS   Sé que está casado/a.
>
> Creo que no tiene hijos.

Paso 2 Comparte tus oraciones con la clase mientras tu profesor(a) dice que son correctas o no.

Paso 3 ¿Cuál de las siguientes ideas expresa mejor los resultados de esta actividad?

☐ Conocemos muy bien al profesor (a la profesora). Es evidente que sabemos mucho de él (ella).

☐ Conocemos al profesor (a la profesora) aunque hay cosas de su vida que no sabemos.

☐ No conocemos al profesor (a la profesora) y parece que no sabemos mucho de él (ella).

COMUNICACIÓN

ACTIVIDAD I ¿Conoces bien a todos?

Paso 1 ¿Conoces bien a todos tus compañeros de clase? Si no, escoge a una persona que no conoces muy bien y hazle preguntas sobre los siguientes temas.

◆ el tamaño (*size*) de su familia
◆ si prefiere los perros o los gatos
◆ algo de su personalidad

Paso 2 Ahora escribe un breve párrafo sobre la persona, utilizando el modelo a continuación. Uno o dos voluntarios va a leer su párrafo a la clase.

MODELO   Yo hablé con _____. Ahora lo conozco un poco mejor. Por ejemplo, ahora sé que _____. También _____.

IDEAS PARA EXPLORAR

Más sobre las relaciones familiares

GRAMÁTICA

¿Te conoces bien?

True Reflexive Constructions

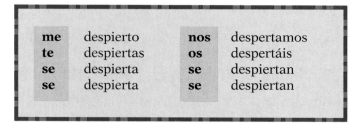

me	despierto	nos	despertamos
te	despiertas	os	despertáis
se	despierta	se	despiertan
se	despierta	se	despiertan

Cuando un perro **se mira** en el espejo (*mirror*), ¿comprende que no es otro perro?

In **Lección 4,** you learned about objects and object pronouns. These are relatively easy concepts to understand, and objects and object pronouns aren't difficult to distinguish from subjects. But what if subjects and objects refer to the same person or persons? For example, with the verb *to see,* a person can either *see someone else* or can go to a mirror and *see himself or herself* in the reflection. The second type of construction is called a true reflexive.

Any verb that can have an object can be reflexive. To make a verb reflexive, English often uses a pronoun with -*self* or -*selves* (*myself, yourselves,* and so forth). Spanish simply uses the regular object pronouns for first and second person (singular and plural), and the special pronoun **se** for third person.

Comprendo a mi hermanito.	*I understand my little brother.*
Me comprendo.	*I understand myself.*
Juan mira a María.	*Juan looks at María.*
Juan **se** mira.	*Juan looks at himself.*

In **Unidad 1,** you learned some reflexive verbs, including **levantarse** and **despertarse.**

(Yo) **Me levanto** muy temprano.
(Tú) **Te despiertas** a las 6.00 todos los días.
(Ud.) **Se levanta** temprano los fines de semana.
(Él/Ella) **Se acuesta** tarde.
(Nosotros/as) **Nos despertamos** a las 7.30.
(Uds.) **Se acuestan** bastante temprano.
(Ellos/Ellas) **Se levantan** rápidamente.

Levantar literally means *to raise,* so when you say **Me levanto temprano** you are literally saying *I raise me* (i.e., *myself*) *early.* **Acostar** actually means *to put to bed.* When you say **María se acuesta** you are saying *María puts herself to bed.* Knowing that **despertar** means *to awaken* or *to wake up,* how does **Nos despertamos a las 7.30** literally translate in English? You're right if you said *We wake ourselves up at 7:30.*

The reflexive verbs you learned in **Unidad 1** can also be used nonreflexively when the subject and object are not the same. For example, María can wake (herself) up or she can wake up her mother.

María **se despierta.**
María **despierta a su mamá.**

María can also wake (herself) up or someone else can wake her up.

María **se despierta.**
El papá **despierta a María.**

In the activities that follow, pay attention to how the pronoun **se** indicates a reflexive action or event.

Act. A, **Answers:** (1) a (2) b (3) a (4) a (5) b (6) b (7) a.

ACTIVIDAD A ¿Acciones reflexivas?

Indica cuál de las opciones capta mejor la idea principal, en cada caso.

1. Marcos tiene muy buena opinión de su primo Roberto. Considera que Roberto es un joven modelo. Marcos...

   a. □ admira a otra persona.   **b.** □ se admira.

2. Dolores es una persona interesante. Sabe muy bien cuáles son sus puntos fuertes y cuáles son sus puntos vulnerables. Sabe lo que quiere de la vida y cómo lograrlo (*to achieve it*). Dolores...

   a. ☐ conoce bien a otra persona.   **b.** ☐ se conoce bien.

3. A Federico no le gusta su compañero de cuarto Rodolfo. Según Federico, Rodolfo no tiene ninguna cualidad buena. Federico...

   a. ☐ detesta a otra persona.   **b.** ☐ se detesta.

4. A Elena le gusta leer los libros de Carl Sagan. Cree que era un hombre muy inteligente y que sus ideas son muy interesantes. Elena...

   a. ☐ respeta a otra persona.   **b.** ☐ se respeta.

5. Mi tío Gregorio siempre habla solo. Y lo más interesante es que contesta sus propias preguntas. Mi tío...

   a. ☐ habla con otra persona.   **b.** ☐ se habla.

6. Marita siempre apunta información en un papel. Dice que si no hace esto ¡nunca recuerda (*remembers*) nada! Marita...

   a. ☐ escribe notas para otras personas.   **b.** ☐ se escribe notas.

7. A las 7.00 de la mañana, Jorge suele entrar en el cuarto de su compañero, Emilio. A Emilio le gusta dormir hasta muy tarde y no funciona bien por la mañana. Pero como tiene que trabajar a las 8.30, Jorge siempre...

   a. ☐ lo despierta.   **b.** ☐ se despierta.

Así se dice

Many typical daily actions, such as **acostar, afeitar** (*to shave*), **levantar,** and **despertar,** are reflexive constructions in Spanish. In English they are usually expressed without the -*self* or -*selves.* Note the contrastive situations below.

bañar (*to bathe*)

Me baño todos los días.
I bathe (take a bath) every day.
Baño a mi perro una vez al mes.
I bathe my dog (give my dog a bath) once a month.

ACTIVIDAD B Correspondencias

Paso 1 Con un compañero (una compañera), haz la correspondencia de cada acción reflexiva de la columna A con una conclusión de la columna B.

A	**B**
Si alguien...	...podemos concluir que...
1. se habla constantemente	a. está loco.
2. se mira mucho en el espejo	b. tiene mucho tiempo libre.
3. se escribe notas todo el tiempo	c. es flexible.
4. se mantiene (*supports financially*) sin la ayuda (*help*) de otros	d. es responsable.
5. se ofrece como voluntario para todo	e. es independiente.
6. se acuesta siempre a las 3.00 de la madrugada (*early morning*)	f. maneja muy bien el lenguaje.
7. se adapta fácilmente a situaciones nuevas	g. es narcisista.
8. se expresa bien	h. funciona mejor de noche.
9. se impone (*imposes*) límites en cuanto a lo que gasta cada mes	i. tiene mala memoria.

Act. B, Paso 1, **Answers:** (1) a (2) g (3) i (4) e (5) b (6) h (7) c (8) f (9) d.

Paso 2 Indica si las siguientes oraciones son ciertas (C) o falsas (F) para ti.

	C	F
1. Me miro mucho en el espejo.	☐	☐
2. Me escribo notas para recordar cosas.	☐	☐
3. Me hablo constantemente.	☐	☐
4. Me adapto fácilmente a situaciones nuevas.	☐	☐
5. Me ofrezco como voluntario para todo.	☐	☐
6. Me expreso bien.	☐	☐
7. Me acuesto siempre a las 3.00 de la madrugada.	☐	☐
8. Me impongo límites en cuanto a lo que gasto cada mes.	☐	☐
9. Me mantengo sin la ayuda de otra persona.	☐	☐

Paso 3 Compara lo que indicaste en el **Paso 2** con las acciones y las conclusiones del **Paso 1.** ¿Crees que tus respuestas reflejan bien algo de tu personalidad?

ACTIVIDAD C ¿Se parecen?

Paso 1 Los estudiantes de la clase van a escoger a una persona que quieren entrevistar. Luego, van a decidir con cuál de los parientes de esa persona lo/la quieren comparar. Por ejemplo, pueden compararlo/la con su hermano, su hijo, su madre, etcétera. Utilizando cinco o más de las acciones reflexivas de la **Actividad B,** deben hacerle preguntas y apuntar las respuestas. (Pueden utilizar otras acciones reflexivas.)

MODELOS   ¿A qué hora te acuestas normalmente?
          ¿Y a qué hora se acuesta _____?

          ¿Te adaptas fácilmente a... ?
          ¿Y se adapta _____ fácilmente a... ?

Paso 2 ¿A qué conclusión llegan Uds. sobre su compañero/a y su pariente? ¿Se parecen mucho? ¿poco? ¿Se parecen sólo en ciertas cosas?

NAVEGANDO LA RED

Busca fotos de Frida Kahlo y sus parientes. ¿Tienen todos cejas (*eyebrows*) parecidas?

Mis abuelos, mis padres y yo (árbol genealógico) (*1936*) *por Frida Kahlo* (*mexicana, 1907–1954*)

GRAMÁTICA

¿Se abrazan Uds.?

Reciprocal Reflexives

(nosotros/as)	**nos comprendemos**
(vosotros/as)	**os comprendéis**
(Uds.)	**se comprenden**
(ellos/ellas)	**se comprenden**

In addition to Spanish reflexive constructions that have English equivalents with *-self* or *-selves*, reflexive constructions in Spanish can express a reciprocal action, that is, when two or more people do something *to each other.*

Los niños **se miran.**	*The children look at each other.*
Los hombres no **se escuchan.**	*The men don't listen to each other.*
¿Nos conocemos?	*Do we know each other?*

What do you think the underlined portion of the following sentence means?

Mi hija y mi esposa <u>no se comprenden</u>. ¿Qué voy a hacer?

The underlined part of the sentence expresses that the speaker's daughter and wife do not understand each other.

Context will usually help you determine whether a third person plural reflexive construction is reciprocal or means *-selves.*

ACTIVIDAD D ¿En qué orden?

Indica el orden (del 1 al 6) en que pasan las acciones en cada situación. Luego compara lo que escribiste con lo que escribió otro compañero (otra compañera).

María y Silvia son dos primas. Hace varias semanas que no tienen contacto la una con la otra. Pero un día...

<u> 3 </u> se abrazan.
<u> 5 </u> se despiden (*they say good-bye*).
<u> 4 </u> se hablan un rato.
<u> 6 </u> se llaman al día siguiente.
<u> 2 </u> se saludan.
<u> 1 </u> se ven.

Act. E, Paso 1. You might first have students act out some typical situations, e.g., how they would greet each other if they saw each other in the hallway. How does this compare to what they read? You might then have them role-play as though they were in Spain. How does the interaction feel? Are they uncomfortable? *Paso 2.* Point out to students that not every instance of a reciprocal reflexive translates as *each other.* Example: *se encuentran en la calle* means *they run into each other* (*meet*) *on the street* but *se besan en las dos mejillas* means *they kiss each other on the cheek.* (lit. *They kiss on both cheeks.*)

ACTIVIDAD E ¿Sabías que... ?

Paso 1 Lee la selección **¿Sabías que... ?** que aparece a continuación. ¿Es la costumbre descrita (*described*) típica de este país? ¿Cómo se saludan los amigos de tu edad en tu grupo?

Paso 2 Lee la selección de nuevo (*again*) y subraya (*underline*) todos los verbos que representan acciones recíprocas. Compara tu trabajo con el de un compañero (una compañera) o con la clase. Luego di cuál sería (*would be*) la frase que le corresponde en inglés a cada frase subrayada. ¿Siempre se dice *each other* en inglés al referirse a una acción recíproca?

¿Sabías que...

el contacto corporal entre los hispanos es mayor que entre los de ascendencia anglosajona? En España, por ejemplo, al saludarse y al despedirse dos personas, frecuentemente se besan ligeramente[a] en las mejillas. Esto es típico sobre todo entre dos mujeres y entre una mujer y un hombre pero no es costumbre entre los hombres. El beso es doble; es decir, las dos personas se besan en las dos mejillas. Frecuentemente, cuando se besan, las dos personas también se abrazan. Además, las dos personas no tienen que ser parientes ni amigos íntimos para besarse cuando se saludan.

En otras partes del mundo hispánico, es más común darse un solo beso. Abrazarse o no es cuestión de preferencia individual. Si visitas un país de habla española, deberías[b] observar cómo se saludan y se despiden las personas cuando se encuentran en la calle. Si no comprendes o no tienes oportunidad de observar estas costumbres, ¡pregúntaselo a una persona nativa del lugar que visitas![c]

---

[a]*se... they kiss lightly* [b]*you should* [c]*¡pregúntaselo... ask a native resident about it!*

Dos estudiantes se saludan en Madrid, España.

COMUNICACIÓN

ACTIVIDAD F Una comparación

Paso 1 Indica si cada acción es típica o no en tu familia. Puedes añadir (*add*) otra acción si quieres.

En mi familia...

	SÍ	**NO**
1. nos abrazamos cuando nos vemos.	☐	☐
2. nos besamos cuando nos vemos.	☐	☐
3. nos saludamos por la mañana.	☐	☐
4. nos llamamos mucho por teléfono.	☐	☐
5. nos apoyamos (*support emotionally*).	☐	☐
6. nos comprendemos bien.	☐	☐
7. ¿ ?	☐	☐

Paso 2 Utilizando las ideas del **Paso 1,** formula preguntas para hacerle una entrevista a un compañero (una compañera). Luego entrevista a esa persona.

MODELO   En tu familia, ¿se abrazan Uds. cuando se ven?

Paso 3 Escribe un breve párrafo en el que comparas a tu familia con la de tu compañero/a.

ACTIVIDAD G ¿Se llevan bien?

Paso 1 Lee la explicación **Así se dice** que aparece en la página 157. Luego indica si estás de acuerdo o no con cada declaración a continuación.

	SÍ	**NO**
1. Las madres y las hijas se llevan mejor que (*better than*) los padres y las hijas.	☐	☐
2. Los padres y los hijos se llevan mejor que las madres y los hijos.	☐	☐
3. Los hermanos se llevan mejor cuando son pocos, por ejemplo, dos o tres.	☐	☐

Paso 2 Toda la clase va a compartir sus experiencias personales. Alguien debe tomar apuntes en la pizarra (*chalkboard*).

MODELO   En mi familia, todos se llevan bien. Mi madre y mis hermanos se llevan bien...

Paso 3 Ahora, ¿qué cree la clase en cuanto a las afirmaciones del **Paso 1**? ¿Estás tú de acuerdo con tus compañeros/as?

• • • • • • • • • •

Nota comunicativa

A good way to keep a conversation going (and to hear more Spanish!) is to inquire what the other speaker thinks or how the topic relates to him or her. You can do this in a number of ways.

Y tú, ¿qué crees? *or*
Y Ud., ¿qué cree?

¿Qué crees tú? *or*
¿Qué cree Ud.?

¿Qué te parece? *or*
¿Qué le parece a Ud.?

¿Cómo lo ves tú? *or*
¿Cómo lo ve Ud.?

• • • • • • • • • • • •

INTERCAMBIO

¿Cómo son?

Propósito: preparar una descripción de un compañero (una compañera) y un miembro de su familia para contestar dos preguntas.

Papeles: las dos personas hablan y escuchan; una debe apuntar lo que dice la otra.

Paso 1 En esta actividad vas a entrevistar a un compañero (una compañera) para contestar dos preguntas.

1. ¿A quién de su familia se parece más tu compañero/a? ¿En qué sentido?

2. ¿Hay acciones que indican si son muy unidos/as o no? ¿Cuáles son?

Piensa en las preguntas que puedes hacerle para poder contestar estas preguntas. Por ejemplo: «¿Eres tímido/a o extrovertido/a? ¿Quién de tu familia es como tú?» o «¿Se llaman Uds. mucho por teléfono? ¿Se llevan bien?»

Paso 2 Entrevista a tu compañero/a y hazle las preguntas. Apunta toda la información relevante a las preguntas del **Paso 1.**

Paso 3 Con la información obtenida en el **Paso 2,** contesta cada pregunta del **Paso 1** con unas 50 palabras (100 en total). Prepárate bien por si acaso (*just in case*) el profesor (la profesora) te pide que hagas (*asks you to make*) una presentación oral.

MODELOS   Juan y su papá se parecen mucho. Los dos son gregarios y nada tímidos. Son aventureros también. Es evidente que son muy unidos. Se abrazan cuando se ven. Se hablan por teléfono cada semana...

o

Juan no se parece mucho a sus hermanos. Sus hermanos son más altos que él. También son más reservados. Pero son bastante unidos...

Nota comunicativa

You can get someone else to reveal more details about a particular subject by following up with some simple questions.

¿Cómo?
How so?

¿En qué sentido?
In what sense?

¿De qué manera?
In what way?

Vistazos culturales
El mestizaje en el mundo hispano

¿Sabías que... el mestizaje ha influido[a] mucho en la composición racial de muchos países hispanos? El mestizaje se define como la mezcla de razas[b] diferentes. En Latinoamérica el mestizaje se refiere a la mezcla de la herencia[c] española con la herencia indígena, un proceso que se llevó a cabo[d] durante la conquista y el período colonial. Las personas de mezcla española e indígena se llaman **mestizos.** Hay muchos mestizos en México, en muchas partes de Centroamérica, en varios países sudamericanos como Chile y el Paraguay. Sin embargo, en otras regiones, en el Uruguay por ejemplo, el número de mestizos es muy bajo.

[a]ha... *has influenced*   [b]*races*   [c]*heritage*   [d]se... *was carried out*

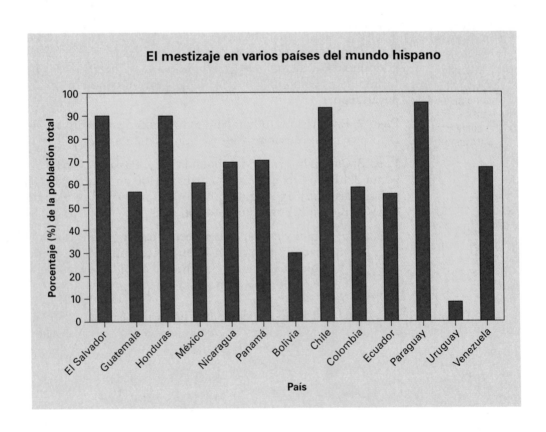

El mestizaje en varios países del mundo hispano

La influencia europea

En **México** no todas las personas tienen el pelo negro y la piel morena. Muchos mexicanos tienen los ojos y la piel claros,[a] una muestra[b] de la herencia europea en la composición racial del país.

_____

[a]*light-colored* [b]indicación

La influencia de los incas

En el **Perú** los mestizos tienen rasgos físicos heredados[a] de los incas y de los españoles.

_____

[a]*inherited*

La influencia maya

En **Centroamérica** los indígenas mayas se casaron y tuvieron hijos con los españoles.

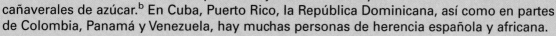

La influencia africana

En el **Caribe** el mestizaje se refiere más que nada a la mezcla de las herencias española y africana. Durante la conquista y el período colonial, muchas poblaciones indígenas del Caribe fueron eliminadas por la viruela.[a] Como consecuencia, se importaron muchos esclavos de África para trabajar en las minas y los cañaverales de azúcar.[b] En Cuba, Puerto Rico, la República Dominicana, así como en partes de Colombia, Panamá y Venezuela, hay muchas personas de herencia española y africana.

_____

[a]*smallpox* [b]cañaverales… *sugarcane fields*

ACTIVIDADES ¿Qué recuerdas?

Indica si cada oración es cierta (C) o falsa (F).

	C	F
1. El porcentaje (%) de la población mestiza es más alto en Chile que en Bolivia.	☐	☐
2. En el Caribe el mestizaje se refiere más que nada a la mezcla de las herencias indígena y española.	☐	☐
3. En cuanto a Centroamérica, el porcentaje de la población mestiza es más alto en El Salvador y Honduras.	☐	☐
4. El mestizaje es un fenómeno que influyó mucho en la población del Uruguay.	☐	☐
5. Las poblaciones indígenas del Caribe fueron eliminadas por la viruela.	☐	☐

NAVEGANDO LA RED

Escoge *una* de las siguientes actividades. Luego presenta tus resultados a la clase.

1. La composición racial del Uruguay y de la Argentina es influida por la presencia de muchos inmigrantes europeos. Escoge uno de estos países y busca información sobre la inmigración europea en el país para contestar las siguientes preguntas.

    a. ¿Cuándo llegaron de Europa los inmigrantes? ¿En qué año(s)?
    b. ¿Cuántos inmigrantes llegaron y de qué países salieron?
    c. ¿Por qué razones salieron estos grupos de su país natal (*of birth*)?

2. El mestizaje en Cuba está formado por la mezcla de varios grupos étnicos, incluyendo a unas pocas razas indígenas e inmigrantes europeos y africanos. Busca y apunta la siguiente información sobre el mestizaje en Cuba.

    a. Haz una lista de los grupos étnicos que contribuyen a la composición racial de Cuba.
    b. Menciona las fechas de las grandes inmigraciones y el número aproximado de inmigrantes que entraron al país.

Características físicas

	Physical Characteristics
la cara	face
las mejillas	cheeks
el mentón	chin
la nariz	nose
las orejas	ears
las pecas	freckles
la estatura	height
alto/a	tall
bajo/a	short
de estatura mediana	of medium height
los ojos	eyes
azules	blue
castaños	brown
verdes	green
el pelo	hair
calvo	bald
canoso	gray
lacio	straight
moreno	dark
negro	black
pelirrojo	red-headed
rizado	curly
rubio	blond
los rasgos	traits (*usually facial features*)

delgado/a	thin
feo/a	ugly
gordo/a	fat
guapo/a	good-looking
joven	young
moreno/a	dark-skinned
viejo/a	old

¿De qué color es/son... ?	What color is/are . . . ?
¿De qué estatura es?	What height is he/she?

Características de la personalidad

	Personality Traits
feliz	happy
retraído/a	solitary, reclusive
triste	sad

Cognados: aventurero/a, extrovertido/a, gregario/a, reservado/a, serio/a (R), tímido/a

Para dar opiniones

	Giving Opinions
asegurar	to assure
conocer (conozco) (R)	to be acquainted with
creer	to believe
opinar	to think, have the opinion
parecer (parezco)	to seem
pensar (ie) (R)	to think
saber (*irreg.*) (R)	to know (a fact)
es...	it is . . .
cierto	certain
cosa sabida	a known fact
evidente	evident
indudable	without a doubt
obvio	obvious
está claro	it's clear

Otras palabras y expresiones útiles

grande	big
parecido/a	similar

abrazar	to hug
adaptar	to adapt, adjust
afeitar	to shave (*someone*)
apoyar	to support (*emotionally*)
bañar	to bathe (*someone or something*)
besar	to kiss
comprender	to understand
describir	to describe
despedir (i, i)	to say good-bye
imponer (*irreg.*)	to impose
llevar	to carry
llevarse bien/mal	to get along well/poorly
mantener (*irreg.*)	to support (*financially*)
parecerse (me parezco)	to resemble, look like
saludar	to greet

¿Cómo es?

	What Does He/She Look Like?
más alto/a (que)	taller (than)
menos grande (que)	smaller (than)
el/la más alto/a (de)	the tallest
el/la menos grande (de)	the smallest

LECCIÓN 6

¿Y el tamaño de la familia?

Un matrimonio (married couple) *español de hoy día no tiene una familia tan grande como la que tenían sus abuelos.*

In this lesson, you'll explore how families used to be and how they are now. You will

◆ read about the changing size of families

◆ consider how things used to be compared to how they are now

◆ learn numbers 30–99 in order to talk about ages and decades

◆ learn numbers 200–1999 in order to talk about dates and centuries

◆ begin to use the imperfect tense

◆ learn to make comparisons of equality

◆ learn to use the progressive with **estar**

ALTO Before beginning this lesson, look over the **Composición** activity on pages 181–183. This is the activity you will be working toward throughout the lesson.

IDEAS PARA EXPLORAR

Años y épocas

VOCABULARIO

¿Qué edad?

Numbers 30–199 and Talking About People's Age

30	**treinta**
40	**cuarenta**
50	**cincuenta**
60	**sesenta**
70	**setenta**
80	**ochenta**
90	**noventa**
100	**cien**
31	**treinta y uno**
32	**treinta y dos**
101	**ciento uno**
102	**ciento dos**
120	**ciento veinte**

tener... años
    to be . . . years old

*¿Quién **tiene** más o menos **cuarenta años** en la fotografía? ¿Quién **tiene sesenta años** o más?*

ACTIVIDAD A ¿Qué número?

Escucha los números que dice el profesor (la profesora). Escribe las cifras (*numbers*) apropiadas.

MODELO   **PROFESOR(A):** Treinta y cinco
            ESTUDIANTE: 35

1...   **2...**   **3...**   etcétera

ACTIVIDAD B Más números

Sin mirar los números de arriba (*above*), lee cada número a continuación y escribe las cifras correctas. Compáralas con las de otra persona en la clase.

1. __55__ cincuenta y cinco
2. __98__ noventa y ocho
3. __76__ setenta y seis
4. __49__ cuarenta y nueve
5. __154__ ciento cincuenta y cuatro

COMUNICACIÓN

ACTIVIDAD C Edades

Paso 1 Entrevista a otra persona de la clase para saber la edad de sus padres. Si la persona indicada ya murió, escribe **ya murió.**

Paso 2 Comparen los resultados obtenidos por todos los estudiantes de la clase.

1. ¿Quién de la clase tiene el padre más viejo?
2. ¿Quién tiene la madre más vieja?
3. ¿Quién tiene la madre más joven?
4. ¿Quién tiene el padre más joven?

ACTIVIDAD D ¿Sabías que... ?

Paso 1 Escucha y lee la selección **¿Sabías que... ?** Después, contesta las siguientes preguntas.

1. ¿En dónde se vive más años de vida saludable, ¿en España, Cuba o los Estados Unidos?
2. ¿Cuántos años de vida saludable pierde (*loses*), más o menos, la persona típica en España?

Paso 2 ¿Llevan una larga vida las personas de tu familia? Habla con tus padres o abuelos y luego reporta su respuesta a la clase.

Act. D, Paso 1, **Answers:** (1) en España (2) 5,3 años (78,1 − 72,8 = 5,3)

¿Sabías que...

Guadalupe, España

en España se vive más? Según los nuevos datos, la esperanza de vida[a] en España es de 78,1 años, mientras que en los Estados Unidos es menos: 76,6 años. Sin embargo, los nuevos cálculos de la Organización Mundial de la Salud[b] ofrecen un nuevo tipo de dato: esperanza de vida saludable.[c] Con este cálculo, se establece el número de años que una persona puede esperar vivir en buena salud. En España esta cifra es de 72,8 años, mientras que en los Estados Unidos es de 70 años. En Latinoamérica, el país con mayor esperanza de vida saludable es Cuba: 68,4 años. ¿Y cuál es el país de mayor esperanza de vida saludable en el mundo? El Japón, con unos 74,5 años.

[a]esperanza... *life expectancy* [b]Organización... *World Health Organization* [c]*healthy*

NAVEGANDO LA RED

Busca más información sobre la esperanza de vida saludable en por lo menos otros dos países. ¿Cómo se comparan con lo que se dice de España?

Lección 6 ¿Y el tamaño de la familia?

VOCABULARIO

¿En qué año... ?

Numbers 200–1999 and Expressing Years

Vocabulario, **Suggestion:** Read each number twice so that students can hear how it is pronounced.

Optional follow-up: Write numbers on the board. After presenting them, call students up one by one. Say a number, have student point to it. Class determines whether the student points to the correct number. Have same student do two or three numbers.

200	**doscientos**
300	**trescientos**
400	**cuatrocientos**
500	**quinientos**
600	**seiscientos**
700	**setecientos**
800	**ochocientos**
900	**novecientos**
1000	**mil**
1850	**mil ochocientos cincuenta**
1999	**mil novecientos noventa y nueve**

Cada vez menos hijos
En sólo dos décadas, el número de hijos por mujer en España desciende el 50% del 2,2 al 1,1.

NÚMERO DE HIJOS POR MUJER

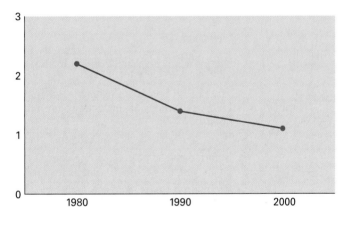

Fuente: Instituto Nacional de Estadística de España

Vocabulario útil, **Point out:** Use of roman numerals for written century numbers. Also point out that numbers of centuries are pronounced as cardinal numbers, not ordinal numbers as in English.

Vocabulario útil

la década
  la década de los 90
la época
  una época anterior

el siglo *century*
  el siglo pasado
  el siglo XX

Act. E, **Answers:** (1) 1545 (b) (2) 1776 (a) (3) 1360 (b) (4) 1972 (b) (5) 1607 (a) Note: if students cannot read the roman numerals, say each out loud and have students write the arabic numeral above each. (1) a. 15, b. 16; (2) a. 18, b. 17; (3) a. 13, b. 14; (4) a. 19, b. 20; (5) a. 17, b. 16

ACTIVIDAD E ¿Qué siglo?

Escribe el año que oyes. Luego, indica a qué siglo le corresponde.

1. ____ **a.** el siglo XV   **b.** el siglo XVI
2. ____ **a.** el siglo XVIII   **b.** el siglo XVII
3. ____ **a.** el siglo XIII   **b.** el siglo XIV
4. ____ **a.** el siglo XIX   **b.** el siglo XX
5. ____ **a.** el siglo XVII   **b.** el siglo XVI

Act. F, Paso 1, Suggestions: Read each date once. Let students ask for repetition or clarification if needed: (1) 1605 (2) 711 (3) 1492 (4) 1898 (5) 1848 (6) 1910.
Paso 2, Answers: (1) 1605 (f) (2) 711 (d) (3) 1492 (a) (4) 1898 (e) (5) 1848 (b) (6) 1910 (c)

Act. G, Follow-up: Have students calculate how old they will be in the year 2020 (*En 2020 voy a tener _____ años.*). Then have students determine in what year they or other family members will be 40, 50, or 65 years old. Say: *Ahora, calcula en qué año vas a tener una de las edades a continuación: 40 años, 50 años o 65 años. Si ya tienes 40, 50 ó 65 años, ¡calcula en qué año tus hijos (sobrinos, nietos) van a tener estos años!*

COMUNICACIÓN

ACTIVIDAD F Fechas° históricas

Dates

Paso 1 ¿Qué sabes o recuerdas de la historia del mundo hispano? Escribe los años que lee el profesor (la profesora).

1. _____   4. _____
2. _____   5. _____
3. _____   6. _____

Paso 2 Haz la correspondencia entre los años del **Paso 1** y los acontecimientos (*events*) históricos a continuación.

a. Cristóbal Colón llegó a América.
b. Guerra entre México y los Estados Unidos. El territorio desde Texas hasta California pasó a manos (*hands*) norteamericanas.
c. Empezó la Revolución Mexicana.
d. Los moros invadieron España donde permanecieron (*they remained*) hasta el siglo XV.
e. Guerra entre España y los Estados Unidos. Cuba, Puerto Rico, las Islas Filipinas y otros territorios pasaron a manos norteamericanas.
f. Se publicó la primera parte de la novela de Miguel de Cervantes *El ingenioso hidalgo don Quijote de la Mancha.*

Consejo práctico

Numbers are often difficult to learn in another language. For added practice, you might consider the following ideas.

◆ Write out in Spanish telephone numbers you frequently call (**tres, cincuenta y cinco, sesenta y uno, noventa y cuatro** for 355-6194) and keep these by your phone.
◆ Every time you dial a number on the phone, try to say it in Spanish as you dial.
◆ Before doing homework, write out or say out loud in Spanish the number of pages you have to read, what pages you have read, and so forth.
◆ If you are a sports fan, keep track of players' numbers, final scores of a game, and so forth, in Spanish.

Doing this will greatly improve your ability to learn numbers in Spanish!

ACTIVIDAD G Datos biográficos

Algunas personas (voluntarias) les dicen a los miembros de la clase cuántos años tienen. La clase debe decir en qué año nació cada persona. ¿Pueden Uds. adivinar en qué año nació el profesor (la profesora)?

GRAMÁTICA

¿Está cambiando?

In Spanish, the verb **estar** can be used with a special verb form to express the present progressive (e.g., *He is working. I am reading. The world is changing.*) In Spanish, this special verb form always ends in **-ando** or **-iendo**.

El mundo está **cambiando.**	*The world is changing.*
Graciela está **comiendo.**	*Graciela is eating.*

With verbs such as **creer, leer,** and **huir** (*to flee*) in which a vowel precedes the **-er** or **-ir** ending, **-yendo** is used to keep from having three vowels together.

El gato está **huyendo.**	*The cat is fleeing.*
Ramón está **leyendo.**	*Ramón is reading.*

The present progressive is used only to express an action or event that is in progress. It can never be used as in English to express future meaning, in which case the simple present tense is used.

Raquel **está saliendo.**	*Raquel is leaving (right now).*
Raquel **sale** mañana.	*Raquel is leaving tomorrow.*

Unlike English, Spanish can also use the simple present tense to represent actions in progress of a more durative nature.

¿Qué **haces** estos días?	*What are you doing these days?*
Trabajamos más que nunca.	*We are working harder than ever.*

ACTIVIDAD H ¿Qué están haciendo?

Act. H, **Suggestion:** Give students one minute to complete activity. Then have several students read aloud what they think each person is doing. Is anyone doing something unexpected?

Indica qué están haciendo las siguientes personas en este momento.

En este momento…

1. mi mamá (abuela, tía, etcétera) está _____.
2. mi papá (abuelo, tío, etcétera) está _____.
3. mi hermano/a (primo/a, hijo/a, etcétera) está _____.
4. mi mejor amigo/a está _____.
5. mi profesor(a) de español está _____.
6. mi vecino/a (*neighbor*) está _____.

a. comiendo algo
b. durmiendo*
c. escribiendo algo
d. leyendo algo
e. preparando algo para comer
f. trabajando
g. viendo la televisión
h. ¿ ?

---

*Verbs that end in **-ir** and have a stem change in the third person preterite tense have the same stem change in the **-ndo** form: **morir** → murió → muriendo; **pedir** → pidió → pidiendo.

ACTIVIDAD I ¿Cómo está cambiando la sociedad?

Indica cuál es la respuesta más probable para cada pregunta. Luego compara tus selecciones con un compañero (una compañera) o con la clase.

1. ¿Está cambiando la cantidad de trabajo? Sí, ahora trabajamos _____ que antes.

    a. más   **b.** menos

2. ¿Están cambiando las familias? Sí, son más _____.

    a. grandes   **b.** pequeñas

3. ¿Está cambiando el papel de las mujeres? Sí, ahora son _____ independientes que antes.

    a. más   **b.** menos

4. ¿Está cambiando el papel del hombre? Sí, hay _____ padres solteros.

    a. más   **b.** menos

5. ¿Está cambiando el nivel de educación? Sí, hay más personas que _____.

    a. obtienen (*obtain*) diplomas universitarios   **b.** no terminan sus estudios secundarios

COMUNICACIÓN

ACTIVIDAD J En estos días...

Paso 1 Escribe tres cosas sobre tu vida actual, siguiendo el modelo.

MODELO   En estos días estoy comiendo más de lo normal.

Paso 2 Busca a una persona que tenga* por lo menos *dos* de las mismas acciones. Luego reporta a la clase lo que tienen en común.

VAMOS A VER

ANTICIPACIÓN

You can learn more about the themes discussed in this **Vamos a ver** section on the Video to accompany *¿Sabías que... ?*

Paso 1 The article on page 172 is based on information that appeared in several newspapers. Read the title and the statement below it. You should then have a good idea of the content of the article. (Note: **disminuyendo** = diminishing or decreasing)

Paso 2 Before you read the article for information, you need to know two important words. Can you determine what they mean using the following definitions?   **Video:** To make viewing this unit's video interview more meaningful to students, make sure they have first read the selection and completed

    hogar: domicilio o casa the pre- and post-reading activities in the *Vamos a ver* section
    vivienda: lugar donde se vive (una casa o un apartamento)

Paso 3 What kind of information would a census reveal about the shrinking size of families in this country? With a partner, list at least three facts from the census that you expect this article to cover.

has;* **tenga is the subjunctive form of **tener.** (You will learn about the subjunctive in a later lesson.)

Consejo práctico

Reading comprehension is increased when readers have an idea of what they are going to read. For this reason, you should always: (1) know what the title and means and (2) before reading, think about the information the article might contain, based on the title and any visuals.

SÍNTESIS

Paso 1 Scan the text to see whether your three facts are mentioned. How did you do?

Paso 2 Read the first bulleted list. Then answer the following questions.

1. ¿Qué grupo es más grande?
  a. hogares con personas solteras sin hijos
  b. hogares con madres solteras

2. ¿Qué porcentaje de hogares se parece a la imagen tradicional (padres e hijos que viven en una casa)?
  a. casi el 25%   **b.** el 50%   **c.** más del 50%

Paso 3 Read the second bulleted list. Then indicate whether the following statements are **cierto** (C) or **falso** (F).

	C	F
1. Los hombres se casan (*get married*) a una edad menor en comparación con 1900.	☐	☐
2. El «baby-boom» parece afectar el porcentaje de casas donde un matrimonio vive solo, sin hijos.	☐	☐

Paso 4 Now read the article at your own pace. Guess words that you don't know and skip over those you can't guess.

Paso 5 The reading mentions three reasons why household size is down. What are they?

Paso 1 This article can be divided into two sections. With a classmate, decide what these sections are. Share your conclusions with the rest of the class.

Paso 2 The two sections can be the main points in a short outline to summarize the information. Using key words or expressions from the article, write an outline. Make the outline short, but use words that help you recall as much information as possible.

Consejo práctico

In the various activities in *¿Sabías que... ?*, you will often be asked to recall information from a reading. For this reason, the **Síntesis** section in this lesson asks you to make an outline. To make an outline, search the reading for

◆ key words
◆ key phrases
◆ important names, numbers, and so forth

Then use your outline to see how much of the reading you can recall without looking at the reading itself!

Está disminuyendo el tamaño de la familia
DATOS DEL CENSO 2000

Los hogares estadounidenses han cambiado en los últimos años. Según la información publicada por la Oficina del Censo 2000, la mayoría de las familias en los Estados Unidos no tiene hijos. Algunos datos interesantes del censo se alistan a continuación.

- Sólo el 51,7% de los hogares contienen un matrimonio.
- Sólo el 23,5% de las viviendas pertenecen a un matrimonio con hijos menores de dieciocho años. (En 1970, era el 40%.)
- El 12,2% de los hogares contienen una mujer soltera con hijos.
- El 25,8% de las viviendas pertenece a personas solteras sin hijos.
- El tamaño promedio de la familia típica estadounidense por hogar es de 2,59 personas.

En fin, la imagen tradicional de una casa con padre, madre y uno o dos hijos está desapareciendo. Hay varias explicaciones para los datos obtenidos del censo.

- Los matrimonios tienen menos hijos que antes y en muchos casos optan por no tener ningún hijo.
- La edad media en la que los hombres contraen matrimonio es un poco más de los veinticinco años, un récord desde 1900. La situación es igual entre las mujeres.
- La edad media de la población está subiendo y ahora hay más personas mayores que viven solas después de que sus hijos dejan la casa. Estas personas son de la generación llamada el «baby-boom», es decir los que nacieron entre 1950 y 1965.

En 1970 había más casas con padres e hijos. Pero gracias a las tendencias recientes, los hijos viven solos en su propia casa y los padres también viven solos. Así que el mismo número de personas vive ahora en diferentes casas.

Para ver más datos, visite **www.census.gov**.

SE DISMINUEYE EL TAMAÑO DE LA FAMILIA EN LOS EE.UU.

Durante los últimos 60 años, el tamaño medio de la familia en los Estados Unidos se ha disminuido. ¿Hasta dónde llegará esta cifra en el 2030?

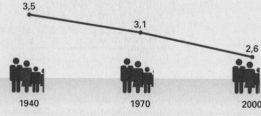

3,5	3,1	2,6
1940	1970	2000

¡SIGAMOS!

ACTIVIDAD Los hispanos hablan

Paso 1 Lee lo que dice Zoe Robles sobre el tamaño de su familia y compara lo que dice con la siguiente oración. ¿Es típica la familia de Zoe?

> Por lo general (*Generally speaking*), las familias hispanas son más grandes que las familias norteamericanas.

Paso 2 Ahora mira el segmento sobre Zoe y explica la opinión que tiene. (Nota: cada cual se mete en lo suyo = *each one does his/her own thing*)

> Es bueno tener una familia pequeña porque pueden compartir, pero ———.

Paso 3 Ahora lee lo que dice Enrique Álvarez sobre el mismo tema. Toma en cuenta (*Keep in mind*) que en cierto sentido Enrique te está tomando el pelo (*kidding you*). ¿Estás de acuerdo con él?

Paso 4 Ahora mira el segmento sobre Enrique. Luego contesta estas preguntas. (Nota: pedir consejo = *ask advice*)

1. ¿Crees que Enrique y Zoe tienen el mismo temperamento?
2. ¿Quién parece ser «el hermano mayor responsable»?
3. ¿Con quién estás de acuerdo, con Zoe o con Enrique?

Los hispanos hablan (Zoe): ¿Te gusta el tamaño de tu familia? «Mi familia —mi familia es pequeña. Somos cuatro personas solamente: una mamá, mi papá, un hermano mayor que yo por cuatro años y yo, que soy la hija menor. Mi familia es bastante pequeña. Solamente cuatro personas. Es bastante pequeña y me gusta tener una familia pequeña porque compartimos pero no compartimos todo el tiempo sino que cada cual tiene una vida independiente. Cada cual se mete en lo suyo y pues, cuando hay que compartir, sí, se habla, se habla bastante, pero no todo el tiempo. Y, en resumen, me gusta mucho tener una familia pequeña.»

(Enrique): «Me gusta ser de una familia grande. Pero a veces es complicado, sobre todo a la hora de sentarnos a la mesa para comer si no hay suficiente espacio y todo el mundo quiere comer las mismas cosas. Pero tener una familia grande es divertido. Si tienes algún problema siempre puedes hablar con tus hermanos mayores para pedirles consejo y también puedes ayudar a tus hermanos más jóvenes también para darles consejos si lo necesitan. Sí, prefiero tener una familia numerosa.»

Los hispanos hablan

¿Te gusta el tamaño de tu familia?

NOMBRE: Zoe Robles
    EDAD: 25 años
    PAÍS: Puerto Rico

«Mi familia —mi familia es pequeña. Somos cuatro personas solamente: una mamá, mi papá, un hermano mayor que yo por cuatro años y yo, que soy la hija menor. Mi familia es bastante pequeña. Solamente cuatro personas. Es bastante pequeña y me gusta tener una familia pequeña porque... »

NOMBRE: Enrique Álvarez
    EDAD: 38 años
    PAÍS: España

«Me gusta ser de una familia grande. Pero a veces es complicado, sobre todo a la hora de sentarnos a la mesa para comer si no hay suficiente espacio y todo el mundo quiere comer las mismas cosas. Pero tener una familia grande es divertido. Si tienes algún problema... »

Busca información sobre el tamaño de la familia en estos países: España, la Argentina, México. ¿Está disminuyendo el tamaño de la familia en estos países también? ¿Qué datos encuentras? Compártelos con la clase.

IDEAS PARA EXPLORAR

Épocas anteriores

GRAMÁTICA

¿Era diferente la vida? (I)

Introduction to the Imperfect Tense: Singular Forms

(yo)	me acost**aba** com**ía** escrib**ía**	(nosotros/as)	-**ábamos** -**íamos**
(tú)	te acost**abas** com**ías** escrib**ías**	(vosotros/as)	-**abais** -**íais**
(Ud.)	se acost**aba** com**ía** escrib**ía**	(Uds.)	-**aban** -**ían**
(él/ella)	se acost**aba** com**ía** escrib**ía**	(ellos/as)	-**aban** -**ían**

When we discuss events, actions, and states of being, we can refer to *when* they occur: This is called *tense*. You already know how to express basic present, past, and future events.

Hablé con mi tío soltero por teléfono. (*past*)
Hablo con mi abuelo materno ahora. (*present*)
Voy a hablar con mi prima favorita pronto. (*future*)

But we can also include information on the status of the event, action, or state. Was it, is it, or will it be *in progress* at the time we refer to it? When we include information about the *progress* of the event, we refer to *aspect*. Can you tell which of these encodes tense and which encodes aspect in an English verb?

will as in "He *will do* it."
-ed as in "He *finished*."
-ing as in "She *was talking*."

—Sí, cuando yo **tenía** su edad, las cosas **eran** bien diferentes. Yo no **asistía** a la escuela como Uds. **Trabajaba** en el campo con mis padres.

If you said the first two encode tense and only the third encodes aspect, you were correct. *Will* encodes future and *-ed* encodes past, but *-ing* encodes that an action was, is, or will be in progress. For example, *He was talking*, *He is talking*, and *He will be talking*. The tense changes, but the aspect does not: the use of the verb form *talking* encodes the meaning "in progress at the time referred to."

An important feature of Spanish *past-tense* verbs is that they encode aspect. The use of **-aba-** and **-ía-,** for example, indicates *in progress at the time*, while the preterite forms (**-é, -aste, -ó, -í, -iste, -ió,** etc.) do not.

> **Hablaba** con mis abuelos ayer. (*past, but in progress*)
> *I was talking with my grandparents yesterday.*
>
> **Salía** con mis tíos cuando... (*past, but in progress*)
> *I was leaving with my aunt and uncle when . . .*

This is called the *past imperfect indicative* or simply the *imperfect*.

Spanish also uses the imperfect to refer to actions and events that *occurred repeatedly* in the past, without reference to exactly how often. This corresponds roughly to English *used to* or *would* as in *They used to (would) make fun of me as a child.*

> **Comíamos** en muchos restaurantes diferentes.
> *We used to (We would) eat in many different restaurants.*
>
> Mis hermanos y yo **nos llevábamos** bien.
> *My siblings and I used to get along well.*

Imperfect verb forms are signaled by **-aba-** (for **-ar** verbs) and **-ía-** (for both **-er** and **-ir** verbs). Examples are given in the shaded box on the previous page.

Ir and **ser** have irregular imperfect stems and unexpected forms but are easy to memorize.

ir	ser
iba	era
ibas	eras
iba	era

In the activities that follow, you will concentrate on using the imperfect when speaking about the way things *used to be* and about actions that *have taken place repeatedly* in the past.

ACTIVIDAD A ¿Sí o no?

Escucha lo que dice tu profesor(a) y apúntalo. Después indica si es cierto o falso para ti. Todas las oraciones tienen que ver con (*deal with*) la vida de tu profesor(a) durante la década anterior.

Yo...

1... 2... 3... 4... 5... 6...

Act. A, **Suggestion:** Read each sentence and have students write down what they hear. Have one student write on board so you can check each sentence afterward. Students indicate veracity only after all sentences are written out and checked.
Statements: (1) (*Yo*) *Era estudiante y trabajaba para pagar los estudios.* (2) *Me acostaba y me levantaba más temprano que ahora.* (3) *Salía más con los amigos.* (4) *Tenía el pelo de otro color.* (*Tenía más pelo.*) (5) *Iba al trabajo en autobús.* (6) *Leía menos y miraba la televisión más.*

ACTIVIDAD B Entrevista

Paso 1 Hazle las siguientes preguntas a un compañero (una compañera) de clase. Apunta sus respuestas. Todas las preguntas tienen que ver con la década anterior.

1. ¿Leías menos o más?
2. ¿Mirabas la televisión menos o más?
3. ¿Te acostabas más temprano que ahora?
4. ¿Te levantabas más temprano que ahora?
5. ¿Salías mucho con tus amigos? ¿más que ahora o menos?

Paso 2 Usando la información del **Paso 1** junto con (*as well as*) la información de la **Actividad A,** haz comparaciones entre el profesor (la profesora) y tu compañero/a.

MODELOS   El profesor (La profesora) leía más y Jorge leía más también.

               El profesor (La profesora) comía menos pero Jorge no.

C OMUNICACIÓN

ACTIVIDAD C Antes y ahora

Paso 1 ¿Qué cosas hacías tú de niño/a (*as a child*) que no haces de adulto? ¿Qué cosas hacías de niño/a que todavía haces de adulto? ¿Qué cosas no hacías de niño/a que ahora sí haces de adulto? ¿Y qué cosas ni hacías de niño/a ni haces ahora de adulto? Escoge cinco de las situaciones a continuación (puedes añadir cualquier otra si quieres) y escribe unas oraciones para leer a un grupo de otras tres personas.

dormir con la luz prendida (*light turned on*)
tenerles miedo* a los perros grandes
ir al centro comercial (*mall*)
pasar tiempo solo/a
mirar los dibujos animados (*cartoons*) en la televisión
odiar (*to hate*) ciertas verduras (*vegetables*)
montar en bicicleta (*to ride a bike*)
jugar a los videojuegos
hacer la cama (*bed*)
lavar la ropa

Paso 2 Después de leer sus oraciones individuales, los miembros del grupo deben pensar en las siguientes preguntas y luego presentar sus respuestas a la clase.

¿Hay ciertas actividades o cosas que la persona típica...

hacía de niño que no hace de adulto?
no hacía de niño que sí hace de adulto?
hacía de niño y todavía hace de adulto?
ni hacía de niño ni hace ahora de adulto?

---

*__Tener miedo__ = *to be afraid of* (lit. *to have fear of*). **Les tengo miedo a los perros grandes.** = *I am afraid of big dogs.*

GRAMÁTICA

¿Era diferente la vida? (II)

More on the Imperfect Tense: Plural Forms

(yo)	-aba -ía	(nosotros/as)	nos acost**ábamos** com**íamos** escrib**íamos**
(tú)	-abas -ías	(vosotros/as)	os acost**abais** com**íais** escrib**íais**
(Ud.)	-aba -ía	(Uds.)	se acost**aban** com**ían** escrib**ían**
(él/ella)	-aba -ía	(ellos/ellas)	se acost**aban** com**ían** escrib**ían**

—Abuelita, ¿**te llevabas bien** con tus padres?

—¡Hijo, claro! **Hacíamos** todo lo que nos **decían** nuestros padres porque si no, ¡qué palizas (*beatings*) **recibíamos**!

The **-aba-** and **-ía-** markers of the imperfect tense carry over into all forms of the verbs, as you can see in the shaded box above. Remember that with **-ar** verbs, a written accent needs to be placed on the ending for the first person plural (**nosotros**) form (e.g., **-ábamos**) to indicate that the stress falls on the accented vowel and not the one that follows.

The plural forms for **ir** and **ser** follow the same patterns as for the singular forms.

ir	**ser**
íbamos	éramos
ibais	erais
iban	eran

Remember that the imperfect, as we are using it here, refers to events, actions, and other "processes" in the past that were habitual and repetitive in nature, things that people would usually do, used to do, generally did, and so on.

ACTIVIDAD D En las épocas primitivas

Paso 1 Escoge la mejor manera para completar cada oración.

Cuando éramos seres primitivos...

1. No __a__ dentistas ni médicos.

    a. teníamos   **b.** practicábamos   **c.** salíamos

2. __b__ carne cruda (*raw meat*).

    a. Vivíamos   **b.** Comíamos   **c.** Jugábamos

Act. D, **Statements:** (1) *No teníamos dentistas ni médicos.* (2) *Comíamos carne cruda.* (3) *Caminábamos semierectos.* (4) *Nos comunicábamos con gestos y con las manos porque no teníamos un idioma oral.* (5) *Dependíamos mucho de los animales para comer, vestirnos y para muchas otras cosas importantes.* (6) *No nos bañábamos con mucha frecuencia.*

Optional follow-up: Have pairs of students invent a new sentence about primitive life using the *nosotros* form and present it to the class.

3. __c__ semierectos.

    a. Mirábamos   **b.** Tomábamos   **c.** Caminábamos

4. __a__ con gestos y con las manos porque no teníamos un idioma oral.

    a. Nos comunicábamos   **b.** Nos acostábamos   **c.** Dormíamos

5. __c__ mucho de los animales para comer, vestirnos y para muchas otras cosas importantes.

    a. Comíamos   **b.** Comprábamos   **c.** Dependíamos

6. No __c__ con mucha frecuencia.

    a. podíamos   **b.** mirábamos   **c.** nos bañábamos

Paso 2 Ahora escucha al profesor (a la profesora) leer las oraciones completas. ¿Las tienes todas correctas?

Act. E, Paso 1, **Answers:** (1) d (2) a (3) g (4) b (5) c (6) f (7) e

ACTIVIDAD E Las mujeres en el siglo XIX

Paso 1 Haz la correspondencia entre cada frase de la columna a la izquierda con la más apropiada de la columna a la derecha para formar oraciones completas.

Las mujeres en el siglo XIX...

1. enseñaban (*taught*)	**a.** a las fuerzas armadas (*armed services*).
2. no entraban	**b.** el derecho al voto en las elecciones.
3. no llevaban*	
4. no tenían	**c.** el apellido de su esposo.
	d. en las escuelas, pero no en las universidades.
Si estas mujeres...	**e.** los mismos trabajos que los hombres.
5. se casaban, tomaban	
6. trabajaban fuera de (*outside*) casa, ganaban	**f.** menos que los hombres.
7. trabajaban fuera de casa, no hacían	**g.** pantalones.

Paso 2 ¿Cuántas situaciones del **Paso 1** ya no son verdaderas? ¿Crees que estos cambios reflejan un cambio grande en cuanto al papel de la mujer en nuestra sociedad? En grupos de tres o cuatro, formen unas oraciones con el imperfecto para describir el papel social de la mujer en el siglo XIX. Luego compartan sus oraciones con la clase y determinen si las mujeres han avanzado (*have advanced*) mucho, poco, nada o sólo en ciertos campos (*fields*).

MODELO   El trabajo principal de la mujer era cuidar a los niños.

---

*Llevar** is often used in Spanish to mean *to wear.*

ACTIVIDAD F Gastos°

Expenses

Paso 1 Estudia el gráfico «Gastos para criar (*raise*) a un hijo… ». Luego contesta las siguientes preguntas por escrito (*in writing*).

1. ¿Las familias gastaban más en la comida para sus hijos en 1960, o menos?
2. ¿Costaba más la vivienda en 1960, o menos?
3. ¿Gastaban los padres más en el cuido (*care*) y en la enseñanza (*education*), o menos?
4. Entre 1960 y 2000, ¿qué gasto subió más?

Paso 2 Utilizando las respuestas del **Paso 1** y también mirando el gráfico, prepara un breve informe de 50 palabras, comparando los gastos para criar a un hijo entre 1960 y 2000. Puedes utilizar el modelo si quieres.

MODELO En 1960 los padres gastaban menos para ＿＿. A la vez, gastaban más para ＿＿. En 2000 el gasto mayor era para ＿＿. Parece que el gasto que subió más entre 1960 y 2000 es ＿＿.

Paso 3 Alguien debe leer sus ideas a la clase antes de entregar todos los párrafos al profesor (a la profesora). ¿Todos tienen más o menos la misma información?

Paso 4 Decidan entre todos cuál puede ser la explicación del mayor aumento (*increase*) en los gastos.

Gastos para criar a un hijo hasta los 18 años, clase media, familia con un matrimonio

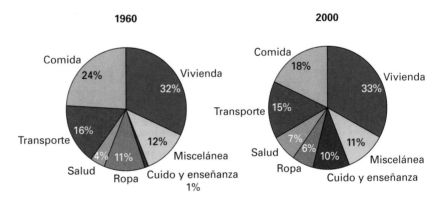

Gasto total = $146,780 (Equivalente en dólares en 2000)   Gasto total = $165,630

NAVEGANDO LA RED

Busca información sobre los gastos para criar a los hijos en un país de habla española. ¿Cómo se compara esta información con lo que sabes de los mismos gastos en tu país?

Act. G, Suggestion: After students have written ideas on board, go through and eliminate any duplications. Then go through remaining ones (correcting any language as you do) with the class by saying *Aquí dice que los padres no tenían computadoras para escribir como nosotros. ¿Es verdad? ¿Cómo escribían los trabajos para las clases entonces? ¿a mano? ¿a máquina?* and so on. When finished, have class decide whether the good changes outweigh the bad. *¿Creen que la vida era mejor cuando sus padres eran adolescentes? ¿Cuáles de las ideas aquí les parecen muy importantes?* and so on.

ACTIVIDAD G Diferencias

Paso 1 Escribe dos oraciones sobre lo que sabes o crees que era típico cuando tus padres eran adolescentes. Una oración debe representar algo que era mejor que ahora y la otra algo que no era mejor. Usa el imperfecto como en el modelo.

MODELO No tenían computadoras para escribir como nosotros. Esto era más difícil.

Paso 2 En grupos de tres, comparen sus oraciones. Luego escojan tres de las oraciones para presentarlas a la clase. Alguien del grupo debe escribirlas en la pizarra.

GRAMÁTICA

¿Tienes tantos hermanos como yo?

Comparisons of Equality

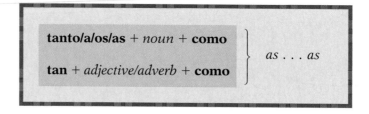

In readings and in activities you may have noticed the use of **tan... como** and **tanto... como** to express similarities and differences.

Las familias de hoy no son **tan** grandes **como** las de épocas anteriores.

Use a form of **tanto** when the comparison involves nouns. The form of **tanto** must agree in number and gender with the noun.

tanto dinero como	**tantos hijos** como
tanta imaginación como	**tantas familias** como

Use **tan** when the comparison involves adjectives (words that modify nouns) or adverbs (words that modify verbs).

ADJETIVOS	ADVERBIOS
tan grande como	**tan rápido** como
tan altas como	**tan frecuentemente** como

Tanto como is used when no noun, adjective, or adverb is explicitly mentioned. It means *as much as.*

Los hombres se ocupan de (*look after*) los niños **tanto como** las mujeres.

ACTIVIDAD H Familias de ayer, familias de hoy

Paso 1 Para cada oración, indica si se requiere **tan** o una forma de **tanto** según la estructura de la oración. Compara tus respuestas con las de otra persona.

1. La calidad de la vida familiar no es _____ buena hoy día como en la década de los años 50.
2. Las madres modernas no pasan _____ tiempo con sus hijos como las madres de otras épocas.
3. Los hijos de hoy no se adaptan _____ bien como los de épocas anteriores.
4. Las madres que trabajan fuera de casa no son _____ respetadas como las madres «tradicionales».
5. En la década de los años 50, las madres no trabajaban fuera de casa _____ como las madres de hoy.
6. En la década de los años 50, no había _____ divorcios como ahora.
7. En la década de los años 50, los padres no eran _____ permisivos con sus hijos como los padres de hoy.
8. En la década de los años 50, los hijos no tenían _____ problemas sociales y psicológicos que resolver como los hijos de hoy.

Paso 2 Ahora los miembros de la clase van a decidir cuáles de las oraciones son ciertas y cuáles son falsas.

ACTIVIDAD I Sobre el tamaño de la familia

Repasa rápidamente la lectura que está en la sección **Vamos a ver** y, con un compañero (una compañera), formula tres oraciones con **tanto/tan... como**, a base de la información incluida. ¿Cuántas oraciones diferentes puede inventar la clase?

COMPOSICIÓN

Antes de escribir

In this lesson, you've explored some differences between today's families and those of the past. You have read about the changing family size and completed several activities that focus on changes in women's roles in society, economic pressures, and so forth. In the **pasos** that follow, you will continue to compare previous time periods to the present but in a more personal manner by focusing on the differences (and similarities) between the family of one of your grandparents and that of your own. (If you prefer, you may choose someone other than a grandparent, as long as the person is of two previous generations.)

Paso 1 Your purpose in writing is to inform your reader of the many changes that have occurred across the last three generations. As you write and revise, keep in mind who your audience is. For this composition, your audience is someone who is not from this country and does not have firsthand knowledge of the societal changes in this country. Your goal is to make your audience realize that this society's concept of family life has changed in the last 50 years. In order for your audience to come to this realization, you will have to stress the differences between then and now.

Paso 2 What information will support the points you will make?

- ☐ el tamaño de la familia
- ☐ la esperanza de vida
- ☐ el papel de la mujer en la sociedad
- ☐ oportunidades económicas
- ☐ oportunidades educativas
- ☐ ¿ ?

Paso 3 In what order will you present the information?

- ☐ Chronologically: Begin with the past and move to the present, or begin with the present and move to the past.
- ☐ Point by point: Cover a point about your grandparent's family and then the counterpoint about your own, or cover a point about your own family and then the counterpoint about your grandparent's.

Paso 4 Consider the new grammar presented in this lesson. Can you express yourself by

- ☐ using the imperfect to express habitual and typical events in the past?
- ☐ making comparisons?

Al escribir

Paso 1 Draft your composition, keeping its length to about 150 words.

Paso 2 Think about how you will conclude. Here are some words and phrases that may prove useful in emphasizing the final point.

al fin y al cabo	*in the end*
comoquiera que se examine el hecho	*no matter how you look at it*
después de todo	*after all*
en resumen	*in summary*

Después de escribir

Paso 1 Put your composition aside for a day or two. When you return to it, you will be ready to edit it. Reread what you have written. Focus your editing on specific aspects of the composition. Use the following list as a guide.

1. Information conveyed

☐ Number each contrast you make between the two families. Does your wording stress the differences?

2. Language

☐ Put a check mark over every verb in the composition. Is the ending on each verb correct?

☐ Underline each verb you use to talk about the past. Are the verb tenses correct?

☐ Edit your composition for adjective agreement.

Paso 2 Rewrite your composition and make any necessary changes. Before you hand it in, ask someone in class to read it and decide which of the following sums up the central idea.

a. La familia de tu abuelo/a y tu familia tienen mucho en común.
b. Hay diferencias y también semejanzas entre la familia de tu abuelo/a y tu familia.
c. Las diferencias son impresionantes entre la familia de tu abuelo/a y tu familia.

If the third statement is not selected, try to determine where you have not stressed the differences clearly or emphatically enough and modify those places. Once you have done so, hand in your composition.

SITUACIÓN

Luz María y Juan Pablo, un matrimonio, tienen 22 y 23 respectivamente. Juan Pablo es estudiante de medicina. Luz María también es estudiante, pero de derecho (*law*). Quieren tener una familia. ¿Deben comenzar su familia ahora cuando son jóvenes? ¿O deben esperar?

Vistazos culturales

La inmigración y emigración en el mundo hispano

¿Sabías que... más de la mitad de los inmigrantes que viven en los Estados Unidos son de Latinoamérica? Actualmente[a] hay unos 28,4 millones de inmigrantes en los Estados Unidos. De estos, unos 14,5 millones (el 51%) son de Latinoamérica. La mayoría de los inmigrantes hispanos vive en el Suroeste y el Noreste del país, pero poco a poco[b] hay más comunidades de inmigrantes hispanos en lugares distintos como Carolina del Norte, Michigan, Indiana y Tennessee.

Trabajadores inmigrantes en California

[a]*Currently* [b]*poco... little by little*

Origen de inmigrantes en los Estados Unidos

Desde los años 60, el número de inmigrantes hispanos en los Estados Unidos ha aumentado[a] muchísimo.

[a]*ha... has increased*

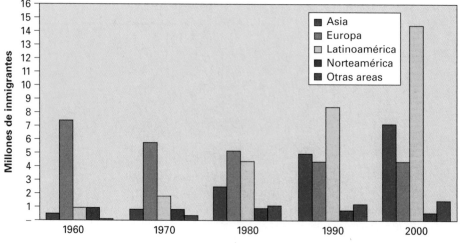

Durante los años 50 y 60, cientos de miles de inmigrantes puertorriqueños se asentaron[a] en Nueva York, Nueva Jersey y Chicago para buscar mejores empleos.[b]

---

[a]*se... settled* [b]*jobs*

Entre 1910 y 1930, más de un millón de inmigrantes mexicanos llegó a los Estados Unidos para escapar de la violencia de la Revolución Mexicana. Se asentaron principalmente en el Suroeste del país.

Durante la Segunda Guerra Mundial (1939–1945), miles de inmigrantes mexicanos llegaron a los Estados Unidos para trabajar en granjas[a] y fábricas.[b] Para 1964, más de cuatro millones de trabajadores mexicanos (llamados **braceros**) habían llegado[c] bajo este programa.

---

[a]*farms* [b]*factories* [c]*habían... had arrived*

Entre 1959 y 1962, más de un millón de refugiados políticos que se oponían a la política comunista de Fidel Castro emigró de Cuba a Key West y Miami.

En 1980, más de 125.000 refugiados cubanos salieron del Puerto[a] de Mariel en Cuba para buscar mejores condiciones económicas o para reunirse con parientes exiliados en los Estados Unidos.

---

[a]*Port*

Más del 95% de la población del Uruguay y del Paraguay viene de inmigrantes europeos, la mayoría de Italia y España. En el Paraguay también hay muchos inmigrantes japoneses, portugueses y canadienses.

Entre 1850 y 1940, más de 6,6 millones de inmigrantes europeos llegaron a la Argentina. Los inmigrantes españoles e italianos predominaron[a] pero también llegaron muchos de Alemania, Francia, Inglaterra, Polonia y Rusia.

---

[a]*predominated*

ACTIVIDADES ¿Qué recuerdas?

Haz la correspondencia entre los siguientes datos y las oraciones a continuación.

a. 125.000 **d.** los asiáticos
b. 14,5 millones **e.** los braceros
c. España e Italia **f.** Michigan y Carolina del Norte

1. __b__ número de inmigrantes hispanos en los Estados Unidos
2. __c__ lugar de origen de muchos de los inmigrantes del Uruguay y del Paraguay
3. __e__ inmigrantes mexicanos que trabajaron en los Estados Unidos durante la Segunda Guerra Mundial
4. __d__ otros inmigrantes en los Estados Unidos cuyas (*whose*) poblaciones han aumentando mucho desde los años 60
5. __f__ nuevos lugares de asentamiento (*settling places*) para muchos inmigrantes hispanos en los Estados Unidos
6. __a__ número de inmigrantes cubanos que salieron del Puerto de Mariel en 1980

NAVEGANDO LA RED

Escoge *una* de las siguientes actividades. Luego presenta tus resultados a la clase.

1. Escoje un estado en los Estados Unidos donde tradicionalmente no se han asentado (*have settled*) muchos inmigrantes hispanos (por ejemplo, Michigan, Indiana, Ohio, Carolina del Norte, Carolina del Sur, Tennessee, Wyoming, etcétera) y busca la siguiente información.

    a. número de inmigrantes hispanos en el estado
    b. nombres de las industrias o los trabajos en que trabajan los hispanos

2. Busca la etimología de la palabra **bracero** y haz lo siguiente.

    a. Explique el origen y significado de este término.
    b. Haz una lista de las ventajas (*advantages*) y desventajas (*disadvantages*) del programa de braceros.

3. Busca información en la página Web del *U.S. Census Bureau* (**www.census.gov**) sobre el nivel de educación de los inmigrantes hispanos en los Estados Unidos. Con la información que encuentras, haz una tabla para comparar el nivel de educación de los centroamericanos con el de los caribeños y los sudamericanos.

VOCABULARIO COMPRENSIVO

Las edades — Ages

veinte (R) — twenty
treinta (R) — thirty
cuarenta — forty
cincuenta — fifty
sesenta — sixty
setenta — seventy
ochenta — eighty
noventa — ninety

tener... años (R) — to be . . . years old

Los años y las épocas — Years and Time Periods

cien(to) — one hundred
doscientos — two hundred
trescientos — three hundred
cuatrocientos — four hundred
quinientos — five hundred
seiscientos — six hundred
setecientos — seven hundred
ochocientos — eight hundred
novecientos — nine hundred
mil — one thousand

los años 20 — the twenties
la década — decade
el siglo (pasado) — (last) century

Comparaciones — Comparisons

tan... como — as . . . as
tanto/a... como — as much . . . as
tantos/as... como — as many . . . as

Otras palabras y expresiones útiles

la cifra — number
la gente — people
el promedio — average
el tamaño — size

joven (R) — young
viejo/a (R) — old

GRAMMAR SUMMARY

UNIDAD 2   For Lecciones 4–6

Question Words

¿cuándo?	¿qué?
¿dónde?	¿quién(es)?
¿cómo?	¿cuánto/a?
¿cuál(es)?	¿cuántos/as?

Remember that prepositions (**a, con, de, en,** and so forth) appear in front of the question word when used. This is unlike English, in which the preposition can "dangle" at the end of a phrase or utterance, far away from the question word.

> ¿**De** dónde es tu amigo?
> *Where is your friend **from**?*

> ¿**Con** quiénes hablas si tienes un problema?
> *Whom do you speak **to** if you have a problem?*

Pronouns

SUBJECT	DIRECT OBJECT	TRUE REFLEXIVE	RECIPROCAL
yo	me	me	
tú	te	te	
Ud.	lo/la	se	
él/ella	lo/la	se	
nosotros/as	nos	nos	nos
vosotros/as	os	os	os
Uds.	los/las	se	se
ellos/ellas	los/las	se	se

1. Remember that object and reflexive pronouns precede conjugated verbs. Don't mistake them for subject pronouns.

   > **Me** llaman los padres.
   > *My parents call me.*

   > **Se** afeita regularmente.
   > *He shaves regularly.*

2. Remember that not all true reflexives in Spanish translate into English with -*self*/ -*selves*.

   > María **se levanta** temprano.
   > *María gets up early.* (We don't say **gets herself up,** even though this would be a literal translation.)

3. Remember that not all reciprocals in Spanish translate into English as *each other*.

   > **Nos abrazamos** cuando **nos vemos.**
   > *We hug when we see each other.* (While both are reciprocal actions, only the second verb in English would normally take **each other.**)

Object Marker a

Spanish uses **a** to mark objects of a verb when the object could be confused as a subject (i.e., when the object is theoretically capable of performing the action). It helps to indicate who did what to whom in Spanish, especially since Spanish has flexible word order.

> Manuel conoce bien **a** María. (*María is perfectly capable of knowing someone, but she is not the subject in this sentence.*)

> El señor mata **al** león. (*The lion is perfectly capable of killing something else, but he is not the subject in this sentence.*)

Estar

1. Adjectives that reflect a change in status such as **casado** and **divorciado** are normally used with **estar.**

   > Mi hermano **está** divorciado. Su ex mujer vive en Chile.

¿Estás casado?

Mis abuelos **están** muertos.

2. Often you can use **estar** with an adjective to show that a trait or characteristic is unexpected.

> Ramona **está** muy seria. (*Ramona seems very serious. Normally she is not.*)

> ¿Qué pasó? **Estás** muy delgado.

3. **Estar** can be used with gerunds (**-ando** or **-iendo**) to express something in progress.

> **Estoy estudiando.** No puedo hablar.

> **Está cambiando** el mundo, ¿no crees?

Saber versus conocer

1. **Saber** is used to express knowledge of a fact or some other kind of information.

> Todos **sabemos** que 2 + 2 = 4.

> No **sé** nada de su vida.

2. **Conocer** is used to express familiarity with a person or place and sometimes things.

> **Conozco** muy bien a Elena.

> ¿**Conoces** Buenos Aires?

Imperfect Tense

	-ar	-er/-ir	ser	ir
yo	me acostaba	comía/asistía	era	iba
tú	te acostabas	comías/asistías	eras	ibas
Ud.	se acostaba	comía/asistía	era	iba
él/ella	se acostaba	comía/asistía	era	iba
nosotros/as	nos acostábamos	comíamos/asistíamos	éramos	íbamos
vosotros/as	os acostabais	comíais/asistíais	erais	ibais
Uds.	se acostaban	comían/asistían	eran	iban
ellos/ellas	se acostaban	comían/asistían	eran	iban

The imperfect is a past tense that signals that an action, event, or activity occurred habitually in the past. It is frequently, though not always, rendered in English by *used to* and *would*.

> Las familias **eran** más grandes en épocas anteriores.
> *Families were / used to be larger in previous times.*

> Las mujeres en otras épocas sólo **trabajaban** en casa.
> *Women in earlier time periods worked (would work) only at home.*

Comparisons of Equality (Similar to English *as . . . as*)

WITH NOUNS	WITH ADJECTIVES AND ADVERBS
tanto dinero **como**	
tantos hijos **como**	**tan** grande **como**
tantas mujeres **como**	**tan** frecuentemente
tanta educación **como**	**como**

Tanto como is used when no noun, adjective, or adverb is explicitly mentioned (similar to English *as much as*).

> Ahora las mujeres trabajan fuera de casa **tanto como** los hombres.

UNIDAD TRES

En la mesa

La tortillera *por Diana Bryer*
(norteamericana, 1942–)

¿Qué te parece esta paella?

LECCIÓN **7**

¿Qué sueles comer?

This lesson focuses on food and eating habits. You will have an opportunity to

- ◆ describe some basic foods and snacks
- ◆ describe what you generally eat for breakfast, lunch, and dinner
- ◆ examine how eating habits in Spanish-speaking countries differ from those in this country
- ◆ learn about other verbs like **gustar**

- ◆ learn about indirect object pronouns
- ◆ learn more about **estar** used with adjectives

ALTO Before beginning this lesson, look over the **Intercambio** activity on page 215. This is the activity you will be working toward throughout the lesson.

El Mercado Libertad en Guadalajara, México

IDEAS PARA EXPLORAR

Los hábitos de comer

VOCABULARIO

¿Cuáles son algunos alimentos básicos?   Talking About Basic Foods in Spanish

Calcio

Productos lácteos

Cognado: el yogur

el helado   la leche   el queso

Proteínas

Carnes   Cognado: la hamburguesa   **Aves**

el bistec   la carne de res   los huevos   el pollo

Otros alimentos

la chuleta   el jamón
de cerdo
(*pork chop*)

los frijoles

las nueces

Pescados y mariscos

el atún

la mantequilla
de cacahuete
(*peanut butter*)

los camarones

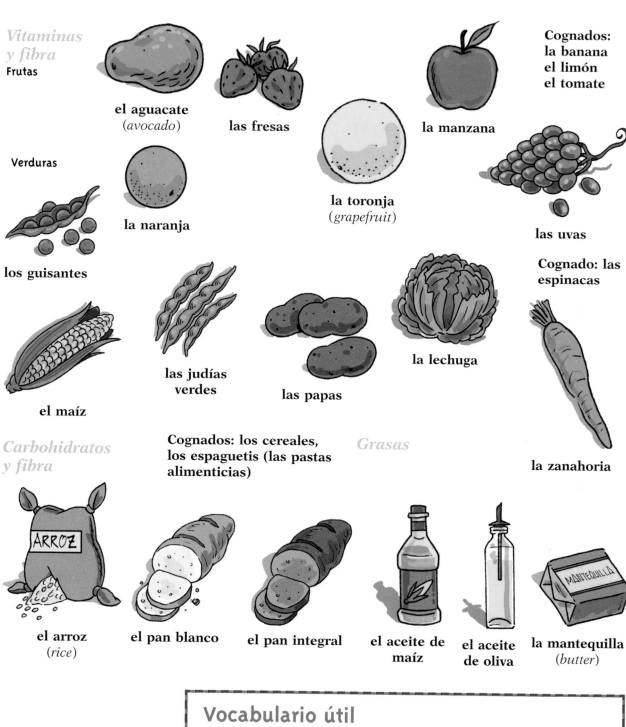

Vitaminas y fibra

Frutas

el aguacate (*avocado*)

las fresas

la manzana

Cognados:
la banana
el limón
el tomate

Verduras

la naranja

la toronja (*grapefruit*)

las uvas

los guisantes

Cognado: las espinacas

el maíz

las judías verdes

las papas

la lechuga

la zanahoria

Carbohidratos y fibra

Cognados: los cereales, los espaguetis (las pastas alimenticias)

Grasas

el arroz (*rice*)

el pan blanco

el pan integral

el aceite de maíz

el aceite de oliva

la mantequilla (*butter*)

Vocabulario útil

la comida	meal; food	**agrio/a**	sour	**amarillo/a**	yellow
		amargo/a	bitter	**blanco/a**	white
al horno	baked	**dulce**	sweet	**marrón**	brown
al vapor	steamed	**salado/a**	salty	**negro/a**	black
asado/a	roast(ed)			**rojo/a**	red
cocido/a	cooked			**rosado/a**	pink
crudo/a	raw			**verde**	green

ACTIVIDAD A ¿Cómo es?

El profesor (La profesora) va a mencionar un alimento y luego va a hacer una pregunta sobre el mismo. Contesta la pregunta.

1... 2... 3... 4... 5... 6... 7...

ACTIVIDAD B Asociaciones

Paso 1 Tu profesor(a) va a nombrar algunos alimentos. ¿Qué color(es) asocias con cada uno?

1... 2... 3... 4... 5... 6...

Paso 2 ¿Qué otros alimentos asocias con estos colores?

1. rosado **2.** blanco **3.** amarillo **4.** rojo **5.** marrón

ACTIVIDAD C Otras asociaciones

El profesor (La profesora) va a nombrar una categoría de alimentos. Di el alimento que se te ocurra (*comes to mind*) primero.

1... 2... 3... 4... 5... 6... 7... 8...

ACTIVIDAD D ¿Qué alimento es bueno para... ?

Inventa oraciones basándote en el modelo. No olvides (*Don't forget*) usar el artículo definido. (Ver **Así se dice,** a la izquierda [*at left*].)

MODELO para el cerebro (*brain*) → El pescado es bueno para el cerebro.

1. para la vista (*vision*)   **4.** para los músculos
2. para los resfriados (*colds*)   **5.** para la tez (*complexion*)
3. para el pelo

COMUNICACIÓN

ACTIVIDAD E Preferencias personales

Paso 1 Describe tus hábitos de comer. Termina cada oración con dos alimentos apropiados, según tus preferencias.

MODELO Como *yogur* y *pan* a cualquier hora del día.

1. Como _____ y _____ a cualquier hora del día.
2. Nunca o casi nunca como _____ ni _____.
3. Uso _____ y _____ sólo en la preparación de otros platos.
4. Como _____ y _____ solamente acompañados/as de otros alimentos o cuando son parte de una comida más grande.
5. Suelo comer _____ y _____ con pan.
6. Suelo comer _____ y _____ solos/as, sin otra cosa.
7. Me gusta comer _____ y _____ crudos/as.
8. Prefiero comer _____ y _____ cocidos/as.

Paso 2 Ahora, entrevista a un compañero (una compañera) de clase sobre sus hábitos de comer. Hazle preguntas para saber cómo ha

Act. C, Statements (p. 194):
(1) *la fibra* (2) *las verduras*
(3) *las grasas* (4) *las aves*
(5) *el calcio* (6) *el pescado*
(7) *las carnes* (8) *las frutas*

Act. E, Paso 2, Suggestion
(p. 194): Before letting students
work in pairs on *Paso 2*, review
question formation. Examples
are given for items 5 and 7 in
Paso 1. Then let students do *Pasos 2–3.* When everyone has
finished, ask 2 or 3 pairs of stu-
dents: *¿Tienen Uds. hábitos muy parecidos? ¿Cuál es uno de los hábitos que tienen en común? ¿Quiénes tienen hábitos muy distintos? ¿Cuál es uno de los hábitos que no tienen en común?*

completado (*he/she has completed*) las oraciones del **Paso 1.** Apunta sus respuestas. Luego tu compañero/a debe hacerte las mismas preguntas a ti para ver cómo has contestado (*you have answered*).

MODELOS ¿Qué alimentos sueles comer con pan?

¿Hay alimentos que te gusta comer crudos?

Paso 3 En conclusión, mi compañero/a y yo...

☐ tenemos hábitos de comer muy parecidos.

☐ tenemos algunos hábitos en común, pero no muchos.

☐ tenemos hábitos de comer muy distintos.

GRAMÁTICA

¿Que si me importan los aditivos?

Other Verbs like **gustar** and the
Indirect Object Pronoun **me**

me	+	agrada(n) apetece(n) cae(n) bien/mal encanta(n) importa(n) interesa(n)

—¿Que si **me importan** los aditivos?
Todos vamos a morir algún día...
—Pues a mí **me importan** muchísimo.

In Spanish, many verbs require the use of indirect object pronouns to express how a person feels about something or the reaction that something causes in a person. This is true of **gustar,** which you already know means *to please.* (Remember that Spanish does not have a verb that literally means *to like.*)

Here are some others.

• • • • • • • • • • • •
Así se dice

In the way that **gustar** (*to
please*) is often translated
as *to like,* **agradar,
encantar,** and **importar** are
often translated by verbs
other than *to please, to
delight,* and *to matter.*

No **me agrada** el
pescado.
I don't like fish.

Me encanta México.
I love Mexico.

No **me importa** eso.
*I don't care about
that.*
• • • • • • • • • • • •

agradar *to please*
No **me agrada** la avena.   *Oatmeal does not please me.*
(*I hate oatmeal.*)

apetecer *to be appetizing; to appeal/be appealing (food)*
No **me apetece** el caviar.   *Caviar doesn't appeal to me.*

caer bien *to make a good impression; to agree with (food)*
No **me caen bien** las cebollas.   *Onions don't agree with me.*

encantar *to delight, be extremely pleasing*
¡**Me encantan** las ostras crudas!   *Raw oysters delight me!*
(*I love raw oysters!*)

importar *to be important; to matter*
No **me importan** los aditivos.   *Additives don't matter to me.*

interesar *to be interesting*
Me interesa la cocina española.   *Spanish cuisine interests me.*

Lección 7 ¿Qué sueles comer?

Remember that, like **gustar,** these verbs normally appear in the third person singular or plural since someone is affected by something (or things). Do not mistake **me** as a subject pronoun. When used with these verbs, **me** is equivalent to the phrase *to me* and is called an indirect object pronoun. (You will learn about and work with other indirect object pronouns and these verbs later in this lesson.)

ACTIVIDAD F Me importa...

Paso 1 Indica cuánto te importa cada cosa.

	MUCHO	UN POCO	NADA
1. Me importa el color de los alimentos.	☐	☐	☐
2. Me importa el sabor (*flavor*) de los alimentos.	☐	☐	☐
3. Me importa el valor (*value*) nutritivo de los alimentos.	☐	☐	☐
4. Me importa la apariencia de la comida.	☐	☐	☐
5. Me importan las calorías.	☐	☐	☐
6. Me importan los aditivos.	☐	☐	☐
7. Me importan las grasas que contienen los alimentos.	☐	☐	☐
8. Me importan los gustos de otras personas en cuanto a la comida.	☐	☐	☐

Paso 2 Comparte tus respuestas con la clase.

MODELO   Me importan mucho el sabor de los alimentos y las grasas que contienen.

ACTIVIDAD G Mis platos preferidos

Paso 1 En la revista *Noticias* de Buenos Aires, hay una sección en la que personas célebres hablan de las comidas y restaurantes que prefieren. Lee lo que dicen Juan Carlos Harriot y Elsa Serrano en la siguiente página.

Vocabulario útil

el lenguado	sole	**relleno/a**	stuffed; filled
la parrillada	mixed grill		
el pulpo	octopus	**alejarse**	to go far (away)
las remolachas	sugar beets		

Paso 2 Con un compañero (una compañera) de clase, indica quién diría (*would say*) las siguientes oraciones.

	JUAN CARLOS	ELSA
1. Me encanta la variedad gastronómica.	☐	☐
2. No me agrada salir a comer.	☐	☐
3. Me importa comer bien.	☐	☐
4. Me agrada una copa de vino.	☐	☐

Lección 7   ¿Qué sueles comer?

	JUAN CARLOS	ELSA
5. Me encanta salir a comer.	☐	☐
6. Me importan las calorías.	☐	☐
7. Me caen bien las carnes rojas.	☐	☐

Paso 3 ¿Quién tiene los gustos más parecidos a los tuyos (*yours*)?

Mis platos preferidos

Salgo poco a comer, ya que la mayor parte del tiempo estoy en mi campo de Coronel Suárez. También soy cómodo, así que no me alejo demasiado de mi casa. Frecuento "La Rueda", "Schiaffino", "San Michele". En esas oportunidades pido lo mismo que comería en mi casa: carne asada, preferentemente

un bife de lomo o de "chorizo", y si hay parrillada, bien completa. Algunas veces pescado, como el lenguado frito. Siempre acompaño a la carne con ensaladas, tomates, zanahorias, remolachas. Soy muy simple en mi elección y generalmente como un solo plato.

Juan Carlos Harriott

La Rueda, Av. Quintana 456
Schiaffino, Schiaffino 2183
San Michele, Av. Quintana 257

Soy habitué de "Lola": una copa de champán primero, luego ensalada Mikada y cerdo con aromas, que son mis preferidos. Postres casi nunca, porque engordan y, además, no soy amante de los dulces. También me encantan las cantinas italianas. Si voy a "Luigi" pido *bocconcino* de pollo con cebollas de verdeo o pulpo al ajo negro. Si como pastas elijo las simples, fideos, ñoquis, nunca las rellenas. Raras veces tomo vino, pero cuando lo hago prefiero el tinto "Selección López". De "Fechoría" me encanta la pizza de pan alto, pero nunca dejo de comer langostinos, que siempre los tienen fresquísimos.

Elsa Serrano

Fechoría, Córdoba 3921
Luigi, Pringles 1210
Lola, Roberto M. Ortiz 1801

ACTIVIDAD H Más sobre los gustos

Paso 1 Completa cada par de oraciones de acuerdo con tus gustos. Esta lección se enfoca (*focuses*) en la comida y los gustos de comer, pero puedes completar las oraciones como quieras (*as you wish*).

1. **a.** No me cae bien…
   b. No me caen bien…
2. **a.** Me encanta…
   b. Me encantan…
3. **a.** No me apetece para nada…
   b. No me apetecen para nada…

Paso 2 Comparte tus oraciones con la clase. ¿Cuántas de las siguientes cosas mencionaron tú y tus compañeros de clase? Si no las mencionaron, di algo sobre algunas de ellas, usando las frases del **Paso 1.**

el ajo (*garlic*)
las ancas de rana (*frog legs*)
los caracoles (los escargots)
la comida casera (*homemade*)

la comida de la residencia estudiantil
Mountain Dew
el pescado crudo (el sushi)
la salsa picante

GRAMÁTICA

¿Te importan los aditivos?

Te and **nos** as Indirect Object Pronouns

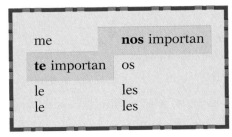

me		**nos** importan
te importan	os	
le	les	
le	les	

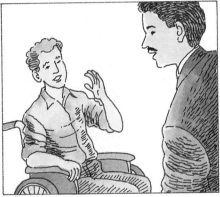

—¿**Te importan** los aditivos?
—Sí.
—A mí, también. **Nos importan** las mismas cosas, ¿no?

Although indirect object pronouns can express a variety of meanings in Spanish, their most frequent English equivalents are *to* or *for* someone. For example, **te** and **nos** are used with many verbs to express *to* or *for you* and *to* or *for us*.

¿**Te** dan dinero tus padres?
La profesora **nos** da mucha tarea.
¿**Te** apetece la comida francesa esta noche?

Lección 7   ¿Qué sueles comer?

As you may have noticed with verbs like **gustar,** indirect object pronouns are placed before conjugated verbs. (Remember that Spanish has flexible word order, so do not mistake indirect object pronouns for subjects.) In the following sentence, who is saying something to whom?

Nos dice Manuel que no hay clase mañana.

If you said Manuel was doing the telling and we were the ones being told, you were correct.

Indirect object pronouns can also be attached to the end of an infinitive.

Marta debe **decirnos** a qué hora llegar.
Tienen que **darte** su número de teléfono.

Remember that **le** is used instead of **te** when speaking to someone whom you would address as **Ud.**

¿**Le** importa a Ud. si llego tarde?

ACTIVIDAD I Entrevista al profesor (a la profesora)

La clase va a entrevistar al profesor (a la profesora). Primero, lee las preguntas a continuación y agrega (*add*) una más para completar el número 6.

Todas las preguntas tienen que ver con la comida. Quieres averiguar si el profesor (la profesora) es vegetariano/a. Luego, la clase debe hacerle las preguntas al profesor (a la profesora) y apuntar sus respuestas. ¿Cuál es la conclusión de la clase?

1. ¿Te (Le) agrada el arroz?
2. ¿Te (Le) caen bien las espinacas?
3. ¿Te (Le) caen bien las frutas?
4. ¿Te (Le) apetece la lechuga?
5. ¿Te (Le) apetecen los frijoles?
6. ¿ ?

COMUNICACIÓN

ACTIVIDAD J Reacciones

Paso 1 Entrevista a un compañero (una compañera) para averiguar sus gustos. Usa los verbos **encantar, agradar, caer bien, apetecer,** etcétera.

MODELO   los mariscos → E1: ¿Te agradan los mariscos?
E2: No. No me agradan para nada. (Ah, sí. Me encantan.)

1. el ajo
2. los refrescos sin azúcar (*sugar*)
3. las espinacas
4. el yogur natural (sin sabor de fruta)
5. el café espresso
6. los meseros (*waiters*) que hablan mucho
7. el hígado (*liver*)
8. el restaurante _____ (nombre)
9. ¿ ?

Paso 2 Prepara un resumen de la entrevista para compartir con la clase los gustos que tienen en común.

MODELO   A ninguno/a de los (las) dos nos apetecen las espinacas. Nos caen bien los meseros (las meseras) que hablan mucho porque normalmente son interesantes.

Paso 3 (Optativo) Escucha con atención mientras el profesor (la profesora) describe sus gustos en el **Paso 1.** Luego, compara tus gustos con los de él (ella).

MODELO   Al profesor (A la profesora) y a mí nos apetece el ajo.

Así se dice

Indirect object pronouns are used with a variety of verbs to express *to* or *for* someone (or something). Be careful, though! English can move the indirect object around with certain common verbs. The result is that the indirect object in English may look like a direct object!

dar	**Me dieron** el premio.	They gave me the prize.
		They gave the prize to me.
decir	**Te dije** la verdad.	I told you the truth.
		I told the truth to you.
servir	**Nos sirvieron** un vino excelente.	They served us a great wine.
		They served a great wine to us.
traer	**¿Te trajeron** algo?	Did they bring you something?
		Did they bring something to you?

NAVEGANDO LA RED

Busca información sobre uno de los siguientes productos alimenticios: el aceite de oliva, el azúcar, la banana, el café, la papa. ¿Puedes encontrar países de habla española que los exportan a este país? Presenta tus resultados a la clase.

IDEAS PARA EXPLORAR

A la hora de comer

VOCABULARIO

¿Qué desayunas?

Talking About What You Eat for Breakfast

Desayuno español (8.00–10.00 A.M.)

Bollería variada (*Assorted rolls*) (1), o **churros** (*type of fried dough*) (2), o **tostada** (3) con mantequilla y **mermelada** (4), **café con leche**

1.   2.   3.   4.

Desayuno norteamericano (6.00–8.00 A.M.)

5.

7.

9.

6.   8.

10.

Dos **huevos fritos** (*fried*) (5) o **revueltos** (*scrambled*) (6), cereal con leche o tres **panque-ques** (7), **tocino** (*bacon*) (8) o **salchichas** (9), **jugo de naranja** (10), café, **té** o leche

Vocabulario útil

el bollo	roll
el pan tostado	toast
desayunar	to have breakfast

ACTIVIDAD A Dos desayunos muy diferentes

Paso 1 Lee los menús de los dos tipos de desayuno en la sección anterior.

Paso 2 Contesta las siguientes preguntas con una X en la columna apropiada.

	LOS ESPAÑOLES	LOS NORTEAMERICANOS
1. ¿Quiénes comen más para el desayuno?	☐	☐
2. ¿Quiénes requieren menos tiempo para desayunar?	☐	☐
3. ¿Quiénes no comen huevos por la mañana?	☐	☐
4. ¿Quiénes no comen carne para el desayuno?	☐	☐
5. ¿Quiénes comen alimentos de los cuatro grupos básicos?	☐	☐

ACTIVIDAD B ¿Quién habla?

Escucha las descripciones que va a leer el profesor (la profesora) e indica si son de una persona española o norteamericana.

1...   2...   3...   4...

ACTIVIDAD C Firma aquí, por favor

¿Qué desayunaron los estudiantes de esta clase esta mañana?

1. ¿Comiste sólo un bollo?
2. ¿Comiste pan tostado con café?
3. ¿Comiste huevos?
4. ¿Comiste cereal con leche?
5. ¿Comiste carne?
6. ¿Comiste panqueques?
7. ¿Fuiste a McDonald's a desayunar?
8. ¿Comiste pizza?
9. ¿Tomaste sólo una taza (*cup*) de café o té?
10. ¿No tomaste nada esta mañana?

El delicioso sabor de la frut con lo mejor de la avena Quaker.

Act. B, Suggestion: So that all students have time to answer, have them write their responses down; then go over them all at the end. To avoid unnecessary repetition, read the descriptions once. If students do not understand, they can ask you a question to which you will answer only yes or no. (*Voy a leer cada descripción solamente una vez. Si no entienden, pueden hacerme preguntas, pero tienen que ser preguntas a las cuales puedo contestar sí o no. Una pregunta inadmisible es: ¿Es la descripción de un español?* Write on the board *Preguntas aceptables: sí/no.*)
Statements: (1) *Esta mañana me tomé dos tazas de café con leche. También me comí unos panqueques y me tomé un jugo de naranja. Normalmente como huevos, pero esta mañana tenía ganas de comer panqueques.* (norteamericano) (2) *Esta mañana para el desayuno me comí una tostada con mantequilla y mermelada y me tomé un café con leche.* (español) (3) *Esta mañana no desayuné en casa. Salí a desayunar con unos amigos. Me tomé un vaso de jugo de naranja y no sé cuántas tazas de café. También pedí huevos fritos con tocino.* (norteamericano) (4) *Esta mañana no desayuné en casa. Salí a desayunar con unos amigos. Me tomé un café con leche con unos churros.* (español)

Nota comunicativa

Sometimes you may want to verify what you heard or you may want someone to repeat part of what he or she said. To ask for a verification, you can say ¿**Dice(s) que** + *what you want to verify.* To get a partial repetition, use the question words you know to zero in on what you partially heard. Here are some examples.

¿Dices que comiste panqueques?
¿Dice (Ud.) que no tiene azúcar?
¿Comió qué?
¿Fue adónde?

If you need someone to repeat an entire statement, don't say ¿**Qué?** In Spanish, ¿**Cómo?** is used.

¿Cómo?	*What?*
¿Cómo dice(s)?	*What did you say/are you saying?*

VOCABULARIO

¿Qué comes para el almuerzo y para la cena?

Talking About What You Eat for Lunch and Dinner

1.
2.
3.
4.
5.
6.
7.
8.
9.

Almuerzo español (2.00–4.00 P.M.)

Menú del día

PRIMER PLATO
lentejas (1) estofadas (*lentil stew*)
tortilla (*omelette*) (2)
ensalada mixta

SEGUNDO PLATO
filete de **ternera** (*veal*) (3) con **patatas** (*potatoes, Sp.*)
emperador (*swordfish*) (4) a la plancha
medio pollo asado

POSTRE
helado
tarta (*pie*) (5)
fruta
flan (6) con nata (*whipped cream*) o café
barrita de pan y **vino** (7)

Cena española (9.00–11.00 P.M.)

huevos fritos, patatas fritas, salchichas, pan y vino

Almuerzo norteamericano (12.00–1.00 P.M.)

sándwich de carne (por ejemplo, jamón, pavo [*turkey*],
rosbif) / sándwich de atún, fruta

o hamburguesa con queso, papas fritas

un **refresco** (*soft drink*) / café / leche

Cena norteamericana (5.00–7.00 P.M.)

pollo asado / bistec / langosta (*lobster*) / pescado frito / espaguetis
ensalada mixta
verduras al vapor
arroz / papas al horno / **puré de papas** (*mashed potatoes*) (8)
cerveza (*beer*) (9) / vino y/o **agua**
tarta / helado / gelatina

o pizza

Act. D, Paso 2, **Statements:** (1) *El almuerzo es la comida más importante del día.* (esp) (2) *Le gusta comer huevos por la noche.* (esp) (3) *Toma refrescos con la comida.* (nor) (4) *Prefiere la «comida rápida» para almorzar.* (nor) (5) *Come poco para el almuerzo.* (nor) (6) *Se toma más tiempo para almorzar.* (esp)

Act. D, Paso 3, **Questions:** (1) *¿Quién almuerza más temprano?* (nor) (2) *¿Quién cena más tarde?* (esp) (3) *¿Quién deja menos horas entre el almuerzo y la cena?* (nor) (4) *¿Qué comida norteamericana es semejante a lo que come el español para la cena?* (el almuerzo) (5) *¿Qué comida española es semejante a lo que come el norteamericano para la cena?* (el almuerzo)

Act. E, **Suggestion:** To avoid repeating entire description twice, tell students: *Voy a leer las descripciones solamente una vez. Si no entienden, pueden hacerme preguntas que yo puedo contestar sí o no.* Write on board: *Preguntas aceptables: sí o no. Es inadmisible preguntarme: «¿Es la descripción de un norteamericano?»*

Vocabulario útil

almorzar (ue)	to have lunch
cenar	to have dinner

ACTIVIDAD D ¿Español o norteamericano?

Paso 1 Analiza los dos tipos de almuerzos en la sección anterior.

Paso 2 Escucha al profesor (a la profesora). ¿Habla de una persona norteamericana o española?

1...   2...   3...   4...   5...   6...

Paso 3 Mira otra vez los menús para las comidas norteamericanas y españolas en la sección anterior. Luego contesta las preguntas que hace el profesor (la profesora).

1...   2...   3...   4...   5...

ACTIVIDAD E ¿Quién habla?

Escucha al profesor (a la profesora). ¿Expresa las opiniones de una persona española o norteamericana?

1...   2...   3...   4...

ACTIVIDAD F ¿A quién describe?

Paso 1 Revisa los menús típicos para el almuerzo y la cena norteamericanos. ¿Son estos menús típicos del almuerzo y de la cena de un(a) estudiante? Si no, haz los cambios necesarios para mostrar lo que come habitualmente un(a) estudiante de tu universidad. Comparte con la clase tu revisión.

Paso 2 Después de que todos presenten el menú que revisaron, indica tu conclusión.

☐ Hay un almuerzo típico de los estudiantes.

☐ No hay *un* almuerzo típico de los estudiantes.

☐ Hay una cena típica de los estudiantes.

☐ No hay *una* cena típica de los estudiantes.

COMUNICACIÓN

● ● ● ● ● ● ● ● ● ●

Así se dice

To describe how something tastes, Spanish uses the verb **saber** + **a** or the noun **el sabor.**

Tiene muy buen **sabor.**
No me gusta **el sabor.**
¿A qué **sabe?**
Sabe a pollo.

How would you tell someone from a Spanish-speaking country what Mountain Dew and frozen yogurt taste like?

● ● ● ● ● ● ● ● ● ●

Act. E, **Statements:** (1) *No me gusta para nada la comida rápida. Me gusta tomar mucho tiempo para almorzar. Comienzo con pan y vino y termino con un café.* (esp) (2) *Me gusta mucho el pollo asado como plato principal. Para acompañar el pollo, prefiero lentejas en vez de ensalada.* (esp) (3) *No tengo mucho tiempo para almorzar, sólo una hora para ir al restaurante, comer y luego volver a la oficina. Por eso, normalmente sólo como una hamburguesa con papas fritas.* (nor) (4) *Prefiero comer cuando vuelvo a casa del trabajo. Para mí, la cena es muy importante; es la comida más equilibrada del día. Como carne, ensalada y verduras.* (nor)

ACTIVIDAD G Los hispanos hablan

Paso 1 Lee lo que dice Elizabeth Narváez-Luna y luego contesta las siguientes preguntas.

1. Cuando Elizabeth dice «me llamó mucho la atención» quiere decir que…

    a. algo era notable.   **b.** algo era poco interesante.

2. Las horas de almorzar y cenar en México son semejantes a las de…

    a. los Estados Unidos.   **b.** España.

Paso 2 Ahora mira el segmento completo y luego contesta las preguntas a continuación.

1. ¿Se acostumbró Elizabeth al horario del hospital?
2. ¿Qué dice ella en cuanto al sabor de la comida en los Estados Unidos?

Vocabulario útil

una bolsa	a bag, sack	**sanas**	healthy
las enfermeras	the nurses	**se me hacía**	seemed to me

Paso 3 Imagina que necesitas explicarle a un hispano algo del horario de comer en este país. ¿Qué le dirías (*would you say*)?

Nota comunicativa

Earlier you read about using **¿Dice(s) que… ?** to verify something you've heard. Another way to verify information is to use a "tag question." A tag question in English can take a variety of forms: You said sardines, *right?* She eats shellfish, *doesn't she?* Spanish has two tag questions: **¿no?** and **¿verdad?** (*right?*). In general, use **¿no?** with affirmative statements and **¿verdad?** with negative ones.

> Le gusta la comida rápida, **¿no?**
> Prefieres café con leche, **¿no?**
> No comió esta mañana, **¿verdad?**
> No desea nada más, **¿verdad?**

Paso 1, Answers: (1) a (2) b
Paso 2, Answers: (1) *No. Las enfermeras le daban una bolsa con un sándwich en la noche porque sabían que tenía hambre.* (2) *Dice que es más plana, sin sabor, menos condimentada (sólo con sal y pimienta).*

Los hispanos hablan: *Al llegar a los Estados Unidos, ¿qué hábitos de comer de los norteamericanos te llamaron la atención?*

Los hispanos hablan

Al llegar a los Estados Unidos, ¿qué hábitos de comer de los norteamericanos te llamaron la atención?

NOMBRE: Elizabeth Narváez-Luna

EDAD: 29 años

PAÍS: México

«Primero me llamó mucho la atención la cena, que cenaron a las 5.00 de la tarde. Y ya después ya no comían nada. Porque en México estaba acostumbrada a comer tarde, como a las 2.00 ó 3.00 de la tarde, y volver a cenar a las 8.00 ó 9.00 de la noche. Incluso ahora que tuve mi bebé y estaba en el hospital… »

«Primero me llamó mucho la atención la cena, que cenaron a las 5.00 de la tarde. Y ya después ya no comían nada. Porque en México estaba acostumbrada a comer tarde, como a las 2.00 ó 3.00 de la tarde, y volver a cenar a las 8.00 ó 9.00 de la noche. Incluso ahora que tuve mi bebé y estaba en el hospital, el horario era muy estricto. Llevaban el desayuno a las 9.00 y el almuerzo a las 12.00 y la cena a las 5.00. Y las enfermeras sabían que me daba hambre a las 9.00 de la noche. Y me tenían una bolsa con un sándwich y leche y jugo para que comiera otra vez porque tenía mucha hambre.

Y la otra cosa que me llamó la atención era que la comida… bueno, yo vengo de… estaba acostumbrada de… a una dieta con muchos condimentos, con mucha variedad en el sabor. Y pues, cuando llegué aquí la comida se me hacía muy plana, sin sabor, solamente con la sal y la pimienta. Pero me he acostumbrado. Algunas cosas pienso que sí son más saludables, más sanas. Y yo creo que es mejor para la salud, ¿verdad? En resumen, creo que son las dos cosas que más me llamaron la atención: el horario, que a las 5.00 ya no había… cenar a las 5.00 y ya no hay más que comer, y la comida está simple.»

IDEAS PARA EXPLORAR

Los gustos

VOCABULARIO

¿Qué meriendas?

Vocabulario útil

los dulces	candies	**las papas/patatas fritas**	potato chips
las galletas	cookies	**los pasteles**	pastries
la máquina vendedora	vending machine		
la merienda	snack	**merendar (ie)**	to snack (on)
las palomitas	popcorn	**tener hambre**	to be hungry

Act. A, Statements: (1) las palomitas (2) las chuletas de cerdo (3) las papas fritas (4) una papa al horno (5) los dulces (6) las galletas (7) el yogur (8) el helado (9) un filete de carne de res

Optional follow-up: Write the following on the board: *Contiene(n) mucho azúcar* (sugar) / *mucha sal / mucha grasa. Provee(n) proteínas / carbohidratos / muchas vitaminas / fibra.* Then name some snack items from the list and have the students comment on each.

ACTIVIDAD A ¿Qué meriendas?

El profesor (La profesora) va a mencionar un alimento. Indica si comes este alimento como merienda o no.

1... 2... 3... 4... 5... 6... 7... 8... 9...

¿Con quién meriendas?

Así se dice

To say you are hungry or thirsty, Spanish does not use **estar** but rather **tener** with the feminine nouns **hambre** (*hunger*) and **sed** (*thirst*). The literal translations in English are *to have hunger* and *to have thirst.*

> **Tengo (mucha) hambre.**
> *I'm (very) hungry.*
>
> **Tengo (mucha) sed.**
> *I'm (very) thirsty.*

ACTIVIDAD B Cuando tienes hambre...

Paso 1 Usando los números 1–12, indica con qué frecuencia comes como merienda lo siguiente (**12** = muy frecuentemente, **1** = nunca).

Cuando tengo hambre, meriendo...

_____ palomitas.
_____ papas fritas.
_____ dulces.
_____ galletas.
_____ una porción de pastel.
_____ una manzana.
_____ una banana.
_____ una naranja.
_____ media toronja.
_____ nueces.
_____ una zanahoria.
_____ yogur.

Paso 2 Entrevista a otras tres personas en la clase para averiguar qué comen con más frecuencia para merendar y qué comen con menos frecuencia.

MODELOS   De los alimentos del **Paso 1,** ¿cuál nunca comes como merienda?

¿Cuál comes con mayor frecuencia para merendar?

Paso 3 Compara tus resultados con los de otra persona (alguien a quien no entrevistaste en el **Paso 2**). Según los resultados, ¿qué suelen merendar las personas y qué no suelen merendar? ¿Pertenecen (*Do [they] pertain*) las meriendas favoritas a alguna de las categorías de alimentos básicos, como, por ejemplo, a las proteínas?

ACTIVIDAD C ¿Sabías que... ?

Paso 1 Lee la selección **¿Sabías que... ?** en la siguiente página. Luego, indica si cada afirmación es cierta (C) o falsa (F).

	C	F
1. Las tapas son un tipo de postre.	☐	☐
2. Las tapas explican cómo es que los españoles pueden cenar muy tarde.	☐	☐
3. En este país no existe una costumbre semejante.	☐	☐

Paso 2 Entrevista a un compañero (una compañera) de clase. ¿Tiene él (ella) alguna costumbre de merendar cierta comida o a cierta hora?

Paso 3 Ahora piensa en cuando eras niño/a. ¿Qué comidas merendabas? ¿Cuál era la actitud de tu madre hacia merender antes de cenar? Comparte tus respuestas con tu compañero/a.

Vistazos culturales
La cocina en el mundo hispano

¿Sabías que...

en el mundo hispano la cocina varía muchísimo de un lugar a otro? La gastronomía de cada país hispano incluye platos tradicionales así como platos especiales que sólo se comen en determinadas regiones. La gastronomía de cada país se distingue por los ingredientes que se emplean. En muchos países la dieta refleja la influencia de varias culturas. En Puerto Rico, por ejemplo, la cocina se llama «criolla» porque tiene influencias caribeñas (frutas tropicales), europeas (el aceite de oliva), indígenas (el chocolate) y africanas (el freír[a]).

[a]*frying*

Plátano frito

Las comidas tradicionales

En **España** la paella es un plato tradicional. Tiene su origen en Valencia pero hay muchas variaciones regionales. La paella es una mezcla de arroz con azafrán[a] y arvejas[b] y puede llevar varios mariscos o carnes.

[a]*saffron*   [b]*peas (Sp.)*

Paella

En **México,** en las comidas más tradicionales se usan ingredientes que se remontan[a] a la época de los imperios azteca y maya. Los ingredientes más comunes incluyen el aguacate, el jitomate[b] y el maíz. Pero tal vez el ingrediente más reconocide como «mexicano» es el chile. Hay muchos tipos de chile, algunos muy picantes,[c] otros no tanto. Un plato mexicano tradicional se llama **chiles rellenos.**[d] Los chiles que se usan en este plato son grandes, verdes y normalmente no pican mucho. El relleno más común es el queso, pero es possible usar otros ingredientes al gusto.

[a]*se... date back*   [b]*red tomato (Mex.)*   [c]*spicy*   [d]*chiles... stuffed chiles*

Un chile relleno

You can investigate these cultural topics in more detail on the *¿Sabías que... ?* Online Learning Center website: **www.mhhe.com/sabiasque4**.

Además de las comidas tradicionales del mundo hispano, hay algunas comidas especiales que se preparan solamente en determinados lugares. Para muchos norteamericanos estas comidas especiales pueden parecer «exóticas» porque llevan ingredientes poco comunes en la gastronomía norteamericana.

En **México** hay varias especialidades regionales interesantes. En el estado de Oaxaca se comen **chapulines**[a] fritos. En los estados de Chiapas es común comer **armadillo.** En el estado de Guerrero se puede comer **iguana** y en Taxco, una ciudad colonial en el estado de Guerrero, una de las delicias locales es una salsa hecha de **jumiles,** un tipo de escarabajo[b] pequeño.

_____
[a]*grasshoppers (Mex.)*   [b]*beetle*

Chapulines fritos

Las comidas menos tradicionales

Aunque el **cuy**[a] se considera una mascota[b] en este país, en **el Perú** y otros países andinos el cuy se ha criado[c] como comida por miles de años. El cuy tiene mucho valor nutritivo. Es alto en proteínas y bajo en grasas. Para muchos indígenas pobres que suelen comer papas y arroz, el cuy aporta[d] proteínas a su dieta.

_____
[a]*guinea pig*   [b]*pet*   [c]*se... has been raised*   [d]*brings*

Cuy a la parrilla (grilled)

En la provincia de Santander, **Colombia,** se comen **hormigas culonas.**[a] Las hormigas tienen una pulgada de largo[b] y se sirven tostadas. Saben a palomitas de maíz o nueces.

_____
[a]*hormigas... fat-bottomed ants*
[b]*tienen... are one inch long*

la salchicha	sausage		
el tocino	bacon		
la tostada	toast		

desayunar (R) — to have breakfast

¿Qué comes para el almuerzo y para la cena?
What Do You Have for Lunch and Dinner?

el emperador	swordfish
la ensalada	salad
el flan	baked custard
las lentejas	lentils
(medio) pollo asado	(half a) roast chicken
el postre	dessert
el puré de papas	mashed potatoes
el sándwich	sandwich
la tarta	pie
la ternera	veal
la tortilla	omelette (*Sp.*)

almorzar (ue) (R)	to have lunch
cenar (R)	to have dinner

el menú del día	daily menu
el primer (segundo, tercer) plato	first (second, third) course

Las comidas
Meals

el almuerzo	lunch
la cena (R)	dinner
el desayuno	breakfast

¿Qué meriendas?
What Do You Snack On?

los dulces	candy
la galleta	cookie
las palomitas	popcorn
las papas fritas	potato chips; French fries (*Lat. Am.*)
los pasteles	pastries
las patatas fritas	potato chips; French fries (*Sp.*)

la máquina vendedora	vending machine
la merienda	snack

merendar (ie) — to snack (on)

Y para tomar...
And To Drink . . .

el agua (*f.*)	water
el café (R) (con leche)	coffee (with milk)
la cerveza	beer
el refresco	soft drink
el té	tea
el vino	wine

Los condimentos
Condiments

el azúcar	sugar
la mayonesa	mayonnaise
la mostaza	mustard
la pimienta	pepper
la sal	salt
la salsa de tomate	ketchup

Los colores
Colors

amarillo/a	yellow
blanco/a	white
marrón	dark brown
negro/a (R)	black
rojo/a	red
rosado/a	pink
verde (R)	green

Verbos
Verbs

agradar	to please
apetecer	to be appetizing; to appeal, be appealing (*food*)
caer (*irreg.*) bien/mal	to make a good/bad impression; to (dis)agree with (*food*)
encantar	to delight, be extremely pleasing
importar	to be important; to matter
interesar	to be interesting
poner (*irreg.*)	to put, place
quitar	to remove, take away
tener (mucha) hambre	to be (very) hungry

¿Qué se hace con los brazos?

In this lesson, you will

◆ learn vocabulary related to eating at the table

◆ learn some vocabulary related to eating in restaurants

◆ note some more differences between eating habits in Spanish-speaking countries and this country

◆ learn about the impersonal and passive **se** constructions in Spanish

◆ learn more about **por** and **para**

En el mundo hispano es común apoyar (to support) *los dos brazos en la mesa.*

ALTO Before beginning this lesson, look over the **Intercambio** activity on page 235. This is the activity you will be working toward throughout the lesson.

VOCABULARIO

¿Qué hay en la mesa?

Talking About Eating at the Table

Así se d...

NOT THIS

...word **maneras** (*ways*). Similarly, you might hear someone described as **muy educado/a,** but this description does not refer to any kind of academic preparation. Note how **educado/a** may be used in Spanish.

Es muy **educada.**
She is very well-mannered.

la jarra
el cuenco
la copa
el salero
la mesa
el vaso
el pimentero
la taza
la servilleta
el platillo
el tenedor
la cuchara
el plato
el cuchillo
el mantel

Vocabulario útil

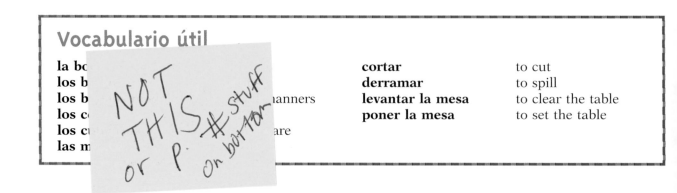

la b...	cortar	to cut
los b...	derramar	to spill
los b... ...anners	levantar la mesa	to clear the table
los c...	poner la mesa	to set the table
los cu... ...are		
las m...		

NOT THIS or P. #stuff on bottom

ACTIVIDAD A ¿Cómo los utilizamos?

Escucha el nombre del objeto que menciona el profesor (la profesora). Indica para qué lo utilizamos, según el modelo.

MODELO   Lo (La) utilizamos para...

1. cubrir (*to cover*) la mesa.
2. tomar café.
3. servir la comida principal.
4. comer la sopa.

5. limpiarnos la boca.
6. comer la comida principal.
7. servir agua o vino.

ACTIVIDAD B Asociaciones

Empareja una palabra o frase de la columna A con otra de la columna B.

A
1. __b__ la carne
2. __e__ ayudar antes de comer
3. __d__ ayudar después de comer
4. __c__ ser torpe (*clumsy*)
5. __g__ el agua
6. __a__ el vino
7. __f__ la cuchara

B
a. la copa
b. cortar
c. derramar el vino en la mesa
d. levantar la mesa
e. poner la mesa
f. la sopa
g. el vaso

COMUNICACIÓN

ACTIVIDAD C Con las manos

Paso 1 A continuación hay una lista de comidas típicas. Indica si comes cada una con cubiertos o no. ¿Hay costumbres comunes a la mayoría de la clase?

MODELO   las papas fritas → Las como con las manos.

1. las papas fritas
2. los sándwiches de queso
3. las hamburguesas
4. el pollo a la barbacoa

5. las rosquillas (*donuts*)
6. la fruta fresca (manzana, naranja)
7. el pastel (*pie*) de manzana

Paso 2 Ahora indica si para tomar alguna de las siguientes bebidas la pones primero en un vaso o no. ¿Hay costumbres comunes a la mayoría de la clase?

MODELO   la cerveza → No la pongo en un vaso. La tomo directamente de la botella.

1. la cerveza
2. la leche
3. los jugos
4. el agua mineral
5. los refrescos

Así se dice

By now you are well aware that in Spanish, most nouns that end in **-a** are feminine and most that end in **-o** are masculine. However, as you may already have noticed, some very common words do not follow this pattern. Be on the lookout for such words during the course of your study.

el día, el drama, el mapa, el poeta, el problema
la mano, la modelo,* la radio[†]

***La modelo** = female fashion model; **el modelo** = any other kind of model.
[†]**La radio** = the medium of radio; **el radio** = piece of equipment.

GRAMÁTICA

¿Se debe... ?

—Mira. **Se debe** poner el tenedor al lado izquierdo (*left side*) del plato y el cuchillo al lado derecho (*right*), ¿ves?

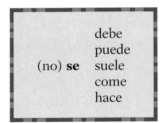

		debe
(no) se		puede
		suele
		come
		hace

Realia, Suggestion: Have students quickly skim realia and see whether they have any questions. Point out that putting one's elbows on the table is not the same thing as resting one's forearms on the table (as opposed to hiding one's arms under the table) as suggested by Giuli Dussias in *Act. F, Los hispanos hablan.* Then ask students: *¿Creen que todos los errores son de la misma gravedad? ¿Hay uno que es el peor? ¿Cuál les da la mayor reacción negativa? Cuando eran niños, ¿les corregían sus padres por algún error de este tipo?*

You have already seen the pronoun **se** used in reflexive sentences. It is also used in Spanish to make impersonal sentences, ones in which the verb is singular and the subject is not specified. In this usage, there is no reflexive meaning similar to *-self* or *-selves*. The rough equivalent in English would be sentences that use the nonspecific subject pronouns *one, you,* or *they.*

No **se debe** comer mucha carne.	*One (You) shouldn't eat a lot of meat.*
Si **se come** bien, **se vive** bien.	*If one eats well, one lives well. (If you eat well, you live well.)*
En Carmon's **se sirve** una pizza magnífica.	*At Carmon's they serve a great pizza.*

What do you think the following sentences mean?

No se debe poner los codos en la mesa.
Se suele almorzar a las 12.00.

If you said *One (You) shouldn't put one's (your) elbows on the table* and *One usually eats lunch at noon (You/They usually eat lunch at noon),* then you were right.

ACTIVIDAD D Los buenos modales

Paso 1 Indica en qué situación se observa cada regla (*rule*).

a. En toda circunstancia.
b. Sólo en ocasiones formales.
c. Sólo con la familia o con amigos muy íntimos.

1. _____ No se debe poner los brazos en la mesa mientras se come.
2. _____ No se debe comer el pollo frito o el pollo asado con las manos.
3. _____ Para comer las papas fritas, se debe utilizar tenedor.
4. _____ Al sentarse (*Upon sitting down*) uno a la mesa, se debe colocar la servilleta en el regazo (*lap*) y no dejarla en la mesa.
5. _____ No se debe alcanzar con el brazo (*reach for*) algo en la mesa si está lejos (*far away*).
6. _____ Si alguien quiere sal, se le debe pasar ambos (*both*) el salero y el pimentero.

Los errores que no debes cometer en la mesa

● No comas con los codos apoyados en la mesa. En primer lugar, porque limitas tus movimientos. Y en segundo, porque los alimentos pueden caerse de los cubiertos. Tus brazos tienen que moverse libremente. Sin embargo, cuando no estés comiendo puedes apoyarlos sobre la mesa.
● No dejes las cucharas dentro de la taza del café, del té o de la sopa.
● No pongas alimentos en cantidades exageradas en tu boca. ¡Es de muy mal gusto!
● No mastiques con la boca abierta y no hagas ruido con los labios y la lengua, porque es muy antiestético.
● No hables con la boca llena, porque se saldrá la comida. Si quieres hablar mientras comes, hazlo cuando tengas una mínima cantidad de comida en la boca. De otra manera, habla después de haber tragado los alimentos.

7. _____ No se debe comenzar a comer si los demás (*the others*) no tienen su comida.

8. _____ Al terminar de comer, uno se debe ofrecer a ayudar al anfitrión (a la anfitriona) (*host* [*hostess*]) a levantar la mesa.

Paso 2 Ahora compara tus respuestas con las del resto de la clase. ¿Están todos de acuerdo o no con las afirmaciones?

Comunicación

ACTIVIDAD E ¿Cuándo se puede hacer eso?

¿Cuándo se puede hacer las cosas a continuación? Inventa algo para terminar cada oración y compara tus ideas con las de un compañero (una compañera). ¿Qué ideas tienen en común?

1. Se puede interrumpir a otra persona mientras habla cuando/si...

2. No se tiene que dejar propina cuando/si...

3. Se le puede pedir a un invitado que traiga (*ask a guest to bring*) algo de comer cuando/si...

4. Se puede tutear (*address as* **tú**) a un profesor (una profesora) cuando/si...

ACTIVIDAD F Los hispanos hablan

Paso 1 Lee lo que dice Giuli Dussias sobre los modales en la mesa.

Los hispanos hablan: ¿Qué diferencias notas entre las costumbres de los Estados Unidos y las de tu país en cuanto a los modales en la mesa?

«En mi opinión, hay algunas diferencias entre la manera que nos comportamos en la mesa cuando hablamos de la familia americana y la familia venezolana. Una de las cosas que he notado es que parece que no hay ningún tipo de expresión en inglés para decir «buen provecho», que es algo que en realidad acostumbramos mucho decir nosotros allá.

Otra de las cosas que he notado es que a veces, los norteamericanos apoyan la mano izquierda sobre la pierna y la esconden. Y cuando... generalmente cuando se come, pues, no se muestra esta mano sino que se mantiene sobre la pierna, mientras que en Venezuela, no, las dos manos tienen que ser, estar visibles.

A ver, ¿qué más? Primordialmente tenemos las mismas costumbres y los mismos modales pero hay esas cosas pequeñas que varían.»

Los hispanos hablan

¿Qué diferencias notas entre las costumbres de los Estados Unidos y las de tu país en cuanto a los modales en la mesa?

NOMBRE: Giuli Dussias

EDAD: 35 años

PAÍS: Venezuela

«En mi opinión, hay algunas diferencias entre la manera que nos comportamos[a] en la mesa cuando hablamos de la familia americana y la familia venezolana... »

_____

[a]nos... *we behave*

Paso 2 Ahora mira el segmento y contesta las siguientes preguntas.

Vocabulario útil

acostumbrar	to be accustomed to
apoyar	to support
esconder	to hide
buen provecho	enjoy your meal

Act. F, Paso 2, **Answers:**
(1) *Sí.* (2) *Sí.*

Lección 8   ¿Qué se hace con los brazos?

doscientos veinticinco   **225**

1. Según Giuli, en Venezuela las dos manos tienen que estar sobre la mesa. ¿Sí o no?
2. Aunque hay diferencias, la opinión de Giuli es que las semejanzas son más numerosas que las diferencias. ¿Sí o no?

Paso 3 «Buen provecho» es una expresión que se dice antes de comenzar a comer. A continuación hay unas expresiones que se dicen en inglés antes de comer. ¿Cuándo y con quiénes se usan las siguientes expresiones?

1. Enjoy!
2. Dig in!
3. Let's eat!
4. Food's on!

Paso 4 Indica lo que (no) se suele hacer en tu familia o grupo familiar.

1. esconder una mano debajo de la mesa
2. rezar (*to pray*) antes de comer
3. apoyar los codos en la mesa
4. decir una frase de cortesía antes de comer como «buen provecho»
5. ¿ ?

NAVEGANDO LA RED

Busca información sobre una escuela o una página dedicada a enseñar buenos modales y/o a mejorar el comportamiento social. Reporta a la clase la siguiente información.

- ◆ el nombre de la escuela o página
- ◆ tres de los varios tipos de modales que presenta y comenta
- ◆ lo que dicen de uno de los modales en particular

IDEAS PARA EXPLORAR

Las dietas nacionales

VOCABULARIO

¿Hay que... ?

Expressing Impersonal Obligation

es (muy) buena idea	it's a (very) good idea
es imprescindible	it's essential
es necesario **es preciso** }	it's necessary
hay que	one must, it's necessary
no se puede... sin...	you (one) can't . . . without . . .
se debe	you (one) should, must
se tiene que	you have to (one must)

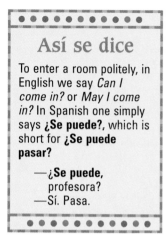
Act. A, Alternative: Substitute any other large, well-known American city.

—Mira. Aquí dice que **no se puede** visitar Buenos Aires **sin** probar la parrillada.

ACTIVIDAD A Nueva York: Lo positivo y lo negativo°

Lo... The positive and the negative

Paso 1 Empareja una frase de la columna A con una de la columna B para hablar de lo positivo de Nueva York.

A

1. __b__ En Nueva York hay que asistir a...
2. __d__ Al visitar Nueva York se tiene que dar un paseo por...
3. __c__ Si el dinero no es problema, es preciso quedarse en...
4. __a__ Y claro, es necesario probar (*to try*)...
5. __e__ No se puede visitar Nueva York sin ver...

B

a. los perritos calientes (*hot dogs*) que se venden (*are sold*) en cada esquina (*corner*).
b. una obra teatral en Broadway.
c. el Hotel Plaza.
d. el Parque Central.
e. la Estatua de la Libertad.

Paso 2 Esta vez, empareja una frase de la columna A con una de la columna B para hablar de lo negativo de Nueva York.

A

1. __c__ No se debe caminar...
2. __a__ No es buena idea llevar...
3. __b__ Hay que evitar (*avoid*)...

B

a. mucho dinero en el bolsillo (*pocket*) o en la bolsa (*purse*).
b. el metro entre las 5.00 y las 6.30 de la tarde.
c. solo/a por la noche.

Paso 3 La clase debe determinar si las cosas negativas del **Paso 2** son exclusivas de Nueva York o si se pueden aplicar (*apply*) a otras ciudades.

ACTIVIDAD B Hay que...

Paso 1 Piensa en una ciudad que conoces muy bien. Luego contesta las preguntas a continuación.

Si uno visita _____ (nombre de la ciudad),...

1. ¿hay que comer en algún restaurante en particular? ¿Se debe probar algún plato en particular? ¿Cuáles y por qué?
2. ¿se debe ver algún monumento o edificio (*building*) porque es histórico o interesante? ¿Cuál y por qué?
3. ¿es preciso hacer alguna actividad especial? ¿Cuál y por qué?

Paso 2 Ahora con las respuestas que diste en el **Paso 1,** forma un pequeño párrafo sobre la ciudad en cuestión. Trata de utilizar diferentes expresiones. Añade (*Add*) otros detalles si quieres. Luego, si hay tiempo, comparte tu párrafo con la clase.

GRAMÁTICA

¿Se consumen muchas verduras?

The Passive **se**

se +	toma(n) come(n) consume(n)

EL VALOR CALÓRICO DE LAS ACTIVIDADES

ACTIVIDAD	CALORÍAS CONSUMIDAS POR HORA	
	MUJER	HOMBRE
Caminar (2–3 km/h.)	200	240
Trabajos caseros[a] (limpiar el piso,[b] barrer,[c] etcétera)	300	360
Correr	800	1.000
Escribir a máquina	200	220
Nadar	600	800
Tenis	440	560
Esquiar	600	700
Leer	40	50
Manejar	120	150
Andar en bicicleta (rápidamente)	460	640
Andar en bicicleta (lentamente)	240	280

¿Cuántas calorías **se consumen** al hacer cada actividad?

[a]Trabajos... *Housework* [b]*floor* [c]*sweeping*

Earlier you saw **se** used with singular verbs to express impersonal sentences. **Se** can also be used with both singular and plural verbs to form what is called a passive construction. Like an impersonal sentence, a passive sentence with **se** does not contain a stated subject. However, unlike the impersonal **se,** the passive **se** does not translate as *one* or *you* but rather as *is/are + -ed* and sometimes as *they.*

Se queman muchas calorías cuando **se hacen** ejercicios aeróbicos.

Many calories are burned when doing aerobics.

Se sirve la cena a las 6.00.
En Gallo's **se sirven** unos mejillones riquísimos.

Dinner is served at 6:00.
At Gallo's they serve some very tasty mussels.

It is not as important to keep the exact meaning clear as it is to remember that when the object of the verb is plural, verbs in passive **se** constructions are also plural.

En IHOP **se preparan** cantidades enormes de panqueques.

Enormous quantities of pancakes are prepared at IHOP.

ACTIVIDAD C ¿En qué país... ?

Paso 1 Por lo general, la geografía y el clima influyen mucho en lo que se come y se toma en un país. Tomando en cuenta lo que sabes de la geografía y el clima en distintas partes del mundo, trata de completar cada oración a continuación.

1. En _____ se comen muchos mariscos.
2. En _____ se toman muchas bebidas calientes.
3. En _____ se preparan muchos platos con carne.
4. En _____ se preparan muchos platos con papas.
5. En _____ se comen muchas frutas tropicales.

Paso 2 Comparte tus oraciones con la clase. ¿Hay compañeros/as que piensan lo mismo que tú? ¿Cuántas veces menciona la clase un país de habla española? ¿Cuántas veces se menciona este país?

ACTIVIDAD D ¿Sabías que... ?

Paso 1 Antes de leer la selección **¿Sabías que... ?,** piensa un momento en las siguientes preguntas.

1. ¿Qué es un «país mediterráneo»? ¿Puedes nombrar algunos?
2. Basándote en la pregunta anterior, ¿qué tipo(s) de alimentos se consumen en la dieta mediterránea?

Paso 2 Ahora lee la selección. Luego completa lo siguiente.

1. Nombra cuatro alimentos que se consumen en la dieta mediterránea.
2. Según el experimento del Dr. Ancel Keys, ¿qué les pasó a los norteamericanos que siguieron la dieta mediterránea?
   a. Subió (*Went up*) su nivel de colesterol.
   b. Bajó (*Went down*) su nivel de colesterol.

Paso 3 Mira la foto de la paella que acompaña la selección. ¿Te apetece la paella o no es plato de tu gusto? Entrevista a un compañero (una compañera) de clase para averiguar (*find out*) si le gustaría (*he/she would like*) la dieta mediterránea o no. Hazle preguntas sobre los alimentos de en esta dieta. Comparte con la clase lo que averiguaste.

MODELO ¿Te gustan las legumbres? ¿Todas?

¿Sabías que...

hay una dieta conocida como la dieta mediterránea? En esta dieta predominan las legumbres,[a] las pastas alimenticias, el arroz, las verduras, las frutas frescas, el pescado, los mariscos, el aceite de oliva, el pan y condimentos como el ajo, la mejorana[b] y la pimienta. Se llama dieta mediterránea porque es común en los países mediterráneos: España, Italia, Francia y Grecia. Esta dieta también es común en Portugal, aunque no es un país mediterráneo.

La paella española contiene lo típico de la dieta mediterránea: arroz, mariscos, pescado, verduras, aceite de oliva y otros alimentos saludables.

En 1962, el doctor Ancel Keys, conocido nutricionista norteamericano, hizo una investigación sobre la dieta mediterránea. Sus pacientes norteamericanos siguieron[c] esta dieta por varias semanas. Después, fueron sometidos[d] a una serie de exámenes médicos. El doctor Keys pudo comprobar que el nivel[e] de colesterol de sus pacientes había bajado[f] y que la incidencia de enfermedades cardiovasculares también había disminuido.[g] Parece que la dieta mediterránea es bastante saludable,[h] ¿no?

---

[a]*legumes* (La palabra **legumbres** significa también *vegetables*.) [b]*marjoram* [c]*followed* [d]fueron... *they were subjected* [e]*level* [f]había... *had dropped* [g]había... *had diminished* [h]*healthy*

COMUNICACIÓN

ACTIVIDAD E La dieta norteamericana

Paso 1 Con otra persona, haz una lista de cinco alimentos típicos que se consumen en este país.

MODELO   En este país se consume(n) mucho...

1...   **2**...   **3**...   **4**...   **5**...

Paso 2 Escriban la lista en la pizarra y compárenla con las de otros grupos. ¿Cuáles alimentos se mencionan más? Ahora determinen si la dieta norteamericana es tan saludable como la dieta mediterránea.

NAVEGANDO LA RED

Busca la página Web de una Oficina de Turismo de un país de habla española. En particular, busca información sobre la gastronomía del país. ¿Hay recomendaciones para los turistas? ¿Hay una descripción de la dieta típica de los habitantes del país? Imprime la información y compártela con el resto de la clase.

IDEAS PARA EXPLORAR

En un restaurante

VOCABULARIO

¿Está todo bien?

Talking About Eating in Restaurants

Si el servicio es bueno, **los clientes le dejan una propina al camarero.**

el/la camarero/a **el/la mesero/a** }	waiter, waitress
el/la cliente	customer
el/la cocinero/a	chef, cook
la comida para llevar	food to go
la cuenta	bill, check
el primer (segundo, tercer) plato	first (second, third) course
la propina	tip
atender (ie)	to wait on (*a customer*)
dejar (una propina)	to leave (a tip)
ordenar	to order
pedir (i, i)	to request, order
traer (*irreg.*)	to bring
¿Está todo bien?	Is everything OK?
¿Me podría traer… ?	Could you bring me . . . ?
¿Qué trae… ?	What does . . . come with?

Así se dice

As you already know, learning Spanish is not a simple matter of translating words from English. An example is the verb **invitar**. It can mean *to invite* in the most general sense, such as to invite someone to a party. But in Spanish, it can also mean *to treat* (*pay*).

> Pablo: ¿Vamos a tomar un café?
> Marisol: Sí. Yo te **invito**.
>
> (*Llega la cuenta.*)
> Diego: Bueno, **invito** yo.
> Ester: No. **Invito** yo.
> Diego: No, no. Tú **invitaste** la última vez.

Act. A, **Statements:** (1) *dinero que se deja en la mesa para la camarera* (propina) (2) *el acto de decirle al camarero lo que quieres para comer* (ordenar, pedir) (3) *la persona que prepara la comida* (el cocinero [la cocinera]) (4) *lo que se pide al final de la comida para poder pagar* (la cuenta) (5) *lo que se*

COMUNICACIÓN

pregunta si se quiere saber qué alimentos acompañan un plato (¿Qué trae... ?) (6) *la persona que va al restaurante para comer* (el/la cliente)

Act. C, **Answers:** (1) *camarero* (2) *cliente* (3) *cliente* (4) *cliente* (5) *camarero* (6) *cliente*

ACTIVIDAD A Definiciones

Escucha la definición que da el profesor (la profesora). Luego, empareja la definición con una palabra o expresión de la sección anterior.

1...   2...   3...   4...   5...   6...

ACTIVIDAD B ¿En qué orden?

Paso 1 Pon en orden cronológico las siguientes actividades.

<u> 6 </u> Se pide la cuenta.
<u> 5 </u> El camarero trae el segundo plato.
<u> 3 </u> El cocinero prepara la orden.
<u> 7 </u> Se deja la propina en la mesa.
<u> 1 </u> Se pide la comida.
<u> 2 </u> Se toma un aperitivo.
<u> 4 </u> El camarero trae el primer plato.

Paso 2 Escucha mientras el profesor (la profesora) las lee cronológicamente. ¿Ordenaste bien las actividades?

ACTIVIDAD C ¿Quién lo dice?

Indica quién diría (*would say*) cada oración, un cliente o un camarero.

	CLIENTE	CAMARERO
1. «¿Están listos para pedir?»	☐	☐
2. «¿Qué trae el filete?»	☐	☐
3. «La cuenta, por favor.»	☐	☐
4. «Como primer plato, me gustaría la sopa.»	☐	☐
5. «¿Está todo bien?»	☐	☐
6. «¿Me podría traer otro tenedor, por favor?»	☐	☐

ACTIVIDAD D ¿Y la propina?

En los Estados Unidos, es costumbre dejar el 15% del total de la cuenta como propina. En esta actividad, vamos a examinar esta costumbre.

Paso 1 Escribe la frase que se te aplica más y entrégasela al profesor (a la profesora). Si no comes mucho en restaurantes, escribe lo que harías (*you would do*) en ese caso.

Con respecto a la propina,...

1. suelo dejar el 15% y nada más.
2. suelo dejar más del 15% si el servicio fue excelente.
3. suelo dejar menos del 15%.
4. suelo dejar menos del 15% si el servicio fue malo.
5. no suelo dejar nada.

Paso 2 Alguien va a leer las frases en voz alta mientras otra persona lleva la cuenta del (*keeps track of the*) número de ocasiones en que se lee cada frase. ¿Qué costumbre se menciona más? ¿Cuál se menciona menos?

Act. D, Paso 3, Suggestion:
Have students count off by fours
and then have 4s interview 1s,
2s, and 3s.

Suggested follow-up: Point out
to students that tipping in many
Spanish-speaking countries is
different than in the U.S. *En los
países hispanos, no se suele dejar el 15% de propina. Esto sería
extravagante. En muchos países,
se suele dejar el cambio que se
recibe al pagar la cuenta y nada
más. En algunos lugares, no se
deja propina. Si visitas un país
de habla española, deberías preguntar cuál es la costumbre en
cuanto a las propinas.*

Nota comunicativa, Follow-up:
Initiate several role-play
situations in which students
order meals. You could play the
role of the server. Write *¿A qué
término?* on the board and
explain.

Paso 3 Ahora entrevista a tres personas sobre lo que hacen en la siguiente situación. **¡OJO!** Hay que responder a las preguntas honestamente.

La cuenta es de $10.00, impuestos (*taxes*) incluidos. Tienes un billete de $10.00 y dos de $1.00. El restaurante no acepta ni cheques personales ni tarjetas de crédito. El servicio fue regular, ni malo ni excelente. ¿Cuánto dejas de propina?

	E1	E2	E3
1. Dejo $1.00 y nada más.	☐	☐	☐
2. Dejo los dos dólares.	☐	☐	☐
3. Pido cambio (*change*) y dejo $1.50.	☐	☐	☐
4. No dejo nada.	☐	☐	☐

Comparte los resultados con el resto de la clase.

Nota comunicativa

Keeping the context of communication in mind and thinking ahead of what people might say to you will increase your chances of successful communication in routine situations. You might also consider looking up important words and phrases before entering a particular situation. For example, before going out to eat at a restaurant specializing in steaks, you might find out how to say *well-done, medium,* or *rare.* How would you say you are allergic to something?

GRAMÁTICA

¿Para quién es?

Using **para**

—¿**Para** quién es esa torta (*cake*)?
—Es **para** mi amigo. Es su cumpleaños (*birthday*).

Although you will focus on using **para** in this lesson, it can be helpful to keep in mind that both **por** and **para** can be equivalents of *for* in English.

Para is used to indicate the *destination* or *recipient* of something.

Voy a preparar una sopa **para** Roberto.	*I'm going to make soup for Roberto.* (Roberto will be the recipient of this soup. He is the one who is going to eat it.)
Es una taza **para** café.	*It's a coffee cup (cup for coffee).* (The cup's use is clearly for one beverage over another. Coffee will be served in this cup.)

¿Una mesa? ¿**Para** cuántas personas?

A table? For how many people? (The idea here is that someone is going to "receive" a table in the restaurant.)

Por, on the other hand, generally indicates a *source* or a *cause.*

Hago esto **por** mi hermano.

I do this for my brother. (The idea here is that my brother is motivating me to do this even though he is not the beneficiary or may never see what I do.)

Perhaps one of the clearest differences between **por** and **para** is when each combines with **que.** Note the different translations in English.

Lo hago **para que** entiendas.*

I do this so that you will understand. (Your comprehension is the desired end result: "destination.")

Lo hago **porque** no entiendes.

I do this because you don't understand. (Your lack of comprehension is motivating me to do this: "source, cause.")

ACTIVIDAD E ¿Para qué sirve?

Muchas personas creen que hay ciertos alimentos que son buenos para ciertas partes del cuerpo y/o malos para otras. Indica lo que tú has oído (*you have heard*).

MODELOS El ajo es bueno para la sangre (*blood*).

El ajo es malo para el aliento (*breath*).

1. _____ para el cerebro.
2. _____ para la piel.
3. _____ para los huesos (*bones*).
4. _____ para los músculos.
5. _____ para los ojos.

ACTIVIDAD F ¿Para qué animal?

¿Conoces el anuncio que dice: «Los Trix son para niños»? ¿Qué alimento es para el conejo (*rabbit*)? Indica para qué animal es cada alimento.

	A		B
1.	c la lechuga	**a.**	para el perro
2.	d las zanahorias	**b.**	para el gato
3.	e las manzanas	**c.**	para la tortuga (*tortoise*)
4.	a la carne	**d.**	para el conejo
5.	b el pescado	**e.**	para el caballo
6.	f el maíz	**f.**	para la gallina (*chicken*)

---

*Verbs used after the expression **para que** appear in a form called the subjunctive. (You will learn about the subjunctive in future lessons.)

ACTIVIDAD G Sugerencias

Paso 1 ¿Qué sabes de los gustos de cada persona en la clase? ¿Qué restaurantes o comidas puedes sugerir para cada una? Utilizando el modelo, inventa tres o cuatro oraciones para diferentes personas. (Optativo: Puedes hacer lo mismo para algunas personas famosas.)

> MODELO Para el profesor (la profesora) sugiero Cucina Italiana. Sé que le gusta la comida italiana.

Paso 2 Presenta tus ideas a la clase. ¿Son buenas tus sugerencias? ¿Hay personas que dicen lo mismo?

NAVEGANDO LA RED

Escoge una ciudad como Madrid, España; San José, Costa Rica; Quito, Ecuador; o Santiago, Chile. Busca información sobre el número de restaurantes de origen norteamericano que sirven comida rápida (por ejemplo, McDonald's). Comparte tus resultados con la clase.

OBSERVACIONES

Se dice que las mujeres tienen mejores modales que los hombres. ¿Es esto cierto para las personas que tú conoces?

INTERCAMBIO

¡Atención, turistas!

*Intercambio,
Paso 1,* **Suggestion:** Allow about 15 minutes. It may be a good idea to form groups the day before and have students work individually outside of class and then bring their written work to discuss in groups during the 15-minute period. You may wish to brainstorm with class first about some things to include, for example, table manners, tipping in restaurants, how to call a server over to the table, and so on. *Paso 2,* **Alternative:** Have groups write their information on the board. Give students time to think and react. *Paso 3,* **Alternative:** Give extra credit to one or two students who produce the brochure using a word-processing program. Then have class send it to several Spanish-speaking embassies for reaction.

Propósito: compilar un folleto (*brochure*) de las buenas y malas costumbres de comer para turistas de habla española que visitan este país.

Papeles: cuatro grupos que hablan entre sí (*among themselves*) para hacer una descripción de lo que se debe y no se debe hacer.

Paso 1 La clase debe dividirse en tres grupos. A cada grupo se le va a asignar uno de los siguientes temas.

1. costumbres en la casa
2. costumbres en los restaurantes

3. otras costumbres (saludos, etcétera)

Usando el vocabulario y gramática de esta lección, cada grupo debe escribir dos párrafos (de 100 a 200 palabras) sobre su tema. La idea es dar toda la información posible sobre el tema para incluirla en un folleto para turistas de habla española. Se debe organizar la información según lo que se debe hacer y lo que *no* se debe hacer.

Paso 2 Cada grupo debe leerles su información a los demás. Al terminar, el resto de la clase debe ofrecer comentarios sobre el contenido, sus reacciones, etcétera.

Paso 3 Cada grupo debe escribir de nuevo su información e incorporar las sugerencias e ideas que se presentaron en el **Paso 2.**

Vistazos culturales
La influencia hispana en el mundo

¿Sabías que... los hispanos han tenido[a] un impacto muy grande en las culturas de otros países del mundo? Por ejemplo, en el inglés que se habla en los Estados Unidos hay muchas palabras prestadas del español. Además, la cultura hispana ha influido en[b] la literatura y el folclor mundiales, sobre todo en Europa. También, la creciente[c] importancia de Latinoamérica en el mundo de los negocios ha creado[d] mucho interés en el aprendizaje[e] del español en todo el mundo.

[a]han... *have had*   [b]ha... *has influenced*   [c]*growing*   [d]ha... *has created*   [e]*learning*

En cuanto a la lengua, la influencia hispana se nota mucho en el inglés hablado en los Estados Unidos. Se cree que el español ha contribuido con[a] unas 10.000 palabras al inglés norteamericano.

[a]ha... *has contributed*

Del guaraní:
jaguar (*yaguar*)

Del quechua:
puma
potato

Hay muchas palabras prestadas del español que tienen su origen en la vida ranchera del Oeste de los Estados Unidos. Cuando los pioneros norteamericanos llegaron al Oeste en el siglo XIX, encontraron una cultura ranchera mexicana ya establecida y adoptaron muchos de sus términos.

En un rodeo mexicano

Muchas palabras del inglés son de origen indígena pero pasaron al inglés por medio[a] del español.

[a]por... *by way*

Del náhuatl:
tomate (*tomatl*)
coyote (*coyotl*)
chocolate (*xocolatl*)

Durante los siglos XVII y XVIII muchos comerciantes[a] de habla inglesa llegaban a los puertos de las Indias Occidentales.[b] Allí aprendieron muchas palabras del español caribeño.

[a]*traders*   [b]Indias... *West Indies*

Del español mexicano:
hoosegow (juzgado)
lasso (lazo)
renegade (renegado)
rodeo
vamoose (vamos)

Del Caribe:
hurricane (huracán)
tabacco (tabaco)
hammock (hamaca)

Don Juan

La influencia hispana se ve también en el personaje[a] de Don Juan y en las obras que este personaje inspiró en otros países como Francia (*Le festin de Pierre,* por Molière), Inglaterra (*The Tragedy of Ovid,* por Sir Aston Cokayne) e Italia (*Don Giovanni,* una ópera de Mozart). El personaje de Don Juan se originó en España en 1630 en el drama *El burlador de Sevilla,* de Tirso de Molina, y se hizo famoso en la obra de José Zorrilla, *Don Juan Tenorio* (1844). Según el relato,[b] Don Juan fue un hombre promiscuo que sedujo[c] a la hija de un comandante militar de Sevilla. Después de matar al comandante, Don Juan invita a un banquete a la estatua del comandante muerto. Durante la cena la estatua empieza a animarse[d] y se lleva a Don Juan al infierno.[e] Hoy día, si un hombre lleva una vida libertina,[f] se dice que es «un donjuán».

[a]*character* [b]*story* [c]*seduced* [d]*come to life* [e]*hell*
[f]*free of moral and sexual restraint*

Una presentación de Don Giovanni

La literatura modernista de Latinoamérica revolucionó el mundo literario a finales del siglo XIX. Combinó varias corrientes literarias en boga[a] en Francia para crear una literatura única. Los grandes modernistas latinoamericanos incluyen al nicaragüense Rubén Darío y al cubano José Martí. El impacto del modernismo latinoamericano fue tal,[b] que influyó en los escritores europeos como, por ejemplo, en la poesía del español Juan Ramón Jiménez quien fue muy influido por Darío y quien ganó el Premio Nobel de Literatura en 1956.

[a]*vogue* [b]*such*

José Martí:
Cultivo una rosa blanca

Cultivo una rosa blanca
En julio como en enero,
Para el amigo sincero
Que me da su mano franca.

Y para el cruel que me arranca[a]
El corazón con que vivo,
Cardo[b] ni ortiga[c] cultivo,
Cultivo una rosa blanca.

[a]*rips out* [b]*Thistle* [c]*stinging nettle*
(a plant with thorns)

ACTIVIDADES ¿Qué recuerdas?

Empareja las frases de la columna A con una de las respuestas de la columna B.

A

1. __d__ ópera de Mozart inspirada por el personaje de Don Juan
2. __c__ origen de la palabra *coyote* en inglés
3. __e__ origen de la palabra *potato* en inglés
4. __a__ poeta modernista de Nicaragua
5. __b__ poeta español inspirado por los modernistas latinoamericanos
6. __f__ el primer drama que presentó al personaje de Don Juan

B

a. Rubén Darío
b. Juan Ramón Jiménez
c. el náhuatl
d. *Don Giovanni*
e. el quechua
f. *El Burlador de Sevilla*

NAVEGANDO LA RED

Escoge *uno* de los siguientes proyectos y presenta tus resultados a la clase.

1. Busca información sobre el modernismo literario en Latinoamérica y en España. Después, apunta la siguiente información.

   a. una definición del modernismo
   b. algunas características y temas principales de la literatura modernista
   c. los nombres de tres escritores famosos de esta corriente literario y el título de uno de los libros de cada uno

2. Busca información sobre el papel de los medios de comunicación (*media*) en difundir (*spreading*) la cultura hispana en este país. Apunta la siguiente información.

   a. el título de por lo menos tres periódicos hispanos que circulan en este país, la ciudad en que circulan y el número aproximado de lectores que tienen
   b. el título y número aproximado de lectores de por lo menos tres revistas norteamericanas que ahora tienen ediciones en español para lectores de habla española en este país
   c. el nombre de dos o tres cadenas (*networks*) de televisión en español en este país y el número aproximado de televidentes (*television viewers*) que tienen

VOCABULARIO COMPRENSIVO

¿Qué hay en la mesa? — What's on the Table?

la copa	(wine) glass
los cubiertos	silverware
la cuchara	spoon
el cuchillo	knife
el cuenco	(*earthenware*) bowl
la jarra	pitcher
el mantel	tablecloth
la mesa	table
el pimentero	pepper shaker
el platillo	saucer
el plato	plate
el plato de sopa	soup bowl
el salero	salt shaker
la servilleta	napkin
la taza	cup
el tenedor	fork
el vaso	(water) glass
los buenos modales	good manners
cortar	to cut
derramar	to spill
lavar los platos	to wash the dishes
levantar la mesa	to clear the table
poner la mesa	to set the table

En un restaurante — In a Restaurant

el/la camarero/a	waiter, waitress
el/la cliente	customer
el/la cocinero/a	chef, cook
la comida para llevar	food to go
la cuenta	bill, check
el/la mesero/a	waiter, waitress
el plato del día	daily special
el plato principal	main dish
el primer (segundo, tercer) plato (R)	first (second, third) course
la propina	tip
atender (ie)	to wait on (a customer)
dejar (una propina)	to leave (a tip)

ordenar	to order
pedir (i, i)	to request, order
traer (*irreg.*)	to bring

¿Está todo bien? — Is Everything OK?

¿Me podría traer... ?	Could you bring me . . . ?
¿Qué trae... ?	What does . . . come with?

La obligación impersonal — Impersonal Obligation

es...	it's . . .
imprescindible	essential
(muy) buena idea	a (very) good idea
necesario ⎫	necessary
preciso ⎭	
hay que	one must, it's necessary
no se puede... sin...	you (one) can't . . . without . . .
se debe	you (one) should, must
se tiene que	you have to (one must)

Otras palabras y expresiones útiles

la boca	mouth
la bolsita para llevar	doggie bag
el brazo	arm
el codo	elbow
la costumbre	custom, habit
la mano	hand
el servicio a domicilio	home delivery
derecho/a	right
educado/a	well-mannered, polite
izquierdo/a	left
invitar	to treat (pay)
probar (ue)	to try, taste
tener buena educación	to be well-mannered

LECCIÓN 9

¿Y para beber?

Bebiendo con los amigos en la Argentina

In this lesson, you will

◆ learn and review vocabulary related to beverages

◆ examine cultural aspects related to drinking

◆ review regular preterite tense verb forms

◆ learn about the history of some national beverages

◆ discuss responsibilities related to drinking and other matters

◆ review impersonal and passive **se**

ALTO Before beginning this lesson, look over the **Composición** activity on pages 254–255. This is the activity you will be working toward throughout the lesson.

IDEAS PARA EXPLORAR

Las bebidas

VOCABULARIO

¿Qué bebes?

Talking About Favorite Beverages

Las bebidas alcohólicas

la cerveza
el licor fuerte
el vino (blanco, tinto)

Las bebidas con cafeína

el café
los refrescos
el té (helado)

Las bebidas sin cafeína

algunos refrescos
el café descafeinado
el jugo de manzana
    (naranja, tomate)
la leche
el té de hierbas

Vocabulario útil

(bien) frío/a	(very) cold	**sin hielo**	without ice
(bien) caliente	(very) hot		
con hielo	with ice	**tener (mucha) sed**	to be (very) thirsty

Act. A, **Statements:** (1) *el jugo de tomate* (*Es una bebida sin cafeína / sin alcohol.*) (2) *la cerveza* (*Es una bebida alcohólica.*) (3) *el té de hierbas* (*Es una bebida sin cafeína / sin alcohol.*) (4) *el vino tinto* (*Es una bebida alcohólica.*) (5) *el licor fuerte* (*Es una bebida alcohólica.*) (6) *el café descafeinado* (*Es una bebida sin cafeína / sin alcohol.*)

Act. B, **Suggestion:** You can of course substitute or add more items. (1) Sprite (*refresco*) (2) Celestial Seasonings (*té de hierbas*) (3) Minute Maid (*jugo de naranja*) (4) Inglenook (*vino*) (5) Absolut (*vodka —licor fuerte*) (6) Snappy Tom (*jugo de tomate*) (7) MJB (*café*) (8) Guinness (*cerveza*)

ACTIVIDAD A ¿Cuál es?

El profesor (La profesora) va a nombrar una bebida. Di qué tipo de bebida es. **¡OJO!** A veces hay dos posibilidades.

MODELO **PROFESOR(A):** la leche
        ESTUDIANTE: Es una bebida sin cafeína.

1... 2... 3... 4... 5... 6...

ACTIVIDAD B ¿Qué marcas° conoces?   *name brands*

El profesor (La profesora) va a mencionar la marca de una bebida y la clase tiene que decir qué tipo de bebida es.

MODELO **PROFESOR(A):** Nescafé
        ESTUDIANTE: té helado

1... 2... 3... 4... 5... 6... 7... 8...

Act. B, Suggested follow-up: Time permitting, have students do this with each other to see if they can stump one another.
Alternative: Convert to a game with groups of four. Arrange product names by difficulty levels (*fácil, un poco difícil, difícil*)

ACTIVIDAD C ¿Qué prefieres?

Paso 1 Entrevista a tres personas para saber qué bebidas prefieren o les gusta tomar en cada ocasión a continuación. Apunta sus respuestas.

	E1	E2	E3
1. para el desayuno (por la mañana)	____	____	____
2. con una hamburguesa	____	____	____
3. para la merienda	____	____	____
4. cuando sale con unos amigos por la noche	____	____	____
5. mientras estudia (trabaja, lee)	____	____	____

Paso 2 La clase debe entrevistar al profesor (a la profesora). ¿Son diferentes las preferencias de él (ella) de las de tus compañeros/as o son iguales?

depending on how well you think students may know them. Have about 10 product names in each group. Each group gets to select the level of difficulty with *fácil* being 1 point and *difícil* being 3 points. Play continues in clockwise motion until all items are exhausted. If a group misses, next group gets a chance, and so forth.

GRAMÁTICA

¿Qué bebiste?

Review of Regular Preterite Tense Verb Forms and Use

—¿Ya **tomaste** la leche que te **preparé**?
—Sí, abuelita.
—Bueno. Anoche no **dormiste** bien y no queremos repetir eso, ¿eh?

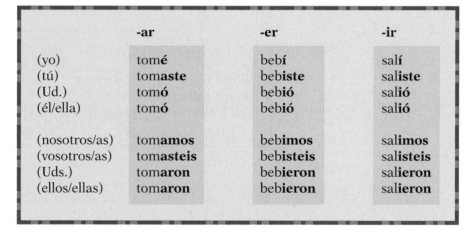

	-ar	-er	-ir
(yo)	tom**é**	beb**í**	sal**í**
(tú)	tom**aste**	beb**iste**	sal**iste**
(Ud.)	tom**ó**	beb**ió**	sal**ió**
(él/ella)	tom**ó**	beb**ió**	sal**ió**
(nosotros/as)	tom**amos**	beb**imos**	sal**imos**
(vosotros/as)	tom**asteis**	beb**isteis**	sal**isteis**
(Uds.)	tom**aron**	beb**ieron**	sal**ieron**
(ellos/ellas)	tom**aron**	beb**ieron**	sal**ieron**

As you review the forms of the preterite tense in the shaded box, remember that regular **-er** and **-ir** verbs have the same endings. Also remember that the written accent indicates acoustic stress. In the *present* tense (with the exception of **nosotros** and **vosotros**) all forms carry stress on the stem (TOmo). All forms of the regular *preterite* carry stress somewhere on the ending (toME, tomASte, toMO). This is especially important when distinguishing between present tense (**tomo**) and preterite tense (**tomó**).

The preterite tense is used to talk about single events in the past or a sequence of events, ones that are viewed as having been completed at a particular point in the past.

Escribí la composición.
Leí unos capítulos y luego **miré** la televisión.
¿**Lavaste** la ropa ayer? No. La **lavé** esta mañana.
Probaron vinos de todo tipo en su viaje por Chile.

Act. D, **Follow-up:** Tell students:
*Cada persona debe escribir una
pregunta con el pretérito y luego
buscar dos compañeros de clase
que respondan igual. Por ejemplo, «la última vez que no
dormiste bien, ¿leíste algo?»*
After students complete this
step, ask them the following
questions, *¿Cuántos en la clase
tomaron una bebida (leche, té
de hierbas, etcétera)? ¿Los
ayudó este remedio casero?*
Write *remedio casero* on the
board to help them guess it's
meaning.

ACTIVIDAD D ¿Qué hiciste?

Mira el dibujo de la abuelita con su nieto en la sección anterior. ¿Qué
hiciste tú la última vez que no dormiste bien?

1. □ Tomé una pastilla (*pill*).

2. □ Leí algo hasta que me dormí.

3. □ Miré la televisión.

4. □ Conté ovejas (*sheep*).

5. □ No hice nada. Me quedé en la cama hasta que me dormí.

6. □ Me levanté y empecé a estudiar (leer, trabajar).

7. □ ¿ ?

Act. E, **Suggestion:** To stimulate
discussion, ask questions such
as: *¿Cuántos bebieron vino con
la cena recientemente?* while
counting and writing number on
the board. Personalize after getting the class response: (to one
student) *¿Sí? ¿Bebiste vino con
la cena? ¿Qué bebiste, vino
tinto o vino blanco? ¿Y qué
comiste? ¿Sueles beber vino
con la cena o fue una ocasión
especial?* and so forth. Pay particular attention to items 2, 4,
and 6 since other content in this
lesson relates directly to these
items.

ACTIVIDAD E Firma aquí, por favor

Paso 1 Forma preguntas a base de las oraciones a continuación y hazlas
a los miembros de la clase. Busca entre tus compañeros de clase a dos
que puedan contestar **Sí** a tus preguntas. **¡OJO!** Haz cada pregunta en
la forma de **tú.**

MODELO   ¿Pediste café en un restaurante la semana pasada?

1. Pidió café en un restaurante la semana pasada.

2. Tomó café esta mañana.

3. Tomó más de dos tazas de café esta mañana.

4. Bebió un refresco con cafeína esta mañana.

5. No tomó nada con cafeína esta mañana.

6. Bebió un licor fuerte la semana pasada.

7. Bebió vino con la cena recientemente.

Paso 2 Basándote en los resultados del **Paso 1,** compara y contrasta las
experiencias y preferencias de la clase en cuanto a las bebidas con
cafeína y las bebidas alcohólicas.

Así se dice

Do you remember that the verb **conocer** when used in the preterite translates as *met?* With events that theoretically have no real ending (when you know someone, you always know that person), the preterite signals the beginning of the event rather than its completion. What's the beginning of knowing someone? When you meet that person!

Conocí al profesor en agosto.   *I met the professor in August.*
                                           (I began to know the
                                           professor in August.)

Other verbs that work like this are listed below. Using what you know about **conocer,** see if you can restate the translated meaning given for each using the concept of *to begin to.*

VERB	PRESENT TENSE	PRETERITE TENSE
saber	to know (*something*)	to find out (*something*)
poder	to be able to	to manage (*to do something*)
comprender	to understand	to grasp (*a fact*)

COMUNICACIÓN

ACTIVIDAD F Experiencias comunes

Paso 1 Completa las siguientes oraciones usando el pretérito. Las oraciones pueden referirse a algo que tomaste, comiste, probaste o hiciste; no importa lo que sea (*it may be*).

MODELO   Una vez bebí mucho licor fuerte y me enfermé (*I got sick*).

1. Una vez _____ y me gustó mucho.
2. Una vez _____ y no me cayó* bien / no me gustó.
3. Una vez _____ y me enfermé.

Paso 2 En grupos de cuatro, compartan las oraciones. Al final deben escribir tres oraciones para describir experiencias verdaderas que han tenido (*have had*) todos los miembros del grupo. Si alguien dice algo que también tú hiciste, debes decirlo. Hay que reescribir cada oración en la forma de **nosotros/as.**

Act. F, Paso 2, **Optional:** Write your own experiences on the board and participate as a member of the class.

NAVEGANDO LA RED

Busca información sobre la exportación de vinos chilenos. Trata de encontrar la siguiente información y preséntala a la clase.

◆ exportación total de vinos (o en dólares o en litros)
◆ marcas (*labels*) de mayor exportación
◆ a qué país(es) exporta Chile más vinos
◆ otra información que te parece interesante

---

*Remember that **-er** verbs whose stems end in a vowel replace the **i** of the **-ió** preterite endings with a **y** to avoid three written vowels (**ca- + -ió → cayó**).

VAMOS A VER

Anticipación, Paso 2, **Answers:** (in order of mention) *España, Puerto Rico, Cuba, la Argentina, el Uruguay, Chile, el Perú*

You can learn more about the themes discussed in this **Vamos a ver** section on the Video to accompany *¿Sabías que... ?*

• • • • • • • • • • • • •

Consejo práctico

A good prereading strategy is to read and reflect on the first paragraph of an article. Very often the first paragraph can orient your thinking so that you are "on the right track." For this reason, **Paso 2** of **Anticipación** revolves around the first paragraph only.

• • • • • • • • • • • • •

EXPLORACIÓN

Exploración, Paso 2, **Answers:** (1) C (2) F (*Es un cóctel.*) **Paso 3, Answers:** (1) C (2) F (*Según la lectura, el mate es bueno para aliviar el estrés y el hambre.*)

Paso 1 Lee el título de la lectura de esta sección y sólo los primeros dos párrafos. Luego contesta las siguientes preguntas.

1. ¿Cuál es la bebida nacional de los Estados Unidos?

   a. la cerveza

   b. el té helado

   c. no hay solamente una

Video: To make viewing this unit's video interview more meaningful to students, make sure they have first read the selection and completed the pre- and post-reading activities in the *Vamos a ver* section.

2. ¿Cuál crees que es el objetivo principal del artículo?

   a. hablar de las bebidas nacionales de varios países de habla española

   b. explicar, región por región, las bebidas típicas de los Estados Unidos

   c. hablar de diferencias entre las bebidas de los Estados Unidos y los países de habla española

Si tu respuesta al número 1 es **c**, estás en lo correcto. La respuesta al número 2 es **a**.

Paso 2 Busca los nombres de los países de habla española mencionados en las varias subsecciones de la lectura. Son siete en total. ¿Cuáles son?

• •

Consejo práctico

Notice that the following **Exploración** section asks you to read the article section by section. Reading bit by bit and then stopping to consolidate the information you have just read is a good habit to get into. The strategy helps you in two ways. First, as you verify and consolidate the information you have read, you are better able to anticipate the upcoming content of the next paragraph or section. Second, by stopping and reviewing as you go, you will remember more when you have finished reading.

• •

Paso 1 Lee solamente la primera sección sobre el jerez. Luego termina las siguientes oraciones.

1. El jerez es ___b___.

   a. un coñac   **b.** un vino   **c.** un té   **d.** un licor fuerte

2. El jerez es de origen ___b___.

   a. árabe   **b.** español   **c.** inglés   **d.** griego

3. Una manera de pedir un jerez en un restaurante español es decir: «un ___d___, por favor».

   a. vino   **b.** dulce   **c.** aperitivo   **d.** fino

Paso 2 Ahora lee la sección sobre el ron. Luego indica si las siguientes oraciones son ciertas (C) o falsas (F).

	C	F
1. El ron es un licor producido de la caña de azúcar.	☐	☐
2. El coco loco es un tipo de ron fuerte.	☐	☐

Paso 3 Ahora lee la próxima sección sobre el mate e indica si estas oraciones son ciertas (C) o falsas (F).

	C	F
1. El mate es un tipo de té.	☐	☐
2. Se dice que el mate es bueno para la creatividad.	☐	☐

Paso 4 Ahora lee la última sección sobre el pisco y luego termina las siguientes oraciones.

1. El pisco es de origen __c__.

   a. chileno   **b.** peruano   **c.** ¿ ? (No se sabe.)

2. El nombre **pisco** es de origen __c__.

   a. chileno   **b.** peruano   **c.** quechua   **d.** ¿ ? (No se sabe.)

3. Algo que se le añade al pisco sour que no es típico de otros cócteles es __d__.

   a. el azúcar   **b.** el brandy   **c.** el agua   **d.** la clara de un huevo

SÍNTESIS

Paso 5 Lee toda la lectura otra vez, desde el comienzo hasta el fin.

Haz las correspondencias correctas entre el país o los países, la bebida y el tipo de bebida. Luego, para cada bebida, añade un dato adicional como en el modelo.

PAÍS(ES)	BEBIDA	ORIGEN
la Argentina y el Uruguay	el jerez	licor fuerte fabricado de la caña de azúcar
Chile y el Perú	el mate	licor fuerte fabricado de la uva
Cuba y Puerto Rico	el pisco	té herbal
España	el ron	vino

MODELO   En España se toma un vino que se llama jerez. El jerez es muy conocido en Inglaterra también.

1. la Argentina y el Uruguay
2. Chile y el Perú
3. Cuba y Puerto Rico

Las bebidas nacionales

¿Cuál es la bebida nacional de los Estados Unidos? A muchos norteamericanos les resulta difícil contestar esta pregunta. Quizás sea más fácil dar una respuesta a nivel regional. En el sur, por ejemplo, son típicos el té helado y el famoso *Mint julep*, mientras que en Seattle y sus alrededores el café espresso tiene gran fama. Y claro, California tiene sus excelentes vinos.

A diferencia, en el mundo hispano no es tan difícil contestar tal pregunta. Como su bandera nacional y sus equipos de fútbol, varios países tienen bebidas que les son propias —o por lo menos el nombre de la bebida se asocia de inmediato con su país de origen.

Jerez, reina de las bebidas españolas

El jerez español es un aperitivo excelente.

España tiene la distinción de ser no sólo el país de origen del jerez, sino también su mayor productor. El jerez es un tipo de vino especial que se toma como aperitivo, es decir, antes de comer. También existen tipos de jerez dulce que se toman como digestivo, o sea, después de comer. El jerez se originó en el suroeste de España en una región que se llama Jerez. Hasta los griegos antiguos escribían en su época de los vinos de esta parte del mundo. En la Edad Media, los ingleses empezaron a importar el jerez español, dándole el nombre árabe de la región: *Sherish*. El jerez llegó a ser tan conocido en Inglaterra que en la obra de Shakespeare, *Enrique V*, se encuentra el siguiente fragmento:

> Si yo tuviera mil hijos, el primer principio
> humano que les enseñaría sería
> hacerles abjurar de las bebidas aguadas
> y aficionarlos al jerez.

Hoy en día, se puede entrar en cualquier bar o restaurante español, pedir «un fino», y recibir una copita llena de un espléndido líquido dorado —un buen jerez español.

Ron sobre las rocas

En Puerto Rico, en Cuba y en los países caribeños en general, el ron seguramente ocupa el rango de bebida nacional. La base del ron es la caña de azúcar, una planta que crece en las zonas tropicales. Aunque el ron se conoce en los Estados Unidos por su uso en diferentes cócteles, como los muy conocidos *Daiquirí* y *Piña Colada*, también se toma solo o «sobre las rocas». Hay rones populares y baratos y otros mucho más finos y caros de un sabor y una textura suaves como el Ron de Barrilito Tres Estrellas. Entre los puertorriqueños es muy popular un cóctel que se llama **Coco Loco**. Esta bebida es de sabor muy dulce y se prepara con agua de coco, ron y azúcar. Si no te gustan las bebidas dulces, ¡esta bebida no es para ti!

¿Querés un mate?

No todas las bebidas nacionales son alcóholicas. Si le preguntaras a una persona de la Argentina cuál es la bebida nacional de su país, sin duda te respondería: «¡El mate, claro!» Así también te respondería alguien del Uruguay dado que esta bebida tiene una larga tradición en toda la zona del Río de la Plata. El mate es un tipo de té, hecho de una yerba de sabor distinto y fuerte, que se suele tomar en la tarde, así como el *tea time* de los ingleses. Se dice que el mate es bueno para combatir el estrés y para disminuir el hambre. Es típico tener una taza especial llamada **mate** y una **bombilla** para sorber ligeramente el mate y gozar de esta bebida mientras uno lee o charla con los amigos. Durante sus visitas a los Estados Unidos, el gran escritor argentino, Jorge Luis Borges, tenía fama de insistir en un mate por la tarde durante su reposo diario.

El mate, un té herbal, es típico en la Argentina y el Uruguay.

De los Andes, el pisco

El pisco es un licor fuerte, típico del Perú y Chile.

No se puede visitar ni Chile ni el Perú sin conocer de alguna manera la bebida conocida como el **pisco**. El nombre pisco es de origen quechua, y es un tipo de brandy fabricado de la uva moscatel. En el Perú, esta bebida se produce en la región cerca de Pisco, y en Chile se produce en el Valle del Río Elqui en el centro del país. La producción del pisco data del siglo XVII cuando Chile y el Perú eran parte del Virreinato del Perú, y es probable que esto explique la controversia actual entre el Perú y Chile sobre los derechos al nombre **pisco** —¿Es chileno o peruano? De hecho los dos países producen versiones diferentes de este licor. El del Perú es más seco que su hermano chileno.

El pisco se suele tomar en cócteles, como el típico **Piscola** que es una combinación de este licor con Coca-Cola. Otra bebida popular es el **Pisco sour**: tres medidas de pisco frío, una de jugo de limón, azúcar al gusto y la clara de un huevo. ¡Sabroso!

¡SIGAMOS!

Paso 1 En grupos de tres, indiquen la bebida nacional para cada país. Luego compartan sus ideas con el resto de la clase. ¿Coinciden sus ideas?

1. Inglaterra
2. Italia
3. Japón
4. México
5. Rusia

Paso 2 La lectura sugiere que no hay una sola bebida nacional en los Estados Unidos sino que hay bebidas regionales. Sigan trabajando (*Keep working*) en grupos de tres para contestar las siguientes preguntas. Luego compartan sus ideas con la clase.

1. ¿Hay una bebida regional que se asocie con el lugar donde viven Uds.?
2. ¿Hay bebidas regionales en otras partes de este país? (No repitan las que se mencionan en la lectura.)

NAVEGANDO LA RED

Busca información sobre el cultivo y la exportación del café en varios países de habla española. Aunque el café se asocia con Colombia, también se produce en otros países. Trae la siguiente información de dos o tres países a la clase.

- ◆ nombre del país
- ◆ la cantidad que se exporta a los Estados Unidos, el Canadá y Europa
- ◆ otro dato interesante

IDEAS PARA EXPLORAR
Prohibiciones y responsabilidades

GRAMÁTICA
¿Qué se prohíbe?

Review of Impersonal and Passive **se**

> (no) **se** permite
> prohíbe
> puede

In **Lección 8** you learned two more uses of **se**—the impersonal and passive. In impersonal sentences, the verb is singular and the subject is not specified. The English counterpart is *you, one,* or *they.*

Se vive más si **se come** bien.   *One lives longer if one eats well. (You live longer if you eat well.)*

No **se puede** entrar.   *One can't enter. (You can't enter.)*

In passive sentences, the verb is either singular or plural, depending on the subject. Singular passives are often indistinguishable from impersonal sentences.

| Se **comen** más verduras ahora que antes. | *More vegetables are eaten now than before.* |
| Se **habla** español aquí. | *Spanish is spoken here. (One speaks Spanish here.)* |

Nueva York

ACTIVIDAD A ¿Qué se prohíbe?

Paso 1 Indica si las siguientes oraciones son ciertas (C) o falsas (F).

	C	F
1. Se prohíbe el consumo de bebidas alcohólicas en las calles y en los coches.	☐	☐
2. Se prohíbe el consumo de bebidas alcohólicas en las funciones universitarias.	☐	☐
3. No se permite el castigo (*punishment*) físico en las escuelas públicas.	☐	☐
4. No se permite fumar (*to smoke*) en edificios públicos.	☐	☐
5. Se prohíbe fumar en los vuelos (*flights*) nacionales.	☐	☐
6. Se prohíbe declarar que uno es homosexual mientras presta servicio militar.	☐	☐

Paso 2 Ahora, indica con qué oraciones está de acuerdo o no la clase. ¿Piensa de la misma manera la mayoría de Uds.?

NÚMERO DE LOS QUE ESTÁN DE ACUERDO	NÚMERO DE LOS QUE NO ESTÁN DE ACUERDO
1. _____	_____
2. _____	_____
3. _____	_____
4. _____	_____
5. _____	_____
6. _____	_____

Paso 3 (Optativo) Inventa una prohibición que te gustaría (*you would like*) ver convertida en ley.

ACTIVIDAD B Si se siguen estas recomendaciones...

Paso 1 Escoge las afirmaciones que mejor completen la oración.

Se puede gozar de buena salud si...

☐ se hace ejercicio regularmente.

☐ no se ve mucha televisión.

☐ se comen más carnes rojas y menos carbohidratos complejos.

☐ se toma leche descremada (*skimmed*) en vez de leche completa.

☐ no se toman bebidas alcohólicas.

☐ se toman refrescos dietéticos en vez de refrescos regulares.

☐ se comen verduras crudas en vez de cocidas.

Paso 2 Inventa otras tres frases lógicas y compártelas con la clase escribiéndolas en la pizarra.

Paso 3 La clase debe agrupar las recomendaciones de los **Pasos 1** y **2** según su grado de importancia: (1) recomendaciones importantes; (2) recomendaciones útiles, pero no muy importantes; y (3) recomendaciones poco importantes.

ACTIVIDAD C ¿Qué se debe hacer?

Paso 1 Divídanse en grupos de cuatro o cinco. A cada grupo, el profesor (la profesora) le va a asignar una de las siguientes preguntas. El grupo debe contestar la pregunta y preparar una lista de razones que apoyen su opinión.

1. ¿A qué edad se debe legalizar el consumo de bebidas alcohólicas?
   - ☐ A los 16 años, la edad de obtener la licencia de manejar.
   - ☐ A los 18 años, la edad de ejercer el derecho a votar.
   - ☐ A los 21 años, la mayoría de edad.
   - ☐ A los 25 años de edad.
   - ☐ El alcohol no debe ser legal.

2. ¿Se debe distinguir entre el consumo de cerveza y vino por un lado y de licores fuertes por otro en cuanto a la legalización del consumo de bebidas alcohólicas?

3. ¿Se debe educar a los alumnos de secundaria (*high school*) en cuanto al consumo de bebidas alcohólicas?

Paso 2 Compartan con la clase sus opiniones y las razones que las apoyan. ¿Cuántos de la clase están de acuerdo con Uds.? ¿Están de acuerdo Uds. con las opiniones de los otros grupos?

ACTIVIDAD D ¿Quién es el responsable?

Paso 1 Contesta lo siguiente:

Si hay un accidente debido a (*due to* [*the fact*]) que un chófer (*driver*) maneja embriagado (*under the influence*), ¿quién es responsable? En otras palabras, ¿a quién se debe castigar (*punish*)?

1. Se debe castigar solamente al chófer embriagado.
2. Se debe castigar al chófer y al cantinero (*bartender*) que le sirvió.
3. Se debe castigar al chófer y a los otros con quienes tomaba.
4. Se debe castigar al chófer y al anfitrión de la fiesta a que asistía el chófer.
5. ¿ ?

Paso 2 Forma un grupo con otros que comparten la misma opinión. Luego, el grupo debe preparar una lista de razones que apoyen su opinión y después escribirlas en la pizarra.

Paso 3 Evalúa las razones que proponen los otros grupos. ¿Te convencen? ¿Quieres cambiar de opinión?

COMUNICACIÓN

Así se dice, **Follow-up:** Write the following sentences on the board and ask students to try to give English equivalents. (1a) *Se conoce bien a Juan.* (1b) *Se conoce bien Juan.* (2a) *Se ayuda a la gente pobre.* (2b) *Se ayuda la gente pobre.* (3a) *Se mató al ladrón.* (3b) *Se mató el ladrón.*

• • • • • • • • • • •

Así se dice

You may notice in **Actividad D** that the personal **a** is used with impersonal and passive **se** to mark objects of the verb.

> **Se** debe castigar **al** chófer.

The personal **a** is used in these sentences because the objects of the verb (the people mentioned) are capable of performing the activity represented by the verb. It is important to mark them clearly as objects and thereby distinguish them from the subject of the verb. Note that if the **a** is mistakenly omitted in some instances, the impersonal or passive **se** would be interpreted as a true reflexive.

> Se debe castigar el chófer.
> *The driver should punish himself.*

• • • • • • • • • • •

Lección 9   ¿Y para beber?   doscientos cincuenta y uno   **251**

ACTIVIDAD E ¿Sabías que... ?

Paso 1 Lee la selección **¿Sabías que... ?** que aparece a continuación.
Luego contesta las siguientes preguntas.

1. ¿Cómo se llama el antepasado del tequila moderno?
2. ¿Se prohibía o se permitía la fabricación del tequila en el imperio
   español?
3. ¿Qué quería proteger la Corona española en el Nuevo Mundo?

¿Sabías que...

el tequila tiene una larga historia de prohibiciones? La historia
del tequila demuestra que sufrió persecución y prohibiciones durante
el dominio español, situaciones que también contribuyeron a darle su
identidad actual de bebida mexicanísima.

Cuando llegaron los españoles en el siglo XVI, los indígenas ya ela-
boraban licores mediante la fermentación del agave.[a] Uno de estos licores, que quizás es el antepasado[b] más lejano del tequila se llamaba
mexcalli. Por mucho tiempo durante el período colonial, la Corona[c]
española prohibió la fabricación de licores en México para proteger
el mercado de vinos españoles. Esta restricción convirtió el tequila en
un licor que sólo se podía comprar en el mercado negro, y como era
difícil de obtener, sólo llegó a tener[d] más fama y más demanda.

En 1623, la Corona española, convencida de que se podía aprovechar económicamente si se vendía el tequila abiertamente, inició la
producción legal del tequila pero bajo restricciones. Tales restricciones aseguraron que la Corona misma mantendría[e] un estanco[f] total
en el mercado tequilero por casi dos siglos.

En 1821, México logró su independencia de España y las restricciones en la producción tequilera
desaparecieron. Con el paso del
tiempo y la creciente demanda
mundial, el tequila se convirtió en
la bebida que más se asocia con
México a nivel internacional.

Hoy en día existen varias formas de esta bebida nacional de
México. Hay tequila común que
se conoce mucho en este país y
en otras partes del mundo. Pero
también hay muchos tequilas
añejos[g] que son más finos y que
se suelen tomar o como aperitivo
(antes de comer) o como digestivo
(después de comer).

Tequila, la bebida nacional de México

---

[a]*century plant* [b]*ancestor* [c]*Crown* [d]*sólo... it only gained (ended up having)*
[e]*would maintain* [f]*monopoly* [g]*aged*

Paso 2 Como sabes, se prohibía la producción y venta del tequila durante el imperio español. ¿Se prohíbe hoy en este país la producción, importación o venta de algo? ¿Qué sabes de los siguientes productos?

1. los puros (*cigars*) cubanos
2. la marijuana para aliviar los síntomas de algunas enfermedades

ACTIVIDAD F Los hispanos hablan

Paso 1 Lee la siguiente selección **Los hispanos hablan.**

Los hispanos hablan: ¿Qué diferencias notaste entre los norteamericanos y los hispanos en cuanto a los hábitos de beber?

«Las bebidas. En cuanto a las bebidas alcohólicas, hay una gran diferencia. Los hispanos toman por causas sociales para convivir con los amigos en la mayoría de veces. Mientras que en la sociedad americana muchas veces la bebida es más que todo una diversión o un pasatiempo.

En cuanto a las bebidas no alcohólicas, notamos que los americanos toman mucha más agua y leche. Mientras que en los países hispanos prefieren bebidas… refrescos y aguas de frutas y sabores. Y es, esa es una gran diferencia.»

Los hispanos hablan

¿Qué diferencias notaste entre los norteamericanos y los hispanos en cuanto a los hábitos de beber?

NOMBRE: Néstor Quiroa
EDAD: 28 años
PAÍS: Guatemala

«Las bebidas. En cuanto a las bebidas alcohólicas, hay una gran diferencia. Los hispanos toman por causas sociales para convivir con los amigos en la mayoría de veces… »

Paso 2 Ahora mira el segmento y contesta esta preguntas: ¿Se les aplican las siguientes situaciones a los hispanos o a los norteamericanos?

1. tomar bebidas alcohólicas con el propósito de emborracharse
2. tomar bebidas alcohólicas cuando uno está solo en casa
3. tomar un vaso con leche durante la cena
4. aliviar la sed con agua de fruta

Paso 3 ¿Estás de acuerdo con las observaciones de Néstor? ¿O notas que las actitudes norteamericanas han cambiado (*have changed*) hacia las bebidas alcohólicas?

Paso 4 Lee ahora la siguiente selección. Es la opinión de María Rodríguez, una peruana de 39 años de edad. ¿Tiene las mismas ideas e impresiones de Néstor?

En el Perú la persona que no toma, como yo, es un pavo. Alguna vez he oído a los padres decir: —Pero tómate un trago,[a] hija, es bueno que aprendas a tomar socialmente. Tengo muchos familiares y amigos que en el Perú son muy vacilones,[b] divertidos, pero aquí los llamarían alcohólicos. Lo que no recuerdo en el Perú es gente que tome sola. A mi mamá también le llamaba la atención que mi esposo o mi cuñado llegaran a casa y sacaran una cerveza del refrigerador para tomar solos.

[a]*drink* [b]*funny*

SITUACIÓN

Tienes 21 años. Tu hermana menor se gradúa de la escuela secundaria. Ella va a dar una fiesta, y te pide que compres (*she asks you to buy*) cerveza para la fiesta. ¿Qué haces?

COMPOSICIÓN

Propósito: escribir una composición en la que expresas lo que has aprendido (*you have learned*) sobre las costumbres hispanas; comparar o contrastar las costumbres hispanas con las de este país.

Título sugerido: ¿Son semejantes las costumbres hispanas a las norteamericanas o son diferentes?

Antes de escribir

Paso 1 El propósito de la composición es informarle al lector (*reader*) sobre las semejanzas y diferencias que ves entre las costumbres hispanas y las norteamericanas. Tienes que convencer al lector de que hay más semejanzas que diferencias o viceversa. Primero, decide si vas a hablarle al lector directamente (¿Cree Ud. que... ?), en primera persona (Creo que...) o en tercera persona (Se cree que...).

Composición, **Suggestion:** Assign this task well enough in advance so that the writing process can take place over several days and not overnight.

Paso 2 A continuación aparece una lista de varios temas que exploraste en esta unidad. ¿Qué información vas a incluir?

☐ los desayunos, los almuerzos, las cenas

☐ las meriendas

☐ las comidas en los restaurantes

☐ las dietas nacionales

☐ la dieta mediterránea

☐ los modales

☐ las bebidas nacionales

☐ ¿ ?

Paso 3 Una vez que decidas qué información vas a incluir, tienes que pensar en cómo vas a organizarla. ¿Cuál de las sugerencias te parece buena para esta composición?

☐ presentar las semejanzas y luego las diferencias

☐ presentar las diferencias y luego las semejanzas

☐ presentar semejanzas y diferencias punto por punto

Paso 4 Basándote en los **Pasos 2** y **3,** haz un breve bosquejo (*outline*) de lo que vas a escribir.

Al escribir

Paso 1 Al escribir el borrador (*draft*), trata de incluir los siguientes puntos gramaticales y expresiones.

1. los pronombres de objeto indirecto
2. se impersonal y pasivo
3. expresiones impersonales de obligación
4. estar
5. por y **para**

Paso 2 Escribe el borrador dos días antes de entregar la composición. A continuación hay una lista de expresiones de transición que te podrán ser (*could be*) útiles en la composición.

a diferencia de	in contrast to
en cambio	on the other hand
en contraste con	in contrast to
igual que	the same as (equal to)
mientras	while
semejante a	similar to

Después de escribir

Paso 1 Un día antes de entregar la composición, revisa y corrige el borrador paso por paso. Puedes utilizar el siguiente esquema como guía.

I. Información
   1. Cuenta las semejanzas que aparecen en la composición. Luego, cuenta las diferencias. ¿Son suficientes para convencer al lector de tu opinión?
   2. Subraya (*Underline*) las palabras de transición que utilizaste. ¿Ayudan a clarificar la información?

II. Lenguaje
   1. Pon un círculo alrededor de cada pronombre de objeto indirecto.

     a. ¿Es correcta la forma?
     b. ¿Es correcto su uso?

   2. Marca cada **se** que aparece.

     a. ¿Es apropiado el uso de **se**?
     b. ¿Es correcta la forma del verbo?

   3. Revisa los adjetivos que utilizaste. ¿Siempre concuerdan (*agree*) con los sustantivos (*nouns*) que modifican?

   4. Revisa el uso de la **a** personal.

     a. ¿La incluiste?
     b. ¿La usaste correctamente?

Paso 2 Haz los cambios necesarios y entrégale la composición al profesor (a la profesora).

Vistazos culturales
El arte y la literatura en el mundo hispano

¿Sabías que... los hispanos son conocidos mundialmente por su gran talento literario y artístico? En total los escritores hispanos han ganado[a] diez Premios Nobel de Literatura. De estos diez, cinco fueron ganados por escritores españoles. En el campo del arte, los pintores hispanos han influido[b] mucho en la pintura mundial, sobre todo los cuadros[c] de Picasso. Además, la pintura chicana contemporánea ha producido[d] obras muy conocidas sobre temas relacionados con la vida de los hispanos en el suroeste de los Estados Unidos.

Gabriel García Márquez

---

[a]han... *have won*   [b]han... *have influenced*   [c]*paintings*   [d]ha... *has produced*

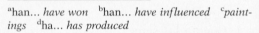

Los Premios Nobel de Literatura

1905: José Echegaray (España), drama

1922: Jacinto Benavente (España), drama

1945: Gabriela Mistral (Chile), poesía

1956: Juan Ramón Jiménez (España), poesía

1967: Miguel Ángel Asturias (Guatemala), prosa

1971: Pablo Neruda (Chile), poesía

1977: Vicente Aleixandre (España): poesía

1982: Gabriel García Márquez (Colombia), prosa

1989: Camilo José Cela (España): prosa

1990: Octavio Paz (México), poesía y ensayo

El pintor colombiano Fernando Botero (1932–) se conoce por un estilo caracterizado por figuras infladas[a] y rotundas.[b] Las figuras de sus obras son exageradas y reflejan su estilo cómico y voluptuoso.

---

[a]*inflated*   [b]*round*

Las hermanas (*1969*) *por Fernando Botero* (*colombiano, 1932–*)

Coyote Women (*1985*) *por Diana Bryer* (*norteamericana, 1942–*)

La pintora Diana Bryer de Nuevo México pinta temas sobre la vida diaria y las leyendas del norte de Nuevo México. Un tema común en sus obras es la armonía en que viven los humanos y los animales.

El pintor contemporáneo Ramón Lombarte (1956–) es un artista realista de Barcelona, España. En sus cuadros figuran[a] personas que parecen ensimismadas,[b] sin darse cuenta de que alguien las está mirando. Las obras de Lombarte tienden a presentar muchas emociones y ansiedades.

---

[a]*appear*   [b]*lost in thought*

Domingo, medianoche (*1998*) *por Ramón Lombarte* (*español, 1956–*)

ACTIVIDADES ¿Qué recuerdas?

Empareja cada frase de la columna A con una de las respuestas de la columna B.

A

1. __d__ poetisa (*female poet*) chilena que ganó el Premio Nobel de Literatura en 1945

2. __c__ artista español cuyas pinturas se conocen por presentar muchas emociones

3. __a__ pintor conocido por sus figuras infladas y rotundas

4. __e__ ensayista mexicano que ganó el Premio Nobel de Literatura en 1990

5. __b__ pintora conocida por representar los mitos y las leyendas de los indígenas de Nuevo México

B

a. Fernando Botero
b. Diana Bryer
c. Ramón Lombarte
d. Gabriela Mistral
e. Octavio Paz

NAVEGANDO LA RED

Escoge *uno* de los siguientes proyectos. Luego presenta tus resultados a la clase.

1. Busca información sobre la corriente literaria latinoamericana llamada *el realismo mágico* y apunta la siguiente información.

    a. una definición del realismo mágico
    b. algunas características de la literatura mágicorrealista
    c. los nombres de tres escritores famosos de esta corriente y el título de uno de los libros de cada escritor(a)

2. Busca información sobre un artista chicano (una artista chicana) y apunta la siguiente información.

    a. sus datos biográficos (año de nacimiento, lugar de nacimiento, etcétera)
    b. el género de arte que hace (escultura, literatura, pintura, etcétera)
    c. los temas principales y los títulos de algunas de sus obras

3. La única mujer hispana que ha ganado (*has won*) un Premio Nobel de Literatura es Gabriela Mistral. Busca información sobre su vida y poesía y apunta la siguiente información.

    a. sus datos biográficos
    b. la corriente literaria con que se asocia
    c. los temas centrales y los títulos de algunas de sus obras

VOCABULARIO COMPRENSIVO

Las bebidas | Beverages

la bebida alcohólica — alcoholic beverage
el café (R) — coffee
  descafeinado — decaffeinated coffee
la cerveza (R) — beer
el jugo (R) — juice
  de manzana — apple juice
  de naranja (R) — orange juice
  de tomate — tomato juice
la leche (R) — milk
el licor fuerte — hard alcohol
el refresco (R) — soft drink
el té (R) — tea
  de hierbas — herbal tea
  helado — iced tea
el vino (R) — wine
  blanco — white wine
  tinto — red wine

Vocabulario relacionado con el tema

la cafeína — caffeine

(bien) frío/a — (very) cold
(bien) caliente — (very) hot
con hielo — with ice
sin hielo — without ice

beber — to drink
tener (mucha) sed — to be (very) thirsty

Otras palabras útiles

castigar — to punish
fumar — to smoke
permitir — to permit, allow
prohibir — to prohibit

GRAMMAR SUMMARY

Indirect Object Pronouns

SUBJECT PRONOUN	INDIRECT OBJECT PRONOUN
yo	me
tú	te
Ud.	le
él/ella	le
nosotros/as	nos
vosotros/as	os
Uds.	les
ellos/ellas	les

1. Indirect object pronouns have many uses in Spanish that differ from English. In this unit, you have learned to use indirect object pronouns mainly to mean *to* or *for* someone or something.

    No **me** importan los aditivos.
    Additives don't matter to me.

    You have also seen that with **poner,** the meaning in English is *on* and sometimes *in.*

    ¿Qué **les pones** a las papas fritas?
    What do you put on French fries?

    ¿Qué **le pusiste** a la sopa?
    What did you put in the soup?

2. With third person forms as well as with **Ud.** and **Uds.,** **le** and **les** are used even if the person or thing represented by the pronoun is mentioned.

    Al profesor no **le agradan** los vinos franceses.
    French wines aren't pleasing to the instructor.

    Les pongo sal **a las papas fritas.**
    I put salt on French fries.

3. You have also learned a number of verbs that require indirect object pronouns. These verbs are often translated into English with verbs that do not require indirect object pronouns.

    agradar   *to please*

    No **me agrada** eso.
    That doesn't please me. (I don't like that.)

apetecer   *to appeal, be appealing*

No **me apetece.**
It doesn't appeal to me.

caer (*irreg.*) **bien/mal**   *to make a good/bad impression; to (dis)agree with* (food)

No **me cae** bien el ajo.
Garlic doesn't agree with me.

encantar   *to delight, be extremely pleasing*

Me encantan los vinos chilenos.
Chilean wines really please me. (I love Chilean wines.)

importar   *to be important; to matter*

¿**Te importa** si le pongo sal?
Does it matter to you if I put salt on it? (Do you mind if I put salt on it?)

interesar   *to be interesting*

¿**Te interesa** la música clásica?
Does classical music interest you?

Impersonal and Passive se

1. Impersonal **se** translates into English as *one, they,* and *you,* meaning that there is no particular subject of the verb. The verb is always in the singular form.

    No **se debe** beber tanto café.
    One (You) shouldn't drink so much coffee.

2. Passive **se** translates into English as *is (are) + -ed/-en.* The object of the verb takes on the role of determining whether the verb is singular or plural.

    Se habla español aquí.
    Spanish is spoken here.

    Se hablan varias lenguas aquí.
    Various languages are spoken here.

3. In many instances, the impersonal **se** and a singular passive **se** construction are indistinguishable.

    No **se debe** hacer eso.
    One (You) shouldn't do that. (That shouldn't be done.)

4. With reflexive verbs, impersonal **se** cannot be used. **Uno** is used instead to avoid a "double **se**" construction.

> **Uno se levanta** tarde por aquí, ¿no?
> **Uno** no debe **dormirse** en clase.

Uno can also be used with just about any verb as a substitute for the impersonal **se**.

> Aquí **uno** toma café con los amigos para ser sociable.
> *One drinks coffee here with friends to be sociable.*

Preterite Review (Regular Forms)

	-ar	-er	-ir
(yo)	tom**é**	beb**í**	sal**í**
(tú)	tom**aste**	beb**iste**	sal**iste**
(Ud.)	tom**ó**	beb**ió**	sal**ió**
(él/ella)	tom**ó**	beb**ió**	sal**ió**
(nosotros/as)	tom**amos**	beb**imos**	sal**imos**
(vosotros/as)	tom**astais**	beb**isteis**	sal**isteis**
(Uds.)	tom**aron**	beb**ieron**	sal**ieron**
(ellos/ellas)	tom**aron**	beb**ieron**	sal**ieron**

1. Remember that in all regular preterite forms, the acoustic stress falls on the verb ending and not on the stem.

2. **-er** and **-ir** verbs share the same endings. Also note that for **-ar** and **-ir** verbs, the regular preterite form for **nosotros** is the same as the present-tense form.

3. **-ir** verbs that have an **e** → **i** stem-vowel change in the present tense keep this change in the **Ud., él/ella, Uds.,** and **ellos/ellas** forms in the preterite. **Dormir** also has a stem-vowel change (**o** → **u**) in the **Ud., él/ella, Uds.,** and **ellos/ellas** forms.

pedir		**servir**		**dormir**	
pedí	pedimos	serví	servimos	dormí	dormimos
pediste	pedisteis	serviste	servisteis	dormiste	dormisteis
pidió	**pidieron**	**sirvió**	**sirvieron**	**durmió**	**durmieron**
pidió	**pidieron**	**sirvió**	**sirvieron**	**durmió**	**durmieron**

More on estar + Adjectives

With some adjectives, the English equivalent of **estar** can indicate taste, feel, appearance, and smell.

> Esta sopa **está salada.**
> *This soup is (tastes) salty.*

> Este pescado **está fresco.**
> *This fish is (looks) fresh.*

Por and para

Para is used to indicate the destination or recipient of something, never the source. Only **por** can indicate source.

> Voy a preparar un cóctel **para** María.
> *I'm going to make a drink for María. (She is the recipient of the drink.)*

> Trabajo **por** mi familia.
> *I'm working for my family. (They are the reason I have to work.)*

El bienestar

the well-being

¿Qué haces para mantenerte en buenas condiciones físicas?

¿Y para tu salud mental? Domingo, medianoche (1998) *por Ramón Lombarte (español, 1956–)*

¿Cómo te sientes?

En esta lección vas a examinar el tema de los estados de ánimo (*states of mind*). También vas a

◆ describir cómo te sientes

◆ identificar tus estados de ánimo y las circunstancias que los afectan

◆ analizar las maneras en que tú y otros reaccionan frente a varios estados de ánimo

◆ describir nuevos pasatiempos que te hacen sentir mejor

◆ aprender nuevos verbos «reflexivos»

◆ utilizar los verbos **faltar** y **quedar**

◆ repasar el uso del imperfecto para describir los eventos habituales en el pasado

ALTO Before beginning this lesson, look over the **Intercambio** activity on pages 286–287. This is the activity you will be working toward throughout the lesson.

Me siento muy alegre.
(Cerca de Cuzco, Perú)

VOCABULARIO

¿Cómo se siente?

Talking About How Someone Feels

Las experiencias de Yolanda

1. Son las 10.30 de la mañana. Yolanda se prepara para un examen de física. **Está nerviosa** porque el examen va a ser difícil.

2. Su compañera de cuarto hace mucho ruido. Yolanda no puede concentrarse y **se pone enfadada.**

3. A la 1.00 toma el examen. No tiene idea de cómo va a salir. **Está muy tensa** durante el examen.

4. Después del examen, va al gimnasio a hacer ejercicio. Después, **se siente más relajada.**

5. Por la tarde, va al trabajo. Trabaja hasta muy tarde y, naturalmente, **está cansada.**

6. Al día siguiente, va a la clase de historia. La voz de la profesora es monótona, y Yolanda **está aburrida.**

7. En la clase de física, el profesor le devuelve el examen. Su nota es un 65%. Yolanda **se siente avergonzada** (*ashamed*).

8. Yolanda **se siente deprimida** (*depressed*).

9. Al otro día Yolanda habla de su nota con el profesor. Descubren que el profesor se equivocó (*made a mistake*). La nota debe ser un 95%, no un 65%. Yolanda **se pone muy contenta.** El profesor le dice, «Perdona, todos nos equivocamos, ¿no?»

10. ¡Ahora Yolanda **se siente muy orgullosa**!

ecstat

Act. A, Suggestion: Ask class rhetorically: *¿Cómo se siente Yolanda?* Give students 15 seconds to read instructions. Then read aloud *modelo* and Yolanda's 6 thoughts in book. Finally, read statements below. Have students raise hands to answer so all have chance to figure out answers. Tell them: *No digan la respuesta en voz alta. Levanten la mano.* Remember: Students only give the number.

Statements: (1) *Está supercontenta.* (5) (2) *Se siente deprimida.* (6) (3) *Está nerviosa.* (2) (4) *Se siente cansada.* (1) (5) *Está aburrida.* (4) (6) *Está avergonzada.* (3) **Follow-up:** Bring to class pictures of people in various emotional states. As you show a picture, ask a *cierto/falso* or either/or question. (*Esta persona está muy nerviosa. —¿Cierto o falso?* or *¿Cómo está esta persona, nerviosa o aburrida?*)

ACTIVIDAD A ¿Cómo se siente Yolanda?

A continuación aparece una lista de los pensamientos (*thoughts*) que tuvo Yolanda durante los tres días que se describen en la sección anterior. Relaciona los estados de ánimo que va a leer tu profesor(a) con los pensamientos de la lista.

MODELO **PROFESOR(A):** Está nerviosa.
        CLASE: Es el número 2.

1. Me gustaría (*I would like*) dormir diez horas esta noche.
2. ¡Dios mío! ¡Sólo me quedan cuatro horas (*I only have four hours left*) para estudiar!
3. Van a pensar que soy muy tonta.
4. Si esa profesora dice «¡muy bien!» una vez más, me va a dar un ataque cardíaco.
5. ¡Fantástico! ¡Fue un error! Entonces sí saqué (*I got*) una buena nota.
6. No quiero ver a nadie. Quiero estar completamente sola.

Así se dice

When talking about someone else's state of being, you may use **está** or **se siente** with an adjective.

> Yolanda **está contenta.**
> *Yolanda is happy.*

> Hoy **se siente** un poco **nerviosa.**
> *Today she feels a bit nervous.*

To express the idea of a change in mood, you often can use **se pone** with an adjective.

> Su compañera de cuarto hace mucho ruido y Yolanda **se pone enfadada** (*gets mad*).

(You will learn more about these verbs as the lesson progresses.)

Así se dice

Por is often used to mean *because of* or *on account of.*

> Me siento mal **por** lo que dijo Rafael.

> Yolanda está nerviosa **por** el examen.

In most cases such as these, you can also use **a causa de.**

> Yolanda está nerviosa **a causa del** examen.

Act. E, **Suggestion:** Give students 2–3 minutes to complete.
Follow-up: Create lists on board or on overheads of the invented situations: *¿En qué otras circunstancias se sienten bastante tensos?* If there is a pattern in their responses, comment on it. (*Se sienten bastante tensos en varias circunstancias, pero parece que los estudios causan mucha tensión*).

You learned in **Lección 5** that verbs like **sentirse** are not "true reflexives" because no one is doing anything to himself or herself. Nonetheless, these verbs require a reflexive pronoun. Here are some other common verbs that are useful for expressing how a person feels and that require reflexive pronouns.

aburrirse	*to get bored*
alegrarse	*to get happy*
cansarse	*to get tired*
enojarse	*to get angry*
irritarse	*to be (get) irritated*
ofenderse	*to be (get) offended*
preocuparse (por)	*to worry, get worried (about)*

ACTIVIDAD E ¿Cómo te sientes en estas circunstancias?

Marca cada frase que describe tu propia experiencia. Luego inventa una frase de acuerdo con tu personalidad.

1. Me siento bastante tenso/a…
☐ cuando tengo mucho trabajo.
☐ cuando tengo varios exámenes el mismo día.
☐ cuando necesito dinero y no lo tengo.
☐ al final del semestre/trimestre.
☐ ¿ ?

2. Me pongo enojado/a cuando…
☐ saco una mala nota.
☐ alguien habla mal de un amigo mío (una amiga mía).
☐ alguien me promete (*promises*) hacer algo pero no lo hace.
☐ alguien me llama por teléfono mientras duermo.
☐ ¿ ?

3. Me siento muy contento/a cuando…
☐ compro algo nuevo.
☐ me miro en el espejo.
☐ hago ejercicio.
☐ veo a mi familia.
☐ ¿ ?

Act. F, Paso 1, Suggestion:
Give students 1–2 minutes to
complete.
Paso 2, Suggestion: Give students 2–3 minutes to complete
activity.
Follow-up: Ask 3–4 students to
read their sentences aloud. Comment on similarities, e.g., *Parece
que varias personas en la clase
se ofenden cuando la gente
fuma.*

ACTIVIDAD F ¿Te aburres fácilmente?

Paso 1 Indica si cada comentario es típico de tu persona o no.

	ES TÍPICO	ES RARO
1. Me aburro fácilmente.	☐	☐
2. Me enojo por cosas pequeñas.	☐	☐
3. Me irrito cuando no duermo lo suficiente.	☐	☐
4. Me preocupo por mi situación económica.	☐	☐
5. Me alegro cuando mis amigos me invitan a una fiesta.	☐	☐
6. Me ofendo cuando la gente fuma.	☐	☐
7. Me canso fácilmente.	☐	☐

Paso 2 Ahora compara tus respuestas con las de un compañero (una compañera). Escribe dos oraciones en las que mencionas una cosa que Uds. tienen en común y una cosa que no tienen en común.

MODELO   Los (Las) dos nos irritamos cuando no dormimos lo suficiente. En cambio, Rick se ofende cuando la gente fuma, pero yo no.

ACTIVIDAD G Asociaciones

¿Qué emociones asocias con lo que te rodea (*surrounds you*)? Tu compañero/a de clase va a escoger cuatro elementos (uno de cada categoría) y te va a preguntar sobre la emoción o sentimiento que asocias con cada uno. Luego, tú le vas a hacer preguntas a tu compañero/a.

MODELO   E1: ¿Qué emoción asocias con el color rojo?
E2: Asocio el color rojo con el enojo (*anger*). (Me siento tensa cuando pienso en el color rojo.)

Colores

amarillo	**café**	**negro**
azul	**gris** (*gray*)	**rojo**
blanco	**morado** (*purple*)	**verde**

Cosas

el chocolate	**la lluvia**	**un objeto de arte**
las computadoras	**las novelas**	**los regalos** (*gifts*)
el dinero		

Ocasiones

una cita con un	**los exámenes**	**los sábados**
amigo (una amiga)	**un funeral**	**las vacaciones**
mi cumpleaños	**los lunes**	

Personas

mi madre	**mi pareja**	**mi compañero/a de cuarto**
mi padre	**mi hijo/a**	**el profesor (la profesora) de** _____

COMUNICACIÓN

• • • • • • • • • • •

Así se dice

Remember that **tener** +
noun may be used to
express conditions and
states of being. Here are
two more examples.

tener celos
to be jealous

tener envidia
to be envious

• • • • • • • • • • •

Act. G, Suggestions: To begin,
say *¿Qué sentimientos asocias
con lo que te rodea? En parejas,
inventen oraciones en las cuales
asocien ciertos sentimientos con
un color, una cosa, una ocasión
y una persona.* Give students
several minutes to complete
activity.
Follow-up: Ask several students
to volunteer 1–2 sentences. As
each statement is read, ask
class: *¿Cuántos de Uds. están
de acuerdo?*
Optional: Mention several *cosas u ocasiones* not in the text, such as *la Navidad, Jánuca,* or *Kwanzaa.*

Nota comunicativa

Just as in English, Spanish uses a variety of expressions to say how one is feeling. Many of the ones used by Spanish-speaking youth are slang expressions.

To express that you're feeling well, great, and so forth, you can use the following sayings.

¡Estoy muy, pero muy, bien!   ¡Me va superbien!
¡Estoy supercontento!   ¡No puedo estar mejor!

To express negative emotions or states of mind, you can use these expressions.

¡Estoy que me muero!   ¡No aguanto más!
¡Me siento fatal!   ¡No puedo más!
¡Ni me preguntes cómo estoy!

NAVEGANDO LA RED

Busca la página Web de un famoso hispano (una famosa hispana). ¿Menciona esta persona un color, una comida o un objeto favorito y cómo le hace sentir? ¿Habla de sus emociones? Presenta tus resultados a la clase.

IDEAS PARA EXPLORAR

Reacciones

VOCABULARIO

¿Cómo se revelan las emociones?

Talking About How People Show Their Feelings

Jorge mira una película en la televisión. La película tiene escenas muy variadas.

Un día en la vida de Jorge

Durante las escenas cómicas   **Durante las escenas románticas**

Jorge **se ríe.**

Jorge se siente avergonzado y **se sonroja (se pone rojo).**

Durante una escena de suspenso

Jorge **se come las uñas** porque **está asustado.**

Luego, al llegar el final trágico

Jorge **llora** porque **está triste.**

Mientras Yolanda está en su apartamento, ocurre una escena dramática entre su compañera de cuarto y el novio.

Un día en la vida de Yolanda

1. Yolanda está limpiando el apartamento. Se siente muy contenta y por eso **está silbando.**

2. Llega su compañera de cuarto con el novio. **Están muy enojados.**

3. Su compañera **grita,** va directamente al cuarto y **se encierra.**

4. «Silvia, háblame.» Silvia **permanece callada** (es decir, no habla, no contesta).

5. Finalmente cuando se va su novio, Silvia sale de su dormitorio y comienza a **quejarse de** él. «No lo puedo creer. Sólo quiere hacer lo que él quiere. ¡Es tan egoísta!»

6. Yolanda piensa: «¡Qué cómicos! No cambian. Siempre la misma historia.»

Vocabulario útil

asustar	to frighten	**tener dolor de cabeza**	to have a headache
contar (ue) un chiste	to tell a joke	**tener miedo**	to be afraid (*lit.* to have fear)
gritar	to shout, yell		
pasarlo (muy) mal	to have a (very) bad time	**tener vergüenza**	to be ashamed, embarrassed (*lit.* to have shame)

ACTIVIDAD A ¿Por qué?

Tu profesor(a) va a leer las reacciones de algunos estudiantes. Escoge la letra de la actividad que mejor explica por qué esta persona reaccionó de esta manera.

1. **a.** Tiene dolor de cabeza.
   b. Ve a un buen amigo.
   c. Recibió malas noticias.
2. **a.** Recibió un cheque de sus padres.
   b. Descubre que se ganó la lotería.
   c. El dependiente del supermercado no la trató (*treated*) con respeto.
3. **a.** Se preparó un desayuno saludable.
   b. Ofendió a alguien sin querer hacerlo.
   c. Sabe jugar bien al tenis.
4. **a.** Alguien le contó un chiste.
   b. Ve una escena de horror en la televisión.
   c. Se acostó temprano.

Así se dice

In this section you are working with three more verbs that require a reflexive pronoun. Remember that the use of this pronoun does not mean that these verbs are true reflexives! Below is a quick comparison of reflexive **se** (*him/herself*) and nonreflexive **se**. The latter has no exact English equivalent.

REFLEXIVE **SE**	NONREFLEXIVE **SE**
Juan **se admira.**	Juan **se queja** mucho.
Juan admires himself.	*Juan complains a lot.*
Luis **se baña.**	Luis **se sonroja** fácilmente.
Luis takes a bath / bathes himself.	*Luis blushes easily.*
María **se ve** en el espejo.	María **se ríe** sin motivo.
María sees herself in the mirror.	*María laughs for no reason.*

Act. B, **Optional:** Have students work in pairs, with 1 partner reading the definition and the other giving the word.
Follow-up: Quickly read definitions to class; students call out answers: (1) *quejarse* (2) *permanecer callado* (3) *sonrojarse, ponerse rojo* (4) *gritar* (5) *encerrarse.*

ACTIVIDAD B Definiciones

Fíjate otra vez en (*Note once again*) el nuevo vocabulario que aparece con los dibujos de Jorge y Yolanda. Da la palabra que corresponde a cada definición.

MODELO llenarse los ojos de lágrimas (*tears*) → llorar

1. manifestar disgusto o inconformidad con algo o con alguien
2. no decir nada, guardar silencio, no contestar a los demás
3. cambiar de color la cara involuntariamente
4. levantar la voz cuando se está furioso/a
5. entrar en un cuarto y cerrar la puerta para estar solo/a

Act. C, **Suggestion:** Give students 3–4 minutes to conduct interviews. You may want to encourage students to get up and interview students with whom they do not typically interact.
Follow-up: Ask 1–2 questions of several students. *Cuando los dos compañeros de clase con quienes hablaste están enojados, ¿con qué frecuencia gritan?*

ACTIVIDAD C ¿Con qué frecuencia?

Entrevista a dos compañeros/as de clase para averiguar con qué frecuencia reaccionan a las siguientes situaciones.

1 = a menudo (*often*)   **2** = raras veces   **3** = nunca

	E1			E2		
	1	2	3	1	2	3
1. Cuando estás enojado/a, ¿con qué frecuencia gritas?	□	□	□	□	□	□
2. Cuando te sientes triste, ¿con qué frecuencia lloras?	□	□	□	□	□	□
3. Cuando tienes miedo, ¿con qué frecuencia te comes las uñas?	□	□	□	□	□	□
4. Cuando te sientes avergonzado/a, ¿con qué frecuencia te pones rojo/a?	□	□	□	□	□	□
5. Cuando no estás contento/a, ¿con qué frecuencia te quejas?	□	□	□	□	□	□
6. Cuando te sientes muy enfadado/a, ¿con qué frecuencia te encierras en tu cuarto?	□	□	□	□	□	□

ACTIVIDAD D ¿Estás de acuerdo?

Paso 1 Indica si estás de acuerdo o no con las siguientes opiniones.

	ESTOY DE ACUERDO.	NO ESTOY DE ACUERDO.	DEPENDE.
1. Es bueno gritar si uno está muy enojado.	☐	☐	☐
2. Si uno se siente deprimido, es importante llorar.	☐	☐	☐
3. Ponerse rojo es vergonzoso (*embarrassing*).	☐	☐	☐
4. No es malo reírse cuando otra persona se cae (*falls down*).	☐	☐	☐
5. Si alguien lo insulta a uno, es mejor permanecer callado en vez de gritar.	☐	☐	☐
6. Es aceptable silbar en un lugar público, como en un supermercado.	☐	☐	☐

Paso 2 Entrevista a otra persona de la clase para ver si está de acuerdo con tus opiniones. Puedes usar los siguientes modelos.

MODELOS   En tu opinión, ¿es bueno gritar… ?

¿Crees que es bueno gritar… ?

GRAMÁTICA

¿Te falta energía?

The Verbs **faltar** and **quedar**

*A esta chica chilena **le falta energía.** No tiene ganas de hacer nada.*

me te le le nos os les les	+	**falta(n)** **queda(n)**

The verbs **faltar** and **quedar** are similar to **gustar** in that they require indirect object pronouns. Remember that **gustar** actually means *to please* or *to be pleasing.*

Me gusta ayudar a otras personas.

Lit. *Helping other people pleases me.*

Faltar actually means *to be absent* or *not to be present*. Like **gustar,** it can be literally rendered in English, but other preferred ways express the same concept.

Me **faltan** cinco dólares.	*I'm missing five dollars.* (lit. *Five dollars are absent to me.*)
Me **falta** energía.	*I lack energy.* (lit. *Energy is absent to me.*)

Note how you can say that someone is absent from class using **faltar** and that the English equivalent is very close in structure.

Ángela **falta** hoy.	*Ángela is absent today.*

The verb **quedar** means *to be remaining.* Like **gustar** and **faltar,** it has literal and preferred English equivalents. Compare the following.

Me **quedan** diez centavos.	*I have ten cents left.* (lit. *Ten cents are remaining to me.*)
¿Te **quedan** muchas clases para terminar tu carrera?	*Do you have a lot of classes left to finish your degree?* (lit. *Are there many classes remaining to you to finish your degree?*)

From the previous examples, you may have noticed that **faltar** and **quedar** often appear in third person forms.

ACTIVIDAD E Al llegar a la universidad

Act. E, Paso 1, Suggestion: Give students 1–2 minutes to mark their answers.
Paso 2, Suggestion: After students mark their answers, you can ask them to compare their responses with a partner.
Follow-up: Poll class to find out how students responded to the more neutral questions, e.g., *¿Cuántos dicen que les faltaba una buena educación secundaria? ¿independencia económica?* Ask volunteers if they added an item. *¿Quién dice que le faltaba algo más? ¿Qué te faltaba, Emily?*

Paso 1 Piensa en las cosas que les faltan a muchos cuando llegan a la universidad por primera vez. (Si quieres, puedes hablar de las cosas que les faltan a muchos cuando trabajan por primera vez después de graduarse.) Indica lo que piensas.

A muchos estudiantes cuando llegan por primera vez a la universidad...

- ☐ les falta confianza (*confidence*).
- ☐ les falta una buena educación secundaria.
- ☐ les falta la habilidad de organizar el tiempo.
- ☐ les falta independencia económica.
- ☐ les falta(n) _____.

Paso 2 Ahora piensa en las primeras semanas de tus estudios universitarios (o en las primeras semanas en tu trabajo). ¿Cuál(es) de las siguientes oraciones refleja(n) tu situación?

Cuando llegué por primera vez a la universidad...

- ☐ me faltaba confianza.
- ☐ me faltaba una buena educación secundaria.
- ☐ me faltaba la habilidad de organizar el tiempo.
- ☐ me faltaba independencia económica.
- ☐ me faltaba(n) _____.

ACTIVIDAD F ¿Te queda algo?

Paso 1 Indica lo que es verdad para ti.

1. Al final del mes generalmente…
- ☐ me queda dinero.
- ☐ no me queda dinero.

2. Después de estudiar por cuatro horas…
- ☐ me queda energía.
- ☐ no me queda energía.

3. Para terminar la carrera universitaria…
- ☐ me quedan más de 30 créditos.
- ☐ me quedan menos de 30 créditos.

Paso 2 Ahora busca a una persona en la clase que tenga tres de las mismas respuestas que tienes tú. ¿Puedes encontrar a alguien en menos de cuatro minutos hablando sólo en español? Nota: No te olvides de hacer las preguntas correctamente.

MODELO   Al final del mes, ¿generalmente te queda dinero?

ACTIVIDAD G ¿Sabías que… ?

Paso 1 Lee la selección **¿Sabías que… ?** que aparece en la siguiente página. Luego, contesta las preguntas a continuación.

1. ¿Por qué se llama el malestar «el síndrome *invernal*»?

2. ¿Cuáles son los tres síntomas mayores de este síndrome?
   a. A muchos les falta…
   b. También les falta…
   c. Se consumen más…

3. ¿Cuál parece ser la causa del síndrome?

4. Según la selección, ¿en cuál de los siguientes países esperas encontrar más casos de este síndrome? Explica tu respuesta.
   a. México
   b. Chile
   c. Costa Rica

Act. G, Paso 1, **Answers:**
(1) Porque ocurre durante el invierno. (2) a. energía, b. la habilidad de concentrarse, c. drogas y bebidas alcohólicas (3) Parece ser la falta de luz solar. (4) Chile, porque gran parte del país queda en el extremo sur del hemisferio. Durante el invierno (verano en este país y España), los días son muy breves.

Paso 2 Busca los usos de **faltar** en el artículo. ¿Puedes indicar cuál es el sujeto del verbo en cada caso? ¿Puedes dar una equivalencia literal en inglés y también una equivalencia más estándard?

Paso 3 Indica si sufres del síndrome invernal o no. Completa lo siguiente con dos o tres oraciones. Luego, compara lo que escribiste con lo que escribieron otros miembros de la clase.

MODELO   Durante el invierno me siento...

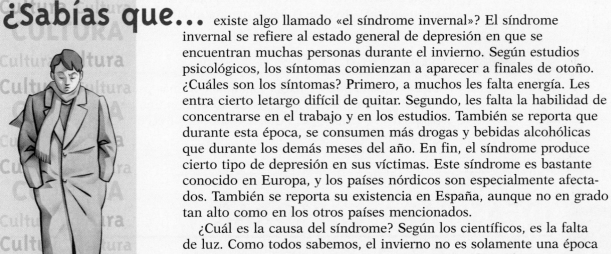

¿Sabías que...

existe algo llamado «el síndrome invernal»? El síndrome invernal se refiere al estado general de depresión en que se encuentran muchas personas durante el invierno. Según estudios psicológicos, los síntomas comienzan a aparecer a finales de otoño. ¿Cuáles son los síntomas? Primero, a muchos les falta energía. Les entra cierto letargo difícil de quitar. Segundo, les falta la habilidad de concentrarse en el trabajo y en los estudios. También se reporta que durante esta época, se consumen más drogas y bebidas alcohólicas que durante los demás meses del año. En fin, el síndrome produce cierto tipo de depresión en sus víctimas. Este síndrome es bastante conocido en Europa, y los países nórdicos son especialmente afectados. También se reporta su existencia en España, aunque no en grado tan alto como en los otros países mencionados.

¿Cuál es la causa del síndrome? Según los científicos, es la falta de luz. Como todos sabemos, el invierno no es solamente una época más fría sino también más oscura.[a] Hay menos luz solar y parece que es esta falta de luz lo que estimula la ocurrencia del síndrome en muchas personas.

_____

[a]más... *darker*

Act. H, Paso 1, Suggestion:
Give students 4–5 minutes to work with a partner and come up with their statements.

ACTIVIDAD H La falta de ánimo

La palabra **ánimo** es similar a la palabra **energía.** Así que si uno dice: «Me falta ánimo», quiere decir que a esa persona le falta energía. En esta actividad, vas a trabajar con un compañero (una compañera) para formular un cuestionario que luego vas a darles a otras personas en la clase.

Paso 1 Con otra persona, escriban cinco oraciones a las cuales una persona pueda responder **siempre** (5), **con frecuencia** (4), **a veces** (3), **casi nunca** (2), **nunca** (1). La idea es hacer oraciones que parecen reflejar situaciones típicas para muchas personas. También deben tratar de variar las situaciones.

Paso 2, **Suggestion:** Give students 3–4 minutes to share their questionnaire with a different classmate and to make modifications.

Follow-up, Optional: Ask a volunteer to write his/her survey on the board or on an overhead transparency. Ask the class to add 5–6 more items. Poll the class to determine if there are patterns. Encourage students to copy down the survey and to conduct it with friends/family outside of class. How does the class compare to friends/family outside of class?

	5	4	3	2	1
MODELO Me falta ánimo después de tomar un examen.	☐	☐	☐	☐	☐
1. _____	☐	☐	☐	☐	☐
2. _____	☐	☐	☐	☐	☐
3. _____	☐	☐	☐	☐	☐
4. _____	☐	☐	☐	☐	☐
5. _____	☐	☐	☐	☐	☐

Paso 2 Ahora, dale el cuestionario a otra persona. ¿Funciona bien el cuestionario? ¿Necesitas hacer alguna modificación?

NAVEGANDO LA RED

Se dice que el país de habla española con más psiquiatras y psicólogos es la Argentina. Busca una página Web argentina para una clínica de psiquiatría o psicología. ¿Qué servicios se ofrecen? ¿Qué dicen que pueden hacer por ti?

IDEAS PARA EXPLORAR

Para sentirte bien

VOCABULARIO

¿Qué haces para sentirte bien?

Talking About Leisure Activities

Para sentirse bien Yolanda participa en actividades físicas.

Hace ejercicios aeróbicos.

Levanta pesas.

Nada.

Juega al basquetbol. **Camina.** Juega al tenis.

También le gusta hacer otras cosas que la relajan.

Sale con los amigos. Va al cine. Va de compras.

Cuando se siente tenso, Jorge, al igual que Yolanda, hace actividades físicas como practicar deportes.

Corre. Juega al fútbol. **Juega al béisbol.** **Juega al boliche.**

A veces se dedica a actividades artísticas en su casa.

Pinta.   Toca la guitarra.   **Canta.**

ACTIVIDAD A Categorías

Paso 1 Tu profesor(a) va a leer una lista de actividades. Escribe cada actividad en la categoría apropiada.

SE PUEDE PRACTICAR A SOLAS (*ALONE*).	SE REQUIEREN DOS O MÁS PERSONAS.

Paso 2 Haz lo que hiciste en el **Paso 1,** pero con otras categorías.

SE REQUIERE UNA HABILIDAD ESPECIAL.	NO SE REQUIERE NINGUNA HABILIDAD.

Paso 3 Compara las respuestas que diste en los **Pasos 1** y **2** con las de un compañero (una compañera) de clase. ¿Están totalmente de acuerdo? ¿En qué actividades no están Uds. de acuerdo?

COMUNICACIÓN

ACTIVIDAD B Asociaciones

Tu profesor(a) va a leer varias actividades. Empareja los elementos de la siguiente lista con cada actividad.

1. __b__ las raquetas
2. __e__ los músculos
3. __g__ las tarjetas de crédito
4. __d__ el agua
5. __a__ Pablo Picasso
6. __f__ la Serie Mundial
7. __c__ la Copa Mundial
8. __h__ el violín

ACTIVIDAD C ¿Qué actividad?

El profesor (La profesora) va a leer una lista de actividades. Di cuáles están relacionadas con las siguientes descripciones.

1. _____ Para hacer esto, se necesitan zapatos (*shoes*) especiales.
2. _____ Para practicar esta actividad, se necesitan dos equipos de nueve personas cada uno. Se dice que este deporte es el típico pasatiempo de los Estados Unidos.
3. _____ Para hacer esto, hay que decidir primero si se quiere ver una película romántica, cómica, de suspenso o de acción.
4. _____ Para hacer esto, es mejor tener inclinaciones artísticas.
5. _____ Esta actividad es más popular en el verano que en el invierno.

ACTIVIDAD D ¿Qué les recomiendas?

Paso 1 Las siguientes personas quieren hacer algo, pero no saben exactamente qué. Según lo que dicen, sugiéreles por lo menos una actividad.

MODELO   Me siento triste hoy. Quiero hacer algo para animarme (*cheer me up*). No quiero estar solo. →
Puedes jugar al boliche o al basquetbol con alguien.

1. Estoy muy tenso. Mañana es sábado y necesito hacer ejercicio, pero nada que requiera mucho esfuerzo (*effort*) físico.
2. No soy una persona activa. Prefiero hacer cosas intelectuales o artísticas.
3. Estoy bastante cansada. No quiero salir de casa, pero necesito hacer algo para relajarme.
4. Quiero hacer alguna actividad física pero hoy hace mal tiempo. Quiero hacer algo sin tener que salir al aire libre (*outside*).
5. Cuando me siento muy tenso, me encanta participar en cualquier deporte que requiera mucha energía y que sea competitivo.

Paso 2 Ahora inventa dos situaciones como las que aparecen en el **Paso 1.** Luego preséntaselas a otras dos personas. ¿Qué recomendaciones te dan? ¿Cuál es tu reacción personal? ¿Te gusta cada sugerencia?

GRAMÁTICA

¿Qué hacías de niño/a para sentirte bien?

Para sentirse bien,
Yolanda **jugaba** con los
muñecos. Ahora le
encanta jugar al tenis.

(yo)	pintaba corría salía	(nosotros/as)	pintábamos corríamos salíamos
(tú)	pintabas corrías salías	(vosotros/as)	pintabais corríais salíais
(Ud.)	pintaba corría salía	(Uds.)	pintaban corrían salían
(él/ella)	pintaba corría salía	(ellos/ellas)	pintaban corrían salían

In **Lección 6** you learned that the imperfect can be used to talk about events that occurred repeatedly in the past. Such habitual events in the past, often translated into English as *used to + verb* or *would + verb*, are rendered in Spanish with a single verb.

Jorge **se aburría** en la escuela
secundaria.

Jorge would get bored (*used to get bored*) in high school.

¿Qué **hacías** de niño para
sentirte bien?

What did you do (*used to do*) as a child to feel well?

Remember that imperfect verb forms do not have stem-vowel changes or repeat any irregularities from either the present or the preterite tense. However, the following verbs are irregular in the imperfect.

ir   iba, ibas, iba, iba,
íbamos, ibais, iban, iban

ser   era, eras, era, era,
éramos, erais, eran, eran

Act. E, Paso 1, Suggestion:
Give class 1–2 minutes to
complete activity.
Paso 2, Give students 2–3
minutes to write out answers.
Ask 3–4 individuals to share
their experiences with class.

ACTIVIDAD E Jorge: Antes y ahora

Paso 1 Empareja las frases de la columna A con las de la columna B para expresar lo que Jorge hacía antes y lo que hace ahora.

A

1. __b__ Cuando se ponía triste…
2. __c__ Cuando quiere relajarse…
3. __a__ Cuando estaba con sus
   amigos y hacía buen
   tiempo…
4. __e__ Cuando le faltaba
   energía…
5. __d__ Cuando se ponía
   nervioso…

B

a. nadaba.
b. hablaba con su mamá.
c. pinta o hace otra actividad
   artística.
d. se comía las uñas (¡todavía lo
   hace!).
e. pero ahora hace algo físico
   para animarse.

Paso 2 Entre las actividades que Jorge hacía antes en el **Paso 1,** escoge una que tú no hacías, y entre las actividades que hace él ahora, escoge una que tú tampoco/también haces. Ahora, escribe un párrafo con ellas según el modelo.

MODELO Antes, cuando Jorge se ponía triste, hablaba con su mamá. A diferencia de Jorge, yo hablaba con mi papá. Ahora, cuando Jorge quiere relajarse, pinta; yo también.

Act. F, **Suggestion,** *Paso 1:*
Give students 2–3 minutes to complete activity.
Paso 2, **Suggestion:** Before students do this, model it for them so that instructions are clear. Give pairs 3–4 minutes to do activity.
Follow-up: Ask for volunteers, with class guessing answers.

ACTIVIDAD F ¿Qué hacías y qué haces para sentirte mejor?

Paso 1 Completa las siguientes oraciones con detalles de tu vida.

DE ADOLESCENTE
1. Cuando me enojaba con mis amigos…
2. Cuando me faltaba dinero…
3. Cuando me sentía tenso/a…
4. Cuando estaba muy alegre (*happy*)…
5. Cuando lo pasaba muy mal (*I had a very bad time*)…

AHORA
Cuando me enojo con mis amigos…
Cuando me falta dinero…
Cuando me siento tenso/a…
Cuando estoy muy alegre…
Cuando lo paso muy mal…

Paso 2 Trabaja con un compañero (una compañera) de clase. Sin leerle la primera parte de la oración, léele una de las frases que tú escribiste. Él/Ella tiene que determinar a qué pregunta te refieres.

MODELO E1: …escuchaba música sentimental en mi cuarto.
        E2: ¿Escuchabas música sentimental cuando lo pasabas mal?
        E1: ¡Exacto!

ACTIVIDAD G Los hispanos hablan

Paso 1 Lee la selección **Los hispanos hablan** en la siguiente página. Luego, contesta las preguntas a continuación.

Act. G, Paso 1, **Answers:**
(1) *Jugaba al basquetbol, corría y nadaba.* (2) a
Paso 2, **Answers:** (1) *Nada, corre y va en bicicleta a la universidad.* (2) *para quitarse el estrés y sentirse mejor consigo misma.* (3) *Piensa hacer un poco más.*

1. ¿Cuáles son los tres deportes que Nuria practicaba de niña?
2. ¿Cuál de las siguientes declaraciones es verídica (*true*) para Nuria?
   a. De niña practicaba más deporte que ahora.
   b. De niña practicaba menos deporte que ahora.
   c. En cuanto al deporte era tan activa de niña como ahora.

Los hispanos hablan: ¿Practicas algún deporte? Explica por qué lo practicas.

«Pues, cuando era pequeña practicaba el baloncesto y también corría bastante, la natación... Creo que hacía bastante más deporte que ahora de más mayor. Y actualmente no hago demasiado deporte pero me encanta la natación, me gusta muchísimo. Y corro de vez en cuando. Eso también está bien. Y también voy en bicicleta, porque vivo en un pequeño pueblo de aquí, de Illinois, y entonces voy a la universidad, al campus, así que es también un medio de transporte, sobre todo en el verano. Y la razón por la que hago deporte es básicamente para quitarme el estrés y para sentirme mejor conmigo misma. Así que esas son las razones por las que hago deporte. Y debería hacer un poco más pero ese es el próximo objetivo.»

Los hispanos hablan

¿Practicas algún deporte? Explica por qué lo practicas.

NOMBRE: Nuria Sagarra

EDAD: 26 años

PAÍS: España

«Pues, cuando era pequeña practicaba el baloncesto[a] y también corría bastante, la natación... Creo que hacía bastante más deporte que ahora de más mayor[b]... »

---

[a]basquetbol (*Sp.*)   [b]más... *older*

Paso 2 Ahora mira el segmento completo. Después, contesta las siguientes preguntas.

1. ¿Qué deportes practica Nuria ahora?
2. Nuria menciona dos razones para hacer deporte. ¿Cuáles son?
3. Respecto al deporte, ¿menciona Nuria sus planes para el futuro?

Paso 3 A base de lo que dice Nuria y tus experiencias personales, contesta las siguientes preguntas.

1. En cuanto a los deportes, compara tu niñez con la de Nuria. ¿Hay semejanzas o diferencias? Da ejemplos.
2. Compara tu niñez con tu vida de ahora. ¿Hacías más deporte de niño/a o haces más deporte ahora? Explica.

COMUNICACIÓN

Act. H, Paso 1, **Follow-up:** Ask class which item they chose.

ACTIVIDAD H ¿Cómo se sentían?

Se sabe que en este siglo muchas personas viven bajo muchas tensiones. Pero, ¿tenía la gente de otras épocas más tensiones que la gente de hoy?

Paso 1 Con un compañero (una compañera), piensa en la vida de los seres prehistóricos o primitivos. Escojan una de las siguientes oraciones.

Los seres primitivos...

1. ☐ llevaban (*led*) una vida tranquila. No vivían tan tensos como la gente de hoy.
2. ☐ tenían muchas preocupaciones. Sentían las presiones propias de (*belonging to*) su época.

Paso 2, **Suggestion:** Divide class into groups of 4 or divide the class so that there are a total of 7 groups, and assign each a different group (1–7).

Paso 3, **Suggestion:** Give groups 4–5 minutes to write out sentences.

Paso 4, **Suggestion:** Encourage class to take notes as groups and to give presentations. You may want to ask follow-up questions after each presentation.

After the presentations, ask class, *¿Era más fácil sentirse bien en el pasado o es más fácil sentirse bien ahora?*

Paso 2 La clase debe dividirse en grupos de cuatro. A cada grupo se le va a asignar uno de los siguientes grupos:

1. los seres prehistóricos
2. los griegos de la época clásica
3. los aztecas antes de la llegada de los españoles
4. las familias de la época medieval
5. los pioneros norteamericanos del siglo XIX
6. los adolescentes norteamericanos típicos de los años 60
7. los adolescentes norteamericanos típicos de los años 20

Paso 3 ¿Qué hacían para sentirse bien? Cada grupo debe escribir por lo menos cinco oraciones sobre los hábitos de las personas en la época que se le ha asignado (*has been assigned to it*). Aquí tienen algunas sugerencias.

bailar
beber bebidas alcohólicas
cantar
contar chistes/historias
jugar
leer
nadar
pintar
tocar algún instrumento musical

Paso 4 Cada grupo debe presentar sus oraciones a la clase. Los otros compañeros deben escuchar cada presentación y, después, indicar sus opiniones sobre esta pregunta: *¿Era más fácil sentirse bien en el pasado o es más fácil sentirse bien ahora?*

En tu opinión, **Suggestions:** This is an optional activity in which students are asked to share their opinions of the statements provided. You can ask them to first discuss their opinions with a partner or in small groups before having a class discussion. Students can also be given a choice of the statement they prefer to discuss. Another option is to assign half the class one of the statements, the other half the other statement.

EN TU OPINIÓN

«Si a una persona le falta energía, es porque come mal.»
«Si un profesor (una profesora) está de mal humor, los estudiantes no deben poder notarlo durante la clase.»

NAVEGANDO LA RED

Busca la página Web de un famoso hispano (una famosa hispana). Luego, busca información sobre qué actividades hacía él (ella) de niño/a. Comparte tus resultados con la clase.

INTERCAMBIO

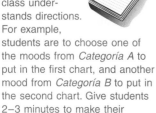

Entrevistas

Propósito: obtener información para luego escribir una composición.

Papeles: una persona entrevistadora y una persona entrevistada.

Paso 1 Mira el esquema a continuación. Vas a entrevistar a un compañero (una compañera) de clase y llenar el esquema con los datos obtenidos de la entrevista. Pero antes, escoge un estado de ánimo de la categoría A y después uno de la categoría B y piensa en las preguntas que vas a hacerle a la persona.

CATEGORÍA A	CATEGORÍA B
contento/a	enojado/a
relajado/a	tenso/a
	triste o deprimido/a

MODELO   De adolescente, ¿te sentías tenso/a a menudo? Y ahora, ¿también te sientes tenso/a a menudo? ¿Cuándo te sientes así? ¿En qué circunstancias?

Intercambio, Paso 1, **Suggestions:** Make sure class understands directions. For example, students are to choose one of the moods from *Categoría A* to put in the first chart, and another mood from *Categoría B* to put in the second chart. Give students 2–3 minutes to make their choices and to think about or jot down the questions they will ask a classmate.

Nombre _____

Especialización _____

CATEGORÍA A

1. De adolescente se sentía _____

   ☐ a menudo   ☐ de vez en cuando   ☐ nunca

2. Ahora se siente _____

   ☐ a menudo   ☐ de vez en cuando   ☐ nunca

Circunstancias:

Indicaciones:

1. De adolescente se sentía _____

☐ a menudo   ☐ de vez en cuando   ☐ nunca

2. Ahora se siente _____

☐ a menudo   ☐ de vez en cuando   ☐ nunca

Circunstancias:

Indicaciones:

Lo que debe hacer para cambiar de ánimo:

Paso 2, **Suggestion:** Give students several minutes to interview and be interviewed.
Paso 3, **Suggestion:** Give class 8–10 minutes to write composition.
Paso 3, **Optional:** This can be assigned as homework.
Follow-up: Several volunteers can read their compositions to class. You can also collect these and evaluate for content and effort.

Paso 2 Entrevista a la persona y apunta las respuestas en el esquema.

Paso 3 Usando los datos obtenidos en los pasos anteriores, escribe una pequeña composición en la que te comparas a ti mismo/a (*yourself*) con la persona que entrevistaste. Debes utilizar el siguiente modelo para organizar tu composición.

INTRODUCCIÓN
«Acabo de entrevistar a José sobre algunos de sus estados de ánimo. Ahora voy a hacer una comparación entre él y yo.»

PÁRRAFO 1
«José... »

PÁRRAFO 2
«Yo... »

CONCLUSIÓN
«Se puede ver que José y yo _____.»

Vistazos culturales
La globalización en el mundo hispano

¿Sabías que... la globalización ha tenido[a] un impacto muy grande en el mundo hispano? En términos generales la globalización es un fenómeno económico que se refiere al proceso de desnacionalizar los mercados domésticos para permitir inversiones[b] en mercados extranjeros. Muchas compañías norteamericanas y europeas han invertido[c] en países hispanos. La globalización ha causado[d] muchos cambios en la vida diaria de los hispanos, sobre todo en cuanto a la lengua, la ropa y la dieta.

---

[a]ha... *has had*   [b]*investments*   [c]ha... *have invested*   [d]ha... *has caused*

Desde hace un par de décadas[a] el interés en aprender y hablar inglés ha crecido[b] mucho en Latinoamérica. En varios países hispanos el inglés se oye en los anuncios y en las conversaciones diarios.

---

[a]Desde... *Over the past two decades*   [b]ha... *has grown*

En el español diario de Venezuela es común oír palabras del inglés con sufijos verbales del español como **faxear** o **clickear.** Ademas, los restaurantes, gimnasios y clubes nocturnos tienen nombres en inglés como *Crystal Ranch, Sport Center* y *Studio Fifty Four.*

En México algunos productos lácteos sin crema se anuncian con la palabra inglesa *light* en lugar de la palabra española **descremada.** También se usan muchas expresiones con palabras inglesas. Por ejemplo: «Dame *chance*.» o «Me gusta tu *look*.»

¡PRECIO BAJO! $7⁶⁰
Leche Lala®
• 1 lt
• Entera, semidescremada o light

En Caracas hay un barrio acomodado[a] llamado Las Mercedes donde las calles tienen nombres norteamericanos como *New York Street* y *Fifth Avenue.*

---

[a]*affluent*

Las compras

En muchos países hispanos, la gente va a varios lugares para hacer sus compras semanales.[a] Va a la carnicería para comprar carne, a un mercado abierto para comprar frutas y verduras, a una farmacia para comprar medicina, etcétera. En este país esta costumbre casi no existe. En cambio tenemos, y hemos tenido[b] por muchos años, supermercados y grandes tiendas tipo almacén[c] como WalMart y Target que venden de todo en un solo lugar. Pero por el proceso de la globalización la tienda tipo almacén es cada vez más común en el mundo hispano. Debido a este proceso, la manera en que muchos hispanos hacen sus compras ha cambiado,[d] especialmente en las ciudades grandes.

[a]*weekly* [b]*hemos... we've had* [c]*warehouse* [d]*ha... has changed*

La dieta

Además de cambiar la manera en que los hispanos hacen sus compras, la globalización ha cambiado también lo que muchos hispanos comen. La tradición de la comida rápida en los Estados Unidos ha influido en[a] la dieta de muchos hispanos. La franquicia McDonald's, por ejemplo, tiene ocho restaurantes en Bolivia y más de 175 en México. Otras cadenas[b] que ahora son comunes en el mundo hispano incluyen Burger King, Kentucky Fried Chicken, Pizza Hut, Taco Bell y otras.

[a]*ha... has influenced* [b]*chains*

La ropa

En muchas partes del mundo hispano la influencia de los Estados Unidos se ve en la ropa. Marcas como Levi's, Calvin Klein, Ralph Lauren, Nike, Reebok y otras se pueden conseguir muy fácilmente en las ciudades grandes del mundo hispano.

Un McDonald's en La Paz, Bolivia

La cocina

El horario de trabajo y el tiempo que se tiene para preparar las comidas han cambiado mucho también. Ya no hay tanto tiempo para preparar las comidas caseras. Ahora en los supermercados se venden más productos congelados[a] y comidas que se pueden preparar rápidamente como mezclas en polvo[b] para preparar salsas y aguas de fruta,[c] comidas enlatadas,[d] comidas para microondas[e] así como otras comidas y bebidas que tradicionalmente antes sólo se preparaban a mano.[f]

[a]*frozen* [b]*mezclas... powdered mixes* [c]*aguas... fruit drinks* [d]*canned* [e]*microwave* [f]*a... from scratch*

ACTIVIDADES ¿Qué recuerdas?

Termina las siguientes oraciones.

1. En México, se usa la palabra inglesa _____ para nombrar productos bajos en grasa.
2. En _____ es común encontrar calles con nombres en inglés como *Fifth Avenue.*
3. La expresión mexicana «Dame *chance.*» quiere decir: «_____» en inglés.
4. El sufijo que se les agrega (*is added*) a palabras inglesas para formar nuevos verbos en español es _____.
5. Tres compañías norteamericanas que han influido en la vida hispana son _____, _____ y _____.

NAVEGANDO LA RED

Selecciona *uno* de los siguientes proyectos. Luego presenta tus resultados a la clase.

1. Busca información sobre la historia de la compañía alemana Volkswagen en Latinoamérica. Haz lo siguiente.

   a. Prepara una lista de los países y ciudades hispanos donde hay fábricas de automóviles Volkswagen.

   b. Averigua el número de empleados (*employees*) que trabajan en estas fábricas.

   c. Escoge *uno* de los países de la parte **a** y describe brevemente cómo la presencia de la fábrica Volkswagen ha influido en la vida diaria de los habitantes del país.

2. Busca información sobre el fenómeno de *code switching* en las comunidades hispanas en los Estados Unidos. Haz lo siguiente.

   a. Define el fenómeno de *code switching*.

   b. Menciona en qué partes de los Estados Unidos es común oír *code switching* entre español e inglés.

   c. Da unos ejemplos de *code switching* entre español e inglés.

VOCABULARIO COMPRENSIVO

Los estados de ánimo* — States of Mind

aburrirse	to get bored
alegrarse	to get happy
cansarse	to get tired
enojarse	to get angry
estar	to be
aburrido/a (R)	bored
asustado/a	afraid
cansado/a	tired
enojado/a	angry
nervioso/a	nervous
tenso/a	tense
irritarse	to be (get) irritated
ofenderse	to be (get) offended
ponerse (*irreg.*)	to get
contento/a	happy
enfadado/a	angry
triste	sad
relajarse	to relax
sentirse (ie, i)	to feel
alegre	happy
avergonzado/a	ashamed, embarrassed
deprimido/a	depressed
orgulloso/a	proud
relajado/a	relaxed

¿Cómo te sientes?	How do you feel?
¿Qué te pasa?	What's the matter?

Reacciones — Reactions

asustar	to frighten
comerse las uñas	to bite one's nails
encerrarse (ie) (en su cuarto)	to shut oneself up (in one's room)
gritar	to shout, yell
llorar	to cry
pasarlo (muy) mal	to have a (very) bad time

permanecer callado/a	to keep quiet
ponerse rojo/a	to blush
preocuparse	to worry, get worried
quejarse	to complain
reír(se) (i, i)	to laugh
silbar	to whistle
sonreír (i, i)	to smile
sonrojarse	to blush
tener dolor de cabeza	to have a headache
tener miedo	to be afraid
tener vergüenza	to be ashamed, embarrassed

Para sentirse bien — To Feel Well

caminar	to walk
cantar	to sing
jugar (R) **al**	to play
basquetbol	basketball
béisbol	baseball
tenis	tennis
jugar al boliche	to bowl
levantar pesas	to lift weights
pintar	to paint

Repaso: correr, hacer ejercicio, ir al cine, ir de compras, jugar al fútbol, nadar, practicar un deporte, salir con los amigos, tocar la guitarra

Palabras y expresiones útiles

contar (ue) un chiste	to tell a joke
encantar (R)	to be very pleasing
estar de buen (mal) humor	to be in a good (bad) mood
faltar	to be missing, lacking
hacer ruido	to make noise
quedar	to be remaining
sacar una buena (mala) nota	to get a good (bad) grade

---

*Many of the adjectives referring to states of mind can be used with more than one verb. For example, **estar nervioso/a** and **sentirse nervioso/a** are both possible.

LECCIÓN **11**

¿Cómo te relajas?

¿Qué actividades te hacen sentir bien? En esta lección vas a examinar este tema un poco más y también vas a

◆ hablar de actividades y lugares que se asocian con relajarse

◆ aprender sobre los usos del infinitivo y la forma **-ndo**

◆ repasar el pretérito y aprender nuevas formas

◆ aprender a narrar una historia en el pasado, usando el pretérito y el imperfecto

◆ examinar algunas diferencias culturales entre los Estados Unidos y el mundo hispano con respecto al humor

ALTO Before beginning this lesson, look over the **Intercambio** activity on page 313. This is the activity you will be working toward throughout the lesson.

Me relajo esquiando con los amigos.

IDEAS PARA EXPLORAR

El tiempo libre

VOCABULARIO

¿Qué haces para relajarte?

More Activities for Talking About Relaxation

Para relajarse las siguientes personas practican deportes.

Juegan al golf,

al voleibol y...

también **saltan a la cuerda.**

Para relajarse las siguientes personas...

esquían en las montañas o...

esquían en el agua.

A esta persona le gusta...

andar en bicicleta,

patinar y...

andar en patineta.

A esta persona le gusta...

dibujar y también...

trabajar en el jardín.

A este chico le gusta...

meditar o...

bañarse en un jacuzzi.

Act. A, Statements: Read each of following to class, then read each possible response. Students need only give letter of correct response. (1) *Esta actividad se practica en el invierno porque es necesario que haya nieve para hacerla.* (b) (2) *Se hace esta actividad a solas.* (b) (3) *Esta actividad se asocia mucho con las niñas.* (c) (4) *Por lo general este deporte se practica en el verano, cuando hace calor.* (a) (5) *Esta actividad puede ser tranquila pero a veces requiere mucho esfuerzo físico. Es popular entre la gente a quien le gusta cultivar flores y plantas.* (b) (6) *Esto es un acto solitario que requiere mucha concentración mental. Se asocia con el yoga.* (a)
Follow-up: Name the following activities. Allow students to call out responses, with you repeating each response. In parentheses are associations you may add if not mentioned by students. (1) *andar en bicicleta (Tour de France, casco, calor, piernas musculosas,* etc.) (2) *bañarse en un jacuzzi (agua caliente, aromaterapia, trajes de baño, refrescos, fiestas,* etc.) (3) *dibujar (artistas, papel, lápices, exhibiciones, museos,* etc.) (4) *jugar al voleibol (pelota, red, playa, arena, varias personas,* etc.) (5) *jugar al golf (pelota, palos, césped, hombres o mujeres de negocios, sol,* etc.)

Vocabulario útil

la aromaterapia		**los patines** (inline)
el monopatín*	scooter; skateboard	**(en línea)** skates
		la patineta* skateboard
el patinaje	skating	**el yoga**

ACTIVIDAD A ¿Qué actividad es?

Escoge la actividad que describe tu profesor(a).

1. a. esquiar en el agua   **b.** esquiar en las montañas   **c.** jugar al golf
2. a. jugar al tenis   **b.** dibujar   **c.** jugar al voleibol
3. a. trabajar en el jardín   **b.** jugar al tenis   **c.** saltar a la cuerda
4. a. esquiar en el agua   **b.** dibujar   **c.** patinar
5. a. saltar a la cuerda   **b.** trabajar en el jardín   **c.** jugar al golf
6. a. meditar   **b.** bañarse en un jacuzzi   **c.** andar en bicicleta

ACTIVIDAD B Actividades apropiadas

Usando la lista de actividades que se da en la sección anterior, ¿qué actividad *no* le recomiendas a las siguientes personas?

1. a alguien que sufre (*suffers*) de artritis
2. a alguien que tiene problemas cardíacos
3. a alguien a quien le gusta vivir una vida solitaria
4. a alguien que no sabe nadar
5. a alguien que pierde el equilibrio fácilmente
6. a alguien a quien no le gusta sudar (*sweat*)

Act. B, Suggestion: Make sure students choose activities that are *not* appropriate.

Follow-up: Read each item aloud, asking students to volunteer answers. Possible responses include: (1) *jugar al voleibol, saltar a la cuerda, esquiar en las montañas;* (2) *patinar, bañarse en el jacuzzi;* (3) *jugar al voleibol, jugar al tenis;* (4) *esquiar en el agua, bañarse en un jacuzzi;* (5) *andar en patineta, esquiar en las montañas, esquiar en el agua, patinar;* (6) *saltar a la cuerda, andar en bicicleta, trabajar en el jardín.*

*For many Spanish speakers, **monopatín** means *skateboard*. However, since **monopatín** now also means *scooter*, the word **patineta** with the meaning *skateboard* is gaining popularity to avoid confusion.

ACTIVIDAD C Firma aquí, por favor

Paso 1 Busca a personas en la clase que den (*give*) respuestas afirmati-
vas a tus preguntas.

1. ¿Sabes patinar en línea?
2. ¿Andas mucho en bicicleta?
3. ¿Te gusta trabajar en el jardín?
4. ¿Dibujas bien?
5. ¿Juega al golf tu madre (padre, abuelo)?
6. ¿Medita alguien en tu familia?
7. ¿Haces yoga (Utilizas la aromaterapia)?
8. ¿Te gusta andar en patineta (monopatín)?

Paso 2 Comparte los resultados con el resto de la clase.

VOCABULARIO

¿Adónde vas para relajarte?

Talking About Places and Related Leisure Activities

A estas personas les gusta hacer algo en el agua para relajarse. Por
ejemplo…

pescan en el **río,** | **navegan en un barco** en el **lago** y… | **bucean** en el **mar (océano).**

Estas personas prefieren…

escalar montañas o… | **hacer camping (acampar)** en el **bosque.**

Estas personas se relajan cuando...

dan un paseo por el **desierto** o...

tienen un picnic en el **parque**.

Y estas personas se sienten más relajadas si hacen algo en la ciudad, por ejemplo, cuando...

ven una exposición en el **museo** o...

conversan con los amigos en un café.

Act. D, Suggestion: To set up activity, say: *Voy a describir una actividad y Uds. van a indicar la letra (a, b, o c) del lugar que se asocia con esa actividad.* Read each of the following statements, repeating only if requested by students. (Remind students to use Spanish classroom expressions: *Repita, por favor; Otra vez, por favor;* etc.) (1) *A muchas personas les gusta reunirse aquí con los amigos para tomar un café y conversar.* (b) (2) *Muchas personas van allí para caminar y para hacer camping.* (a) (3) *Vas a este lugar si te interesan las actividades culturales y el arte en particular.* (a) (4) *Muchos van a este lugar seco y caliente para tomar el sol y caminar al aire libre entre los cactos.* (a) (5) *La persona que quiere ~~usar una bicicleta estacionaria~~ o hacer otro tipo de ejercicio físico va a este lugar.* (c)

Act. E, Suggestion: Make sure that students pair up. **Paso 1, Suggestion:** Make sure that only one person in each pair has his or her book open. Give students 1–2 minutes to complete. **Paso 2, Suggestion:** Make sure students switch roles. Again, give 1–2 minutes to complete. **Paso 3, Suggestion:** Give students 1 minute to check their answers. **Follow-up:** Read several additional statements to class: *Se puede hacer camping en el bosque, en las montañas o en el desierto,* etc.

ACTIVIDAD D ¿Dónde se hace?

Escoge el lugar que se asocia con la actividad que describe tu profesor(a).

1. **a.** el lago   **b.** el café   **c.** las montañas
2. **a.** el bosque   **b.** el río   **c.** el museo
3. **a.** el museo   **b.** el mar   **c.** el parque
4. **a.** el desierto   **b.** el bosque   **c.** el café
5. **a.** el museo   **b.** el lago   **c.** el gimnasio

ACTIVIDAD E ¿Cierto o falso?

Paso 1 En grupos de dos, una persona va a leerle las siguientes oraciones a un compañero (una compañera). La persona que escucha las oraciones debe determinar si cada oración es cierta o falsa. Esta persona también debe cerrar su libro.

1. Bucear es una actividad con que se asocia el desierto.
2. El acto de visitar un museo se considera como una actividad cultural.
3. Es importante saber nadar si vas a navegar en un barco.
4. Escalar montañas es una actividad apropiada para la persona aventurera.

Paso 2 Ahora, cambien los papeles (*switch roles*) y continúen este **Paso** con las mismas instrucciones del **Paso 1**.

1. Se considera conversar en un café como una actividad física.

2. A muchas personas que tienen un picnic les molestan los insectos.

3. Pescar es una actividad apropiada para el individuo obsesionado con hacer ejercicio.

4. Esquiar en las montañas es una actividad con que se asocia el invierno.

Paso 3 Ahora los (las) dos pueden leer todas las oraciones. ¿Las contestaron bien todas?

ACTIVIDAD F ¿Qué otras actividades?

Paso 1 Usando las varias actividades ya mencionadas en esta lección y otras lecciones anteriores, escribe cinco actividades para cada categoría.

1. actividades acuáticas
2. actividades artísticas o culturales
3. actividades sociales
4. actividades al aire libre
5. otras actividades

Paso 2 Compara lo que escribiste con lo que escribió un compañero (una compañera) de clase. ¿Qué escribieron Uds. como otras actividades?

Paso 3 Ahora, toda la clase va a pensar en las actividades que ayudan a aliviar la tensión y a relajarse y que se pueden incluir en la categoría **otras actividades.** No deben ser actividades físicas. ¿Cuántas más pueden añadir?

ACTIVIDAD G ¿Sabías que... ?

Paso 1 Lee la selección **¿Sabías que... ?** que aparece en la siguiente página. Luego, contesta las siguientes preguntas.

1. En general, ¿cuál es el deporte más popular en el mundo hispano?

2. ¿En qué región suele ser el béisbol el deporte más popular?

3. ¿De qué país viene un gran número de beisbolistas que juegan profesionalmente en los Estados Unidos y el Canadá?

Paso 2 Entrevista a dos o tres compañeros/as de clase.

1. Para relajarte, ¿te gusta jugar al béisbol?

2. Para relajarte, ¿te gusta mirar un partido de béisbol?

3. En tu opinión, ¿cuál es el deporte nacional de este país?

Act. F, Paso 1, **Suggestion:** Give students 2–3 minutes to complete *paso.*
Paso 2, **Suggestion:** Give students a minute to compare answers with a partner.
Follow-up: Ask class: *¿Qué escribieron en la sección de* **actividades acuáticas? ¿activi-** **dades artísticas** **o culturales?,** etc. Write responses on board or overhead transparency.
Paso 3, **Suggestion:** Ask for volunteer responses, and write responses on board or overhead transparency. How many included these activities: *meditar, llorar, gritar, silbar, reír?*

El festival anual de bicicleta en Madrid, España

Act. G, Paso 1, **Suggestion:** Give students 3–4 minutes to read the selection and to answer the questions.
Answers: (1) *el fútbol* (2) *en el Caribe* (3) *de la República Dominicana*
Follow-up: Ask class to call out answers to the three questions.
Optional: Ask students to identify names of professional baseball players in this country from Spanish-speaking countries, and the countries they are from. Write two column headings on board: *Nombre del jugador* and *País de origen.* Then make a list as students call out information. Are the players mentioned from the Caribbean? From what countries?
Paso 2, **Suggestion:** Give students 2 minutes to conduct interview.
Follow-up: Ask 5–6 students to share the results of the interview with class. *¿Es el béisbol popular entre los compañeros de clase?*

¿Sabías que...

el béisbol se considera el deporte nacional en las naciones del Caribe? Mientras que el fútbol es el deporte más popular en el mundo, inclusive en la mayoría de los países hispanos, el béisbol es el más popular en los países caribeños. En lugares como la República Dominicana, Cuba y Puerto Rico el béisbol goza de una tremenda popularidad. Muchos de los beisbolistas de las Grandes Ligas de los Estados Unidos y el Canadá vienen del Caribe, y de la República Dominicana en particular. Algunos de los beisbolistas dominicanos más famosos incluyen a Sammy Sosa, Rafael Furcal, Julio Lugo y Manny Ramírez.

El béisbol es el deporte nacional de varios países del Caribe.

COMUNICACIÓN

Act. H, Paso 1, Suggestion: Model *Paso 1* with a personal example. Then time students for 3 minutes.
Paso 2, Suggestion: Give students 2 minutes to compare answers with partner's.
Follow-up: Have students call out 1–2 activities they have in common.
Paso 3, Suggestion: Make sure students understand instructions. They are to write out reasons why the 3 activities they choose from their list are good for them.

ACTIVIDAD H Para relajarme...

Paso 1 En tres minutos, haz una lista de por lo menos cuatro de las actividades que escribiste en la **Actividad F** que más te gustan. Puede ser algo que haces con frecuencia o sólo de vez en cuando.

MODELO   Para relajarme me gusta nadar en el mar (pescar, navegar en un barco, etcétera).

Paso 2 Compara tus respuestas con las de un compañero (una compañera). Indica las preferencias que los (las) dos tienen en común.

Paso 3 Mira la lista que escribiste en el **Paso 1.** Escoge tres de esas actividades y explica cómo cada una de ellas ayuda a relajarte. Menciona el lugar donde te gusta hacer la actividad y cuáles son sus beneficios. ¿Son físicos? ¿emocionales? ¿sociales? ¿económicos? (¿Cuesta mucho dinero? ¿poco dinero? ¿Es gratis [*free*]?)

Paso 4, Suggestion: Make sure the class divides into groups of 3 or 4. This is like a 20 questions game in which students are allowed to ask only yes/no questions. Give students 5–6 minutes to do activity. Suggested types of questions: E1: *¿Haces la actividad en las montañas?* (no) E2: *¿Haces la actividad en público?* (sí) E3: *¿Produce beneficios físicos esta actividad?* (no) E1: *¿Produce beneficios sociales?* (sí) E2: *¿Haces la actividad en un café?* (sí) E3: *¿Es conversar con los amigos la actividad?* (¡Sí!)
Follow-up: Ask for 1–2 volunteers to come in front of class, with entire class asking questions of volunteers.

PREGUNTAS

1. ¿Dónde haces la actividad?
2. ¿Cuáles son sus beneficios? Son...

    a. físicos.   **c.** sociales.
    b. emocionales. **d.** económicos.

   MODELO Me gusta nadar en el mar. Nadar es una buena actividad porque produce beneficios físicos. También es económico porque es gratis.

Paso 4 Divídanse en grupos de tres o cuatro personas. Una persona va a contestar las preguntas que le hacen los otros del grupo.

GRAMÁTICA

Relajarse es bueno

When to Use an Infinitive or an **-ando** Form

Ramón se relaja **leyendo** un buen libro pero Silvia se relaja **haciendo** mucho ejercicio.

Sometimes if you are thinking in English, you may use a wrong verb or verb form. For example, *-ing* in English can either be part of a noun or a verb. In Spanish, **-ndo** can never be a noun. Spanish uses the infinitive with an optional definite article **el** or an actual noun if one exists.

El patinar (Patinar, El patinaje) es divertido.	*Skating is fun.*
El meditar (Meditar, La meditación) alivia el estrés.	*Meditating gets rid of stress.*

Sometimes a word in English ending in *-ing* is an adjective. Spanish can never use an **-ndo** form as an adjective.

El hacer camping puede ser **relajante.**	*Camping can be relaxing.*
El jugar al tenis es **agobiante.**	*Playing tennis is exhausting.*

The use of a verb ending in **-ndo** is limited to two conditions: (1) to mean something is in progress, as in **Yolanda está haciendo yoga;** and (2) to mean *by doing something,* as in **Luis se relaja meditando** (*Luis relaxes by meditating*).

ACTIVIDAD I Preferencias

Act. I, Follow-up: After students make their choices, read each option and have students raise their hands. *¿Quiénes prefieren relajarse meditando?* Which activity is more common for relaxation? Make a list on the board of other activities that students came up with.

Indica cuál o cuáles de las acciones se te aplican.

Prefiero relajarme _____.

☐ bañándome con agua caliente
☐ haciendo ejercicio físico
☐ meditando
☐ practicando algún deporte

☐ tomando una cerveza
☐ viendo la televisión
☐ ¿ ?

Act. J, Suggestion: Allow students several minutes. Then have them share in groups of three. After a few more minutes, each group reports what they have in common.

ACTIVIDAD J ¿Qué crees?

Termina cada oración usando las siguientes frases para indicar lo que piensas. Puedes repetir las frases si quieres. Para el número 6, inventa una oración, utilizando las demás como modelos.

...es (muy) divertido	...(no) me entusiasma
...es (muy) aburrido	...me parece tonto
...es para personas mayores	...me parece bien para relajarse
...es para personas jóvenes	...(no) me interesa mucho

1. Jugar al golf _____.
2. Andar en monopatín _____.
3. Trabajar en el jardín _____.
4. Pescar _____.
5. Ir a un museo de arte _____.
6. ¿ ?

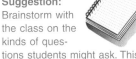

COMUNICACIÓN

Act. K, Paso 1, Suggestion: Brainstorm with the class on the kinds of questions students might ask. This will prep them for the interview in *Paso 2*.

Paso 2, Follow-up: Have students do interviews and then write paragraphs. Select one or two volunteers to read theirs aloud. You should assist during the writing phase by walking around room and checking work, answering questions, and so on. If time is limited, students should interview only two people.

ACTIVIDAD K Prefiere relajarse...

Paso 1 Lee el siguiente párrafo.

Juan prefiere relajarse leyendo un buen libro. El hacer ejercicio no le interesa porque no le gusta sudar. María prefiere relajarse haciendo ejercicio aeróbico. Para ella, leer es aburrido.

Piensa en las preguntas que podrías (*you could*) hacerles a tus compañeros para escribir un párrafo similar sobre ellos. Por ejemplo: ¿Cómo prefieres relajarte? ¿Crees que el meditar es bueno?

Paso 2 Entrevista a cuatro personas. Luego escoge dos como sujetos de tu párrafo. ¿Son diferentes?

NAVEGANDO LA RED

Busca información sobre un equipo (*team*) de béisbol o fútbol de algún país hispano. Presenta la siguiente información a la clase.

◆ el nombre del equipo y la ciudad, región o país que representa
◆ el nombre de tres jugadores del equipo y la ciudad de origen y la edad de cada uno
◆ otro detalle interesante

IDEAS PARA EXPLORAR

En el pasado

VOCABULARIO

¿Qué hicieron el fin de semana pasado para relajarse?

More Leisure Activities in the Past (Preterite) Tense

Los chicos **dieron una fiesta** el sábado pasado.

	DOS CHICOS...	UNA FAMILIA...	DOS CHICAS...
el sábado pasado	corrieron en el parque y fueron al supermercado porque más tarde **dieron una fiesta** en su apartamento.	meditó, jugó al voleibol por la tarde y se bañó en el jacuzzi.	patinaron por la mañana, **fueron de compras** por la tarde y tocaron la guitarra y cantaron hasta muy tarde.

	LOS CHICOS...	LA FAMILIA...	LAS CHICAS...
el domingo pasado	fueron a la iglesia, levantaron pesas en el gimnasio y después **jugaron a los naipes.**	trabajó en el jardín, anduvo en bicicleta y leyó.	pescaron en el río, jugaron al tenis y **fueron al teatro.**

Vocabulario útil

anoche	last night	**el sábado (domingo) pasado**	last Saturday (Sunday)
ayer	yesterday		
ayer por la mañana (tarde, noche)	yesterday morning (afternoon, evening)	**hace** + (*time*)	(*time*) ago
el fin de semana pasado	last weekend	**hace unos años**	a few years ago
		hace varios meses	several months ago

ACTIVIDAD A ¿Quién lo hizo?

Mira las descripciones en la página anterior. Luego escucha la descripción que da tu profesor(a) e indica quién hizo cada actividad.

Act. A, Statements: (1) *Estas personas pescaron en el río.* (c) (2) *Estas personas fueron al supermercado.* (a) (3) *Estas personas trabajaron en el jardín.* (b) (4) *Estos individuos tocaron la guitarra y cantaron.* (c) (5) *Estas personas dieron una fiesta en su apartamento.* (a) (6) *Estos individuos anduvieron en bicicleta.* (b) (7) *Estas personas jugaron a los naipes.* (a) (8) *Estos individuos fueron al teatro.* (c)

a = los chicos
b = la familia
c = las chicas

1...   2...   3...   4...   5...   6...   7...   8...

ACTIVIDAD B ¿Qué hicieron?

Paso 1 A continuación hay una lista completa de todas las actividades que hicieron los chicos el sábado pasado. ¿En qué orden hicieron las siguientes cosas probablemente? (**1** = la primera cosa que hicieron y **8** = la última cosa que hicieron)

___8___ Se acostaron a las 2.00 de la mañana.
___4___ Compraron mucha comida.
___6___ Sirvieron cosas de beber y comer.
___7___ Limpiaron el apartamento antes de acostarse.
___1___ Se levantaron relativamente temprano.
___2___ Corrieron en el parque por la mañana.
___5___ Prepararon varias meriendas para los invitados.
___3___ Fueron al supermercado.

Paso 2 Compara tu lista con la de un compañero (una compañera). ¿Están Uds. de acuerdo?

ACTIVIDAD C ¿Quiénes hicieron estas actividades?

Paso 1 Piensa en dos personas famosas (por ejemplo, el presidente y la primera dama; una pareja o un matrimonio de algún programa de televisión). Piensa en lo que estas personas probablemente hicieron el fin de semana pasado.

Vocabulario útil

bebieron...	**recibieron una llamada de...**
cenaron...	**se acostaron...**
durmieron (bien, mal)	**se relajaron...**
fueron a...	**tuvieron una visita de...**
hablaron con (una persona)	**vieron a (una persona)**
leyeron...	**volvieron...**

Paso 2 Usando las frases del **Paso 1** u otras, si prefieres, describe por lo menos cuatro cosas que estas personas posiblemente hicieron el fin de semana pasado. ¡Pero no menciones los nombres de las personas en tu descripción!

Paso 3 Ahora divídanse en grupos de tres o cuatro. Una persona va a leer lo que escribió en el **Paso 2,** y el resto del grupo tiene que identificar a las personas famosas.

COMUNICACIÓN

Act. C, Paso 1, Suggestion: Give students 1 minute to read instructions and to look over list. Be sure students realize that the two famous people they choose must be logically connected to one another.
Paso 2, Suggestion: Give students 3–4 minutes to write their description. You may want to write a few connecting words on the board, so that the descriptions students write are more cohesive: *primero, también, después de que, por fin.*
Paso 3, Suggestion: Make sure students divide into groups of 3 or 4. Individuals should take turns reading their description to other group members. Give students no more than 3 minutes.
Follow-up, Suggestion: Ask for 3–4 volunteers to each read description, with whole class listening and guessing each identity.
Point-out: Stem-vowel change in the preterite tense in the third person and *Ud./Uds.* forms of *dormir.* Also point out spelling change in the third person and *Ud./Uds.* forms of *leer.*

GRAMÁTICA

¿Y qué hiciste tú para relajarte?

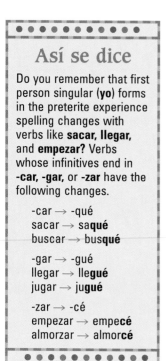

Así se dice

Do you remember that first person singular (**yo**) forms in the preterite experience spelling changes with verbs like **sacar, llegar,** and **empezar?** Verbs whose infinitives end in **-car, -gar,** or **-zar** have the following changes.

-car → -qué
sacar → sa**qué**
buscar → bus**qué**

-gar → -gué
llegar → lle**gué**
jugar → ju**gué**

-zar → -cé
empezar → empe**cé**
almorzar → almor**cé**

(yo)	**me relajé** **comí** **dormí** **fui** **hice**	(nosotros/as)	-amos, -imos (*reg.*)
(tú)	**te relajaste** **comiste** **dormiste** **fuiste** **hiciste**	(vosotros/as)	-asteis, -isteis (*reg.*)
(Ud.) (él/ella)	-ó, -ió (*reg.*) -ó, -ió (*reg.*)	(Uds.) (ellos/ellas)	-aron, -ieron (*reg.*) -aron, -ieron (*reg.*)

—¿Qué **hiciste** para relajarte el fin de semana pasado?
—Pues, **pasé** casi todo el fin de semana en casa. **Lavé** la ropa, **leí** mucho y **dormí** como un bebé.

In the next set of activities, you will use mostly **yo** and **tú** forms. Your goal should be to be able to talk about what you did in the past as well as to ask someone else about his or her past activities.

Remember that regular preterite **yo** forms have an accented **-é** or **-í** in the ending and that **tú** forms end in **-aste** or **-iste.** Verbs that have one syllable in the **yo** form do not take written accents.

me acosté tarde	**te acostaste** tarde
me quedé en casa	**te quedaste** en casa
dormí mucho	**dormiste** mucho
escribí la tarea	**escribiste** la tarea
vi la televisión	**viste** la televisión

A number of common verbs have irregular stems in the preterite and do not have a stressed ending.

andar	**Anduve** en bici. ¿**Anduviste** en bici?
estar	**Estuve** todo el día en casa. ¿Dónde **estuviste** tú?

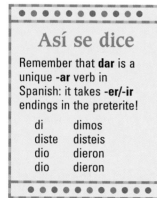

Así se dice

Remember that **dar** is a unique **-ar** verb in Spanish: it takes **-er/-ir** endings in the preterite!

di	dimos
diste	disteis
dio	dieron
dio	dieron

hacer	**No hice** nada. ¿Qué **hiciste** tú?
ir	**Fui** al cine. ¿Adónde **fuiste** tú?
poder	**No pude** relajarme. ¿**Pudiste** relajarte?
tener	**Tuve** un sueño. ¿**Tuviste** un sueño?
venir	**Vine** temprano. ¿A qué hora **viniste**?

ACTIVIDAD D ¿Qué hice yo?

Lee cada descripción y determina cuál es la respuesta más lógica.

1. El viernes por la tarde fui al gimnasio y allí...

    a. vi la televisión.
    b. levanté pesas.
    c. fui al museo.

2. El sábado por la tarde compré algo nuevo cuando...

    a. fui de compras.
    b. hice ejercicio aeróbico.
    c. acampé en las montañas.

3. El sábado por la noche salí con mis amigos y me sorprendí cuando...

    a. vi a mi ex novio/a.
    b. volví tarde a mi casa.
    c. saqué una buena nota en el examen de física.

4. Como soy fanático/a de las actividades acuáticas, fui al mar donde...

    a. escalé una montaña.
    b. corrí dos millas.
    c. nadé.

5. Me puse triste cuando supe que...

    a. la hija de una amiga sufrió un accidente automovilístico.
    b. mis amigos se rieron mucho en el cine.
    c. un niño gritó en el supermercado.

ACTIVIDAD E El fin de semana pasado

Lee la lista de actividades a continuación. Marca cada actividad que hiciste. Si no la hiciste, sustitúyela por (*replace it with*) otra actividad.

MODELO   El fin de semana pasado...

	SÍ	NO
a. fui al cine. _____	☑	☐
b. corrí. *No corrí. Levanté pesas.*	☐	☑

El fin de semana pasado...

	SÍ	NO
a. hice ejercicio aeróbico. _____	☐	☐
b. di una fiesta. _____	☐	☐
c. me quedé en casa. _____	☐	☐
d. jugué a los naipes. _____	☐	☐
e. dibujé. _____	☐	☐
f. anduve en bicicleta. _____	☐	☐

ACTIVIDAD F ¿Dices la verdad o mientes?

Paso 1 Haz dos descripciones de tus actividades, reales o inventadas, del fin de semana pasado. Puedes usar las expresiones de la siguiente lista en tu narración.

primero	por fin
luego (después, entonces)	finalmente
más tarde	

MODELO   El sábado pasado me levanté temprano, fui al gimnasio y allí corrí y nadé. Después fui de compras con un amigo. Finalmente fui al cine y vi una película fabulosa.

Paso 2 Divídanse en grupos de tres o cuatro. Una persona del grupo va a leer su descripción, y los otros del grupo tienen que determinar si las actividades descritas (*described*) son reales o inventadas. La persona que más les toma el pelo (*pulls their leg*) a sus compañeros, ¡gana!

NAVEGANDO LA RED

Busca la página Web de un atleta conocido (una atleta conocida) por uno de los siguientes deportes: el tenis, el fútbol, el golf, la natación o el boxeo. Presenta la siguiente información sobre él (ella) a la clase.

◆ su fecha de nacimiento

◆ cuándo comenzó a practicar ese deporte

◆ el nombre de algunos de los premios (*awards*), torneos (*tournaments*), copas (*cups*), títulos, etcétera que ha ganado (*he/she has won*)

◆ otro detalle interesante

IDEAS PARA EXPLORAR

La última vez...

GRAMÁTICA

¿Qué hacías que causó tanta risa?

Narrating in the Past: Using Both Preterite and Imperfect

—Una vez un hombre **entró** en un bar. No **conocía** a nadie y **no tenía** dinero para...

—Ya lo **oí**, Jorge. Ese chiste es película vista...

ask student to read this

PRETÉRITO	IMPERFECTO
Cuando mi mamá **llamó,**...	...yo **meditaba.** No **hacía** buen tiempo. **Llovía** y no **quería** salir de mi casa.
Ayer **fui** al gimnasio. **Levanté** pesas y luego **corrí** dos millas.	Mientras yo **hacía** ejercicio, mi compañera de cuarto **trabajaba** en el jardín.

As you know, there are two past tenses in Spanish: the preterite and the imperfect. Both tenses are needed and are used in combination when narrating events in the past because Spanish encodes what is called *aspect*. Aspect refers not to when an event happened, but to whether or not the event was in progress at the time referred to. As such, the use of the preterite and imperfect depends on how a narration unfolds and what relationship each event has to a time reference in the past.

Of the two, the imperfect signals that an event is being reported in progress at a specific point in time in the past. The point in time can be given as clock time (At 2:00 . . .) or it can be another event (When Daniel arrived . . .).

TIME REFERENCE	EVENT IN PROGRESS
A las 2.00 de la tarde...	todavía **dormía.**
At 2:00 in the afternooon . . .	*I was still sleeping.*
Cuando Daniel **llegó,**...	yo **estudiaba.**
When Daniel arrived, . . .	*I was studying.*

Because the imperfect means "in progress" it can be used to contrast two events occurring simultaneously. Typically, the word **mientras** (*while*) is used to connect these events.

IN PROGRESS	IN PROGRESS
Mientras yo **dormía,**...	mi compañero de cuarto **leía.**
While I was sleeping, . . .	*my roommate was reading.*
Mientras mi mamá **hablaba,**...	yo la **escuchaba** con atención.
While my mom was speaking, . . .	*I was listening to her carefully.*
¿Qué **hacías**...	mientras él **trabajaba?**
What were you doing . . .	*while he was working?*

The preterite does not signal events in progress but is used instead to refer to isolated events in the past, sequences of events, or to pinpoint a time in the past to which other events relate.

ISOLATED EVENT IN THE PAST
Anoche **me quedé** en casa. *Last night I stayed home.*

SEQUENCE OF EVENTS
Ayer **jugué** al tenis y luego **me bañé** en el jacuzzi. *Yesterday I played tennis and then I sat in the jacuzzi.*

PINPOINTING A TIME REFERENCE IN THE PAST
Cuando **salí** del cine... *When I left the movie theater . . .*

Act. A, Suggestion: Give students 2–3 minutes to complete activity.
Follow-up: You read the first part of the sentence, and ask class or individuals to call out the letter of the second part of the sentence, with you then reading the second part.
Optional: While students are finishing the activity, take a willing student aside and ask him or her to act out the scene as you and the class do the follow-up. This will help the class to visualize Yolanda's activities.
Follow-up: You may ask the class: *En su opinión, ¿pasó Yolanda un buen día? ¿un mal día?*, etc.

Notice how in the following short narrative, the preterite and imperfect work together to show how the events relate to one another and to the time references included in the narrative. First, underline the preterite forms and circle the imperfect forms you see. Then, for each use of the imperfect, see if you can tell at what point in time the event was in progress. The answers follow, but cover them up before you read.

Ayer hacía mal tiempo, llovía y no tenía ganas de hacer nada. Decidí quedarme en casa. Miraba la televisión cuando sonó el teléfono. No quería hablar con nadie pero lo contesté. Oí la voz de un amigo que parecía estar muy triste…

EVENT IN PROGRESS	POINT IN TIME
hacía mal tiempo llovía no tenía ganas	decidí quedarme en casa
miraba la televisión	sonó el teléfono
no quería hablar	lo contesté
parecía estar triste	oí la voz

ACTIVIDAD A ¿Qué hizo Yolanda ayer para relajarse?

Empareja cada frase en la columna A con una frase lógica en la columna B.

A
1. __c__ Eran las 7.00 de la mañana cuando Yolanda…
2. __f__ Se bañó, se vistió y…
3. __d__ Hacía sol cuando…
4. __a__ Manejó por una hora y después…
5. __b__ Yolanda pescaba cuando de repente (*suddenly*) vio una serpiente de cascabel (*rattlesnake*) y…
6. __g__ Cuando se repuso (*she recovered*)…
7. __e__ Eran las 6.00 de la tarde cuando por fin volvió a casa. Estaba contenta y…

B
a. llegó a las montañas y encontró un lugar ideal para pescar.
b. se asustó y gritó.
c. se despertó.
d. salió de su casa a las 8.00.
e. se sentía relajada después del bonito día en las montañas.
f. desayunó rápidamente.
g. pescó un rato más y después decidió regresar a casa.

ACTIVIDAD B Creando una narrativa

Paso 1 Las siguientes oraciones forman una breve narrativa. La clase debe dividirse en cuatro grupos. Cada grupo debe completar como quiera (*as it wishes*) las oraciones que le corresponden.

Grupo 1:

> El otro día me sentía muy _____. Tenía ganas de _____.

Grupo 2:

> Así que decidí _____. Primero _____ y luego _____.

Grupo 3:

> Eran la(s) _____ de la _____ cuando por fin _____. No sabía si debía _____.

Grupo 4:

> Entonces empezó a hacer buen tiempo / llover (*escojan uno*). Decidí _____ y estaba muy _____.

Paso 2 Comenzando con el Grupo 1, cada grupo debe leer sus oraciones en voz alta. ¿Forman las oraciones una narrativa coherente y lógica?

Paso 3 Repitan el **Paso 1** pero esta vez la clase debe enfocarse en una de las posibles situaciones a continuación. ¿Cómo resulta la narrativa esta vez?

1. Una estudiante salía de su clase de biología. En la mano tenía el examen del día anterior. La nota era una B+.
2. Un señor estaba en su oficina. Acababa de tener (*He had just had*) una discusión (*argument*) muy fuerte con su jefe.
3. Al final del día, una maestra de secundaria sólo pensaba en olvidarse del día tan difícil que tuvo.

ACTIVIDAD C La última vez que alguien me llamó...

Paso 1 Piensa en la última vez que alguien te llamó por teléfono y contesta estas preguntas.

1. La última vez que alguien me habló por teléfono fue...

☐ ayer.   ☐ anoche.   ☐ esta mañana.   ☐ ¿ ?

2. a. Cuando sonó el teléfono, yo...

☐ estudiaba.   ☐ dormía.
☐ leía.   ☐ miraba la televisión.
☐ comía.   ☐ escuchaba música.
☐ trabajaba.   ☐ ¿ ?

b. ... y estaba...

☐ solo/a.   ☐ con un amigo (una amiga).
☐ ¿ ?

3. La persona y yo hablamos...

☐ por unos segundos.   ☐ por varios minutos.   ☐ por ¿ ?

Act. B, Paso 1, **Suggestions:** Number groups and assign them to do *Grupo 1, 2,* etc. If more than four groups, another group will have to be *Grupo 1, 2,* etc. Give groups 1–2 minutes to complete their assigned section. You may want to have the model sentences written out beforehand on the board or overhead transparency.

Act. C, Paso 1, **Suggestion:** Give students 1–2 minutes to complete *paso.*
Paso 2, **Suggestion:** Allow students 3–4 minutes to share their experience with a partner.
Follow-up: Ask several volunteers to share their experience with class.

4. Cuando colgué (*I hung up*) el teléfono,...

☐ (no) me sentía bien.   ☐ estaba tenso/a.

☐ estaba preocupado/a.   ☐ estaba aburrido/a.

☐ estaba enfadado/a.   ☐ ¿ ?
(irritado/a).

Paso 2 Ahora trabaja con un compañero (una compañera). Usando la información del **Paso 1,** cuéntale qué pasó la última vez que alguien te llamó.

ACTIVIDAD D La última vez...

Paso 1 Piensa en la última vez que te reíste a carcajadas (*laughed loudly*). ¿Qué hacías? ¿Dónde estabas?

La última vez que me reí a carcajadas...

1. ☐ estaba en mi casa.   ☐ no estaba en mi casa.

2. ☐ estaba solo/a.   ☐ estaba con otra(s) persona(s).

3. ☐ leía algo.   ☐ escuchaba algo.

4. ☐ veía algo.   ☐ recordaba algo.

Después de reírme tanto...

1. ☐ me sentí muy bien.

2. ☐ me sentí avergonzado/a.

3. ☐ tenía dolor de estómago (*stomachache*).

Paso 2 Usando tus respuestas del **Paso 1,** escribe un breve párrafo.

MODELO   La última vez que me reí a carcajadas estaba solo. Veía...

Paso 3 Presenta una versión oral de tu narración a la clase. ¿Cuántos estaban en una situación similar cuando se rieron a carcajadas? ¿Cuántos se sintieron igual después?

ACTIVIDAD E Un chiste

Piensa en la última vez que oíste un buen chiste que te hizo reír mucho.

1. ¿Quiénes estaban presentes?
2. ¿Qué hacían Uds.? ¿Dónde estaban?
3. ¿Se rieron todos tanto como tú? ¿Se ofendió alguien?

ACTIVIDAD F Los hispanos hablan

Paso 1 Lee la siguiente selección **Los hispanos hablan.** Luego, contesta las preguntas a continuación.

Vocabulario útil

la misa   una ceremonia religiosa

1. Nuria dice que hay muchos chistes sobre la religión católica en España. ¿Qué razón da para esto?
2. Según Mónica, ¿qué otro tipo de chistes hay en su país?

Paso 2 Ahora mira el segmento y contesta estas preguntas.

verde   además de ser un color, también se usa como adjetivo para referirse a algo con connotaciones sexuales

1. Mónica menciona que, además de los chistes políticos, hay otro tipo de chiste común. ¿Qué es?
2. Cuando Nuria habla la segunda vez, menciona una clase de chistes, los chistes ____.
3. Nuria opina que los españoles son un poquito más ____ que los americanos. (¿Está de acuerdo con esto su profesor de español?)

Los hispanos hablan

¿Crees que hay diferencias entre el humor de tu país y el de los Estados Unidos?

NOMBRE: Nuria Sagarra
   EDAD: 26 años
   PAÍS: España

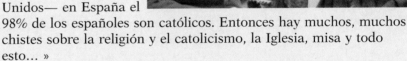

«En España —eso es un factor muy diferente a Estados Unidos— en España el 98% de los españoles son católicos. Entonces hay muchos, muchos chistes sobre la religión y el catolicismo, la Iglesia, misa y todo esto... »

NOMBRE: Mónica Prieto
   EDAD: 24 años
   PAÍS: España

«También hay chistes de política. Muchos chistes de política. Y creo que no hay tantos en Estados Unidos. Creo que... a los españoles les gustan los chistes sobre la política, metiéndose con los políticos... »

Act. F, Paso 3, **Answers:** (1) *en España* (2) *en los Estados Unidos* (3) *en los Estados Unidos* (4) *en España*

Paso 3 A base de lo que has visto (*you have seen*), ¿dónde sería más probable lo siguiente, en España o en los Estados Unidos?

1. contar un chiste político

2. no contar un chiste sobre el sexo

3. contar un chiste sobre el fútbol americano

4. contar un chiste sobre la Iglesia Católica

Así se dice

Gracia is a common word in Spanish that means a variety of things. It is used with **hacer** to talk about things that strike one as funny and **tener** to talk about someone who is funny. Here are some ways to talk about funny events.

hacerle gracia a uno	Me hizo mucha gracia.
tener gracia	Tu padre tiene mucha gracia.
causar risa	Me causó mucha risa.
hacer reír (*a una persona*)	Nos hizo reír.
gracioso/a	Vi algo muy gracioso
chistoso/a	(chistoso, cómico)
cómico/a	el otro día.

Al oír algo gracioso, ¿te ríes como este joven?

Observaciones, **Suggestions:** Students are given the opportunity to discuss their real-life observations or comments related to the content in the textbook. After discussing their observations with a partner or in small groups, students volunteer their comments for class. Ask follow-up questions, e.g., *Sabemos que la risa es beneficiosa para la salud, pero ¿qué otras funciones tiene? ¿En qué situaciones difíciles se puede usar la risa?,* etc.

OBSERVACIONES

Se dice que la mejor medicina es la risa. ¿Conoces a personas que usan la risa para aliviar situaciones difíciles?

NAVEGANDO LA RED

Busca una narración cómica o algunos chistes en español. Imprime lo que encuentres y entrégaselo a tu profesor(a).

Navegando la red, **Suggestion:** Inform students that the Hispanic sense of humor is generally less "politically correct" and more risqué than that of this country. You can use this fact as a point of departure for a cultural discussion and/or as a friendly reminder that certain things (e.g., racial, ethnic, sexual jokes) can be inappropriate for the mainstream classroom and should not be submitted.

INTERCAMBIO

La tensión y el estrés

Propósito: presentar una narración sobre un compañero (una compañera) a un grupo de estudiantes.

Papeles: una persona entrevistadora, una persona entrevistada y un grupo de estudiantes que escucha la narración.

Paso 1 Entrevista a un compañero (una compañera) de clase sobre la última vez que se sentía tenso/a. Obviamente necesitas hacerle preguntas, pero antes, piensa en qué es lo que quieres averiguar.

◆ cuándo se sentía tenso/a tu compañero/a

◆ dónde estaba

◆ con quién estaba

◆ qué fue lo que le causó la tensión y el estrés

◆ cómo se sentía física y emocionalmente

◆ qué hizo para aliviar la tensión y el estrés _to relieve_

Intercambio, Paso 2,
Suggestion: Go over questions with students to confirm proper use of preterite and imperfect.

Paso 2 Escribe las preguntas que le vas a hacer a tu compañero/a en la segunda persona singular (tú). ¿Puedes usar correctamente el pretérito y el imperfecto en tus preguntas?

Paso 3 Ahora entrevista a tu compañero/a. Escribe sus respuestas.

Paso 4 Piensa en cómo vas a contar lo que te dijo tu compañero/a a un grupo de tres estudiantes. Después de que todos presenten la narración sobre su compañero/a, determinen qué miembro del grupo presentó la narración más interesante.

¿Qué haces cuando te sientes muy tenso/a?

Vistazos culturales

Las civilizaciones prehispánicas

¿Sabías que... las civilizaciones prehispánicas tenían culturas muy estructuradas y elaboradas? Las tres civilizaciones prehispánicas más grandes eran la azteca de México, la maya de México y Centroamérica y la inca de Sudamérica. Estas civilizaciones contaban con[a] sistemas económicos y sociales muy avanzados. Además, las tres civilizaciones demostraban un alto nivel de creación artística y aportaban[b] muchos avances al conocimiento científico.

———————————————

[a]contaban... *had* [b]*contributed*

Durante su período de mayor extensión, el Imperio inca abarcaba[a] lo que hoy es parte de Colombia, el Ecuador, el Perú, Bolivia y Chile. Cuando llegaron los conquistadores españoles, el Imperio inca contaba con más de nueve millones de habitantes.

[a]*encompassed*

Las ciudades principales de los mayas eran Chichén Itzá (México), Tikal (Guatemala) y Palenque (México).

Cuando el conquistador español Hernán Cortés llegó a México en 1519, el Imperio azteca gobernaba más de veinticinco millones de habitantes. La capital azteca, Tenochtitlán, tenía unos 200.000 habitantes.

You can investigate these cultural topics in more detail on the *¿Sabías que... ?* Online Learning Center website: **www.mhhe.com/sabiasque4**.

Reproducción del mercado de Tlateloco (Museo de Antropología, México, D.F.)

El arte de los incas se destaca por su alta calidad técnica. Sus textiles tienen diseños muy intrincados y coloridos. Además, los incas eran expertos en la orfebrería, el arte de labrar[a] metales preciosos, especialmente el oro.[b] Hicieron todo tipo de cosa del oro: figurinas de plantas, animales y personas y las cosas de la vida diaria como recipientes, joyería[c] y otros adornos.

[a]*working* [b]*gold* [c]*jewelry*

Los mayas y los incas tenían sociedades agrícolas. Los incas cultivaban papas y quinoa[a] en terrazas en los Andes.

[a]*type of grain*

En Tlateloco, cuidad vecina de Tenochtitlán, los aztecas dirigían[a] un mercado muy elaborado donde se podía obtener productos de todas partes del imperio.

[a]*managed*

El arte

La economía

Las culturas prehispánicas

Machu Picchu, ciudad perdida de los incas

Los mayas usaban un sistema numérico basado en unidades de 1, 5 y 20 con un signo[a] para el 0. Gracias a este sistema y otros conocimientos,[b] pudieron hacer cálculos astronómicos más precisos que los que hicieron los europeos de la misma época.

[a]*sign* [b]*knowledge*

La arquitectura

Tanto los incas como los mayas y los aztecas construyeron templos de una belleza[a] impresionante.

[a]*beauty*

Las ciencias

Los sacerdotes[a] mayas se interesaban mucho por el tiempo. Tenían dos calendarios: un calendario lunar de 260 días para marcar las ceremonias religiosas y un calendario solar de 365.2422 días para marcar el año.

[a]*priests*

Los incas pasaban sus tradiciones oralmente de generación a generación. En cambio, los mayas tenían un sistema de escribir basado en dibujos que representaban ideas u objetos. Con este sistema, los mayas mantenían su historia para las generaciones futuras.

ACTIVIDADES ¿Qué recuerdas?

Indica si las siguientes frases son ciertas (C) o falsas (F).

	C	F
1. Los mayas cultivaban papas y quinoa en terrazas.	☐	☐
2. Los incas se especializaban en el arte del oro.	☐	☐
3. Las tradiciones incas se pasaban de generación a generación oralmente.	☐	☐
4. En 1519, el Imperio azteca contaba con unos 200.000 habitantes.	☐	☐
5. Tikal y Palenque eran ciudades importantes del Imperio azteca.	☐	☐
6. Los mayas tenían un sistema de numeración que incluía el concepto del cero.	☐	☐

NAVEGANDO LA RED

Escoge *uno* de los siguientes proyectos. Luego presenta la información a la clase.

1. Las civilizaciones azteca, inca y maya tenían sociedades muy estructuradas. Busca información sobre la jerarquía (*hierarchy*) social de *dos* de estas civilizaciones. Haz lo siguiente.

   a. Haz dos listas, una para cada civilización, de las diferentes clases sociales que había.

   b. Menciona los privilegios y/o las desventajas asociadas con cada rango (*rank*) social.

2. Busca información sobre los papeles de los hombres y las mujeres en las tres civilizaciones azteca, inca y maya. Apunta la siguiente información.

   a. el papel que tenía el hombre comparada con el que tenía la mujer en cada sociedad

   b. las responsabilidades que tenía el hombre comparadas con las que tenía la mujer en cada sociedad

3. Busca más información sobre el calendario lunar (el de 260 días) de los mayas que se usó para ceremonias religiosas. Contesta las siguientes preguntas.

   a. ¿Cómo está organizado el calendario? (días, semanas, meses, etcétera)

   b. ¿Cuál es el uso principal del calendario y cuál es el significado de los *katuns*?

   c. ¿Cuáles son dos de las profecías (*prophecies*) que se encuentran en el calendario?

   d. Según las profecías que encontraste, ¿crees que los mayas eran pesimistas u optimistas?

VOCABULARIO COMPRENSIVO

¿Cómo te relajas?
How Do You Relax?

acampar	to go camping
andar en	to ride a
bicicleta	bicycle
monopatín	scooter; skateboard
patineta	skateboard
bañarse (en un jacuzzi)	to bathe (in a jacuzzi)
bucear	to (scuba) dive
dar una fiesta	to throw (have) a party
dibujar	to draw
escalar montañas	to mountain climb
esquiar	to ski
en el agua	to water ski
en las montañas	to snow ski
hacer camping	to go camping
hacer yoga	to do yoga
ir al teatro	to go to the theater
jugar (R)	to play
a los naipes	cards
al golf	golf
al voleibol	volleyball
meditar	to meditate
navegar en un barco	to sail
patinar (en línea)	to (inline) skate
pescar	to fish
saltar a la cuerda	to jump rope
tener un picnic	to have a picnic
trabajar en el jardín	to garden
utilizar la aromaterapia	to use aromatherapy

Repaso: dar un paseo, ir a la iglesia, leer, levantar pesas

Lugares
Places

el bosque	forest
el desierto	desert
el lago	lake
el mar	sea
las montañas	mountains
el museo	museum
el océano	ocean
el parque	park
el río	river

Otras palabras y expresiones útiles

chistoso/a	funny
cómico/a (R)	comic(al), funny
gracioso/a	funny, amusing
el chiste (R)	joke
la risa	laugh; laughter
causar risa	to cause laughter, make laugh
hacer reír	to make laugh
hacerle gracia a uno	to strike someone as funny
reír(se) (i, i) a carcajadas	to laugh loudly
tener gracia	to be funny, charming

¿En qué consiste el abuso?

¿Has pensado (*Have you thought*) en lo que pasa si una persona no aprende a hacer las cosas con moderación? ¿Cuáles son las consecuencias de hacer algo en exceso? En esta lección vas a explorar esta cuestión y vas a

◆ continuar usando el imperfecto y el pretérito para hablar del pasado

◆ leer algo sobre la adicción a la computadora

◆ comenzar a comprender los mandatos (*commands*) orales y escritos

ALTO Before beginning this lesson, look over the **Composición** activity on pages 336–337. This is the activity you will be working toward throughout the lesson.

¿Puede llegar a ser un abuso el jugar a los videojuegos?

IDEAS PARA EXPLORAR

Hay que tener cuidado

VOCABULARIO

¿Qué es una lesión?

DAÑINO *adj.* Se aplica a lo que causa un daño: *Algunos mariscos son dañinos si se comen crudos.*

DAÑO *m.* Efecto negativo. Detrimento: *Este problema puede causar mucho daño.* Dolor: *Estos zapatos me hacen mucho daño.*

HERIDA *f.* El resultado físico de la acción de herir: *Muchos atletas sufren heridas mientras practican su deporte.*

HERIR *v. tr.* Causar en un organismo un daño en que hay destrucción de los tejidos, como un golpe con un arma, etcétera: *El soldado hirió al enemigo con un disparo de pistola.*

LESIÓN *f.* Sinónimo de herida: *El corredor sufrió una lesión en el tobillo.*[a]

[a] *ankle*

Vocabulario útil

el peligro	danger
peligroso/a	dangerous

Act. A, Paso 1, Suggestion: Give students 2–3 minutes to mark answers and compare with a classmate's. As class does activity, write the four categories (*adicción física, daños físicos,* etc.) on board.
Paso 2, Suggestion: Ask a volunteer to write activities under the appropriate category as classmates call these out. Discuss any differences of opinion, e.g., *¿No puede la actividad de hacer ejercicios aeróbicos tener consecuencias de adicción física y también de adicción psicológica?*

ACTIVIDAD A Consecuencias

Paso 1 ¿Cuáles pueden ser las consecuencias de practicar estas actividades si uno no tiene cuidado? Indica tus respuestas y luego compáralas con las de un compañero (una compañera).

	ADICCIÓN FÍSICA	DAÑOS FÍSICOS	ADICCIÓN PSICOLÓGICA	OTROS PELIGROS PSICOLÓGICOS
1. hacer ejercicios aeróbicos	☐	☐	☐	☐
2. ir de compras	☐	☐	☐	☐
3. esquiar	☐	☐	☐	☐
4. comer	☐	☐	☐	☐
5. jugar a los videojuegos	☐	☐	☐	☐
6. ingerir bebidas alcohólicas	☐	☐	☐	☐
7. participar en una sala de charla	☐	☐	☐	☐

ACTIVIDAD B ¿Peligroso o dañino? *dangerous harmful*

Muchos opinan que las palabras **dañino** y **peligroso** no significan lo mismo. Según ellos, no son sinónimos. En esta actividad vas a ver si para ti significan lo mismo o no.

Paso 1 Indica si las actividades a continuación pueden ser o dañinas o peligrosas.

MODELO   Ver la televisión puede ser dañino.
Escalar montañas puede ser peligroso.

1. practicar el paracaidismo (*skydiving*)
2. escuchar música a todo volumen con frecuencia
3. salir solo/a de noche en una ciudad grande
4. montar en motocicleta sin casco (*helmet*)
5. tomar el sol (*sunbathing*)
6. tomar más de tres tazas de café diariamente

Paso 2 Piensa en las clasificaciones que hiciste en el **Paso 1.** ¿Qué tendencias notas? ¿Cuál es la diferencia entre una actividad dañina y una peligrosa?

Paso 3 Indica cuál de las siguientes opiniones es la más apropiada.

☐ Para mí, una actividad dañina puede tener consecuencias mucho más graves que una actividad peligrosa. Por ejemplo, una actividad dañina puede conducir a (*lead to*) la muerte.

☐ Para mí, una actividad peligrosa puede tener consecuencias mucho más graves que una actividad dañina. Por ejemplo, una actividad peligrosa puede conducir a la muerte.

ACTIVIDAD C ¡Cuidado!

¡Ciertas actividades, si se hacen en exceso, son más peligrosas que otras!

Paso 1 Haz una clasificación de las once actividades a continuación usando la escala. Escribe el número de cada categoría en el espacio indicado.

1 = No ofrece mucho peligro.
2 = Puede ser peligrosa.
3 = Es muy peligrosa.

a. _____ reír
b. _____ ir de compras
c. _____ jugar al tenis
d. _____ jugar al fútbol americano
e. _____ trabajar en una oficina
f. _____ trabajar en una fábrica
g. _____ tomar café
h. _____ ingerir bebidas alcohólicas
i. _____ hacer yoga
j. _____ ver la televisión
k. _____ jugar a los videojuegos

Paso 2 Con dos compañeros/as de clase, piensa en otras actividades que podrían agregarse (*could be added*) a las categorías del **Paso 1** y escríbelas.

	NO OFRECE MUCHO PELIGRO.	PUEDE SER PELIGROSA.	ES MUY PELIGROSA.
l. _____	☐	☐	☐
m. _____	☐	☐	☐
n. _____	☐	☐	☐

Paso 3 Con tus compañeros/as del **Paso 2,** sigue el modelo y explica cuál es la más peligrosa de las actividades indicadas en el **Paso 1** y cuál es la que ofrece menos o ningún peligro.

MODELO   Jugar al fútbol americano es la actividad más peligrosa porque puede causar daños físicos graves.

¿Están listos/as tus compañeros/as y tú para defender sus respuestas?

ACTIVIDAD D Los hispanos hablan

Paso 1 Lee la siguiente selección **Los hispanos hablan.** ¿Cómo completa Idélber su oración? ¡Adivina!

1. ...el dinero.
2. ...la popularidad.
3. ...la salud.

Los hispanos hablan

¿Qué has notado[a] en cuanto a la actitud norteamericana con respecto a la salud?

NOMBRE: Idélber Avelar

EDAD: 29 años

PAÍS: Brasil

«La mayoría de la gente que llega a Estados Unidos de otros países nota una preocupación tremenda —para algunas personas, quizás una preocupación superflua, demasiado grande— respecto a _____... »

[a]has... *have you noticed*

Paso 2 Ahora mira el segmento completo. Después, contesta las siguientes preguntas.

1. Idélber menciona dos cosas específicas que les preocupan a los norteamericanos. ¿Cuáles son?

2. ¿Qué oración capta mejor la tesis de Idélber?

    a. En los Estados Unidos la gente piensa demasiado en el día de hoy; nunca piensa en el futuro.

    b. En los Estados Unidos es bueno que la gente piense tanto en su bienestar físico.

    c. En los Estados Unidos la gente se preocupa de la perfección física y así la inmortalidad, y que no goza (*enjoys*) de la vida que sí tiene.

Paso 3 Con uno o dos compañeros, comenta la tesis de Idélber. ¿Están de acuerdo o no?

GRAMÁTICA

¿Veías la televisión de niño/a?

Imperfect Forms of the Verb **ver**

veía	veíamos
veías	veíais
veía	veían
veía	veían

Like **ir** and **ser, ver** is a verb that has an irregular stem in the imperfect tense. For regular **-er** verbs the **-er** ending is dropped and the appropriate **-ía-** ending is added. For **ver,** however, the **e** is retained and **ve-** becomes the stem.

—De niño, yo siempre **veía** mucha televisión. ¿Y tú?
—En mi familia, no la **veíamos** tanto.

These three verbs are the only irregular Spanish verbs you will encounter in the imperfect tense. Here is a review of the imperfect forms of **ir** and **ser.**

ir	iba, ibas, iba, iba, íbamos, ibais, iban, iban	**ser**	era, eras, era, era, éramos, erais, eran, eran

Act. E, Paso 1, Answer:
(1) *estar con la familia y ver la televisión*
Paso 2, Answer: *La actividad de ver...*

ACTIVIDAD E ¿Sabías que... ?

Paso 1 Lee la siguiente selección **¿Sabías que... ?** Luego, contesta las preguntas a continuación.

1. En cuanto a los españoles y su tiempo libre, ¿cuáles son las dos actividades más populares?
2. ¿Cómo crees que se comparan España y este país con respecto al acto de ver la televisión?

Paso 2 Escoge la oración que mejor capte la idea principal de la selección.

☐ La televisión es muy importante en este país, pero no tanto en otros países del mundo.

☐ La actividad de ver la televisión es popular en este país y lo es también en países del mundo hispano, como España.

¿Sabías que...

al igual que en este país, en el mundo hispano la televisión también tiene un papel muy importante? Todos saben que la televisión es un elemento bien integrado en la cultura norteamericana, pero no tantos saben que es así para mucha gente de habla española. En una encuesta realizada en España en los años 90, por ejemplo, el 85% de los solicitantes dijeron que veían la televisión todos o casi todos los días. A este mismo grupo se le hizo la siguiente pregunta: «¿En qué suele emplear, en general, su tiempo libre?» Respondieron así los participantes:

estar con la familia: 76%

ver la televisión: 69%

estar con amigos: 54%

leer libros o revistas: 45%

Además de los que declararon ver la televisión todos o casi todos los días, el 26% admite verla entre dos o tres horas al día.

A los miembros de esta familia española les gusta ver la televisión juntos.

Source: Boletín del Centro de Investigaciones Sociológicas

ACTIVIDAD F Una preocupación materna

Si cuando eras niño/a veías la televisión demasiado, es lógico que tus padres se preocuparan (*worried*). Pero en el **Paso 1,** vas a ver una situación bastante diferente.

Paso 1 Mira la siguiente tira cómica. **¡OJO!** Faltan los últimos dos cuadros (*frames*). La tira no está completa.

Act. F, Paso 1, Suggestion:
Give students a minute to look at comic strip. Remind them, *La tira no está completa.*

Lección 12   ¿En qué consiste el abuso?

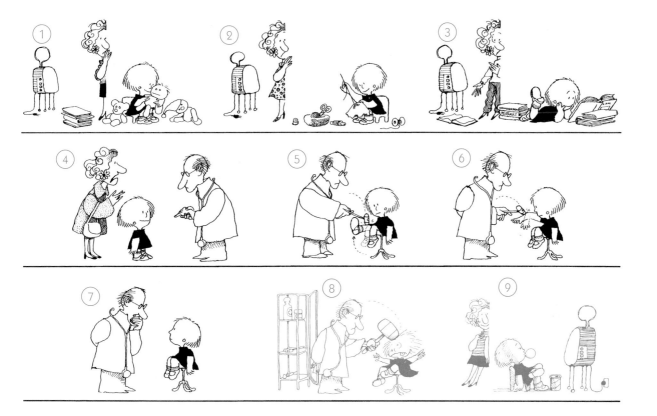

Act. F, Paso 2, Suggestion:
Give students 2–3 minutes to
assign numbers to sentences.
Follow-up: Ask students to read
sentences in appropriate order.
Sentences should be read in
following order (based on
sentence numbers): 10, 7, 1, 9,
8, 2, 4, 6, 5, 3.
Paso 3, **Suggestion:** Ask
several students to read their
sentences aloud to class.
Allow class to debate which
sentences are most or least
plausible and why.
Follow-up: Show students the
complete comic strip (printed
only in your book.) After students
look at it, ask: *¿Qué opinión se
expresa aquí? ¿Es este un
comentario cómico o triste?*

Paso 2 Busca la descripción que corresponde a cada cuadro de la tira cómica y escribe el número del cuadro (de los cuadros) en los espacios apropiados. Hay descripciones que pueden aplicarse a más de un cuadro. (Presta atención al uso de los verbos en el pasado.)

1. __2__ Le gustaba coser (*to sew*) porque frecuentemente veía coser a su abuela.
2. __4__ El médico escuchó atentamente mientras Josefina le explicaba todo lo que observaba en María Luisa.
3. __7__ Pero el médico no le encontró nada malo y estaba perplejo.
4. __5__ Entonces el doctor comenzó a examinar a María Luisa.
5. __6__ Le examinó el brazo.
6. __5__ Le examinó la pierna (*leg*).
7. __1__ María Luisa jugaba a solas con sus muñecas (*dolls*).
8. __4__ Por fin Josefina no resistió más y llevó a María Luisa al médico.
9. __3__ También leía mucho y veía muy poco la televisión.
10. __1–3__ Una vez, Josefina estaba muy preocupada por su hija María Luisa.

Paso 3 Completa la tira cómica. Escribe algunas oraciones que describan lo que pasó al final. Recuerda usar el pretérito para expresar acciones aisladas (*isolated*) y/o en secuencia y el imperfecto para expresar acciones o eventos en proceso o que eran habituales. ¡Vas a leer tus oraciones en clase!

ACTIVIDAD G Entrevistas

Muchos creen que los niños y los estudiantes universitarios pasan
mucho tiempo mirando la televisión. ¿Es verdad?

Paso 1 Entrevista a un compañero (una compañera) de clase. Hazle las
siguientes preguntas.

1. ¿Cuál de estas descripciones se te puede aplicar a ti?
   ☐ De niño/a veía más televisión que ahora.
   ☐ De niño/a veía menos televisión que ahora.

2. ¿Cuántas horas diarias de televisión veías cuando eras niño/a?

3. ¿Cuántas horas diarias de televisión ves ahora? ¿Crees que en este
   sentido eres una persona como las demás?

Paso 2 Comparte los resultados obtenidos en el **Paso 1** con los de tus
compañeros de clase. ¿Es verdad que los estudiantes ven muchas horas
de televisión? ¿y los niños?

Paso 3 (Optativo) ¿Hay adictos a la televisión en tu clase? ¿Cómo
llegaste a esta conclusión?

NAVEGANDO LA RED

Busca la página Web de un hispano famoso (una hispana famosa) y busca
información sobre su niñez. ¿Se menciona por lo menos una actividad
que hacía de niño/a? Imprime la información y preséntala a la clase.

VAMOS A VER

ANTICIPACIÓN

You can learn
more about
the themes
discussed in this **Vamos
a ver** section on the
Video to accompany
¿Sabías que... ?

Paso 1 ¿Sabes lo que es un mapa conceptual? Un mapa conceptual es
una representación visual de asociaciones. Por ejemplo, ¿qué asocias con
las computadoras? ¿Usos? ¿Tipos o marcas? ¿Equipo (*equipment*)? En
un mapa conceptual, comienzas con el concepto central (**las computadoras** en este caso) y le vas agregando (*you proceed to add*) los conceptos relacionados a medida que se te ocurren (*as they come to mind*).

1.

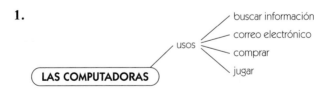

Anticipación, Paso 1, **Suggestion:** Before class, practice drawing a semantic map about
computers. This will help when you have to organize information students give.
Paso 2: Make sure students copy and keep map for later use.

Video: To make viewing this unit's video interview more meaningful to students, make sure
they have first read the selection and completed the pre- and post-reading activities in the
Vamos a ver section.

2.

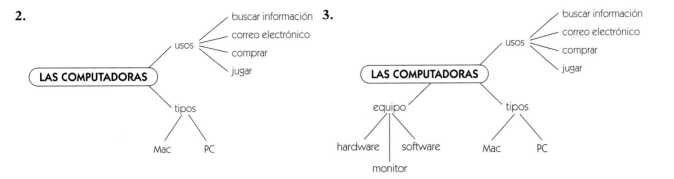

3.

La clase entera debe participar en la elaboración de un mapa conceptual de las computadoras en la pizarra. Deben incluir todo lo que saben acerca de ellas.

Paso 2 Ahora deben organizar las ideas para elaborar un mapa en limpio (*clean*). Copien y guarden el mapa.

Consejo práctico

Semantic maps (**mapas conceptuales**) are very useful ways of organizing what you know about a topic or concept. They are an excellent way to free-associate about a topic before reading and even before writing. Most people simply brainstorm the ideas, letting them fall where they will onto the map and organizing them after the period of free-association is over. Each node in the branch represents a connection between two concepts. When organizing your semantic map, you may wind up with different kinds of branches, as in the following example.

Incidentally, semantic maps are also a good way to organize and study new vocabulary and phrases when learning Spanish.

```
            equipo ——— pelota
                    \
                     raqueta
     EL TENIS                              Wimbledon
                                          /
    tenistas      torneos ——— «Grand Slam» ——— Abierto de
     /    \          /    \                        Francia
individuales dobles  Abierto de   Abierto de
                     Australia  los Estados Unidos
```

Exploración, Paso 1: Allow one minute to do *paso.*
Paso 2,
Follow-up: Ask class the question to see how many students had included the emotional negative effect.
Paso 3, **Answers:** (1) *Josefina* (2) *Alex* (3) *Josefina* (4) *Alex*

EXPLORACIÓN

Paso 1 Fíjate en el título de la lectura que se encuentra en la página 329. Mira también la foto y el título secundario. ¿Tienes alguna idea de qué se trata la lectura?

Paso 2 Ahora vuelve al mapa conceptual de **Anticipación.** ¿Incluyeron tú y tus compañeros un efecto emocional negativo de las computadoras?

Paso 3 La lectura habla del caso de un niño que se llama Alex y del caso de una mujer que se llama Josefina. Indica si cada oración a continuación se refiere a Alex o a Josefina.

Vocabulario útil

el/la cibernauta	persona que pasa mucho tiempo en la Red
el/la gerente	persona para quien trabajan otras personas
el saldo	cantidad de dinero que debes (*you owe*) en una cuenta

	ALEX	JOSEFINA
1. Tuvo un accidente.	☐	☐
2. Su padre le compró su primer videojuego.	☐	☐
3. Tenía problemas económicos.	☐	☐
4. Tiene amigos cibernautas y otros amigos también.	☐	☐

Paso 4 Ahora lee de nuevo el párrafo sobre el caso de Josefina. Pon las siguientes oraciones en orden cronológico (1 = la primera cosa que le pasó a Josefina; 5 = la última).

___3___ El saldo de su tarjeta de crédito llegó a su máximo.
___1___ Sufrió un accidente de automóvil.
___5___ Fue a un especialista para buscar ayuda.
___4___ Se puso deprimida.
___2___ Empezó a depender de la cibercompra.

Paso 5 Ahora lee el párrafo que incluye la lista de síntomas. Según este párrafo, indica si los siguientes individuos sufren de una adicción a la computadora.

	SÍ	NO
1. Ramón pasa un mínimo de quince horas al día en casa delante de su computadora. Sus amigos lo invitan a salir, pero Ramón prefiere quedarse en casa.	☐	☐
2. Carlota piensa constantemente en su computadora. Con frecuencia no contesta el teléfono cuando sus amigos la llaman.	☐	☐
3. Sonia trabaja para una compañía de computación. Pasa un mínimo de ocho horas al día en su computadora. Después del trabajo, pasa tiempo con su familia y con sus amigos.	☐	☐
4. La computadora de Marcos se descompuso (*broke down*) esta mañana y los técnicos dicen que no la pueden arreglar (*fix*) hasta mañana. Al saber esto, Marcos va a la sala de cómputo de la universidad para terminar su tarea. Después, se siente muy tranquilo.	☐	☐
5. En el pasado, Anita era una estudiante excelente. Pero desde que comenzó a pasar mucho tiempo jugando con sus amigos cibernautas, sus notas han bajado (*have gone down*) considerablemente.	☐	☐

Exploración, Paso 6, Answer: *recurrir a un(a) especialista y seguir sus recomendaciones*

Paso 6 Ahora lee el último párrafo. Si una persona se considera adicta, ¿qué debe hacer?

☐ buscar la ayuda de los amigos y seguir sus recomendaciones

☐ no hacer nada; la vida siempre presenta dificultades

☐ recurrir a un(a) especialista y seguir sus recomendaciones

Lección 12 ¿En qué consiste el abuso?

¿Eres adicto/a a la computadora?

La adicción a la computadora —mejor dicho, a navegar la Red, a la cibercompra o a los videojuegos— es una adicción nueva. Como las víctimas de otras adicciones, el adicto (la adicta) a la computadora hace lo que hace por impulsos supuestamente incontrolables.

Alex tenía 6 años cuando su padre le compró su primer videojuego. Seis años después, Alex pasa dos o tres horas al día delante del monitor, jugando y conversando con sus amigos cibernautas. Cuando no está en la escuela, además de los videojuegos, pasa tiempo con su hermano y también con los amigos. Todos dicen que Alex es un niño sociable y popular. Es obvio que le encantan los videojuegos, pero ¿se le puede considerar adicto?

La computadora puede convertirse en una adicción si uno no limita su uso.

Josefina es gerente de una compañía de exportaciones. Después de sufrir un accidente automovilístico, no pudo salir de la cama y empezó a depender de la Red para hacer todas sus compras. Llegó a depender más y más de la Red hasta que el saldo de su tarjeta de crédito llegó al límite. Josefina se encontraba aislada y deprimida, y sin la fuerza para dejar de ordenar libros, CDs, zapatos y otras cosas innecesarias. Cuando por fin pudo levantarse, fue a consultar con un psicólogo. ¿Era adicta Josefina a la «cibercompra»?

El caso de Alex es mucho más común que el caso de Josefina. Como Alex, la gran mayoría de la gente utiliza la computadora como una forma de entretenimiento o para su trabajo, y nunca llegan al grado de obsesionarse. Pero según los expertos, cualquier persona que usa una computadora con regularidad corre el riesgo de convertirse en adicto/a, como en el caso de Josefina. ¿Cuáles son los síntomas de esta adicción?

- Te sientes irritado/a y ansioso/a si no estás delante de la computadora.
- Usas la computadora aunque tengas otras responsabilidades familiares, escolares o de trabajo.
- Piensas más en la computadora, en los videojuegos, en las páginas Web que visitas, etcétera, que en cualquier otra cosa.
- Pasas tanto tiempo delante de la computadora que te olvides de otros aspectos de tu vida personal.
- Tu necesidad de usar la computadora parece ser incontrolable.
- La computadora controla tu conducta más de lo que tú puedes controlar a la computadora.

Si padeces de uno o más de estos síntomas, es muy probable que seas adicto/a a la computadora. La curación se encuentra en la terapia tradicional para cualquier adicción: consultar con un experto y seguir a la letra sus consejos.

¿Quiénes son los adictos a la computadora?

Hoy, los adictos a la computadora incluyen a personas de cualquier edad, desde niños hasta mayores ya jubilados. Todos sufren de los mismos problemas asociados con su «ciberadicción». Los psicólogos opinan que las personas con ciertas características de personalidad, en particular la baja autoestima y la timidez, son más susceptibles a esta adicción que otras. Se sienten más cómodos relacionándose con otros a través de la Red que tratando de relacionarse en persona. De esta manera se sienten más aislados y más vulnerables a los anuncios y a la publicidad.

Paso 7 Lee la selección, «¿Quiénes son los adictos a la computadora?»
Luego, determina si las siguientes oraciones son ciertas o falsas. Si una
oración es falsa, corrígela.

Vocabulario útil

la autoestima	lo que una persona piensa de sí misma
jubilado/a	se dice de las personas que se retiran de su trabajo para disfrutar los últimos años de su vida.

        C   **F**

1. Los adictos a la computadora son representativos de   ☐ ☐
muchos grupos de la sociedad.

2. No se ha establecido (*They have not established*) ninguna   ☐ ☐
relación entre las características de la personalidad
y la probabilidad de convertirse en adicto/a.

3. Los individuos muy seguros de sí mismos tienden a   ☐ ☐
ser adictos más que los que son inseguros.

4. Los anuncios comerciales y la propaganda afectan más   ☐ ☐
a los adictos a la cibercompra.

SÍNTESIS

Paso 1 Colabora con todos tus compañeros de clase para hacer un
nuevo mapa conceptual sobre las computadoras. Contribuye con la
información que has aprendido (*you have learned*) al leer la lectura.

LAS COMPUTADORAS

Paso 2 Compara este nuevo mapa conceptual con el que hicieron todos
en la sección **Anticipación.** ¿Es este nuevo mapa más completo?

Paso 3 Haz una copia del nuevo mapa y guárdala. ¡Es posible que
necesites esta información más tarde para un examen!

¿Llegarán estos niños a ser (Will these children become) *adictos a la
computadora?*

Paso 1 Lee de nuevo lo que le pasó a Josefina. Subraya los verbos que aparecen en el pasado. ¿Qué verbos están en el pretérito y qué verbos están en el imperfecto?

Paso 2 Recuerda que el imperfecto tiene dos funciones importantes: (1) expresar una acción habitual en el pasado y (2) expresar una acción en proceso de realizarse (*happening*). Busca en el párrafo sobre Josefina un ejemplo de cada función.

¿Eres adicto/a a los videojuegos? ¿O los juegas sólo para divertirte?

NAVEGANDO LA RED

Busca la página Web de un grupo u organización que ayuda a los que sufren de alguna adicción a algo, como a la Red, al tabaco, al alcohol, a la cocaína, al trabajo, al chocolate, etcétera. Contesta las siguientes preguntas y comparte tu información y tus respuestas con la clase.

◆ ¿Qué tipo de organización es? ¿A qué tipo(s) de adictos ayuda?

◆ ¿Cómo los ayuda? ¿Qué hace la organización y/o qué tienen que hacer los adictos para ayudarse a sí mismos?

◆ ¿Hay evidencia de que esta organización *sí* los ayuda?

GRAMÁTICA

¿Qué debo hacer? —Escucha esto.

Telling Others What to Do:
Affirmative **tú** Commands

> toma
> acuéstate
> come
> escribe
> haz
> di

—Laura, si de veras quieres dejar el vicio del chocolate, primero **admite** que tienes un problema.

Command forms (*Eat! Drink this! Do that!*) come in several forms: **tú, Ud., vosotros/as** (*Sp.*), and **Uds.** The affirmative **tú** forms are relatively easy to learn, since they are in most cases identical to third person singular verb forms. You are already familiar with some of these commands because they have been used in the instructions of many activities in this book.

> **Come** más ensalada si quieres ser más delgado.
> **Mira** más televisión si quieres comprender la cultura de este país.

Many commonly used verbs have irregular affirmative **tú** command forms.

decir	**Di** la verdad.	*Tell the truth.*
hacer	**Haz** dos más.	*Make two more.*
ir	**Ve*** a la tienda.	*Go to the store.*
poner	**Pon** tus libros aquí.	*Put your books here.*
salir	**Sal** si puedes.	*Get out if you can.*
tener	¡**Ten** cuidado!	*Be careful!*
venir	**Ven** conmigo.	*Come with me.*

Both direct and indirect object pronouns, as well as reflexive pronouns, are attached to the end of affirmative **tú** commands. Indirect objects always precede direct objects.

Cómelo, si quieres.	*Eat it if you want. (it = **el sándwich**)*
Dámelas, por favor.	*Give them to me, please. (them = **las páginas**)*
Cálmate.	*Calm down.*

---

*The regular **tú** command form of the verb **ver** is also **ve**. Context will determine meaning.

| **Ve** a la casa de tus abuelos. | *Go to your grandparents' house.* |
| ¡**Ve** esto! | *Look at this!* |

Nota comunicativa

A command form is a very direct way of asking someone to do something. In English, commands are often accompanied by *please* or some other phrase to soften the directness of the command. Sometimes questions are used with *will* or *would: Will you come here, please? Would you let us talk alone for a minute?* Spanish uses the simple present tense in the form of questions to form "soft" commands.

¿Me **pasas** el salero?
¿Me **das** tu número de teléfono?

ACTIVIDAD A Minilectura

Paso 1 Lee el artículo «Cómo salir de la adicción». ¿Puedes deducir a qué tipo de adicción se aplican los consejos?

> ## CÓMO SALIR DE LA ADICCION
>
> 1. Admite que eres una adicta. Según los médicos, nadie puede salir de una adicción si no admite que realmente la tiene. Hazte la siguiente pregunta: ¿El tiempo que empleas para hacer ejercicios, NO está balanceado con el resto de tus actividades? Si la respuesta es sí, eres una adicta.
> 2. Empieza a "cortar" tu entrenamiento gradualmente. Si te sientes dependiente de tu rutina, empieza a eliminar actividades lentamente. Quita primero la que disfrutes menos. Corta un poco el tiempo. Si practicas una hora y media diaria, empieza a cortar 30 minutos. Si te entrenas 5 días a la semana, corta un día. Comienza a tener sentido de la moderación.
> 3. Cambia tus actividades. Sustituye la parte que más te extenúa en tu entrenamiento. Digamos que es el pedaleo o el levantamiento de pesas... deja de hacerlo por un período de tiempo y, en cambio, ve integrando los ejercicios de relajación, toma clases de yoga o ensaya con un ejercicio que te permita socializar, como el tenis, el raquetbol o el baile.

Paso 2 Repasa el artículo y apunta todos los mandatos que encuentras. (Nota: Sólo debes escribir los verbos; no tienes que escribir toda la frase u oración entera.)

Paso 3 ¿Cuáles de las siguientes recomendaciones parecen lógicas según el contenido del artículo? Marca sólo las que te parezcan apropiadas.

- ☐ *Mírate* en un espejo y *di*, «Tengo un problema».
- ☐ *Habla* con un amigo para conseguir el nombre de un doctor (una doctora).
- ☐ *Limita* tu contacto con otros adictos y *busca* la amistad (*friendship*) de personas que tengan otros intereses.
- ☐ *Busca* otro tipo de ejercicio. Si corres, *toma* una clase de ejercicios aeróbicos. Si pedaleas, *empieza* a correr.
- ☐ *Come* más y *bebe* menos.
- ☐ *Elimina* los ejercicios que más te gustan. No vas a triunfar si no te sacrificas.

**Act. B, Paso 1,
Suggestion:**
Give students
2–3 minutes to
write their advice.
Remind students
that what they write should be in
the affirmative command form.
Paso 2, Suggestion: Give
students 4–5 minutes to work
with classmates and write down
their list of advice.
Follow-up: Ask several groups
to read lists aloud. Ask class
questions found in *Paso 2*.

ACTIVIDAD B Más consejos

Paso 1 Escoge *una* de las adicciones de la lista a continuación. Escribe por lo menos tres consejos en forma de mandatos afirmativos para dárselos a un amigo (una amiga) que sufre de esa adicción.

adicción al alcohol
adicción al chocolate
adicción al tabaco (fumar)
adicción a la televisión
adicción a los tranquilizantes
adicción a los videojuegos

Paso 2 Reúnete con otras dos personas para presentar tus consejos. Al final, el grupo debe hacer una sola lista de los consejos de los tres y compartirlos con la clase. ¿Hay variedad de consejos para cada adicción, o se repiten los mismos consejos para algunas de ellas?

Gramática, **Suggestion:** Do a quick listening activity to see if students can perceive a verb form as present-tense indicative or as a negative command. Say each verb and have students tell you *Es un mandato* or *No es un mandato*. (1) *no busques* (*sí*) (2) *no leas* (*sí*) (3) *no cambias* (*no*) (4) *no trabajas* (*no*) (5) *no tomes* (*sí*) (6) *no dejes* (*sí*) (7) *no piensas* (*no*) (8) *no comas* (*sí*) (9) *no estudias* (*no*) (10) *no te levantes* (*sí*)

GRAMÁTICA

¿Qué no debo hacer? —¡No hagas eso!

Telling Others What *Not* to
Do: Negative **tú** Commands

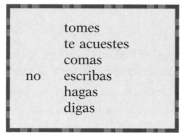

no	tomes
	te acuestes
	comas
	escribas
	hagas
	digas

—**No pienses** más en el chocolate, Laura, y **no te dejes caer** en la tentación.

Negative **tú** commands are formed by taking the **yo** form of the present tense indicative, dropping the **-o** or **-oy,** and adding what is called *the opposite vowel* + **s.** The opposite vowel is **e** if the verb is an **-ar** verb. The opposite vowel is **a** if the verb is an **-er** or **-ir** verb. Any stem changes or irregularities of the **yo** form in the present tense indicative are retained. And of course, reflexive verbs have the pronoun **te.**

vengo → veng- + -as → **no vengas**
me acuesto → acuest- + -es → **no te acuestes**
doy → d- + -es → **no des**

Among the handful of verbs whose negative **tú** commands are not formed in this way are **ir** and **ser.**

ir	**no vayas**
ser	**no seas**

COMUNICACIÓN

El trabajo como adicción

El adicto al trabajo se miente a sí mismo y les miente, por tanto, a los demás. En realidad, hace todo lo posible por no tener un instante libre, por ser un esclavo del trabajo. «No puede» tomar un café con el amigo porque hace horas extras; «no puede» escuchar a sus hijos porque no dispone de tiempo; «no puede» hacer el amor de manera relajada y libre porque está cansado. Mientras él huye de su insatisfacción se convierte, a su vez, en fuente de insatisfacción para los otros.

Christina Peri Rossi

Unlike affirmative **tú** commands, negative **tú** commands require all pronouns to precede the verb.

No me digas eso.	*Don't tell me that.*
No te levantes tarde.	*Don't get up late.*
No me lo pidas.	*Don't request it of me.*

ACTIVIDAD C Lo que no debes hacer

Según el artículo «Cómo salir de la adicción» en la página 329, ¿cuáles de las siguientes recomendaciones te parecen inapropiadas?

☐ No pases mucho tiempo con los amigos si quieres salir de la adicción, pues ellos pueden distraerte (*distract you*) de tu propósito.

☐ No elimines por completo los ejercicios de tu rutina.

☐ No hables de tu problema con nadie. Es un asunto personal que a nadie le interesa.

☐ No hagas nada radical. Salir de la adicción requiere tiempo y cambios graduales.

☐ No leas información sobre tu problema, ni tampoco pienses demasiado en él. Es mejor no «intelectualizar» mucho respecto a una adicción.

ACTIVIDAD D La adicción al trabajo

Paso 1 Lee rápidamente el artículo que aparece en el margen.

Paso 2 Ahora completa las siguientes oraciones de una manera lógica.

1. No te mientas; _____

2. No seas esclavo de tu trabajo; _____

3. No te olvides de los amigos; _____

4. No te preocupes por las horas extras; _____

Paso 3 Inventa tres o cuatro consejos más para dar a un adicto (una adicta) al trabajo.

> MODELO No almuerces en tu oficina.

Paso 4 Con un compañero (una compañera) reúne las ideas de los **Pasos 2** y **3** y formula una serie de cinco a seis consejos más apropiados al adicto (a la adicta) al trabajo.

ACTIVIDAD E Consejos

A continuación hay varios consejos que se le podrían dar (*that could be given*) a un amigo (una amiga) que tiene problemas con el alcohol. Si pudieras (*If you could*) darle un solo consejo, ¿cuál de los cuatro sería (*would it be*)? ¿Puedes explicar por qué?

Ten esperanza.

Llámame cuando sientes la tentación de beber.

No salgas con amigos a quienes les gusta beber mucho.

Busca tratamiento en un centro de rehabilitación.

Act. E, Suggestions (p. 335):
Have students work in groups of 2–4. Each group must agree on the best advice. Give students 3–4 minutes to complete activity. **Follow-up:** Ask several groups to share their best advice with the class. *¿Están todos de acuerdo?*

Situación is an optional activity in which students are given the opportunity to discuss what they would say or do given a particular real-life situation. You may ask students to discuss their reactions in small groups before asking them to share their ideas or act out the situation (e.g., role-play) with the class.

SITUACIÓN

Trabajas en una empresa de informática (un negocio de computadoras). Has notado (*You have noticed*) en varias ocasiones que un compañero de trabajo huele a (*smells like*) alcohol. Este compañero parece trabajar bien y pocas veces falta al trabajo. Durante las próximas cuatro semanas tú y él tienen que trabajar juntos en un proyecto. Hoy viene a hablarte en la oficina y otra vez huele a alcohol. ¿Qué haces?

NAVEGANDO LA RED

Busca un artículo en un periódico o una revista en español que hable de alguna adicción. Apunta lo siguiente y compártelo con la clase.

◆ el número de personas adictas

◆ las causas

◆ la tasa (*rate*) de curación

◆ otro detalle interesante

COMPOSICIÓN

En esta lección examinaste cómo algunas actividades diarias practicadas en exceso podrían ser dañinas. Leíste un artículo sobre la adicción a las computadoras y también examinaste los hábitos en cuanto a ver la televisión. Finalmente, te informaste de cómo se puede salir de una adicción y del trabajo como adicción.

Ahora vas a escribir una composición basada en las ideas que se presentaron en esta lección. Utiliza el siguiente título:

La televisión: ¿diversión o adicción?

Antes de escribir

Paso 1 Vas a escribir tu composición teniendo en cuenta a las personas que ven la televisión en exceso. Tu propósito es convencer al lector de que exista la adicción a la televisión, describir las consecuencias negativas de esta adicción y después ofrecer algunas sugerencias sobre cómo salir de la adicción.

Piensa en los artículos que leíste en esta lección. ¿Cómo presentan el tema? ¿Con una pregunta? ¿Con una breve historia o narración del caso de una persona adicta (por ejemplo, Josefina, la adicta a la cibercompra)? ¿Cómo vas a comenzar tu composición?

También piensa en el propósito de la composición y el tipo de persona que la va a leer. ¿Quién es el lector típico, adicto a la televisión? ¿En qué forma vas a dirigirte (*address*) a esa persona?

Paso 2 Antes de escribir, haz un bosquejo de tus ideas. Puedes colaborar con un compañero (una compañera) si quieres.

1. Síntomas de adicción a la tele
2. Consecuencias negativas
3. Cómo salir de esta adicción

Paso 3 ¿En qué orden piensas presentar tus ideas? ¿Quieres presentar primero las consecuencias y luego seguir con los síntomas y las sugerencias? ¿O piensas que es mejor presentar primero los síntomas seguidos por las consecuencias y por último las sugerencias?

Al escribir

Paso 1 Hay que prestar atención al aspecto lingüístico de la composición. ¿Puedes utilizar los siguientes aspectos gramaticales?

1. el imperfecto del verbo **ver** (por ejemplo, **veía**)
2. los mandatos afirmativos
3. los mandatos negativos

Al escribir, Paso 2,
Suggestion: Be sure to assign the composition two days before you expect to collect it.

Paso 2 Escribe la composición con dos días de anticipación. Un día antes de entregársela al profesor (a la profesora), lee la composición de nuevo. ¿Quieres cambiar o modificar...

1. las consecuencias de la adicción que presentaste?
2. la descripción de la adicción?
3. los consejos sobre cómo salir de la adicción?
4. el orden de tus ideas?
5. algún otro aspecto?

Después de escribir

Paso 1 Lee la composición de nuevo para repasar...

1. la concordancia entre formas verbales y sujetos y entre sustantivos y adjetivos.
2. el uso del imperfecto del verbo **ver** y el uso del pasado en general.
3. el uso de los mandatos afirmativos.
4. el uso de los mandatos negativos.

Paso 2 Haz los cambios necesarios y entrégale la composición al profesor (a la profesora).

Vistazos culturales
El indigenismo en el mundo hispano

¿Sabías que... en muchos países latinoamericanos las culturas indígenas son una parte importante de la identidad nacional? En México, Guatemala, Bolivia, el Ecuador y el Perú hay poblaciones indígenas muy grandes. En estos países la presencia indígena se refleja en varios aspectos de la cultura nacional como el arte, la literatura, la lengua, la política, etcétera. En otros países latinoamericanos como la Argentina y el Uruguay, la presencia indígena no tiene un papel tan importante.

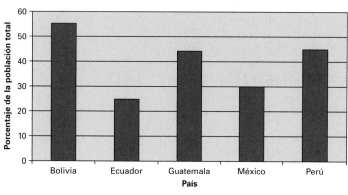

Poblaciones indígenas

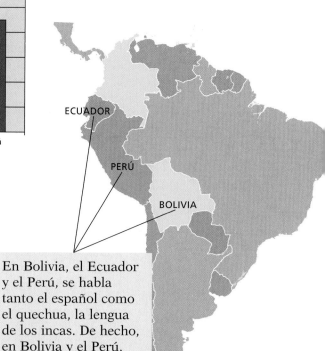

ECUADOR

PERÚ

BOLIVIA

Más de un millón de mexicanos habla náhuatl, la lengua de los aztecas.

En Bolivia, el Ecuador y el Perú, se habla tanto el español como el quechua, la lengua de los incas. De hecho, en Bolivia y el Perú, hay tantos hablantes de esta lengua indígena que es uno de los idiomas oficiales en cada país.

En México hay más de 100 culturas indígenas.

El arte

Diego Rivera y otros artistas mexicanos pintaron murales de temas indígenas durante la Revolución Mexicana (1910–1920).

Lo indígena en la cultura nacional

El subcomandante Marcos, líder de los indígenas en Chiapas, México

La política

A veces durante la historia de algunos países latinoamericanos como México, Guatemala, Chile y otros, los indígenas se han sublevado[a] para defender sus derechos. En México, por ejemplo, los indígenas del estado de Chiapas se rebelaron contra el gobierno en 1994 porque vivían en una pobreza[b] inmensa. Querían más tierra[c] para cultivar y más acceso al sistema político.

_____

[a]*se... have revolted* [b]*poverty* [c]*land*

La literatura

Muchos escritores del siglo XX escribieron novelas de temas indígenas para captar la realidad de la presencia indígena en su país.

- Jorge Icaza (el Ecuador): *Huasipungo* (1934)
- Miguel Ángel Asturias (Guatemala): *Hombres de maíz* (1949)
- José María Arguedas (el Perú): *Los ríos profundos* (1958)

La lengua

Palabras españolas de origen náhuatl:		Palabras españolas de origen quechua:	
aguacate	papalote[b]	cóndor	pampa[b]
chicle[a]	tomate	gaucho[a]	puma
chocolate		llama	

_____

[a]*chewing gum* [b]*kite (Mex.)*

_____

[a]*rancher* [b]*grassy plain*

ACTIVIDADES ¿Qué recuerdas?

Completa las siguientes oraciones.

1. Aproximadamente _____ personas habla(n) náhuatl en México.
2. Según la gráfica, el porcentaje de la población indígena es más alto en este país: _____.
3. Además del español, el _____ es uno de los idiomas oficiales en el Perú.
4. El autor de la novela guatemalteca *Hombres de maíz* se llama _____.
5. En el año _____ hubo una sublevación muy grande de indígenas en contra del gobierno mexicano.
6. La palabra **cóndor** tiene su origen en la lengua de los _____.

NAVEGANDO LA RED

Escoge *uno* de los siguientes proyectos. Luego presenta la información a la clase.

1. Busca información sobre La Malinche en la historia del indigenismo mexicano para poder contestar las siguientes preguntas.

   a. ¿Quién era La Malinche y qué papel tuvo en la conquista española de México?
   b. ¿Por qué crees que La Malinche es un símbolo del indigenismo y el mestizaje mexicanos para algunos?
   c. Hoy en día, **el malinchismo** es un término común en México. ¿Qué crees que significa este término o en qué circunstancias se usa?

2. Busca información sobre los mapuches en Sudamérica. Después haz lo siguiente.

   a. Explica qué quiere decir la palabra **mapuche** en español.
   b. Alista los nombres y la población mapuche aproximada de cada país en que viven los mapuches.
   c. Explica brevemente cómo es la economía de los mapuches y por qué los mapuches chilenos están inmigrando a Santiago (la capital de Chile).

VOCABULARIO COMPRENSIVO

Los daños físicos — Physical Injuries

la herida ⎫
la lesión ⎬ wound, injury
el peligro — danger

dañino/a — harmful
grave — serious
peligroso/a — dangerous

consistir en — to consist of
herir (ie, i) — to wound
tener cuidado — to be careful

¿Eres fanático/a? — Are You a Fanatic?
el abuso — abuse
la adicción — addiction

el alcoholismo — alcoholism
la consecuencia — consequence
la autoestima — self-esteem

abusar de — to abuse
convertirse (ie, i) — to become addicted
 en adicto/a
salir de una adicción — to overcome an
 addiction
ser adicto/a — to be addicted
sufrir — to suffer; to experience

Somos lo que somos

La chica que quería coyotes (The Girl Who Loved Coyotes, *1995*) *por Diana Bryer* (*norteamericana, 1942–*)

Las cuatas Diego (*1980*), *por Cecilia Concepción Álvarez* (*norteamericana, 1950–*)

¿Cómo te describes?

En esta lección vas a tratar el tema de las cualidades de una persona. Vas a aprender

◆ adjetivos y expresiones para describir la personalidad de una persona

◆ un tiempo verbal nuevo: el pretérito perfecto (*present perfect*)

◆ nuevos verbos que requieren el uso de **se,** y luego repasar las verdaderas construcciones reflexivas

ALTO Before beginning this lesson, look over the **Intercambio** activity on pages 364–365. This is the activity you will be working toward throughout the lesson.

¿Te ves a ti mismo/a como te ven las otras personas?

IDEAS PARA EXPLORAR

La personalidad

VOCABULARIO

¿Cómo eres tú? (I)

Describing Personalities

¿Cómo ves el mundo y la vida?
idealista ↔ realista
optimista ↔ pesimista

¿Cómo actúas con otras personas?
adaptable, flexible ↔   impaciente ↔ paciente
cabezón (cabezona)[a]   insensible[c] ↔ sensible
callado/a ↔ hablador(a)   insincero/a ↔ sincero/a
calmado/a ↔ explosivo/a
chismoso/a[b] ↔ discreto/a

¿Cómo eres tú?

¿Cómo trabajas?
caótico/a ↔ metódico/a
decidido/a[d] ↔ indeciso/a[e]
perezoso/a ↔ trabajador(a)

¿Cómo eres en cuanto a la política y la sociedad?
conformista ↔ rebelde
conservador(a) ↔ liberal

¿Qué otras características tienes?
aburrido/a ↔ divertido/a[f]   ingenuo/a[g] ↔ sabio/a[h]
arrogante ↔ humilde   inseguro/a ↔ seguro/a
gregario/a ↔ tímido/a

[a]*stubborn* [b]*gossipy* [c]*insensitive* [d]*decisive* [e]*indecisive* [f]*fun-loving* [g]*naive* [h]*wise*

Vocabulario útil

celoso/a	jealous	**posesivo/a**	
creativo/a		**poseer**	to possess
equilibrado/a	balanced		
leal	loyal		

ACTIVIDAD A Correspondencias

Escucha la cualidad que menciona tu profesor(a). Luego escoge la frase que mejor corresponda a la cualidad.

1. **a.** tomas decisiones rápidamente   **b.** no tomas decisiones rápidamente
2. **a.** las personas te pueden decir secretos   **b.** las personas no deben decirte nada en secreto
3. **a.** aceptas las ideas de otros fácilmente   **b.** no aceptas las ideas de otros fácilmente
4. **a.** tienes ideas progresistas   **b.** tienes ideas tradicionales
5. **a.** siempre hablas de lo que haces   **b.** no hablas mucho de lo que haces
6. **a.** puedes ser actor cómico   **b.** no puedes ser actor cómico
7. **a.** eres confidente   **b.** no eres confidente
8. **a.** eres buen amigo   **b.** no eres buen amigo

ACTIVIDAD B Más correspondencias

Haz la correspondencia entre la columna A y la columna B.

A

Si eres...
1. __b__ pesimista,...
2. __h__ flexible,...
3. __d__ rebelde,...
4. __c__ perezoso/a,...
5. __f__ sabio/a,...
6. __a__ insensible,...
7. __e__ celoso/a,...
8. __g__ creativo/a,...

B

a. dañas los sentimientos de otras personas.
b. ves negro el futuro.
c. evitas (*you avoid*) el trabajo.
d. no te gusta seguir las reglas de otros.
e. probablemente eres posesivo/a también.
f. probablemente tienes mucha experiencia en la vida.
g. inventas cosas sin dificultad.
h. te adaptas fácilmente.

ACTIVIDAD C Personas famosas

Como clase, nombren a algunos personajes de la literatura o del cine que poseen las siguientes cualidades.

1. idealista
2. explosivo/a
3. seguro/a
4. ingenuo/a

ACTIVIDAD D ¿Te consideras... ?

Busca personas que contesten «sí» a tus preguntas como en el modelo.

MODELO E1: ¿Te consideras liberal?
        E2: Sí.
        E1: Firma aquí, por favor.

1. discreto/a
2. cabezón (cabezona)
3. divertido/a
4. decidido/a
5. paciente
6. optimista
7. explosivo/a
8. caótico/a

Act. E, Paso 1, **Answers:**
cabezón (cabezona) (2, 4, 5, 9)
metódico/a (6, 7, 10, 12)
optimista (1, 3, 8, 11)
Paso 2, **Suggestion:** If students
have difficulty understanding this
paso, read them the instructions
in English: "Now interview
another person using the questions from *Paso 1.* Then decide if
the person is *muy cabezón
(cabezona), un poco cabezón
(cabezona), flexible,* or *muy flexible,* etc., depending on how
he/she answers. For example, if
he/she answers affirmatively to
all four questions about *cabezón
(flexible),* then he/she is *muy
cabezón (cabezona).* If he/she
answers affirmatively only once,
he/she is *flexible.* Present your
results to the class."

ACTIVIDAD E ¿Cabezón, metódico u optimista?

Paso 1 Imagina que vas a hacerle algunas preguntas a otra persona para averiguar si es cabezona (flexible), metódica (caótica) u optimista (pesimista). Con un compañero (una compañera), agrupa las preguntas según la cualidad a la que aluden. **¡OJO!** Hay cuatro preguntas para cada cualidad. (Por ejemplo, hay cuatro preguntas para **cabezón [flexible]**.)

1. ¿Crees que la vida es como una gran aventura?
2. ¿Crees que tu manera de hacer las cosas es la mejor?
3. ¿Dicen los demás que sueles estar de buen humor?
4. ¿Discutes (*Do you argue*) hasta que los demás se resignan a tus ideas?
5. ¿Te adaptas fácilmente a nuevas situaciones?
6. ¿Eres muy organizado/a?
7. ¿Mantienes muy limpio el lugar donde vives?
8. ¿Siempre ves lo bueno en una situación?
9. ¿Tienes ideas muy fijas?
10. ¿Escribes de nuevo tus apuntes al final del día?
11. ¿Crees que los problemas más graves del mundo se resolverán (*will be resolved*)?
12. ¿Te gusta hacer listas de las cosas que necesitas hacer?

Paso 2 Ahora, entrevista a otra persona usando las preguntas del **Paso 1.** Al final, decide si la persona es muy cabezona, un poco cabezona, flexible, o muy flexible, etcétera, según cómo conteste. Por ejemplo, si contesta afirmativamente las cuatro preguntas sobre **cabezón (flexible)** es muy cabezona. Si contesta afirmativamente sólo una vez es un poco cabezona, etcétera. Presenta tus resultados a la clase.

"T" ANALIZAMOS

Con la tilde hacia la derecha	$\mathcal{L}^-$	Enérgica y productiva
Con la tilde hacia la izquierda	$\mathcal{L}$	Perezosa, poco productiva
Con la tilde inclinada hacia abajo	$\mathcal{L}$	Agresiva y arriesgada
Con la tilde por encima	$\mathcal{L}$	Imaginativa y espiritual
Con la tilde cruzando la letra	$\mathcal{L}$	Disciplinada y responsable
Con forma de estrella y tilde larga	$\mathcal{V}$	Rápida y persistente
Con forma de estrella y tilde corta	$\mathcal{V}$	Insegura

Muchas veces la letra (*handwriting*) de una persona revela su personalidad. Analiza tu letra según «"T" analizamos». ¿Estás de acuerdo con el análisis?

VOCABULARIO

¿Cómo eres tú? (II)

Cualidades
el afán de realización	eagerness to get things done
el don de mando	talent for leadership
la tendencia a evitar riesgos	tendency to avoid risks

Adjetivos
arriesgado/a	bold, daring
capaz de dirigir (a otros)	able to direct (others)
retraído/a	solitary, reclusive

Cognados

agresivo/a	**imaginativo/a**	**tímido/a**
aventurero/a	**impulsivo/a**	**vulnerable al estrés**
extrovertido/a	**introvertido/a**	**(a la tensión)**
gregario/a	**reservado/a**	

Todos saben que Carlitos es muy **imaginativo.**

Griselda, una mujer **aventurera,** hace una de sus actividades favoritas.

¿Te gusta quedarte en casa en vez de salir? ¿Prefieres estar solo/a más que con otras personas? Entonces eres **retraído/a** como Wanda.

Act. F, **Answers:** (1) *agresivo* (*opuesto*) (2) *aventurero* (*opuesto*) (3) *capaz de dirigir* (*semejante*) (4) *perezoso* (*opuesto*) (5) *tímido* (*semejante*) (6) *retraído* (*opuesto*).

ACTIVIDAD F ¿Semejante u opuesto?

Escucha mientras el profesor (la profesora) dice una de las palabras o expresiones nuevas. Di si las palabras o expresiones a continuación representan un concepto semejante u opuesto.

1. retraído

2. la tendencia a evitar riesgos

3. el don de mando

4. el afán de realización

5. introvertido

6. gregario

ACTIVIDAD G ¡Bingo!

Escucha las instrucciones que da el profesor (la profesora) para jugar al Bingo.

ACTIVIDAD H ¿Lógica o no?

Indica si cada oración es lógica o no (¡en tu opinión!). Si dices que no, ¿puedes explicar por qué?

	ES LÓGICA.	NO ES LÓGICA.
1. Una persona gregaria no habla mucho.	☐	☐
2. Para ser presidente/a, es bueno tener el don de mando.	☐	☐
3. Las personas retraídas tienden a evitar los riesgos.	☐	☐
4. Una persona agresiva no es tímida.	☐	☐
5. Si alguien es vulnerable al estrés, es muy capaz de dirigir a otros.	☐	☐
6. Una persona imaginativa tiene mucha creatividad.	☐	☐
7. Las personas perezosas y las que tienen el afán de realización pueden llevarse muy bien en el trabajo.	☐	☐

ACTIVIDAD I ¿Qué es?

El profesor (La profesora) va a darle a una persona de la clase uno de los atributos presentados en esta sección. Todos deben hacerle preguntas a esa persona para averiguar el nombre de ese atributo.

MODELO   E1: ¿Te gusta estar solo?
E2: No. Me gusta estar con otras personas.
E3: Si tienes un conflicto con alguien, ¿hablas con esa persona?
E2: Sí.
E4: ¿Eres capaz de dirigir a otros?
E2: ¡Sí!

NAVEGANDO LA RED

¿Tiene cada cultura su propia personalidad? ¿Existe alguna personalidad colectiva que se pueda atribuir a un grupo de personas? Busca información sobre la gente de Costa Rica, Puerto Rico, la Argentina y México. (Sobre todo mira las páginas de las oficinas de turismo de cada país.) ¿Hay descripciones de la gente del país? Presenta tus resultados a la clase.

Así se dice

Many adjectives in Spanish, as in other languages, have corresponding nouns. Here are nouns that go with some of the adjectives you are learning in this lesson.

la agresividad
la aventura
la capacidad
la extroversión
la imaginación
el retraimiento
la timidez

COMUNICACIÓN

***Act. G*, Suggestion:** Tell students to draw a "Bingo card" that has nine spaces or blocks. Have them select any 9 words/expressions from the new vocabulary and randomly place each in one of the spaces on their card. Allow about 3 minutes for them to do this. When everyone is ready, you call a word/expression out loud and students mark their cards. When someone gets 3 in a row, that person should yell *¡Bingo!*
Optional: Allow more time and tell students they can create up to 3 grids to use during the game. Warn them, however, that it is harder to keep track of 3 at a time! Call out vocabulary words/expressions only once. Repeat only if students ask for repetition. Keep track of what you call out by checking off words in your book. You can repeat this game again and students can create new grids each time if they prefer.

***Act. I*, Suggestion:** Tell class that the selected person is assuming a trait. You can do this a number of times. Suggested words: *gregario, retraído, tímido, el don de mando, imaginativo.*

GRAMÁTICA

¿Qué has hecho? (I)

Introduction to the Present Perfect

—**He tomado** una decisión.
—¿Sí? ¿Cuál es?
—**He decidido** buscar otro trabajo.
—¿Lo **has pensado** bien?

he		
has		
ha		
ha	+	hablado
hemos		leído
habéis		salido
han		
han		

You may recall encountering in *¿Sabías que... ?* the present perfect (**el pretérito perfecto**) tense. Forms such as **ha investigado** and **han investigado,** roughly equivalent to English *has investigated* and *have investigated,* consist of the verb **haber** and a past participle.

In most past participles the **-ar, -er,** and **-ir** endings of the infinitive are replaced with **-ado, -ido,** and **-ido,** respectively. There are no stem changes.

probar	**He probado** comidas muy exóticas.
poder	No **he podido** estudiar para el examen.
dormir	No **he dormido** bien esta semana.

A few common verbs have irregular past participles:

hacer:	**hecho**	¿**Has hecho** la tarea?
escribir:	**escrito**	No **hemos escrito** la composición.
poner:	**puesto**	Mi papá ya **ha puesto** la mesa.
decir:	**dicho**	¿**He dicho** algo incorrecto?
ver:	**visto**	¿**Has visto** a la profesora recientemente?
morir:	**muerto**	Su perro **ha muerto.**

Although the verb **ir** is irregular in many tenses, it has a regular past participle. What do you think is the past participle of **ir**? You were right if you guessed **ido.**

As you continue to describe your personality in this lesson, you will find the present perfect useful when talking about things you have and haven't done.

ACTIVIDAD A ¿Quién ha hecho qué?

1. ¿Quién ha recibido el Premio Nobel dos veces?
   a. Marie Curie   **b.** Óscar Arias Sánchez   **c.** Nelson Mandela

2. ¿Quién *no* ha ganado el Abierto de Francia?
   a. Pete Sampras   **b.** Andre Agassi   **c.** Sergi Bruguera

3. ¿Quién *no* ha hecho un vídeo musical?
   a. Bette Midler   **b.** Madonna   **c.** Judy Garland

4. ¿Quién *no* ha sido vicepresidente de los Estados Unidos?
   a. Lyndon Johnson   **b.** Bill Clinton   **c.** Richard Nixon

5. ¿Quién ha escrito obras teatrales?
   a. Neil Simon   **b.** Stephen King   **c.** Danielle Steele

ACTIVIDAD B ¿Sí o no?

Empareja una frase de la columna A con una de la columna B para formar oraciones lógicas y gramaticalmente correctas. Luego indica si se te aplican o no.

A	B
1. He estudiado	**a.** a una persona famosa.
2. He hablado	**b.** con algunos amigos esta semana.
3. He visto	**c.** con algunos familiares por teléfono esta semana.
4. He salido	**d.** para varios exámenes este semestre.
5. He conocido	**e.** una película en el cine recientemente.
6. Me he despertado	**f.** tarde varias veces esta semana.

ACTIVIDAD C ¿Lo has hecho tú?

Paso 1 Completa las siguientes frases con información que se te aplica.

Esta semana...

1. he escrito _____.
2. he mirado _____.
3. he ido al (a la) _____.
4. he visitado (a) _____.
5. he leído* _____.

Paso 2 La clase entera debe convertir las oraciones del **Paso 1** en preguntas y hacérselas al profesor (a la profesora) para averiguar si ha hecho cosas iguales a las que han hecho Uds. ¿Quién tiene más en común con el profesor (la profesora)?

MODELO   ¿Ha escrito Ud. (Has escrito) una carta esta semana?

_____

*When **-er** and **-ir** verb stems end in **-a, -e,** or **-o,** the **i** in the past participle ending **-ido** carries an accent.

ACTIVIDAD D Un perfil

Paso 1 Hazle las siguientes preguntas a un compañero (una compañera) de clase. Luego determina cómo lo (la) clasificarías (*would classify him* [*her*]) en las siguientes escalas.

seguro/a ⟵⟶ inseguro/a, tímido/a
decidido/a ⟵⟶ indeciso/a

1. ¿Has perdido alguna buena oportunidad porque no pudiste tomar una decisión?
2. ¿Has dicho: «sí» cuando realmente querías decir: «no»?
3. ¿Has pedido la opinión de otras personas antes de comprar algo caro (*expensive*)?
4. ¿Has conocido a alguna persona atractiva pero tuviste miedo de hablarle?
5. ¿Le has escrito una carta a alguien para decirle lo que piensas de algo que esa persona ha hecho?

Paso 2 Ahora contesta las mismas preguntas de tu compañero/a. Después él (ella) va a analizar tus respuestas. ¿Eres tan seguro/a y decidido/a como tu compañero/a o son diferentes?

GRAMÁTICA

¿Qué has hecho? (II)

More on the Present Perfect

—**Hemos hecho** muchas compras.
—Sí, ¡y ahora tenemos que pagar las cuentas!

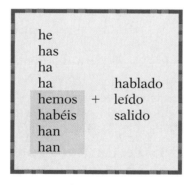

he	
has	
ha	
ha	hablado
hemos	+ leído
habéis	salido
han	
han	

In the previous section, you worked with the present perfect to talk about yourself, to ask questions of someone, and to report on someone else. Note the forms of **haber** used in the present perfect to talk about groups of people.

Hemos terminado la tarea.	*We've finished the homework.*
¿Han (Habéis) decidido algo?	*Have you all decided something?*
Marta y Paco no **han** escrito nada.	*Marta and Paco have not written anything.*

Act. E, Suggestion: As students give answers, ask some related questions. For example, *¿Han escrito sólo una composición? ¿Cuántas en total? ¿Han tomado un examen también?* and so on.

ACTIVIDAD E ¿Qué hemos hecho?

Como clase, decidan si cada oración a continuación es cierta o falsa según lo que han hecho este semestre (trimestre).

		C	F
1.	Hemos escrito una composición.	☐	☐
2.	Hemos hecho reportes orales.	☐	☐
3.	Hemos hablado de las relaciones familiares.	☐	☐
4.	Hemos hablado de nuestra personalidad.	☐	☐
5.	Hemos visto un vídeo o un segmento de un vídeo.	☐	☐
6.	Hemos entrevistado al profesor (a la profesora).	☐	☐

Act. F, Answers: (1) a (2) b (3) c (4) c

ACTIVIDAD F ¿A quiénes?

Indica a quiénes les harías (*you would ask*) cada pregunta.

1. ¿Qué películas han visto Uds. recientemente?
   a. Ebert y Roeper
   b. Siegfried y Roy
   c. Penn y Teller

2. ¿Qué deportes han jugado Uds. esta semana?
   a. niños de edad preescolar
   b. adolescentes
   c. personas jubiladas

3. ¿A cuántos pacientes han examinado Uds. esta semana?
   a. estudiantes
   b. secretarias
   c. doctores

4. ¿Han estudiado Uds. el nuevo vocabulario para hoy?
   a. estudiantes de química
   b. estudiantes de retórica
   c. estudiantes de español

COMUNICACIÓN

Act. G, Paso 1, Suggestion: Allow about 5 minutes for students to write statements. **Follow-up:** If time allows, repeat activity but put a volunteer in front of the class to be interviewed.

ACTIVIDAD G Le toca al profesor (a la profesora)°

Le... It's the professor's turn.

Paso 1 En grupos de cuatro, escriban cinco oraciones sobre lo que creen que el profesor (la profesora) ha hecho junto con su familia o sus amigos en los últimos tres días.

Paso 2 Ahora entrevisten al profesor (a la profesora). ¿Qué grupo tiene todas las oraciones correctas?

MODELO   Ud. y su familia, ¿han cenado en algún restaurante?

Busca lo siguiente sobre personas famosas de habla española y presenta tus resultados a la clase.

◆ ¿Quién se ha casado recientemente?

◆ ¿Quién ha tomado unas vacaciones?

◆ Menciona dos o tres detalles sobre el evento.

IDEAS PARA EXPLORAR

Más sobre tu personalidad

GRAMÁTICA

¿Te atreves a... ?

More Verbs That Require a Reflexive Pronoun

—...y lo peor es que nunca **se da cuenta de** sus errores.

> atreverse a + *inf.*
> burlarse de
> comportarse
> darse cuenta de
> jactarse de
> portarse

You learned in **Lección 10** that a number of verbs in Spanish that are not reflexive in meaning require a reflexive pronoun. Remember **quejarse (de)** (*to complain* [*about*])? These verbs do not translate into English with *-self* or *-selves,* nor do they denote that someone is doing something to him or herself. You will always see the following verbs used in Spanish with a reflexive pronoun.

atreverse a + *inf.* to dare to (*do something*)

¿**Te atreves a** decir eso?

burlarse (de) to laugh (*at*), make fun (*of someone*)

Ella siempre **se burla de** mí.

comportarse to behave

Los niños no **se comportan** bien cuando van a la iglesia.

darse cuenta (de) to realize (*something*)

Nunca **se da cuenta de** sus errores.

jactarse (de) to boast (*about something*)

Se **jactan de** ser los mejores jugadores de fútbol.

portarse to behave

Siempre **me porto** bien en público.

ACTIVIDAD A ¿Quién... ?

Indica la personalidad de la persona que hace cada acción a continuación. ¿Están todos de acuerdo?

¿Quién...

1. se queja de tener que hacer cola (*stand in line*)?

| **a.** una persona optimista | **b.** una persona impaciente | **c.** una persona sabia |

2. se atreve a vestir (*dress*) de una manera extravagante?

| **a.** una persona conservadora | **b.** una persona humilde | **c.** una persona rebelde |

3. se comporta bien en cualquier situación?

| **a.** una persona adaptable | **b.** una persona ingenua | **c.** una persona insincera |

4. se jacta siempre de sí misma o de lo que tiene?

| **a.** una persona decidida | **b.** una persona arrogante | **c.** una persona realista |

5. siempre se da cuenta de cuándo una discusión es inútil?

| **a.** una persona cabezona | **b.** una persona caótica | **c.** una persona sabia |

6. siempre se burla de los demás?

| **a.** una persona insensible | **b.** una persona metódica | **c.** una persona divertida |

ACTIVIDAD B ¿Cómo es?

Completa cada oración de manera lógica utilizando adjetivos que describan a la persona.

1. Si una persona (no) se queja mucho es porque es _____.
2. Si una persona (no) se jacta mucho es porque es _____.
3. Si una persona (no) se da cuenta de que los demás le mienten es porque es _____.

ACTIVIDAD C ¿Cuándo?

Indica cuándo se podría (*one could*) hacer las siguientes acciones. Si crees que nunca es apropiado hacer una acción en particular, puedes decir: «Nunca es apropiado _____.»

1. Es justo quejarse uno cuando _____.
2. Es apropiado jactarse uno cuando _____.
3. Es justo portarse mal uno cuando _____.
4. Es aceptable bularse uno de otra persona cuando _____.

ACTIVIDAD D En mi vida...

Paso 1 Completa las siguientes oraciones. Puedes escribir frases verdaderas o falsas.

1. Me he comportado mal ____.
2. Me he atrevido a ____.
3. Me he quejado de ____.
4. Me he burlado de ____.
5. Me he jactado de ____.

Paso 2 Algunos voluntarios deben leer algunas de sus oraciones a la clase. La clase tiene que determinar si la información es verdadera o falsa.

Paso 3 (Optativo) En grupos, escriban oraciones que se le apliquen al profesor (a la profesora). ¿Conocen Uds. bien al profesor (a la profesora)?

GRAMÁTICA

¿Es reflexivo?

Review of the Pronoun **se**

ACCIONES REFLEXIVAS	VERBOS QUE REQUIEREN *SE*
Are the subject and the object the same?	Is this one of a handful of verbs that must include **se**?
NO: Juan conoce bien a María. YES: Juan **se conoce** bien.	YES: Enrique **se jacta** demasiado. NO: Enrique habla mucho.
NO: ¿Cómo describes a Marta? YES: ¿Cómo **te describes** a ti mismo?	YES: No **me quejo** mucho de la vida. NO: No comprendo la vida.

You have learned a number of uses of the pronoun **se** and its variants (**me, te, nos, os**), and you may be confused as to what a reflexive is and what a verb that requires **se** is. The preceding chart summarizes the difference. Verbs that are reflexive also appear in nonreflexive forms. Remember that the term *reflexive* means that the subject of the action is also the object of the action. Usually, a version of *-self* is used in an English equivalent.

¿Le hablas a Roberto con frecuencia?	*Do you talk to Roberto frequently?*
¿**Se habla** Roberto con frecuencia?	*Does Roberto talk to himself frequently?*
¿**Te hablas** con frecuencia?	*Do you talk to yourself frequently?*

In the first example, *you* (**tú**) is the subject of the verb and *Roberto* is the object (the person to whom the subject frequently talks). This is a nonreflexive use of the verb. In the second example, *Roberto* is both the subject (He talks.) and the object (*He* is the one to whom he talks!). This is a reflexive use of the verb. Can you tell who the subject and object are in the third example? If you answered that they are the same person, you are right! In this example, *you* (**tú**) talk to *yourself* (**te**)!

With verbs that require **se,** there is no reflexive action. The verbs simply use this pronoun, they cannot appear without it, and it is not possible to use a version of *-self* in an English equivalent.

No **me quejo** mucho.   *I don't complain much.*
¡Qué va! **Te quejas** de todo.   *What do you mean?! You complain about everything.*

Act. E, Paso 1, Answers:
(1) *requiere* **se** (2) *acción refl.*
(3) *acción refl.* (4) *requiere* **se**
(5) *acción refl.* (6) *requiere* **se**
(7) *requiere* **se** (8) *requiere* **se**
(9) *acción refl.*

ACTIVIDAD E ¿Una acción reflexiva?

Paso 1 Indica si la oración se refiere a una acción reflexiva o si el verbo simplemente requiere el uso del pronombre reflexivo.

	ACCIÓN REFLEXIVA	REQUIERE SE
1. Me burlo de mis amigos.	☐	☑
2. Me escribo notas para recordar cosas importantes.	☑	☐
3. El profesor (La profesora) se habla en clase.	☑	☐
4. El profesor (La profesora) se jacta de nosotros porque somos muy buenos.	☐	☑
5. Me considero bastante leal.	☑	☐
6. No me atrevo a hablarle al profesor (a la profesora) cuando lo (la) veo en el gimnasio.	☐	☑
7. Siempre me porto bien en público.	☑	☑
8. El profesor (La profesora) no se da cuenta de la hora muchas veces.	☐	☑
9. El profesor (La profesora) se define como muy liberal.	☑	☐

¿De qué te ríes tanto?

Paso 2 Ahora indica si las oraciones del **Paso 1** son ciertas o falsas para ti.

	C	F		C	F
1.	☐	☐	**6.**	☐	☐
2.	☐	☐	**7.**	☐	☐
3.	☐	☐	**8.**	☐	☐
4.	☐	☐	**9.**	☐	☐
5.	☐	☐			

COMUNICACIÓN

ACTIVIDAD F Las acciones y la personalidad

Paso 1 En parejas contesten las siguientes preguntas usando o verbos reflexivos o verbos que requieren **se.** También pueden agregar una acción no reflexiva para dar una respuesta más completa.

1. Si una persona se define como sabia, ¿qué acciones hace o no hace?
2. Si una persona se define como humilde, ¿qué acciones hace o no hace?
3. Si una persona se define como impaciente, ¿qué acciones hace o no hace?
4. Si una persona se define como arrogante, ¿qué acciones hace o no hace?

Paso 2 Ahora presenten sus ideas a la clase. Después como clase, contesten la siguiente pregunta: ¿Revelan las acciones la personalidad de una persona?

ACTIVIDAD G ¿Sabías que... ?

Paso 1 Lee la selección **¿Sabías que... ?** que aparece en la página 362. Luego contesta las siguientes preguntas.

1. ¿En qué se basa el horóscopo chino, en el mes o en el año en que uno nace?
2. Según la descripción del buey y del perro, ¿crees que los dos podrían (*could*) ser amigos?
3. La selección menciona los siguientes animales: el delfín, el oso y el león. ¿Qué cualidades asocias con cada uno?

Paso 2 A continuación y en la próxima página aparece una lista de los animales del horóscopo chino y una lista de cualidades. Usando las cualidades que has aprendido en esta lección y las otras que aparecen en la lista, ¿qué cualidades dirías tú (*would you say*) que tiene cada animal?

Animales del horóscopo chino

el buey	el conejo	el perro
el caballo	el dragón	la rata (*rat*)
la cabra	el gallo (*rooster*)	la serpiente
el cerdo (*pig*)	el mono (*monkey*)	el tigre

Cualidades

ambicioso/a	excéntrico/a	peligroso/a
apasionado/a	filosófico/a	perfeccionista
autoritario/a	impetuoso/a	popular
bello/a (*beautiful*)	independiente	refinado/a
cerebral	inocente	respetuoso/a
criticón, criticona	inquieto/a (*restless*)	simpático/a
egoísta (*self-centered*)	intelectual	sociable
encantador(a) (*charming*)	justo/a	tacaño/a (*stingy*)
escrupuloso/a	malicioso/a	violento/a

¿Sabías que...

en muchas culturas se han utilizado los animales para representar la personalidad humana? En el horóscopo chino, por ejemplo, se utiliza un sistema a base del año en que uno nace. El año corresponde a un animal. Así que las personas nacidas en 1937, 1949, 1961, 1973, 1985, 1997 y los que nacerán[a] en 2009 se definen como **buey.**[b]

El buey es paciente, metódico, equilibrado, introvertido, sencillo[c] pero inteligente y desconfiado.[d] El perro (1934, 1946, 1958, 1970, 1982, 1994, 2006), en cambio, es alerta,* observador, leal, justo, discreto, honesto y el mayor pesimista del mundo.

En las culturas azteca y maya, el jaguar era un animal muy estimado por sus cualidades. Es feroz y astuto,[e] cualidades importantes para ser un buen guerrero. Los guerreros se ponían trajes y adornos que imitaban al jaguar. En los tiempos modernos la costumbre continúa aunque con variaciones. Por ejemplo, los equipos de fútbol americano y también de béisbol y basquetbol muchas veces llevan nombres de animales: los Delfines de Miami, los Osos de Chicago y los Leones de Detroit son algunos ejemplos.

Las grandes civilizaciones prehispanas usaban los animales como símbolos, incorporando su imagen en el arte, la arquitectura y en sus trajes ceremoniales.

[a]*will be born* [b]*ox* [c]*simple* [d]*distrustful* [e]*clever*

Paso 3 (Optativo) Busca información en la Red sobre el horóscopo chino. ¿Son correctas tus ideas del **Paso 2**?

---

*Alerta, like **optimista** and similar adjectives, does not change its final vowel to an **-o** when used to modify masculine nouns.

ACTIVIDAD H Los hispanos hablan

Paso 1 Lee cómo se describe a sí mismo César Augusto Romero en la selección **Los hispanos hablan.** Puesto que (*Since*) César Augusto se describe como caótico, ¿qué esperas escuchar en la descripción? ¿Esperas encontrar a una persona de intereses variados o a una persona con intereses limitados?

Vocabulario útil

la mezcla	mixture
gringa	norteamericana

Los hispanos hablan: ¿Cómo te describes a ti mismo?
«Me describo como una persona bastante caótica, poco pesimista, bastante optimista. Soy pintor. Me gusta el ciclismo muchísimo. Me gusta cocinar. Usualmente hago comida… una mezcla de comida gringa con nicaragüense o, no sé, bueno, una mezcolanza de platos.»

Los hispanos hablan

¿Cómo te describes a ti mismo?

NOMBRE: César Augusto Romero

EDAD: 37 años

PAÍS: Nicaragua

«Me describo como una persona bastante caótica… »

Paso 2 Ahora mira el segmento completo. Verifica que César Augusto es la persona que esperabas encontrar. Da uno o dos ejemplos que muestren que César Augusto es caótico. Según lo que dice, ¿qué signo del horóscopo chino le viene mejor (*best suits him*)?

Paso 3 ¿En qué te pareces a César Augusto? Determines si tú eres caótico/a o, al contrario, si eres disciplinado/a y ordenado/a. Da uno o dos ejemplos para apoyar lo que dices.

EN TU OPINIÓN

«Las apariencias engañan.»
«Los hombres y las mujeres son igualmente chismosos.»

INTERCAMBIO

La personalidad de tu compañero/a de clase

Propósito: escribir un breve párrafo describiendo a un compañero (una compañera) de clase.

Papeles: una persona entrevistadora y una persona entrevistada.

Paso 1 A continuación hay una encuesta. Vas a entrevistar a un compañero (una compañera) de clase para descubrir su personalidad. Ahora, lee las preguntas de la encuesta para tener una idea de su contenido.

UN PERFIL

1. A esta persona le gusta leer...

   ☐ libros cómicos.

   ☐ ensayos filosóficos.

   ☐ novelas de ciencia ficción.

   ☐ libros de misterio.

   ☐ literatura clásica.

   ☐ novelas populares (corrientes).

   ☐ _____.

2. A esta persona le gustan las películas...

   ☐ de misterio.

   ☐ cómicas.

   ☐ documentales.

   ☐ románticas.

   ☐ *western*.

   ☐ extranjeras.

   ☐ _____.

3. En cuanto a música, es probable que esta persona escuche...

   ☐ *rock*.

   ☐ música popular.

   ☐ *jazz*.

   ☐ música clásica.

   ☐ *country*.

   ☐ *rap*.

   ☐ _____.

4. Esta persona prefiere estar...

   ☐ solo/a.

   ☐ con una sola persona.

   ☐ con un grupo pequeño de amigos íntimos.

   ☐ con muchas personas.

5. Esta persona busca _____ en una pareja.

   ☐ inteligencia

   ☐ dinero

   ☐ buena apariencia física

   ☐ personalidad atractiva

6. Si se enfrenta con un problema, esta persona...

   ☐ actúa agresivamente.

   ☐ no hace nada.

   ☐ actúa con cuidado.

7. Por lo general, esta persona es...

   ☐ enérgica.

   ☐ perezosa.

   ☐ ni muy enérgica ni muy perezosa.

8. Esta persona _____ en el futuro.

☐ piensa mucho   ☐ no piensa para nada

☐ piensa poco

9. Para describir a esta persona en una palabra diría (*I would say*) que es...

☐ razonable.   ☐ excéntrica.

☐ conservadora.   ☐ arriesgada.

10. Los sábados por la noche es probable que esta persona se encuentre...

☐ en casa frente al televisor.   ☐ en una fiesta.

☐ en casa leyendo un libro.   ☐ en casa de unos amigos.

☐ en el cine.   ☐ _____.

☐ en un concierto.

Paso 2 Piensa un momento en las preguntas que le vas a hacer a la persona que entrevistas. **¡OJO!** No debes hacerle preguntas directas, como «¿Lees novelas clásicas?» Hazle preguntas indirectas con la intención de deducir de sus respuestas la información que quieres. Por ejemplo: «¿Cuál es tu novela favorita? ¿Quién es tu escritor preferido (escritora preferida)?»

Paso 3 Entrevista a tu compañero/a. Apunta sus respuestas y luego llena el formulario de la encuesta con los datos obtenidos.

Paso 4 Examina los datos que tienes. ¿Tienes lo suficiente para categorizar a tu compañero/a? Si no, piensa en otras preguntas que le puedes hacer.

Paso 5 Con los datos que has obtenido, escribe un párrafo sobre la persona que has entrevistado. Puedes usar el siguiente modelo si quieres, modificándolo según los datos que has obtenido.

He entrevistado a __1__. Según los datos que me ha dado, __2__. Un ejemplo de esto es que (cuando) __3__. También he descubierto (*discovered*) que __4__. A la pregunta «__5__» su respuesta fue «__6__». Finalmente, __1__ me ha dicho que __7__. Por estas razones, yo diría que __1__ es __8__.

1 = el nombre de la persona
2 = una descripción de la persona
3 = una oración en la que se mencione algo que la persona hace que revele su personalidad
4 = una oración que lleve por lo menos un adjetivo
5 = una pregunta que le has hecho
6 = su respuesta a la pregunta anterior
7 = algo que revele otro detalle de su personalidad
8 = adjetivos que crees que describen a esa persona

NAVEGANDO LA RED

Busca información sobre la relación entre los colores y la personalidad. Por ejemplo, si el rojo es tu color favorito, ¿qué indica esto de tu personalidad? Como mínimo, busca información sobre la relación entre la personalidad y los siguientes colores: el rojo, el azul y el verde.

Vistazos culturales
El medio ambiente en el mundo hispano

¿Sabías que... el medio ambiente es un tema de mucha importancia en la mayoría de los países hispanos? En cuanto al medio ambiente hay dos cosas que principalmente conciernen a los hispanos: los efectos de El Niño y el ecoturismo. El Niño es un fenómeno climático que afecta el clima de Sudamérica y otras partes del mundo. El ecoturismo se refiere al desarrollo de una industria turística lucrativa que se vale de^a los hábitats naturales de un país. El ecoturismo tiene la doble meta de estimular la economía y proteger el medio ambiente, sobre todo a las especies en peligro de extinción.

———————

^ase... *makes use of*

El Niño es un fenómeno climático que ocurre cuando las aguas del Océano Pacífico cerca de las costas del Perú y el Ecuador se calientan.^a El calentamiento provoca cambios climáticos drásticos por todo el mundo. Por lo general, el clima de la costa oeste de Sudamérica tiende a ser muy árido. Pero durante El Niño el tiempo es al revés: En Sudamérica hay lluvias torrenciales meintras que en la India, Asia y Sudáfrica, lugares que normalmente reciben mucha lluvia, se sufren sequías^b fuertes.

———————

^ase... *warm up*   ^b*droughts*

Barco de pesca peruano

La economía de las costas del Perú y el Ecuador depende mucho de la industria pesquera.^a Durante El Niño las aguas calientes en el Océano Pacífico matan los peces, causando problemas ecológicos y económicos. Además, los pájaros que se alimentan de^b los peces también se mueren o se van a otros lugares. Esto perjudica^c muchísimo la industria de fertilizantes que depende del guano de los pájaros.

———————

^a*fishing*   ^bse... *feed on*   ^c*jeopardizes*

You can investigate these cultural topics in more detail on the *¿Sabías que... ?* Online Learning Center website: **www.mhhe.com/sabiasque4**.

En las Islas Galápagos cerca del Ecuador existen aves de varios tipos, incluyendo los piqueros de patas rojas o patas azules.

Dos piqueros de patas azules

La Reserva Biológica Limoncocha es un territorio protegido en la Amazonia ecuatoriana. Su principal atractivo son las 350 especies de aves. La reserva es también el hábitat principal de una especie de caimán[a] negro.

---

[a]*alligator*

El ecoturismo

En la costa de Oaxaca, México, más de 700.000 tortugas llegan a poner huevos[a] entre los meses de mayo y enero. La tortuga *olive ridley*, por ejemplo, es la única del mundo que no amenaza con extinguirse. Pero como el huevo de tortuga se considera una delicia[b] todavía, guardias armados patrullan por[c] la costa cuando las tortugas ponen huevos para evitar que la gente los coma[d] y para proteger la especie.

---

[a]*poner... lay eggs* [b]*delicacy* [c]*patrullan... patrol*
[d]*para... to keep people from eating them*

Las Naciones Unidas declararon al año 2002 como el Año Internacional del Ecoturismo. La propuesta[a] fomenta la protección del medio ambiente a través del desarrollo de un turismo sustentable.[b] Las metas principales son incrementar el potencial económico de los países involucrados[c] para mejorar[d] la calidad de vida de las comunidades y proteger el medio ambiente. A pesar de los beneficios mencionados, algunos críticos notan que el ecoturismo puede llegar a excesos, causando daños irreparables en la flora y fauna nativas.

---

[a]*proposal* [b]*sustainable* [c]*involved* [d]*improve*

En Costa Rica, el lugar de nacimiento del ecoturismo, hay aproximadamente 30 parques nacionales donde uno puede ver la flora y fauna nativas. En muchos casos las especies amenazan con extinguirse,[a] como es el caso de la rana flecha azul venenosa[b] en el Parque Braulio Carrillo.

---

[a]*amenazan... are threatened with extinction*
[b]*rana... poison blue dart frog*

Una rana flecha azul venenosa de Costa Rica

ACTIVIDADES ¿Qué recuerdas?

Empareja las frases de la columna A con una de las respuestas de la columna B.

A

1. __c__ celebración que fomenta el ecoturismo por todo el mundo

2. __e__ el hábitat principal del piquero de patas azules

3. __a__ se trata del calentamiento de las aguas del Océano Pacífico

4. __b__ lugar donde más de 700.000 tortugas ponen huevos cada año

5. __d__ un plan de desarrollo económico sustentable que utiliza el medio ambiente

B

a. El Niño

b. Oaxaca, México

c. el Año Internacional del Ecoturismo

d. el ecoturismo

e. las Islas Galápagos

NAVEGANDO LA RED

Selecciona *uno* de los siguientes proyectos y presenta tus resultados a la clase.

1. Busca información sobre las especies en peligro de extinción en el mundo hispano. Haz lo siguiente.

   a. Escoge un país hispano y menciona los nombres de tres especies de animales de este país que amenazan con extinguirse.

   b. Menciona las leyes (*laws*) o los esfuerzos que se hacen para proteger estas especies.

2. Busca información sobre las **maquiladoras** en la frontera entre los Estados Unidos y México. Haz lo siguiente.

   a. Define lo que es una maquiladora e indica cuántas hay en la frontera.

   b. Menciona los problemas ambientales que las maquiladoras han causado.

VOCABULARIO COMPRENSIVO

¿Cómo eres tú?
What Are You Like?

arriesgado/a	bold, daring
cabezón (cabezona)	stubborn
calmado/a	calm
caótico/a	messy, chaotic
celoso/a	jealous
chismoso/a	gossipy
confidente	trustworthy
conservador(a)	conservative
creativo/a	creative
decidido/a	decisive; decided
discreto/a	discreet
divertido/a	fun-loving
egoísta	egotistical, self-centered
encantador(a)	charming
equilibrado/a	balanced
hablador(a)	talkative
humilde	humble
indeciso/a	indecisive
ingenuo/a	naive
inquieto/a	restless
inseguro/a	insecure
insensible	insensitive
leal	loyal
metódico/a	methodical
rebelde	rebellious
retraído/a (R)	solitary, reclusive
sabio/a	wise
seguro/a	secure
sensible	sensitive

tacaño/a	stingy
tímido/a	shy, timid
trabajador(a)	hardworking

Verbos para hablar de ciertos comportamientos
Verbs for Talking About Certain Kinds of Behavior

atreverse (a)	to dare (to)
burlarse (de)	to make fun (of), laugh (at)
comportarse	to behave
darse cuenta (de)	to realize (*something*)
jactarse (de)	to boast, brag (about)
portarse	to behave

Otras palabras y expresiones útiles

poseer	to possess
el afán de realización	eagerness to get things done
el don de mando	talent for leadership
la tendencia a evitar riesgos	tendency to avoid risks
capaz de dirigir (a otros)	able to direct (others)
vulnerable al estrés (a la tensión)	vulnerable to stress

¿A quién te gustaría conocer?

¿Has pensado alguna vez en las cualidades de ciertas personas famosas? ¿Qué persona famosa te interesa conocer? Este es el tema de la presente lección y vas a

◆ aprender más vocabulario relacionado con la personalidad

◆ aprender un nuevo tiempo verbal: el condicional

◆ aprender un modo verbal: el pasado de subjuntivo

◆ hablar de situaciones hipotéticas

◆ repasar el verbo **gustar** y la **a** personal

ALTO Before beginning this lesson, look over the **Intercambio** activity on page 387. This is the activity you will be working toward throughout the lesson.

Salvador Dalí, pintor español
(1904–1989)

IDEAS PARA EXPLORAR

La personalidad de los famosos

VOCABULARIO

¿Qué cualidades poseían?

More Adjectives to Describe People

Salvador Dalí, Pablo Picasso, Virginia Woolf
apasionado/a
excéntrico/a
individualista

Cristóbal Colón, Marie Curie, Galileo Galilei
curioso/a
determinado/a
visionario/a

La personalidad de los famosos

Don Quijote, Emiliano Zapata
luchador[a]
soñador[b]
valiente

Don Juan Tenorio, Eva Perón, Madonna
astuto/a
encantador(a)
seductor(a)

Frida Kahlo, Abraham Lincoln
melancólico/a
serio/a
tenaz[c]

[a]*fighter* [b]*dreamer* [c]*tenacious*

Vocabulario útil

aburrido/a		**incierto/a**	
ambicioso/a		**indiferente**	
apático/a		**justo/a**	
cobarde	coward, cowardly	**malévolo/a**	evil
conformista		**práctico/a**	
de poco interés		**superficial**	
dócil		**tonto/a**	
frívolo/a			
		ceder	to yield

Act. A, **Statements:** Read each once. (1) *Si uno es apático, no es esto.* (a) (2) *Si uno es soñador, probablemente no es esto.* (b) (3) *Si uno es ambicioso, no es esto.* (a) (4) *Si uno no es valiente, puede ser esto.* (a) (5) *Si uno es excéntrico, no es esto.* (c)

ACTIVIDAD A Antónimos

Escucha lo que dice tu profesor(a). Luego indica la palabra opuesta.

1. a. visionario
   b. indiferente
   c. de poco interés
2. a. incierto
   b. apático
   c. apasionado
3. a. indiferente
   b. determinado
   c. superficial
4. a. cobarde
   b. luchador
   c. tenaz
5. a. seductor
   b. justo
   c. conformista

ACTIVIDAD B Si uno es...

Escoge la cualidad que mejor complete cada oración.

1. Si uno es curioso y/e ___c___ puede hacer muchas cosas buenas.

   a. perezoso   **b.** cobarde   **c.** inteligente   **d.** tonto

2. Si uno es soñador y/e ___b___ puede tener una vida feliz.

   a. aburrido   **b.** optimista   **c.** indeciso   **d.** retraído

3. Si uno es astuto y/e ___a___ puede tener una buena carrera en mercadeo (*marketing*).

   a. imaginativo   **b.** apático   **c.** ingenuo   **d.** tímido

4. Si uno es dócil y ___d___ siempre hace lo que quieren los demás.

   a. valiente   **b.** justo   **c.** práctico   **d.** conformista

5. Si uno es encantador y/e ___a___ puede manipular a los demás para conseguir lo que quiere.

   a. seductor   **b.** individualista   **c.** luchador   **d.** de poco interés

Act. C, **Statements:** (1) *Lucy Ricardo (de* I Love Lucy*) es (era) bastante dócil y seria.* (2) *El Capitán Kirk (de* Star Trek*) es (era) valiente y astuto.* (3) *Oprah Winfrey es apasionada y encantadora.* (4) *Fox Mulder (de* The X-Files*) es (era) determinado y tenaz.* (5) *Bart Simpson (de* The Simpsons*) es ambicioso y curioso.*
Alternate: Use current TV personalities that you think most or all students would know. Mix comedy with drama.

ACTIVIDAD C Personajes de la televisión

Escucha lo que dice tu profesor(a) sobre un personaje de la televisión. Si no estás de acuerdo con lo que dice, da otras cualidades para describir al personaje.

1...   2...   3...   4...   5...

ACTIVIDAD D ¡Entrevisten al profesor (a la profesora)!

La clase se debe dividir en grupos de tres personas. A cada grupo se le debe asignar una de las siguientes cualidades. Cada grupo debe escribir una oración sobre el profesor (la profesora) utilizando el modelo. Al final, el profesor (la profesora) indicará (*will indicate*) si todos tienen razón o no.

apasionado/a   individualista   soñador/a
determinado/a   serio/a

MODELO   Nosotros creemos que la profesora es muy determinada.

ACTIVIDAD E Una persona famosa

Escoge una persona famosa de la siguiente lista. Luego escribe algunas oraciones como las del modelo sobre esta persona. Por fin, entrégale tu papel a tu profesor(a).

Vicente Van Gogh   Leonardo da Vinci   Isabel I de Inglaterra
Bill Clinton   Bill Gates   ¿ ?

MODELO   Creo que _____ es (era) alguien interesante. Es (Era) _____ y/e _____. Esas cualidades me interesan más que otras...

ACTIVIDAD F ¿Sabías que... ?

Paso 1 Lee la selección **¿Sabías que... ?** en la página 375. Luego contesta las siguientes preguntas.

1. Al escribir *Don Quijote,* Cervantes quiso escribir una novela seria sobre el espíritu humano. ¿Sí o no?
2. Don Quijote decide hacerse caballero después de leer muchas novelas. ¿Sí o no?
3. En realidad, Don Quijote no era soñador e idealista sino una persona que no sabía la diferencia entre la realidad y la ficción. ¿Sí o no?
4. ¿Has oído las expresiones *tilting at windmills* y *quixotic nature?* ¿Cuál de las siguientes ideas capta mejor el sentido de estas expresiones?

   a. Se dice de alguien determinado, tenaz, valiente, individualista y con afán de realización.
   b. Se dice de alguien quizás un poco ingenuo, que no ve el lado práctico de las cosas y que lucha por causas imposibles.

Paso 2 *Don Quijote* era una reacción a las novelas populares de los tiempos de Cervantes. ¿Conoces tú obras literarias o películas que son sátiras de algo popular? ¿Qué sabes de estas obras: (1) *Naked Gun;* (2) *Rocky Horror Picture Show;* (3) *Shrek?* ¿Puedes describir a los personajes principales?

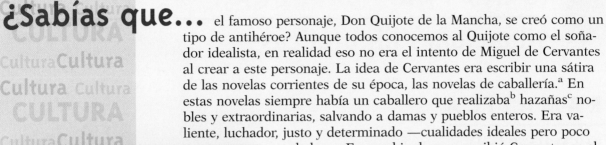

el famoso personaje, Don Quijote de la Mancha, se creó como un tipo de antihéroe? Aunque todos conocemos al Quijote como el soñador idealista, en realidad eso no era el intento de Miguel de Cervantes al crear a este personaje. La idea de Cervantes era escribir una sátira de las novelas corrientes de su época, las novelas de caballería.[a] En estas novelas siempre había un caballero que realizaba[b] hazañas[c] nobles y extraordinarias, salvando a damas y pueblos enteros. Era valiente, luchador, justo y determinado —cualidades ideales pero poco verdaderas. En cambio, lo que escribió Cervantes es el relato de un hombre enloquecido[d] que en busca de aventuras cae en auténticos disparates.[e]

Al principio de la novela, Don Quijote (que no es su nombre verdadero) es un simple señor con una obsesión por las novelas de caballería. Pasa tanto tiempo leyendo dichas novelas que pierde el juicio[f] y decide hacerse caballero como los que aparecen en las novelas. A causa de su locura,[g] ve lo que quiere ver: molinos[h] que le parecen «gigantes malévolos», sirvientas que son «damas nobles y bellas» y un rocín[i] que para él es «noble caballo». En fin, crea su propio mundo. Muchas de las escenas son bastante cómicas y algunas de ellas son las más conocidas de la historia de la literatura. Al final de la obra Don Quijote regresa a casa, se enferma, recobra el juicio y luego muere. Desde su publicación en 1605, *Don Quijote* se ha traducido a 60 lenguas diferentes y ha sido objeto de muchos estudios filosóficos y base de obras de teatro, películas y canciones. Lo que empezó como una burla, llegó a ser una de las obras más leídas y comentadas en todo el mundo, con un personaje que se ha convertido en el típico soñador optimista.

[a]*knighthood* [b]*performed* [c]*deeds* [d]*crazed* [e]*absurdities* [f]*pierde... he loses his mind*
[g]*craziness* [h]*windmills* [i]*nag, old workhorse*

  NAVEGANDO LA RED

Busca información sobre uno de los siguientes personajes reales o ficticios: Don Quijote, Don Juan Tenorio, Eva Perón, Frida Kahlo, Diego Rivera, Pablo Picasso. ¿Cómo describen al personje? Busca también unos datos biográficos básicos (por ejemplo, lugar de origen, fechas en que nació y murió, etcétera). Luego, presenta tus resultados a la clase.

IDEAS PARA EXPLORAR

Situaciones hipotéticas

GRAMÁTICA

¿Qué harías? (I)

Introduction to the Conditional Tense

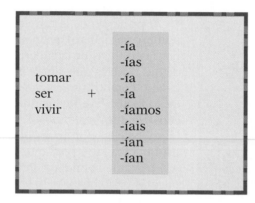

—¿Qué **harías** tú para conocer a una persona famosa?
—No sé. Pero me **gustaría** conocer a Brad Pitt.

The conditional verb form is used to express hypothetical situations and is roughly equivalent to English *would* + verb. You are probably already familiar with the conditional verb form in the expression **Me gustaría.** Here are other examples.

¿Cómo **sería** el mundo sin los idealistas?	*What would the world be like without idealists?*
¿Cómo **tratarías** a alguien como Don Quijote?	*How would you treat someone like Don Quijote?*

The conditional is formed by adding **-ía** and person–number endings to the infinitive.

ser   sería, serías, sería, sería,
        seríamos, seríais, serían, serían

Note that the forms for **yo, él/ella,** and **Ud.** are the same. Context will often help determine the subject. Here are a few common verbs that are irregular in the conditional.

decir → **dir-**	diría, dirías, diría, diría, diríamos, diríais, dirían, dirían
hacer → **har-**	haría, harías, haría, haría, haríamos, haríais, harían, harían
poder → **podr-**	podría, podrías, podría, podría, podríamos, podríais, podrían, podrían

salir → **saldr-**   saldría, saldrías, saldría, saldría
                        saldríamos, saldríais, saldrían, saldrían
tener → **tendr-**   tendría, tendrías, tendría, tendría,
                        tendríamos, tendríais, tendrían, tendrían
haber → **habría** (*there would be*)

You will often see the conditional used with what is called the past subjunctive to make *if . . . then* statements of a hypothetical nature.

Si conocieras a alguien como   *If you met someone like Don Quijote,*
   Don Quijote, ¿qué le **dirías**?   *what would you say to him/her?*

For now, we will concentrate on the conditional. (You will learn more about the past subjunctive later in this lesson.)

ACTIVIDAD A Nuestros límites

Paso 1 Escoge el verbo que mejor complete cada oración.

Yo...

1. nunca ___c___ más de $150 por un par de zapatos.
   a. haría   **b.** bebería   **c.** pagaría

2. nunca ___a___ con una persona sólo porque es rica.
   a. me casaría   **b.** vería   **c.** me quejaría

3. nunca ___a___ la tarea de otra persona para luego entregársela al profesor (a la profesora).
   a. copiaría   **b.** estudiaría   **c.** asistiría

4. nunca ___b___ a vivir a otro país sin hablar la lengua de ese lugar.
   a. visitaría   **b.** iría   **c.** sería

5. nunca ___c___ sólo para proteger a un amigo.
   a. saldría   **b.** tendría nada   **c.** mentiría

Paso 2 Vuelve a las oraciones del **Paso 1** y escoge la que te parezca más interesante. Luego indica si para ti es cierta, falsa o si depende de las circunstancias.

Paso 3 Utilizando la oración que escogiste en el **Paso 2,** entrevista a cinco compañeros/as. ¿Cómo contestan ellos? ¿Igual que tú?

   MODELO   ¿Pagarías más de $150 por un par de zapatos?

ACTIVIDAD B ¿Que harías por $10.000?

Indica lo que harías por $10.000. ¿Harían tus compañeros las mismas acciones?

Por $10.000 yo...

☐ **1.** dormiría solo/a en un cementerio por una semana entera.

☐ **2.** saltaría del edificio más alto del mundo en paracaídas.

☐ **3.** asistiría a mis clases vestido/a de (*dressed like*) gorila por un día entero.

☐ **4.** nadaría en aguas donde suelen aparecer tiburones (*sharks*).

Act. A, Paso 1, **Suggestion:** Allow about 3 minutes for students to ponder and select. Quickly review answers before they proceed.

Paso 3, **Suggestion:** Review with the class what each of the questions might look like based on the model. Write the *tú* verb forms on the board as support, then give students 5 minutes to interview different people. Once they are finished, call on one or two to present what they found out, e.g., *Roberto, ¿con quiénes hablaste tú?* (student responds) *¿Contestaron todos de la misma manera?* etc.

Act. B, **Suggestion:** Allow students 3–4 minutes to read over and check off. Then follow up with a survey. Go over each item, reading it aloud and asking students to raise hands. Tally on board as you go. Afterwards, point out that items 2, 4, and 6 involve physical danger. What are the class's responses to these as opposed to 3 and 8, which are more oriented toward public embarrassment? **Follow-up:** Repeat, this time changing the amount to $100,000. Do any answers change?

□ **5.** comería un plato entero de gusanos (*worms*) vivos.

□ **6.** viviría en la selva (*jungle*) con una tribu de gorilas por una semana.

□ **7.** suspendería (*I would fail*) una de mis clases a propósito.

□ **8.** cantaría solo/a el himno nacional (*national anthem*) en público durante el campeonato (*championship*) de algún deporte.

ACTIVIDAD C ¿Quién lo haría?

Paso 1 Escoge cinco de las acciones de la **Actividad B.** Luego, utilizando el nuevo vocabulario de esta lección y de la lección anterior, indica quién o qué tipo de persona haría estas acciones.

MODELO Sólo una persona muy valiente nadaría en aguas con tiburones.

Paso 2 Ahora compartan todos sus ideas. ¿Son parecidas?

ACTIVIDAD D ¿Cuánto pagarías por conocerlo/la?

Paso 1 Apunta el nombre de una persona famosa que quieres conocer. Luego escribe dos o tres cosas que harías para conocer a esa persona utilizando el modelo a continuación. Debes pensar en estas preguntas y otras que se te ocurran (*that come to mind*): ¿Pagarías una cantidad de dinero extraordinaria? ¿Harías algo peligroso? ¿vergonzoso? ¿asqueroso (*disgusting*)? ¿prohibido?

MODELO Para conocer a _____ yo _____.

Paso 2 Busca otras personas en la clase que quieran conocer a la misma persona o a otra persona de la misma categoría u ocupación (por ejemplo, actor, político, artista, etcétera). ¿Harían lo mismo para conocer a la persona? ¿Quién es el más aventurero (la más aventurera) de la clase?

GRAMÁTICA

¿Y si pudieras... ?

Introduction to Past Subjunctive

(yo)	me acostara comiera viviera	(nosotros/as)	-áramos -iéramos
(tú)	te acostaras comieras vivieras	(vosotros/as)	-arais -ierais
(Ud.)	se acostara comiera viviera	(Uds.)	-aran -ieran
(él/ella)	se acostara comiera viviera	(ellos/ellas)	-aran -ieran

—Ah, **si** sólo **pudiera** conocer a
George Clooney.

Very often we need to express concepts that are *contrary to fact* or
hypothetical. In English, we use the conditional and a form of the past.

I would go to Europe tomorrow if I had the money.
If Juan were here now, I'd tell him what I'm thinking.

These are called hypothetical situations because they express situations
in which something does not exist. In the first example, the speaker
doesn't have the money and, in the second Juan is not present. The
speaker *hypothesizes* what would happen if the conditions were true.

In Spanish, the same constructions exist. You would use the conditional
in Spanish where you would use the conditional in English, but in the *if
clause* you would use a different verb form called the *past subjunctive*.

Iría a Europa mañana si **tuviera** dinero.
Si Juan **estuviera** presente le diría lo que pienso.

The stem or root of the past subjunctive is the same as that used in the
ellos form of the preterite, for example: **trabajaron** → **trabaj-, estuvieron** → **estuv-, pidieron** → **pid-,** and so on. Note that all regularities
or irregularities are carried over if they appear in the **ellos** form of the
preterite. The endings for the past subjunctive are based on **-ara-** for **-ar**
verbs and **-iera-** for **-er** and **-ir** verbs. For example, for the **yo** form, the
past subjunctive of **trabajar** would be **trabaj-** + **-ara** → **trabajara.** The
tú form would have the characteristic **-s** on the end, that is, **trabajaras.**
For **comer,** the **yo** and **tú** forms would be **comiera** and **comieras.** The
yo, Ud., and **él/ella** forms are identical.

As a reminder, here are the common irregular preterite forms with
the derivation of the past subjunctive stem. All of these common irregular verbs, whether **-ar, -er,** or **-ir** take the **-iera-** endings.

estar: estuvieron → **estuv-** → **estuviera, estuvieras, estuviera,...**
tener: tuvieron → **tuv-** → **tuviera, tuvieras, tuviera,...**
hacer: hicieron → **hic-** → **hiciera, hicieras, hiciera,...**
saber: supieron → **sup-** → **supiera, supieras, supiera,...**
poder: pudieron → **pud-** → **pudiera, pudieras, pudiera,...**
decir: dijeron → **dij-** → **dijera,* dijeras, dijera,...**

---

*With irregular stems that end in **j,** the **i** of **-iera** is dropped.

In this lesson, you will mostly work with singular forms of the past subjunctive as in the following examples.

¿Qué harías **si no tuvieras** que estudiar?

What would you do if you didn't have to study?

Si pudiera, iría contigo esta noche.

If I could, I'd go with you tonight.

No sé lo que Juan diría **si supiera** la verdad.

I don't know what Juan would say if he knew the truth.

ACTIVIDAD E Situaciones hipotéticas

Paso 1 Indica lo que harías en cada situación.

1. Si encontrara veinte dólares en el piso...
   - ☐ **a.** los guardaría y no diría nada.
   - ☐ **b.** se los daría a una persona desamparada (*homeless*).
   - ☐ **c.** se los daría a la policía.

2. Si viera un accidente entre dos autos...
   - ☐ **a.** me pararía (*I would stop*) y ofrecería ayuda.
   - ☐ **b.** seguiría mi ruta pensando que la policía se ocuparía del asunto (*would handle the situation*).

3. Si un amigo me confesara que robó una casa...
   - ☐ **a.** lo reportaría a la policía.
   - ☐ **b.** me quedaría callado sin decirle nada a nadie.
   - ☐ **c.** dejaría de ser amigo de esa persona.

4. Si un amigo copiara el examen de otro...
   - ☐ **a.** se lo diría al profesor (a la profesora).
   - ☐ **b.** le diría a mi amigo que debe confesar lo que ha hecho.
   - ☐ **c.** dejaría de ser amigo de esa persona.

5. Si alguien me contara un buen chisme...
   - ☐ **a.** se lo contaría a mis amigos.
   - ☐ **b.** se lo contaría sólo a mi mejor amigo.
   - ☐ **c.** no se lo contaría a nadie.

Paso 2 Ahora comparte tus respuestas del **Paso 1** con otra persona. ¿Son iguales? ¿Qué adjetivos pueden utilizar para describir su personalidad a base de sus respuestas?

ACTIVIDAD F ¿Y tu profesor(a)?

¿Conoces bien a tu profesor(a)? Con otra persona, determina cuál parece ser la opción más lógica. Luego escucha las instrucciones del profesor (de la profesora).

1. Si tu profesor(a) tuviera otra profesión, ¿cuál de las siguientes sería?

a. doctor(a)   **c.** veterinario/a   **e.** artista
b. actor (actriz)   **d.** persona de negocios

2. Si tu profesor(a) no hablara español, ¿qué otro idioma hablaría?

a. francés   **c.** árabe   **e.** chino
b. japonés   **d.** navajo

3. Si tu profesor(a) fuera un animal, ¿cuál sería?

a. un perro   **c.** un gato   **e.** un chimpancé
b. un águila (*eagle*) **d.** un búho (*owl*)

4. Si tu profesor(a) pudiera hacer un viaje, ¿adónde iría?

a. a Europa   **c.** a África   **e.** a Australia
b. al Oriente   **d.** a otro planeta

5. Si tu profesor(a) tuviera la oportunidad de conocer a cualquier persona, ¿a quién conocería?

ACTIVIDAD G Si yo fuera...

Paso 1 Escribe el nombre de una persona famosa (viva o ya muerta) que te gustaría ser por un día.

Paso 2 Ahora explica cómo sería diferente tu vida si fueras esa persona. Menciona por lo menos dos ideas sin mostrárselas a otra persona.

MODELO   Me gustaría ser el presidente de los Estados Unidos por un día. Si fuera él, no dormiría mucho pero tendría mucho poder.

Paso 3 Entrégale tu papel al profesor (a la profesora). Si él (ella) lee tus ideas a la clase, ¿pueden los demás adivinar que son tuyas (*yours*)?

Paso 4 Para cada persona cuyas ideas lee el profesor (la profesora), los demás deben mencionar por lo menos una idea en que esa persona no ha pensado.

MODELO   Si fueras el presidente, también tendrías que viajar mucho. ¿Te gustaría pasar tanto tiempo en avión?

NAVEGANDO LA RED

Busca información sobre la vida diaria de un político (una mujer político) o un actor (una actriz). Comparte tu información con la clase y luego indica si te gustaría tener una vida semejante.

IDEAS PARA EXPLORAR

En busca de personas conocidas

GRAMÁTICA

¿A quién... ?

You may recall from **Lección 4** that the preposition **a** is used to mark objects of a verb when both the subject and object of the verb are equally capable of performing the action. There is no English equivalent.

Jaime ve **a** Ricardo	*Jaime sees Ricardo. (Both Jaime and Ricardo are capable of the act of seeing. **A** is required.)*
Jaime ve el edificio.	*Jaime sees the building. (Only Jaime is capable of the act of seeing. No **a** is required.)*
El perro muerde **al** gato.	*The dog bites the cat. (Both the dog and the cat are capable of the act of biting. **A** is required.)*
El perro muerde la pelota.	*The dog bites the ball. (Only the dog is capable of the act of biting. No **a** is necessary.)*

Having an object marker like **a** gives Spanish more flexible word order than English, so be sure not to mistake an object for a subject just because it precedes the verb. Do you know who is the subject and who is the object of each sentence below?

Al perro lo muerde el gato.*
A María no la entiende bien Juan.
¿A quién busca Reinaldo?

Act. A, Paso 1, Suggestion: Do as a whole class and call on volunteers. Tell students that the questions get harder and harder.
Answers: (1) *a Lois Lane* (2) *a Elmer Fudd, Daffy Duck y otros* (3) *a su esposo, Ricky* (4) *a Peter Pan* (5) *a Sherlock Holmes* (6) *a John Lennon*
Extension: (7) *¿A quién seguía y servía Sancho Panza? (a Don Quijote)* (8) *¿A quién vieron tres niños en 1917 cerca de Fátima, Portugal? (a la Virgen María)* (9) *¿A quién buscaba Pinocchio? (al Hada Azul)*

ACTIVIDAD A ¿A quién... ?

Paso 1 Contesta las siguientes preguntas como en el modelo.

MODELO   ¿A quién adora Lucy (de *Peanuts*)? A Schroeder (el pianista).

1. ¿A quién amaba secretamente Superman?
2. ¿A quién molestaba siempre Bugs Bunny?
3. ¿A quién engañaba siempre Lucy Ricardo?
4. ¿A quién buscaba el Capitán Hook?
5. ¿A qué detective ayudaba el señor Watson?
6. ¿A quién mató Mark David Chapman en 1980?

*When object nouns appear before the verb, a corresponding pronoun is usually inserted. **Al profesor lo** conocemos bien. **A Juan** no **le** gusta estudiar mucho.

Paso 2 Ahora con otra persona, inventa dos preguntas, una fácil y otra más difícil, utilizando las preguntas del **Paso 1** como modelos. Luego preséntenlas a la clase.

ACTIVIDAD B La admiración...

Paso 1 Contesta las siguientes preguntas con una oración completa.

1. ¿A qué persona famosa admiras más?
2. ¿A qué persona famosa detestas?

Paso 2 Todos deben contestar las preguntas mientras que el profesor (la profesora) apunta los nombres en la pizarra. ¿Qué tendencias hay en las respuestas?

GRAMÁTICA

¿Te gustaría... ?

Review of the Verb **gustar**

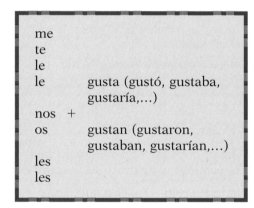

—Dime, ¿a quién más **te gustaría** conocer?

Remember that there is no Spanish equivalent of the verb *to like.* To express something similar, Spanish uses **gustar,** which means something like *to please.* The person or thing that is pleased almost always precedes the verb. The subject follows. Remember that the thing or person pleased must be marked with an **a** to distinguish it from the subject.

A mi papá no **le gustan** los políticos.

> los políticos = subject (they are the ones not pleasing)
> mi papá = indirect object (he is the one that is not pleased)
> gustan = plural (because **los políticos** is a plural subject)

When referring to yourself, to a friend, to yourself and other people, or to a group of friends in Spain, you do not need a phrase with **a.** The object pronoun is sufficient.

No **me** gustan las matemáticas.   **Nos** gusta esta película.
¿**Te** gustan tus clases?   ¿**Os** gusta la paella?

You may, however, use **a mí, a ti, a nosotros/as,** or **a vosotros/as** for emphasis, similar to, "Well, as for me (you, us, you [all]), . . ."

A mí no me gustan para nada.   **A nosotras,** sí, nos gustan.
¿**A ti** te gustan?   ¿**A vosotras,** os gusta?

No matter what, you will always need to use **me, te, le, nos, os,** or **les** in your sentence.

Así se dice

You've probably noticed that **gustar** tends to appear in one of two forms: **gusta** or **gustan.** That's because we are usually talking about inanimate things being pleasing to someone. It is possible, however, to use **gustar** in other forms when talking about people, but the connotation may be romantic! Imagine the following exchange between two people on a date.

—**Me gustas mucho.**
—**Tú también me gustas.**

To avoid giving someone the wrong impression, if you want to say you are fond of that person in a nonromantic way, you should use **querer** or **caer bien.** (Although **querer** can be used romantically as well.) **Te quiero mucho** could easily be said between family members or friends. **Me caes bien** would be said among friends only. Note that if you are talking about famous people, you aren't usually expressing something romantic.

Me gusta mucho Madonna. ¿Y a ti?

Act. C, **Statements:** Read each item once. (1) *Me gusta mucho...* (2) *No me gusta para nada...* (3) *Me gustan muchísimo...* (4) *No me gustan...*
Answers: (1) a, *conformista* (2) a, *pacifista* (3) b, *seductora* (4) b, *apática*

ACTIVIDAD C Gustos

Escucha lo que dice tu profesor(a). Luego indica cuál de las opciones podría terminar cada oración. Después contesta la pregunta.

1. ☐ **a.** lo típico   ☐ **b.** las cosas extrañas (*weird*)
   ¿Lo diría una persona individualista o conformista?

2. ☐ **a.** luchar   ☐ **b.** los problemas difíciles
   ¿Lo diría una persona valiente o cobarde?

3. ☐ **a.** el amor   ☐ **b.** las mujeres
   ¿Lo diría una persona seductora o visionaria?

4. ☐ **a.** el trabajo regular   ☐ **b.** los trabajos intensivos
   ¿Lo diría una persona apática o trabajadora?

ACTIVIDAD D Firma aquí

Paso 1 Busca personas en la clase que contesten afirmativamente las siguientes preguntas. En las preguntas 5 y 6, piensa tú en alguien.

1. ¿Te gusta Madonna? _____
2. ¿Te gusta Enrique Iglesias? _____
3. ¿Te gustan las Dixie Chicks? _____

4. ¿Te gustan los Backstreet Boys? ____
5. ¿Te gusta... ? ____
6. ¿Te gustan... ? ____

Paso 2 Reporta lo que aprendiste utilizando el modelo.

MODELO   A Mark le gusta mucho Madonna.

Paso 3 Indica si te gustaría conocer a una de las personas mencionadas.

MODELO   A mí me gustaría conocer a las Dixie Chicks.

COMUNICACIÓN

ACTIVIDAD E ¿Cómo soy?

Paso 1 Utilizando las cualidades que has aprendido en esta lección y en la anterior, apunta las cualidades que tú crees que posees.

Soy...

Paso 2 En dos o tres oraciones, explica si te gustaría tener otras cualidades.

MODELO   Soy conformista pero me gustaría ser un poco más individualista. Me gustaría ser siempre como quiero ser sin pensar en lo que opinan de mí los demás.

Paso 3 Comparte lo que tienes con otras dos personas. ¿Están todos contentos con ser como son o les gustaría cambiar alguna de sus cualidades?

ACTIVIDAD F Los hispanos hablan

Paso 1 Lee lo que dice Clara Burgo sobre cómo sería vivir en otra época.

Paso 2 Ahora mira el segmento sobre Clara y luego contesta las siguientes preguntas.

Act. F, Paso 2, **Answer:**
(1) *porque la vida de la mujer en el pasado era difícil y no le gustaría volver [hacia] atrás.*
Paso 4, **Answers:** (1) *clara, iluminada, jovial, alegre* (2) *triste, pensativa, comprometida*

1. ¿Qué razón da Clara por no querer vivir en el pasado?
2. Por su tono y manera de hablar, ¿crees que Clara es optimista o pesimista en cuanto al futuro?
3. ¿Con cuál de las siguientes oraciones estás de acuerdo?

☐ **a.** Si pudiera, me gustaría pasar un día en el futuro.

☐ **b.** Si pudiera, me gustaría pasar un día en el pasado.

Paso 3 Ahora lee lo que dice Carlos Miguel Pueyo sobre qué persona famosa le gustaría conocer.

Paso 4 Ahora mira el segmento sobre Carlos y contesta las siguientes preguntas.

1. ¿Qué adjetivos usa Carlos para describir la primera etapa (*stage*) de la obra de Goya?
2. ¿Qué adjetivos usa para describir la segunda etapa?
3. ¿Qué artista te interesa más a ti? ¿Se le pueden aplicar algunos de los adjetivos de las preguntas 1 y 2 a la obra de tu artista favorita?

Los hispanos hablan: *Si pudieras vivir en otra época, ¿cuál sería?*

(Clara Burgo): «Me gustaría vivir en el futuro, por ejemplo en el siglo XXII por la curiosidad de saber qué inventos habrá en aquella época y cómo cosas que para nosotros ahora son normales entonces habrán desaparecido y qué nuevas cosas surgirán. Y la razón por qué no me gustaría vivir en una época anterior es porque creo que al ser mujer las cosas han sido mucho más difíciles entonces y no me gustaría volver atrás.»

(Carlos Miguel Pueyo): «La otra persona que me hubiera gustado conocer es Francisco de Goya y Lucientes. Fue un pintor del siglo XVIII español que nació en Fuentetodo —es un pueblo en la provincia de Zaragoza de dónde yo soy— y me interesa mucho tanto su vida como su obra. Su vida fue muy interesante por el momento histórico que le tocó vivir porque se coordinó con los personajes más importantes políticos e históricos del momento. Y su pintura es, además de muy interesante, muy bonita. Se pueden diferenciar dos principales etapas: la primera que es más clara, más iluminada, más jovial, más alegre y la segunda —más triste, más pensativa, más comprometida, siempre de acuerdo con el momento histórico de España.»

Los hispanos hablan

Si pudieras vivir en otra época, ¿cuál sería?

NOMBRE: Clara Burgo

    EDAD: 26 años

    PAÍS: España

«Me gustaría vivir en el futuro, por ejemplo en el siglo XXII por la curiosidad de saber qué inventos habrá[a] en aquella época y cómo cosas que para nosotros ahora son normales entonces habrán desaparecido[b] y qué nuevas cosas surgirán.[c] Y... »

---

[a]*there will be*   [b]*habrán... will have disappeared*   [c]*will surface*

¿A qué persona famosa te gustaría conocer?

NOMBRE: Carlos Miguel Pueyo

    EDAD: 27 años

    PAÍS: España

«La otra persona que me hubiera gustado[a] conocer es Francisco de Goya y Lucientes. Fue un pintor del siglo XVIII español que nació en Fuentetodo —es un pueblo en la provincia de Zaragoza de dónde yo soy— y me interesa mucho tanto su vida como su obra.[b] Su vida fue muy interesante por el momento histórico que le tocó vivir[c] porque se coordinó con los personajes más importantes políticos e históricos del momento. Y su pintura... »

---

[a]*me... I would have liked*   [b]*work*   [c]*le... he was chosen to live in*

NAVEGANDO LA RED

Busca información sobre una persona famosa de habla española, por ejemplo, Enrique Iglesias, Shakira, Jennifer López, Luis Miguel. ¿Qué tipo de vida lleva esa personá? Presenta tus resultados a la clase e indica si llevarías una vida igual o diferente si fueras esa persona.

INTERCAMBIO

¿A quién te gustaría conocer?

Propósito: comparar lo que dice un compañero (una compañera) con lo que tú piensas

Papeles: tres personas entrevistadas; el resto de la clase hace preguntas

Paso 1 Tres voluntarios deben pensar en la siguiente pregunta porque la clase los va a entrevistar en unos minutos: ¿A qué persona (viva o muerta) te gustaría conocer y por qué? Los demás deben pensar en otras preguntas para obtener información basada en las siguientes categorías.

1. cualidades de la persona famosa
2. cosas que la persona famosa ha hecho
3. lo que haría la persona entrevistada si conociera a la persona famosa (Por ejemplo, ¿qué podrían hacer juntas las dos?)
4. lo que haría la persona entrevistada si fuera la persona famosa por un día

Paso 2 Escucha las instrucciones de tu profesor(a).

Paso 3 Después, escoge *una* de las entrevistas para escribir una breve reacción (de 70 palabras como máximo) utilizando el siguiente modelo.

MODELOS   A mí también me gustaría conocer a _____. (Explica por qué y si tú harías las mismas cosas.)

o

A mí no me gustaría conocer a _____. (Explica por qué no y luego a quién te gustaría conocer y por qué.)

Vistazos culturales
Las ciencias en el mundo hispano

¿Sabías que... los hispanos han ganado un total de veintitrés Premios Nobel? Desde principios del siglo XX los hispanos han hecho muchos trabajos pioneros en las ciencias naturales, sobre todo en los campos de la fisiología, la física y la química. Además, en los años 90 y los primeros años del siglo actual, la Argentina se ha hecho mundialmente famosa por sus estudios en la paleontología debido a unos descubrimientos importantes sobre los dinosaurios.

Premios Nobel ganados por hispanos en el mundo

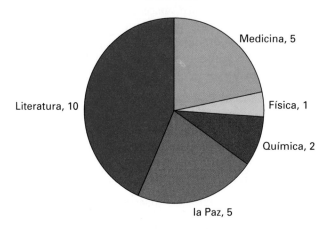

Medicina, 5
Física, 1
Química, 2
la Paz, 5
Literatura, 10

Premios Nobel en las ciencias

♦ **1906, Santiago Ramón y Cajal (español):** por su trabajo sobre la estructura del sistema nervioso

♦ **1947, Bernardo Houssay (argentino):** por el descubrimiento del papel que hace una hormona en el metabolismo del azúcar

♦ **1959, Severo Ochoa (español):** por sus descubrimientos en la síntesis biológica de los ácidos nucleicos

♦ **1968, Luis W. Álvarez (norteamericano):** por sus contribuciones a la física de las partículas subatómicas

♦ **1970, Luis Leloir (argentino):** por su trabajo en la biosíntesis de los carbohidratos

♦ **1980, Baruj Benacerraf (venezolano):** por su trabajo en inmunología

♦ **1984, César Milstein (argentino):** por su trabajo y sus descubrimientos en inmunología

♦ **1995, Mario Molino (norteamericano):** por su trabajo sobre cómo la producción y el uso de varios productos dañan la capa de ozono

En la Patagonia argentina, unos descubrimientos importantes han cambiado drásticamente nuestros conocimientos[a] sobre los dinosaurios. En la provincia de Neuquén, se ha descubierto una región de miles de huevos fósiles que extiende por más de 20 kilómetros. Además se han encontrado huesos fósiles de un tamaño nunca visto antes en la historia de la paleontología.

[a]*knowledge*

Durante el Período Cretáceo, hace 90 a 100 millones de años, la Patagonia era una selva húmeda donde habitaban los dinosaurios. Hoy día la Patagonia es una región muy árida.

NEUQUÉN

En 1987 se descubrió el dinosaurio herbívoro más grande del mundo, ahora llamado el Argentinosaurio. Medía[a] 30 metros de largo y pesaba más de 100 toneladas. Andaba en cuatro pies y tenía un cuello largo que usaba para comer árboles. El Argentinosaurio es el dinosaurio más grande jamás[b] encontrado hasta la fecha.

[a]*It measured* [b]*ever*

En 1993 se descubrió el dinosaurio carnívoro más grande del mundo, ahora llamado el Giganotosaurio. Medía 15 metros de largo, 2 metros de alto y pesaba más de 8 toneladas. Andaba en dos pies y comía dinosaurios diez veces más grandes que él, incluyendo el enorme Argentinosaurio.

Las leyes argentinas prohíben la exportación de huesos fósiles. Como consecuencia, las exhibiciones presentadas en los Estados Unidos son réplicas muy fieles de los originales.

Reproducción del esqueleto de un Argentinosauro en el Fernbank Museum en Atlanta, Georgia.

ACTIVIDADES ¿Qué recuerdas?

Completa las siguientes oraciones.

1. La ﹍﹍﹍ es una región árida de Sudamérica donde se han hecho investigaciones sobre los dinosaurios.
2. Los hispanos han ganado ﹍﹍﹍ Premios Nobel en las ciencias.
3. El dinosaurio carnívoro más grande del mundo era el ﹍﹍﹍.
4. En la provincia de ﹍﹍﹍ de la Argentina se han encontrado miles de huevos fósiles de los dinosaurios.
5. El dinosaurio herbívoro más grande del mundo era el ﹍﹍﹍.
6. ﹍﹍﹍ ganó el Premio Nobel por su trabajo sobre la capa de ozono.

NAVEGANDO LA RED

Escoge *uno* de los siguientes proyectos. Luego presenta tus resultados a la clase.

1. Busca información sobre el número de casos del Síndrome de Inmunodeficiencia Adquerida (SIDA*) en los países hispanos. Luego, haz lo siguiente.

   a. Prepara una lista de todos los países hispanos y el número de personas contagiadas por el Virus de Inmunodeficiencia Humana (VIH†).

   b. Indica en qué país o región del mundo hispano es más alto el número de personas con VIH y en qué país o región es más bajo.

2. Busca información sobre el uso de la tecnología en el mundo hispano. Luego, haz lo siguiente.

   a. Crea una tabla que demuestre los nombres de los países hispanos y el número de usuarios (*users*) de la Red en cada país. Reporta también el porcentaje de la población total que representan estos usuarios.

   b. Agrega otra columna a la tabla que demuestre el número de usuarios de teléfono celular en los países hispanos. Reporta también el porcentaje de la población total que representan estos usuarios.

   c. Compara el uso de estas tecnologías en el mundo hispano con su uso en este país.

---

*AIDS
†*HIV*

VOCABULARIO COMPRENSIVO

Las cualidades personales	Personal Qualities
aburrido/a (R)	boring
ambicioso/a	ambitious
apasionado/a	passionate
apático/a	apathetic
astuto/a	astute
cobarde	coward, cowardly
conformista	conformist
curioso/a	curious
determinado/a	determined
dócil	docile
encantador(a) (R)	charming
excéntrico/a	eccentric
frívolo/a	frivolous
incierto/a	uncertain

indiferente	indifferent
individualista	individualistic
justo/a	fair, just
luchador(a)	fighter
malévolo/a	evil
melancólico/a	melancholy, sad
práctico/a	practical
seductor(a)	seductive
serio/a	serious
soñador(a)	dreamer
superficial	superficial
tenaz	tenacious
tonto/a	foolish, dumb
valiente	courageous
visionario/a	visionary

¿Por naturaleza o por crianza?

Muchos han opinado de que si el carácter de una persona es algo innato o si es producto del ambiente. ¿Qué crees tú? En esta lección vas a explorar este tema y vas a

◆ aprender a expresar relaciones espaciales usando preposiciones

◆ aprender a dar y seguir instrucciones para ir a un lugar

◆ aprender algo más sobre la preposición **por**

◆ usar **lo** + *adjetivo* para expresar tu opinión de algo

◆ leer algo sobre lo que es innato o aprendido en los animales

◆ leer información sobre la personalidad y la genética

ALTO Before beginning this lesson, look over the **Composición** activity on pages 408–409. This is the activity you will be working toward throughout the lesson.

Las cuatas Diego (*1980*), por Cecilia Concepción Álvarez (*norteamericana, 1950– *)

IDEAS PARA EXPLORAR

De aquí para allá

VOCABULARIO

¿Dónde está la biblioteca?

Telling Where Things Are

Act. A, Suggestion: Limit activity to 5 minutes. Use the 5 prepositions in *Vocabulario* to create statements about buildings on your campus. (*La biblioteca está enfrente del edificio del centro estudiantil.*)

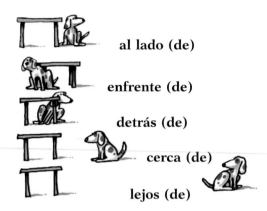

al lado (de)

enfrente (de)

detrás (de)

cerca (de)

lejos (de)

When talking about location, **estar** is normally used.

> El perro **está** al lado de la mesa.
> —¿Dónde **estás**?
> —**Estoy** cerca de la plaza.

Note that the preposition **de** is used with **al lado** (*next to, alongside*), **enfrente** (*in front*), **detrás** (*behind*), **cerca** (*near, close*), and **lejos** (*far*) when a point of reference is mentioned.

> La biblioteca está **enfrente de** la cafetería.

You can omit **de** if a point of reference is not explicitly mentioned.

> —¿Sabes dónde está la cafetería?
> —Sí...
> —Pues, la biblioteca está **al lado.**

ACTIVIDAD A ¿Sí o no?

Escucha lo que dice el profesor (la profesora). ¿Es cierto o falso?

1... 2... 3... 4... 5... etcétera

COMUNICACIÓN

ACTIVIDAD B ¿Qué edificio es?

Escucha lo que dice el profesor (la profesora) y da la información que pide.

1... **2**... **3**... **4**... **5**... **etcétera**

ACTIVIDAD C Una prueba

Con un compañero (una compañera), inventa una prueba para dar a la clase.

Paso 1 Escojan un punto de referencia en el *campus* o en la ciudad. **¡OJO!** Recuerden que no todos los estudiantes conocen bien la ciudad.

Paso 2 Decidan dónde van a poner a la persona que contesta la pregunta —es decir, si va a estar enfrente, detrás, a la derecha, al norte (*north*), etcétera, de este punto de referencia.

Paso 3 Escriban cinco preguntas.

MODELOS   Estás enfrente de las residencias estudiantiles. ¿Qué edificio está detrás?

Estás a la derecha del gimnasio. ¿Qué edificio queda más cerca de allí?

Paso 4 Den la prueba a la clase.

VOCABULARIO

¿Cómo se llega al zoológico?

Giving and Receiving Directions

—Por favor, **¿dónde queda** el parque zoológico?
—A ver... **Siga Ud. por esta calle** hasta que llegue a una **bocacalle** con **semáforo.** Luego **doble a la izquierda** y **siga derecho** por siete **cuadras.** Allí en la **esquina** verá la entrada al parque zoológico. Pero está cerrado hoy...

Here are some useful expressions for giving and following directions in Spanish.

Siga (Ud.) por...	Continue . . . , Follow . . .
Siga derecho (recto*)...	Continue (Go) straight . . .
Doble a la derecha/izquierda.	Turn right/left.
Cruce la calle...	Cross . . . Street
una cuadra (manzana*)	block
la bocacalle	intersection
la esquina	corner
el semáforo	traffic light

***Recto** and **manzana** are dialectal variants used in some places, including Spain and Central America.

¿Me podría decir... ?	Could you tell me . . . ?
Perdón, ¿cómo se llega a... ?	Excuse me, how do you get to . . . ?
¿Dónde está (queda)... ?	Where is . . . ?

If you were giving directions to a friend or if a friend were giving directions to you, the familiar form of the commands would be used (**sigue, dobla,** and so forth).

Act. D, **Suggestion:** Create items using campus locations.

ACTIVIDAD D ¿Adónde llegas?

Escucha las direcciones* que da el profesor (la profesora). ¿Adónde llegas?

1... 2... 3... 4... etcétera

Follow-up: Duplicate a map from a section of Madrid, Mexico City, or any other city from the Spanish-speaking world. Give simple directions to see whether students can follow along. After doing this twice, have 1 or 2 students try to give directions to other members of the class.

ACTIVIDAD E ¿Y tú?

Paso 1 Escucha lo que dice tu profesor(a). Indica si cada oración se te aplica siempre, a veces o nunca.

1... 2... 3... 4... 5... 6... 7...

Paso 2 ¿Cuáles son tus reacciones hacia el **Paso 1,** y cómo te comparas con los demás miembros de la clase? ¿Es cierto que a los hombres no les gusta pedir direcciones y que a las mujeres no les importa?

Act. E, Paso 1, **Suggestion:** Read the following statements out loud or reproduce them on an overhead projector. Say: *Voy a decir una oración. Cada uno de Uds. debe indicar que si para ti se te aplica siempre, a veces o nunca.*
Statements: (1) *Me gustan las direcciones concretas.* (2) *No tengo idea de dónde queda el Sur, el*

COMUNICACIÓN

Norte, el Este ni el Oeste, así que la gente me tiene que decir «Doble Ud. a la derecha» y no «Doble Ud. hacia el Sur». (3) *Aun si cuando las direcciones que me da la gente no son muy buenas, llego a mi destino.* (4) *Aun cuando la gente me da direcciones, consulto un plano de la ciudad para estar seguro/a de la ruta.* (5) *Soy muy bueno/a para dar direcciones.* (6) *Si soy el pasajero (la pasajera) en un carro, no presto atención a la ruta. Así que no recuerdo después cómo llegar a ese destino.* (7) *No me gusta pedir direcciones. Aun cuando no encuentro el lugar que busco, no le pido direcciones a nadie.*

ACTIVIDAD F ¿Lo pueden hacer?

Una persona voluntaria debe salir de la clase y esperar en el pasillo. Mientras tanto, la clase debe arreglar las sillas y mesas para formar una ruta que esa persona tendrá que (*will have to*) seguir según las direcciones que la clase le dará. Después de arreglar «la ruta», alguien debe salir al pasillo y vendarle los ojos (*blindfold*) al voluntario (a la voluntaria). Cuando vuelve a la clase, los demás deben darle direcciones para guiarlo/la por la ruta. ¿Lo pueden hacer sin que él (ella) se tropiece con (*bumps into*) una silla?

Vocabulario útil

el paso	step	**¡Cuidado!**	Watch out! Careful!

Act. F, **Suggestion:** Be sure that seats, desks, books, garbage cans, or any movable object are arranged to form a 3-foot wide passageway that has left and right turns in it.
Alternative: If you are in a room with fixed seats, then send volunteer out. Class decides where in the city they are going to send him or her "by car." When he or she comes back in, students give directions and he or she tries to get to destination. You may have fun with this by telling class to give wrong directions purposefully at times so that the next person speaking has to correct the mistake. How long does it take to get the volunteer to his or her destination?

ACTIVIDAD G ¿Sabías que... ?

Paso 1 ¿Sabes lo que es el sentido de orientación? El sentido de orientación se refiere a la habilidad de saber dónde se está y no perderse. Indica si tienes tú buen sentido de orientación según la siguiente escala.

SENTIDO DE ORIENTACIÓN

excelente									ninguno
10	9	8	7	6	5	4	3	2	1

---

*Other dialectal variants used to express *directions* include **indicaciones** and **instrucciones.**

Paso 2 Ahora lee la selección **¿Sabías que... ?** que aparece a continuación. Luego, contesta las siguientes preguntas.

1. Explica con tus propias palabras lo que es «el tercer ojo». Explica qué es, qué animales lo tienen y qué habilidad le da al animal.
2. Indica cuál(es) de las siguientes afirmaciones sobre la abeja es (son) cierta(s).

    ☐ La abeja nace con la habilidad de guiarse por el sol.

    ☐ La abeja también puede usar las estrellas para guiarse durante la noche.

    ☐ La abeja usa la colmena como punto de referencia.

Paso 3 Describe el sentido de orientación de los miembros de tu familia. Usa las palabras y frases a continuación que consideres apropiadas.

PARIENTE	ANIMAL	CATEGORÍA
madre	ave	cuando le dan direcciones
padre	reptil	cuando visita una ciudad
hermano/a	langosta (*locust*)	por primera vez
hijo/a	mariposa	para ir a la casa de un
abuelo/a	abeja	amigo por primera vez
	tortuga	sabe dónde queda el
		Norte

MODELO   Mi padre tiene el sentido de orientación de una tortuga. Nunca necesita mapa. Es un misterio cómo él siempre sabe por dónde ir y cómo llegar a cualquier lugar cuando visitamos por primera vez una ciudad.

¿Cómo se orientan estas aves migratorias?

¿Sabías que...

muchos animales tienen excelente sentido de orientación? A nosotros los seres humanos nos parece que nunca se pierden, siempre saben dónde están y algunos hacen viajes de miles de millas sin tener problemas en llegar al destino deseado. ¿Cómo lo hacen? Varios animales poseen un «tercer ojo» situado en alguna parte de la cabeza. Es un órgano de origen antiquísimo, que existió en varios animales hace 400 millones de años, según indican los fósiles. Los científicos han descubierto este tercer ojo en diversos animales que existen ahora como la salamandra, varios tipos de peces (como la trucha[a]), las serpientes y otros reptiles. Este tercer ojo es muy sensible a la luz y parece que los animales que lo poseen se orientan por el sol.

En cambio, las abejas,[b] otra especie que parece tener un excelente sentido de orientación, poseen una «brújula[c] interna». Como en el caso del tercer ojo de los animales, esta brújula les permite a las abejas guiarse por el sol. A diferencia del tercer ojo, la brújula no funciona durante la noche. Como el tercer ojo es muy sensible a la luz, el animal que lo posee puede seguir orientándose por las estrellas.[d] La brújula interna de la abeja no le da esta habilidad.

Muchos creen que el sentido de orientación de los animales y su habilidad para viajar largas distancias son innatos, es decir, instintivos. Sin embargo, experimentos hechos con las abejas demuestran que no lo es. Cada abeja tiene que aprender a usar su brújula interna. Se ha comprobado que aun después de 60 vuelos, la abeja se pierde si no puede ver la colmena.[e] Sólo después de 500 vuelos aprende el funcionamiento de su brújula interna.

---

[a]*trout* [b]*bees* [c]*compass* [d]*stars* [e]*hive*

Mientras que los seres humanos consultamos una brújula para orientarnos, la abeja se orienta por la posición del sol.

IDEAS PARA EXPLORAR

Lo interesante

GRAMÁTICA

¿Por dónde?

Por and **para** with Spatial Relationships

—Tienes que pasar **por** enfrente del Palacio de la Ópera...

Another distinction between **por** and **para** involves direction and space. In general, **para** is used to indicate a destination or goal. **Por** is used to indicate the space through which one travels or moves (the route). Compare the following sentences.

Salgo **para** Tikal mañana.
I'm leaving for Tikal tomorrow. (Tikal is my destination.)

Para llegar a Tikal, tienes que pasar **por** la selva.
To get to Tikal, you have to go through the jungle.

Para ir a la biblioteca, tienes que pasar **por** enfrente de la cafetería.
To get to the library, you have to go past the front of the cafeteria.

Although the English equivalent of **para** in these cases is generally *to*, the equivalent of **por** can be different expressions: *around, by way of, through,* and others.

ACTIVIDAD A ¿Destino o ruta?

Paso 1 Indica si el lugar mencionado en cada oración es el destino o la ruta de la persona que habla.

	DESTINO	RUTA
1. «Vamos para Oz».	☐	☐
2. «Tendríamos que ir por los Alpes».	☐	☐
3. «Viajo por todos los océanos en mi submarino».	☐	☐
4. «Salí para las Indias pero llegué a un territorio nuevo».	☐	☐
5. «Siempre bajo por la chimenea».	☐	☐

Paso 2 Ahora indica qué persona o personaje famoso podría decir cada oración.

Así se dice

You may remember that another meaning of **por** is close to *because of.*

Somos así **por** naturaleza.
We are as we are because of nature.

Go back to the title of this lesson and look at the use of **por**, since this is its intended meaning. (The lesson title is hinting at something you will read about later!)

COMUNICACIÓN

ACTIVIDAD B ¿Qué lugar es?

Paso 1 Escribe una oración sobre la universidad, la ciudad o algún lugar muy conocido, utilizando el siguiente modelo.

MODELO   Para ir a _____, tienes que pasar por _____.

Paso 2 Ahora cada persona debe leer su oración en voz alta (*aloud*). ¿Pueden los demás adivinar el destino que describes?

GRAMÁTICA

¿Qué es lo curioso de esto?

Lo + Adjective

—Y **lo bueno** de esto es que cuesta muy poco.

Although in Spanish you can say **la cosa interesante es que...** there is another way to express "the . . . thing." Normally you can simply use **lo** (called the neuter article) with the adjective. Here are some examples.

> **Lo impresionante** de Juan es su gran honestidad.
> **Lo interesante** de María es que nunca se pierde en lugares desconocidos.
> **Lo curioso** del inglés es que no tiene muchas inflexiones.

Just about any adjective can be used in this manner as long as it makes sense to do so.

> **Lo bueno** de aprender español es que se habla en muchos lugares.
> **Lo difícil** de viajar a Europa es el cambio de hora.

You may also use such phrases as superlatives to express "the most . . . thing" or "the . . . -est thing."

> **Lo más impresionante** de todo es el sistema eficiente del Metro.
> **Lo más sorprendente** del caso es que Roberto nunca se enteró (*found out*).

Notice that the adjective is always in the singular masculine form.

ACTIVIDAD C Lo interesante

Act. C, **Follow-up:** Ask students if they agree with statements 1, 2, and 5. If they don't, they should say what is *lo más espectacular, lo impresionante,* and *lo prudente.*

Indica la frase que mejor complete la oración de una manera lógica.

1. (Sobre Arizona): Claro, ___c___ del estado es el Gran Cañón.

   a. lo más ridículo   **b.** lo más eficiente   **c.** lo más espectacular

2. (Sobre Stephen King): ___c___ de su carrera es el número de sus obras que ha sido base de películas.

   a. Lo ideal   **b.** Lo aburrido   **c.** Lo impresionante

3. (Para ir a Machu Picchu): ___b___ es subir las montañas donde se sitúa.

   a. Lo bueno   **b.** Lo difícil   **c.** Lo curioso

4. (Sobre las estatuas de la Isla de Pascua [*Easter Island*]): __a__ es que su origen es desconocido.

    a. Lo curioso   **b.** Lo cómico   **c.** Lo fácil

5. (Sobre los secretos): __a__, claro, es nunca decir nada que no quieres que se repita (*that you don't want repeated*).

    a. Lo prudente   **b.** Lo triste   **c.** Lo interesante

ACTIVIDAD D ¿Qué dices tú?

Paso 1 Indica cuál te parece la mejor idea y luego comparte tus respuestas con otras dos personas. ¿Están de acuerdo contigo?

1. Si un amigo (una amiga) te dice una mentira, lo más prudente es…

    ☐ **a.** no decirle nada.

    ☐ **b.** confrontarlo/la con la verdad.

    ☐ **c.** no hablarle más y dejar de ser su amigo/a.

    ☐ **d.** ¿ ?

2. Para impresionar a una persona en la primera cita, lo ideal sería…

    ☐ **a.** ser sincero/a y actuar con naturalidad.

    ☐ **b.** llevarle un regalito.

    ☐ **c.** darle muchos cumplidos (*compliments*).

    ☐ **d.** ¿ ?

3. Si tienes alguna cualidad que no te gusta, lo mejor sería…

    ☐ **a.** observar en otros alguna buena cualidad y tratar de imitarla.

    ☐ **b.** buscar ayuda profesional.

    ☐ **c.** aceptarla porque uno no puede ser lo que no es.

    ☐ **d.** ¿ ?

Paso 2 En grupos de tres, inventen una situación dejando la conclusión en blanco. Luego preséntala a los demás para que decidan (*so that they decide*) cuál es la mejor solución.

    MODELO   Si alguien te dice algo negativo sobre tu mejor amigo/a, lo prudente sería…

COMUNICACIÓN

Act. E, **Suggestion:** As students share, have others raise their hands if they have something different. Class then votes on which of the statements they agree with. For example, E1 says *Lo más difícil del español son los verbos.* But someone else says *Lo más difícil del español es la* **rr.** Have class decide which they agree with. See if some consensus emerges about Spanish or the university.

ACTIVIDAD E ¡Aprender español!

Imagina que vas a ofrecer unas oraciones para un folleto sobre el aprendizaje del español. Utilizando una o dos de las siguientes frases, crea oraciones sobre el español. (Alternativa: Puedes hablar de la universidad.) Después, comparte tus oraciones con la clase.

lo bueno (mejor)	lo interesante	lo importante
lo (más) difícil	lo impresionante	lo ¿ ?

Busca información sobre la enseñanza del español para extranjeros en países de habla española. ¿Qué institutos hay? ¿Cómo es el curso y cuánto cuesta? Luego completa lo siguiente y presenta tu información a la clase.

◆ Lo bueno de este curso (esta escuela) es...

◆ Lo malo es...

VAMOS A VER

ANTICIPACIÓN

You can learn more about the themes discussed in this **Vamos a ver** section on the Video to accompany *¿Sabías que... ?*

Anticipación, Paso 4, **Sample:** *En este artículo, se habla de si nuestra personalidad es producto de la crianza (o del ambiente) o de la genética. Se va a ofrecer evidencia de estudios sobre los gemelos (separados después de nacer).*

Video: To make viewing this unit's video interview more meaningful to students, make sure they have first read the selection and completed the pre- and post-reading activities in the *Vamos a ver* section.

Paso 1 Lee el título del artículo que aparece en las páginas 404–405. ¿Entiendes lo que significa? (la crianza = *upbringing*).

Paso 2 Ahora mira la foto que acompaña el artículo. ¿Recuerdas lo que son los gemelos? ¿En qué se parecen los gemelos idénticos? ¿Se parecen sólo en lo físico o también en cuanto a la personalidad?

Paso 3 Ahora lee el párrafo que acompaña el título. ¿Entiendes todo lo que dice? (ambiente = *environment*, proviene = *originates*)

Paso 4 Ya debes tener una buena idea del tema general del artículo. La clase entera debe completar la siguiente oración.

En este artículo se habla de si nuestra personalidad es producto de _____. Se va a ofrecer evidencia de estudios sobre _____.

Paso 5 Para confirmar lo que han escrito en el **Paso 4,** lee rápidamente la primera parte del artículo hasta llegar a la parte que verifica (o refuta) lo que Uds. han escrito.

Consejo práctico

In this reading, you are putting together a number of prereading strategies that will help you maximize your eventual reading of the article.

1. making sure you know what the title means and any implications it contains
2. making guesses about the content
3. reading the first paragraph or two to see whether your prereading ideas are confirmed
4. looking at photos and captions that suggest ideas contained in the article

One prereading strategy not included in the **Anticipación** section is looking at headings and subtitles. You can do this on your own if you'd like because it is one more strategy to help get more information before you read.

EXPLORACIÓN

Paso 1 Cada persona debe tomar un número de 1 a 3. A los 1 se les va a asignar la sección «El curioso caso... ». A los 2 se les va a asignar la sección «Otros estudios». A los 3 se les va a asignar la sección «Críticas».

Paso 2 Cada persona debe leer la sección asignada y tomar apuntes. Luego, los 1 deben reunirse con otros dos o tres 1. Los 2 deben reunirse con otros dos o tres 2, etcétera. En cada grupo, se debe resumir la sección leída incluyendo por lo menos:

1. la idea principal de la sección
2. dos o tres puntos importantes que contribuyen a la idea principal o que la apoyan.

Paso 3 Cada grupo debe presentar su resumen a la clase. Para la presentación, pueden utilizar la pizarra si quieren. Traten de limitarse a cinco minutos por presentación. Como algunos grupos han leído la misma sección, pueden agregar información y/o poner énfasis en algo dicho anteriormente. **¡OJO!** Mientras los demás grupos presentan su resumen, debes tomar apuntes y pedir explicación cuando no entiendas algo.

Nota comunicativa

You have already used a number of ways of asking for clarification and repetition. Try to use them as your classmates summarize the sections they read.

1. asking for repetition: **¿Podrías repetir eso?**
2. asking for a word or phrase clarification: **Perdón, no entendí…** or **No entendí la parte sobre…**
3. verifying what you heard: **A ver si entendí bien. ¿Dices que… ?**

Consejo práctico

By now you should be fairly familiar with two strategies for handling new words in a reading.

1. deducing the meaning of words relying on
   a. context
   b. cognate status
   c. and relationship to other words (e.g., **alejarse** ↔ **lejos**)
2. skipping words that aren't deducible while seeing if you can get the general idea(s) of the sentence or paragraph

Remember to let the information asked of you guide you in your reading. What am I going to be asked about this reading? Which words are most important for me to understand right now? If necessary, you can look up some words during a second reading.

La naturaleza frente a la crianza:
El «dedónde» de nuestra personalidad

¿De dónde proviene nuestra personalidad? ¿Somos producto del ambiente en que nos criamos? ¿O es que la genética determina el carácter de uno tanto como determina sus rasgos físicos? Los estudios sobre los gemelos idénticos quizás ofrezcan una respuesta.

✷ ✷

El curioso caso de los «gemelos Jim»

Jim Lewis y Jim Springer nacieron gemelos idénticos pero fueron adoptados por diferentes familias pocos días después. Al conocerse por primera vez en 1979, ya eran adultos y claro que estaban nerviosos. Pero más tarde dirían que ese día fue el más importante de su vida. Durante las primeras etapas de establecer una relación perdida, se asombraron por las semejanzas entre los dos. A cada uno le pusieron el nombre de «James». Cada uno se casó dos veces. La primera esposa de cada uno se llamaba «Linda» y la segunda se llamaba «Betty». Los dos tenían un hijo llamado «James Allan» y ambos habían tenido un perro con el nombre de «Toy».

¿Coincidencias? ¿O es posible que exista algún fundamento científico que explique esto? Esta era la pregunta que empujaba al doctor Thomas Bouchard de la

Los gemelos idénticos pueden ser la clave en el debate sobre la naturaleza frente a la crianza.

Universidad de Minnesota a llevar a cabo un estudio sobre el fenómeno de los gemelos separados después del nacimiento. Bouchard se puso en contacto con los «gemelos Jim» poco después de que estos se habían reunido. Estudió con detalle la personalidad y actitud de cada uno y los resultados fueron asombrosos. En un examen que medía ciertos aspectos de la personalidad, notablemente la tolerancia, la conformidad y la flexibilidad, los resultados eran tan semejantes que parecía que la misma persona había tomado el examen dos veces. Los exámenes sobre su inteligencia, destrezas cognitivas, gustos y otros aspectos de su carácter revelaron otras semejanzas sorprendentes.

Otros estudios

El estudio sobre los «gemelos Jim» inició otros estudios para comparar a gemelos separados después de nacer. En otro estudio, el doctor Bouchard analizó a dos gemelos originarios de Trinidad. Uno se había criado en esa isla caribeña y el otro en Checoslovaquia durante la ocupación nazi. Aunque había claras diferencias a base de las dos culturas en que se habían criado,

Bouchard observó semejanzas de temperamento y la manera en que hacían acciones típicas. Por ejemplo, los dos leían revistas empezando por la última página y ambos tenían la curiosa costumbre de estornudar en público para atraer la atención.

A través de estos estudios, Bouchard y otros han concluido que ciertas cualidades y tendencias son heredadas, incluyendo el don de mando, la imaginación, la vulnerabilidad al estrés, el retraimiento y la tendencia a evitar riesgos. En cambio, ciertos rasgos como la agresividad, la organización, el afán de realización y la impulsividad son adquiridos durante la niñez.

Más recientemente, se ha demostrado que la claustrofobia es común entre los gemelos en general y parece que muchas fobias podrían ser hereditarias. En un libro sobre los gemelos escrito por Lawrence Wright, se ofrece evidencia de que hasta la orientación política y la dedicación a la religión son reguladas por los genes.

Críticas

Por supuesto, las conclusiones de estos y otros estudios no le agradan nada a los que creen que los puntos de vista político, social y moral son la responsabilidad del individuo. Tales personas han denunciado estos estudios, diciendo que disminuyen el impacto y valor de la familia en la crianza de los niños. Pero estos estudios no eliminan por completo la evidencia de la importante influencia del ambiente en cómo somos. De hecho, demuestran que son las experiencias fuera del hogar las que tienen más impacto en las actitudes, los valores y ciertos rasgos de la personalidad no heredados. Así que en algunos aspectos, la crianza dentro del hogar no es tan importante como lo que experimentamos en la sociedad en general.

Otra crítica de los estudios sobre los gemelos es que las conclusiones son más tentativas de lo que indican los investigadores. La verdad es que no se han estudiado bien los hogares ni las comunidades en que se han criado los gemelos separados. En el caso de los «gemelos Jim», por ejemplo, los dos se criaron en Ohio en familias de la misma clase social que vivían a sólo 45 millas la una de la otra. Dicen los críticos que estos ambientes son muy parecidos y pueden provocar muchas de las semejanzas observadas. Sin embargo, existen casos como el de los gemelos de Trinidad que debilitan este argumento. En tales casos la evidencia del efecto de los diferentes ambientes está bien clara.

En fin, es evidente que la genética sí juega un papel importante en el «dedónde» de la personalidad, o en otras palabras, que la personalidad es más que un simple producto del ambiente en que nos criamos.

Act. B, Paso 1, **Answers:** (1)
distintas (2) *ambientales*
Paso 2, **Answers:** (1) *la primera*
(2) *a la hermana de Diana*
(3) *La mayor es cariñosa,*
callada y tranquila. La menor es
muy alegre, peleona, indepen-
diente y agresiva.
Paso 3, **Answer:** (1) *No. Son al*
revés.

ACTIVIDAD A ¿En qué se parecen?

Paso 1 Haz una lista de las cualidades que compartes con tus padres (y abuelos) y otra de las que no compartes con ellos. Luego indica si tus hermanos también poseen las mismas cualidades.

Paso 2 En grupos de cuatro, compartan sus listas. ¿En qué se parecen? ¿Hay muchas cualidades comunes en las familias? Reporten lo que piensan al resto de la clase.

ACTIVIDAD B Los hispanos hablan

Paso 1 Lee (en la página 407) lo que dice Diana González sobre cómo la genética y el ambiente influyen en nuestra personalidad. Luego contesta las siguientes preguntas.

1. ¿Son parecidas o distintas las dos hijas de Diana?
2. Cuando Diana empieza a explicar el posible origen de la personalidad de cada hija, ¿se refiere a factores ambientales o genéticos?

Paso 2 Ahora mira el segmento completo. Luego contesta las siguientes preguntas.

Vocabulario útil

amoldar	to mold	**peleona**	combative

1. ¿Cuál de las dos niñas se parece más a Diana?
2. ¿A quién se parece la segunda niña?
3. Da unos adjetivos para describir a cada niña.

Paso 3 Algunos estudios sugieren que el orden de nacimiento influye en la personalidad de uno. Lee las siguientes tendencias reportadas en algunos estudios y contesta las preguntas que siguen.

◆ **El hijo mayor:** con afán de realización, agresivo, celoso, conservador, inquieto, organizado, responsable, serio

◆ **El del medio:** independiente y rebelde

◆ **El menor:** cariñoso, dependiente, divertido, relajado, sensible, tenaz, con tendencia a buscar la atención de otros

◆ **El hijo único:** criticón, organizado, perfeccionista

1. ¿Siguen las hijas de Diana estas tendencias?
2. En tu familia, ¿hay evidencia de estas tendencias?

Los hispanos hablan: ¿Cuál es más importante en el desarrollo de la personalidad: la genética el ambiente? «O.K. ¿Qué es más importante en el desarrollo de la personalidad? ¿La genética o el ambiente? No puedo escoger ni el uno ni el otro. Tengo que decir que ambos influyen creo que por igual en el desarrollo de la personalidad. Y lo digo porque tengo dos niñas, una de 12 años y una de 3. Y con la primera yo le dedicaba mucho mucho tiempo —le leía, me la llevaba a todos sitios. Con la pequeña le dedico menos tiempo y ambas han desarrollado una personalidad muy distinta. La primera es mucho más apegada a mí, mucho más cariñosa físicamente y la segunda es mucho más independiente. Y claro la primera se parece a mí en términos de personalidad —mucho más callada, más tranquila. La segunda se parece mucho a mi hermana, que es muy alegre, peleona, independiente, agresiva y no sé si es genética o es porque yo no estuve allí con ella. Hablo de la pequeña. No he estado con ella la misma cantidad de tiempo para tratar de amoldar un poco más su personalidad como creo que hice con la mayor. Así que no puedo llegar a una conclusión cuál es más importante.»

Los hispanos hablan

¿Cuál es más importante en el desarrollo de la personalidad: la genética o el ambiente?

NOMBRE: Diana González

EDAD: 37 años

PAÍS: Puerto Rico

«O.K. ¿Qué es más importante en el desarrollo de la personalidad? ¿La genética o el ambiente? No puedo escoger ni el uno ni el otro. Tengo que decir que ambos influyen creo que por igual en el desarrollo de la personalidad. Y lo digo porque tengo dos niñas, una de 12 años y una de 3. Y con la primera yo le dedicaba mucho mucho tiempo —le leía, me la llevaba a todos sitios. Con la pequeña le dedico menos tiempo y ambas han desarrollado una personalidad muy distinta. La primera es... »

NAVEGANDO LA RED

Busca información sobre un estudio de gemelos de algún país hispano. Reporta a la clase dónde y cuándo se hizo el estudio, quién lo hizo y cuáles fueron algunos de los resultados o las conclusiones.

SITUACIÓN

Un amigo tuyo (Una amiga tuya) no quiere hacer nada. Prefiere quedarse en casa todo el tiempo. Tú crees que eso está mal, que él (ella) necesita salir, hacer más amigos y gozar de la vida. Cuando se lo dices, te contesta: «Lo siento pero así nací. Es mi naturaleza». ¿Aceptas esta respuesta? ¿Qué haces si la situación tiene que ver con otra cualidad con posibles efectos negativos?

COMPOSICIÓN

En esta lección has examinado la idea de que ciertas cualidades son aprendidas, mientras que otras son innatas. Por ejemplo, has visto que entre los animales el sentido de orientación no es necesariamente innato, y que los estudios sobre los gemelos separados han revelado la importancia de la genética en el carácter de uno. Con la información que has aprendido, escribe una composición titulada «Somos lo que somos».

Antes de escribir

Paso 1 El propósito de la composición es presentar ideas de que somos lo que somos por dos factores: lo genético y lo que aprendimos del ambiente en que nos criamos y vivimos. Toma en cuenta que hay personas que no creen en la influencia genética en las personalidades y acciones de los seres humanos y que también creen que todo lo que hacen los animales es por instinto. ¿Qué ejemplos te pueden servir para demostrar que los dos factores determinan nuestro carácter? Escoge el tono que vas a adoptar. ¿Es apropiado usar la primera persona y dar ejemplos personales? ¿Vas a dirigirte directamente al lector (a la lectora)?

Paso 2 Escribe algunas ideas relacionadas con cada punto a continuación que puedes incluir en la composición. Repasa la lección si no recuerdas todos los datos.

1. El sentido de orientación
   a. las abejas
   b. el «tercer ojo»

2. Los gemelos separados después de nacer
   a. los «gemelos Jim»
   b. los rasgos heredados
   c. los rasgos adquiridos

Paso 3 Escribe el orden en que vas a presentar tus ideas y ejemplos. ¿Es lógica esta organización?

Al escribir

Paso 1 Aquí tienes unas frases que pueden ayudarte a expresar las ideas.

en su mayor parte	*for the most part*
es evidente que	*it is evident that*
es lógico pensar que	*it is logical to think that*
está claro que	*it is clear that*

Paso 2 Al escribir la conclusión, debes tomar en cuenta el propósito de la composición y también el punto de vista de los lectores. Si quieres, puedes usar en la conclusión una de las siguientes frases.

después de todo	*after all*
en definitiva	*definitely*
por lo tanto	*therefore*

Al escribir, Paso 3,
Suggestion: Be sure to assign the composition two days before you expect to collect it.

Paso 3 Escribe la composición dos días antes de entregársela al profesor (a la profesora).

Después de escribir

Paso 1 Antes de entregarla, lee la composición de nuevo. ¿Quieres cambiar o modificar...

◆ las ideas que presentaste?

◆ el orden en que presentaste las ideas?

◆ la conclusión?

◆ el tono?

Paso 2 Lee la composición una vez más para verificar...

◆ la concordancia entre formas verbales y sujetos.

◆ la concordancia entre adjetivos y sustantivos.

◆ el uso de **lo** + adjetivo.

Paso 3 Haz todos los cambios necesarios y entrégale la composición al profesor (a la profesora).

¿Qué rasgos de personalidad crees que comparten estas gemelas?

Vistazos culturales
La economía en el mundo hispano

¿Sabías que... hay mucha variedad en la economía de los países hispanos? En el Caribe, por ejemplo, la economía de cada país depende de industrias distintas. En Puerto Rico la economía depende de la fabricación de productos electrónicos y farmacéuticos. En cambio, la economía de la República Dominicana se basa en la minería, sobre todo en la extracción de hierro,[a] níquel, oro y plata.[b] La economía de Cuba se basa en la exportación de azúcar, petróleo y tabaco.

[a]*iron*   [b]*silver*

La gráfica representa el Producto Nacional Bruto[a] por persona de todos los países latinoamericanos. El PNB es más bajo en los países centroamericanos y en los países andinos. Los países centroamericanos dependen de la exportación de café, azúcar y banana, y los países andinos dependen de la exportación de productos agrícolas y combustibles fósiles.[b]

[a]*Producto... Gross National Product*   [b]*combustibles... fossil fuels*

Cultivando tabaco en Cuba

PNB por persona de los países latinoamericanos (2000)

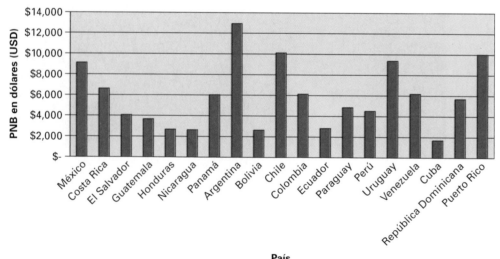

País

Las crisis económicas

Muchos países latinoamericanos han pasado por crisis económicas muy serias en los últimos años. En algunos casos, las crisis han tenido su origen en problemas financieros o políticos, y en otros casos se han atribuido (por lo menos en parte) a eventos catastróficos naturales.

México y Centroamérica

- **México (1994–1995):** Entre 1994 y 1995 el PNB disminuye más del 6% cuando se determina que el peso mexicano ha sido sobrevalorado[a] por varios años.

- **Honduras, El Salvador y Nicaragua (1998):** La economía ya vulnerable de muchos países centroamericanos sufre pérdidas muy grandes a causa de la destrucción causada por el huracán Mitch.

- **El Salvador (2001):** La economía salvadoreña, todavía recuperándose del huracán Mitch, sufre un golpe[b] más, debido a un fuerte terremoto[c] de magnitud 7,7 en la escala Richter.

[a]*overvalued* [b]*hit* [c]*earthquake*

Durante los años 90 **Venezuela** empieza a sufrir varias crisis a causa de una demanda reducida del petróleo (su exportación principal), la inestabilidad política y una crisis financiera en el sector bancario.

En **el Ecuador (1999)** la moneda nacional se deprecia más del 70% debido a un colapso financiero y a la destrucción causada por El Niño entre 1997 y 1998.

En **Chile (1999)** una fuerte sequía[a] exacerba una recesión ya en progreso. Chile experimenta un crecimiento económico negativo por primera vez en quince años.

[a]*drought*

En **la Argentina (2002)** la economía sufre un colapso fuerte cuando el peso argentino pierde la mayor parte de su valor por deudas[a] de unos 140 mil millones de dólares.

[a]*debts*

ACTIVIDADES ¿Qué recuerdas?

Completa las siguientes oraciones.

1. La crisis económica en Chile en 1999 fue exacerbada por __d__.

    a. inundaciones   **b.** un huracán   **c.** un terremoto   **d.** una sequía

2. __a__ sufrió un fuerte terremoto en 2001.

    a. El Salvador   **b.** Nicaragua   **c.** El Ecuador   **d.** La Argentina

3. La crisis en Venezuela durante los años 90 se debía a menos demanda del __b__.

    a. café   **b.** petróleo   **c.** azúcar   **d.** oro

4. De los siguientes países, __c__ tenía el PNB más alto en el año 2000.

    a. México   **b.** Costa Rica   **c.** la Argentina   **d.** Chile

5. La economía de Puerto Rico depende más de la industria __a__.

    a. farmacéutica   **b.** petrolera   **c.** minera   **d.** bancaria

NAVEGANDO LA RED

Escoge *uno* de los proyectos y presenta tus resultados a la clase.

1. Busca información sobre la tasa de desempleo (*unemployment rate*) de los países hispanos. Haz lo siguiente.

    a. Haz una gráfica con el nombre y la tasa de desempleo de cada país hispano.

    b. Menciona qué países tieneen la tasa más alta y baja.

2. Busca información sobre la moneda de cada país hispano. Después haz una gráfica que demuestre la siguiente información.

    a. el nombre de cada país

    b. el nombre de la moneda que se usa en cada país

    c. el tipo de cambio (*exchange rate*) actual con el dólar

VOCABULARIO COMPRENSIVO

¿Dónde está... ?	**Where Is . . . ?**
el este, el oeste,	east, west,
el norte, el sur	north, south
al lado (de)	next to, alongside
cerca (de)	near, close
detrás (de)	behind
enfrente (de)	in front (of)
lejos (de)	far (from)
quedar	to be located
De aquí para allá	**From Here to There**
la bocacalle	intersection
la cuadra	block

la esquina	corner
la manzana	block
el semáforo	traffic light
Cruce la calle.	Cross the street.
Doble a la derecha/ izquierda.	Turn right/left.
Siga derecho (recto).	Continue (Go) straight.
Siga (Ud.) por...	Continue . . . , Follow . . .
¿Dónde queda... ?	Where is . . . ?
¿Me podría decir... ?	Could you tell me . . . ?
Perdón, ¿cómo se llega a... ?	Excuse me, how do you get to . . . ?

GRAMMAR SUMMARY

The Present Perfect

he
has
ha
ha   almorzado
hemos   +   leído
habéis   salido
han
han

1. The present perfect corresponds roughly to English *have* + *past participle*.

   Ya he comido.
   I have eaten already.

   ¿Te **has mirado**?
   Have you looked at yourself?

2. There are no stem-vowel changes with past participles: **almorzar** → **almorzado, venir** → **venido,** and so forth.

3. A number of common verbs have irregular past participles that do not end in **-ado** or **-ido.**

decir →	dicho
escribir →	escrito
hacer →	hecho
morir →	muerto
poner →	puesto
ver →	visto

4. There are two instances in which the present perfect is used in English where it is not used in Spanish.

a. to have . . . for + *amount of time*

   Hace varios minutos **que estoy** aquí.
   I have been here for a few minutes.

   Hace dos años **que vivo** en Chicago.
   I have lived in Chicago for two years.

b. to have just (*done something*)

   Acabo de limpiar eso. No lo toques.
   I have just cleaned that. Don't touch it.

   ¿Acabas de llegar?
   Have you just arrived? / *Did you just arrive?*

Verbs That Require a Reflexive Pronoun

Some verbs in Spanish require a reflexive pronoun. Because these verbs are not true reflexives or reciprocal reflexives, their English equivalents do not use -*self*, -*selves*, or *each other*.

atreverse a + *inf.*	*to dare to* (*do something*)
burlarse (de)	*to make fun* (*of*)
comportarse	*to behave*
darse cuenta (de)	*to realize*
jactarse (de)	*to boast* (*about*)
portarse	*to behave*

Note that some of these verbs use prepositions when followed by nouns or verbs.

No me atreví.
No me atreví **a decirlo.**

No me di cuenta.
No me di cuenta **de eso.**

Reflexives

Remember that with some verbs **se** is required. With other verbs, **se** is used only when the meaning is reflexive, that is, when the subject and object of the verb are the same person or thing.

El perro **se** mira en el espejo.
El perro mira al gato.

Me hablo mucho porque vivo solo.
No le hablo a Jorge mucho.

The Conditional Tense

tomaría	me atrevería	viviría
tomarías	te atreverías	vivirías
tomaría	se atrevería	viviría
tomaría	se atrevería	viviría
tomaríamos	nos atreveríamos	viviríamos
tomaríais	os atreveríais	viviríais
tomarían	se atreverían	vivirían
tomarían	se atreverían	vivirían

1. The conditional in Spanish is roughly equivalent to English *would + verb* when the latter expresses a hypothetical event.

> No **viviría** allí nunca.
> *I would never live there.*

> ¿**Te burlarías** de mí?
> *Would you make fun of me?*

2. Remember that *would + verb* in English can also refer to a repeated action in the past. In this situation, you would use the imperfect in Spanish and not the conditional.

> **Iba** y **venía** mucho.
> *He would come and go a lot* (in those days).

> **Nos comportábamos** bien.
> *We would behave* (when we were children).

3. A few common verbs have irregular stems in the conditional tense.

decir →	dir-	
hacer →	har-	
poder →	podr-	
salir →	saldr-	
tener →	tendr-	
haber →	habría (*there would be*)	

tomar	**tener**	**dormirse**
ellos tomaron	ellos tuvieron	ellos se durmieron
tomara	tuviera	me durmiera
tomaras	tuvieras	te durmieras
tomara	tuviera	se durmiera
tomara	tuviera	se durmiera
tomáramos	tuviéramos	nos durmiéramos
tomarais	tuvierais	os durmierais
tomaran	tuvieran	se durmieran
tomaran	tuvieran	se durmieran

Estar + location

Estar, and not **ser,** is normally used to talk about location.

> Buenos Aires **está** en la Argentina.
> Ahora mi mamá **está** en México.
> ¿Dónde **está** la oficina del profesor?

Quedar can be used to talk about the location of immovable inanimate things like buildings and places.

> ¿Dónde **queda la oficina** del profesor?
> **México queda** al sur de los Estados Unidos.

Past Subjunctive

The past subjunctive is used to express hypothetical situations in conjunction with the conditional tense. It is formed using the **ellos** form of the preterite and all the irregularities found in the **ellos** preterite form are carried over to the past subjunctive forms. For example, with the verb **tener: tener → ellos tuvieron → tuv- → si yo tuviera, si tú tuvieras, si Ud. tuviera,** etc.

Lo + Adjective

You can use **lo** + adjective to express the concept of *the curious thing, the interesting thing,* and so on. The adjective always appears in the masculine singular form.

> **Lo curioso** de este caso...
> **Lo interestante** del estudio...

More on por and para

One use of **por** is to express direction through, around, and so on. **Para** expresses direction toward a goal or destination.

Voy **para** los Andes.	*I'm heading toward the Andes.*
Voy **por** los Andes.	*I'm going through the Andes (to get somewhere else).*

Review of the Object Marker a

When two nouns in a sentence are both capable of being a subject, the object of the verb is marked with **a.**

Juan conoció **a** María.
El perro quiere mucho **al** gato.

Review of gustar

Remember that in **gustar** constructions the subject (the action, person, or thing that is pleasing) is generally placed after the verb, whereas the object (the person to whom the subject is pleasing) usually precedes the verb.

A Juanita le gustaría **ser actriz.**

For emphasis or contrast you can add **a mí, a ti, a nosotros/as,** or **a vosotros/as,** as appropriate.

A mí me gustaría conocer a Jennifer López.

Hacia el futuro

¿Y ahora qué van a hacer?

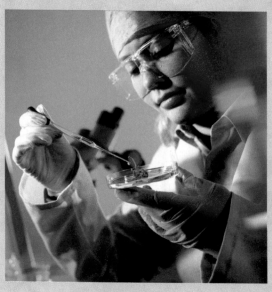

¿Hasta dónde va a llegar la tecnología?

¿Adónde vamos?

En esta lección vas a

◆ aprender vocabulario relacionado con la ropa y con los viajes

◆ repasar el condicional

◆ hablar de tus preferencias en cuanto a viajar

◆ examinar lo que harías y lo que no harías en varias situaciones hipotéticas

◆ determinar con quién podrías hacer un viaje largo

◆ aprender unos nuevos verbos reflexivos

◆ aprender a formar los mandatos formales

ALTO Before beginning this lesson, look over the **Intercambio** activity on page 435. This is the activity you will be working toward throughout the lesson.

En la Estación de Santa Justa (Sevilla, España)

IDEAS PARA EXPLORAR

La ropa

VOCABULARIO

¿Cómo te vistes?

Las prendas de vestir

la chaqueta

el sombrero

las medias

los zapatos

el vestido

El bufón llamado «Don Juan de Austria» (*1632–1633*) *y* La infanta Margarita de Austria (*1653*) *por Diego Velázquez (español, 1599–1660)*

la blusa de rayón

la camisa de algodón

la corbata de seda

el traje de lana

los pantalones

la falda

los calcetines

Vocabulario útil

el abrigo	overcoat
los *bluejeans*	jeans
la camiseta	T-shirt
el cuero	leather
el diseño	design
el jersey	pullover
los pantalones cortos	shorts
la sudadera	sweats, sweatpants
el suéter	sweater
el tacón (alto)	(high) heel
el traje de baño	bathing suit
barato/a	inexpensive
caro/a	expensive
llevar	to wear
vestirse (i, i)	to dress, get dressed

Las telas de fibras naturales	Natural Fabrics
el algodón	cotton
la lana	wool
la seda	silk

Las telas de fibras sintéticas	Synthetic Fabrics
el poliéster	polyester
el rayón	rayon

Act. A, **Suggestion:** Before beginning, point out correct choice of direct object pronoun; ask them what they'd say if you said *zapatos de tacón alto.* They should say *Los asocio… ,* because *zapatos* is masculine plural. **Statements:** Say each item and pause for students to answer. (1) *una chaqueta* (2) *un vestido* (3) *las medias* (4) *un traje* (5) *una falda* (6) *unos pantalones* (7) *una camiseta* (8) *una camisa* (9) *una blusa* (10) *un jersey*

ACTIVIDAD A ¿Con qué sexo asocias esta ropa?

Paso 1 El profesor (La profesora) va a mencionar algunas prendas de vestir. ¿Con quién asocias cada prenda, con los hombres, con las mujeres o con ambos?

MODELO   una sudadera →
La asocio con ambos sexos.

1…   2…   3…   4…   5…   6…   7…   8…   9…   10…

Paso 2 Ahora, ¿qué opinas? ¿Quiénes tienen más opciones en cuanto a la ropa, los hombres o las mujeres?

Act. B, Paso 1, **Suggestion:** Describe various people in photos, emphasizing what they're wearing.
Optional: Take to class other photos or art books to show clothing from 15th and 16th centuries to help students do *Pasos 2–3* more easily.
Paso 2, **Answers:** (1) C (2) F (3) F (4) C (5) F (6) F

Act. C, **Suggestion:** Have students close books or cover up descriptions. You read while they listen.

ACTIVIDAD B Cambios

Paso 1 Mira las fotos de la sección anterior y escucha las descripciones del profesor (de la profesora). ¿A cuál de las personas o fotos describe?

1... 2... 3... 4... 5... etcétera

Paso 2 Ahora, indica si cada oración es cierta o falsa.

	C	F
1. Antiguamente, los hombres llevaban medias. Ahora no.	☐	☐
2. Antes tanto las mujeres como los hombres vestían pantalones así como hoy.	☐	☐
3. Como hoy, los hombres de épocas anteriores llevaban pantalones largos, no cortos.	☐	☐
4. Las telas que se usaban en épocas anteriores eran la seda, la lana y el algodón. No existían las telas sintéticas.	☐	☐
5. Los sombreros no han cambiado mucho a través de la historia.	☐	☐
6. Antiguamente, las mujeres llevaban falda corta.	☐	☐

Paso 3 ¿A qué conclusión llegas?

☐ La ropa ha cambiado mucho para el hombre y la mujer.
☐ La ropa no ha cambiado tanto.

ACTIVIDAD C ¿Quiénes son? ¿Adónde van?

Indica quiénes podrían ser las personas que se describen a continuación y adónde van. En algunos casos hay varias posibilidades.

1. un hombre de 25 años que lleva traje de lana gris con camisa blanca, corbata de seda conservadora y zapatos negros
2. una mujer de 62 años que lleva sombrero negro, vestido negro y largo y zapatos negros
3. una joven de 20 años que lleva blusa de seda, falda de cuero y zapatos de tacones altos
4. un joven de 18 años que lleva sudadera, camiseta y zapatos de tenis
5. una mujer de 35 años que lleva chaqueta de seda color melón, blusa de seda blanca, falda de color crema, zapatos de tacón bajo y medias

Act. D, Paso 2, **Answers:**
(1) *sólo de las mujeres* (2) *falso; según Elizabeth, la moda es más práctica y cómoda en los EE.UU.*
Paso 3, **Answers:** (1) *la moda es un poco más relajada* (2) *un lugar público o en una escuela* (3) *mujeres bellas y bien presentadas (bien vestidas y bien maquilladas)*

ACTIVIDAD D Los hispanos hablan

Paso 1 Piensa un momento en la moda (*fashion*). ¿Es muy importante para ti? ¿Sigues los estándares (*standards*) de la moda? ¿Crees que la moda es más importante para un sexo que para el otro?

Paso 2 Lee lo que dice Elizabeth Narváez-Luna sobre este tema. Luego, contesta las preguntas a continuación.

Vocabulario útil

maquillarse	to make yourself up (*with makeup*)
peinarse	to comb one's hair; to do up one's hair

Los hispanos hablan: ¿Qué diferencias hay entre la ropa y la moda en los Estados Unidos y en tu país? «Y bueno, ¿qué creo de la moda? La moda en los países hispanos, creo que es muy importante. Muchas mujeres tienen que vestirse bien, maquillarse, peinarse y tienen que seguir los estándares de la moda. Yo me he fijado que aquí en Estados Unidos especialmente la moda es más práctica y se sigue la moda que es más cómoda. Y en México —o, bueno, en México de donde yo soy— a veces no se hace eso porque la mujer siempre tiene que estar bien presentada, especialmente la mujer. Tiene que tener sus zapatos de tacón alto, su vestido o su falda o algo, pero bien presentada, maquillada, peinada y especialmente si trabajas, si trabajas en lugares públicos o si trabajas en escuelas.

Y también la moda a veces depende mucho de los lugares de las ciudades. En las ciudades grandes ves que casi la mayoría de las mujeres que andan en la calle andan bien vestidas. En las ciudades más pequeñas la moda es un poco más relajada.

Es curioso, en la Ciudad de México y la ciudad de Guadalajara me llamó la atención por eso porque todas son mujeres —no importa de qué clase social sean— son muy, muy bonitas y siempre están muy bien vestidas, muy bien maquilladas, muy bien presentadas. Y Guadalajara tiene fama de tener mujeres muy bellas. Así que... yo no soy de Guadalajara.»

1. ¿Habla Elizabeth de los hombres o solamente de las mujeres?
2. Según Elizabeth, en los Estados Unidos lo que es más importante en cuanto a la moda es la apariencia o la impresión que da la persona. ¿Cierto o falso?

Los hispanos hablan

¿Qué diferencias hay entre la ropa y la moda en los Estados Unidos y en tu país?

NOMBRE: Elizabeth Narváez-Luna

EDAD: 29 años

PAÍS: México

«Y bueno, ¿qué creo de la moda? La moda en los países hispanos, creo que es muy importante. Muchas mujeres tienen que vestirse bien, maquillarse, peinarse y tienen que seguir los estándares de la moda. Yo me he fijado que aquí en Estados Unidos especialmente la moda es más práctica y se sigue la moda que es más cómoda. Y en México —o, bueno, en México de donde yo soy— a veces no se hace eso porque la mujer siempre tiene que estar bien presentada, especialmente la mujer... »

Paso 3 Ahora mira el segmento completo. Luego completa las siguientes oraciones.

Según Elizabeth...

1. en las ciudades más pequeñas, _____.
2. es especialmente importante estar bien presentada si trabajas en _____.
3. Guadalajara es conocida por _____.

Paso 4 Como clase, comenten las observaciones de Elizabeth. ¿Qué creen de su opinión de la moda en los Estados Unidos? ¿Qué piensan sobre sus observaciones sobre las diferencias entre las ciudades grandes y las pequeñas? ¿Se aplica esto también en este país?

COMUNICACIÓN

ACTIVIDAD E Hoy en clase...

Paso 1 Observa la ropa de tus compañeros. Escribe en el cuadro en la página 422 el número de prendas que ves hoy en clase.

LA ROPA QUE LLEVAMOS HOY EN CLASE			
bluejeans	otros tipos de pantalones	faldas	vestidos
jerseys	sudaderas	camisas	camisetas	blusas
zapatos de cuero	zapatos de tenis	zapatos para correr	zapatos de otros tipos

Paso 2 Apunta aquí las tres prendas de vestir más populares entre los estudiantes.

_____   _____   _____

En esta lista se dan algunas razones por las cuales es posible que muchos estudiantes lleven una prenda de ropa en particular.

☐ Es cómodo/a.
☐ Es barato/a.
☐ Es fácil de lavar (cuidar).
☐ Dura (*It lasts*) mucho.

☐ Va bien con cualquier otro tipo de ropa.
☐ Está de moda (*in style*).
☐ ¿ ?

¿Por qué crees que los estudiantes llevan la ropa que apuntaste al principio de este paso? ¿Qué opinan los demás?

ACTIVIDAD F De viaje°

De... *On a trip*

Paso 1 Imagina que este verano vas de viaje por un mes y piensas visitar España, Francia e Italia. ¿Qué prendas de ropa piensas llevar? ¿Cuántas maletas (*suitcases*) llevas? Haz una lista de todo lo que llevas en las maletas y explica por qué. No te olvides de incluir el número de pares de zapatos y de calcetines y otras prendas necesarias.

Paso 2 Intercambia tu lista con otras personas. ¿Se puede agrupar a las personas de la clase por lo que llevan para el viaje?

Act F, Paso 2, **Follow-up:** Say the following: *Repitan Uds. los Pasos 1 y 2 pero esta vez el viaje es por el Canadá durante el invierno. ¿Es diferente lo que piensan llevar en las maletas?*

GRAMÁTICA

¿Qué te pones?

More on Reflexive Verbs

A number of verbs used to talk about clothing and appearance are used in the reflexive form.

ponerse	to put on	**verse (bien)**	to look (good)
quitarse	to take off	**vestirse (i, i)**	to dress, get dressed

Si quiero **verme** más delgado, **me pongo** ropa de color negro.
If I want to look slimmer, I put on black clothes.

Al llegar a casa, **me quito** los zapatos.
As soon as I get home, I take off my shoes.

¿Cómo **te vistes** cuando sales a bailar?
How do you dress when you go out dancing?

—Amor, ¿cómo **me veo**?

Note that **vestirse** takes the preposition **a, con,** or **de** when the meaning is *to dress in*.

Siempre **se viste a** la moda.   *She always dresses in style.*
Hoy **se viste de** rojo.   *Today she's dressed in red.*
Prefiero **vestirme con** bluejeans.   *I prefer to dress in jeans.*

ACTIVIDAD G ¿Quién?

Act. G, **Follow-up:** *En tu casa, ¿es costumbre quitarse los zapatos antes de entrar? Cuando llegas a casa ahora, ¿te quitas los zapatos inmediatamente? En la escuela primaria, ¿te vestías con alguna ropa en particular? ¿Qué te ponías? etc.*

Haz la correspondencia entre las columnas A y B para indicar quién diría qué.

A

1. __b__ Tengo que verme bien. Es mi trabajo.

2. __c__ Intento verme bien para causar buena impresión en mis clientes.

3. __d__ Nos quitamos los zapatos al entrar en la casa. Es nuestra costumbre.

4. __a__ Me visto con pantalones negros y camisa blanca porque es el uniforme de mi escuela.

B

a. un niño de 10 años
b. una modelo
c. una mujer de negocios
d. una abuela japonesa

ACTIVIDAD H ¿Cómo lo haces?

Paso 1 Indica lo que haces en cada situación.

1. Zapatos y calcetines

☐ Primero me pongo los dos calcetines. Luego me pongo los dos zapatos.

☐ Me pongo un calcetín y un zapato. Luego me pongo el otro calcetín y el otro zapato.

2. Pantalones y camisa (falda y blusa)

☐ Me pongo primero la camisa (blusa) y luego me pongo los pantalones (la falda).

☐ Me pongo primero los pantalones (la falda) y luego la camisa (blusa).

3. Reloj (*wristwatch*)

☐ Me pongo primero la ropa y luego me pongo el reloj.

☐ Me pongo primero el reloj y luego me pongo la ropa.

Paso 2 Todos deben compartir sus respuestas. ¿Hay muchas respuestas diferentes?

COMUNICACIÓN

ACTIVIDAD I ¿Tratas de verte bien?

Paso 1 Escoge *una* de las siguientes situaciones y contesta la pregunta.

1. Tienes una primera cita con alguien. ¿Tratas de verte bien? ¿Cómo te vistes?

2. Hay una cena familiar y es una ocasión especial. ¿Tratas de verte bien? ¿Cómo te vistes?

3. Te van a sacar una foto especial, por ejemplo, una foto de la familia. ¿Tratas de verte bien? ¿Cómo te vistes?

Act. I, Paso 3, **Suggestion:** Find out which groups from *Paso 2* answered which questions. Then, to compare them on the same question, have opposite sex groups say aloud what they would wear.

Paso 2 Busca dos personas del mismo sexo que hayan escogido la misma situación que tú. ¿Repondieron todos de la misma manera?

Paso 3 Los hombres y las mujeres de la clase deben comparar sus respuestas. ¿Hay alguna diferencia entre los sexos en cuanto a lo que significa «verse bien»?

NAVEGANDO LA RED

Busca información sobre un almacén en España, la Argentina u otro país de habla española. Imagina que te compras dos prendas de ropa. ¿Qué prendas son? ¿Cuánto pagas por todo? ¿Sabes a cuánto está (*what the exchange rate is for*) el dólar en ese país?

IDEAS PARA EXPLORAR

De viaje

VOCABULARIO

¿En tren o en auto?

Talking About Trips and Traveling

¿En qué vamos?	*By what means are we traveling?*
el autobús	bus
el avión	airplane
el barco	boat
el crucero	cruise ship
el tren	train
¿Dónde?	
el aeropuerto	airport
la cabina	cabin
la estación	station
el extranjero	abroad
la sala de espera	waiting room
la sección de (no) fumar	(no) smoking section
¿Quiénes?	
el/la agente (de viajes)	(travel) agent
el/la asistente de vuelo	flight attendant
el/la camarero/a	
el/la maletero/a	porter, skycap
el/la pasajero/a	passenger
¿Qué hacemos?	
alquilar	to rent
bajar de	to get off (*a bus, car, plane, etc.*)

facturar el equipaje	to check luggage
hacer autostop	to hitchhike
hacer cola	to stand in line
hacer escala	to make a stop (*flight*)
hacer la maleta	to pack one's suitcase
hacer un viaje	to take a trip
marearse	to get sick, become nauseated
sacar fotos	to take pictures
subir a	to get on/in (*a bus, car, plane, etc.*)
viajar	to travel
¿Qué más?	*What else?*
el asiento	seat
el boleto (billete*)	ticket
de ida	one-way
de ida y vuelta	round-trip
la clase turística	economy class
la demora	delay
el equipaje	luggage
la llegada	arrival
el pasaje	ticket, passage
la primera clase	first class
la salida	departure
el vuelo	flight

***Boleto** is mostly used in Latin America; **billete** is used in Spain.

¿Sabes cuál de los pasajes es para viajar en autobús y cuál es para viajar en avión? ¿Puedes encontrar la hora de salida de cada viaje? ¿y el número del vuelo del viaje en avión?

ACTIVIDAD A Definiciones y descripciones

Escucha la definición o descripción que da el profesor (la profesora) y luego indica a cuál de las opciones se refiere.

1. **a.** el tren   **b.** el barco   **c.** el avión
2. **a.** la sala de espera   **b.** la cabina   **c.** la estación
3. **a.** el maletero   **b.** el agente de viajes   **c.** el pasajero
4. **a.** el asiento   **b.** la demora   **c.** el billete
5. **a.** el barco   **b.** la cabina   **c.** el vuelo
6. **a.** hacer cola   **b.** hacer escala   **c.** hacer la maleta
7. **a.** alquilar   **b.** marearse   **c.** facturar
8. **a.** el pasaje   **b.** la sala de espera   **c.** la demora
9. **a.** el billete   **b.** de ida y vuelta   **c.** la clase turística
10. **a.** la pasajera   **b.** la agente de viajes   **c.** la asistente de vuelo

ACTIVIDAD B ¿En qué orden?

Cuando viajas en avión, ¿en qué orden haces las siguientes actividades? Compara tus resultados con los del resto de la clase.

  1   Compro el boleto.   2   Hago la maleta.
  5   Facturo el equipaje.   3   Llego al aeropuerto.
  4   Hago cola.   7   Subo al avión.
  9   Le pido una almohada   8   Tomo el asiento.
    (*pillow*) al asistente de   6   Voy a la sala de espera.
    vuelo.

ACTIVIDAD C Firma aquí, por favor

Busca personas en la clase que respondan **sí** a las siguientes preguntas.

1. ¿Has viajado alguna vez en primera clase?
2. ¿Has hecho algún viaje al extranjero?
3. ¿Te has mareado alguna vez durante un vuelo?
4. ¿Has perdido el boleto?
5. ¿Has tenido que esperar más de una hora a causa de una demora?
6. ¿Has hecho un viaje en crucero?
7. ¿Has hecho autostop?

ACTIVIDAD D ¿Molestia o no?

Paso 1 Indica si las siguientes cosas te molestan o te molestarían en un viaje por avión.

> **5** = Me molesta mucho y de hecho me enfado.
> **3** = Me molesta.
> **0** = No me molesta. Así es la vida.

1. _____ Hay una demora de una hora.
2. _____ Hay una demora de dos horas o más.
3. _____ Tienes que hacer cola por más de 30 minutos para facturar el equipaje.
4. _____ La persona en el asiento a tu lado se marea y vomita.
5. _____ Según el itinerario, es necesario hacer tres escalas y cambiar de avión dos veces.
6. _____ Al llegar a tu destino, tus maletas no aparecen. Te dicen que no van a llegar hasta el día siguiente.

Paso 2 Ahora entrevista a un compañero (una compañera) de clase. Léele cada oración y pregúntale si le molesta o no (tu compañero/a no debe mirar su libro). Apunta sus respuestas, pero no le digas lo que has contestado tú en el **Paso 1.**

Paso 3 Al final, revela tus respuestas y compáralas con las de tu compañero/a. ¿A quién le molestan más esas situaciones? Entre todos, ¿han pensado en otras situaciones molestas?

Así se dice

Para can be used instead of **a** to indicate *to, toward, for,* or *in the direction of,* especially when travel or distance is involved.

> Mañana salgo **para** París.
> ¿Cuándo vienes **para** México?

For now you can use **a,** but look for uses of **para** with destination as you continue to learn Spanish.

VOCABULARIO

¿Dónde nos quedamos?

Talking More About Trips and Traveling

El alojamiento	*Lodging*
el armario	closet
el botones	bellhop
la cama matrimonial	double bed
la cama sencilla	twin bed
las comodidades	conveniences, amenities
la habitación	room
con baño (privado)	with a (private) bath
con ducha	with a shower
el hotel de lujo	luxury hotel
el hotel de cuatro estrellas	four-star hotel
el/la huésped(a)	guest
el mozo	bellhop
la pensión completa	full room and board

la pensión	boardinghouse, bed and breakfast
la media pensión	room and breakfast (*often with one other meal*)
la recepción	front desk
el servicio de cuarto	room service
alojarse	to stay, lodge
confirmar	to confirm
reservar	to reserve
con (un mes de) anticipación	(one month) in advance
tener vista	to have a view
completo/a	full, no vacancy
desocupado/a	vacant, unoccupied

1.

2.

Hay hoteles de todo tipo en el mundo hispano. ¿Qué tipo de hotel te gusta a ti, los hoteles de lujo modernos como este resort (1) cerca de San José del Cabo, México o prefieres los hoteles más tradicionales como este (2) de Andalucía, España?

ACTIVIDAD E **El alojamiento en un hotel**

Paso 1 Indica si las siguientes cosas son necesarias para ti o si sólo son preferibles cuando te alojas en un hotel. Si no tomas una cosa en consideración, indica eso.

	NECESARIO	PREFERIBLE	NO LA TOMO EN CONSIDERACIÓN.
1. una cama matrimonial en vez de una sencilla	☐	☐	☐
2. la ayuda de un botones	☐	☐	☐
3. un baño privado	☐	☐	☐
4. un baño con ducha	☐	☐	☐
5. servicio de cuarto	☐	☐	☐
6. si el precio incluye el desayuno	☐	☐	☐

	NECESARIO	PREFERIBLE	NO LA TOMO EN CONSIDERACIÓN.
7. si tiene vista	☐	☐	☐
8. extras como champú gratis y televisión por cable	☐	☐	☐
9. armario grande	☐	☐	☐

Paso 2 ¿Cómo contestan las siguientes personas a cada número del **Paso 1**?

1. una persona de negocios que viaja frecuentemente y que normalmente se queda tres días en un hotel
2. dos jóvenes ricos y famosos que van a Colorado para esquiar
3. una persona que viaja en auto y que solamente pasa una noche en el hotel antes de continuar su viaje
4. dos personas jubiladas (*retired*) que pasan una semana en Florida

Paso 3 ¿Hay diferencias en lo que tú consideras necesario y en lo que consideran necesario las personas del **Paso 2**? ¿Hay ciertas cosas que siempre son necesarias si uno se aloja en un hotel? Explica por qué.

ACTIVIDAD F ¿Sabías que... ?

Paso 1 Entre todos, hagan una lista de todas las comodidades que esperan encontrar en un hotel norteamericano. Digan también cuáles son las diferencias entre un hotel y un motel.

Vocabulario útil

el champú y el jabón	shampoo and soap
las toallas	towels
la televisión por cable	cable television
los pisos	floors

Paso 2 Lee la selección **¿Sabías que... ?** que aparece a continuación. Luego, contesta las siguientes preguntas.

1. El concepto de hotel en el mundo hispano es igual al de este país. ¿Sí o no?

2. ¿Cuál de los siguientes tipos de alojamiento no existen en los países hispanos?

   a. hoteles de lujo
   b. moteles
   c. pensiones

3. ¿Cuáles son las características que distinguen una pensión de un hotel?

Paso 3 Piensa si te gustaría alojarte en una pensión por una semana. En tu opinión, ¿cuáles son las ventajas y desventajas de alojarse en una pensión?

¿Sabías que...

los tipos de alojamiento en el mundo hispano varían mucho de país a país y también son diferentes de los que se encuentran en los Estados Unidos? En todos los países del mundo hispano hay grandes hoteles de lujo y también hoteles de diferentes categorías, pero en ninguna parte hay nada semejante al motel norteamericano. Muchos hoteles norteamericanos tienen piscina,[a] gimnasio y otras comodidades para sus huéspedes. Esto normalmente no se encuentra en los hoteles hispanos, a menos que sean de tipo *resort* como los que hay en Acapulco, Cancún, San Juan y otras ciudades.

Hay un tipo de alojamiento que se encuentra sobre todo en España pero no en los Estados Unidos: la pensión. Las pensiones españolas suelen ser pequeñas y más baratas que un hotel. A veces consisten en nada más que el piso de un alto edificio urbano. Los dueños son una familia y muchas veces las habitaciones no tienen baño privado. Tampoco tienen televisor, radio, reloj despertador ni teléfono. Pero para el turista que quiere un alojamiento barato, una buena pensión cómoda ofrece una alternativa al hotel.

[a]*swimming pool*

La fachada de una pensión típica en Barcelona. Las pensiones ofrecen alojamiento más económico en comparación con los hoteles.

COMUNICACIÓN

ACTIVIDAD G ¿Te alojas allí o no?

Paso 1 Imagina que te encuentras en la siguiente situación.

Estás de viaje y es de noche. Es verano y hace un poco de calor. No has comido y estás muy cansado/a. No has hecho ninguna reservación y encuentras un hotel que tiene un cuarto por $45 la noche. Tu plan es pasar la noche y continuar tu viaje por la mañana.

Indica cuál(es) de los siguientes factores afectaría(n) tu decisión de alojarte en ese hotel. ¿Hay un problema en particular que te haría ir a buscar otro alojamiento?

1. Al entrar en la habitación ves dos cucarachas, una sobre la cama y otra en el lavabo (*sink*).
2. Al inspeccionar la habitación notas que la bañera (*bathtub*) está muy sucia y enmohecida (*mildewed*).
3. Al entrar en la habitación notas que se puede oír todo el tráfico incesante de la carretera.
4. Al poner el televisor ves que no funciona.
5. Al probar los grifos (*faucets*) notas que no hay agua caliente.
6. Al mirar por la ventana ves a algunos individuos que te hace sospechar que el hotel es un lugar de narcotraficantes (*drug dealers*).
7. Al probar el aire acondicionado, encuentras que no funciona.

Paso 2 En grupos de tres, compartan sus reacciones del **Paso 1.** ¿Están de acuerdo en sus reacciones? ¡No se olviden de la situación! Completen uno de los siguientes párrafos y preséntenselo a los demás miembros de la clase. (Pueden modificar los párrafos según la discusión entre Uds.)

1. Nosotros estamos de acuerdo en que si _____ es suficiente razón para buscar otro alojamiento. Pero si _____ creemos que no es suficiente razón.
2. No nos ponemos de acuerdo en nuestro grupo. Algunos creen / Un compañero (Una compañera) cree que si _____ es suficiente razón para buscar otro alojamiento. Otra(s) persona(s) cree(n) que si _____ es suficiente razón para buscar otro alojamiento. Todos estamos de acuerdo en que si _____ no habría problema en quedarse allí.

NAVEGANDO LA RED

Busca información sobre un hotel en México. Imprime algunas páginas y lleva la siguiente información a clase.

◆ el nombre del hotel
◆ la ciudad en donde se encuentra
◆ el precio de una habitación para una persona (dos personas) por noche
◆ algunas comodidades que se ofrecen

IDEAS PARA EXPLORAR
En el extranjero

GRAMÁTICA

Firme aquí.

Telling Others What to Do: Formal Commands

In an earlier lesson, you learned about direct commands when you are talking to someone with whom you would use **tú.** Direct comments to persons with whom you would use **Ud.** or **Uds.** take a different form. The stem of both affirmative and negative formal command forms is usually the same as for the first-person singular (**yo**) present-tense form (e.g., **dormir → duermo → duerm-; poner → pongo → pong-**)

Firme aquí, por favor.   *Sign here, please.*
Salgan por aquí.   *Leave (you [all]) this way.*

Verb stems that end in **-g** will add a **u** to keep the pronunciation of the hard **g** if followed by an **e**. The same is true for verb stems that end in **-c;** they will be spelled **qu** to maintain the hard **k** sound.

Saque su pasaporte, por favor.	*Take out your passport, please.*
¡No **lleguen** tarde!	*Don't arrive late!*

Reflexive and object pronouns are attached to the end of an affirmative command. With negative commands, the pronouns are placed in front.

Vístan**se** bien.	*Dress well.*
No **se** acueste muy tarde.	*Don't go to bed too late.*

Some common irregular commands are those in which the **yo** form ends in **-oy** in the present tense: **ir, ser, dar.**

No **vaya** muy lejos.	*Don't go far away.*
No **sea** ingrato.	*Don't be ungrateful.*
Déme dos boletos.	*Give me two tickets.*

ACTIVIDAD A ¿Quién lo diría?

¿Quién diría cada oración? ¿El recepcionista de un hotel o un huésped?

	RECEPCIONISTA	HUÉSPED
1. Firme aquí, por favor.	☐	☐
2. Para hacer una llamada fuera del hotel, marque «9» primero.	☐	☐
3. Déme dos llaves, por favor.	☐	☐
4. Por favor, no me despierten antes de las 8.00 de la mañana.	☐	☐

ACTIVIDAD B En la habitación

¿Cuál de las siguientes oraciones esperarías encontrar en la habitación de un hotel?

☐ **1.** Ayúdenos a conservar el agua.

☐ **2.** Por favor, deje abierta la puerta para la mujer de la limpieza.

☐ **3.** En caso de incendio (*fire*), *no* use el ascensor.

☐ **4.** Si no encuentra todo a su satisfacción, escríbanos al volver a su casa.

ACTIVIDAD C ¿Cuándo?

En parejas, indiquen dos circunstancias en las que se diría cada oración. Luego, compárenlas con las de sus compañeros. Recibirán (*You will receive*) un punto cada vez que otra pareja tenga (*has*) la misma circunstancia. Si ninguna de las parejas tiene circunstancias iguales, recibirán diez puntos. ¿Quién gana al final?

1. No se preocupe, señor. Yo me ocuparé de (*I'll take care of*) todo.
2. Pase por esas puertas y tome el ascensor a la derecha.
3. Gracias y vuelva pronto.

ACTIVIDAD D Agenda de turismo

En grupos de tres, escojan un lugar en este ~ ~ que puede ser un lugar de vacaciones o un lugar visitado por tur~ ~. No les digan cuál es ese lugar a los demás miembros de la clas~ ~ ~go, formulen una serie de cinco oraciones basándose en el m~ ~ sin indicar el lugar.

MODELOS   Visite nuestras play~ blancas.

Tome una bebida ~irando la puesta del sol (*sunset*).

Después, cada grupo va a leer sus oraciones. ¿Puede el resto de la clase adivinar a qué lugar se refiere cada grupo?

GRAMÁTICA

¿Qué harías? (II)

Review of the Conditional Tense

tomar ver ir	+	-ía -ías -ía -ía -íamos -íais -ían -ían

In a previous lesson you learned that the conditional is roughly equivalent to English *would* and that one of its functions is talking about hypothetical events.

En ese caso, **me quejaría.**	*In that case, I would complain.*
En un viaje por México, **probaría** la comida local.	*On a trip around Mexico, I would sample the local food.*

The conditional of regular verbs is easily formed. As the shaded box suggests, the conditional consists of the infinitive plus an **-ía** ending. Here are some examples of regular verbs in the conditional tense.

tomar   tomar**ía**, tomar**ías**, tomar**ía**, tomar**ía**,
           tomar**íamos**, tomar**íais**, tomar**ían**, tomar**ían**
ver   ver**ía**, ver**ías**, ver**ía**, ver**ía**,
           ver**íamos**, ver**íais**, ver**ían**, ver**ían**
ir   ir**ía**, ir**ías**, ir**ía**, ir**ía**,
           ir**íamos**, ir**íais**, ir**ían**, ir**ían**

Remember that a number of verbs have irregular stems in the conditional tense. Here are some useful ones for this lesson.

decir →	dir-	Nunca **diría** eso.
hacer →	har-	No **haría** eso.
poder →	podr-	No **podría** comer eso.

salir →	sald-	No **saldría** con él.
tener →	tend-	No **tendría** que ser caro.
haber →	habría (*there would be*)	

You will find the conditional useful in this lesson for talking about hypothetical situations while traveling.

ACTIVIDAD E Con 500 dólares...

Paso 1 Escoge *una* de las opciones a continuación.

Con 500 dólares...

1. me compraría _____.
2. pagaría mi cuenta de _____.
3. le compraría un regalo a _____.

4. iría a _____.
5. me gustaría _____.

Paso 2 Ahora busca por lo menos dos personas que dieron una respuesta más o menos igual a la tuya. No te olvides de hacerles la pregunta correctamente.

MODELOS   Con 500 dólares, ¿te comprarías una videocasetera?

Con 500 dólares, ¿le comprarías un regalo a tu mamá? ¿Qué le comprarías?

Paso 3 Presenta los resultados del **Paso 2** a la clase.

MODELO   Con 500 dólares, Juan, Silvia y yo nos compraríamos un aparato electrónico. Yo me compraría una videocasetera, Juan un televisor y Silvia un disco compacto.

ACTIVIDAD F ¿Y con 5.000 dólares?

Repite la **Actividad E** pero esta vez con otra cantidad de dinero. Específicamente, ¿qué harías con 5.000 dólares? Comprueba si las mismas personas que dieron una respuesta como la tuya en la **Actividad E** también dan una respuesta similar ahora.

ACTIVIDAD G ¿Podrías... ?

Act. G, Paso 1, **Questions:** (4) *¿Podrías ducharte con agua fría .todos los días?* (5) *¿Podrías pasar más de tres días sin ducharte ni bañarte?* (6) *¿Podrías orientarte por el sol o por las estrellas si fuera necesario?*

Paso 1 Contesta cada pregunta a continuación.

3 = Sí. Creo que podría hacerlo sin dificultad.
2 = Sí, creo que podría hacerlo.
1 = No, no podría hacerlo.

1. _____ ¿Podrías vivir sin teléfono por más de tres días?
2. _____ ¿Podrías pasar más de cuatro días sin ver la televisión?
3. _____ ¿Podrías pasar una semana o más sin tener ningún contacto con otra persona?

Ahora escucha y contesta las preguntas que hace el profesor (la profesora).

4. _____
5. _____
6. _____

Paso 2 Usando tus respuestas del **Paso 1,** indica cuál de las siguientes oraciones te describe mejor.

15–18 puntos: Podría hacer *camping* a solas. De hecho, me gustaría.

10–14 puntos: No sé si podría hacer *camping* a solas. Tendría que pensarlo.

6–9 puntos: Definitivamente no podría hacer *camping,* ¡ni a solas ni con otras personas!

ACTIVIDAD H Lo que (no) harías

Paso 1 Indica lo que harías y lo que no harías si alguien te lo pidiera (*asked you to do it*).

	SÍ	NO
1. Comería un plato de gusanos.	☐	☐
2. Me pondría ropa del sexo opuesto y saldría a caminar por la calle.	☐	☐
3. No me bañaría ni me ducharía por un mes.	☐	☐
4. Dejaría que otra persona copiara mi examen.	☐	☐
5. Iría a clase o al trabajo vestido/a de gorila.	☐	☐
6. Suspendería un examen a propósito.	☐	☐

Paso 2 Ahora indica cuál(es) de las cosas del **Paso 1** harías...

_____ por 500 dólares.   _____ por 50.000 dólares.
_____ por 5.000 dólares.   _____ por 500.000 dólares.

¿Cambia tu opinión sobre lo que (no) harías según la cantidad de dinero?

Paso 3 (Optativo) En grupos de tres, inventen tres o cuatro oraciones como las del **Paso 1** para presentarle al profesor (a la profesora) y repitan el **Paso 2.** ¿Cuáles son sus respuestas?

COMUNICACIÓN

Act. I, **Follow-up:** Have students decide whether they are adventurous or not. They prepare a description that would show what they would and wouldn't do, and then other classmates decide what the description suggests about the student.

ACTIVIDAD I En un país hispano

Escribe una breve descripción de lo que harías y de lo que no harías durante un viaje a un país hispano. Luego compártela con otras dos personas. ¿Cuál es su reacción? ¿Harían ellos/as las mismas cosas o no? A continuación hay algunas posibilidades.

alojarme en un hotel para turistas norteamericanos
alquilar un auto
beber el agua local sin precaución
comprar muchos recuerdos (*souvenirs*)
hacer autostop
hacer *camping*
hablar con personas desconocidas
hablar sólo español
probar toda la comida que se me presente
salir con un chico hispano (una chica hispana)
sacar muchas fotos
visitar las ciudades grandes
visitar los pueblos pequeños

NAVEGANDO LA RED

Busca información sobre una agencia de turismo en un país hispano. ¿Cómo se llama? ¿Se alistan los nombres de los agentes? ¿Cuál es su dirección y su número de teléfono?

INTERCAMBIO

Un viaje al extranjero

Propósito: determinar con quién podrías viajar al extranjero por un mes entero.

Papeles: una persona entrevistadora y otra persona entrevistada.

Paso 1 Piensa en las cosas que serían importantes para ti al viajar al extranjero. Haz una lista de por lo menos cinco cosas.

Paso 2 Basándote en lo que escribiste en el **Paso 1,** escribe varias preguntas para hacerle a otra persona sobre sus preferencias al viajar, para ver si los (las) dos serían compatibles durante un viaje largo. Por ejemplo, si para ti el precio del alojamiento sería un factor importante, puedes hacer preguntas como las siguientes:

> ¿Cuánto pagarías por noche en un hotel?
> ¿Harías *camping* para ahorrar dinero?
> ¿Podrías dormir en el tren durante la noche?

Busca a alguien en la clase para hacerle las preguntas y apunta sus respuestas. Trata de conseguir todos los detalles posibles.

Paso 3 Escribe un resumen de lo que averiguaste en el **Paso 2.** Puedes seguir el modelo a continuación, haciendo los cambios necesarios.

_____ y yo (no) seríamos buenos compañeros de viaje. En primer lugar, él (ella) (no) _____ y _____. Yo también (tampoco) _____. En segundo lugar,...

Paso 4 Antes de entregar tu resumen, deja que la otra persona lo lea. ¿Está de acuerdo con lo que has escrito?

Intercambio, Paso 2, **Suggestion:** Have various students share their questions with the class before beginning the interview phase. Everyone should both interview and be interviewed; however, students should not interview the same person that interviewed them. Have them change partners after one interview is completed.

Vistazos culturales
La moda en el mundo hispano

¿Sabías que... en el mundo hispano hay diseñadores de moda internacionalmente conocidos? Cristóbal Balenciaga y Carolina Herrera son dos diseñadores hispanos que han influido mucho en el desarrollo[a] de la indumentaria[b] moderna. Sus diseños son reconocidos y elogiados[c] en París, Nueva York y otros círculos importantes de la moda internacional.

[a]*development* [b]*apparel* [c]*praised*

Un vestido de Cristóbal Balenciaga

Cristóbal Balenciaga (1895–1972) nació en Getaria, provincia de Gipúzcoa, en el País Vasco. Se hizo[a] famoso por sus abrigos y trajes voluminosos con muchas líneas rectas. A lo largo de[b] su carrera, Balenciaga diseñó trajes para una clientela famosa, incluyendo a la reina de Bélgica.

[a]*Se... He became* [b]*A... Throughout*

Carolina Herrera con algunas modelos

Carolina Herrera (1936–) nació en Venezuela de ascendencia española. Viene de una familia de hacendados[a] y hombres de estado.[b] Diseña ropa encantadora y sencilla, sin olvidarse de los detalles[c] importantes. El estilo de Herrera es marcado por la elegancia y el lujo, características inspiradas por Balenciaga.

[a]*landowners* [b]*hombres... statesmen* [c]*details*

Aunque la moda internacional influye mucho en la indumentaria cotidiana[a] de muchos hispanos, también hay muchas influencias tradicionales que tienen un papel importante en el estilo de las prendas. En muchos lugares de Latinoamérica, por ejemplo, la ropa refleja la mezcla de culturas distintas, sobre todo culturas europeas e indígenas.

[a]*daily*

El **traje de china poblana**[a] es una de las prendas más expresivas del mestizaje colonial en México. Es un traje de camisa blanca con mangas cortas[b] y una falda colorida bordada[c] de lentejuelas.[d] Durante el siglo XIX este traje era usado por las sirvientas y cocineras mestizas, llamadas «chinas». Las chinas vivían en los pueblos, y de ahí[e] resultó el nombre de «china poblana». El traje de china poblana se ha convertido en el típico traje nacional de México.

[a]del pueblo   [b]mangas... *short sleeves*   [c]*embroidered*
[d]*sequins*   [e]*de... hence*

Algunas chinas poblanas en México

El **sarape** es una prenda rectangular que tiene una apertura[a] en el centro que sirve para pasar la cabeza. Por su tamaño grande, el sarape también se considera una cobija.[b] El sarape era una prenda básica para el hombre del campo en México durante el período colonial y se sigue usando mucho hoy día. Los sarapes todavía se fabrican en grandes cantidades en los estados de Guanajuato, Oaxaca y Jalisco.

[a]*opening*   [b]*blanket*

En el Perú, la nobleza del Imperio inca usaba prendas hechas de lana de vicuña. La vicuña es un animal delgado de pelo rojo anaranjado. Su lana tiene fama de ser muy suave y muy fina. Hoy día todavía se usa mucho la lana de vicuña en la producción de ropa moderna y textiles finos peruanos.

Vicuñas: fuente (source) *de telas para los incas*

ACTIVIDADES ¿Qué recuerdas?

Completa las siguientes oraciones.

1. El diseñador español Cristóbal Balenciaga nació en __d__.

    a. Barcelona   **b.** Sevilla   **c.** Madrid   **d.** País Vasco

2. __d__ es un animal de los Andes que se estima por su lana suave.

    a. La llama   **b.** La oveja   **c.** El cuy   **d.** La vicuña

3. La diseñadora Carolina Herrera es de origen __b__.

    a. mexicano   **b.** venezolano   **c.** argentino   **d.** colombiano

4. En México a las sirvientas y cocineras mestizas se les llamaban __b__.

    a. mangas   **b.** chinas   **c.** lentejuelas   **d.** prendas

5. Una prenda mexicana parecida a una cobija es __b__.

    a. el abrigo   **b.** el sarape   **c.** la falda   **d.** la china poblana

NAVEGANDO LA RED

Escoge *uno* de los siguientes proyectos. Luego presenta tus resultados a la clase.

1. Selecciona *uno* de los grupos indígenas ya estudiados en lecciones anteriores: los aztecas, los incas o los mayas. Busca información sobre la ropa que se usaba en esta sociedad indígena y haz un comentario de unas 75 palabras sobre cómo la ropa distinguía las clases sociales. No te olvides de mencionar las diferentes clases sociales y las prendas que se asociaban con cada una.

2. Busca información sobre la influencia de la moda norteamericana en la ropa que usan los jóvenes en los países hispanos. Haz lo siguiente.

    a. Menciona cinco marcas de ropa norteamericana que se venden en las tiendas y almacenes del mundo hispano.

    b. Selecciona tres prendas específicas y menciona cómo son los precios en el mundo hispano. (Tendrás que calcular el tipo de cambio con el dólar.) ¿Cuestan más estas prendas en este país o en el mundo hispano?

Las prendas de vestir — Articles of Clothing

el abrigo	overcoat
los *bluejeans*	jeans
la blusa	blouse
los calcetines	socks
la camisa	shirt
la camiseta	T-shirt
la chaqueta	jacket
la corbata	tie
la falda	skirt
el jersey	pullover
las medias	stockings
los pantalones	pants
los pantalones cortos	shorts
el sombrero	hat
la sudadera	sweats, sweatpants
el suéter	sweater
el traje	suit
el traje de baño	bathing suit
el vestido	dress
los zapatos	shoes
los zapatos de tacón alto	high-heel shoes
llevar	to wear
ponerse (*irreg.*)	to put on (*clothing*)
quitarse	to take off (*clothing*)
verse (bien)	to look (good)
vestir (i, i)	to wear
vestirse (i, i) (R)	to dress, get dressed

Las telas y materiales — Fabrics and Materials

el algodón	cotton
el cuero	leather
la lana	wool
el poliéster	polyester
el rayón	rayon
la seda	silk

Palabras útiles

barato/a	inexpensive
caro/a	expensive
el diseño	design

De viaje — On a Trip

el aeropuerto	airport
el/la agente de viajes	travel agent
el/la asistente de vuelo	flight attendant
el autobús	bus
el avión	airplane
el barco	boat
la cabina	cabin
el/la camarero/a	flight attendant
el crucero	cruise ship
la estación	station
el extranjero	abroad
el/la maletero/a	porter, skycap
el/la pasajero/a	passenger
la sala de espera	waiting room
la sección de (no) fumar	(no) smoking section
el tren	train
alquilar	to rent
bajar de	to get off (*a bus, car, plane, etc.*)
facturar el equipaje	to check luggage
hacer autostop	to hitchhike
hacer cola	to stand in line
hacer escala	to make a stop (*flight*)
hacer la maleta	to pack one's suitcase
hacer un viaje	to take a trip
marearse	to get sick (nauseated)
sacar fotos	to take pictures
subir a	to get on/in (*a bus, car, plane, etc.*)
viajar	to travel

Palabras útiles para los viajes — Useful Words for Trips

el asiento	seat
el boleto (el billete)	ticket
de ida	one-way ticket
de ida y vuelta	round-trip ticket
la clase turística	economy class
la demora	delay
el equipaje	luggage
el pasaje	ticket; passage
la llegada	arrival
la primera clase	first class
la salida	departure
el vuelo	flight

El alojamiento — Lodging

el armario	closet
el botones	bellhop
la cama	bed
matrimonial	double bed
sencilla	twin bed

las comodidades	conveniences, amenities	**la recepción**	front desk
la habitación	room	**el servicio de cuarto**	room service
con baño (privado)	with a (private) bath		
con ducha	with a shower	**alojarse**	to stay, lodge
el hotel	hotel	**confirmar**	to confirm
de cuatro estrellas	four-star hotel	**reservar**	to reserve
de lujo	luxury hotel	**con** (*time* + **de**)	(*time*) in advance
el/la huésped(a)	guest	**anticipación**	
el mozo	bellhop	**tener vista**	to have a view
la media pensión	room and breakfast (*often with one other meal*)		
		completo/a	full, no vacancy
la pensión	boardinghouse, bed and breakfast	**desocupado/a**	vacant, unoccupied
la pensión completa	full room and board		

¿A qué profesión u ocupación quieres dedicarte?

En esta lección vas a

◆ aprender el vocabulario relacionado con muchas profesiones y el trabajo

◆ hablar de las cualidades necesarias para practicar ciertas profesiones u ocupaciones

◆ explicar por qué quieres dedicarte a cierta profesión u ocupación

◆ ver una nueva forma verbal: el subjuntivo

ALTO Before beginning this lesson, look over the **Intercambio** activity on page 459. This is the activity you will be working toward throughout the lesson.

Un hombre de negocios camina y habla por su celular a la vez. ¿Crees que es adicto al trabajo?

VOCABULARIO

¿Qué profesión?

[a]vos = *you (fam., sing.), used in Argentina and other Latin American countries*   [b]apechugar... *put up with*

Campos	Profesiones	Campos	Profesiones
la agricultura	el granjero (la granjera)	la computación	el programador (la programadora)
la arquitectura	el arquitecto (la arquitecta)		el/la técnico
el arte	el pintor (la pintora) / el escultor (la escultora)	la contabilidad[a]	el contador (la contadora)
la asistencia social	el trabajador (la trabajadora) social	los deportes	el/la atleta / el jugador (la jugadora) de...
la ciencia	el científico (la científica) / el biólogo (la bióloga) / el físico (la física) / el químico (la química) / el astrónomo (la astrónoma)	el derecho[b]	el abogado (la abogada)
		la enseñanza	el profesor (la profesora) / el maestro (la maestra)
		la farmacia	el farmacéutico (la farmacéutica)
el cine / la televisión / el teatro	el director (la directora) / el fotógrafo (la fotógrafa) / el productor (la productora) / el actor (la actriz)	el gobierno / la política	el político (la política) / el senador (la senadora) / el/la representante / el presidente (la presidenta)

[a]*accounting*   [b]*law*

Campos	Profesiones		Campos	Profesiones
la ingeniería	el ingeniero (la ingeniera)		los negocios	el hombre (la mujer) de negocios
la medicina	el médico (la médica) el enfermero (la enfermera) el veterinario (la veterinaria)		el periodismo la psicología	el/la periodista el psicólogo (la psicóloga)
la moda^c	el diseñador (la diseñadora)		la terapia física	el/la terapeuta
la música	el/la músico			

^c*fashion*

Vocabulario útil

el/la asesor(a)	consultant
el/la ayudante	assistant
el/la especialista (*en algo*)	specialist (in something)
el/la gerente	manager
el/la jefe/a	boss
consultar	to consult

Act. A, Paso 1, Statements:
(1) *el periodismo* (Lane) (2) *el derecho* (Mason) (3) *los negocios* (Trump) (4) *los deportes* (Sosa) (5) *la moda* (Claiborne) (6) *la política* (Castro) (7) *la farmacia* (Johnson y Johnson) (8) *la enseñanza* (Escalante).
Follow-up: Go through list again, this time selecting profession of one of the other people in each item.

Así se dice

Don't be fooled by professions that end in **-ista:** these can be either masculine or feminine.

Mi **padre** es **dentista.**
Mi **madre** es **dentista.**
Mi **hermano** es **periodista.**
Mi **hermana** es **periodista.**

ACTIVIDAD A Asociaciones

Paso 1 El profesor (La profesora) va a mencionar una profesión. Indica el nombre que se asocia con cada profesión.

1. **a.** Lois Lane **b.** Amelia Earhart **c.** Bette Midler
2. **a.** Bill Cosby **b.** Perry Mason **c.** Barbara Walters
3. **a.** Oprah Winfrey **b.** Donald Trump **c.** Michael Douglas
4. **a.** Sammy Sosa **b.** Julio Iglesias **c.** Juan Valdés
5. **a.** Ann Landers **b.** Mr. Rogers **c.** Liz Claiborne
6. **a.** Fidel Castro **b.** Lee Treviño **c.** Isabel Allende
7. **a.** Johnson y Johnson **b.** Sara Lee **c.** Federico García Lorca
8. **a.** Bill Clinton **b.** Jaime Escalante **c.** Jane Fonda

Paso 2 Indica lo que asocias con cada profesión que se menciona.

1. **a.** la máquina de escribir **b.** la ropa especial **c.** los animales
2. **a.** los pacientes **b.** el transporte **c.** la clase
3. **a.** los contratos **b.** el béisbol **c.** las revistas
4. **a.** el laboratorio **b.** el piano **c.** el dinero
5. **a.** la aspirina **b.** el congreso **c.** los dibujos

Paso 2, **Statements:** (1) *el veterinario* (*animales*) (2) *el terapeuta físico* (*pacientes*) (3) *la abogada* (*contratos*) (4) *el contador* (*dinero*) (5) *la farmacéutica* (*aspirina*).
Optional follow-up: For words left "unassociated" ask students either/or questions, e.g.: item 5. *¿A quién asocias con el congreso —al político o al ingeniero?*

Act. A, Paso 3, Statements:
(1) *el abogado* (*corte*) (2) *la maestra* (*escuela*) (3) *el asesor agrícola* (*campo*) (4) *la psicóloga* (*clínica*) (5) *el escultor* (*estudio*).
Follow-up: Go through list again, this time naming profession related to another place in each item.
Option: To synthesize *Pasos 1–3,* do paired-association activity. Create list of 40–50 items from those in *Pasos.* Tell students: *Voy a nombrar una persona, un objeto o un lugar. Uds. tienen que decirme la profesión que asocian con cada uno. Tienen tres segundos para contestar cada pregunta.* To make it a game, divide class in 2 groups. Address an item to one group, then other. Have a student keep tally at board of number of correct answers for each group. Remember to enforce time limit.

Paso 3 Indica el lugar que asocias con cada profesión que se menciona.

1. a. la corte	**b.** la clase	**c.** la universidad
2. a. la playa	**b.** la escuela	**c.** el restaurante
3. a. el campo	**b.** la ciudad	**c.** el espacio
4. a. la clínica	**b.** la casa	**c.** el parque
5. a. el hospital	**b.** el océano	**c.** el estudio

ACTIVIDAD B ¿Cuál es?

El profesor (La profesora) va a leer la descripción de una profesión. Indica de qué profesión se habla en cada caso. **¡OJO!** Es posible que exista más de una respuesta.

1...   2...   3...   4...

ACTIVIDAD C Firma aquí, por favor

Busca entre los estudiantes de la clase los que tienen familiares que trabajan en campos específicos.

1. ¿Hay algún médico en tu familia?
2. ¿Hay alguna abogada en tu familia?
3. En tu familia, ¿hay alguna profesora?
4. ¿Es contador algún pariente tuyo?
5. ¿Hay alguna enfermera en tu familia?
6. ¿Hay algún ingeniero en tu familia?
7. ¿Es farmacéutica alguna mujer de tu familia?

ACTIVIDAD D De niño/a

Muchas personas tienen aspiraciones profesionales cuando son muy jóvenes. ¿Qué pensabas ser tú?

Paso 1 Completa la siguiente oración.

> Recuerdo que de niño/a quería ser _____.

Paso 2 ¿Han cambiado tus deseos? ¿Qué quieres ser ahora?

> Ahora quiero ser _____.

Paso 3 ¿Cuántas personas en la clase han cambiado de idea también? Comparte tus oraciones con la clase. Apunta lo que dicen tus compañeros. Determina...

1. si algunos de los estudiantes respondieron de una manera semejante.
2. si la mayoría ha cambiado de idea o no.

Así se dice

Spanish does not use the indefinite articles **un** or **una** with the verb **ser** when talking about professions.

> Quiero **ser abogado.**
> Ella **es arquitecta.**

Un and **una** *are* used, however, when professions are modified in some way.

> Quiero ser **un** abogado **famoso.**
> Ella es **una** arquitecta bastante **conocida.**

Act. B, Statements: (1) *En este campo se atiende a las personas que no pueden andar o moverse por incapacidad física. Se les ayuda a recuperar la capacidad de caminar, usar los miembros, etcétera, para que puedan llevar una vida normal.* (el terapeuta físico/la terapeuta física) (2) *Esta persona pasa mucho tiempo escuchando los problemas emotivos de otras personas. Piensa en lo que le dicen y luego hace una evaluación. Casi siempre, las personas van a su oficina si necesitan de su servicio.* (el psicólogo/la psicóloga) (3) *Esta persona estudia muchos años en la universidad y también tiene que hacer estudios de posgrado. Al final de todos sus estudios, tiene que tomar un examen oficial bastante difícil. Si sale bien en el examen, la persona recibe un certificado que indica que ha sido aprobada por el estado.* (el abogado/la abogada; el veterinario/la veterinaria; un profesor universitario/una profesora universitaria) (4) *Esta persona se dedica a la solución de problemas. Trabaja con teorías, hace investigaciones y luego reporta los resultados.* (el científico/la científica)

ACTIVIDAD E ¿Cuánto prestigio?

Algunas profesiones tienen más prestigio que otras. ¿Cómo calificas tú las siguientes profesiones?

Paso 1 Pon al lado de cada profesión el número que indique el prestigio que tú crees que tiene en la sociedad.

1 = poco prestigio
2 = algún prestigio
3 = mucho prestigio

_____ trabajador(a) social
_____ abogado/a
_____ maestro/a de secundaria
_____ enfermero/a
_____ piloto
_____ director(a) de cine
_____ policía

_____ veterinario/a
_____ hombre (mujer) de negocios
_____ contador(a)
_____ asistente de vuelo
_____ granjero/a
_____ taxista

Paso 2 Compara lo que escribiste con lo que escribieron otros dos compañeros de clase. ¿Tienen opiniones diferentes? ¿En qué basaron sus respuestas?

NAVEGANDO LA RED

Busca anuncios clasificados en uno o dos periódicos electrónicos publicados en español. ¿Cuáles son las profesiones o los trabajos que más se anuncian? Presenta uno de los anuncios a la clase.

ACTIVIDAD F ¿Sabías que... ?

Paso 1 ¿Hay nombres de profesiones u oficios en inglés que indican el sexo de una persona? Por ejemplo, ¿a qué sexo se refiere la palabra *hostess*? Piensa en otros dos ejemplos.

Paso 2 Lee la selección **¿Sabías que... ?** que aparece a continuación. Luego contesta las siguientes preguntas.

1. ¿Es posible *no* indicar el sexo de una persona al referirse a su profesión u oficio en español?
2. La selección se refiere a «la doctrina académica de que deben decirse en femenino los nombres de profesión aplicados a una mujer». ¿Cómo se dirían **médico** o **piloto** si se les aplica la doctrina a estos nombres?

Paso 3 Presenta la siguiente situación a varios amigos que no estén en tu clase de español y pídeles que completen la oración con la primera palabra que se les ocurra. Luego reporta tus resultados a la clase.

Vas con tus amigos a un restaurante y resulta que una mujer los atiende. Tú vas al baño para lavarte las manos y les dices a tus amigos: —*If the _____ comes and takes our order while I'm gone, tell her I want my burger well done.*

¿Cuántos responden con una palabra que indica el sexo de la persona como, por ejemplo, *waitress*? ¿Hay mucho uso de *waitperson* o *server*?

¿Sabías que...

en español resulta problemática la formación del femenino en los nombres de algunas profesiones? Esto se debe a que ahora gran número de mujeres tienen profesiones que por tradición han sido casi exclusivas del sexo masculino. En el idioma inglés, el género[a] de un nombre no tiene la importancia que tiene en español. Por ejemplo, la palabra *doctor* no lleva en sí nada que indique si se refiere a un hombre o a una mujer. Para hacer esta distinción es necesario decir *male doctor* o *female doctor*. En otros casos, para evitar relacionar el sexo con la profesión, se han creado nuevos nombres para ciertas ocupaciones y profesiones, como por ejemplo *flight attendant* en vez de *stewardess*.

En cambio, en español es indispensable distinguir el género, masculino o femenino, del nombre. ¿Y qué pasa cuando los nombres de algunas profesiones, que ahora practican las mujeres, tienen por lo general la forma masculina, como ocurre con **médico** y **piloto**? El resultado es que hay mucha discrepancia en su uso. A pesar de que existe la doctrina académica de que deben decirse en femenino los nombres de profesión aplicados a una mujer, algunos hispanohablantes dicen **una médico** o **la médico, una piloto** o **la piloto,** al referirse a las que tienen título oficial para curar o conducir un avión, respectivamente.

―――――――――――――――
[a]*gender*

*Una médica
española*

Lección 17 ¿A qué profesión u ocupación quieres dedicarte?

GRAMÁTICA

¿Qué tipo de trabajo buscas?

Busco un trabajo	que me **pague** bien.
Necesito una jefa	que me **comprenda.**
Quiero un trabajo	que **esté** cerca de mi casa.
Prefiero una oficina	que **tenga** más iluminación.
¿Hay algún puesto	que me **ofrezca** todo esto?

—Necesitamos una persona que **sepa** comunicarse bien, que **escriba** claramente...

—Y que **tenga** don de gentes (*a way with people*)...

We can describe someone or something by using adjectives (**Tengo una secretaria bilingüe**) or using clauses also called subordinate sentences (**Tengo una secretaria que habla varios idiomas**). In each case, **bilingüe** and **habla varios idiomas** both describe the secretary and tell us something about her.

Clauses can describe two kinds of entities: a definite or known entity and an indefinite or unknown entity. A definite entity is someone or something you know personally, have contact with, can name, point to, and so forth. An indefinite entity is someone or something you hope exists, are searching for (but aren't sure exists), would like, and so on. A verb form called the *subjunctive* is used in clauses that describe such indefinite entities. Compare the following examples.

DEFINITE ENTITIES
Tengo un profesor que me **entiende.**
Hay varios trabajos que **pagan** bien.
Vivo con una persona que **hace** mucho ruido.

INDEFINITE ENTITIES
Quiero un profesor que me **entienda.**
Buscamos trabajos que **paguen** bien.
Prefiero vivir con alguien que no **haga** mucho ruido.

The forms of the present subjunctive are based on the **yo** form of the present indicative (the present tense verb forms with which you have been working).

tomar → **tomo** → **tom-**
conocer → **conozco** → **conozc-**
salir → **salgo** → **salg-**

What makes the subjunctive different from the indicative is that verbs in the subjunctive use the "opposite vowel" in their endings: **-ar** verbs use an **-e-** and **-er/-ir** verbs use an **-a-**. Here are some examples in the third-person singular and plural.

-ar (→ -e)	-er (→ -a)	-ir (→ -a)
tom**e**, tom**en**	com**a**, com**an**	viv**a**, viv**an**
llegu**e**, llegu**en**	teng**a**, teng**an**	salg**a**, salg**an**
pagu**e**, pagu**en**	entiend**a**, entiend**an**	sirv**a**, sirv**an**

Note that **-ar** verbs whose stem ends in **g** (pagar → **pag-**, llegar → **lleg-**) will add a **u** to maintain the hard **g** sound.

A few verbs in the present subjunctive have irregular forms. Here are the third-person singular and plural forms of some of these verbs.

dar	**dé, den**	saber	**sepa, sepan**
estar	**esté, estén**	ser	**sea, sean**
haber	**haya, hayan**		
ir	**vaya, vayan**		

In this section, you will work with third-person forms, both singular and plural.

ACTIVIDAD G ¡Te toca a ti!

Forma todas las oraciones que puedas tomando palabras o frases de los siguientes grupos como en los modelos. Luego compártelas con la clase. ¿Hay otras personas que formaron oraciones iguales a las tuyas?

GRUPO A	GRUPO B	GRUPO C
Tengo	parientes	que me comprenden.
Prefiero tener	amigos	que me comprendan.
	profesores	
	¿ ?	que no saben nada de nada.
		que no sepan nada de nada.
		que me quieren.
		que me quieran.
		que no tienen problemas en ayudarme.
		que no tengan problemas en ayudarme.
		¿ ?

MODELOS   Tengo parientes que me comprenden.

Prefiero tener profesores que me respeten.

Act. H, Suggestion: Have fresh-
men or first-semester sopho-
mores complete *Paso 1*. Then
have them present their ideas to
students with more experience.
The latter respond by indicating
where, with whom, under what
conditions the situations can
happen.
Follow-up: If there is time, ask
questions such as: *¿Cómo debe
ser una clase que te guste?
¿Cómo deben ser las personas
que vayan a ser tus amigos para
el resto de tu vida?*, etc.

ACTIVIDAD H ¿Qué esperas?

Paso 1 ¿Sabes lo que quieres de tu educación universitaria? Indica las cosas que se te apliquen.

Durante mi educación universitaria, espero encontrar...

1. ☐ clases que me gusten.

2. ☐ profesores interesantes que no sean aburridos.

3. ☐ cursos que me preparen bien para el futuro.

4. ☐ personas que vayan a ser mis amigos para el resto de mi vida.

5. ☐ profesores que me den buenos consejos.

6. ☐ un programa que me permita estudiar en el extranjero.

7. ☐ ¿ ?

Paso 2 Todos deben compartir sus respuestas y luego indicar cuáles de las situaciones del **Paso 1** son más/menos probables.

Consejo práctico

Are you confused about when to use the indicative and when to use the subjunctive? Don't despair! For many learners of Spanish, it takes a long time to internalize the subjunctive. For now, just familiarize yourself with its forms and uses. Once again, mistakes while speaking are a natural part of learning another language; more than likely, such mistakes won't interfere with communication.

COMUNICACIÓN

ACTIVIDAD I ¿Piensas así?

Paso 1 Determina si las siguientes oraciones expresan tus deseos o no.

1. Quiero un trabajo que...
  ☐ esté cerca de donde vive mi familia.
  ☐ esté lejos de donde vive mi familia.

2. Prefiero un puesto en el que yo...
  ☐ tenga grandes responsabilidades.
  ☐ tenga pocas responsabilidades.

3. Espero entrar en una profesión que...
  ☐ ofrezca la oportunidad de viajar mucho.
  ☐ no requiera viajes frecuentes.

4. Necesito un trabajo en el que...
  ☐ yo tenga que relacionarme con muchas personas todos los días.
  ☐ yo tenga que relacionarme muy poco con otras personas.
  ☐ casi no tenga que relacionarme con otras personas.

5. Para mí es importante encontrar un trabajo que...

☐ pague bien.

☐ contribuya algo a la sociedad.

☐ utilice mi inteligencia.

6. Si es posible, quiero un trabajo que _____.

Paso 2 Comparte tus respuestas con las del resto de la clase. Alguien debe apuntar las respuestas en la pizarra.

Paso 3 ¿Qué buscan los estudiantes de la clase en un trabajo? ¿Qué aspectos les parece que son de mayor importancia? ¿Se puede generalizar a base de las respuestas dadas en los **Pasos 1** y **2**?

Paso 4 (Optativo) Usa las preguntas del **Paso 1** para hacer una encuesta entre personas que no estén en tu clase. Entrevista a personas de diferentes edades, por ejemplo, adolescentes y recién graduados. Presenta las respuestas a la clase. ¿Cómo se comparan con la información del **Paso 3**?

Así se dice

Remember that most subjunctive forms are based on the present-tense **yo** form of verbs. The present-tense **yo** stem is the same as the subjunctive stem.

hago	**hag-**
salgo	**salg-**
entiendo	**entiend-**
duermo	**duerm-**
pido	**pid-**
conozco	**conozc-**

What is the subjunctive stem of **repetir? venir?**

NAVEGANDO LA RED

Busca información sobre la distribución de profesiones en un país de habla española. Busca el porcentaje relativo de personas que: (1) son profesionales (médicos, abogados, profesores), (2) trabajan en servicios, (3) son obreros y (4) trabajan en la agricultura. Luego busca la misma información sobre este país. ¿Qué diferencias y semejanzas hay? Presenta tus resultados a la clase.

VOCABULARIO

¿Qué características y habilidades se necesitan?

Talking About Traits Needed
for Particular Professions

—Bueno, quieren saber qué
habilidades especiales tengo. Voy a
poner que **hablo varios idiomas...** y
que **sé usar una computadora...**

Below is a list of qualities and skills (or abilities) that are useful for
talking about particular professions. Some of these expressions you
already know.

Cualidades

pensar de una manera *to think in a direct manner*
  directa
ser carismático/a
ser compasivo/a
  (*compassionate*)
ser compulsivo/a
ser emprendedor(a)
  (*aggressive, enterprising*)
ser físicamente fuerte
ser hábil para las
  matemáticas

ser honesto/a
ser íntegro/a (*honorable*)
ser listo/a (*clever, smart*)
ser mayor
ser organizado/a
ser paciente
tener don de gentes

Habilidades

hablar otro idioma
saber dibujar
saber escribir bien
saber escuchar
saber expresarse claramente

saber mandar (*to know*
  how to direct others)
saber usar una
  computadora
tener habilidad manual
  (*para trabajar con las manos*)

Act. B, Statements: Read definitions and pause after each for students to answer. (1) *Si tienes esta cualidad, puedes trabajar con la mayoría de las personas. Sabes esperar y no te irritas fácilmente cuando algo no resulta bien o porque otra persona trabaja más lentamente que tú. Para ti, las cosas se arreglan* (get taken care of) *con el tiempo.* (ser paciente) (2) *Si tienes esta cualidad, tienes la capacidad de hacer muchas cosas más rápidamente que otras personas. Sabes usar bien tu tiempo.* (ser organizado) (3) *Esta cualidad te ayuda a persuadir* (write on board) *a una persona o convencerla de algo. A los demás les gusta tu compañía y te llevas bien con ellos.* (tener don de gentes) (4) *Esta cualidad es necesaria en las profesiones que requieren la confianza de los clientes. Si tienes esta cualidad, los otros saben que tú vas a cumplir con tus promesas y que no los vas a engañar* (cheat). (ser íntegro) (5) *Esta característica puede ser negativa o positiva. En los casos positivos, las personas que tienen esta cualidad hacen muy buen trabajo. Pero en los casos negativos, esta cualidad puede convertirse en un tipo de neurosis. Y los que trabajan contigo se vuelven locos.* (ser compulsivo)

COMUNICACIÓN

Note that **saber** + *infinitive* means *to know how to do something* or *to be able to do something.* Spanish does not normally use **poder** + *infinitive* to talk about being able to do something that is related to talent or knowledge.

Sé escribir bien.	*I know how to write well.*
María **sabe escuchar.**	*María knows how to listen.*

but

María **puede levantar** cien libras fácilmente.	*María can lift a hundred pounds easily.*

ACTIVIDAD A ¿Qué profesional?

La clase entera debe determinar qué profesionales deben tener las siguientes cualidades.

1. Deben pensar de una manera directa.
2. Deben ser emprendedores.
3. Necesitan ser pacientes.
4. Deben ser físicamente fuertes.
5. Necesitan ser hábiles para las matemáticas.
6. Deben ser carismáticos.
7. Deben tener don de gentes.

ACTIVIDAD B Definiciones

El profesor (La profesora) va a dar unas definiciones. ¿De qué cualidad se habla en cada caso?

1... **2**... **3**... **4**... **5**...

ACTIVIDAD C ¿Qué cualidades?

Paso 1 La clase debe dividirse en grupos de tres. A cada grupo se le va a asignar una profesión.

Paso 2 Cada grupo debe pensar en por lo menos tres de las cualidades que se requieren para practicar esa profesión. Luego, debe llenar el siguiente párrafo.

La profesión de que hablamos es _____. En primer lugar, para practicar esta profesión, una persona tiene que _____. También _____. Y es muy bueno _____.

Paso 3 Cada grupo va a leer su párrafo a la clase. ¿Están los otros grupos de acuerdo con sus opiniones?

Que miren las cualidades de la página anterior

to persuade to convince

GRAMÁTICA

No hay nadie que... The Subjunctive After Negative and Nonexistent Antecedents

You learned previously that the subjunctive is used after indefinite antecedents. The subjunctive is also used after negative and nonexistent antecedents. These antecedents are people or things said not to exist. Here are some examples.

> **No hay** familia que no **tenga** problemas.
> *There is no family that does not have problems.*

> **No existen** políticos que realmente **se preocupen** por el pueblo.
> *There are no politicians that really care about the public.*

> **No tenemos** empleados que **hablen** español.
> *We don't have any employees that speak Spanish.*

ACTIVIDAD D En esta oficina

Escucha la frase que dice tu profesor(a). Indica la frase que mejor precede lo que oyes.

1. ☐ **a.** Aquí hay una sola persona...   ☐ **b.** No hay nadie aquí...
2. ☐ **a.** No tenemos nadie...   ☐ **b.** Tenemos un señor...
3. ☐ **a.** En mi oficina hay una mujer...   ☐ **b.** No hay nadie en mi oficina...
4. ☐ **a.** No tenemos líder...   ☐ **b.** Tenemos un buen líder...
5. ☐ **a.** Hay sólo un jefe...   ☐ **b.** No hay ningún jefe por aquí...
6. ☐ **a.** Hemos encontrado una persona...   ☐ **b.** No hemos encontrado a nadie...

ACTIVIDAD E No hay nadie que...

Piensa en los demás miembros de la clase. Indica si las siguientes oraciones son ciertas o falsas. Si alguna es falsa, explica por qué.

	C	F
1. No hay nadie que sea organizado.	☐	☐
2. No hay nadie que sea físicamente fuerte.	☐	☐
3. No hay nadie que sepa dibujar.	☐	☐
4. No hay nadie que haga yoga.	☐	☐
5. No hay nadie que sepa usar una computadora.	☐	☐
6. No hay nadie que llegue tarde a clase.	☐	☐
7. No hay nadie que viva en una residencia estudiantil.	☐	☐

COMUNICACIÓN

ACTIVIDAD F En nuestra universidad

Paso 1 ¿Qué tipos de profesores hay en tu universidad? ¿Qué tipos de clases? Completa cada oración con algo verdadero según tu propia experiencia.

Profesores
Hay profesores que...
Hay varios profesores que...
Hay algunos profesores que...
No hay ningún profesor que...

Clases
Hay clases (en las) que...
Hay varias clases (en las) que...
Hay algunas clases (en las) que...
No hay ninguna clase (en la) que...

Paso 2 Todos deben compartir sus respuestas. ¿Qué tendencias hay? ¿Hay tendencias según la especialización de los miembros de la clase?

NAVEGANDO LA RED

Busca información sobre un puesto (*position, job*) que te parezca interesante. Presenta la siguiente información a clase.

◆ el lugar y su nombre
◆ el tipo de trabajo
◆ las cualidades que buscan
◆ el sueldo y los beneficios que ofrecen

IDEAS PARA EXPLORAR

Algunas aspiraciones

GRAMÁTICA

¿Qué piensas hacer cuando... ?   The Subjunctive After Expressions of Future Intent

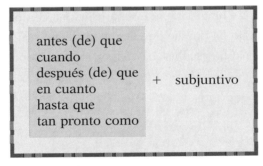

antes (de) que
cuando
después (de) que   + subjuntivo
en cuanto
hasta que
tan pronto como

a para... *why the heck*

You already know a variety of ways to express future intent in Spanish.

Quiero ser arquitecto.
Pienso ser veterinaria.
Me gustaría ser actor.
Voy a ser asesora agrícola.

Whenever you express a future intent with a conjunction that refers to time, the subjunctive mood must follow the conjunction. Conjunctions of time, such as those in the shaded box, are essentially any temporal expressions that relate one event to another.

No voy a estar contento **hasta que** (*until*) **sea** rico y famoso.
Tan pronto como (*As soon as*) **termine** mis estudios, voy a hacer un viaje a Europa.
¿Qué piensas hacer **después de que** (*after*) **recibas** el diploma?

Compare these projected future events with the following sentences in which either habitual events or something that occurred in the past are mentioned.

Siempre hago la tarea hasta que llega mi novia.
Cuando terminó el año escolar, fui a México para visitar a mis parientes.

Now that you are familiar with the subjunctive, you are ready to see and use other forms. Simply take the **él/ella** form and add the appropriate endings to refer to person and number. Note that the **yo, él/ella,** and **Ud.** forms are the same.

	-ar	-er	-ir
(yo)	termin**e**	teng**a**	recib**a**
(tú)	termin**es**	teng**as**	recib**as**
(Ud.)	termin**e**	teng**a**	recib**a**
(él/ella)	termin**e**	teng**a**	recib**a**
(nosotros/as)	termin**emos**	teng**amos**	recib**amos**
(vosotros/as)	termin**éis**	teng**áis**	recib**áis**
(Uds.)	termin**en**	teng**an**	recib**an**
(ellos/ellas)	termin**en**	teng**an**	recib**an**

You should now be able to fill in the missing forms for these irregular verbs.

ir: vaya, _____ (tú), _____ (Ud.), vaya, _____ (nosotros/as), vayáis, vayan

ser: sea, _____ (tú), _____ (Ud.), sea, _____ (nosotros/as), seáis, sean

ACTIVIDAD A ¿Quién lo diría?

Indica «quién» diría cada oración si pudiera (¡algunos no pueden hablar!). En algunos casos, es posible que haya más de una respuesta.

a. un bebé de 1 año   **c.** un perro
b. una maestra de primaria   **d.** un niño de 10 años

1. __c__ «Me van a dar de comer tan pronto como vuelvan a casa.»
2. __d__ «No me van a dar dinero hasta que ayude con las tareas domésticas.»
3. __d__ «Pienso ser abogado como mi mamá cuando sea grande.»
4. __c__ «No puedo salir hasta que me abran la puerta.»
5. __b__ «Antes de que se vayan, quiero darles la tarea para mañana.»
6. __d__ «Después de que comamos quiero salir a jugar.»
7. __a__ «Voy a llorar hasta que me den algo de comer.»
8. __a,c__ «Cuando vengan los invitados, voy a hacer mucho ruido.»
9. __b__ «Tan pronto como Uds. terminen el ejercicio, vayan a la pizarra a escribir las respuestas.»

Así se dice

What about verbs with stem-vowel changes? In the **nosotros/as** and **vosotros/as** forms the stem-vowel change does not appear except for with **e → i** verbs.*

hasta que yo enti**e**nda   hasta que entendamos
antes de que v**ue**lvas   antes de que volvamos
en cuanto se ac**ue**ste   en cuanto nos acostemos

but

hasta que sirvan   hasta que sirvamos

ACTIVIDAD B Para completar

Completa lógicamente cada oración a continuación. ¿Cuántos de tus compañeros de clase dicen algo similar?

1. _____ tan pronto como (yo) reciba el diploma.
2. _____ después de que terminemos este curso.
3. _____ hasta que digan que es seguro.
4. _____ en cuanto (yo) tenga un poco de dinero.

---

*Verbs such as **dormir** and **morir** (**o → ue**) *do* have different stems in these forms (**o → u**): **durmamos** and **muramos**.

ACTIVIDAD C Planes profesionales

Paso 1 ¿Qué vas a hacer en las siguientes circunstancias? Indica las respuestas que reflejen mejor tus propias opiniones.

1. Cuando termine los estudios,...

☐ voy a buscar empleo inmediatamente.

☐ voy a seguir estudiando para sacar un diploma avanzado.

☐ pienso volver a casa a vivir con mi familia.

☐ ¿ ?

2. Después de que obtenga cierta experiencia en un puesto,...

☐ me gustaría ser jefe/a.

☐ voy a buscar otro puesto en otro lugar.

☐ creo que me gustaría cambiar de carrera para no aburrirme.

☐ ¿ ?

3. Antes de que me decida a aceptar un puesto,...

☐ pienso consultar a mi familia.

☐ pienso consultar a mis amigos.

☐ pienso consultar a mis profesores.

☐ ¿ ?

4. Cuando por fin alcance todas mis metas (*goals*), yo...

☐ voy a estar bastante joven.

☐ voy a estar muy viejo/a.

☐ voy a tener _____ años.

5. Me gustaría jubilarme (*retire*) cuando tenga...

☐ 50 años.   ☐ 60 años.

☐ 55 años.   ☐ ¿ ?

Paso 2 Entrevista a un compañero (una compañera) de clase. Formula preguntas basadas en las respuestas que diste en el **Paso 1.** Por ejemplo, si en el número **5** respondiste 55 años, tu pregunta sería «¿Te gustaría jubilarte cuando tengas 55 años?» Escribe tus preguntas antes de la entrevista.

Paso 3 A base de la información obtenida en el **Paso 2,** ¿son tu compañero/a y tú semejantes o diferentes? ¿Qué aspectos de la personalidad de Uds. se revelan a través de las respuestas?

ACTIVIDAD D Los hispanos hablan

Paso 1 Lee lo que dicen José Antonio Tovar y Eduardo Acuña sobre sus planes para el futuro. Luego, contesta las siguientes preguntas.

1. ¿Quién crees que va a vivir fuera de los Estados Unidos, José, Eduardo o posiblemente los dos?

2. ¿Cuál de los dos nació en otro país?

Paso 2 Ahora mira los segmentos completos. Luego, contesta las siguientes preguntas.

Act. D, Paso 1, **Answers:**
(1) *posiblemente los dos*
(2) *Eduardo, Costa Rica*
Paso 2, **Answers:** (1) *en España; sí lo conoce* (2) *Estudia economía en la U. de Illinois.* (3) *No. Está seguro de que quiere seguir siendo profesor de idiomas.*

1. ¿Dónde le gustaría vivir a José Antonio? ¿Conoce él ese país?
2. ¿Cómo se está preparando José Antonio para su carrera?
3. Eduardo está indeciso respecto a lo que quiere hacer en el futuro. ¿Sí o no? Explica tu respuesta.

Paso 3 Consulta a varios miembros de la clase sobre los siguientes temas.

1. ¿A quién(es) le(s) gustaría vivir fuera de este país?
2. ¿A quién(es) le(s) gustaría tener un trabajo en que podría(n) viajar mucho?

Los hispanos hablan: ¿A qué profesión quieres dedicarte?
(José Antonio Tovar): «Soy americano nacido aquí. Mis padres son originalmente de México. En mi futuro me gustaría mucho trabajar para una compañía multinacional que tenga varias oficinas en toda Latinoamérica. Estudio aquí economía en la Universidad de Illinois. Y me gustaría mucho poder vivir en España —he vivido en España —especialmente el área de Barcelona.»
(Eduardo Acuña): «Cuando regrese a Costa Rica este diciembre voy a trabajar en un instituto de idiomas. Yo soy profesor de inglés y voy a continuar trabajando con ellos por cuatro años más. Eh, lo que voy a hacer es desarrollar currículum y además entrenar a otros profesores. He sido profesor por siete años y eso es lo que me gusta y es a lo que me voy a dedicar cuando regrese a Costa Rica.»

Los hispanos hablan

¿A qué profesión quieres dedicarte?

NOMBRE: José Antonio Tovar

   EDAD: 22 años

   PAÍS: Estados Unidos

«Soy americano nacido aquí. Mis padres son originalmente de México. En mi futuro me gustaría mucho trabajar para una compañía multinacional... »

NOMBRE: Eduardo Acuña

   EDAD: 28 años

   PAÍS: Costa Rica

«Cuando regrese a Costa Rica este diciembre voy a trabajar en un instituto de idiomas... »

NAVEGANDO LA RED

Busca la página Web de una persona que tenga un puesto profesional. Imprime la página y presenta a la clase la siguiente información.

◆ su nombre
◆ el puesto que tiene
◆ dónde estudió
◆ qué diplomas tiene
◆ otros detalles que te parezcan interesantes

Algunas personas son ideales para su profesión y les gusta mucho. Otras no y si pudieran, cambiarían de profesión. ¿Sabes tú de personas como estas?

INTERCAMBIO

Recomendaciones para elegir una profesión

Propósito: hacer una recomendación de trabajo o profesión basada en una entrevista.

Papeles: una persona entrevistadora y otra persona entrevistada.

Paso 1 Vas a escribirle unas recomendaciones a un compañero (una compañera) de clase con referencia a la profesión que debe seguir. Primero, lee el siguiente párrafo y piensa en los datos que necesitas obtener para hacer las recomendaciones.

Según nuestra conversación, veo que tú ____. También he observado que ____. Dices que tus metas personales son ____. Entonces, creo que puedes trabajar en los siguientes campos: ____. Una profesión ideal para ti sería ____.

Paso 2 Vas a entrevistar a una persona en la clase sobre la siguiente lista de temas. Lee la lista y escribe preguntas para cada tema que te ayudarán (*will help*) a obtener los datos que deseas sobre esa persona. Tus preguntas deben ayudarte a saber algo sobre la persona sin hacerle preguntas directas sobre su vida privada.

☐ la personalidad de la persona

☐ las metas de la persona

☐ cómo la persona se relaciona con los demás

☐ sus intereses

☐ sus aptitudes o habilidades especiales

☐ ¿ ?

Paso 3 Ahora, entrevista a esa persona y apunta sus respuestas mientras habla. Pide aclaraciones cuando sea necesario.

Paso 4 Completa el párrafo del **Paso 1** con los datos que obtuviste. Agrega otras ideas según tus apuntes de la entrevista. Antes de entregarle tu párrafo al profesor (a la profesora), muéstraselo a la persona que entrevistaste. ¿Qué piensa de lo que escribiste? ¿Dice que le interesa el campo o profesión que le sugeriste?

Vistazos culturales
La revolución y la guerra civil en el mundo hispano

¿Sabías que... en el siglo XX hubo muchas revoluciones y guerras civiles en el mundo hispano? La mayoría de las revoluciones se generó durante un período en el cual las naciones hispanas querían modernizarse y establecer una economía estable y próspera. En Centroamérica, México y la región andina, en particular, las grandes poblaciones indígenas querían una igual distribución de tierras y reforma agraria, pero la modernización no les benefició en todos los casos. La Revolución en Cuba y la Guerra Civil en España no tuvieron que ver con la reforma agraria sino[a] con el cambio de ideología política.

_____

[a]*but rather*

En Centroamérica, muchas tierras que pertenecían[a] a las comunidades indígenas fueron expropiadas por el gobierno y vendidas a hacendados ricos[b] y compañías extranjeras. Esto provocó grandes rebeliones entre los campesinos[c] y el gobierno.

_____

[a]*belonged*   [b]hacendados... *wealthy landowners*   [c]*peasant farmers*

1979: En **Nicaragua,** los guerrilleros sandinistas derrocaron[a] al dictador Anastasio Somoza y su gobierno militar. El triunfo puso fin a más de 45 años de opresión por las fuerzas paramilitares de la familia Somoza.

_____

[a]*overthrew*

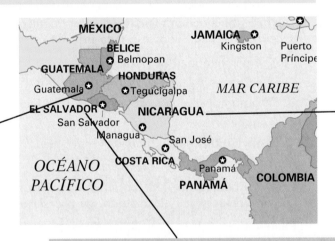

1954: En **Guatemala,** el gobierno vendió tierras indígenas a la *United Fruit Company.* Por más de 40 años el gobierno cometió atrocidades y abusos violentos en contra de los indígenas. Más de 200.000 campesinos murieron antes de establecer un acuerdo de paz en 1996.

1980–1992: En **El Salvador,** un gobierno controlado por terroristas políticos perseguía a los indígenas y otros rebeldes por medio de los escuadrones de la muerte, soldados que torturaban y asesinaban a los que se oponían al gobierno paramilitar. La violencia continuó hasta 1992, cuando el presidente Alfredo Cristiani logró que se firmara[a] un acuerdo de paz.

_____

[a]logró... *managed to have signed*

Revolucionarias mexicanas en 1911

El general Francisco Franco (Madrid, España)

1910–1920: En México, durante la Revolución Mexicana, las fuerzas de Pancho Villa y Emiliano Zapata lucharon contra el gobierno del dictador Porfirio Díaz y los hacendados ricos que se habían adueñado de[a] las tierras de los indígenas.

[a]se... *had seized*

1994: En México, el Ejército Zapatista de Liberación Nacional (EZLN), guiado por el subcomandante Marcos, se sublevó en contra del gobierno mexicano por las injusticias y la opresión que sufrían los indígenas en el estado de Chiapas.

1936–1939: En España, durante la Guerra Civil Española, los nacionalistas se enfrentaron a los republicanos por el control del país. En 1939 los nacionalistas, bajo el General Francisco Franco, ganaron la guerra y Franco fue dictador hasta 1975.

1959: En Cuba, Fidel Castro dirigió un movimiento revolucionario para derrocar el régimen corrupto de Fulgencio Batista. Como presidente, Castro tranformó Cuba en una nación socialista.

En una mina de estaño (tin) *en Potosí, Bolivia*

1960–1980: En Bolivia, el Ecuador y el Perú, durante los años 1960 y 1970, los indígenas se sublevaron en contra de su respectivo gobierno para obtener una mejor distribución de tierras y la nacionalizacion de los recursos naturales[a] que habían caído[b] en manos de inversionistas[c] extranjeros.

[a]recursos... *natural resources*
[b]habían... *had fallen* [c]*investors*

ACTIVIDADES ¿Qué recuerdas?

Indica si las siguientes oraciones son ciertas o falsas.

	C	F
1. En El Salvador el gobierno paramilitar de los 1980 usó escuadrones de la muerte para torturar a sus oponentes.	☐	☐
2. El gobierno de Guatemala vendió tierras indígenas a compañías extranjeras como la *United Fruit Company* por muchos años.	☐	☐
3. Anastasio Somoza fue dictador de Guatemala.	☐	☐
4. En 1992 el presidente Alfredo Cristiani firmó un acuerdo de paz para terminar la violencia en Nicaragua.	☐	☐
5. Francisco Franco fue dictador de España por más de 35 años.	☐	☐
6. En 1910–1920, los campesinos mexicanos se sublevaron en contra del dictador Fulgencio Batista.	☐	☐

NAVEGANDO LA RED

Escoge *uno* de los siguientes proyectos. Luego presenta tus resultados a la clase.

1. Busca información sobre la ocupación francesa de México durante el siglo XIX. Apunta la siguiente información.

   a. las fechas de la ocupación francesa

   b. el nombre y origen del emperador que gobernó México durante la invasión francesa

   c. el significado y la importancia del Cinco de Mayo en México y en este país

2. Busca información sobre la guerra entre España y los Estados Unidos que ocurrió a finales del siglo XIX. Haz lo siguiente.

   a. Apunta cuándo comenzó y cuándo terminó.

   b. Explica algunas de las razones por las cuáles se efectuó.

   c. Resume brevemente el resultado de la guerra y la importancia del mismo para el mundo de hoy.

Campos — Fields

Campos	Fields
la arquitectura	architecture
la asistencia social	social work
la contabilidad	accounting
el derecho	law
la enseñanza	teaching
la farmacia	pharmacy
el gobierno	government
la medicina	medicine
la moda	fashion
los negocios	business
la política	politics
la terapia física	physical therapy

Repaso: la agricultura, el arte, la ciencia, el cine, la computación, los deportes, la ingeniería, la música, el periodismo, la psicología, el teatro, la televisión

Profesiones — Professions

Profesiones	Professions
el/la abogado/a	lawyer
el actor (la actriz)	actor (actress)
el/la arquitecto/a	architect
el/la asesor(a)	consultant
el/la astrónomo/a	astronomer
el/la atleta	athlete
el/la ayudante	assistant
el/la biólogo/a	biologist
el/la científico/a	scientist
el/la contador(a)	accountant
el/la director(a)	director
el/la diseñador(a)	designer
el/la enfermero/a	nurse
el/la escultor(a)	sculptor
el/la especialista	specialist
el/la farmacéutico/a	pharmacist
el/la físico/a	physicist
el/la fotógrafo/a	photographer
el/la gerente	manager
el/la granjero/a	farmer
el hombre (la mujer) de negocios	businessman (businesswoman)
el/la ingeniero/a	engineer
el/la jefe/a	boss
el/la jugador(a) de...	... player (*sports*)
el/la maestro/a	teacher (*elementary school*)
el/la médico/a	doctor
el/la músico	musician
el/la periodista	journalist
el/la pintor(a)	painter
el/la político/a	politician
el/la presidente/a	president
el/la productor(a)	producer
el/la profesional	professional
el/la profesor(a) (R)	professor; teacher
el/la programador(a)	programmer
el/la psicólogo/a	psychologist
el/la químico/a	chemist
el/la representante	representative
el/la senador(a)	senator
el/la técnico	technician
el/la terapeuta	therapist
el/la trabajador(a) social	social worker
el/la veterinario/a	veterinarian

Cualidades y habilidades — Qualities and Abilities

Cualidades y habilidades	Qualities and Abilities
hablar otro idioma	to speak another language
pensar de una manera directa	to think in a direct (*linear*) manner
saber	to know how
dibujar	to draw
escribir (R) bien	to write well
escuchar (R)	to listen
expresarse claramente	to express oneself clearly
mandar	to direct others
usar una computadora	to use a computer
ser	to be
carismático/a	charismatic
compasivo/a	compassionate
compulsivo/a	compulsive
emprendedor(a)	enterprising, aggressive
físicamente fuerte	physically strong
hábil para las matemáticas	good at math
honesto/a (R)	honest
íntegro/a	honorable
listo/a	clever, smart
mayor (R)	older
organizado/a	organized
paciente (R)	patient
tener	to have
don de gentes	a way with people
habilidad manual	the ability to work with one's hands

Otros verbos	**Other Verbs**
consultar	to consult
dedicarse a	to dedicate oneself to
jubilarse	to retire

Para expresar la intención futura	**Expressing Future Intent**
antes (de) que	before
cuando (R)	when
después (de) que	after
en cuanto	as soon as

hasta que	until
tan pronto como	as soon as

Otras palabras y expresiones útiles

la meta	goal
puesto	position, job
o sea	that is to say
que yo sepa	as far as I know
sea lo que sea	be that as it may

¿Qué nos espera en el futuro?

¿Cómo será el futuro? ¿Qué cambios ocurrirán que afectarán al individuo y a la sociedad en general? Mientras examinas estos temas, vas a

- aprender algo sobre los posibles avances científicos y tecnológicos
- ver cómo se forma el futuro simple
- ver otros usos del subjuntivo
- leer un cuento sobre el futuro

ALTO Before beginning this lesson, look over the **Composición** activity on pages 478–479. This is the activity you will be working toward throughout the lesson.

Con la ayuda de las máquinas, este empleado de una fábrica en Quito, Ecuador, puede hacer el trabajo de muchos. ¿Tendrá él empleo en el futuro?

IDEAS PARA EXPLORAR

Las posibilidades y probabilidades del futuro

GRAMÁTICA

¿Cómo será nuestra vida?

Introduction to the Simple Future Tense

$$
\text{ser} \quad + \quad
\begin{matrix}
\text{-é} \\
\text{-ás} \\
\text{-á} \\
\text{-á} \\
\text{-emos} \\
\text{-éis} \\
\text{-án} \\
\text{-án}
\end{matrix}
$$

—Creo que en el siglo XXI **habrá** avances médicos muy importantes. **Tendremos** nuevos métodos científicos y una tecnología capaz de tratar enfermedades muy graves.

You already know several ways to express future intent in Spanish.

> Muchos estudiantes **piensan especializarse** en las ciencias computacionales.
> La mayoría de la gente **espera llevar** una vida mejor dentro de unos años.
> El mundo **va a ser** muy diferente en el próximo siglo.

Spanish also has a simple future tense, equivalent to English *will* + *verb*.

> —¿Qué lenguas **serán** importantes en los negocios del siglo XXI?
> —Bueno, el japonés **será** importante.

The future tense is formed by adding the endings **-é, -ás, -á, -á, -emos, -éis, -án, -án** to the infinitive of a verb.

> cambiar + é = cambiaré (*I will change*)
> ver + ás = verás (*you* [tú] *will see*)
> vivir + á = vivirá (*he/she/you* [Ud.] *will live*)
> ser + emos = seremos (*we will be*)
> estudiar + éis = estudiaréis (*you* [vosotros/as] *will study*)
> trabajar + án = trabajarán (*they/you* [Uds.] *will work*)

The endings are the same regardless of whether the infinitive ends in **-ar, -er,** or **-ir.** A small number of frequently used verbs have irregular future stems. Among them are

decir → **dir-**	diré, dirás, dirá, dirá, diremos, diréis, dirán, dirán
hacer → **har-**	haré, harás, hará, hará, haremos, haréis, harán, harán
poder → **podr-**	podré, podrás, podrá, podrá, podremos, podréis, podrán, podrán
salir → **saldr-**	saldré, saldrás, saldrá, saldrá, saldremos, saldréis, saldrán, saldrán
tener → **tendr-**	tendré, tendrás, tendrá, tendrá, tendremos, tendréis, tendrán, tendrán
haber → **habr-**	habrá (*there will be*)

ACTIVIDAD A ¿Qué predices?°

What do you predict?

Paso 1 A continuación hay una lista de predicciones sobre lo que ocurrirá en los próximos diez años. Indica o estás de acuerdo si no.

	ESTOY DE ACUERDO.	NO ESTOY DE ACUERDO.
1. Habrá la posibilidad de seleccionar un «hijo perfecto» por medio de los avances en la genética.	☐	☐
2. No se podrá encontrar comidas con conservantes artificiales, pues estos serán prohibidos definitivamente.	☐	☐
3. Una mujer será presidenta de los Estados Unidos.	☐	☐
4. Desarrollarán una vacuna contra el SIDA.	☐	☐
5. Encontrarán el remedio para el cáncer.	☐	☐
6. Se resolverá el problema del efecto invernadero (*greenhouse effect*).	☐	☐
7. El español llegará a ser* la lengua mundial, reemplazando al inglés como la lengua de los negocios y la tecnología.	☐	☐
8. La ropa será aun más unisexo. Por eso, empezarán a desaparecer las secciones separadas para hombres y mujeres en los almacenes (*department stores*).	☐	☐

Paso 2 Usando las ideas del **Paso 1,** averigua las opiniones de tus compañeros de clase.

MODELO E1: ¿Crees que una mujer será presidenta de los Estados Unidos?
E2: Creo que sí. (No, no creo eso.)
E1: Bien. ¿Y crees que... ?

*****Llegar a ser** means *to become,* in the sense of a process of evolution, promotion, or change over time.

Mercedes **llegó a ser** jefa después de mucho trabajo.
Buenos Aires **llegó a ser** la ciudad más importante de la Argentina.

Paso 3 Usa las preguntas del **Paso 2** para entrevistar a tres compañeros/as de clase. Apunta sus respuestas.

Paso 4 Llena la tabla a continuación con tus datos del **Paso 3.**

	A	B	C
E1: _____	☐	☐	☐
E2: _____	☐	☐	☐
E3: _____	☐	☐	☐

A = Está de acuerdo con la mayoría de las predicciones.
B = Está de acuerdo con algunas predicciones pero no con otras.
C = No está de acuerdo con ninguna de las predicciones.

ACTIVIDAD B ¿Y la ropa?

Se dice que si esperas suficiente tiempo la moda de ayer volverá. ¿Qué opinas tú? ¿Qué ropa estará de moda en cinco años? ¿Bajarán o subirán las faldas? ¿Serán anchas (*wide*) o delgadas las corbatas?

Paso 1 Escribe seis oraciones sobre cómo será la moda en veinte años. Comenta por lo menos lo siguiente: los colores, las telas, los tipos de zapatos, dónde y cómo se comprará la ropa.

Paso 2 Compara tus oraciones con las de otras dos personas. ¿Qué semejanzas y diferencias hay entre lo que escribieron Uds.?

COMUNICACIÓN

ACTIVIDAD C ¿Sabías que... ?

Paso 1 Lee la selección **¿Sabías que... ?** que aparece en la página 469. Luego, contesta las siguientes preguntas.

1. ¿Cuál es el estereotipo de la mujer hispana según la selección?
2. Describe con tus propias palabras lo que está pasando en los países hispanos según lo que has leído y escuchado.

Paso 2 ¿Es la situación en este país igual o diferente a la que se describe en la selección? Los hombres en la clase deben entrevistar a las mujeres usando las siguientes ideas para formular sus preguntas.

1. la carrera que estudia
2. sus aspiraciones y planes con relación al trabajo y la vida personal y familiar

Paso 3 Ahora las mujeres deben entrevistar a los hombres usando las mismas ideas del **Paso 2.** ¿Hay muchas diferencias entre las respuestas de las personas de cada sexo? Después la clase debe comentar lo siguiente y escribir la información en la pizarra.

1. las futuras carreras de los dos sexos
2. planes para el matrimonio u otro tipo de relaciones permanentes con otra persona
3. planes para tener hijos

¿Sabías que...

en muchos países de habla española el futuro está en manos de las mujeres? La imagen estereotípica que se tiene de los países hispanohablantes es que son sociedades «machistas», donde el hombre ocupa todas las posiciones importantes y la mujer queda relegada a hacer los trabajos domésticos y a criar los hijos. Sin embargo, si analizamos las estadísticas de empleo más recientes, todo parece indicar que este estereotipo está muy lejos de ser realidad. Según algunos, las mujeres en el mundo hispano están consiguiendo nuevos puestos a un ritmo tres veces mayor que los hombres. Además, cada día más mujeres ocupan puestos administrativos y técnicos en los campos que eran territorio de los hombres.

Una foto de un folleto distribuido por el Ministerio de Asuntos Sociales de España. ¿Por qué carga tantos sombreros esta mujer? ¿Qué representan?

Parece que esta es una tendencia que continuará en las próximas décadas en todo el mundo hispano. En España, México, Costa Rica, Panamá, el Perú, la Argentina y otros países, las mujeres hispanas están entrando en grandes números en los campos de administración de empresas, derecho, medicina, ingeniería y ciencias. Los investigadores predicen que para el año 2010, el número de mujeres profesionales empleadas será mayor que el número de hombres.

GRAMÁTICA

¿Es probable? ¿Es posible?

The Subjunctive with Expressions of Uncertainty

(No) Es probable que	
(No) Es posible que	
No es cierto que	
Es dudoso que	+ subjuntivo
Dudo que	
No creo que	

—...y **es poco probable que encontremos** una vacuna contra esta enfermedad en los próximos cinco años, pero hay esperanzas para el futuro lejano.

In previous lessons you learned about the use of the subjunctive with indefinite antecedents and with conjunctions of time. Another important use of the subjunctive is with expressions that indicate uncertainty, doubt, probability, and possibility.

(No) Es probable que una mujer **sea** presidenta de los Estados
   Unidos en diez años.
(No) Es posible que lleguemos al planeta Marte para el año 2020.
Es dudoso que para el año 2010 **haya** colonias en la luna.

Although negation does not affect the use of the subjunctive with
expressions of possibility and probability, it does affect the use of the
subjunctive with expressions of doubt, disbelief, and uncertainty.

SUBJUNCTIVE REQUIRED	INDICATIVE REQUIRED
Es dudoso que...	No es dudoso que...
No es cierto que...	Es cierto que...
No creo que...	Creo que...
Dudo que...	No dudo que...

ACTIVIDAD D ¿Estás de acuerdo?

Algunas personas dudan de muchas cosas, no sólo de lo que puede (o
no puede) ocurrir en el futuro sino también del estado de ciertas cosas
en el presente. Indica si estás de acuerdo con lo siguiente o no. ¿Y qué
piensan tus compañeros?

	ESTOY DE ACUERDO.	NO ESTOY DE ACUERDO.
1. Es dudoso que para el año 2010 les encontremos solución a los problemas del medio ambiente.	☐	☐
2. No es muy cierto que en diez años se pueda seleccionar el sexo de los hijos.	☐	☐
3. Es dudoso que en diez años Quebec sea independiente del resto del Canadá.	☐	☐
4. No es cierto que todas las escuelas públicas sean tan malas como lo dicen las noticias.	☐	☐
5. Es muy dudoso que en este momento el gobierno comprenda los problemas de los que no tienen vivienda.	☐	☐

ACTIVIDAD E ¿Qué es probable que ocurra para el año 2020?

Usando la siguiente «escala de probabilidades» y el subjuntivo, forma
una nueva oración para indicar lo que opinas sobre cada idea.

ESCALA DE PROBABILIDADES

←——————————————→

| No es probable. | Es poco probable. | Es probable. | Es muy probable. |

MODELO Los carros dejarán de contaminar el ambiente para el año 2020. →

Es poco probable que los carros dejen de contaminar el ambiente para el año 2020.

1. Cada estudiante universitario en este país tendrá una computadora personal.
2. Con la eficiencia de la tecnología, el ser humano será más perezoso.
3. Todos usaremos teléfonos celulares.
4. La mayoría de nosotros vivirá en casas «inteligentes».
5. No existirá la institución de la Seguridad Social en los Estados Unidos.
6. México mostrará evidencia de transformarse en el poder económico más importante de Latinoamérica.
7. Todos haremos las compras por la Red.

ACTIVIDAD F ¿Dudas?

En la actividad previa, indicaste la probabilidad de ciertos acontecimientos del futuro. En esta actividad, vas a expresar tus dudas aun más.

Paso 1 Con un compañero (una compañera), indica si las expresiones a continuación implican que se tiene una gran duda, una ligera duda o ninguna duda.

1. Dudo…   4. Estoy seguro/a…
2. No creo…   5. No estoy seguro/a de…
3. Creo…   6. No me parece…

Paso 2 Refiriéndote al año 2020, combina las siguientes oraciones con una de las expresiones del **Paso 1.**

MODELO Creo… / No se venderán libros, sólo vídeos. →
Creo que no se venderán libros, sólo vídeos.

1. La energía solar será más común que la energía nuclear.
2. Los carros funcionarán con electricidad y no con gasolina.
3. La temperatura global subirá de forma permanente debido al efecto invernadero.
4. Habrá una guerra en el espacio.
5. Los hispanos llegarán a ser el grupo minoritario mayor de este país.
6. El español será considerado idioma oficial en California, Florida y otros estados de los Estados Unidos.
7. (Inventa tú una oración relacionada con la condición política o social de este país o con la vida de los todos los días.)

Paso 3 Usando la expresión **¿Crees que… ?,** pregúntales a dos compañeros de clase lo que opinan de las afirmaciones anteriores. Apunta sus respuestas.

Paso 4 Escriban siete oraciones en las que describan lo que las otras dos personas y tú creen y lo que no creen.

MODELOS Todos (no) creemos que / dudamos que…

Yo (no) creo que…, pero mis compañeros lo creen/dudan.

Marta y yo (no) creemos que…, pero Roberto lo cree/duda.

Anticipación, Paso 1,
Suggestion: Encourage
students to write whatever they
can in English or Spanish.

Busca información sobre algún plan para construir un edificio, un parque u otro lugar en un país de habla española. Presenta la información
a la clase para describir el plan.

Paso 2, **Suggestion:** Write their ideas on board, organizing as you go. If students offer something in English, convert to Spanish. Some ideas that you hope emerge are: *desaparecer,*
el futuro, el fin. After the ideas are up, ask the class *¿Creen que el cuento narra el futuro?*
¿el fin de algo? ¿Creen que algo desaparecerá?

VAMOS A VER

ANTICIPACIÓN

Paso 1 Pronto leerás un cuento titulado «Apocalipsis», del escritor
argentino Marco Denevi. Piensa en la palabra **apocalipsis.** En grupos
de tres, escriban las ideas que se les ocurren cuando oyen esta palabra.
Por ejemplo: fin, final, etcétera.

Paso 2 Comparte tus ideas del **Paso 1** con el resto de la clase. ¿Qué
ideas son las más comunes?

Paso 3 Revisa las siguientes palabras y expresiones.

You can learn
more about
the themes
discussed in this **Vamos
a ver** section on the
Video to accompany
¿Sabías que... ?

las máquinas	machines	**apretar (ie) un**	to push a
la raza humana	human race	**botón**	button
		bastar (con)	to be enough
alcanzar	to reach; to	**dar un paso**	to take a step
	achieve		

Video: To make viewing this
unit's video interview more
meaningful to students, make
sure they have first read the
selection and completed the pre-
and post-reading activities in this
Vamos a ver section.

Ahora, indica si estás de acuerdo con las siguientes ideas o no. Luego
comparte tus respuestas con la clase.

	ESTOY DE ACUERDO.	NO ESTOY DE ACUERDO.
1. Las máquinas ocupan un lugar muy importante en la vida contemporánea.	☐	☐
2. La raza humana se extinguirá algún día.	☐	☐
3. Los seres humanos alcanzaremos la perfección mental y física en el futuro.	☐	☐
4. En mis típicas actividades diarias, aprieto por lo menos diez botones.	☐	☐
5. Cada vez que los seres humanos inventan algo nuevo, dan un paso más hacia una vida mejor.	☐	☐

Anticipación, Paso 4, Answer:
*La raza humana se extingue y
las máquinas ocupan un lugar
muy importante en la vida contemporánea.*
Paso 5, Answers: (1) around
3199 (*a finales del siglo XXXII*)
(2) *Cuando las máquinas alcanzan tal perfección, los hombres
ya no tienen que hacer nada.*

Paso 4 Lee sólamente las primeras dos oraciones del cuento en la
página 473. ¿Qué ideas de los **Pasos 1** y **3** ya aparecen en el cuento?

Paso 5 Contesta las siguientes preguntas.

1. Utilizando la información de la primera oración, ¿en qué año ocurre
el cuento?
2. ¿Qué pasa cuando las máquinas «alcanzan tal perfección»?

Apocalipsis

por Marco Denevi

La extinción de la raza de los hombres se sitúa aproximadamente a fines del siglo XXXII. La cosa ocurrió así: las máquinas habían alcanzado tal perfección que los hombres ya no necesitaban comer, ni dormir, ni hablar, ni leer, ni escribir, ni pensar ni hacer nada. Les bastaba apretar un botón y las máquinas lo hacían todo por ellos. Gradualmente fueron desapareciendo las mesas, las sillas, las rosas, los discos con las nueve sinfonías de Beethoven, las tiendas de antigüedades, los vinos de Burdeos, las golondrinas, los tapices flamencos, todo Verdi, el ajedrez, los telescopios, las catedrales góticas, los estadios de fútbol, la Piedad de Miguel Ángel, los mapas, las ruinas del Foro Trajano, los automóviles, el arroz, las sequoias gigantes, el Panteón. Sólo había máquinas. Después los hombres empezaron a notar que ellos mismos iban desapareciendo paulatinamente y que en cambio las máquinas se multiplicaban. Bastó poco tiempo para que el número de los hombres quedase reducido a la mitad y el de las máquinas se duplicase. Las máquinas terminaron por ocupar todos los sitios disponibles. No se podía dar un paso ni hacer un ademán sin tropezarse con una de ellas. Finalmente los hombres fueron eliminados. Como el último se olvidó de desconectar las máquinas, desde entonces seguimos funcionando.

EXPLORACIÓN

Paso 1 Ahora lee hasta la oración: «Sólo había máquinas.»

Paso 2 Como clase, revisen las cosas que fueron desapareciendo y organícenlas según categorías generales, por ejemplo: objetos de uso diario = mesas, sillas. Al final, expliquen qué representan estas cosas y las categorías a que pertenecen.

Paso 3 Antes de seguir leyendo, expliquen cuáles son algunos de los posibles fines de este cuento. ¿Qué pasará con los seres humanos?

Paso 4 Lee el resto del cuento y expliquen quién es el narrador (la narradora).

Exploración, Paso 2: The idea here is to get students to categorize things into everyday objects, art, things of beauty, natural things, and so on. The author lists them to lead the reader to see how *human culture* disappeared. This is what they represent.
Paso 3, **Suggestion:** Get students to brainstorm in groups of three first and then have one group volunteer its answers. Do not let them read the story; they are making predictions here.
Paso 4, **Suggestion:** Students can read story at home as an alternative.

Paso 1 Uds. han leído un cuento sobre el futuro del ser humano. ¿Con cuál de las siguientes películas populares se puede comparar mejor el cuento?

1. *Jurassic Park*
2. *The Terminator, Terminator 2* o *Terminator 3*
3. *Independence Day*
4. *The Time Machine*

Síntesis, Paso 2, **Suggestion:** Circulate to help with questions about Spanish. Afterwards, have groups report their ideas. Jot down key ideas and concepts on the board, not full sentences. Students should copy the ideas for use at home in *Paso 3.*

Paso 2 En grupos de tres o cuatro personas, traten de explicar por qué los seres humanos desaparecieron. Aquí hay unas ideas para comenzar.

◆ Fueron eliminados por las máquinas.

◆ Se debilitaron (*They got weak*) físicamente hasta que no pudieron hacer nada.

Paso 3 En casa, escribe un breve ensayo de 50 a 75 palabras sobre el tema del cuento.

Paso 4 Revisa tu ensayo y asegúrate del uso correcto de los siguientes puntos gramaticales.

◆ el pretérito

◆ concordancia entre verbos y sujetos

También, evita el uso excesivo de los pronombres de sujeto (**yo, tú, Ud., él/ella,...**).

NAVEGANDO LA RED

Busca información sobre el escritor Marco Denevi. Presenta la siguiente información a la clase.

◆ cuándo y dónde nació

◆ qué estudió

◆ los puestos que desempeñó (*had*) además de ser escritor

◆ si ganó algún premio

◆ los nombres de otras obras conocidas que escribió

◆ otros detalles interesantes

IDEAS PARA EXPLORAR
Más posibilidades y probabilidades

VOCABULARIO

¿Cómo será el futuro?

Talking About the Future

*¿Serán todos los avances tecnológicos y científicos **beneficiosos** para el ser humano? ¿Hay **desventajas** o **peligros** que los acompañen?*

Sustantivos

el beneficio	benefit
la desventaja	disadvantage
el ocio	leisure time
el ordenador	computer (*Sp.*)
el peligro	danger
la ventaja	advantage

Adjetivos

beneficioso/a	beneficial
peligroso/a	dangerous

ACTIVIDAD A ¿Cuál es?

Empareja cada palabra con su definición.

1. __a__ la desventaja
2. __e__ el beneficio
3. __d__ el ocio
4. __b__ el peligro
5. __c__ la ventaja

a. algo que implica consecuencias negativas
b. algo grave, que puede resultar en la muerte
c. algo parecido a un beneficio
d. el tiempo libre
e. una consecuencia positiva

ACTIVIDAD B La selección del sexo

Paso 1 Lee la selección titulada «Selección del sexo» en la página 476.

Paso 2 Haz una encuesta entre tus compañeros de clase. ¿Qué opinan de las siguientes afirmaciones? Después la clase debe llegar a una conclusión sobre el tema.

La selección del sexo de un hijo…

1. será muy beneficiosa para la sociedad en general.
2. será peligrosa para la sociedad en general.
3. tendrá beneficios pero también consecuencias negativas.

Lección 18   ¿Qué nos espera en el futuro?   cuatrocientos setenta y cinco   **475**

ACTIVIDAD C El ocio

Paso 1 En parejas, hagan una lista de los beneficios de dedicar suficiente tiempo al ocio. También indiquen cuánto tiempo dedicado al ocio por una semana es suficiente para un adulto.

Paso 2 Ahora lee la selección «El ocio» y explica con tus propias palabras (25 o menos) lo que pasará con el ocio.

Paso 3 ¿Crees que la disminución del tiempo para el ocio se podrá evitar? ¿Cómo? Todos deben comentar las siguientes posibilidades. Si pueden pensar en otras, coméntenlas también.

◆ reducir las horas laborales de la semana, por ejemplo, de 40 a 30

◆ mandar como obligatoria una semana de vacaciones cada tres meses

◆ enseñar en las escuelas secundarias maneras para controlar el ritmo de la vida, incluyendo como enfoque principal el tiempo libre

◆ introducir en el trabajo horas libres con clases gratis de yoga, meditación, ejercicio u otra forma de relajación

El ocio

Aunque parece ilógico, el ocio, o sea el tiempo libre, se convertirá en uno de los bienes más escasos y, por lo tanto, más preciados. Al principio de los años 80 los prospectivistas declararon que la sociedad de los ordenadores, de la robótica y de los satélites nos liberaría del trabajo, dejándonos cada vez más tiempo libre. Hasta el momento ha ocurrido exactamente lo opuesto y lo más probable es que se mantenga la presente aceleración de la vida moderna. La tranquilidad no dependerá de los avances científicos sino de las actitudes personales y sociales.

ACTIVIDAD D Los hispanos hablan

Paso 1 Lee lo que dicen Giuli Dussias y Montserrat Oliveras sobre el futuro del español. ¿Están las dos de acuerdo en cuanto al futuro de la lengua española?

Los hispanos hablan: ¿Cómo ves el futuro de la lengua española?

(Giuli Dussias): «El futuro del español en mi opinión es brillante. En realidad es un idioma que se habla en más de veinte países en todo el mundo y es el idioma que más se estudia, uno de los idiomas más estudiados del mundo y de hecho el idioma que más se estudia aquí en los Estados Unidos. Por lo cual, el hablar español es una ventaja. Naturalmente el hecho de que el español esté en contacto con otras lenguas hace que el español tenga influencias externas pero en realidad esto es lo que se espera de casos como el español, que es un idioma tan hablado en todo el mundo. El futuro es brillante y vale la pena aprender español.»

(Montserrat Oliveras): «Eh, si me preguntas qué opino sobre el futuro del español, tengo que decirte que es un futuro muy optimista. Vivo en Estados Unidos y cada vez se habla español más y mejor. Creo que el futuro del español es muy bueno porque lo que va a pasar es que muchísima gente lo va a hablar.»

Los hispanos hablan

¿Cómo ves el futuro de la lengua española?

NOMBRE: Giuli Dussias

EDAD: 35 años

PAÍS: Venezuela

«El futuro del español en mi opinión es brillante. En realidad es un idioma que se habla en más de veinte países en todo el mundo y es el idioma que más se estudia, uno de los idiomas más estudiados del mundo y de hecho el idioma que más se estudia aquí en los Estados Unidos. Por lo cual,... »

NOMBRE: Montserrat Oliveras

EDAD: 33 años

PAÍS: España

«Eh, si me preguntas qué opino sobre el futuro del español, tengo que decirte que es un futuro muy optimista... »

Paso 2 Ahora mira los segmentos completos. Luego indica quién menciona cada tema a continuación, Giuli, Montserrat o las dos.

1. Hablar español es una ventaja.
2. Se habla español cada vez más y mejor en los Estados Unidos.
3. El contacto con otras lenguas hace que el español tenga influencias externas.

Paso 3 Comenta el futuro del español en tu propia vida. ¿Piensas seguir estudiando español? ¿Hasta cuándo? ¿Piensas que tendrá un papel importante en tu vida?

Busca cualquier información sobre el futuro que a ti te interese. Presenta algunas ideas a la clase y comenta si estás de acuerdo o no con la información.

SITUACIÓN

Es el año 2020. Un político de la Cámara de representantes[a] ha propuesto un referéndum obligando a todos los ciudadanos norteamericanos a que estudien español como segunda lengua desde la escuela primaria. ¿Por qué? Porque los hispanos han llegado a ser la minoría más grande en este país y porque hay una verdadera zona de comercio libre entre el Canadá, los Estados Unidos y los países de Latinoamérica. ¿Cómo votas tú?

[a]Cámara… *House of Representatives*

COMPOSICIÓN

En esta lección has examinado cuestiones del futuro. En esta composición vas a escribir sobre «La vida diaria en el año 2050».

Antes de escribir

Paso 1 El propósito de la composición es predecir ciertos aspectos del futuro y describir cómo será la vida diaria en aquella época. Vas a dirigirte a los demás miembros de la clase. El tono que adoptes puede ser cómico o serio. La composición deberá limitarse a unas 250 palabras.

Paso 2 Como se trata de la vida diaria, ¿qué temas vas a tratar? ¿Qué temas vas a excluir? Haz una lista de los aspectos de la vida que se pueden considerar «diarios». ¿Cuántos vas a incluir?

Paso 3 Debes prestar atención al aspecto lingüístico. ¿Sabes usar los puntos gramaticales que estudiaste en esta lección?

◆ el futuro

◆ el subjuntivo con expresiones de duda, posibilidad, etcétera

Al escribir

Paso 1 A continuación hay algunas expresiones para ayudarte a expresar tus ideas. No te olvides de tomar en cuenta el tono de tu composición antes de usarlas.

más que nada	*above all*
se caracterizará por	*will probably be characterized by*
por _____ que + *subjunctive*	*as _____ as may _____*
por contentos que estemos	*as happy as we may be*

Paso 2 Las siguientes expresiones te pueden resultar útiles al escribir la conclusión.

venga lo que venga	*come what may . . .*
pase lo que pase	*come what may . . .*
lo que pasará, pasará, pero...	*whatever happens will happen, but . . .*

Al escribir, Paso 3,
Suggestion: Be sure to assign composition two days before you expect to collect it.

Paso 3 Escribe la composición dos días antes de entregársela al profesor (a la profesora).

Después de escribir

Paso 1 Un día antes de entregar la composición, léela de nuevo. ¿Quieres cambiar...

- ☐ los temas?
- ☐ la introducción?
- ☐ la organización?
- ☐ la conclusión?
- ☐ el tono?

Paso 2 Lee la composición una vez más para verificar...

- ◆ la concordancia entre verbos y sujetos.
- ◆ el uso del futuro.
- ◆ el uso del subjuntivo.

Paso 3 Haz todos los cambios necesarios y entrégale la composición al profesor (a la profesora).

El futuro del español en los Estados Unidos

¿Sabías que...

el español es uno de los idiomas más hablados en los Estados Unidos? Los datos del Censo 2000 revelan que actualmente hay más de 28,1 millones de norteamericanos que hablan español en casa. Además, el número de personas bilingües que hablan español e inglés casi se ha triplicado desde los años 1980. El español también ha recibido mucha atención por estudiantes que quieren aprender otra lengua. Por lo general, hay más inscripciones[a] en los cursos de español que para cualquier otro idioma. El futuro del español en los Estados Unidos es brillante.

[a]*enrollments*

EL CENSO 2000

NÚMERO DE HISPANOHABLANTES EN CASA Y SU PROFICIENCIA (AUTOREPORTADA) EN INGLÉS RESIDENTES DE 5 AÑOS DE EDAD EN ADELANTE

	1980	%	1990	%	2000	%
Hispanohablantes en casa	11.116.194	100	17.339.172	100	28.101.052	100
Hablan inglés muy bien	5.534.875	49,8	9.033.407	52,1	14.349.796	51,1
Hablan inglés con dificultad	5.581.319	50,2	8.305.765	47,9	13.751.256	48,9

El cuadro indica que el número de hispanos norteamericanos bilingües ha aumentado de 5,5 millones en 1980 a 14,3 millones en 2000. Sin embargo, hoy día hay un gran debate sobre la necesidad de ofrecer la educación bilingüe en los Estados Unidos. Varias propuestas se han formulado en el suroeste del país que fomentan el uso exclusivo del inglés en las escuelas públicas.

En 1998 los votantes del estado de California aprobaron la Propuesta 227, así obligando el uso del inglés en las escuelas públicas. A pesar de[a] esta legislatura, la educación bilingüe continúa en muchas partes del estado.

[a]*A... In spite of*

En el año 2000 los votantes del estado de Arizona aprobaron la Propuesta 203, una propuesta modelada según la Propuesta 227 de California. La 203, sin embargo, es aun más restrictiva que la de California.

En el año 2000 la Corte Suprema del estado de Colorado anuló[a] una propuesta abogando[b] el uso exclusivo del inglés en las escuelas públicas de ese estado.

[a]*overturned*
[b]*advocating*

You can investigate these cultural topics in more detail on the *¿Sabías que... ?* Online Learning Center website: **www.mhhe.com/sabiasque4**.

A pesar de las propuestas para terminar con la educación bilingüe, el número de estudiantes en los Estados Unidos interesados en aprender el español como segunda lengua ha aumentado muchísimo en las últimas décadas. En el año 2000 el *American Council on the Teaching of Foreign Languages* (ACTFL) publicó los resultados de una encuesta sobre las inscripciones en lenguas extranjeras en las escuelas secundarias públicas del país. Como se ve en el cuadro, los estudiantes de las escuelas secundarias se inscriben más en los cursos de español que en los de cualquier otro idioma.

Inscripciones en segundas lenguas como porcentaje de todas las segundas lenguas (adaptado de ACTFL, 2000)

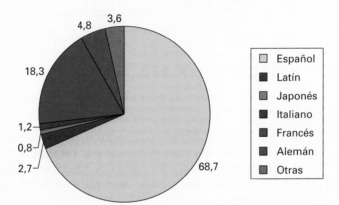

El Instituto Cervantes es una organización que se dedica a la difusión mundial de la lengua española y que tiene sucursales[a] en una variedad de países. En el Instituto Cervantes se puede tomar cursos de español y cultura, tener acceso a una biblioteca de recursos sobre el mundo hispano y participar en varias actividades culturales. Según el director del Instituto Cervantes en Chicago, Francisco Moreno, la comunicación del futuro en los Estados Unidos será fundamentalmente en inglés, pero el español ocupará cada vez más dominios públicos. Es muy probable que el bilingüismo (español/inglés) se convierta en un hecho característico de diversos ámbitos[b] geográficos del país.

Una celebración mexicana en los Estados Unidos: el Cinco de Mayo en Austin, Texas

[a]*branches*   [b]*boundaries*

ACTIVIDADES ¿Qué recuerdas?

Empareja cada descripción de la columna A con una de las respuestas de la columna B.

A

1. __d__: iniciativa para terminar con la educación bilingüe en el estado de California
2. __b__: número de personas que hablan español en casa en el país
3. __c__: idioma que más se estudia como segunda lengua en las escuelas secundarias del país
4. __e__: organización mundial que fomenta la difusión de la lengua española
5. __a__: iniciativa para el uso exclusivo del inglés en las escuelas públicas de Arizona
6. __f__: número de norteamericanos que son bilingües (español/inglés)

B

a. Propuesta 203
b. 28,1 millones
c. el español
d. Propuesta 227
e. Instituto Cervantes
f. 14,3 millones

NAVEGANDO LA RED

Escoge *uno* de los siguientes proyectos. Luego presenta tus resultados a la clase.

1. La habilidad de hablar y escribir bien el español es una destreza (*skill*) cada día más estimada por las empresas (*businesses*) norteamericanas. Busca anuncios de puestos para profesionales en este país que requieren buen dominio (*proficiency*) del español. Haz lo siguiente.

   a. Menciona tres campos o puestos en los que es necesario saber español y el nivel de dominio que se pide para cada uno.
   b. Indica si los empleados bilingües en español e inglés ganan más que los que sólo hablan inglés.
   c. Basándote en la información que encuentres, da tu opinión sobre el futuro del español en este país.

2. Busca información sobre una escuela que se dedique a enseñar español en este país o en algún país hispano. Haz lo siguiente.

   a. Apunta los datos básicos de la escuela (nombre, dirección, teléfono, etcétera).
   b. Indica los tipos de curso que se ofrecen (cultura, lengua, español para negocios, etcétera), los horarios de clases y los costos (por curso, de inscripción, etcétera).
   c. Menciona otros detalles que te parezcan interesantes.

Las posibilidades y probabilidades del futuro

Future Possibilities and Probabilities

la duda — doubt

dudar — to doubt
(no) creo que... — I (don't) think that . . .
(no) es cierto que... — it's (not) certain that . . .
es dudoso que... — it's doubtful that . . .
(no) es posible que... — it's (not) possible that . . .
(no) es probable que... — it's (not) probable that . . .

Hablando del futuro

Talking About the Future

el beneficio — benefit
la desventaja — disadvantage
el ocio — leisure time
el ordenador — computer (*Sp.*)
el peligro (R) — danger
la ventaja — advantage

beneficioso/a — beneficial
peligroso/a (R) — dangerous

Review of the Conditional Tense

1. The use of the conditional tense in Spanish and English is roughly similar. Both languages use the conditional to refer to hypothetical events, that is, what you *would* do in a given circumstance.

> Con $50.000 me **compraría** una casa.
> *With $50,000 I would buy a house.*
>
> ¿Qué **harías** tú con $50.000?
> *What would you do with $50,000?*
>
> **Me encantaría** visitar la Argentina.
> *I would love to visit Argentina. (lit. Visiting Argentina would really please me.)*

2. Forms of the conditional are highly regular. With the exception of a few verbs, the conditional is formed using the infinitive as the stem plus the endings listed below.

		-ía
		-ías
		-ía
comprar		-ía
comer	+	-íamos
vivir		-íais
		-ían
		-ían

3. The following verbs have irregular stems.

decir →	**dir-**
hacer →	**har-**
poder →	**podr-**
salir →	**saldr-**
tener →	**tendr-**
haber →	**habría** (*there would be*)

Reflexive Verbs and Clothing

The following verbs tend to be used reflexively and are used to talk about clothing: **ponerse, quitarse, verse,** and **vestirse (i, i).**

> —¿**Me pongo** la chaqueta?
> *Should I put on my jacket?*

> —Sí, **ponte**la y no **te quites** el suéter. Va a hacer frío.
> *Yes, put it on and don't take off your sweater. It's going to be cold.*

> Cuando salgo a bailar, me gusta **verme** bien.
> *When I go out dancing, I like to look good.*

Formal Commands

1. Singular and plural formal commands use the **Ud.** and **Uds.** forms of the present subjunctive, respectively. See the FORMS subsection in the section entitled "The Subjunctive" in this grammar summary.

2. Remember that direct and indirect object pronouns and reflexive pronouns are attached to the end of affirmative commands and precede negative commands.

> —Profesora, ¿le entregamos la tarea ahora?
> *Professor, should we turn in the homework now?*

> —No, **no me la entreguen** ahora. **Entréguenmela** al final de la hora.
> *No, don't turn it in now. Turn it in at the end of the hour.*

The Subjunctive

USES

The subjunctive has a variety of uses in Spanish; in *¿Sabías que... ?* you have focused on the following uses.

1. The subjunctive with indefinite antecedents: The subjunctive is used in subordinate clauses that modify indefinite antecedents. *Indefinite* means that the person or thing mentioned in the main clause is not known to exist.

> Busco un trabajo **que me permita viajar mucho.**
> *I'm looking for a job that allows me to travel a lot.*

In the above example, the speaker is looking for a specific type of job, but he or she does not know if one exists or is hoping that one exists.

Here are some other examples. In each sentence, the indefinite antecedent is italicized and the clause (**que...**) describes the antecedent.

> Necesito *un amigo* **que me comprenda.**
> Quiero *un perro* **que no necesite mucho cuido.**
> Prefiero ver *una película* **que tenga mucha acción.**

Compare the sentences above with the following ones in which the antecedent is not indefinite but is known by the speaker.

> Tengo un buen amigo que me comprende.
> Existen varias razas de perro que no necesitan mucho cuido.
> *Titanic* es una película que tiene mucha acción.

2. The subjunctive is also used in expressions in which the antecedent is claimed not to exist, for example, **No hay nadie, No tengo, No hay trabajo,** and so on.

> **No hay nadie** que **comprenda** esto.
> **No hay trabajo** que **pague** lo que quieres.
> **No tenemos** un jefe que **pueda** dirigir a otros.

3. The subjunctive with conjunctions of time: Another use of the subjunctive is with conjunctions of time that express future intent. Here are some of these conjunctions.

> antes (de) que
> cuando
> después (de) que
> en cuanto
> hasta que
> tan pronto como

> **Tan pronto como tenga** dinero, voy a hacer un viaje a Puerto Rico.

In the above example, the entire sequence of events is projected into the future. The speaker does not have the money now but thinks he or she will have some in the future. Here are some other examples.

> **Cuando terminen** mis clases, pienso tomar unas vacaciones.
> No quiero trabajar **hasta que tenga** que trabajar.

Compare the projected future events above with the following sentences in which either habitual events or something that occurred in the past is mentioned.

> Siempre estudio hasta que mi amigo viene a visitarme.
> Cuando terminaron las clases, decidí tomar unas vacaciones.

¡OJO! With **antes (de) que** the subjunctive is always used.

4. The subjunctive with expressions of uncertainty: The subjunctive is used with clauses preceded by expressions of doubt, disbelief, uncertainty, probability, possibility, and so on. Here are some expressions that elicit the subjunctive.

dudar que	(no) es probable que
es dudoso que	no creer que
(no) es posible que	no es cierto que

> **No creo que tengas** más días de vacaciones que yo.
> **Dudamos que** ella **salga** esta noche.
> **Es probable que** ellos **sepan** llegar a este lugar.

Note that if **dudar** and **es dudoso** are negated, then these become expressions of certainty and the subjunctive is not used.

> **No dudo que** tu hermana **es** la mejor cantante de todas.

FORMS

Like **Ud.** commands, the subjunctive stem is the same as that of the **yo** form of the present indicative. The **nosotros/as** and **vosotros/as** forms of most stem-changing verbs do not have a stem-vowel change.

1. Subjunctive endings take on the "opposite vowel": **-ar** verbs have an **-e-** in the endings and **-er/-ir** verbs have an **-a-**. Spelling changes also appear in the subjunctive in order to maintain pronunciation of certain consonants in the stem (**g** → **gu**, **c** → **qu**, **z** → **c**).

	-ar	-er	-ir
(yo)	almuerce	tenga	viva
(tú)	almuerces	tengas	vivas
(Ud.)	almuerce	tenga	viva
(él/ella)	almuerce	tenga	viva
(nosotros/as)	almorcemos	tengamos	vivamos
(vosotros/as)	almorcéis	tengáis	viváis
(Uds.)	almuercen	tengan	vivan
(ellos/ellas)	almuercen	tengan	vivan

2. Verbs with **-ir** endings that have a stem-vowel change in the third-person preterite have that same stem-vowel change in the **nosotros/as** and **vosotros/as** forms of the present subjunctive.

(yo)	me sienta	duerma
(tú)	te sientas	duermas
(Ud.)	se sienta	duerma
(él/ella)	se sienta	duerma
(nosotros/as)	nos sintamos	durmamos
(vosotros/as)	os sintáis	durmáis
(Uds.)	se sientan	duerman
(ellos/ellas)	se sientan	duerman

3. The following verbs have irregular subjunctive stems.

dar	**dé** (but: **des, den,** and so forth)
estar	**esté**
haber	**haya**
ir	**vaya**
saber	**sepa**
ser	**sea**

The Future Tense

1. The Spanish and English future tenses have essentially the same function—to express events that will occur sometime in the future.

> Creo que **estaré** contento.
> *I think I will be happy.*

> Algún día una mujer **será** presidenta de los Estados Unidos.
> *Someday a woman will be president of the United States.*

> ¿**Habrá** clase mañana?
> *Will there be classes tomorrow?*

2. The future is formed like the conditional. The infinitive is used as the stem and the endings shown at the right are added.

	-é
	-ás
estar	**-á**
ser	+ **-á**
vivir	**-emos**
	-éis
	-án
	-án

3. Irregular conditional verb stems are irregular in the future tense as well.

decir	→	**dir-**
hacer	→	**har-**
poder	→	**podr-**
salir	→	**saldr-**
tener	→	**tendr-**
haber	→	**habrá** (*there will be*)

APPENDIX
Verbs

A. Regular Verbs: Simple Tenses

INFINITIVE PRESENT PARTICIPLE PAST PARTICIPLE	INDICATIVE					SUBJUNCTIVE		IMPERATIVE
	PRESENT	IMPERFECT	PRETERITE	FUTURE	CONDITIONAL	PRESENT	IMPERFECT	
hablar hablando hablado	hablo hablas habla hablamos habláis hablan	hablaba hablabas hablaba hablábamos hablabais hablaban	hablé hablaste habló hablamos hablasteis hablaron	hablaré hablarás hablará hablaremos hablaréis hablarán	hablaría hablarías hablaría hablaríamos hablaríais hablarían	hable hables hable hablemos habléis hablen	hablara hablaras hablara habláramos hablarais hablaran	habla / no hables hable hablemos hablad / no habléis hablen
comer comiendo comido	como comes come comemos coméis comen	comía comías comía comíamos comíais comían	comí comiste comió comimos comisteis comieron	comeré comerás comerá comeremos comeréis comerán	comería comerías comería comeríamos comeríais comerían	coma comas coma comamos comáis coman	comiera comieras comiera comiéramos comierais comieran	come / no comas coma comamos comed / no comáis coman
vivir viviendo vivido	vivo vives vive vivimos vivís viven	vivía vivías vivía vivíamos vivíais vivían	viví viviste vivió vivimos vivisteis vivieron	viviré vivirás vivirá viviremos viviréis vivirán	viviría vivirías viviría viviríamos viviríais vivirían	viva vivas viva vivamos viváis vivan	viviera vivieras viviera viviéramos vivierais vivieran	vive / no vivas viva vivamos vivid / no viváis vivan

B. Regular Verbs: Perfect Tenses

INDICATIVE					SUBJUNCTIVE	
PRESENT PERFECT	PAST PERFECT	PRETERITE PERFECT	FUTURE PERFECT	CONDITIONAL PERFECT	PRESENT PERFECT	PAST PERFECT
he has ha hemos habéis han } hablado comido vivido	había habías había habíamos habíais habían } hablado comido vivido	hube hubiste hubo hubimos hubisteis hubieron } hablado comido vivido	habré habrás habrá habremos habréis habrán } hablado comido vivido	habría habrías habría habríamos habríais habrían } hablado comido vivido	haya hayas haya hayamos hayáis hayan } hablado comido vivido	hubiera hubieras hubiera hubiéramos hubierais hubieran } hablado comido vivido

C. Irregular Verbs

INFINITIVE PRESENT PARTICIPLE PAST PARTICIPLE	INDICATIVE					SUBJUNCTIVE		IMPERATIVE
	PRESENT	IMPERFECT	PRETERITE	FUTURE	CONDITIONAL	PRESENT	IMPERFECT	
andar andando andado	ando andas anda andamos andáis andan	andaba andabas andaba andábamos andabais andaban	anduve anduviste anduvo anduvimos anduvisteis anduvieron	andaré andarás andará andaremos andaréis andarán	andaría andarías andaría andaríamos andaríais andarían	ande andes ande andemos andéis anden	anduviera anduvieras anduviera anduviéramos anduvierais anduvieran	anda / no andes ande andemos andad / no andéis anden
caer cayendo caído	caigo caes cae caemos caéis caen	caía caías caía caíamos caíais caían	caí caíste cayó caímos caísteis cayeron	caeré caerás caerá caeremos caeréis caerán	caería caerías caería caeríamos caeríais caerían	caiga caigas caiga caigamos caigáis caigan	cayera cayeras cayera cayéramos cayerais cayeran	cae / no caigas caiga caigamos caed / no caigáis caigan
dar dando dado	doy das da damos dais dan	daba dabas daba dábamos dabais daban	di diste dio dimos disteis dieron	daré darás dará daremos daréis darán	daría darías daría daríamos daríais darían	dé des dé demos deis den	diera dieras diera diéramos dierais dieran	da / no des dé demos dad / no deis den
decir diciendo dicho	digo dices dice decimos decís dicen	decía decías decía decíamos decíais decían	dije dijiste dijo dijimos dijisteis dijeron	diré dirás dirá diremos diréis dirán	diría dirías diría diríamos diríais dirían	diga digas diga digamos digáis digan	dijera dijeras dijera dijéramos dijerais dijeran	di / no digas diga digamos decid / no digáis digan
estar estando estado	estoy estás está estamos estáis están	estaba estabas estaba estábamos estabais estaban	estuve estuviste estuvo estuvimos estuvisteis estuvieron	estaré estarás estará estaremos estaréis estarán	estaría estarías estaría estaríamos estaríais estarían	esté estés esté estemos estéis estén	estuviera estuvieras estuviera estuviéramos estuvierais estuviera	está / no estés esté estemos estad / no estéis estén
haber habiendo habido	he has ha hemos habéis han	había habías había habíamos habíais habían	hube hubiste hubo hubimos hubisteis hubieron	habré habrás habrá habremos habréis habrán	habría habrías habría habríamos habríais habrían	haya hayas haya hayamos hayáis hayan	hubiera hubieras hubiera hubiéramos hubierais hubieran	
hacer haciendo hecho	hago haces hace hacemos hacéis hacen	hacía hacías hacía hacíamos hacíais hacían	hice hiciste hizo hicimos hicisteis hicieron	haré harás hará haremos haréis harán	haría harías haría haríamos haríais harían	haga hagas haga hagamos hagáis hagan	hiciera hicieras hiciera hiciéramos hicierais hicieran	haz / no hagas haga hagamos haced / no hagáis hagan

C. Irregular Verbs (*continued*)

INFINITIVE PRESENT PARTICIPLE PAST PARTICIPLE	INDICATIVE PRESENT	IMPERFECT	PRETERITE	FUTURE	CONDITIONAL	SUBJUNCTIVE PRESENT	IMPERFECT	IMPERATIVE
ir yendo ido	voy vas va vamos vais van	iba ibas iba íbamos ibais iban	fui fuiste fue fuimos fuisteis fueron	iré irás irá iremos iréis irán	iría irías iría iríamos iríais irían	vaya vayas vaya vayamos vayáis vayan	fuera fueras fuera fuéramos fuerais fueran	ve / no vayas vaya vamos / no vayamos id / no vayáis vayan
oír oyendo oído	oigo oyes oye oímos oís oyen	oía oías oía oíamos oíais oían	oí oíste oyó oímos oísteis oyeron	oiré oirás oirá oiremos oiréis oirán	oiría oirías oiría oiríamos oiríais oirían	oiga oigas oiga oigamos oigáis oigan	oyera oyeras oyera oyéramos oyerais oyeran	oye / no oigas oiga oigamos oíd / no oigáis oigan
poder pudiendo podido	puedo puedes puede podemos podéis pueden	podía podías podía podíamos podíais podían	pude pudiste pudo pudimos pudisteis pudieron	podré podrás podrá podremos podréis podrán	podría podrías podría podríamos podríais podrían	pueda puedas pueda podamos podáis puedan	pudiera pudieras pudiera pudiéramos pudierais pudieran	
poner poniendo puesto	pongo pones pone ponemos ponéis ponen	ponía ponías ponía poníamos poníais ponían	puse pusiste puso pusimos pusisteis pusieron	pondré pondrás pondrá pondremos pondréis pondrán	pondría pondrías pondría pondríamos pondríais pondrían	ponga pongas ponga pongamos pongáis pongan	pusiera pusieras pusiera pusiéramos pusierais pusieran	pon / no pongas ponga pongamos poned / no pongáis pongan
querer queriendo querido	quiero quieres quiere queremos queréis quieren	quería querías quería queríamos queríais querían	quise quisiste quiso quisimos quisisteis quisieron	querré querrás querrá querremos querréis querrán	querría querrías querría querríamos querríais querrían	quiera quieras quiera queramos queráis quieran	quisiera quisieras quisiera quisiéramos quisierais quisieran	quiere / no quieras quiera queramos quered / no queráis quieran
saber sabiendo sabido	sé sabes sabe sabemos sabéis saben	sabía sabías sabía sabíamos sabíais sabían	supe supiste supo supimos supisteis supieron	sabré sabrás sabrá sabremos sabréis sabrán	sabría sabrías sabría sabríamos sabríais sabrían	sepa sepas sepa sepamos sepáis sepan	supiera supieras supiera supiéramos supierais supieran	sabe / no sepas sepa sepamos sabed / no sepáis sepan
salir saliendo salido	salgo sales sale salimos salís salen	salía salías salía salíamos salíais salían	salí saliste salió salimos salisteis salieron	saldré saldrás saldrá saldremos saldréis saldrán	saldría saldrías saldría saldríamos saldríais saldrían	salga salgas salga salgamos salgáis salgan	saliera salieras saliera saliéramos salierais salieran	sal / no salgas salga salgamos salid / no salgáis salgan

C. Irregular Verbs (continued)

INFINITIVE / PRESENT PARTICIPLE / PAST PARTICIPLE	INDICATIVE					SUBJUNCTIVE		IMPERATIVE
	PRESENT	IMPERFECT	PRETERITE	FUTURE	CONDITIONAL	PRESENT	IMPERFECT	
ser siendo sido	soy eres es somos sois son	era eras era éramos erais eran	fui fuiste fue fuimos fuisteis fueron	seré serás será seremos seréis serán	sería serías sería seríamos seríais serían	sea seas sea seamos seáis sean	fuera fueras fuera fuéramos fuerais fueran	sé / no seas sea seamos sed / no seáis sean
tener teniendo tenido	tengo tienes tiene tenemos tenéis tienen	tenía tenías tenía teníamos teníais tenían	tuve tuviste tuvo tuvimos tuvisteis tuvieron	tendré tendrás tendrá tendremos tendréis tendrán	tendría tendrías tendría tendríamos tendríais tendrían	tenga tengas tenga tengamos tengáis tengan	tuviera tuvieras tuviera tuviéramos tuvierais tuvieran	ten / no tengas tenga tengamos tened / no tengáis tengan
traer trayendo traído	traigo traes trae traemos traéis traen	traía traías traía traíamos traíais traían	traje trajiste trajo trajimos trajisteis trajeron	traeré traerás traerá traeremos traeréis traerán	traería traerías traería traeríamos traeríais traerían	traiga traigas traiga traigamos traigáis traigan	trajera trajeras trajera trajéramos trajerais trajeran	trae / no traigas traiga traigamos traed / no traigáis traigan
venir viniendo venido	vengo vienes viene venimos venís vienen	venía venías venía veníamos veníais venían	vine veniste vino vinimos vinisteis vinieron	vendré vendrás vendrá vendremos vendréis vendrán	vendría vendrías vendría vendríamos vendríais vendrían	venga vengas venga vengamos vengáis vengan	viniera vinieras viniera viniéramos vinierais vinieran	ven / no vengas venga vengamos venid / no vengáis vengan
ver viendo visto	veo ves ve vemos veis ven	veía veías veía veíamos veíais veían	vi viste vio vimos visteis vieron	veré verás verá veremos veréis verán	vería verías vería veríamos veríais verían	vea veas vea veamos veáis vean	viera vieras viera viéramos vierais vieran	ve / no veas vea veamos ved / no veáis vean

D. Stem-Changing and Spelling Change Verbs

INFINITIVE / PRESENT PARTICIPLE / PAST PARTICIPLE	INDICATIVE					SUBJUNCTIVE		IMPERATIVE
	PRESENT	IMPERFECT	PRETERITE	FUTURE	CONDITIONAL	PRESENT	IMPERFECT	
construir (y) construyendo construido	construyo construyes construye construimos construís construyen	construía construías construía construíamos construíais construían	construí construiste construyó construimos construisteis construyeron	construiré construirás construirá construiremos construiréis construirán	construiría construirías construiría construiríamos construiríais construirían	construya construyas construya construyamos construyáis construyan	construyera construyeras construyera construyéramos construyerais construyeran	construye / no construyas construya construyamos construid / no construyáis construyan
dormir (ue, u) durmiendo dormido	duermo duermes duerme dormimos dormís duermen	dormía dormías dormía dormíamos dormíais dormían	dormí dormiste durmió dormimos dormisteis durmieron	dormiré dormirás dormirá dormiremos dormiréis dormirán	dormiría dormirías dormiría dormiríamos dormiríais dormirían	duerma duermas duerma durmamos durmáis duerman	durmiera durmieras durmiera durmiéramos durmierais durmieran	duerme / no duermas duerma durmamos dormid / no durmáis duerman

D. Stem-Changing and Spelling Change Verbs (*continued*)

INFINITIVE / PRESENT PARTICIPLE / PAST PARTICIPLE	INDICATIVE					SUBJUNCTIVE		IMPERATIVE
	PRESENT	IMPERFECT	PRETERITE	FUTURE	CONDITIONAL	PRESENT	IMPERFECT	
pedir (i, i)	pido	pedía	pedí	pediré	pediría	pida	pidiera	
pidiendo	pides	pedías	pediste	pedirás	pedirías	pidas	pidieras	pide / no pidas
pedido	pide	pedía	pidió	pedirá	pediría	pida	pidiera	pida
	pedimos	pedíamos	pedimos	pediremos	pediríamos	pidamos	pidiéramos	pidamos
	pedís	pedíais	pedisteis	pediréis	pediríais	pidáis	pidierais	pedid / no pidáis
	piden	pedían	pidieron	pedirán	pedirían	pidan	pidieran	pidan
pensar(ie)	pienso	pensaba	pensé	pensaré	pensaría	piense	pensara	
pensando	piensas	pensabas	pensaste	pensarás	pensarías	pienses	pensaras	piensa / no pienses
pensado	piensa	pensaba	pensó	pensará	pensaría	piense	pensara	piense
	pensamos	pensábamos	pensamos	pensaremos	pensaríamos	pensemos	pensáramos	pensemos
	pensáis	pensabais	pensasteis	pensaréis	pensaríais	penséis	pensarais	pensad / no penséis
	piensan	pensaban	pensaron	pensarán	pensarían	piensen	pensaran	piensen
producir (zc)	produzco	producía	produje	produciré	produciría	produzca	produjera	
produciendo	produces	producías	produjiste	producirás	producirías	produzcas	produjeras	produce / no produzcas
producido	produce	producía	produjo	producirá	produciría	produzca	produjera	produzca
	producimos	producíamos	produjimos	produciremos	produciríamos	produzcamos	produjéramos	produzcamos
	producís	producíais	produjisteis	produciréis	produciríais	produzcáis	produjerais	producid / no produzcáis
	producen	producían	produjeron	producirán	producirían	produzcan	produjeran	produzcan
reír (i, i)	río	reía	reí	reiré	reiría	ría	riera	
riendo	ríes	reías	reíste	reirás	reirías	rías	rieras	ríe / no rías
reído	ríe	reía	rió	reirá	reiría	ría	riera	ría
	reímos	reíamos	reímos	reiremos	reiríamos	riamos	riéramos	riamos
	reís	reíais	reísteis	reiréis	reiríais	riáis	rierais	reíd / no riáis
	ríen	reían	rieron	reirán	reirían	rían	rieran	rían
seguir (i, i) (g)	sigo	seguía	seguí	seguiré	seguiría	siga	siguiera	
siguiendo	sigues	seguías	seguiste	seguirás	seguirías	sigas	siguieras	sigue / no sigas
seguido	sigue	seguía	siguió	seguirá	seguiría	siga	siguiera	siga
	seguimos	seguíamos	seguimos	seguiremos	seguiríamos	sigamos	siguiéramos	sigamos
	seguís	seguíais	seguisteis	seguiréis	seguiríais	sigáis	siguierais	seguid / no sigáis
	siguen	seguían	siguieron	seguirán	seguirían	sigan	siguieran	sigan
sentir (ie, i)	siento	sentía	sentí	sentiré	sentiría	sienta	sintiera	
sintiendo	sientes	sentías	sentiste	sentirás	sentirías	sientas	sintieras	siente / no sientas
sentido	siente	sentía	sintió	sentirá	sentiría	sienta	sintiera	sienta
	sentimos	sentíamos	sentimos	sentiremos	sentiríamos	sintamos	sintiéramos	sintamos
	sentís	sentíais	sentisteis	sentiréis	sentiríais	sintáis	sintierais	sentid / no sintáis
	sienten	sentían	sintieron	sentirán	sentirían	sientan	sintieran	sientan
volver (ue)	vuelvo	volvía	volví	volveré	volvería	vuelva	volviera	
volviendo	vuelves	volvías	volviste	volverás	volverías	vuelvas	volvieras	vuelve / no vuelvas
vuelto	vuelve	volvía	volvió	volverá	volvería	vuelva	volviera	vuelva
	volvemos	volvíamos	volvimos	volveremos	volveríamos	volvamos	volviéramos	volvamos
	volvéis	volvíais	volvisteis	volveréis	volveríais	volváis	volvierais	volved / no volváis
	vuelven	volvían	volvieron	volverán	volverían	vuelvan	volvieran	vuelvan

VOCABULARIES

The Spanish-English Vocabulary contains all the words that appear in the text, with the following exceptions: (1) most identical cognates that do not appear in the chapter vocabulary lists; (2) verb forms; (3) diminutives in **-ito/a;** (4) absolute superlatives in **-ísimo/a;** and (5) most adverbs in **-mente.** Active vocabulary is indicated by the number of the chapter in which a word or given meaning is first listed (P = **Lección preliminar**). Vocabulary that is glossed in the text is not considered to be active vocabulary, and no chapter number is indicated for it. Only meanings that are used in this text are given. The English-Spanish Vocabulary includes all words and expressions in the end-of-chapter vocabulary lists.

Gender is indicated except for masculine nouns ending in **-o,** feminine nouns ending in **-a,** and invariable adjectives. Stem changes and spelling changes are indicated for verbs: **dormir (ue, u); llegar (gu).**

Because **ch** and **ll** are no longer considered separate letters, words with **ch** and **ll** are alphabetized as they would be in English. The letter **ñ** follows the letter **n:** **añadir** follows **anuncio,** for example.

The following abbreviations are used:

adj.	adjective	*m.*	masculine
adv.	adverb	*Mex.*	Mexico
Arg.	Argentina	*n.*	noun
aux.	auxiliary	*obj.*	object
conj.	conjunction	*p.p.*	past participle
d.o.	direct object	*pl.*	plural
f.	feminine	*poss.*	possessive
fam.	familiar or colloquial	*prep.*	preposition
form.	formal	*pron.*	pronoun
gram.	grammatical term	*refl.*	reflexive
inf.	infinitive	*rel. pron.*	relative pronoun
inv.	invariable	*s.*	singular
i.o.	indirect object	*Sp.*	Spain
irreg.	irregular	*sub. pron.*	subject pronoun
Lat. Am.	Latin America	*v.*	verb

Spanish-English Vocabulary

A

a to; at (*with time*) (1)
abajo *adv.* below, underneath
abalorio bead
abarcar (qu) to encompass
abeja bee
abierto/a *p.p.* open
abjurar de to renounce
abogado/a lawyer (17)
abogar (gu) to advocate
abrazar (c) to hug (5)
abrigo overcoat (16)
abril *m.* April (2)
abrir (*p.p.* **abierto/a**) to open
absolutamente absolutely

abuelo/a grandfather/grandmother (4)
aburrido/a boring (P); **estar** *irreg.* **aburrido/a** to be bored (10)
aburrirse *refl.* to get bored (10)
abusar de to abuse (12)
abuso abuse (12)
acabar to complete, finish, end; **acabar de** + *inf.* to have just (*done something*)
academia academy
académico/a academic
acampar to go camping (11)
acaso: por si acaso just in case
acceso access
accidente *m.* accident
acción *f.* action

acecho *m.* watching, observation
aceite *m.* oil; **aceite de maíz** corn oil (7); **aceite de oliva** olive oil (7)
aceleración *f.* acceleration
aceptable acceptable
aceptar to accept
acerca de *prep.* about, on, concerning
ácido *n.* acid; **ácido nucléico** nucleic acid
aclaración *f.* clarification
aclarar to clarify
acomodado/a affluent
acompañar to accompany
acondicionado/a conditioned; **aire** *m.* **acondicionado** air conditioning

acontecimiento event
acordeón *m.* accordion
acortar to shorten
acostar (ue) to put to bed; **acostarse** *refl.* to go to bed (1)
acostumbrado/a accustomed to
acostumbrar to be accustomed (used) to; **acostumbrarse** *refl.* **a** to get accustomed to; to be (get) used to
actitud *f.* attitude
actividad *f.* activity
activo/a active
acto *m.* act
actor *m.* actor (17)
actriz *f.* actress (17)
actual actual; current
actuar (actúo) to act; to behave; **actuar con naturalidad** to act naturally
acuático/a aquatic
acuerdo agreement; **de acuerdo** in agreement, agreed; **estar** *irreg.* **de acuerdo** to agree; **ponerse** *irreg.* **de acuerdo** to come to an agreement
adaptable adaptable
adaptar to adapt, adjust (5)
adecuado/a adequate; appropriate
adelante *adv.* ahead
ademán *m.* gesture
además *adv.* besides, also; **además de** *prep.* besides, in addition to
adicción *f.* addiction (12); **salir** *irreg.* **de una adicción** to overcome an addiction (12)
adicional additional
adicto/a *n.* addict; **convertirse (ie, i) en adicto/a** to become addicted (12); *adj.* addicted; **ser** *irreg.* **adicto/a** to be addicted (12)
adiós good-bye (P)
aditivo additive
adivinar to guess; to predict
adjetivo adjective; **adjetivo de posesión** possessive adjective
administración *f.* **de empresas** business administration (P)
administrativo/a administrative
admiración *f.* admiration
admirar to admire
admitir to admit
adolescente adolescent
adonde *adv., conj.* where
¿adónde? (to) where?
adoptado/a adopted
adoptar to adopt
adoptivo/a: hijo/a adoptivo/a adopted child
adorar to adore, love
adquirir (ie) to acquire
adquisición *f.* acquisition
aduana *s.* customs
adueñarse de to seize, take possession of
adulto adult

adverbio adverb
aeróbico/a aerobic; **hacer** *irreg.* **ejercicio aeróbico** to do aerobics (1)
aeropuerto airport (16)
afán *m.* preoccupation; urge; enthusiasm; **afán de realización** eagerness to get things done (13)
afectar to affect
afeitar(se) to shave (5)
afeminado/a effeminate
aficionado/a fan
afirmación *f.* affirmation, statement
afirmativo/a affirmative
África Africa
africano/a African
afrocaribeño/a Afro-Caribbean
agalla gill
agave *m.* agave, century plant
agencia agency; **agencia de turismo** travel agency
agente *m., f.* agent; **agente de viajes** travel agent (16)
agobiante *adj.* exhausting
agosto *m.* August (2)
agradar to please
agradecido/a thankful
agrario/a agrarian
agregar (gu) to add (7)
agresividad *f.* aggressivity
agresivo/a aggressive
agrícola *adj. m., f.* agricultural
agricultura agriculture (P)
agrio/a sour (7)
agronomía agriculture (P)
agrupar to group, assemble
agua *f.* (*but* **el agua**) water (7); **agua mineral** mineral water; **esquiar (esquío) en el agua** to water ski (11)
aguacate *m.* avocado (7)
aguantar to bear, put up with, stand
águila *f.* (*but* **el águila**) eagle
ahí *adv.* there
ahogar(se) (gu) to drown
ahora *adv.* now
ahorrar to save
aire *m.* air; **aire acondicionado** air conditioning; **al aire libre** outdoors
aislado/a isolated
ajedrez *m.* chess
ajeno/a of another, belonging to someone else (13)
ajillo: al ajillo cooked in garlic sauce
ajo garlic
al (*contraction of* **a** + **el**) to the; **al** + *inf.* upon, while, when + *verb form;* **al (mes, año)** per (month, year)
alcanzar (c) to reach; to get, obtain; to be sufficient
alcohol *m.* alcohol
alcohólico/a *n., adj.* alcoholic; **bebida alcohólica** alcoholic beverage (9)
alcoholismo alcoholism (12)

alegrar to make happy; **alegrarse** *refl.* to get happy
alegre happy; **sentirse (ie, i) alegre** to feel happy (10)
alegría happiness
alejarse *refl.* to move away; to go far (away)
alemán *m.* German (*language*) (P)
alemán, alemana *n., adj.* German
Alemania Germany
alerta *inv.* alert
alfarería pottery
álgebra *m.* algebra
algo something
algodón *m.* cotton (16)
alguien someone
algún, alguno/a some, any (P); **algunas veces** sometimes
aliento breath
alimentar to feed
alimenticio/a nutritional; **pasta alimenticia** pasta (7)
alimento food; **alimento básico** basic food (7)
alistar to enlist
aliviar to relieve; to lessen
allá *adv.* there; **de aquí para allá** from here to there (15)
allí *adv.* there
almacén *n.* department store; warehouse
almohada pillow
almorzar (ue) (c) to have lunch (1)
almuerzo lunch (7)
alojamiento lodging (16)
alojarse *refl.* to stay, lodge (16)
Alpes *m. pl.* Alps
alpino/a alpine
alquilar to rent
alrededor de *prep.* around
alrededores *n. m. pl.* surroundings
alto/a tall; high; **el/la más alto/a (de)** the tallest (5); **en voz alta** aloud; **más alto/a (que)** taller (than) (5); **zapato de tacón alto** high-heeled shoe (16)
aludir to allude
alumno/a student
amante *m., f.* lover
amar to love (13)
amargo/a bitter (7)
amarillo/a yellow (7)
Amazonia *f.* Amazon region
ambicioso/a ambitious (14)
ambiental environmental
ambiente *m.* surroundings, environment; **medio ambiente** environment, surroundings
ámbito environment
ambos/as *adj.* both
amenazar (c) to threaten
América del Norte North America
América del Sur South America

americano/a American; **fútbol** *m.* **americano** football; **jugar (ue) (gu) al fútbol americano** to play football (2)

amigo/a friend (P)

amistad *f.* friendship

amoldar to mold

amor *m.* love

análisis *m.* analysis

analizar (c) to analyze

anaranjado/a *adj.* orange

ancas *f. pl.* **de rana** frog's legs

ancho/a wide

andaluz(a) *n., adj.* Andalusian

andar *irreg.* to walk (3); to go; **andar en bicicleta** to ride a bicycle (11); **andar en monopatín** to ride a scooter, skateboard (11); **andar en patineta** to skateboard (11)

andino/a *n., adj.* Andean

ángel *m.* angel

anglosajón, anglosajona Anglo-Saxon

animado/a: dibujo animado cartoon

animal *m.* animal; **animal doméstico** domestic animal, pet

animar to vitalize; **animarse** *refl.* to come to life

ánimo spirit; **estado de ánimo** state of mind (10)

anoche *adv.* last night (3)

ansiedad *f.* anxiety

ansioso/a anxious

antepasado ancestor

anterior previous

antes *adv.* before; **antes (de) que** *prep.* before (17)

anticipación *f.*: **con anticipación** in advance; **reservar con (un mes de) anticipación** to reserve (a month) in advance (16)

antiestético/a unaesthetic

antiguamente long ago; formerly

antigüedad *f.* antique

antiguo/a old; ancient

antihéroe *m.* antihero

antónimo *m.* antonym

antropología anthropology (P)

anual *adj.* annual

anular to overturn

anunciar to announce

anuncio advertisement; **anuncio comercial** commercial (ad)

añadir to add

año year; **hace unos años** a few years ago; **los años 20** the twenties (6); **tener** *irreg.* ___ **años** to be ___ years old (4)

aparato apparatus, device, appliance

aparecer (zc) to appear

apariencia appearance

apartamento apartment; **limpiar el apartamento** to clean the apartment (2)

apasionado/a passionate (14)

apático/a apathetic (14)

apechugar (gu) con to put up with

apellido last name (4)

aperitivo appetizer; aperitif

apertura opening

apetecer (zc) to be appetizing (7), to appeal, to be appealing (*food*) (7); **no me apetece** it doesn't appeal to me

aplicado/a *adj.* devoted; *p.p.* applied

aplicar (qu) to apply

apocalipsis *m.* Apocalypse

aportar to bring

apoyar to rest, lean; to support (*emotionally*) (5)

apoyo support

apreciar to esteem; to appreciate

aprender to learn

aprendizaje *m.* learning period

apretar (ie) to tighten; **apretar un botón** to push a button

aprobar (ue) to pass; to approve

aprobatorio/a passing; **calificación** *f.* **mínima aprobatoria** minimum passing grade

apropiado/a appropriate

aprovechar to take advantage of

aproximado/a approximate

aptitud *f.* aptitude, ability

apuntar to jot down

apuntes *m. pl.* notes; **tomar apuntes** to take notes

aquel, aquella *adj.* that; *pron.* that one

aquí *adv.* here (P); **de aquí para allá** from here to there (15)

árabe *adj.* Arab

árbol *m.* tree; **árbol genealógico** family tree

área *f.* (*but* **el área**) area

argentino/a Argentine

argumento argument; plot

árido/a arid

arma *f.* (*but* **el arma**) weapon

armado/a armed; **fuerzas armadas** armed forces

armario closet (16)

aroma *m.* aroma

aromaterapia *f.* aromatherapy; **utilizar (c) la aromaterapia** to use aromatherapy (11)

arquitecto/a architect (17)

arquitectura architecture (17)

arrabales *m. pl.* slums

arrancar (qu) to rip out

arreglar to arrange; to fix

arrepentir (ie, i): más vale prevenir que arrepentir an ounce of prevention is worth a pound of cure

arriba *adv.* up above

arriesgado/a daring (13)

arrogante arrogant

arroz *m.* rice (7)

arte *m.* art; **objeto de arte** work of art (P)

artesanía *s.* crafts

artesano/a *n.* artisan

artículo article

artificial artificial

artista *m., f.* artist

artístico/a artistic

artritis *f.* arthritis

arvejas *Sp.* peas

asado/a roast(ed) (7); **(medio) pollo asado** (half a) roasted chicken (7)

ascendencia ancestry

ascensor *m.* elevator

asco: dar *irreg.* **asco** to disgust

asegurar to assure (5)

asentamiento: lugares *m.* **de asentamiento** settling places

asentar (ie) to settle

asesinar to assassinate

asesor(a) consultant (17)

así *adv.* thus, so

Asia Asia

asiático/a Asiatic

asiento seat (16); **tomar asiento** to take a seat

asignar to assign

asignatura subject

asistencia social social work (17)

asistente *m., f.* **asistente de vuelo** flight attendant (16); **asistente social** social worker

asistir (a) to attend (1); to assist

asociación *f.* association

asociar(se) to associate

asombrar to surprise; to astonish

aspecto aspect; appearance

aspiración *f.* aspiration

aspirina aspirin

asqueroso/a disgusting

astilla chip, splinter; **de tal palo, tal astilla** a chip off the old block

astronomía astronomy (P)

astronómico/a astronomical

astrónomo/a astronomer (17)

astuto/a astute (14)

asunto topic, matter

asustado/a afraid (10); **estar** *irreg.* **asustado/a** to be afraid (10)

asustar to frighten (10)

ataque *m.* attack; **ataque cardíaco** heart attack

atención *f.* attention; **llamar la atención** to attract attention; **prestar atención** to pay attention

atender (ie) to wait on (*a customer*) (8)

atentamente attentively

atleta *m., f.* athlete (17)

atmosférico/a: presión atmosférica atmospheric pressure

atractivo/a attractive (P)

atraer (*like* **traer**) to attract

atreverse (a) to dare (to) (13)
atribuir (y) to attribute
atributo attribute
atrocidad *f.* atrocity
atún *m.* tuna (7)
aumentar to increase
aumento *m.* increase
aun *adv.* even
aún *adv.* still, yet
aunque even though
ausente absent
auténtico/a authentic
auto car
autobús *m.* bus (16)
autoestima self-esteem (12)
automático/a automatic; **vendedora automática** vending machine
automóvil *m.* automobile
automovilístico/a *adj.* automobile
autor(a) author
autoreportado/a self-reported
autoritario/a authoritarian
autostop *m.:* **hacer** *irreg.* **autostop** to hitchhike (16)
auxiliar auxiliary
avance *m.* advance
avanzado/a advanced
avanzar (c) to advance
ave *f. (but* **el ave)** bird; *pl.* poultry (7)
avena *s.* oats
avenida avenue
aventura adventure
aventurero/a adventurous (5)
avergonzado/a ashamed, embarrassed (10); **sentirse (ie, i) avergonzado/a** to feel ashamed, embarrassed (10)
averiguar (güe) to find out
avión *m.* airplane (16)
ayer *adv.* yesterday (3); **ayer por la mañana/tarde/noche** yesterday morning/afternoon; last night
ayuda help; *pl.* aids
ayudante assistant (17)
ayudar to help
ayuntamiento city hall
azafrán *m.* saffron
azteca *n., adj. m., f.* Aztec
azúcar *m.* sugar (7)
azul blue; **ojos azules** blue eyes (5)

B

bailador(a) dancer
bailar to dance (2)
baile *m.* dance
bajar to lower; to go down; **bajar de** to get off (*a bus, car, plane*) (16)
bajo *prep.* under
bajo/a short (*height*) (5)
balanceado/a balanced
baleares: Islas Baleares Balearic Islands
baloncesto *Sp.* basketball
banana banana (7)

bancario/a banker
banco bank
bandera flag
banquete *m.* banquet
bañar to bathe (*someone or something*) (5); **bañarse** *refl.* to bathe oneself; **bañarse en un jacuzzi** to bathe in a jacuzzi (11)
bañera bathtub
baño bathroom; **habitación** *f.* **con baño privado** room with a private bath (16); **traje** *m.* **de baño** bathing suit (16)
bar *m.* bar
barato/a inexpensive (6)
barbacoa barbecue
barbilla chin
barco boat (16); **navegar (gu) en un barco** to sail (11)
barra bar
barrer to sweep
barrio neighborhood
barrita small loaf (*bread*)
basar to base; **basarse en** to base one's opinions on
base *f.* base; **a base de** on the basis of
básico/a basic; **alimento básico** basic food
basquetbol *m.* basketball; **jugar (ue) (gu) al basquetbol** to play basketball (10)
bastante *adj., adv.* enough
bastar to be enough
batalla battle
bebé *m., f.* baby
beber to drink (9)
bebida drink, beverage (9); **bebida alcohólica** alcoholic beverage (9)
béisbol *m.* baseball; **jugar (ue) (gu) al béisbol** to play baseball (10)
beisbolista *m., f.* baseball player
Bélgica Belgium
bello/a beautiful
beneficio benefit (18)
beneficioso/a beneficial (18)
benjamín *m.* youngest son/child
besar to kiss (5)
beso kiss
biblioteca library (1)
bicicleta bicycle; **andar** *irreg.* **en bicicleta** to ride a bicycle (11); **montar en bicicleta** to ride a bicycle
bien *adv.* well; **bien frío** very cold (9); **caer** *irreg.* **bien** to make a good impression (7); to agree with (*food*) (7); **llevarse bien** to get along well (5); **para sentirse (ie, i) bien** to feel well (10); **pasarlo bien** to have a good time; **verse** *irreg.* **bien** to look good (16)
bienes *m. pl.* goods, possessions
bienestar *m.* well-being
bife *m. Arg.* steak

bilingüe bilingual
bilingüismo bilingualism
billete *m.* ticket; **billete de ida** one-way ticket (16); **billete de ida y vuelta** round-trip ticket (16)
biográfico/a biographical
biología biology (P)
biológico/a biological
biólogo/a biologist (17)
biosíntesis biosynthesis
bistec *m.* steak (7)
Blancanieves Snow White
blanco/a *adj.* white (7); **pan** *m.* **blanco** white bread (7); **vino blanco** white wine (9)
blando/a soft
bluejeans *m. pl.* jeans (16)
blusa blouse (16)
boca mouth (8)
bocacalle *f.* intersection (15)
boda wedding
boga: en boga in vogue, in style
boletín *m.* news bulletin
boleto ticket; **boleto de ida** one-way ticket (16); **boleto de ida y vuelta** round-trip ticket (16)
boliche *m.:* **jugar (ue) (gu) al boliche** to bowl (10)
bollería assorted breads and rolls (7)
bollo roll (7)
bolsa bag; sack; purse; stock market
bolsillo pocket
bolsita para llevar doggie bag (7)
bombilla *small pipe for drinking mate*
bonito/a pretty (P)
bordado/a embroidered
bordo: a bordo on board
borrador *m.* rough draft
bosque *m.* forest (11)
bosquejo outline
botella bottle
botón *m.* button; **apretar (ie) un botón** to push a button
botones *m. s.* bellhop (16)
boxeo boxing
bracero laborer
Brasil: el Brasil Brazil
brazo arm (8)
breve brief
brillante brilliant
bruja witch
brújula compass
bruto: producto nacional bruto Gross National Product
bucear to dive (11)
buen, bueno/a good (P); **buen provecho** enjoy your meal; **(muy) buena idea** a (very) good idea (8); **buenas noches** good evening (P); **buenas tardes** good afternoon (P); **buenos días** good morning (P); **buenos modales** good manners (8); **estar** *irreg.* **de buen humor** to be in a

good mood (10); **hace buen tiempo** the weather's good (2); **sacar (qu) una buena nota** to get a good grade (10); **tener** *irreg.* **buena educación** to be well-mannered (8)

buey *m.* ox

bufón, bufona buffoon

búho owl

burdel *m.* brothel

Burdeos Bordeaux

burlarse (de) to make fun (of), laugh (at) (13)

buscar (qu) to look for

C

caballería knighthood; **novelas de caballería** novels about chivalry

caballero gentleman

caballo horse

cabeza head; (**tener** *irreg.*) **dolor de cabeza** (to have a) headache (10)

cabezón, cabezona stubborn (13)

cabina cabin (16)

cable *m.* cable; **televisión** *f.* **por cable** cable television

cabo end; cape; **al fin y al cabo** in the end, when all is said and done; **llevar a cabo** to carry out

cabra goat

cacahuete *m.*: **mantequilla de cacahuete** peanut butter (7)

cada *inv.* each (2); every

cadena chain; channel (*television*)

caer *irreg.* to fall (down); **caer bien/mal** to make a good/bad impression (7); to (dis)agree with (*food*) (7)

café *m.* coffee (7); **café con leche** coffee with milk (7); **café descafeinado** decaffeinated coffee (9); **color** *m.* **café** brown; **tomar un café** to drink a cup of coffee (2)

cafeína caffeine (9)

cafetería cafeteria

caimán *m.* alligator

calcetín *m.* sock (16)

calcio calcium (7)

calcular to calculate

cálculo calculus (P); calculation

calendario calendar

calentamiento heating, warming

calentar (ie) to warm up

calidad *f.* quality

caliente hot; **bien caliente** very hot (9); **perrito caliente** hot dog

calificación *f.* rating; assessment; grade; **calificación mínima aprobatoria** minimum passing grade

calificar (qu) to rate; to assess

callado/a quiet; **permanecer (zc) callado** to keep quiet (10)

calle *f.* street; **cruce la calle** cross the street (15)

calmado/a calm (13)

calmar to soothe

calor *m.* heat; warmth; **hace (mucho) calor** it's (very) hot (*weather*) (2); **tener** *irreg.* **calor** to be (feel) hot (person)

caloría calorie

calórico/a caloric

calvo/a bald (5)

cama bed (16); **hacer** *irreg.* **la cama** to make the bed; **cama matrimonial** double bed (16); **cama sencilla** twin bed (16)

cámara camera; chamber; **Cámara de representantes** House of Representatives

camarero/a waiter, waitress (8); flight attendant (16)

camarón *m. Lat. Am.* shrimp (7)

cambiar to change; **cambiar de idea/opinión** to change one's mind

cambio change; **en cambio** on the other hand

caminar to walk (10)

camino road, path

camión *m.* truck; *Mex.* bus

camisa shirt (16)

camiseta T-shirt (16)

campeonato championship

camping: hacer *irreg.* **camping** to go camping (11)

campo country(side); field (17)

campus *m.* campus

Canadá: el Canadá Canada

canadiense *n., adj.* Canadian

canal *m.* channel

cancelar to cancel; to strike out

cáncer *m.* cancer

canción *f.* song

canoso/a gray (hair)

cansado/a tired (10); **estar** *irreg.* **cansado/a** to be tired (10)

cansarse *refl.* to get tired (10)

cantante *m., f.* singer

cantar to sing (10)

cantidad *f.* quantity; **de cantidad** *adj.* quantifying (P)

cantina canteen

caña cane; **caña de azúcar** sugar cane

cañaveral *m.* sugar cane field

caótico/a chaotic (13)

capa cape; layer; **capa de ozono** ozone layer

capacidad *f.* ability; capacity; **capacidad para** ability to

capaz (*pl.* **capaces**) capable; **capaz de dirigir a otros** able to direct others (13)

capital *f.* capital (*city*)

capítulo chapter

captar to capture; to understand

cara face (5)

caracol *m.* snail

carácter *m.* (*pl.* **caracteres**) character

característico/a characteristic; **característica de la personalidad** personality trait (5); **característica física** physical characteristic, trait (5)

caracterizar (c) to characterize

carbohidrato carbohydrate

carcajadas: reír(se) (i, i) a carcajadas to laugh loudly (11)

cardíaco/a cardiac; **ataque** *m.* **cardíaco** heart attack

cardo thistle

cargar (gu) to carry

Caribe *m.* Caribbean (Sea)

caribeño/a *adj.* Caribbean

cariñoso/a affectionate

carismático/a charismatic (17); **ser carismático/a** to be charismatic

carne *f.* meat (7); flesh; **carne de res** beef (7); **carne roja** red meat

carnicería meat, butcher shop

carnívoro/a carnivorous

caro/a expensive (16)

carrera major (P); career; race; **¿qué carrera haces?** what's your major? (P)

carretera highway

carro car

carta letter

cartero/a mail carrier

casa house; home; **quedarse en casa** to stay at home (2); **limpiar la casa** to clean the house (2)

casado/a married (4)

casarse *refl.* to get married

cascabel *f.*: **serpiente** *f.* **de cascabel** rattlesnake

casco helmet

casero/a homemade; domestic

casi *adv.* almost

caso case

castaño/a brown (5); **ojos castaños** brown eyes (5)

castigar (gu) to punish (9)

castigo físico corporal punishment

castillo castle

catalán, catalana *n., adj.* Catalan

Cataluña Catalonia

catastrófico/a catastrophic

categoría category; class

categorizar (c) to categorize

catolicismo Catholicism

católico/a Catholic

catorce fourteen (P)

causa cause; **a cause de** because of

causar to cause; **causar risa** to cause laughter, make laugh (11)

caviar *m.* caviar

cazar (c) to hunt

cebolla onion

ceder to yield

ceja eyebrow

celebración *f.* celebration

célebre famous

celos: tener *irreg.* **celos** to be jealous

celoso/a jealous (13)

celular: (teléfono) celular cell phone

cementerio cemetery

cena dinner (7); **preparar la cena** to prepare dinner (3)

cenar to have dinner (1)

censo census

centavo cent

centígrado/a *adj.* centigrade

centro center; **centro comercial** shopping mall

Centroamérica Central America

centroamericano/a *n., adj.* Central American

cerca (de) near, close (15)

cerdo: chuleta de cerdo pork chop (7)

cereal *m.* cereal, grain (7)

cerebro brain

ceremonia ceremony

cero zero (P)

cerrado/a closed

cerrar (ie) to close

certeza certainty

cerveza beer (9)

champán *m.* champagne

champiñón *m.* mushroom

champú *m.* shampoo

chapulín *m. Mex.* grasshopper

chaqueta jacket (16)

charla *n.* conversation, chat; **sala de charla** chat room

charlar to chat (2)

chau ciao (P)

Checoslovaquia Czechoslovakia

cheque *m.* check

chicle *m.* gum

chico/a boy, girl (P); *adj.* small

chile *m.* pepper

chileno/a *n., adj.* Chilean

chimenea chimney

chimpancé *m.* chimpanzee

chino/a Chinese; **horóscopo chino** Chinese horoscope

chisme *m.* rumor; gossip

chismoso/a gossipy (13)

chiste *m.* joke; **contar (ue) un chiste** to tell a joke (10); **chiste verde** off-color joke

chistoso/a funny (11)

chocolate *m.* chocolate

chófer *m.* driver

chorizo sausage

chuleta de cerdo pork chop (7)

churro *type of fried dough* (7)

ciberadicción *f.* addiction to the Internet

cibercompra online shopping

cibernauta *m., f. person who spends a lot of time on line surfing the Net*

cien(to) one hundred (6); **por ciento** percent

ciencia science; **ciencia ficción** science fiction; **ciencias** *pl.* **naturales** natural sciences (P); **ciencias** *pl.* **políticas** political science (P); **ciencias** *pl.* **sociales** social sciences (P)

científico/a *n.* scientist (17); *adj.* scientific

cierto/a true; certain (5); **(no) es cierto que** ___ it's (not) certain that ___ (18)

cifra number (6); figure

cinco five (P)

cincuenta fifty (6)

cine *m.* movie theater; **ir** *irreg.* **al cine** to go to the movies (2)

circular to circulate; to move

círculo circle

circunstancia circumstance

cita appointment, date

ciudad *f.* city

ciudadano/a citizen

civil civil; **guerra civil** civil war

civilización *f.* civilization

claramente clearly; **expresarse** *refl.* **claramente** to express oneself clearly (17)

clarificación *f.* clarification

clarificar (qu) to clarify

claro *adv.* clearly; **claro que sí** of course; **está claro** it's clear (5)

claro/a *adj.* clear; light

clase *f.* class (P); type, kind; **clase turística** economy class (16); **compañero/a de clase** classmate (P); **primera clase** first class (16)

clásico/a classic

clasificación *f.* classification

clasificar (qu) to classify

claustrofobia claustrophobia

clave *n. f.; adj. inv.* key

cliente *m., f.* customer (8)

clima *m.* climate

climático/a climatic

clínica clinic

club *m.* club

cobarde cowardly (14)

cobija blanket

cocaína cocaine

coche *m.* car

cocido/a cooked

cocina kitchen; cuisine

cocinado/a cooked (7)

cocinar to cook

cocinero/a chef, cook (8)

coco coconut

cóctel *m.* cocktail

codo elbow (8)

cognado cognate

cognitivo/a cognitive

coherente coherent

coincidencia coincidence

coincidir to coincide

cola tail; line; **hacer** *irreg.* **cola** to stand in line (16)

colaborar to collaborate

colapso collapse

colectivo/a collective

colega *m., f.* colleague

colesterol *m.* cholesterol

colgar (ue) (gu) to hang (up)

colmena beehive

colocar (qu) to place, arrange

colombiano/a *n., adj.* Colombian

colonia neighborhood; colony

color *m.* color (5); **color café** brown; **¿de qué color es/son** ___**?** what color is/are ___? (5)

columna column

comandante commander

combatible combative

combatir to fight

combinación *f.* combination

combinar to combine

comentar to comment on

comentario commentary

comenzar (ie) (c) to begin; **comenzar a** + *inf.* to begin to (*do something*)

comer to eat (1); **comerse** *refl.* **las uñas** to bite one's nails (10); **dar** *irreg.* **de comer** to feed; **hábito de comer** eating habit (7)

comercial: anuncio comercial commercial (ad); **centro comercial** shopping mall

comercio commerce

comestible(s) *m.* food

cometer to commit

cómico/a comic(al), funny (P); **tira cómica** comic strip

comida meal (7); food (7); **comida para llevar** food to go (8); **comida rápida** fast food

comienzo beginning

comino: importar un comino not to matter at all

como *prep.* like; **tal como** just as; **tan** ___ **como** as ___ as (6); **tan pronto como** as soon as (7); **tanto/a** ___ **como** as much ___ as (6); **tantos/as** ___ **como** as many ___ as (6)

¿cómo? *adv.* how?; pardon me? (P); **¿cómo te llamas / se llama usted?** what's your name? (P) **¿cómo te sientes** how do you feel? (10); **perdón, ¿cómo se llega a** ___**?** excuse me, how do you get to ___? (15)

comodidad *f.* convenience, amenity (16)

cómodo/a comfortable

comoquiera *adv.* however

compacto/a: disco compacto compact disc

compañero/a companion; **compañero/a de clase** classmate (P); **compañero/a de cuarto** roommate (P)

compañía company; **hacer** *irreg.* **compañía** to keep company

comparación *f.* comparison (6)

comparado/a (con) compared (with)

comparar to compare

compartir to share

compasivo/a compassionate (17)

competitivo/a competitive

compilar to compile

complejo/a complex

completamente completely

completar to complete

completo/a complete; full, no vacancy (16); **pensión** *f.* **completa** room and full board (16)

complexión *f.* complexion

complicado/a complicated

comportamiento behavior

comportarse *refl.* to behave (13)

composición *f.* composition; writing (P)

compra *n.* buying; shopping; purchase; **hacer** *irreg.* **las compras** to go shopping; **ir de compras** to go shopping (1)

comprar to buy

comprender to understand (5); **no comprendo** I don't understand (P)

comprensivo/a understanding

comprobar (ue) to verify, check; to prove

compuesto/a *p.p.* composed

compulsivo/a compulsive (17)

computación *f.* computer science (P)

computadora computer; **usar una computadora** to use a computer (17)

común common

comunicación *f.* communication; **medios de comunicación** means of communication

comunicarse (qu) *refl.* to communicate

comunicativo/a communicative

comunidad *f.* community

comunista *m., f.* communist

con with (1); **con frecuencia** often (1); **con hielo** with ice (9); **¿con qué frecuencia?** how often? (1); **con quien** with whom

concentrar to concentrate; **concentrarse** *refl.* to be focused

concepto concept

concernir (ie) to concern

concierto concert

concluir (y) to conclude

conclusión *f.* conclusion

concordancia concordance, agreement

concordar (ue) to agree

condensación *f.* condensation

condición *f.* condition

condicional *m. gram.* conditional (*tense*)

condimento condiment (7)

cóndor *m.* condor

conducir *irreg.* to drive (1)

conejo rabbit

conferencia lecture

confesar (ie) to confess

confianza trust; confidence

confidente trustworthy (13)

confirmar to confirm (16)

conflicto conflict

conformidad *f.* conformity

conformista *m., f.* conformist (14)

confrontar to confront

confundir to mix up; to confuse; to mistake

confusión *f.* confusion

congelado/a frozen

congreso congress

conjugar (gu) to conjugate

conmigo with me

connotación *f.* connotation

conocer (zc) to meet; to know (someone) (1)

conocido/a (well-)known

conocimiento knowledge

conquistador(a) conqueror

consecuencia consequence

conseguir (i, i) (g) to get, obtain

consejo advice

conservador(a) conservative (13)

conservar to maintain

consideración *f.* consideration

considerar to consider

consistir en to consist of (12)

consonante *f.* consonant

constantemente constantly

construcción *f.* construction

construir (y) to construct

consultar to consult (17)

consumir to consume

consumo consumption

contabilidad *f.* accounting (P)

contacto contact

contador(a) accountant (17)

contagiado/a contagious; infected

contaminar to contaminate, pollute

contar (ue) to count; to tell; **contar con** to count on; **contar un chiste** to tell a joke (10)

contemporáneo/a contemporary

contenido content

contento/a happy (10); content; **ponerse** *irreg.* **contento/a** to be (get) happy (10)

contestar to answer, reply

contigo with you (*fam.*)

continuación *f.:* **a continuación** following

continuar (continúo) to continue

continuo/a continuous

contra *prep.* against

contrario/a *adj.* contrary; opposite; **al contrario** on the contrary

contrastar to contrast

contraste *m.* contrast; **en contraste** in contrast

contrato contract

contribución *f.* contribution

contribuir (y) to contribute

control *m.* control

controlar to control

controversia controversy

convencer (zc) to convince

conversación *f.* conversation

conversar to converse, chat

convertir (ie, i) to convert; **convertirse** *refl.* to become, turn into; **convertirse en adicto/a** to become addicted (12)

convivir to get together; to live together; to coexist

coordinar to coordinate

copa cup; (wine) glass (8); drink

copia copy

copiar to copy

corazón *m.* heart

corbata tie (16)

cordillera mountain range

corona crown

coronel *m.* colonel

corrección *f.* correction

correcto/a correct

corredor(a) runner, jogger

corregir (i, i,) (j) to correct

correo mail; **correo electrónico** e-mail (1)

correr to run (2); **zapato de correr** running shoe

correspondencia correspondence

corresponder to belong to; to correspond

corrido *Mex.* ballad

corriente *f.* current; *adj. m., f.* current, present; ordinary

corrupción *f.* corruption

corrupto/a corrupt

cortar to cut (8); to cut down; to clip

corte *f.* court; **corte suprema** Supreme Court; *m.* cut, cutting

cortés *inv.* polite

cortesía courtesy

corto/a short; **pantalones** *m. pl.* **cortos** shorts (16)

cosa thing; **es cosa sabida** it is a known fact (5)

coser to sew

cosmopolita *adj. m., f.* cosmopolitan (P)

costa coast

costar (ue) to cost; to be difficult

costumbre *f.* custom, habit (8)

cotidiano/a daily

creación *f.* creation

crear to create

creatividad *f.* creativity

creativo/a creative (13)

crecer (zc) to grow (up)

creciente *adj.* growing

crédito credit; **tarjeta de crédito** credit card

creer (y) to believe (5); **(no) creer que** ___ I (don't) think that ___ (18); **creo que sí** I think so

cretáceo/a Cretaceous

crianza nurturing; breeding

criar (crío) to raise

criminal: justicia criminal criminal justice (P)

criollo/a Creole

crisis *f.* crisis

crítica criticism

criticar (qu) to criticize

crítico/a critical

cromosoma chromosome

cronológico/a chronological

croqueta croquette, fritter

cruce *m.* crossing

crucero cruise ship (16)

crudo/a raw (7)

cruz *f.* cross

cruzar (c) to cross; **cruce la calle** cross the street (15)

cuadra block (*of houses*) (15)

cuadro painting; square; table

cual *rel. pron.* which; who

¿cuál? which? (4); what? (4); **¿cuál es tu nombre?** what's your (*fam.*) name? (P)

cualidad *f.* quality (17)

cualquier *adj.* any

cuando when; **de vez en cuando** from time to time (1)

¿cuándo? when? (1)

cuanto *adv.* as much as; **en cuanto** as soon as (17); **en cuanto a** as for; as to

cuanto/a: unos/as cuantos/as a few

¿cuánto/a? how much?

¿cuántos/as? how many? (P)

cuarenta forty (6)

cuarto room (1); **compañero/a de cuarto** roommate (P); **encerrarse (ie)** *refl.* **(en su cuarto)** to shut one-self up (in one's room) (10); **menos cuarto** quarter to (1); **servicio de cuarto** room service (16); **y cuarto** quarter past (1)

cuarto/a fourth

cuatro four (P); **hotel** *m.* **de cuatro estrellas** four-star hotel (16)

cuatrocientos four hundred (6)

cubano/a Cuban

cubiertos *pl.* silverware (8)

cubrir (*p.p.* **cubierto/a**) to cover

cucaracha cockroach

cuchara spoon (8)

cuchillo knife (8)

cuello neck

cuenco (earthenware) bowl (8)

cuenta bill, check (8); count; **darse** *irreg.* **cuenta (de)** to realize (*some-thing*); **pagar (gu) la cuenta** to pay the bill (3); **tomar en cuenta** to take into account

cuento story; **cuento de hadas** fairy tale

cuerda: saltar a la cuerda to jump rope (11)

cuerno horn; **¿para qué cuernos?** why the heck?

cuero leather (16)

cuerpo body

cuestión *f.* question

cuestionario questionnaire

cuidado care; **¡cuidado!** watch out!, careful!; **tener** *irreg.* **cuidado** to be careful (12)

cuidar to take care of

cuido care, minding

culona: hormiga culona fat-bottomed ant

cultivar to cultivate

cultivo cultivation

cultura culture

cumpleaños *m. s.* birthday

cumplido compliment

cuñado/a brother-in-law, sister-in-law (4)

curación *f.* treatment; recovery; cure

curar to cure

curiosidad *f.* curiosity

curioso/a curious (14), strange

curso course (*of study*); **cursos electivos** elective courses

cuy *m. Andean* guinea pig

cuyo/a whose

D

dado/a que given that

dama lady; **primera dama** First Lady

danza dance

dañino/a harmful (12)

daño danger; **daño físico** physical in-juries (12); **hacer** *irreg.* **daño** to hurt

dar *irreg.* to give (3); **dar asco** to dis-gust; **dar de comer** to feed; **dar una fiesta** to throw (have) a party (11); **dar hambre/sed** to make hungry/thirsty; **dar igual** to be all the same to (*someone*), not to care; **dar la mano** to shake hands; **dar miedo** to frighten; **dar pena** to sad-den; **dar un paseo** to take a walk (2); **dar un paso** to take a step; **dar vuelta** to turn; **darse cuenta (de)** to realize (*something*)

datar de to date from

dato fact; *pl.* data

de *prep.* of, from (P)

debajo (de) *prep.* below; **por debajo** *adv.* underneath

debate *m.* debate

deber *v. + inf.* should, must, ought to (*do something*) (1); **deberse a** to be due to; *n. m.* obligation

debido a due to, because of

debilitar to weaken

década decade (6)

decapitar to decapitate

decidido/a decisive, decided (13)

decidir to decide

decir *irreg.* (*p.p.* **dicho/a**) to say; to tell (3); **es decir** that is; **¿me podría decir** ___? could you tell me ___? (15)

decisión *f.* decision

declaración *f.* declaration

declarar to declare; **declararse** *refl.* to declare oneself

decorativo/a decorative

dedicación *f.* dedication

dedicar (qu) to dedicate; **dedicarse a** *refl.* to dedicate oneself to (17)

dedo finger

deducir (*like* **conducir**) to deduce

defecto defect

defender (ie) to defend

definición *f.* definition

definido/a defined; **artículo definido** *gram.* definite

definir to define

definitivo/a definitive; **en definitiva** once and for all

dejar to leave; **dejar de** + *inf.* to stop (*doing something*); **dejar propina** to leave a tip (8)

del (*contraction of* **de** + **el**) of, from the

delante de *adv.* in front of

delfín *m.* dolphin

delgado/a thin

delicia delicacy

delicioso/a delicious

demanda demand

demás: los/las demás the others

demasiado/a *adv.* too much

demonio: ¿qué demonios? what the heck?

demora delay (16)

demostrar (ue) to demonstrate, show

demostrativo/a demonstrative

dentista *m., f.* dentist

dentro de *adv.* inside; in; within

denunciar to denounce

depender (de) to depend (on)

dependiente *adj.* dependent

deporte *m.* sport; **practicar (qu) un deporte** to practice, play a sport (2)

depreciarse to depreciate

depresión *f.* depression

deprimido/a depressed (10); **sentirse (ie, i) deprimido/a** to feel depressed

derecha right (8); **a la derecha** to the right

derecho *n.* law (17); right; *adv.* straight; **siga derecho** continue (go) straight (15); *adj.* **derecho/a** right

derramar to spill (8)

derrocar (qu) to defeat

desagradable disagreeable, unpleasant

desamparado/a homeless

desaparecer (zc) to disappear
desarrollar to develop
desarrollo development
desayunar to have breakfast (1)
desayuno breakfast (7)
descafeinado/a decaffeinated; **café descafeinado** decaffeinated coffee (9)
descansar to rest (1)
descanso rest
descender (ie) to go down, descend
descomponer (*like* **poner**) to break down
desconectar to disconnect
desconfiado/a distrusting
desconocido *n.* stranger; **desconocido/a** *adj.* unknown
descremado/a skim, lowfat
describir to describe
descripción *f.* description
descriptivo/a descriptive
descubrimiento discovery
descubrir to discover
desde *prep.* since; from
desear to desire
desempeñar to fulfill, carry out
desempleo unemployment; **tasa de desempleo** unemployment rate
deseo desire
desierto desert (11)
desnacionalizar (c) to denationalize, privatize
desnatado/a skim, lowfat
desocupado/a vacant, unoccupied (16)
despedida leave-taking (P)
despedir(se) (i, i) to say good-bye (5)
despejado/a clear; **está despejado** it's clear (*weather*) (2)
despertador *m.* alarm clock
despertar (ie) (*p.p.* **despierto/a**) to wake; **despertarse** *refl.* to wake up (1)
despierto/a *p.p.* awake; **soñar (ue) despierto/a** to daydream
después *adv.* after, afterward (2)
destacable notable
destacar (qu) to stand out
destino destination
destreza skill, ability
destrucción *f.* destruction
desventaja disadvantage (18)
detalle *m.* detail
detective *m., f.* detective
detergente *m.* detergent
determinado/a definite, specific (14)
determinar to determine
detestar to detest, hate
detrás (de) *adv.* behind (15)
detrimento detriment
deuda debt
devolver (ue) to return (*something*)
día *m.* day; **buenos días** good morning (P); **todo el día** all day; **todos los**

días every day (1); **día de fiesta** holiday (11); **día laboral** workday (1); **hoy (en) día** nowadays, today; **menú** *m.* **del día** daily menu (7); **plato del día** daily special (8); **¿qué día es hoy?** what day is today? (1)
diagnóstico diagnosis
diagnóstico/a *adj.* diagnostic
dialectal dialectical
dialecto dialect
diario/a daily
dibujar to draw (11)
dibujo drawing; **dibujo animado** cartoon
diccionario dictionary
diciembre *m.* December (2)
dictador *m.* dictator
diecinueve nineteen
dieciocho eighteen
dieciséis sixteen
diecisiete seventeen
dieta diet
dietético/a *adj.* diet
diez ten
diferencia difference; **a diferencia de** in contrast to
diferente (de) different (from)
difícil difficult
dificultad *f.* difficulty
difundir to diffuse
dinero money; **gastar dinero** to spend money (2)
dinosaurio dinosaur
dios(a) god(dess); **Dios mío** my goodness; **gracias a Dios** thank God
diploma *m.* diploma
dirección *f.* address; direction
directo/a direct; **pensar (ie) de una manera directa** to think in a direct (linear) manner (17)
director(a) director (17)
dirigir (j) to direct; to manage; **capaz de dirigir a otros** able to direct others (13); **dirigirse** *refl.* to address, speak
disciplinado/a disciplined
disco record; **disco compacto** compact disc
discoteca discotheque (2)
discrepancia discrepancy
discreto/a discreet (13)
disculpar to excuse, pardon
discusión *f.* discussion; argument
diseñador(a) designer (17)
diseñar to design
diseño (16)
disfrutar to enjoy
disgusto disagreement
disminución *f.* decrease
disminuir (y) to decrease
disparate *m.* foolish, senseless act
disparo shot
disponer (*like* **poner**) to have available

disponible available
disposición *f.* disposition
distancia distance
distinción *f.* distinction
distinguir (g) to distinguish
distinto/a distinct, different
distraer (*like* **traer**) to distract
distribución *f.* distribution
diversión *f.* diversion, entertainment
divertido/a fun-loving (13); fun
divertir(se) (ie, i) *refl.* to have fun
dividir(se) to divide
divorciado/a divorced
divorciarse to divorce
divorcio divorce
doblar to turn; **doble a la izquierda** turn left (15)
doble double
doce twelve (P)
dócil docile (14)
doctor(a) doctor
doctrina doctrine
documental documentary (*film*)
dólar *m.* dollar
dolor *m.* pain, ache; (**tener** *irreg.*) **dolor de cabeza** (to have a) headache; (**tener** *irreg.*) **dolor de estómago** (to have a) stomachache
doméstico/a domestic; household; **animal** *m.* **doméstico** domestic animal, pet; **quehacer** *m.* **doméstico** household chore; **tarea doméstica** household chore
domicilio home; **servicio a domicilio** home delivery (8)
dominar to dominate
domingo Sunday (1); **domingo pasado** last Sunday
dominicano/a *n., adj.* Dominican; *n.* **República Dominicana** Dominican Republic
dominio dominion
don *m. title of respect before a man's first name;* talent; **tener** *irreg.* **don de gentes** to have a way with people (17); **don de mando** talent for leadership (13)
donativo *m.* donation
donde where
¿dónde? where?; **¿de dónde eres tú / es usted?** where are you from? (P); **¿dónde queda _____?** where is _____? (15)
donjuan *m.* libertine man
dorado/a golden
dormir (ue, u) to sleep (1); **dormirse** *refl.* to fall asleep (3)
dormitorio bedroom
dos two (P); **a las dos** at two o'clock (1); **dos veces** twice; **son las dos** it's two o'clock (1); **los/las dos** *pron.* both
doscientos two hundred (6)

dragón *m.* dragon
drama *m.* drama
dramático/a dramatic
drástico/a drastic
droga drug
ducha shower; **con ducha** with a shower (16)
ducharse *refl.* to shower, take a shower
duda doubt (18); **sin duda** without a doubt
dudar to doubt (18)
dudoso/a doubtful; **es dudoso que...** it's doubtful that (18)
dulce *n. m.* candy (7); *adj.* sweet (7)
duplicar (qu) to duplicate
durante during (1)
durar to last
duro/a hard

E

e and (*used instead of* **y** *before words beginning with* **i** *or* **hi**)
echar to throw; **echar de menos** to miss (*someone, something*)
ecológico/a ecological
economía *s.* economics (P); economy
económico/a economic; inexpensive
ecoturismo ecotourism
ecuación *f.* equation
ecuatoriano/a Ecuadorean
edad *f.* age (6); **la Edad Media** Middle Ages
edición *f.* edition
edificio building
educación *f.* education; **educación física** physical education (P); **tener** *irreg.* **buena educación** to be well-mannered (8)
educado/a educated; well-mannered, polite (8)
educar (qu) to educate
educativo/a educational
EE.UU. (Estados Unidos) United States
efecto effect; **efecto invernadero** greenhouse effect
efectuar (efectúo) to carry out
eficiencia efficiency
eficiente efficient
egocéntrico/a egocentric
egoísta egotistical, self-centered (13)
ejecutivo/a executive
ejemplo example; **por ejemplo** for example
ejercer (z) to exercise (*one's rights*); to practice (*a profession*)
ejercicio exercise; **hacer** *irreg.* **ejercicio** to exercise (1); **hacer ejercicio aeróbico** to do aerobics (1)
ejército army; **EZLN: Ejército Zapatista de Liberación Nacional** Zapatista National Liberation Army

el *m. s.* the (P)
él *m. sub. pron.* he (P); *obj. of prep.* him
elaboración *f.* production
elaborar to produce
elástico/a flexible
elección *f.* election; choice
electivo: cursos electivos elective courses
electricidad *f.* electricity
electrónico/a electronic; **correo electrónico** e-mail (1)
elegancia elegance
elegante elegant
elegir (i, i) (j) to elect; to choose
elemento element
eliminar to eliminate
ella *f. sub. pron.* she (P); *obj. of prep.* her
ello *neuter pron.* it
ellos/as *sub. pron.* they; *obj. of prep.* them
elogiado/a praised
embargo: sin embargo however, nevertheless
embarque *m.*: **tarjeta de embarque** boarding pass
emborracharse *refl.* to get drunk
embriagado/a intoxicated, drunk
embrión *m.* embryo
emigración *f.* emigration
emigrar to emigrate
emitir to emit
emoción *f.* emotion
emocional emotional
emparejar to match
emperador *m.* swordfish (7)
empezar (ie) (c) to begin (3)
empleado/a *n.* employee; *adj.* employed
emplear to employ, to use
empleo employment, job
emprendedor(a) enterprising, aggressive (17)
empresa company; **administración** *f.* **de empresas** business administration (P)
empujar to push
encantador(a) charming (13)
encantar to delight, to be extremely pleasing (7); **me encanta(n)** I love
encerrarse (ie) to shut or lock in; **encerrarse** *refl.* **(en su cuarto)** to shut oneself up (in one's room) (10)
enciclopedia encyclopedia
encima: por encima on top
encontrar (ue) to find; to meet
encuesta survey; poll
enemigo/a *n., adj.* enemy
energía energy; **energía nuclear** nuclear energy; **energía solar** solar energy
enérgico/a energetic
enero January (2)
enfadado/a angry (10); **ponerse** *irreg.* **enfadado/a** to be (get) angry (10)

enfadar to anger; **enfadarse** *refl.* to get angry
énfasis *m.* emphasis; **poner** *irreg.* **énfasis** to emphasize
enfermedad *f.* illness
enfermería nursing (P)
enfermero/a nurse (17)
enfermo/a ill, sick
enfocarse (qu) to focus
enfoque *m.* focus
enfrentar to confront, face
enfrente (de) in front of (15)
engañar to deceive
engordar to be fattening
enlatado/a canned
enmohecido/a mildewed
enojado/a angry (10); **estar** *irreg.* **enojado/a** to be angry (10)
enojarse *refl.* to get angry (10)
enojo anger
enorme enormous
ensalada salad (7); **ensalada mixta** mixed, tossed salad
ensayar to try
ensayista *m., f.* essayist
ensayo essay
enseñanza teaching
enseñar to teach
ensimismado/a lost in thought
entender (ie) to understand (1); **no entiendo** I don't understand (P)
entero/a entire, whole
entidad *f.* entity
entomología entomology
entonces *adv.* then, next (*in a series*)
entrada entrance
entrar to enter
entre *prep.* between, among
entregar (gu) to give, hand over; **entregarse** *refl.* **(a)** to devote oneself (to)
entrenamiento training
entrenar(se) to train
entrevista interview
entrevistado/a person interviewed
entrevistador(a) interviewer
entrevistar to interview
entusiasmarse *refl.* to be enthused
enviar (envío) to send (1)
envidia: tener *irreg.* **envidia** to be envious
época epoch; age; time (*period*) (6)
equilibrado/a balanced (13)
equipaje *m.* luggage (16); **facturar el equipaje** to check the luggage (16)
equipo team; equipment
equivalencia *n.* equivalent
equivocarse (qu) to make a mistake; to be wrong
error *m.* error, mistake
escala scale; **hacer** *irreg.* **escala** to make a stop (*on a flight*) (16)
escalar montañas to mountain climb (11)

escapar to escape
escarabajo beetle
escaso/a scarce
escena scene
esclavo/a slave
escoger (j) to choose
escolar *adj.* school
esconder to hide
escribir (*p.p.* **escrito/a**) to write (1);
escribir a máquina to type; **escribir la tarea** to write the assignment;
máquina de escribir typewriter
escrito/a *p.p.* written
escritor(a) writer
escrupuloso/a scrupulous, particular
escuadrón *m.* squadron; **escuadrón de la muerte** death squad
escuchar to listen (to) (1); **escuchar la radio** to listen to the radio
escuela school; **escuela secundaria** secondary school, high school
escultor(a) sculptor (17)
escultura sculpture
ese/a *adj.* that (P)
ese/a *pron.* that one
esfuerzo effort
eso that, that thing, that fact; **por eso** therefore, that's why
esos/as *adj.* those (P)
esos/as *pron.* those ones
espacial spatial
espacio space, blank
espaguetis *m. pl.* spaghetti (7)
espantoso/a scary (P)
España Spain
español *m.* Spanish (*language*); **hablar español** to speak Spanish (P)
español(a) *n.* Spaniard; *adj.* Spanish; **de habla española** Spanish-speaking
especial special; **en especial** especially
especialidad *f.* specialty
especialización *f.* major (P)
especializarse (c) (en) to specialize (in); to major (in)
especie *f.* species
específico/a specific
espectacular spectacular
espejo mirror
espera: sala de espera waiting room (16)
esperanza hope; **esperanza de vida** life expectancy
esperar to expect; to hope; to wait (for)
espinacas *f. pl.* spinach (7)
espíritu *m.* spirit
espiritual spiritual
espléndido/a splendid
esposo/a husband, wife (4); **esposos** *m. pl.* married couple (4)
esquema *m.* chart, outline
esquí *m.* skiing
esquiar (esquío) to ski (11); **esquiar en el agua** to water ski (11); **esquiar en las montañas** to snow ski (11)

estable *adj.* stable
establecer (zc) to establish
establecimiento establishment; settling place
estación *f.* season (2); station (16)
estadio stadium
estadística statistic; statistics
estado state; **estado de ánimo** state of mind (10)
Estados Unidos United States
estadounidense *n. m., f.* American; *adj. of or from the United States*
estanco monopoly
estándar (*or* **estándard**) standard
estar *irreg.* to be (3); **está claro** it's clear (5); **está despejado** it's clear (*weather*) (2); **está lloviendo** it's raining (2); **está nevando** it's snowing; **está nublado** it's cloudy (2); **estar aburrido/a / asustado/a / cansado/a / enojado/a / nervioso/a / tenso/a** to be bored/afraid/tired/angry/nervous/tense (10); **estar de acuerdo** to agree; **estar de buen/mal humor** to be in a good/bad mood (10); **estar listo/a (para)** to be ready (for); **estar de vacaciones** to be on vacation
estatua statue
estatura height (5); **de estatura mediana** of medium height (5); **¿qué estatura es?** how tall is he/she/you (*form.*)? (5)
estatus status
este *m.* east (15)
este/a *adj.* this (P); **esta noche** tonight
este/a *pron.* this one
estereotípico/a stereotypical
estereotipo stereotype
estilo style
estimado/a esteemed
estimarse *refl.* to have a high opinion of oneself
estimular to stimulate
esto this, this thing, this matter
estofado/a stewed
estómago stomach; **tener** *irreg.* **dolor de estómago** to have a stomachache
estornudar to sneeze
estrella star; **hotel de cuatro estrellas** four-star hotel (16)
estrés *m.* stress
estructura structure
estructurado/a structured
estructural structural
estudiante *m., f.* student (P); **soy estudiante de** _____ I am a(n) _____ student
estudiantil *adj.* student; **residencia estudiantil** student dormitory
estudiar to study (1); **estudio** I am studying _____ (P); **¿qué estudias?** what are you studying (P)
estudio *n.* study

estudioso/a studious
etapa stage
etimología etymology
étnico/a ethnic
Europa Europe
europeo/a *n., adj.* European
evaluar (evalúo) to evaluate
evento event
evidencia evidence
evidente evident (5)
evitar to avoid; **tendencia a evitar riesgos** tendency to avoid risks (13)
exacerbar to exacerbate
exacto/a *adj.* exact; *adv.* exactly
exagerado/a exaggerated
examen *n.* test (P); **tener** *irreg.* **un examen** to take a test (3)
examinar to examine
excelente excellent
excéntrico/a eccentric
excepción *f.* exception
excepcional exceptional
excepto *adv.* except
exceso excess
exclamar to exclaim
excluir (y) to exclude
exclusivo/a exclusive
excusa excuse
exhibición *f.* exhibition
exiliado/a *n., adj.* exiled
existencia existence
éxito success; **tener** *irreg.* **éxito** to be successful
exótico/a exotic
expediente transcript
experiencia experience
experimental experimental
experimentar to experience; to experiment
experimento experiment
experto/a *n., adj.* expert
explicación *f.* explanation
explicar (qu) to explain
exploración *f.* exploration
explorar to explore
explosivo/a explosive
exportación *f.* exportation
exportar to export
exposición *f.* exposition
expresar to express; **expresarse** *refl.* **claramente** to express oneself clearly (17)
expresión *f.* expression (P)
expropiado/a expropriated
extendido/a extended; **familia extendida** extended family (4)
extensión *f.* extension
extenuar (extenúo) to tire
externo/a external
extinción *f.* extinction
extinguirse (g) to become extinct
extra *inv.* extra
extracción *f.* extraction

extraer (*like* **traer**) to extract
extranjero abroad (16); **extranjero/a** *n.* foreigner; *adj.* foreign; **idioma** *m.* **extranjero** foreign language (P); **lengua extranjera** foreign language (P)
extraño/a strange
extraordinario/a extraordinary
extravagante extravagant
extroversión *f.* extroversion
extrovertido/a extroverted (5)
EZLN: Ejército Zapatista de Liberación Nacional Zapatista National Liberation Army

F

fábrica factory
fabricación *f.* manufacture
fabricar (qu) to manufacture, make
fabuloso/a fabulous
fachada facade
fácil easy
factor *m.* factor
facturar el equipaje to check the luggage (16)
falda skirt (16)
falso/a false
falta lack
faltar to be missing, lacking (10); to be absent; **faltar a** to miss, not go to
fama fame; **tener** *irreg.* **fama de** to have a reputation for
familia family; **familia extendida** extended family (4); **familia nuclear** nuclear family (4)
familiar *n. m.* relative; *adj.* familiar, pertaining to a family
famoso/a famous (P)
fanático/a fan; fanatic
fantástico/a fantastic
farmacéutico/a pharmacist (17)
farmacia pharmacy (17)
fascinante fascinating
fascinar to fascinate
fatal fatal; awful
fauna fauna
favor *m.* favor; **a favor de** in favor of; **por favor** please (P)
favorito/a favorite (P)
faxear to send a fax
febrero February (2)
fecha (*calendar*) date
fechoría villainy, misdeed
fecundación *f.* fertilization
feliz (*pl.* **felices**) happy (5)
femenino/a feminine
fenómeno phenomenon
feo/a ugly (5)
fermentación *f.* fermentation
feroz (*pl.* **feroces**) ferocious
ferroníquel *m.* ferronickel
fertilizante *m.* fertilizer

festival *m.* festival
festividades *pl.* festivities
fibra fiber; **telas de fibras naturales** natural fabrics (16)
ficción *f.* fiction; **ciencia ficción** science fiction
ficticio/a ficticious
fideo noodle
fiesta party (2); **dar** *irreg.* / **hacer** *irreg.* **una fiesta** to throw (have) a party (11); **día** *m.* **de fiesta** holiday (11)
figura figure
figurar to figure, appear
figurativo/a figurative
figurilla figurine
figurina figurine
fijarse to notice
fijo/a fixed
Filipinas Philippines
filosofía philosophy (P)
filosófico/a philosophical
fin *m.* end; **al fin y al cabo** in the end, when all is said and done; **en fin** finally; **fin de semana** weekend (1); **fin de semana pasado** last weekend (3); **por fin** finally
final *m.* end; **al final (de)** at the end (of); *adj.* final
finalista *m., f.* finalist
financiar to finance
financiero/a financial
fino/a fine
firma signature
firmar to sign
firmeza firmness, stability
física physics (P)
físicamente fuerte physically strong (17)
físico/a *n.* physicist (17); *adj.* physical; **característica física** physical characteristic, trait (5); **castigo físico** corporal punishment; **daño físico** physical injuries (12); **educación** *f.* **física** physical education (P); **rasgo físico** physical trait; **terapia física** physical therapy (17)
fisiología physiology
flamenco *a musical and dance form from the region of Andalusia in Spain*
flan *m.* baked custard (7)
flexibilidad *f.* flexibility
flexible flexible
flor *f.* flower
flora flora
fobia phobia
folclor folklore
folklórico/a folkloric
folleto pamphlet
fomentar to encourage
forma form; way; **de todas formas** in any case; **en forma** in shape
formación *f.* formation; training, education
formal formal

formar to form
fórmula formula
formular to formulate
formulario form
foro forum
fósil *m.* fossil
foto(grafía) *f.* photo(graph); **sacar (qu) fotos** to take pictures (16)
fotógrafo/a photographer (17)
fracaso failure
fragmento fragment
francés *m.* French (*language*) (P)
francés, francesa *n.* Frenchman, Frenchwoman; *adj.* French
Francia France
franquicia exemption
frase *f.* phrase; sentence
frecuencia frequency; **con frecuencia** often (1); **¿con qué frecuencia?** how often? (1)
frecuentar to frequent
frecuente frequent
frecuentemente frequently (1)
freír (i, i) to fry
frente *prep.* in front of; **frente a** facing; compared with
fresa strawberry (7)
fresco/a fresh (7); cool; **hace fresco** it's cool (*weather*) (2)
frijol *m.* bean (7)
frío cold (9); **bien frío** very cold (9); **hace (mucho) frío** it's (very) cold (*weather*) (2)
frito/a *p.p.* fried; **huevo frito** fried egg (7); **papas fritas** *Lat. Am.* potato chips (7); French fries; **patatas fritas** *Sp.* potato chips (7); French fries
frívolo/a frivolous (14)
frontera border
frustrar to frustrate
fruta fruit (7)
fuente *f.* source; fountain
fuera (de) *adv.* outside (of)
fuerte strong; **físicamente fuerte** physically strong (17); **licor** *m.* **fuerte** hard alcohol (9)
fuerza strength; force; **fuerzas armadas** armed forces
fumar to smoke (9); **sección** *f.* **de (no) fumar** (no) smoking section (16)
función *f.* function
funcionamiento *n.* functioning, operation
funcionar to function, work
fundamento foundation
funeral *m.* funeral
furioso/a furious
fútbol *m.* soccer; **fútbol americano** football; **jugar (ue) (gu) al fútbol** to play soccer (2); **jugar (ue) (gu) al fútbol americano** to play football (2)
futuro *n.* future
futuro/a *adj.* future

G

Galápagos: Islas Galápagos Galapagos Islands

Galicia *region in northwest Spain*

gallego *m.* Galician (*language*)

gallego/a *n., adj.* Galician

galleta cookie (7)

gallina hen

gallo rooster

gamba *Sp.* shrimp

gana desire, wish; **tener** *irreg.* **ganas de** + *inf.* to feel like (*doing something*)

ganar to earn; to win; **ganar peso** to gain weight; **ganarse la vida** to support oneself (*financially*)

garantía guarantee

gasolina gasoline

gastar (dinero) to spend (money) (2)

gasto expense

gastronomía gastronomy

gastronómico/a gastronomical

gato/a cat

gaucho *cowboy of the pampas in Argentina*

gelatina gelatin

gemelo/a *n., adj.* twin (4)

gen *m.* gene

genealógico: árbol *m.* **genealógico** family tree

generación *f.* generation

general general; **en general** in general; **por lo general** generally

generalizar (c) to generalize

generalmente generally (1)

género gender; genre

genética *n.* genetics

genético/a genetic; **herencia genética** genetic inheritance

genio temper; mood; **tener** *irreg.* **mal genio** to have a bad temper

gente *f. s.* people (6); **tener** *irreg.* **don de gentes** to have a way with people (17)

geografía geography (P)

geográfico/a geographical

geométrico/a geometric

gerente *m., f.* manager (17)

gerundio gerund

gesto gesture

gigante *n. m.* giant; *adj.* gigantic, huge

gimnasio gymnasium

gitano/a *n., adj.* Gypsy

glamoroso/a glamorous

globalización *f.* globalization

gnomo gnome

gobernado/a governed

gobernador(a) governor

gobernar to govern

gobierno government (17)

golf *m.* golf; **jugar (ue) (gu) al golf** to golf (11)

golondrina swallow

golpe *m.* blow

gordo/a fat (5)

gorila *m.* gorilla

gótico/a Gothic

gozar (c) to enjoy, have

gracia humor; **hacerle** *irreg.* **gracia a uno** to strike someone as funny (11); **tener** *irreg.* **gracia** to be funny, charming (11)

gracias thank you, thanks (P); **gracias a Dios** thank God

gracioso/a funny, amusing (11)

grado grade, degree

graduado/a: recién graduado recent graduate

graduarse *refl.* **(me gradúo) (de)** to graduate (from)

gráfico *n.* graphic

gráfico/a *adj.* graphic

gramática grammar

gramatical grammatical

gran, grande big (5); impressive, great; **el/la menos grande** the smallest (5); **menos grande (que)** smaller (than) (5)

granja farm

granjero/a farmer (17)

grasa fat (7)

gratis *inv.* free

grave serious (12)

Grecia Greece

gregario/a gregarious (5)

griego *n.* Greek (*language*)

griego/a Greek (*person*)

grifo faucet

gringo/a *n., adj.* American (*often pejorative*)

gris gray

gritar to shout (10)

grupo group

gua gua *f.* baby (*male or female*)

guano fertilizer

guapo/a handsome, pretty

guaraní Guarani (*an indigenous language*)

guardar to keep; **guardar silencio** to keep quiet

guardia guard

guatemalteco/a *n., adj.* Guatemalan

guerra war; **guerra civil** civil war

guerrero/a warrior

guerrillero/a guerilla

guiado/a guided

guiarse *refl.* **(me guío)** to be guided

guisante *m.* pea (7)

guitarra guitar; **tocar (qu) la guitarra** to play the guitar (1)

gusano worm

gustar to be pleasing; **no me gusta(n) ____** I don't like ____ (P); **sí, me gusta(n) ____** yes, I like ____ (P); **¿te gusta(n) ____?** do you like ____? (P); **no, no me gusta(n) para nada** no, I don't like it (them) at all (P)

gusto taste, preference (7); **al gusto** according to taste; **mucho gusto** pleased to meet you (P)

H

ha (*aux.*) has/have + *p.p.*

haber *irreg.* to have (*aux.*)

hábil para las matemáticas good at math (17)

habilidad *f.* ability (17); **habilidad manual** ability to work with one's hands (17)

habitación *f.* room (16); **habitación con baño privado** room with a private bath (16); **habitación con ducha** room with a shower (16)

habitante *m., f.* inhabitant

habitar to inhabit; to live

hábitat *m.* (*pl.* **hábitats**) habitat

hábito habit; **hábito de comer** eating habit (7)

habitué *n. m., f.* regular; habitual customer

habla *n. f.* (*but* **el habla**) language; **de habla española** Spanish-speaking

hablador(a) talkative (13)

hablante *m., f.* speaker

hablar to speak (1); **hablar español** to speak Spanish (P); **hablar otro idioma** to speak another language (17); **hablar por teléfono** to talk on the telephone (1)

hacendado landed property owner

hacer *irreg.* (*p.p.* **hecho/a**) to do (1); to make (1); **hace** + *time* ____ ago (3); **hace buen/mal tiempo** the weather's good/bad (2); **hace (mucho) calor/frío** it's (very) hot/cold (*weather*) (2); **hace fresco** it's cool (*weather*) (2); **hace sol** it's sunny (2); **hace unos años** a few years ago; **hace varios meses** several months ago; **hace viento** it's windy (2); **hacer autostop** to hitchhike (16); **hacer camping** to go camping (11); **hacer cola** to stand in line (16); **hacer compañía** to keep company; **hacer daño** to hurt; **hacer ejercicio** to exercise (1); **hacer ejercicio aeróbico** to do aerobics (1); **hacer escala** to make a stop (*on a flight*) (16); **hacer la cama** to make the bed; **hacer la maleta** to pack one's suitcase (16); **hacer la tarea** to do the homework/assignment; **hacer las compras** to go shopping; **hacer memoria** to try to remember; **hacer preguntas** to ask questions (4); **hacer reír** to make laugh (11); **hacer ruido** to make noise (10); **hacer un viaje** to take a trip (16); **hacer una fiesta** to throw (have) a party; **hacer yoga** to do yoga (11); **hacerle gracia a uno** to strike someone as funny (11); **no hacer nada** to do nothing (2); **¿qué carrera haces?** what's your major? (P); **¿qué tiempo hace?** what's the weather like? (2)

hacia *prep.* toward

hada *f.* (*but* **el hada**) fairy; **cuento de hadas** fairy tale

hamaca hammock

hambre *f.* (*but* **el hambre**) hunger; **dar** *irreg.* **hambre** to make hungry; **tener** *irreg.* **hambre** to be hungry (7)

hamburguesa hamburger (7)

han (*aux.*) have + *p.p.*

hasta *adv.* even; *prep.* until; **hasta mañana** see you tomorrow (P); **hasta pronto** see you soon (P); **hasta que** until (17); **hasta (muy) tarde** until (very) late (2)

hay there is, there are (P); **hay que** it's necessary to (8)

hazaña deed

hecho fact; deed; reason; **de hecho** in fact

hecho/a *p.p.* made, done

helado ice cream (7)

helado/a *p.p.* frozen; iced; **té** *m.* **helado** iced tea (9)

hemisferio hemisphere

hemofilia hemophilia

herbívoro herbivore

heredar to inherit

hereditario/a hereditary

herencia inheritance; **herencia genética** genetic inheritance

herida wound, injury (12)

herir (ie, i) to wound (12)

hermanastro/a stepbrother, stepsister (4)

hermano/a brother, sister (4); *pl.* brothers and sisters, siblings (4); **medio/a hermano/a** half brother, half sister (4)

hidalgo nobleman

hielo ice; **con hielo** with ice (9); **sin hielo** without ice (9)

hierba herb; **té** *m.* **de hierbas** herbal tea (9)

hígado liver

hijo/a son, daughter (4); *pl.* children; **hijo/a único/a** only child; **hijo/a adoptivo/a** adopted child

hilaza yarn

himno nacional national anthem

hipotético/a hypothetical

hispánico/a Hispanic

hispano/a Hispanic

Hispanoamérica Latin America

hispanoamericano/a *n., adj.* Latin American

hispanohablante *m., f.* Spanish speaker; *adj.* Spanish-speaking

historia history (P); story

histórico/a historical

hogar *m.* home

hoja sheet (*of paper*); leaf

hola hello (P)

hombre *m.* man; **hombre de negocios** businessman (17)

honestidad *f.* honorableness, honesty

honesto/a upright, honorable, honest

honorable honorable, honest

hora hour; time; **¿a qué hora?** at what time? (1); **hora límite** time limit; **¿qué hora es?** what time is it? (1)

horario schedule

hormiga ant; **hormiga culona** fat-bottomed ant

hormona hormone

horno: al horno baked (7)

horóscopo horoscope; **horóscopo chino** Chinese horoscope

hospital *m.* hospital

hotel *m.* hotel; **hotel de cuatro estrellas** four-star hotel (16); **hotel de lujo** luxury hotel (16)

hoy *adv.* today (1); **hoy (en) día** nowadays, today; **hoy es ____** today is ____ (1); **¿qué día es hoy?** what day is today? (1)

huele a it smells like

hueso bone

huésped(a) guest (16)

huevo egg (7); **huevo frito** fried egg (7); **huevo revuelto** scrambled egg (7)

huir (y) to flee

humanidad *f.* humanity; *pl.* humanities (P)

humano/a human; **raza humana** human race; **ser** *m.* **humano** human being

humedad *f.* humidity

húmedo/a humid

humilde humble (13)

humor *m.* humor; mood; **estar** *irreg.* **de buen/mal humor** to be in a good/bad mood (10)

I

ida: boleto/billete *m.* **de ida** one-way ticket (16); **boleto/billete** *m.* **de ida y vuelta** round-trip ticket (16)

idea idea; **(muy) buena idea** a (very) good idea (8); **cambiar de idea** to change one's mind

ideal *n. m.* ideal; *adj. m., f.* ideal

idealista *n. m., f.* idealist; *adj. m., f.* idealistic

idéntico/a identical

identidad *f.* identity

identificar (qu) to identify

ideología ideology

idioma *m.* language (P); **hablar otro idioma** to speak another language (17); **idioma extranjero** foreign language (P)

iglesia church; **ir** *irreg.* **a la iglesia** to go to church (2)

igual equal, same; **dar** *irreg.* **igual** to be all the same to (*someone*), not to care; **por igual** equally, the same (P)

igualmente likewise (P)

ilógico/a illogical

iluminación *f.* illumination

imagen *f.* image

imaginación *f.* imagination

imaginar to imagine

imaginativo/a imaginative

imitar to imitate

impaciente impatient

impacto impact

imperfecto *gram.* imperfect (*tense*)

imperio empire

impersonal impersonal

impetuoso/a impetuous

implicar (qu) to implicate

imponer (*like* **poner**) to impose (5)

importación *f.* importation

importancia importance

importante important

importar to be important (7); to matter (7); to import; **importar un comino** not to matter at all

imposible impossible

imprescindible essential (8)

impresión *f.* impression

impresionante impressive

impresionar to impress

imprimir to print

impuesto tax

impulsividad *f.* impulsiveness

impulsivo/a impulsive

impulso impulse

inapropiado/a inappropriate

inca *n. m., f.* Inca; *adj.* Incan

incendio fire

incesante incessant

incidencia incidence

incierto/a uncertain (14)

inclinación *f.* inclination

inclinado/a inclined

incluir (y) to include

inclusive including

incluso *adv.* even

inconformidad *f.* nonconformity

incontrolable uncontrollable

incorporar to incorporate; **incorporarse** *refl.* to join

incorrecto/a incorrect

incrementar to increase

indeciso/a indecisive (13)

indefinido/a indefinite

independencia independence

independiente independent

independizarse (c) *refl.* to become independent

India India

indicación *f.* indication

indicar (qu) to indicate

indicativo *gram.* indicative (*mood*)

indiferente indifferent (14)

indígena *n. m., f.* indigenous person; *adj. m., f.* indigenous

indirecto/a indirect

indispensable indispensable, essential

individual *adj.* individual

individualista individualistic (14)

individuo *n.* individual

indudable without a doubt (5)

indumentaria apparel

industria industry

inesperado/a unexpected

inestabilidad *f.* instability

inevitable unavoidable

infancia infancy; childhood

infante/a *any son or daughter of a king of Spain or Portugal, except the eldest*

infierno hell

infinitivo *gram.* infinitive

inflado/a inflated

influencia influence

influido/a influenced

influir (y) to influence

información *f.* information

informar to inform

informática computer science (P)

informe *m.* report

ingeniería engineering (P)

ingeniero/a engineer (17)

ingenioso/a ingenious, clever

ingenuo/a naive (13)

ingerir (ie, i) to ingest, eat

Inglaterra England

inglés *m.* English (*language*) (P)

inglés, inglesa *adj.* English

ingrato/a ungrateful

ingrediente *m.* ingredient

ingreso income

iniciar to initiate

iniciativa initiative

injusticia injustice

inmediato/a immediate

inmenso/a immense

inmigración *f.* immigration

inmigrante *m., f.* immigrant

inmigrar to immigrate

inmortalidad *f.* immortality

inmunología immunology

innato/a innate

innecesario/a unnecessary

inocente innocent

inquieto/a restless (13)

insatisfacción *f.* dissatisfaction

inscribir (*p. p.* **inscrito/a**) to enroll in

inscripción *f.* enrollment

insecto insect

inseguro/a insecure (13)

insensible insensitive (13)

insincero/a insincere (P)

insistir to insist

insomnio insomnia

inspeccionar to inspect

inspirar to inspire

instantánea *n.* snapshot

instante *m.* instant

instintivo/a instinctive

instinto instinct

institución *f.* institution

instituto institute

instrucción *f.* instruction; *pl.* directions

instrumento instrument

insultar to insult

integral: pan *m.* **integral** whole-wheat bread (7)

integrar to integrate

íntegro/a honorable (17)

intelectual intellectual

inteligencia intelligence

inteligente intelligent (P)

intención *f.* intention

intensidad *f.* intensity

intenso/a intense

intentar to try, attempt

intento attempt

interacción *f.* interaction

intercambiar to exchange

intercambio exchange

interés *m.* interest

interesante interesting (P)

interesar to interest, be interesting (7)

internacional international

interno/a internal

interpretación *f.* interpretation

interrumpir to interrupt

íntimo/a close

intricado/a intricate

introducción *f.* introduction

introducir (*like* **conducir**) to introduce, bring in; to put (into)

introvertido/a introverted

inundación *f.* flood

inventar to invent

invento invention

invernadero: efecto invernadero greenhouse effect

invernal *adj.* winter; **síndrome** *m.* **invernal** winter syndrome (*depression*)

inversión *f.* investment

inversionista *m., f.* investor

invertido/a invested

investigación *f.* investigation

investigador(a) investigator

investigar (gu) to investigate

invierno winter

invitado/a *n.* guest

invitar to invite; to treat (pay) (8)

involucrado/a involved

involuntariamente involuntarily

ir *irreg.* to go; **ir a la iglesia** to go to church (2); **ir al cine** to go to the movies; **ir al teatro** to go to the theater (11); **ir de compras** to go shopping (1)

irritado/a irritated

irritarse to be (get) irritated (10)

isla island; **Islas Baleares** Balearic Islands; **Islas Galápagos** Galapagos Islands

Italia Italy

italiano *n.* Italian (*language*) (P)

italiano/a *n., adj.* Italian

itinerario itinerary

izquierda *f.* left; **doble a la** izquierda turn left (15)

izquierdo/a left (8)

J

¡ja! ha!

jabón *m.* soap

jactarse (de) *refl.* to boast, brag (about)

jacuzzi *m.* jacuzzi; **bañarse** *refl.* **en un jacuzzi** to bathe in a jacuzzi (11)

jaguar *m.* jaguar

jamás never (2)

jamón *m.* ham (7); **jamón serrano** *cured Spanish ham*

Jánuca *m.* Hanukkah

Japón *m.* Japan

japonés *m.* Japanese (*language*) (P)

japonés, japonesa *n., adj.* Japanese

jardín *m.* garden; yard; **trabajar en el jardín** to garden (11)

jarra pitcher (8)

jefe/a boss (17)

jerarquía hierarchy

jerez *m.* (*pl.* **jereces**) sherry

jirafa giraffe

jitomate *m. Mex.* tomato

joven *n. m., f.* young person; *adj.* young (5)

joyería jewelry store

jubilado/a retired

jubilarse *refl.* to retire

judía bean; **judía verde** green bean (7)

juego game

jueves Thursday (1)

jugador(a) player (17)

jugar (ue) (gu) to play (*sports*) (1); **jugar a los naipes** to play cards (11); **jugar a los videojuegos** to play video games (3); **jugar al basquetbol** to play basketball (10); **jugar al béisbol** to play baseball (10); **jugar al boliche** to bowl (10); **jugar al fútbol** to play soccer (2); **jugar al fútbol americano** to play football (2); **jugar al golf** to golf (11); **jugar al tenis** to play tennis (10); **jugar al voleibol** to play volleyball (11)

jugo juice (7); **jugo de limón** lemon juice; **jugo de manzana** apple juice (9); **jugo de naranja** orange juice (7); **jugo de tomate** tomato juice (9); **jugo de toronja** grapefruit juice

juicio judgment, sanity: **perder el juicio** to lose one's mind; **recobrar el juicio** to recover one's sanity

julio July (2)

junio June (2)

junto *adv.* near; **junto con** together with

junto/a *adj.* together

justicia justice; **justicia criminal** criminal justice (P)

justo/a just, fair (14)

juzgar (gu) to judge

K

kilo kilogram

kilómetro kilometer

L

la *f. s.* the; *d.o. f. s.* you (*form.*); her; it

labio lip

laboral *adj.* labor; work; **día laboral** workday (1)

laboratorio laboratory (1)

labrar to work

lacio/a straight (*hair*) (5)

lácteo/a: producto lácteo dairy product (7)

lado side; **al lado (de)** next to, alongside (15); **por otro lado** on the other hand; **por un lado** on the one hand

ladrar to bark

lago lake (11)

lágrima tear

lámpara lamp

lana wool (16)

las *f. pl.* the; *d.o. f. pl.* you (*form.*); them

latino/a Hispanic; Latin

Latinoamérica Latin America

latinoamericano/a *n., adj.* Latin American

lavabo bathroom sink

lavar to wash; **lavar la ropa** to wash clothes (2); **lavar los platos** to wash the dishes (8)

lazo tie (*link*)

le *i.o. s.* to/for him, her, it, you (*form.*)

leal loyal (13)

lección *f.* lesson

leche *f.* milk (7); **café** *m.* **con leche** coffee with milk (7); **leche semidescremada** 2% milk

lechuga lettuce (7)

lector(a) reader (*person*)

lectura *n.* reading

leer (y) to read (1)

legalización *f.* legalization

legalizar (c) to legalize

legislatura legislature

legumbre *f.* vegetable

lejano/a faraway; remote, distant

lejos (de) far away (from) (15)

lengua tongue; language; **lengua extranjera** foreign language (P)

lenguado sole (*fish*)

lenguaje *m.* language

lentamente *adv.* slowly

lenteja lentil (7)

león, leona lion, lioness

les *i.o. pl.* to/for you (*form.*); them

lesión *f.* wound, injury (12)

letargo lethargy

letra letter; handwriting; lyrics; *pl.* letters (*humanities*) (P)

levantamiento de pesas weightlifting

levantar to raise; to lift; **levantar la mesa** to clear the table (8); **levantar pesas** to lift weights (10); **levantarse** *refl.* to get up (1)

léxico/a lexical

ley *f.* law

leyenda legend

liberación *f.* liberation

libertad *f.* liberty

libertino/a libertine

libra pound

libre free; **al aire libre** outdoors; **tiempo libre** free (spare) time (11)

librería bookstore

libro book (P)

licencia license; **licencia de manejar** driver's license

licenciatura bachelor's degree

licor *m.* liquor; **licor fuerte** hard alcohol (9)

líder *m.* leader

liga league

ligero/a light

lima lime

limitar(se) to limit (oneself)

límite *m.* limit; boundary; **hora límite** time limit

limón *m.* lemon (7); **jugo de limón** lemon juice

limonada lemonade

limosidad *f.* muddiness, sliminess

limoso/a muddy, slimy

limpiar to clean; **limpiar la casa / el apartamento** to clean the house/apartment (2)

limpieza: mujer *f.* **de limpieza** cleaning lady

limpio/a clean

lindo/a pretty

línea line; **patinar en línea** to inline skate (11)

lingüístico/a linguistic

líquido liquid

lista list

listo/a clever; smart (17); **estar** *irreg.* **listo/a (para)** to be ready (for)

literario/a literary

literatura literature; **literatura mágico realista** magic realist literature

litro liter

llamada call; **llamada telefónica** telephone call

llamar to call; **¿cómo se llama usted?** what's your (*form.*) name? (P); **¿cómo te llamas?** what's your (*fam.*) name? (P); **llamar la atención** to attract attention; **llamar por teléfono** to call on the phone (3); **llamarse** *refl.* to be called, named; **me llamo** my name is (P); **se llama** his, her name is (P)

llave *f.* key

llegada arrival (16)

llegar (gu) to arrive (3); to reach; **llegar a ser** to become; **perdón, ¿cómo se llega a ___?** excuse me, how do you get to ___? (15)

llenar to fill; to fill out

llevar to carry (5); to keep; to wear (16); **bolsita para llevar** doggie bag (7); **comida para llevar** food to go (8); **llevar a cabo** to carry out; **llevar una vida** to lead a life; **llevarse bien/mal** to get along well/poorly (5)

llorar to cry (10)

llover (ue) to rain; **llueve** it's raining (2); **está lloviendo** it's raining (2)

lluvia rain

lo *d.o. m. s.* you (*form.*); him; it; **por lo general** generally; **por lo menos** at least; **por lo tanto** therefore

lobo wolf

loco/a *n.* crazy person; *adj.* crazy

locura crazy, insane action

lodo mud

lógico/a logical

lograr to attain, achieve

lomo back (*of an animal*)

Londres *m.* London

los *m. pl.* the; *d.o. m. pl.* you (*form.*); them

lotería lottery

lucha fight

luchador(a) fighter (14)

luchar to fight, struggle

lucrativo/a lucrative

luego then, therefore (2)

lugar *m.* place (11); **en primer lugar** in the first place; **lugares de asentamiento** settling places

lujo luxury; **hotel** *m.* **de lujo** luxury hotel (16)

luna moon

lunes *m.* Monday (1)

luz *f.* (*pl.* **luces**) light

M

madera wood

madrastra stepmother (4)

madre *f.* mother (4); **madre soltera** single mother (4)

madrugada dawn; early morning

maestro/a teacher (*elementary or secondary school*) (17); master

mágico/a magical

mágico realista: literatura mágico realista magic realist literature

magnífico/a magnificent

magnitud *f.* magnitude

maíz *m.* corn (7); **aceite** *m.* **de maíz** corn oil (7)

mal *n. m.* evil; damage; *adv.* badly

mal, malo/a *adj.* bad (P); **caer** *irreg.* **mal** to make a bad impression (7); to disagree with (*food*) (7); **estar** *irreg.* **de mal humor** to be in a bad mood (10); **hace mal tiempo** the weather's bad (2); **llevarse mal** to get along poorly (5); **pasarlo (muy) mal** to have a (very) bad time (10); **sacar (qu) una mala nota** to get a bad grade (10)

malestar *m.* malaise, indisposition

maleta suitcase; **hacer** *irreg.* **la maleta** to pack one's suitcase (16)

maletero porter; skycap (16)

malévolo/a evil (14)

malicioso/a malicious

mamá mom, mother

manada herd, pack

mandar to send (1); to direct others (17); to lead, command

mandato order; command

mando command, leadership; control, order (13); **don** *m.* **de mando** talent for leadership (13)

manejar to drive (1); to manage; **licencia de manejar** driver's license

manera manner; way; **de tal manera** in such a manner; **pensar (ie) de una manera directa** to think in a direct (linear) manner (17)

manga sleeve

manifestar (ie) to manifest, show

manipular to manipulate

mano *f.* hand (8); **dar** *irreg.* **la mano** to shake hands

manta blanket

mantel *m.* tablecloth (8)

mantener (*like* **tener**) to maintain; to support (*financially*) (5); **mantenerse** *refl.* to support oneself

mantequilla butter (7); **mantequilla de cacahuete** peanut butter (7)

manual *n. m.* manual; *adj. m., f.* manual; **habilidad** *f.* **manual** ability to work with one's hands (17)

manzana apple (7); block (*of houses*) (15); **jugo de manzana** apple juice (9)

mañana morning; tomorrow (1); **ayer por la mañana** yesterday morning; **hasta mañana** see you tomorrow (P); **mañana es** ___ tomorrow is

___ (1); **por la mañana** in the morning (1); **todas las mañanas** every morning (1)

mapa *m.* mapa

maquiladora U.S.-owned factory in Mexico along the border between Mexico and the United States

maquillarse to make oneself up (*with makeup*)

máquina machine; **escribir a máquina** to type; **máquina de escribir** typewriter; **máquina vendedora** vending machine (7)

mar *m.* sea (11)

marca brand; mark

marcado/a marked

marcar (qu) to mark

marchar to go, proceed; **marcharse** *refl.* to leave

marearse *refl.* to get dizzy, sick, nauseated

margen *m.* margin

marido husband (4)

marihuana marijuana

mariposa butterfly

marisco shellfish (7)

marrón (dark) brown (7)

Marte *m.* Mars

martes *m.* Tuesday (1)

marzo March (2)

más more (1); **el/la más alto/a (de)** the tallest (5); **más alto/a (que)** taller (than) (5); **más o menos** more or less; **más tarde** later; **más vale prevenir que arrepentir** an ounce of prevention is worth a pound of cure; **es más** what's more, moreover

mascota pet

masculino/a masculine

masticar (qu) to chew

matar to kill

mate *m. an herbal tea typical of Argentina*

matemáticas *pl.* mathematics (P); **hábil para las matemáticas** good at math (17)

materia subject (P); material

material *m.* material (16)

materno/a maternal

matrimonial: cama matrimonial double bed (16)

matrimonio marriage; married couple

máximo *n.* maximum

máximo/a *adj.* maximum

maya *n. m.* Mayan (*language*); *n., adj. m., f.* Mayan

mayo May (2)

mayonesa mayonnaise (7)

mayor older (4); greater; main; **el/la mayor** the older, oldest (4); **la mayor parte** majority

mayoría majority

me *d.o.* me; *i.o.* to/for me; *refl. pron.* myself

media: ___ **y media** half past (1)

mediano/a *adj.* medium; middle; **de estatura mediana** of medium height (5)

medianoche *f.* midnight

mediante by means of, through

medias *pl.* stockings (16)

medicina medicine

médico/a *n.* doctor (17); *adj.* medical

medida measure, measurement; **a medida que** as

medieval medieval, about the Middle Ages

medio *n.* half; *pl.* means; resources; **medio ambiente** environment, surroundings; **medios de comunicación** means of communication; **por medio de** by means of

medio/a *adj.* half; **la Edad Media** Middle Ages; **media pensión** room and breakfast (*often with one other meal*); **medio pollo asado** half a roasted chicken (7)

meditar to meditate

mediterráneo/a Mediterranean

mejilla cheek (5)

mejillón *m.* mussel

mejor better; **el/la mejor** the best

mejorana marjoram

mejorar to improve

melón *m.* melon

memoria memory; **hacer** *irreg.* **memoria** to try to remember

memorizar (c) to memorize

mencionar to mention

menos less (1); least; **al menos** at least; **echar de menos** to miss (*someone, something*); **el/la menos grande** the smallest (5); **más o menos** more or less; **menos cuarto** quarter to (1); **menos grande (que)** smaller (than) (5); **por lo menos** at least

mensaje *m.* message (1)

mente *f.*: **tener** *irreg.* **en mente** to keep in mind

mentir (ie, i) to lie

mentira lie

mentón *m.* chin (5)

menú *m.* menu; **menú del día** daily menu (7)

menudo: a menudo often

mercadeo marketing (P)

mercado market

merendar (ie) to snack (on) (7); **¿qué meriendas?** what do you snack on? (7)

merienda snack (7)

mermelada jam, marmalade (7)

mes *m.* month (2); **hace varios meses** several months ago

mesa table (8); **levantar la mesa** to clear the table (8); **poner** *irreg.* **la mesa** to set the table (8)

mesero/a waiter, waitress (8)
mestizaje the mixing of races
meta goal (17)
metabolismo metabolism
meter to put; **meterse** *refl.* to involve oneself; **meterse en lo suyo** to do one's own thing
metereológico/a meteorological
metódico/a methodical
metro subway; meter
mexicano/a *n., adj.* Mexican
México Mexico
mezcla mixture
mí *obj. of prep.* me
mi(s) *poss.* my (P)
microondas *m. s.* microwave oven
miedo fear; **dar** *irreg.* **miedo** to frighten; **tener** *irreg.* **miedo** to be afraid (10)
miel *f.* honey
miembro member
mientras *adv.* while; **mientras tanto** meanwhile
miércoles *m.* Wednesday (1)
mil one thousand (6)
militar *m.* soldier; *adj.* military; **servicio militar** military service
milla mile
millón *m.* million
mina mine
mineral: agua *f.* (*but* **el agua**) **mineral** mineral water
minería *n.* mining
minero/a *adj.* mining
mínimo *m.* minimum
mínimo/a *adj.* minimum; **calificación** *f.* **mínima aprobatoria** minimum passing grade
ministerio ministry (*government*)
minoría minority
minoritario/a *adj.* minority
minuto *n.* minute
mío/a *poss.* mine, of mine; **Dios mío** my goodness
mirar to look, look at, watch; **mirar la televisión** to look at, watch TV (1); **mirar un vídeo** to watch a video; **mirar una película** to watch a movie; **mirarse** *refl.* to look at oneself
misa mass (*religious*)
misión *f.* mission
mismo/a same
misterio mystery
mitad *f.* half
mito myth
mixto/a mixed; **ensalada mixta** mixed, tossed salad
moda fashion (17)
modales *m. pl.* manners (8); **buenos modales** good manners (8)
modelado/a modeled
modelo *m.* model; *m., f.* fashion model
moderación *f.* moderation
moderado/a moderate

modernismo modernism
modernista modernist
modernización *f.* modernization
moderno/a modern
modificación *f.* modification
modificar (qu) to modify
modismo slang
modo manner
molestar to bother, annoy
molino windmill
momento moment
moneda coin; **moneda nacional** national currency
mono monkey
monopatín scooter; skateboard (11); **andar** *irreg.* **en monopatín** to ride a scooter, skateboard (11)
monopolio monopoly
monotonía monotony
monótono/a monotonous
montaña mountain (11); **escalar montañas** to mountain climb (11); **esquiar (esquío) en las montañas** to snow ski (11)
montar to ride; **montar en bicicleta/motocicleta** to ride a bicycle/motorcycle
monumento monument
morado/a purple
moraleja moral (*of a story*)
morder (ue) to bite
moreno/a dark (5); dark-haired (5); dark-skinned (5)
morir (ue, u) (*p.p.* **muerto/a**) to die; **ya murió** he (she) already died (4)
moro Moor
mostaza mustard (7)
mostrar (ue) to show
motel *m.* motel
motivo motive, reason
motocicleta motorcycle; **montar en motocicleta** to ride a motorcycle
moverse to move
movimiento movement
mozo bellhop (16)
mucho *adv.* a lot (P)
mucho/a much (P); **mucho gusto** pleased to meet you (P)
mudarme to move
muerte *f.* death; **escuadrón** *m.* **de la muerte** death squad
muerto/a *p.p.* dead (4); died
muestra indication
mujer *f.* woman; wife (4); **mujer de limpieza** cleaning lady; **mujer de negocios** businesswoman (17); **mujer policía** female police officer; **mujer político** female politician; **mujer soldado** female soldier
multinacional multinational
multiplicarse (qu) to multiply
mundial *adj.* world
mundo *n.* world

muñeca doll; wrist
muñeco stuffed animal
museo museum
música music (P)
músico/a *n.* musician (17)
muy very (P); **muy tarde** very late (1); **muy temprano** very early (1)

N

nacer (zc) to be born
nacido/a *p.p.* born
nacimiento birth
nación *f.* nation
nacional national; **himno nacional** national anthem; **moneda nacional** national currency; **vuelo nacional** domestic flight
nacionalista *m., f.* nationalist
nacionalización *f.* nationalization
nada nothing, not anything (2); **no hacer nada** to do nothing (2); **no, no me gusta(n) para nada** no, I don't like it (them) at all (P)
nadar to swim (2)
nadie no one, not anyone (5)
naipe *m.* playing card; **jugar (ue) (gu) a los naipes** to play cards (11)
naranja *n.* orange (7); **jugo de naranja** orange juice (7)
narcisista *adj. m., f.* narcissistic
narcotraficante *m., f.* drug dealer
nariz *f.* (*pl.* **narices**) nose (5)
narración *f.* narration, story
narrar to tell, recount
narrativa narrative
nata whipped cream
natación *f.* swimming
nativo/a native
natural natural; plain; **ciencias naturales** natural sciences (P); **telas de fibras naturales** natural fabrics (16)
naturaleza nature
naturalidad: actuar (actúo) con naturalidad to act naturally
navegar (gu) to navigate; **navegar en un barco** to sail (11); **navegar la Red** to surf the Web (World Wide Web) / net (Internet) (1)
Navidad *f.* Christmas
navideño/a *adj.* Christmas
necesario/a necessary (8); **es necesario** it's necessary (8)
necesidad *f.* necessity
necesitar to need
negación *f.* negation (2)
negativo/a negative
negocio business (17); **hombre** *m.*, **mujer** *f.* **de negocios** businessman, businesswoman (17)
negro/a black (5)
nene/a baby; small child

nervioso/a nervous (10); **estar** *irreg.* **nervioso/a** to be nervous (10)

nevar (ie) to snow; **está nevando** it's snowing (2); **nieva** it's snowing (2)

ni neither; nor

nicaragüense *n., adj. m., f.* Nicaraguan

nieto/a grandson, granddaughter (4); *m. pl.* grandchildren (4)

ningún, ninguno/a none, not any (2); **ninguna parte** nowhere

niñez *f.* childhood

niño/a boy, girl, child

nivel *m.* level

no no, not (P)

nobleza nobility

noche *f.* night; **ayer por la noche** last night; **buenas noches** good evening (P); **esta noche** tonight; **por la noche** in the evening, at night (1); **todas las noches** every night (1)

nocturno/a nocturnal

nombrar to name

nombre *m.* name; **¿cuál es tu nombre?** what's your (*fam.*) name? (P); **mi nombre es ___** my name is ___ (P); **su nombre es ___** his (her) name is ___ (P)

nórdico/a Nordic

noreste *m.* northeast (1)

norte *m.* north (15); **América del Norte** North America

Norteamérica North America

norteamericano/a *n., adj.* North American

nos *d.o.* us; *i.o.* to/for us; *refl. pron.* ourselves; **nos vemos** we'll be seeing each other (P)

nosotros/as we (P)

nota note; grade; **sacar (qu) una buena (mala) nota** to get a good (bad) grade (10)

notar to notice; to jot down

noticia(s) news

novecientos/as nine hundred (6)

novela *n.* novel; **novelas de caballería** novels about chivalry

noventa ninety (6)

noviembre *m.* November (2)

novio/a boyfriend, girlfriend

nublado/a cloudy; **está nublado** it's cloudy (2)

nuclear: energía nuclear nuclear energy; **familia nuclear** nuclear family (4)

nucléico/a: ácido nucléico nucleic acid

nuestro/a *poss.* our

nueve nine (P)

nuez *f.* (*pl.* **nueces**) nut (7)

numérico/a numerical

número number; **número de teléfono** telephone number

numeroso/a numerous

nunca never (1)

nutricionista *m., f.* nutritionist

nutritivo/a nutritious

Ñ

ñoquis *m. pl.* gnocchi

O

o or (P)

obedecer (zc) to obey

objetivo objective

objeto object; **objeto de arte** work of art (P)

obligación *f.* obligation

obligar (gu) to obligate

obligatorio/a obligatory

obra work; **obra de teatro** play

observación *f.* observation

observador(a) *n.* observer; *adj.* observant

observar to observe

obsesión *f.* obsession

obsesionarse *refl.* to be obsessed

obstante: no obstante nevertheless

obtener (*like* **tener**) to obtain

obvio/a obvious

ocasión *f.* occasion

occidental western

océano ocean (11)

ochenta eighty (6)

ochocientos eight hundred (6)

ocio leisure; leisure time (18)

octubre October (2)

ocupación *f.* occupation

ocupar to occupy; **ocuparse de** to take charge of

ocurrencia occurrence

ocurrir(se) to occur

odiar to hate

oeste *m.* west (15)

ofenderse *refl.* to be (get) offended (10)

oficina office; **oficina de turismo** tourism office

oficio job

ofrecer (zc) to offer

oír *irreg.* to hear

ojo eye; **¡ojo!** careful!, watch out!; **ojos azules/castaños/verdes** blue/brown/green eyes (5)

oliva olive; **aceite** *m.* **de oliva** olive oil (7)

olor *m.* smell, odor

oloroso/a odorous

olvidar to forget

once eleven (P)

onza ounce

opción *f.* option

ópera opera

opinar to think, have the opinion (5)

opinión *f.* opinion; **cambiar de opinión** to change one's mind

oponente *m., f.* opponent

oportunidad *f.* opportunity

opresión *f.* oppression

optar to choose

optativo/a optional

optimista *m., f.* optimistic (P)

opuesto/a opposite

oración *f.* sentence

oratoria speech (*school subject*) (P)

orden *m.* order

ordenado/a orderly, tidy

ordenador *m. Sp.* computer (18)

ordenar to order (8); to put in order

orégano oregano

oreja ear (5)

orfebrería goldsmithery, silversmithing

organismo organism

organización *f.* organization

organizado/a organized (17)

organizar (c) to organize

órgano organ

orgulloso/a proud (10); **sentirse (ie, i) orgulloso/a** to feel proud (10)

orientación *f.* orientation, direction

oriental eastern, from the Orient

orientar to orientate; **orientarse** *refl.* to get one's bearings; to stay on course

oriente *m.* east

origen *m.* origin

originarse originate

oro gold

os *d.o. pl. Sp.* you (*fam.*); *i.o. pl. Sp.* to/for you (*fam.*); *refl. pron. pl. Sp.* yourselves (*fam.*)

oscuro/a dark

oso bear

ostra oyster

otoño fall, autumn (2)

otro/a other; another; **capaz** (*pl.* **capaces**) **de dirigir a otros** able to direct others (13); **hablar otro idioma** to speak another language (17); **otra parte** somewhere else; **otra vez, por favor** again, please (P); **por otra parte / otro lado** on the other hand; **el/la uno/a al / a la otro/a** each other

oveja sheep

ozono ozone; **capa de ozono** ozone layer

P

paciencia patience

paciente *n., adj. m., f.* patient (17)

pacífico/a peaceful, pacific

padecer (zc) to suffer

padrastro stepfather (4)

padre *m.* father (4); *pl.* parents (4); **padre soltero** single father (4)

paella *Valencian rice dish with meat, fish, or shellfish and vegetables*

pagar (gu) to pay (3); **pagar la cuenta** to pay the bill (3)

página page

país *m.* country (P)

pájaro bird

palabra word (P); **palabras útiles** useful words

palacio palace

paleontología paleontology

palo stick; **de tal palo, tal astilla** a chip off the old block

paloma pigeon, dove

palomitas *pl.* popcorn (7)

pampa grassy plain

pan *m.* bread; **pan blanco** white bread (7); **pan integral** whole-wheat bread (7); **pan tostado** toast (7)

panqueque *m.* pancake (7)

pantalones *m. pl.* pants (16); **pantalones cortos** shorts (16)

papa *Lat. Am.* potato (7); **papas fritas** *Lat. Am.* potato chips (7); French fries (7); **puré** *m.* **de papas** mashed potatoes (7)

papá *m. fam.* Dad

papalote *m. Mex.* kite

papel *m.* paper; role

par *m.* pair; couple

para *prep.* for (1); in order to; **bolsita para llevar** doggie bag (8); **capacidad** *f.* **para** ability to; **comida para llevar** food to go (8); **de aquí para allá** from here to there (15); **hábil para las matemáticas** good at math (17); **no, no me gusta(n) para nada** no, I don't like it (them) at all (P); **para que** so that; **¿para qué cuernos?** Why the heck?; **¿y para tomar?** and to drink? (7)

paracaídas *m. s.* parachute

paracaidismo *n.* skydiving

parador *m.* inn

paraguas *m. s.* umbrella

paramilitar paramilitary

parar to stop

parcialmente partially

parecer (zc) to seem, appear (5); **parecerse** *refl.* to resemble, look alike

parecido/a similar (5)

pared *f.* wall

pareja couple (4); partner (4)

pariente *m.* relative (4)

parmesano/a Parmesan (cheese)

parque *m.* park (11); **parque zoológico** zoo

párrafo paragraph

parrillada *Arg.* mixed grill

parte *f.* part; **la mayor parte** majority; **ninguna parte** nowhere; **otra parte** somewhere else; **por otra parte** on the other hand; **por todas partes** everywhere

participante *n. m., f.* participant

participar to participate

partícula particle

particular personal; private; particular

partido game; **partido político** political party

pasado/a *adj.* last; past; spoiled, old (7); **fin** *m.* **de semana pasado** last weekend (3); **sábado (domingo) pasado** last Saturday (Sunday) (11); **semana pasada** last week (3); **siglo pasado** last century (6)

pasaje *m.* ticket, passage (16)

pasajero/a passenger (16)

pasar to spend (time) (1); to happen; to pass; **pasar tiempo** to spend time; **pasarlo bien** to have a good time; **pasarlo (muy) mal** to have a (very) bad time (10); **¿qué te pasa?** what's the matter? (10)

pasatiempo pastime, hobby (2)

paseo walk; avenue; **dar** *irreg.* **un paseo** to take a walk (2)

pasillo hallway

pasivo/a passive

paso step; passage (*time*); **dar** *irreg.* **un paso** to take a step

pasta alimenticia pasta (7)

pastel *m.* pastry (7); pie

pastilla pill

pata paw; leg (*of an animal*)

patata *Sp.* potato (7); **patatas fritas** *Sp.* potato chips (7); French fries (7)

paterno/a paternal

patín *m.* skate

patinar to skate; **patinar en línea** to inline skate (11)

patineta skateboard; **andar** *irreg.* **en patineta** to skateboard (11)

paulatinamente slowly

pavo turkey; teetotaler

paz *f.* (*pl.* **paces**) peace

peca freckle (5)

pedalear to pedal (*a bike*)

pedaleo *n.* pedaling

pedir (i, i) to ask for; request (1); to order (8)

peinar to comb; **peinarse** *refl.* to comb one's hair; to do up one's hair

peleón, peleona quarrelsome

película film, movie; **mirar una película** to watch a movie

peligro danger (12)

peligroso/a dangerous (12)

pelirrojo/a redheaded (5)

pelo hair (5); **tomarle el pelo a uno** to pull someone's leg

pelota ball

pena: dar *irreg.* **pena** to sadden

pensamiento thought

pensar (ie) (en) to think (about) (1); **pensar de una manera directa** to think in a direct (linear) manner (17)

pensión *f.* boardinghouse, bed and breakfast (16); **media pensión** room and breakfast (*often with one other meal*); **pensión completa** room and full board (16)

peor worse; **lo peor** the worst thing

pequeño/a small (4)

perder (ie) to lose; **perder el juicio** to lose one's mind; **perderse** *refl.* to get lost

perdón *m.* pardon; excuse me; **perdón, ¿cómo se llega a ____?** excuse me, how do you get to ____? (15)

perezoso/a lazy

perfección *f.* perfection

perfeccionista *n., adj. m., f.* perfectionist

perfecto/a perfect

perfil *m.* profile

periódico newspaper (1)

periodismo journalism (P)

periodista *m., f.* journalist (17)

período period

perjudicar (qu) to jeopardize

permanecer (zc) to stay, remain; **permanecer callado/a** to keep quiet (10)

permanente permanent

permisivo/a permissive

permitir to permit, allow (9)

pero *conj.* but (1)

perplejo/a perplexed

perrito caliente hot dog

perro/a dog (4)

persecución *f.* persecution

perseguir (i, i) (g) to pursue; to chase

persistente persistent

persona person

personaje *m.* character

personalidad *f.* personality; **característica de la personalidad** personality trait (5)

pertenecer (zc) to belong

peruano/a *n., adj.* Peruvian

pesa weight; **levantamiento de pesas** weightlifting; **levantar pesas** to lift weights (10)

pesar to weigh; **a pesar de** in spite of

pescado fish (*food*) (7)

pescar (qu) to fish (11)

pesimista *n., adj. m., f.* pessimist (P)

peso weight; burden; **ganar peso** to gain weight

pesquero/a *adj.* fishing

petróleo petroleum, oil

pez *m.* (*pl.* **peces**) fish (*alive*)

picante spicy, hot

picar (qu) to nibble

pie *m.* foot

piedad *f.* pity, compassion

piel *f.* skin

pierna leg

pilotar to pilot

piloto *m., f.* pilot
pimentero pepper shaker (8)
pimienta pepper (7)
pintar to paint (10)
pintor(a) painter (17)
pintura *n.* paint; painting
pionero/a pioneer
piscina swimming pool
piso apartment; floor
pistola pistol
pizarra chalkboard
pizzería pizza parlor
placer *m.* pleasure
plan *m.* plan
plancha: a la plancha grilled
planeta *m.* planet
plano city map
plano/a *adj.* plain
planta plant
plata silver
plátano banana; plantain
platillo saucer (8)
plato plate (8); dish; **lavar los platos** to
    wash the dishes (8); **plato de sopa**
    soup bowl (8); **plato del día** daily
    special (8); **plato principal** main dish
    (8); **primer (segundo, tercer) plato**
    the first (second, third) course (7)
playa beach
plaza plaza, square
población *f.* population
pobre *n. m.* poor person; *adj.* poor
pobrecito/a poor thing
pobreza poverty
poco/a little (P); **pocas veces** rarely (2)
poder *v. irreg.* to be able, can (1); **¿me**
    podría decir ____? could you tell me
    ____? (15); **¿me podría traer ____?**
    could you bring me ____? (8); **no se**
    puede ____ sin ____ you (one) can't
    ____ without ____ (8)
poema *m.* poem
poesía poetry
poeta *m., f.* poet
policía *f.* the police
policía *m.*, **mujer** *f.* **policía** female
    police officer
poliéster *m.* polyester (16)
política *s.* politics (17)
político *m.*, **una mujer** *f.* **político**
    female politician (17)
político/a political; **ciencias** *pl.*
    políticas political science (P);
    partido político political party
pollo chicken (7); **(medio) pollo asado**
    (half a) roasted chicken (7)
Polonia Poland
polvo: en polvo powdered
pomelo grapefruit
poner *irreg.* to put, place (7); **poner el**
    televisor to turn on the TV; **poner**
    énfasis to emphasize; **poner la**
    mesa to set the table (8); **ponerse**

refl. to put on (*clothing*) (16);
    ponerse contento/a / enfadado/a /
    triste to be (get) happy/angry/sad
    (10); **ponerse de acuerdo** to come
    to an agreement; **ponerse rojo/a** to
    blush (10)
poniente *m.* west
popular popular
popularidad *f.* popularity
popularizar (c) to popularize
por *prep.* for (1); by; through; during
    (1); on account of; per; **ayer por la**
    mañana/tarde/noche yesterday
    morning/afternoon; last night; **otra**
    vez, por favor again, please (P); **por**
    ciento percent; **por ejemplo** for ex-
    ample; **por encima** on top; **por eso**
    therefore, that's why; **por favor**
    please (P); **por fin** finally; **por igual**
    equally, the same (P); **por la**
    mañana/tarde/noche in the morning
    / afternoon / evening, night (1); **por**
    lo general generally; **por lo menos**
    at least; **por lo tanto** therefore; **por**
    medio de by means of; **por otra**
    parte / otro lado on the other hand;
    por primera vez for the first time;
    ¿por qué? why?; **por supuesto** of
    course; **por todas partes** every-
    where; **por última vez** for the last
    time; **por último** finally; **por un**
    lado on the one hand; **repita, por**
    favor repeat, please (P); **siga (Ud.)**
    por continue, follow (15); **tengo una**
    pregunta, por favor I have a
    question, please (P)
porcentaje *m.* percentage
porción *f.* portion
porque because (1)
portarse to behave (13)
portugués *m.* Portuguese (*language*) (P)
poseer (y) to possess
posesión *f.*: **adjetivo de posesión**
    possessive adjective (P)
posesivo/a possessive
posibilidad *f.* possibility
posible possible; **(no) es posible que**
    ____ it's (not) possible that ____ (18)
posición *f.* position
positivo/a positive
postre *m.* dessert (7)
postura posture
pozole *Mexican dish made of hominy*
    and pork
práctica *n.* practice
practicar (qu) to practice; **practicar un**
    deporte to practice, play a sport (2)
práctico/a practical (14)
precaución *f.* precaution
preceder to precede
preciado/a esteemed
precio price
precioso/a precious

preciso/a necessary (8); **es preciso** it's
    necessary (8)
precolombino/a pre-Columbian
predecir *irreg.* to predict
predeterminado/a predetermined
predicción *f.* prediction
predominar to predominate
preferencia preference
preferentemente preferably
preferible preferable
preferido/a favorite
preferir (ie, i) to prefer (1)
pregunta question; **hacer** *irreg.*
    preguntas to ask questions (4);
    tengo una pregunta, por favor I
    have a question, please (P)
preguntar to ask a question (1)
prehispánico/a prehispanic (*before the*
    arrival of the Spanish in the New World)
prehispano/a prehispanic (*before the*
    arrival of the Spanish in the New World)
prehistórico/a prehistoric
preliminar *adj.* preliminary
premio prize
prenda garment; **prenda de ropa**
    article of clothing; **prenda de vestir**
    article of clothing (16)
prender to turn on (*switch, light*)
preocupación *f.* worry; preoccupation
preocupado/a worried
preocuparse *refl.* to worry, get
    worried (10)
preparación *f.* preparation
preparado/a prepared
preparar to prepare; **preparar la cena**
    to prepare dinner (3)
preparatoria high school
preposición *f.* preposition
presencia presence
presentación *f.* presentation
presentar to present, to introduce
presente *n. m.; adj. m.,f.* present
presidente/a president (17)
presión *f.* pressure; **presión atmos-**
    férica atmospheric pressure
presionar to press, push
prestar to lend; to render; **prestar**
    atención to pay attention
prestigio prestige
prestigioso/a prestigious
pretérito *gram.* preterite, past (*tense*)
prevenir (*like* venir): **más vale pre-**
    venir que arrepentir an ounce of
    prevention is worth a pound of cure
previo/a previous
primaria primary (*school*)
primavera spring (2)
primer, primero/a first; **en primer**
    lugar in the first place; **por primera**
    vez for the first time; **primer plato**
    first course (7); **primera clase** first
    class (16); **primera dama** First Lady
primitivo/a primitive

primo/a cousin (4)

principal main, principal; **plato principal** main dish (8)

principalmente mainly

príncipe *m.* prince

principio *n.* beginning; principle

privado/a private; **con baño privado** with a private bath (16); **vida privada** privacy

privilegio privilege

probabilidad *f.* probability

probable probable; **(no) es probable que** ___ it is (not) probable that ___ (18)

probar (ue) to try, taste (8); **probarse** *refl.* to try on (*clothes*)

problema *m.* problem

problemático/a problematic

proceso process

producción *f.* production

producir (*like* **conducir**) to produce

productivo/a productive

producto product; **producto lácteo** dairy product (7)

productor(a) producer (17)

profecía prophecy

profesión *f.* profession (17)

profesional *n., adj. m., f.* professional (17)

profesor(a) professor (P)

proficiencia proficiency

profundo/a profound; deep

programa *m.* program

programador(a) programmer (17)

progresista *adj. m., f.* progressive

progreso progress

prohibición *f.* prohibition

prohibir (prohíbo) to prohibit (9)

promedio average (6); **tamaño promedio** average size

prometer to promise

promiscuo/a promiscuous

pronombre *m.* pronoun (P)

pronóstico prediction; **pronóstico del tiempo** weather forecast

pronto soon; **hasta pronto** see you soon (P); **tan pronto como** as soon as (17)

pronunciar to pronounce

propina tip (8); **dejar propina** to leave a tip (8)

propio/a *adj.* own

proponer (*like* **poner**) to propose

propósito purpose; **a propósito** on purpose; by the way

propuesta *n.* proposal

propuesto/a (*p.p. of* **proponer**) *adj.* proposed

prórroga extension

prosa prose

próspero/a prosperous

prospectivista *m., f.* futurist

protección *f.* protection

proteger (j) to protect

protegido/a protected

proteína protein (7)

protestar to protest

provecho: buen provecho enjoy your meal

provenir (*like* **venir**) to originate

proverbio proverb

provincia province

provocar (qu) to provoke; to cause

próximo/a next

proyecto project

prudente prudent

prueba proof; test, quiz; **prueba de sorpresa** pop quiz

psicoanálisis *m.* psychoanalysis

psicología psychology (P)

psicológico/a psychological

psicólogo/a psychologist (17)

psiquiatra *m., f.* psychiatrist

psiquiatría psychiatry

publicación *f.* publication

publicado/a published

publicar (qu) to publish

publicidad *f.* publicity

público *n.* public

público/a public; **transporte** *m.* **público** public transportation

pueblo town; people

puerco pig

puerta door

puerto port

puertorriqueño/a *n., adj.* Puerto Rican

pues... well . . .

puesta de sol sunset

puesto position, job (17)

pulgada inch

pulpo octopus

punto point; period; **punto de vista** point of view

puré *m.* **de papas** mashed potatoes (7)

puro/a pure

púrpura purple

Q

que *rel. pron.* that, which (P); *conj.* that; **hay que** it's necessary to (8)

¿qué? what? (P); which? **¿a qué hora?** at what time? (1); **¿con qué frecuencia?** how often? (2); **¿de qué color es/son** ___? what color is/are ___? (5) **¿por qué?** why?; **¿qué carrera haces?** what's your major? (P); **¿qué demonios?** what the heck?; **¿qué día es hoy?** what day is today? (1); **¿qué estatura es?** how tall is he/she/you (*form.*)? (5); **¿qué hora es?** what time is it? (1); **¿qué meriendas?** what do you (*fam.*) snack on? (7); **¿qué tal?** what's up? (P); **¿qué te pasa?** what's the matter? (10); **¿qué tiempo hace?** what's the weather like? (2)

quedar to be remaining (10); to be located (15); **¿dónde queda** ___? where is ___? (15); **quedarse** *refl.* to stay (2); **quedarse en casa** to stay at home (2)

quehacer *m.* **doméstico** household chore

quejarse (de) *refl.* to complain (about) (10)

querer *irreg.* to want (1); to like, love

queso cheese (7)

quien *rel. pron.* who, whom; **con quien** with whom; **¿quién(es)?** who?, whom? (P); **¿a quién?** to whom?

química chemistry (P)

químico/a chemist (17); *adj.* chemical

quince fifteen (P)

quinientos/as five hundred (6)

quitar to remove, take away (7); **quitarse** *refl.* to take off (16)

quizás perhaps

R

rábano radish

radio *f.* radio (*broadcasting*); *m.* radio (*set*); **escuchar la radio** to listen to the radio

radio *m.* radius

raíz *f.* (*pl.* **raíces**) root

rana frog; **ancas** *pl.* **de rana** frog's legs

ranchero/a *n.* rancher; *adj.* ranch

rango rank

rápido rapid, fast; **comida rápida** fast food

raqueta racket

raquetbol *m.* racquetball

raro/a strange (P); **raras veces** rarely (1)

rasgo trait (5); **rasgo físico** physical trait

rata rat

rato little while, short time (3)

rayón *m.* rayon (16)

raza breed, race; **raza humana** human race

razón *f.*: **tener** *irreg.* **razón** to be right

razonable reasonable

reacción *f.* reaction (10)

reaccionar to react

real real; royal

realidad *f.* reality; **en realidad** in fact, actually

realismo *m.* realism

realista *n. m., f.* realist; *adj. m., f.* realistic (P)

realización *f.*: **afán** *m.* **de realización** eagerness to get things done (13)

realizar (c) to carry out; to achieve; **realizarse** *refl.* to happen; to take place

realmente really

rebanada slice

rebelarse *refl.* to rebel

rebelde rebellious (13)
rebelión *f.* rebellion
recepción *f.* front desk (16)
recepcionista *m., f.* receptionist
recesión *f.* recession
receta recipe
rechazar (c) to refuse
recibir to receive (1)
recién *adv.* recently; **recién graduado** recent graduate
reciente recent
recíproco/a reciprocal
recobrar to recover; **recobrar el juicio** to recover one's sanity
recoger (j) to pick up; to retrieve
recomendación *f.* recommendation
recomendar (ie) to recommend
reconocido/a recognized
récord *m.* record (*sports*)
recordar (ue) to remember (3)
recorrido journey
recto: siga recto continue (go) straight (15)
recuerdo souvenir; memory
recuperar to regain; **recuperarse** *refl.* to recover
recurrir to resort to
recurso resource
red *f.* network; net; World Wide Web, Internet; **navegar (gu) la Red** to surf the Web (World Wide Web) / Net (Internet) (1)
redacción *f.* writing; editing, revising
reducir (*like* **conducir**) to reduce
reemplazar (c) to replace
reescribir to rewrite
referencia reference
referéndum *m.* referendum
referirse (ie, i) a *refl.* to refer to
reflejar to reflect
reflexivo/a *gram.* reflexive
reforma reform
refresco soft drink (7)
refrigerador *m.* refrigerator
refugiado/a refugee
refutar to refute
regalo gift
regazo lap
régimen *m.* regime
región *f.* region
regla rule
regresar to return (*to a place*) (1)
regular to regulate
regularmente regularly; usually (1)
rehabilitación *f.* rehabilitation
reina queen
reinterpretación *f.* reinterpretation
reír(se) (i, i) to laugh (10); **hacer** *irreg.* **reír** to make laugh (11); **reír(se) a caracajadas** to laugh loudly (11)
relación *f.* relation; relationship
relacionar to relate; to associate
relajación *f.* relaxation

relajado/a relaxed (10); **sentirse (ie, i) relajado** to feel relaxed (10)
relajarse *refl.* to relax (10)
relativo/a *adj.* relative
relato story
relegado/a relegated
relevante relevant
religión *f.* religion (P)
religioso/a religious
relleno/a stuffed; filled
reloj *m.* clock; watch
remedio cure
remolacha sugar beet
remontar a to date back to
renegado/a renegade
repasar to review
repaso review
repente: de repente suddenly
repetir (i, i) to repeat; **repita, por favor** repeat, please (P)
repetitivo/a repetitive
réplica replica
reponerse (*like* **poner**) to recover
reportado/a reported
reportar to report
reportero/a reporter
reposo rest
representación *f.* representation
representante *m., f.* representative (17); **Cámara de representantes** House of Representatives
representar to represent
reptil *m.* reptile
república republic; **República Dominicana** Dominican Republic
republicano/a republican
repugnante disgusting
requerir (ie, i) to require
requisito requirement
res *f.*: **carne** *f.* **de res** beef (7)
reseña review (*restaurant, book, etc.*)
reserva reservation
reservación *f.* reservation
reservado/a reserved (5)
reservar to reserve (16); **reservar con (un mes de) anticipación** to reserve (a month) in advance (16)
resfriado *n.* cold (*illness*)
residencia residency; dormitory; **residencia estudiantil** student dormitory
resignar to resign; **resignarse** *refl.* **a** to resign oneself to
resistir to be able to withstand
resolver (ue) (*p.p.* **resuelto/a**) to resolve
respectivo/a respective
respecto: al respecto about the matter; **(con) respecto a** with respect to, concerning
respetar to respect
respetuoso/a respectful
responder to respond

responsabilidad *f.* responsibility
responsable responsible
respuesta answer
restaurante *m.* restaurant
resto rest, remainder
restricción *f.* restriction
restrictivo/a restrictive
resultado result
resultar to result; to turn out
resumen *m.* summary
resumir to summarize
retirar to remove, withdraw; **retirarse** *refl.* to leave
retórica rhetoric
retraído/a solitary, reclusive (13)
retraimiento reclusiveness
reunir (reúno) to assemble, unite
revelado/a revealed
revelar to reveal
revisar to review
revisión *f.* revision
revista magazine
revolución *f.* revolution
revolucionario/a revolutionary
revuelto: huevo revuelto scrambled egg (7)
rey *m.* king
rezar (c) to pray
rico/a rich; delicious
ricurita *fam.* beautiful girl
ridículo/a ridiculous
riesgo: tendencia a evitar riesgos tendency to avoid risks (13)
rifle *m.* rifle
río river (11)
risa laugh, laughter (11); **causar risa** to cause laughter, make laugh (11)
rítmico/a rhythmical
ritmo rhythm
rizado/a curly (5)
robótica *s.* robotics
roca rock
rocín *m.* nag, old workhorse
rodear to surround
rojo/a red (7); **carne** *f.* **roja** red meat; **ponerse** *irreg.* **rojo/a** to blush (10)
romano/a Roman
romántico/a romantic
ron *m.* rum
ropa clothes; **lavar la ropa** to wash clothes (2); **prenda de ropa** article of clothing
rosado/a pink (7)
rosbif *m.* roast beef
rosquilla donut
roto/a *p.p.* broken
rueda wheel
ruido noise; **hacer** *irreg.* **ruido** to make noise (10)
ruina ruin
rusia Russia
ruta route
rutina routine (11)

S

sábado Saturday (1); **sábado pasado** last Saturday (11)

sábana sheet (*bed*)

saber *irreg.* to know (*facts, information*) (3); **no lo sé todavía** I don't know yet (P); **no sé** I don't know (P); **que yo sepa** as far as I know (17); **sabe a ____** it tastes like (7); **saber expresarse** *refl.* **claramente** to know how to express oneself clearly (17); **saber** + *inf.* to know how (*to do something*) (17); **supe que ____** I found out that ____

sabido/a: es cosa sabida it is a known fact (5)

sabio/a wise

sabor *m.* taste, flavor (7)

sabroso/a tasty, delicious

sacar (qu) to take out; to rent (2); **sacar fotos** to take pictures (16); **sacar una buena (mala) nota** to get a good (bad) grade (10); **sacar vídeos** to rent videos

sacerdote *m.* priest

sacrificarse (qu) *refl.* to sacrifice oneself

sagrado/a sacred

sal *f.* salt (7)

sala room; **sala de charla** chat room; **sala de espera** waiting room (16)

salado/a salty

salamandra salamander

salchicha sausage (7)

saldo balance (*of money*)

salero salt shaker (8)

salida departure (16); exit

salir *irreg.* to go out, leave (1); to come out; **salir de una adicción** to overcome an addiction (12)

salsa sauce; salsa (*music*); **salsa de tomate** ketchup (7)

saltar to jump; to spring; **saltar a la cuerda** to jump rope (11)

salud *f.* health

saludable healthy

saludar to greet (5)

saludo greeting (P)

salvar to save

san *apocopated form of* **Santo**

sándwich *m.* sandwich (7)

sangre *f.* blood

santo/a saint

satélite *m.* satellite

satira satire

satisfacción *f.* satisfaction

satisfecho/a *p.p.* satisfied

se *refl. pron.* yourself (*form.*); himself, herself, yourselves (*form.*); themselves; (*impersonal*) one

sección *f.* section; **sección de (no) fumar** (no) smoking section (16)

secretario/a secretary

secreto *n.* secret

secreto/a *adj.* secret

secuencia: en secuencia in sequence

secuestro kidnapping

secundaria secondary; **escuela secundaria** secondary school, high school

sed *f.* thirst; (**dar** *irreg.* **sed** to make thirsty; **tener** *irreg.* **sed** to be thirsty (9)

seda silk (16)

sedentario/a sedentary

seductor(a) seductive (14)

sefardí, sefardita *adj.* Sephardic

segmento segment

seguido/a followed; **en seguida** right away

seguir (i, i) (g) to follow; to continue; **siga (Ud.) por ____** continue, follow ____ (15); **siga derecho (recto)** continue (go) straight (15)

según according to

segundo *n.* second

segundo/a *adj.* second; **segundo plato** second course (7)

seguro/a sure, secure (13)

seis six (P)

seiscientos six hundred (6)

selección *f.* selection

seleccionar to select, choose

semáforo traffic light (15)

semana week; **fin** *m.* **de semana** weekend (1); **fin** *m.* **de semana pasado** last weekend (3); **semana pasada** last week (3)

semanal weekly

semejante similar

semejanza similarity

semestre *m.* semester

semidescremado/a: leche *f.* **semidescremada** 2% milk

senador(a) senator (17)

sencillo/a simple; **cama sencilla** twin bed (16)

sensible sensitive (13)

sentarse (ie) *refl.* to sit down

sentido sense

sentimiento feeling

sentir (ie, i) to feel; to feel sorry; **sentirse** *refl.* to feel (10); **¿cómo te sientes?** how do you feel? (10); **para sentirse bien** to feel well (10); **sentirse alegre / avergonzado/a / deprimido/a / orgulloso/a / relajado/a** to feel happy/ashamed, embarrassed/depressed/proud/relaxed (10)

señor *m.* sir, Mr.; man

señora ma'am, Mrs.; woman

separado/a separated

separar to separate

septiembre *m.* September (2)

sequía drought

ser *irreg.* to be (P); **¿de dónde eres tú / es usted?** where are you from? (P); **¿de qué color es/son ____?** what color is/are ____? (5)? **es decir** that is; **es la una** it's one o'clock (1); **es más** what's more, moreover; **llegar (gu) a ser** to become; **o sea** that is to say (17); **¿qué estatura es?** how tall is he/she/you (*form.*)? (5); **sea lo que sea** be that as it may (17); **ser adicto/a** to be addicted (12); **ser carismático/a** to be charismatic (17); **si no fuera por** if it weren't for; **son las dos (tres)** it's two (three) o'clock (1); **soy** I am (P); **soy de** I'm from (P); **soy estudiante de ____** I am a(n) ____ student (P)

ser *n. m.* being; **ser humano** human being

serie *f.* series

serio/a serious (P); **en serio** seriously

serpiente *f.* snake; **serpiente de cascabel** rattlesnake

serrano/a *adj.* mountain; **jamón** *m.* **serrano** *cured Spanish ham*

servicio service; **servicio a domicilio** home delivery (8); **servicio de cuarto** room service (16); **servicio militar** military service (8)

servilleta napkin (8)

servir (i, i) to serve

sesenta sixty (6)

setecientos seven hundred (6)

setenta seventy (6)

sexo sex

si if

sí yes (P); **claro que sí** of course; **creo que sí** I think so

SIDA *m.* AIDS

siempre always (1)

siete seven (P)

siglo century; **siglo pasado** last century (6)

significado meaning

significar (qu) to mean

signo sign

siguiente following, next

silbar to whistle (10)

silencio silence; **guardar silencio** to keep quiet

silla chair

símbolo symbol

simpatía congeniality, friendliness

simpático/a nice, pleasant (4)

simplemente simply; merely

sin *prep.* without; **no se puede ____ sin ____** you (one) can't ____ without ____ (8); **sin duda** without a doubt; **sin embargo** however, nevertheless; **sin hielo** without ice (9)

sincero/a sincere (P)

sincretismo synthesis

síndrome *m.* syndrome; **síndrome invernal** winter syndrome (*depression*)

sinfonía symphony

sino *conj.* but, instead

sinónimo synonym

síntesis synthesis

sintético/a synthetic

síntoma *m.* symptom

siquiera *adv.* even; **ni siquiera** not even

sirviente/a servant

sistema *m.* system

sitio place

situación *f.* situation

situarse *refl.* to be located

sobras *pl.* leftovers

sobre *prep.* about; on; **sobre todo** above all

sobreevaluado/a overvalued

sobresaliente outstanding

sobrevalorado/a overvalued

sobrino/a nephew, niece (4)

social social; **asistencia social** social work (17); **asistente social** social worker; **ciencias** *pl.* **sociales** social sciences (P); **trabajador(a) social** social worker (17)

socialista *m., f.* socialist

socializar (c) to socialize

sociedad *f.* society

sociología sociology (P)

sociológico/a sociological

sol *m.* sun; **hace sol** it's sunny (2); **puesta de sol** sunset; **tomar el sol** to sunbathe

solamente only

solar: energía solar solar energy

soldado / mujer *f.* **soldado** female soldier

soleado/a sunny

soler (ue) + *inf.* to be in the habit of (*doing something*) (1)

solicitante *m., f.* person surveyed (*opinion poll*)

solitario/a solitary

sólo *adv.* only

solo/a alone; single, sole; **a solas** alone

soltero/a *adj.* single (4); **madre** *f.* **soltera** single mother (4); **padre** *m.* **soltero** single father (4)

solución *f.* solution

sombrero hat (16)

sonar (ue) to sound; to ring

sonido sound

sonreír (i, i) to smile (10)

sonrojarse *refl.* to blush (10)

soñador(a) *n., adj.* dreamer (14)

soñar (ue) to dream; **soñar despierto/a** to daydream

sopa soup; **plato de sopa** soup bowl (8)

sorber to taste

sorprendente surprising

sorprender to surprise

sorpresa surprise; **prueba de sorpresa** pop quiz

sospechar to suspect

sostener (*like* **tener**) to sustain, hold up

su(s) *poss.* his, her, its, your (*form. pl., s.*), their (P)

suave soft

subir to go up; to lift up; **subir a** to get on/in (*a bus, car, plane, etc.*)

subjuntivo *gram.* subjunctive

sublevar to stir up; to incite to anger or rebellion; **sublevarse** *refl.* to rise up, rebel

subproducto byproduct

subrayar to underline

subsección *f.* subsection

sucio/a dirty

sudadera *s.* sweats (*clothing*) (16)

Sudamérica South America

sudamericano/a *n., adj.* South American

sudar to sweat

suegro/a father-in-law, mother-in-law (4); *m. pl.* in-laws (4)

sueldo salary

suelo ground; floor

sueño dream

suerte *f.* luck; **tener** *irreg.* **suerte** to be lucky

suéter *m.* sweater (16)

suficiente sufficient

sufijo *gram.* suffix

sufrir to suffer (12); to experience (12)

sugerencia suggestion

sugerir (ie, i) to suggest

sujeto subject

superficial superficial (13)

supérfluo/a superfluous, unnecessarily excessive

supermercado supermarket

supremo/a supreme; **corte** *f.* **suprema** Supreme Court

supuesto: por supuesto of course

sur *m.* south (15); **América del Sur** South America

Suráfrica South Africa

Suramérica South America

suramericano/a *n., adj.* South American

surgir (j) to spring up, present itself

suroeste *m.* southwest

suspender to suspend; to fail (*an exam*)

suspenso suspense

sustantivo *gram.* noun

sustituir (y) to substitute

suyo/a your, yours (*form. pl., s.*); his, of his, her, of hers; its; their, of theirs; **meterse en lo suyo** to do one's own thing

T

tabaco tobacco

tabernero/a tavern keeper

tabla table

tacaño/a stingy (13)

tacón *m.* heel; **zapato de tacón alto** high-heeled shoe (16)

tal such; **de tal manera** in such a manner; **de tal palo, tal astilla** a chip off the old block; **¿qué tal?** what's up (P); **tal como** just as; **tal vez** perhaps

talento talent

tamaño size (6); **tamaño promedio** average size

tampoco neither; not either (2)

tan as, so; **tan ____ como** as ____ as (6); **tan pronto como** as soon as (17)

tanto/a as much, so much; **mientras tanto** meanwhile; **por lo tanto** therefore; **tanto/a ____ como** as much ____ as (6)

tantos/as as many; so many; **tantos/as ____ como** as many ____ as (6)

tapa *Sp.* snack, appetizer

tapiz *m.* (*pl.* **tapices**) tapestries

tardar to take a long time

tarde *n. f.* afternoon; *adv.* late; **ayer por la tarde** yesterday afternoon; **buenas tardes** good afternoon (P); **hasta (muy) tarde** until (very) late (2); **más tarde** later; **(muy) tarde** (very) late (1); **por la tarde** in the afternoon (1); **todas las tardes** every afternoon (1)

tarea homework (1); **escribir la tarea** to write the assignment; **hacer** *irreg.* **la tarea** to do the homework/assignment; **tarea doméstica** household chore

tarjeta card; **tarjeta de embarque** boarding pass; **tarjeta de crédito** credit card

tarta pie (20)

tasa rate; **tasa de desempleo** unemployment rate

taxi *m.* taxi

taxista *m., f.* taxi driver

taza cup (8)

te *d.o.* you (*fam. s.*); *i.o.* for you (*fam. s.*); *refl. pron.* yourself (*fam. s.*)

té *m.* tea (7); **té de hierbas** herbal tea (9); **té helado** iced tea (9)

teatral theatrical

teatro theater (P); **ir** *irreg.* **al teatro** to go to the theater (11); **obra de teatro** play

técnica technique

técnico/a *n.* technician (17); *adj.* technical

tecnología technology

tecnólogo/a technologist

tejano/a *n., adj.* Texan

tejido fabric

tela fabric (16); **telas de fibras naturales** natural fabrics (16)

tele *f.* (*colloquial*) TV

telefónico/a: llamada telefónica telephone call

teléfono telephone; **hablar por teléfono** to talk on the phone (1); **llamar por teléfono** to call on the phone (3); **número de teléfono** telephone number; **teléfono celular** cell phone
telenovela soap opera; **ver** *irreg.* **una telenovela** to watch a soap opera (3)
telescopio telescope
televidente television viewer
televisión *f.* television; **mirar la televisión** to look at, watch TV (1); **televisión por cable** cable TV; **ver** *irreg.* **la televisión** to watch television (2)
televisor *m.* television (*set*); **poner** *irreg.* **el televisor** to turn on the TV
tema *m.* topic, theme
temperamento temperament
temperatura temperature (2)
templo temple
temporada season
temprano/a early (1); **(muy) temprano** (very) early (1)
tenaz (*pl.* **tenaces**) tenacious (14)
tendencia tendency; **tendencia a evitar riesgos** tendency to avoid risks (13)
tenedor *m.* fork (8)
tener *irreg.* to have (1); **tener ____ años** to be ____ years old (4); **tener buena educación** to be well-mannered (8); **tener calor** to be (feel) hot (*person*); **tener celos** to be jealous; **tener cuidado** to be careful (12); **tener dolor de cabeza** to have a headache (10); **tener dolor de estómago** to have a stomachache; **tener don de gentes** to have a way with people (17); **tener en mente** to keep in mind; **tener envidia** to be envious; **tener éxito** to be successful; **tener fama de** to have a reputation for; **tener ganas de** + *inf.* to feel like (*doing something*); **tener gracia** to be funny, charming (11); **tener habilidad manual** to have the ability to work with one's hands (17); **tener hambre** to be hungry (7); **tener mal genio** to have a bad temper; **tener miedo** to be afraid (10); **tener que** + *inf.* to have to (*do something*) (1); **tener que ver con** to have to do with; to concern; **tener razón** to be right; **tener sed** to be thirsty (9); **tener suerte** to be lucky; **tener un examen** to take a test (3); **tener vergüenza** to be ashamed, embarrassed (10); **tener vista** to have a view (16); **tengo** I have (P); **tengo una pregunta, por favor** I have a question, please (P); **tienes** you have (P)
tenis *m.* tennis; **jugar (ue) (gu) al tenis** to play tennis (10); **zapato de tenis** tennis shoe

tenista *m., f.* tennis player
tensión *f.* tension
tenso/a tense (10); **estar tenso/a** to be tense (10)
tentación *f.* temptation
tentativo/a tentative
tequila *m.* tequila
terapeuta *m., f.* therapist (17)
terapia therapy; **terapia física** physical therapy (17)
tercer, tercero/a third; **tercer plato** third course (8)
terminar to finish, end
término term; end
ternera veal (7)
terraza terrace
terremoto earthquake
territorio territory
terrorista *m., f.* terrorist
tesis *f.* thesis
tesoro treasure
textiles *pl.* textiles
texto text
textura texture
tez *f.* (*pl.* **teces**) complexion
ti *obj. of prep.* you (*fam. s.*)
tiburón *m.* shark
tiempo time; weather; tense; **hace buen/mal tiempo** the weather's good/bad (2); **pasar tiempo** to spend time; **pronóstico del tiempo** weather forecast; **¿qué tiempo hace?** what's the weather like? (2); **tiempo libre** free (spare) time (11)
tienda store
tierra land; earth; *pl.* lands
tigre *m.* tiger
timidez *f.* timidity
tímido/a timid, shy (5)
tinto/a: vino tinto red wine (9)
tío/a uncle, aunt (4); *pl.* aunts and uncles (4)
típico/a typical
tipo type
tira cómica comic strip
titulado/a titled
título title
toalla towel (16)
tobillo ankle
tocar (qu) to touch; to play; to knock; to toll; **tocar la guitarra** to play the guitar (1); **tocarle a uno** to be one's turn
tocino bacon (7)
todavía *adv.* yet, still; **no lo sé todavía** I don't know yet (P)
todo/a all, every; **de todas formas** in any case; **por todas partes** everywhere; **sobre todo** above all; **todo el día** all day; **todos los días** every day (1); **todas las mañanas/tardes/noches** every morning/afternoon/night (1)

tolerancia tolerance
tomar to take; to drink (7); **tomar apuntes** to take notes; **tomar asiento** to take a seat; **tomar el sol** to sunbathe; **tomar en cuenta** to take into account; **tomar un café** to drink a cup of coffee (2); **tomar unas vacaciones** to take a vacation; **tomarle el pelo a uno** to pull someone's leg; **¿y para tomar?** and to drink? (7)
tomate *m.* tomato (7); **jugo de tomate** tomato juice (9); **salsa de tomate** ketchup (7)
tonelada ton
tono tone
tonto/a foolish (P)
tormenta storm
torneo tournament
toronja: jugo de toronja grapefruit juice
torpe clumsy
torrencial torrential
torta cake
tortilla *Lat. Am.* tortilla; *Sp.* omelette (7)
tortuga turtle
tostada toast (7)
tostado/a toasted; **pan** *m.* **tostado** toast (7)
total *m.* total
trabajador(a) worker; **trabajador(a) social** social worker (17)
trabajar to work (1); **trabajar en el jardín** to garden (11)
trabajo work; job
tradición *f.* tradition
tradicional traditional
traducir (*like* **conducir**) to translate; to express
traer *irreg.* to bring (8); **¿me podría traer ____?** could you bring me ____? (8); **¿qué trae ____?** what does ____ come with? (8)
tráfico traffic
tragar (gu) to swallow
trágico/a tragic
trago drink
traje *m.* suit (16); costume; **traje de baño** bathing suit (16)
tranquilidad *f.* tranquility
tranquilizante *m.* tranquilizer
tranquilo/a tranquil, calm
transformarse *refl.* to become transformed
transición *f.* transition
transmitir to transmit
transporte *m.* transport, transportation; **transporte público** public transportation
tratamiento treatment
tratar to treat; to discuss; **tratar de** to try; to speak about
trato treatment

través: a través de through
trece thirteen (P)
treinta thirty (6)
tremendo/a tremendous
tren *m.* train (16)
tres three (P)
trescientos/as three hundred (6)
tribu *f.* tribe
trimestre *m.* trimester
triste sad (10); **ponerse** *irreg.* **triste** to be (get) sad (10)
tristeza sadness
triunfar to be successful
triunfo triumph
trompeta trumpet
tropas *pl.* troops
tropezarse (ie) (c) con *refl.* to trip over
trucha trout
truco trick
túnel *m.* tunnel
turismo: agencia de turismo travel agency; **oficina de turismo** tourism office
turista *n. m., f.* tourist
turístico/a: clase *f.* **turística** economy class (16)
tutear *to address with the familiar form* **tú**
tuyo/a *poss.* your, of yours (*fam. s.*)

U

u or (*used instead of* **o** *before words beginning with* **o** *or* **ho**)
Ud. *form. s.* you (P)
Uds. *form. pl.* you (P)
último/a last; highest; **por último** finally; **por última vez** for the last time (3)
un, uno/a one, an (P); **a la una** at one o'clock (1); **es la una** it's one o'clock (1); **el/la uno/a al / a la otro/a** each other
único/a only; unique; **hijo/a único/a** only child
unidad *f.* unit
unido/a united, close-knit; **Estados Unidos** United States
uniforme *m.* uniform
unisexo unisex
universidad *f.* university
universitario/a *n.* university student; *adj.* university
unos/as some (P); **unos/as cuantos/as** a few
uña fingernail; **comerse** *refl.* **las uñas** to bite one's nails (10)
urbano/a urban
usar to use; **usar una computadora** to use a computer (17)
uso use
usuario/a user
útil useful; **palabras útiles** useful words

utilizar (c) to use; **utilizar la aromaterapia** to use aromatherapy (11)
uva grape (7)

V

vacaciones *f. pl.* vacation; **estar** *irreg.* **de vacaciones** to be on vacation; **tomar unas vacaciones** to take a vacation
vacilón, vacilona funny
vacuna vaccine
valer *irreg.* to be worth; **más vale prevenir que arrepentir** an ounce of prevention is worth a pound of cure
valle *m.* valley
valor *m.* value; courage
vanidoso/a vain
vapor *m.*: **al vapor** steamed (7)
variación *f.* variation
variado/a varied
variar (varío) to vary
variedad *f.* variety
varios/as *pl.* various, several; **hace varios meses** several months ago
vasco/a *n., adj. m., f.* Basque; *m.* Basque (*language*); **País Vasco** Basque Provinces
vaso (water) glass (8)
vasto/a vast
vecino/a neighbor
vegetariano/a *n., adj.* vegetarian
veinte twenty (P)
veinticinco twenty-five (P)
veinticuatro twenty-four (P)
veintidós twenty-two (P)
veintinueve twenty-nine (P)
veintiocho twenty-eight (P)
veintiséis twenty-six (P)
veintisiete twenty-seven (P)
veintitrés twenty-three (P)
veintiún, veintiuno/a twenty-one (P)
vendedor(a) salesperson; **máquina vendedora** vending machine (7); **vendedora automática** vending machine
vender to sell
venir *irreg.* to come (1)
venta sale
ventaja advantage (18)
ventana window
ver *irreg.* (*p.p.* **visto/a**) to see; **verse** *refl.* **(bien)** to look (good) (16); **a ver** let's see; **nos vemos** we'll be seeing each other (P); **ver la televisión** to watch television (2); **ver una telenovela** to watch a soap opera (3); **tener** *irreg.* **que ver con** to have to do with; to concern
verano summer (2)
veras: de veras truly, really
verbo verb (P)
verdad *f.* truth

verdadero/a true
verde green; **chiste verde** off-color joke; **judía verde** green bean (7); **ojos verdes** green eyes (5)
verdeo: de verdeo unripened
verdura vegetable (7)
vergonzoso/a shameful
vergüenza: tener *irreg.* **vergüenza** to be ashamed, embarrassed (10)
verídico/a true
verificar (qu) to verify; to check
versión *f.* version
vestido dress (16)
vestimenta apparel
vestir (i, i) to wear (16); **prenda de vestir** article of clothing (16); **vestirse** *refl.* to dress, get dressed
veterinario/a veterinarian (17)
vez *f.* (*pl.* **veces**) time; **a veces** sometimes; **a la vez** at the same time; **algunas veces** sometimes; **de vez en cuando** from time to time (P); **en vez de** instead of; **otra vez, por favor** again, please (P); **pocas (raras) veces** rarely; **tal vez** perhaps; **última vez** last time (3); **una vez** once (3)
viajar to travel (16)
viaje *m.* trip (16); **agente** *m., f.* **de viajes** travel agent (16); **hacer** *irreg.* **un viaje** to take a trip (16)
vicepresidente/a vice president
viceversa vice versa
vicio vice, bad habit
víctima *m., f.* victim
vida life; **esperanza de vida** life expectancy; **ganarse la vida** to support oneself (*financially*); **llevar una vida** to lead a life; **vida privada** privacy
vídeo video; **mirar un vídeo** to watch a video; **sacar (qu) vídeos** to rent videos
videocasetera videocassette recorder (VCR)
videoclub *m.* video rental store
videojuego video game; **jugar (ue) (gu) a los videojuegos** to play video games (3)
viejo/a *n.* old person; *adj.* old (6)
viento wind; **hace viento** it's windy (2)
vientre *m.* belly
viernes *m.* Friday (1)
villa municipality
vinagre *m.* vinegar
vinculado/a connected
vino wine (7); **vino blanco** white wine (9); **vino tinto** red wine (9)
violencia violence
violento/a violent
violín *m.* violin
virreinato viceroyalty
viruela smallpox
virus *m. pl., s.* virus(es)

visibilidad *f.* visibility

visita visit

visitar to visit

vista view; **punto de vista** point of view; **tener** *irreg.* **vista** to have a view (16)

vistazo glance

vitamina vitamin (7)

viudo/a widower; widow (4)

vivienda housing; house

vivo/a alive (4); vivid

vocabulario vocabulary

voleibol *m.* volleyball; **jugar (ue) (gu) al voleibol** to play volleyball (11)

volumen *m.* volume; size

voluminoso/a voluminous

voluntario/a *n.* volunteer; *adj.* voluntary

volver (ue) to return (*to a place*) (1); **volver a** + *inf.* to do (*something*) again; **volverse** *refl.* to become; to turn

vomitar to vomit

vos *s. fam.* you (*used instead of* **tú** *in certain countries of Central and South America*)

vosotros/as *pl. fam.* you *Sp.* (P)

votar to vote

voto vote

voz *f.* (*pl.* **voces**) voice; **en voz alta** aloud

vudú *m.* voodoo

vuelo flight (16); **asistente** *m., f.* **de vuelo** flight attendant (16); **vuelo nacional** domestic flight

vuelta turn; return; **boleto/billete** *m.* **de ida y vuelta** round-trip ticket (16); **dar** *irreg.* **vuelta** to turn

vulnerabilidad *f.* vulnerability

Y

y and (P); **y cuarto/media** quarter/half past (1); **¿y tú/usted?** and you? (P)

ya now, already; **ya murió** he (she) already died (4)

yo *sub. pron.* I (P)

yoga *m.* yoga; **hacer** *irreg.* **yoga** to do yoga

yogur *m.* yogurt (7)

Z

zanahoria carrot (7)

Zapatista: EZLN: Ejército Zapatista de Liberación Nacional Zapatista National Liberation Movement

zapato shoe (16); **zapato de correr** running shoe; **zapato de tacón alto** high-heeled shoe (16); **zapato de tenis** tennis shoe

zona zone

zoológico zoo; **parque** *m.* **zoológico** zoo

English-Spanish Vocabulary

A

a **un(a)** (P)

ability to work with one's hands **habilidad** *f.* **manual** (17)

able **capaz** (*pl.* **capaces**); able to direct (others) **capaz de dirigir (a otros)** (13); to be able **poder** *irreg.* (1)

about **sobre** (P)

abroad **extranjero** (16)

abuse *n.* **abuso** (12); *v.* **abusar de** (12); drug abuse **abuso de las drogas** (12)

accountant **contador(a)** (17)

accounting **contabilidad** *f.* (P) (17)

actor **actor** *m.* (17)

actress **actriz** *f.* (17)

adapt **adaptar** (5)

add **agregar** (7)

addicted: to be addicted **ser** *irreg.* **adicto/a** (12); to become addicted **convertirse (ie, i) en adicto/a** (12)

addiction **adicción** (12); to overcome an addiction **salir** *irreg.* **de una adicción** (12)

adjective **adjetivo** (P); demonstrative adjective **adjetivo demostrativo** (P); descriptive adjective **adjetivo descriptivo** (P); possessive adjective **adjetivo de posesión** (P); quantifying adjective **adjetivo de cantidad** (P)

adjust **adaptar** (5)

advance: in advance **con anticipación** (16)

advantage **ventaja** (18)

adventurous **aventurero/a** (5)

aerobic **aeróbico**; to do aerobics **hacer** *irreg.* **ejercicio aeróbico** (1)

afraid: to be afraid **estar** (*irreg.*) **asustado/a** (10); **tener** *irreg.* **miedo** (10)

after *adv.* **después** (2); *conj.* **después (de) que** (17)

afternoon **tarde** *f.* (1); every afternoon **todas las tardes** (1); good afternoon **buenas tardes** (P); in the afternoon **por la tarde** (10)

again **otra vez** (P); again, please **otra vez, por favor** (P)

age **edad** *f.* (16)

agent **agente** *m., f.* (16); travel agent **agente de viajes** (16)

ago: ___ ago **hace** + *time* (3)

agriculture **agricultura** (P), **agronomía** (P)

airplane **avión** *m.* (16)

airport **aeropuerto** (16)

alcohol: hard alcohol **licor** *m.* **fuerte** (9)

alcoholism **alcoholismo** (12)

alive **vivo/a** (4)

alongside **al lado (de)** (15)

also **también** (2)

always **siempre** (1)

ambicious **ambicioso/a** (14)

amenities **comodidades** *f.* (16)

an **un(a)** (P)

and **y** (P); and you? **¿y tú?** (P); and you? **¿y usted?** (P)

angry **enojado/a** (10), **enfadado/a** (10); to be angry **estar** *irreg.* **enojado** (10), **ponerse** *irreg.* **enfadado/a** (10); to get angry **enojarse** (10)

another: to speak another language **hablar otro idioma** *m.* (17)

anthropology **antropología** (P)

any: not any **ninguno/a** (2)

anyone: not anyone **nadie** (2)

anything: not anything **nada** (2)

apartment **apartamento** (2)

apathetic **apático/a** (14)

to be appetizing (*appealing*) **apetecer (zc)** (7)

apple **manzana** (7); apple juice **jugo de manzana** (9)

April **abril** (2)

architecture **arquitectura** (17)

arm **brazo** (8)

aromatherapy **aromaterapia** (11); to use aromatherapy **utilizar (c) la aromaterapia** (11)

arquitect **arquitecto/a** (17)

arrival **llegada** (16)

arrive **llegar (gu)** (3)

art **arte** *m.* (P)

article **artículo** (P); article of clothing **prenda de vestir** (16); definite article **artículo definido** (P); indefinite article **artículo indefinido** (P)

as . . . as **tan… como** (6); as far as I know **que yo sepa** (17); as many . . . as **tantos/as… como** (6); as much . . . as **tanto/a… como** (6); as soon as **tan pronto como** (17), **en cuanto** (17)

ashamed: to be ashamed **tener** *irreg.* **vergüenza** (10); to feel ashamed **sentirse (ie, i) avergonzado/a** (10)

ask (*a question*) **preguntar** (1); to ask a question **hacer** *irreg.* **una pregunta** (4); to ask for **pedir (i, i)** (1)

asleep: to fall asleep **dormirse (ue, u)** (3)

assistant **ayudante** *m., f.* (17)

astronomer **astrónomo/a** (17)

astronomy **astronomía** (P)

astute **astutuo/a** (14)

at **en** (1); at home **en casa** (1); at night **por la noche** (1); at one o'clock **a la una** (1); at three o'clock **a las tres** (1); at two o'clock **a las dos** (1); at what time? **¿a qué hora?** (1)

athlete **atleta** *m., f.* (17)

attend **asistir (a)** (1)

attendant: flight attendant **asistente** *m., f.* **de vuelo** (16), **camarero/a** (16)

attractive **atractivo/a** (P)

August **agosto** (2)

aunt **tía** (4); aunts and uncles **tíos** (4)

autumn **otoño** (2)

average **promedio** (6)

avocado **aguacate** *m.* (7)

away: to take away **quitar** (7)

B

bacon **tocino** (7)

bad **malo/a** (P); to be in a bad mood **estar** *irreg.* **de mal humor** *m.* (10); to get a bad grade **sacar (qu) una mala nota** (10); to have a bad time **pasarlo mal** (10); to make a bad impression **caer** *irreg.* **mal** (7)

baked **al horno** (7); baked custard **flan** *m.* (7)

balanced **equilibrado/a** (13)

bald **calvo/a** (5)

banana **banana** (7)

baseball **béisbol** *m.* (10); to play baseball **jugar (ue) (gu) al béisbol** (10)

basic **básico/a** (7)

basketball **basquetbol** *m.* (10); to play basketball **jugar (ue) (gu) al basquetbol** *m.* (10)

bathe (*someone or something*) **bañar** (5); to bathe oneself **bañarse** (11); to bathe in a jacuzzi **bañarse en el jacuzzi** (11)

bathing suit **traje** *m.* **de baño** (16)

bathroom **baño** (16); room with a private bath **habitación** *f.* **con baño privado** (16)

be **ser** *irreg.* (P); **estar** *irreg.* (3); be that as it may **sea lo que sea** (17); to be able **poder** *irreg.* (1); to be addicted **ser** *irreg.* **adicto/a** (12); to be afraid **estar** *irreg.* **asustado/a** (10), **tener** *irreg.* **miedo** (10); to be angry **estar** *irreg.* **enojado/a** (10), **ponerse** *irreg.* **enfadado/a** (10); to be appetizing/appealing **apetecer (zc)** (7); to be ashamed of **tener** *irreg.* **vergüenza** (10); to be bored **estar** *irreg.* **aburrido** (10); to be careful **tener** *irreg.* **cuidado** (12); to be charming **tener** *irreg.* **gracia** (11); to be embarrassed **tener** *irreg.* **vergüenza** (10); to be happy **ponerse** *irreg.* **contento/a** (10); to be hungry **tener** *irreg.* **hambre** *f.* (7); to be important **importar**

(7); to be in a good (bad) mood **estar** *irreg.* **de buen (mal) humor** *m.* (10); to be interesting **interesar** (7); to be in the habit of (*doing something*) **soler (ue)** (+ *inf.*) (1); to be irritated **irritarse** (10); to be located **quedar** (15); to be missing/lacking **faltar** (10); to be nervous **estar** *irreg.* **nervioso/a** (10); to be offended **ofenderse** (10); to be remaining **quedar** (10); to be sad **ponerse** *irreg.* **triste** (10); to be tense **estar** *irreg.* **tenso/a** (10); to be thirsty **tener** *irreg.* **sed** *f.* (9); to be tired **estar** *irreg.* **cansado/a** (10); to be very/extremely pleasing **encantar** (7); to be well-mannered **tener** *irreg.* **buena educación** (8); to be ____ years old **tener** *irreg.* ____ **años** (4)

bean **frijol** *m.* (7); green bean **judía verde** (7)

because **porque** (1)

become addicted **convertirse (ie, i) en adicto/a** (12); to become nauseated **marearse** (16)

bed **cama** (16); bed and breakfast **pensión** *f.* (16); double bed **cama matrimonial** (16); to go to bed **acostarse (ue)** (1); twin bed **cama sencilla** (16)

beef **carne** *f.* **de res** (7)

beer **cerveza** (7)

before *conj.* **antes (de) que** (17)

begin **empezar (ie) (c)** (3)

behave **comportarse** (13), **portarse** (13)

behind **detrás (de)** (15)

believe **creer (y)** (5)

bellhop **botones** *m. s.* (16), **mozo** (16)

beneficial **beneficioso/a** (18)

benefit **beneficio** (18)

beverage **bebida** (9); alcoholic beverage **bebida alcohólica** (9)

bicycle: to ride a bicycle **andar** *irreg.* **en bicicleta** (11)

big **grande** (5)

bill **cuenta** (3); to pay the bill **pagar (ue) la cuenta** (3)

biologist **biólogo/a** (17)

biology **biología** (P)

bite one's fingernails **comerse las uñas** (10)

bitter **amargo/a** (7)

black **negro/a** (5); black hair **pelo negro**

block (*of houses*) **cuadra, manzana** *Sp.*, *Central America* (15)

blond hair **rubio/a** (5)

blouse **blusa** (16)

blue **azul** (5)

blush *v.* **ponerse** *irreg.* **rojo/a** (10), **sonrojarse** (10)

board: room and full board **pensión** *f.* **completa** (16)

boardinghouse **pensión** *f.* (16)

boast (about) **jactarse (de)** (13)

boat **barco** (16)

bold **arriesgado/a** (13)

book **libro** (P)

bored: to be bored **estar** *irreg.* **aburrido/a;** to get bored **aburrirse** (10)

boring **aburrido/a** (P) (14)

boss **jefe/a** (17)

bowl *v.* **jugar (ue) (gu) al boliche** (10); *n.* (*earthenware*) **cuenco** (8)

boy **chico** (P)

brag (about) **jactarse (de)** (13)

bread: assorted breads and rolls **bollería** (7); white bread **pan** *m.* **blanco** (7); whole-wheat bread **pan** *m.* **integral** (7)

breakfast **desayuno** (7); bed and breakfast **pensión** *f.* (16); room and breakfast (*often with one other meal*) **media pensión** *f.* (16); to have breakfast **desayunar** (1)

bring **traer** *irreg.* (8); could you bring me ____? **¿me podría traer... ?** (8)

brother **hermano** (4); brothers and sisters, siblings **hermanos** (4); half brother **medio hermano** (4)

brother-in-law **cuñado** (4)

brown **castaño/a** (5); brown eyes **ojos castaños** (5); dark brown **marrón** (7)

bus **autobús** *m.* (16)

business **negocios** (17); business administration **administración** *f.* **de empresas** (P)

businessman **hombre** *m.* **de negocios** (17)

businesswoman **mujer** *f.* **de negocios** (18)

but **pero** (1)

butter **mantequilla** (7); peanut butter **mantequilla de cacahuete** (7)

C

cabin **cabina** (16)

caffeine **cafeína** (9)

calcium **calcio** (7)

calculus **cálculo** (P)

call **llamar** (3); to call on the phone **llamar por teléfono** (3)

calm **calmado/a** (13)

camping: to go camping **acampar** (11), **hacer** *irreg.* **camping** (11)

can *v.*: one/you (*impersonal*) can't ____ without ____ **no se puede** ____ **sin** ____ (8)

candy **dulce** *m.* (7)

carbohydrate **carbohidrato** (7)

card (*playing*) **naipe** *m.* (11); to play cards **jugar (ue) (gu) a los naipes** (11)

careful: to be careful **tener** *irreg.* **cuidado** (12)

carrot **zanahoria** (7)

carry **llevar** (5)

cause laughter **causar risa** (11)

century **siglo**; last century **siglo pasado** (6)

cereal **cereal** *m.* (7)

certain **cierto/a** (5); it's (not) certain that **(no) es cierto que** (18)

charismatic **carismático/a** (17)

charming **encantador(a)** (13); to be charming **tener** *irreg.* **gracia** (11)

chat **charlar** (2)

check *n.* (*restaurant*) **cuenta** (8); *v.* to check luggage **facturar el equipaje** (16)

cheek **mejilla** (5)

cheese **queso** (7)

chef **cocinero/a** (8)

chemist **químico/a** (17)

chemistry **química** (P)

chicken **pollo** (7); (half a) roasted chicken **(medio) pollo asado** (7)

children **hijos** (4)

chin **mentón** *m.* (5)

chips: potato chips **papas fritas** *Lat. Am.* (7), **patatas fritas** *Sp.* (7)

chop: pork chop **chuleta de cerdo** (7)

church **iglesia;** to go to church **ir** *irreg.* **a la iglesia** (2)

ciao **chau** (P)

class **clase** *f.* (P); economy class **clase turística** (16); first class **primera clase** (16); in class **en la clase** (P)

classmate **compañero/a de clase** (P)

clean (the apartment) **limpiar (el apartamento)** (2)

clear *v.*: to clear the table **levantar la mesa** (8); *adj.* it's clear (*obvious*) **está claro** (5); (*weather*) **está despejado** (2)

clever **listo/a** (17)

climb: to mountain climb **escalar montañas** (11)

close **cerca (de)** (15)

closet **armario** (16)

clothes: to wash clothes **lavar la ropa** (2)

clothing: article of clothing **prenda de vestir** (16)

coffee **café** *m.* (2); coffee with milk **café con leche** (7); decaffeinated coffee **café descafeinado** (9)

cognate **cognado** (P)

cold **frío** (9); it's cold (*weather*) **hace frío** (2); very cold **bien frío** (9)

color **color** *m.* (5); what color is/are ____? **¿de qué color es/son** ____**?** (5)

come **venir** *irreg.* (1); what does ____ come with? **¿qué trae** ____**?** (8)

comic(al) **cómico/a** (P)

communications **comunicaciones** *f.* (P)

compassionate **compasivo/a** (17)

complain (about) **quejarse (de)** (10)

compulsive **compulsivo/a** (17)

computer **computadora** *Lat. Am.* (18), **ordenador** *m.* (18); computer science **computación** *f.* (P), **informática** (P); to use a computer **usar una computadora** (17)

confirm **confirmar** (16)

conformist **conformista** (14)

consequence **consecuencia** (12)

conservative **conservador(a)** (13)

consist of **consistir en** (12)

consult **consultar** (17)

consultant **asesor(a)** (17)

continue: continue _____ **siga (Ud.) por _____** (15); continue straight **siga derecho/recto** (15)

conveniences **comodidades** *f. pl.* (16)

cook *n.* **cocinero/a** (8)

cooked **cocinado/a** (7)

cookie **galleta** (7)

cool: it's cool (*weather*) **hace fresco** (2)

corn **maíz** *m.* (7); corn oil **aceite** *m.* **de maíz** (7)

corner **esquina** (15)

cosmopolitan **cosmopolita** (P)

cotton **algodón** *m.* (16)

could: could you bring me . . . ? **¿me podría traer... ?** (8); could you tell me _____? **¿me podría decir _____?** (15)

country **país** (P)

couple **pareja** (4); married couple **esposos** (4)

courageous **valiente** (14)

course (*meal*) **plato** (7); first/second/third course **primer/segundo/tercer plato** (7)

cousin **primo/a** (4)

coward, cowardly **cobarde** (14)

cream: ice cream **helado** (7)

creative **creativo/a** (13)

criminal justice **justicia criminal** (P)

cross the street **cruce la calle** (15)

cruise ship **crucero** (16)

cry *v.* **llorar** (10)

cup **taza** (8)

curious **curioso/a** (14)

curly hair **pelo rizado/a** (5)

custard: baked custard **flan** *m.* (7)

custom **costumbre** *f.* (8)

customer **cliente** *m., f.* (8)

cut *v.* **cortar** (8)

D

daily: daily menu **menú** *m.* **del día** (7); daily special **plato del día** (8)

dairy product **producto lácteo** (7)

dance **bailar** (2)

danger **peligro** (12)

dangerous **peligroso/a** (12)

dare (to) (*do something*) **atreverse (a)** + *inf.* (13)

daring **arriesgado/a** (13)

dark: dark brown **marrón** (7); dark-haired **moreno/a** (5); dark-skinned **moreno/a** (5)

day **día** *m.* (1); good morning, good day **buenos días** (P); every day **todos los días** (1); what day is it today? **¿qué día es hoy?** (1)

dead **muerto/a** (4)

decade **década** (6)

decaffeinated **descafeinado** (9); decaffeinated coffee **café** *m.* **descafeinado** (9)

December **diciembre** (2)

decided; decisive **decidido/a** (13)

dedicate oneself to **dedicarse (qu) a** (17)

definite article **artículo definido** (P)

delay *n.* **demora** (16)

delight *v.* **encantar** (7)

delivery: home delivery **servicio a domicilio** (8)

depressed **deprimido/a** (10); to feel depressed **sentirse (ie, i) deprimido/a** (10)

describe **describir** (5)

descriptive adjective **adjetivo descriptivo** (P)

desert **desierto** (11)

design **diseño** (16)

designer **diseñador(a)** (17)

desk: front desk **recepción** *f.* (16)

dessert **postre** *m.* (7)

determined **determinado/a** (14)

died: he/she already died **ya murió** (4)

dinner **cena** (3); to have dinner **cenar** (1); to prepare dinner **preparar la cena** (3)

direct: to be able to direct (others) **capaz de dirigir (a otros)** (13)

director **director(a)** (17)

disadvantage **desventaja** (18)

disagree: to disagree with (*food*) **caer** *irreg.* **mal** (7)

discotheque **discoteca** (2)

discreet **discreto/a** (13)

dish **plato** (8); main dish **plato principal** (8); to wash the dishes **lavar los platos** (8)

dive (*scuba*) *v.* **bucear** (11)

divorced: he/she is divorced **está divorciado/a** (4)

do **hacer** *irreg.* (1); to do aerobics **hacer ejercicio aeróbico** (1); to do nothing **no hacer nada** (2); do yoga **hacer yoga** (11); do you like _____? **¿te gusta(n) _____?** (P)

docile **dócil** (14)

doctor **médico/a** (17)

dog **perro** (4)

doggie bag **bolsita para llevar** (8)

double bed **cama matrimonial** (16)

doubt *n.* **duda** (18); *v.* **dudar** (18); it is without a doubt **es indudable** (5)

doubtful: it's doubtful that _____ **es dudoso que _____** (18)

dough: *type of fried dough* **churro** (7)

draw **dibujar** (11)

dreamer **soñador(a)** (14)

dress *n.* **vestido** (16); *v.* **vestirse (i, i)** (1); to get dressed **vestirse (i, i)** (1)

drink *n.* soft drink **refresco** (7); *v.* **tomar** (2), **beber** (9); to drink a cup of coffee **tomar un café** (2); and to drink? **¿y para tomar?** (7)

drive **conducir** *irreg. Sp.* (1), **manejar** (1)

during **por** (1)

E

each **cada** (2); we'll be seeing each other **nos vemos** (P)

eagerness to get things done **afán** *m.* **de realización** (13)

ear **oreja** (5)

early **temprano** (1); very early **muy temprano** (1)

earthenware bowl **cuenco** (8)

east **este** *m.* (15)

eat **comer** (1); to eat breakfast **desayunar** (1)

eating habit **hábito de comer** (7)

eccentric **excéntrico/a** (14)

economics **economía** (P)

economy class **clase** *f.* **turística** (16)

education: physical education **educación** *f.* **física** (P)

egg **huevo** (7); fried egg **huevo frito** (7); scrambled egg **huevo revuelto** (7)

egotistical **egoísta** (13)

eight **ocho** (P)

eight hundred **ochocientos** (6)

eighteen **dieciocho** (P)

eighty **ochenta** (6)

either: not either **tampoco** (2)

elbow **codo** (8)

eleven **once** (P)

embarrassed: to be embarrassed **tener** *irreg.* **vergüenza** (10); to feel embarrassed **sentirse (ie, i) avergonzado/a** (10)

embarrassment **vergüenza** (10)

engineer **ingeniero/a** (17)

engineering **ingeniería** (P)

English (*language*) **inglés** (P)

enterprising **emprendedor(a)** (17)

essential: it's essential **es imprescindible** (8)

evening: good evening **buenas noches** (P); in the evening **por la noche** (1)

every: every afternoon **todas las tardes** (1); every morning **todas las mañanas** (1); every night **todas las noches** (1)

everyday life **la vida de todos los días** (1)

everything: is everything OK? **¿está todo bien?** (8)

evident: it is evident **es evidente** (5)

evil **malévolo/a** (14)

excuse: excuse me, how do you get to . . . ? ¿perdón, ¿cómo se llega a... ? (15)
exercise v. hacer irreg. ejercicio (1); to do aerobics hacer irreg. ejercicio aeróbico (1)
exit salida (16)
expensive caro/a (16)
experience v. sufrir (12)
express oneself clearly expresarse claramente (17)
expression expresión f. (P)
extroverted extrovertido/a (5)
eye ojo (5); blue/brown/green eyes ojos azules/castaños/verdes (5)

F

fabric tela (16)
face cara (5)
fact: it's a known fact es cosa sabida (5)
fair justo/a (14)
fall n. (season) otoño (2); v. to fall asleep dormirse (ue, u) (3)
family familia (4); extended family familia extendida (4); nuclear family familia nuclear (4)
famous famoso/a (P)
far (from) lejos (de) (15); as far as I know que yo sepa (17)
farmer granjero/a (17)
fashion moda (17)
fat adj. gordo/a (5); n. grasa (7)
father padre m. (4)
father-in-law suegro (4)
favorite favorito/a (P)
fear miedo (10)
February febrero (2)
feel sentirse (ie, i) (10); how do you feel? ¿cómo te sientes? (10); to feel ashamed (depressed, embarrassed, happy, proud, relaxed) sentirse (ie, i) avergonzado/a (deprimido/a, avergonzado/a, alegre, orgulloso/a, relajado/a) (10); to feel like (doing something) tener irreg. ganas de (+ inf.) (10); to feel well para sentirse (ie, i) bien (10)
few pocos/as (P)
fiber fibra (7)
field campo (17)
fifteen quince (P)
fifty cincuenta (6)
fighter luchador(a) (14)
film cine m. (17)
fingernails uñas (10); to bite one's nails comerse las uñas (10)
first primero/a (primer) (7); first class primera clase f. (16); first course primer plato (7)
fish n. pescado (food) (7); v. pescar (qu) (11)

five cinco (P)
five hundred quinientos (6)
flavor sabor m. (7)
flight vuelo (16); flight attendant asistente m., f. de vuelo (16), camarero/a (16)
follow ____ siga (Ud.) por ____ (15)
food alimento (7); food to go comida para llevar (8)
foolish tonto/a (P)
football fútbol m. americano (2); to play football jugar (ue) (gu) al fútbol americano (2)
for para (1); por (1)
foreign language lengua extranjera (P)
forest bosque m. (11)
fork tenedor m. (8)
forty cuarenta (6)
four cuatro (P); four-star hotel hotel m. de cuatro estrellas (16)
four hundred cuatrocientos (6)
fourteen catorce (P)
freckle peca (5)
French (language) francés m. (P)
French fries papas fritas Lat. Am. (7); patatas fritas Sp. (7)
frequently con frecuencia (1), frequentemente (1)
fresh fresco/a (7)
Friday viernes m. (1)
fried egg huevo frito (7)
friend amigo/a (P); to go out with friends salir irreg. con los amigos (10)
fries: French fries papas fritas Lat. Am. (7); patatas fritas Sp. (7)
frighten asustar (10)
frivolous frívolo/a (14)
from de (P); from here to there de aquí para allá (15); I'm from ____ soy de ____ (P); where are you from? ¿de dónde eres? (P), ¿de dónde es usted? (P)
front: front desk recepción f. (16); in front (of) enfrente (de) (15)
fruit fruta (7)
full (no vacancy) completo/a (16)
fun: to make fun (of) burlarse (de) (13); fun-loving divertido/a (13)
funny chistoso/a (11); cómico/a (P); gracioso/a (11); to be funny tener irreg. gracia (11); to strike someone as funny hacerle irreg. gracia a uno (11)
future futuro (18)

G

garden trabajar en el jardín (11)
generally generalmente (1)
geography geografía (P)
German (language) alemán m. (P)
get: to get a good (bad) grade sacar (qu) una buena (mala) nota (10); to get along well (poorly) llevarse bien

(mal) (5); to get angry enojarse (10); to get bored aburrirse (10); to get dressed vestirse (i, i) (1); to get happy alegrarse (10), ponerse irreg. contento/a (10); to get mad ponerse irreg. enfadado/a (10); to get nauseated marearse (16); to get off / out of (a bus, car, plane, etc.) bajar de (16); to get on/in (a bus, car, plane, etc.) subir a (16); to get sad ponerse irreg. triste (10); to get sick marearse (16); to get tired cansarse (10); to get up levantarse (1)
girl chica (P)
give dar irreg. (3); to give opinions para dar opiniones (5)
glass: water glass vaso (8); wine glass copa (8)
go ir irreg. (1); food to go comida para llevar (8); go straight siga derecho/recto (16); to go camping acampar (11), hacer irreg. camping (11); to go out (with friends) salir irreg. (con los amigos) (1); to go shopping ir de compras (1); to go to bed acostarse (ue) (1); to go to church ir a la iglesia (2); to go to the movies ir al cine (2); to go to the theater ir al teatro (2)
golf: to play golf jugar (ue) (gu) al golf (11)
good bueno/a (buen) (P); good afternoon buenas tardes (P); good at math hábil para las matemáticas (17); good-bye adiós (P); good evening buenas noches (P); good manners buenos modales (8); good morning buenos días (P); it's a good idea es buena idea (8); to be in a good mood estar irreg. de buen humor (10); to get a good grade sacar (qu) una buena nota (10); to make a good impression caer irreg. bien (7); to say good-bye despedir (i, i) (de) (5)
good-bye adiós (P)
good-looking guapo/a (5)
gossipy chismoso/a (13)
government gobierno (17)
grade nota (10); to get a good (bad) grade sacar (qu) una buena (mala) nota (10)
grains cereales m. (7)
grandchildren nietos (4)
granddaughter nieta (4)
grandfather abuelo (4)
grandmother abuela (4)
grandparents abuelos (4)
grandson nieto (4)
grape uva (7)
grapefruit toronja (7)
gray hair canoso/a (5)
green (color) verde (5); green bean judía verde (7); green eyes ojos verdes (5)

greet **saludar** (5)

greetings **saludos** (P)

gregarious **gregario/a** (5)

guest **huésped(a)** (16)

guitar: to play the guitar **tocar (qu) la guitarra** (1)

H

habit **costumbre** *f.* (8); eating habit **hábito de comer** (7); to be in the habit of (*doing something*) **soler (ue)** (+ *inf.*) (1)

hair **pelo** (5); straight/curly hair **pelo lacio/rizado** (5); gray/dark/black/ blond hair **pelo canoso/moreno/ negro/rubio** (5)

half: half a roasted chicken **medio pollo asado** (7); half brother / half sister **medio/a hermano/a** (4); half past **y media** (1)

ham **jamón** *m.* (7)

hamburger **hamburguesa** (7)

hand **mano** *f.* (8); ability to work with one's hands **habilidad** *f.* **manual** (17)

happy **alegre** (10), **contento/a** (10), **feliz** (*pl.* **felices**) (5); to be happy **ponerse** *irreg.* **contento/a** (10); to feel happy **sentirse (ie, i) alegre** (10); to get happy **alegrarse** (10), **ponerse** *irreg.* **contento/a** (10)

hard alcohol **licor** *m.* **fuerte** (9)

hard-working **trabajador(a)** (13)

harmful **dañino/a** (12)

hat **sombrero** (16)

have **tener** *irreg.* (1); I have a question, please **tengo una pregunta, por favor** (P); to have a bad time **pasarlo mal** (10); to have a headache **tener dolor de cabeza** (10); to have a party **dar** *irreg.* **una fiesta** (11); to have a picnic **tener un picnic** (11); to have a view **tener vista** (16); to have a way with people **tener don de gentes** (17); to have breakfast **desayunar** (1); to have dinner **cenar** (1); to have just (*done something*) **acabar de** (+ *inf.*) (10); to have lunch **almorzar (ue) (c)** (1); to have the opinion **opinar** (5); to have to (*do something*) **tener que** (+ *inf.*) (1)

he **él** (P)

headache **dolor** *m.* **de cabeza** (10); to have a headache **tener** *irreg.* **dolor de cabeza** (10)

heel **tacón** *m.* (16); high heel **tacón alto** (16)

height **estatura** (5)

her *poss.* **su(s)** (P)

herbal tea **té** *m.* **de hierbas** (9)

here **aquí** (P); from here to there **de aquí para allá** (15)

his *poss.* **su(s)** (P)

history **historia** (P)

hitchhike **hacer** *irreg.* **autostop** (16)

home: at home **en casa** (2); home delivery **servicio a domicilio** (8); to stay at home **quedarse en casa** (2)

homework **tarea** (1)

honest **honesto/a** (17)

honorable **íntegro/a** (17)

hot **caliente** (9); it's (very) hot (*weather*) **hace (mucho) calor** (2); very hot **bien caliente** (9)

hotel **hotel** *m.* (16); four-star hotel **hotel de cuatro estrellas** (16); luxury hotel **hotel de lujo** (16)

house **casa** (2); boardinghouse **pensión** *f.* (16)

how **¿cómo?** (4); how are you? **¿qué tal?** (P); how do you feel? **¿cómo te sientes?** (10); how do you get to _____? **¿cómo se llega a _____?** (15); how do you say _____ in Spanish? **¿cómo se dice _____ en español?** (P); how many? **¿cuántos/as?** (P); how often? **¿con qué frecuencia?** (1); how's it going? **¿qué tal?** (P)

hug *v.* **abrazar (c)** (5)

humanities **humanidades** *f.* (P)

humble **humilde** (13)

hungry: to be hungry **tener** *irreg.* **hambre** *f.* (7)

husband **esposo** (4), **marido** (4)

I

I **yo** (P)

ice **hielo** (9); ice cream **helado** (7); iced tea **té** *m.* **helado** (9); with ice **con hielo** (9); without ice **sin hielo** (9)

iced tea **té** *m.* **helado** (9)

idea: it's a good idea **es buena idea** (8)

important: to be important **importar** (7)

impose **imponer** (*like* **poner**) (5)

impression: to make a good impression **caer** *irreg.* **bien** (7)

in **en** (1); in class **en la clase** *f.* (P); in front (of) **enfrente (de)** (15); in the morning/afternoon/evening **por la mañana/tarde/noche** (1)

indecisive **indeciso/a** (13)

indefinite article **artículo indefinido** (P)

indifferent **indiferente** (14)

individualistic **individualista** (14)

inexpensive **barato/a** (16)

injury **herida** (12), **lesión** *f.* (12); **daño físico** (12)

in-laws **suegros** (4)

inline skate *v.* **patinar en línea** (11); *n. pl.* **patines en línea** (11)

insecure **inseguro/a** (13)

insensitive **insensible** (13)

insincere **insincero/a** (P)

intelligent **inteligente** (P)

interesting **interesante** (P); to be interesting (*to someone*) **interesarle (a alguien)** (7)

intersection **bocacalle** *f.* (15)

invite (to treat, pay) **invitar** (8)

irritated: to be (get) irritated **irritarse** (10)

Italian (*language*) **italiano** (P)

J

jacket **chaqueta** (16)

jacuzzi **jacuzzi** *m.* (11); to bathe in a jacuzzi **bañarse en el jacuzzi** (11)

jam **mermelada** (7)

January **enero** (2)

Japanese (*language*) **japonés** *m.* (P)

jealous **celoso/a** (13)

jeans **bluejeans** *m. pl.* (16)

job **puesto** (17)

joke **chiste** *m.* (10); to tell a joke **contar (ue) un chiste** (10)

journalism **periodismo** (P)

journalist **periodista** *m., f.* (17)

juice **jugo** (7); apple juice **jugo de manzana** (9); orange juice **jugo de naranja** (7); tomato juice **jugo de tomate** (9)

July **julio** (2)

jump *v.* **saltar** (11); to jump rope **saltar a la cuerda** (11)

June **junio** (2)

just: to have just (*done something*) **acabar de** (+ *inf.*) (10)

K

keep quiet **permanecer (zc) callado/a** (10)

ketchup **salsa de tomate** (7)

kiss *v.* **besar** (5)

knife **cuchillo** (8)

know (*facts, information*) **saber** *irreg.* (3); as far as I know **que yo sepa** (17); it is a known fact **es cosa sabida** (5); to know (*someone*) **conocer (zc)**

L

laboratory **laboratorio** (1)

lacking: to be lacking **faltar** (10)

lake **lago** (11)

language **idioma** *m.* (P); foreign language **lengua extranjera** (P); to speak another language **hablar otro idioma** *m.* (17)

last: last century **siglo pasado** (6); last name **apellido** (4); last night **anoche** (3); last time **última vez** (3); last week **semana pasada** (3); last weekend **fin** *m.* **de semana pasado** (3) late **tarde** (1); until (very) late **hasta (muy) tarde** (2); very late **muy tarde**

laugh *n.* **risa** (11); *v.* **reírse (i, i)** (10); to laugh (at) **burlarse (de)** (13); to laugh loudly **reírse (i, i) a carcajadas** (11); to make laugh **causar risa** (11), **hacer** *irreg.* **reír** (11)

laughter **risa** (11); to cause laughter **causar risa** (11)

law **derecho** (17)

lawyer **abogado/a** (17)

leadership: talent for leadership **don** *m.* **de mando** (13)

leather **cuero** (16)

leave **salir** *irreg.* (1); to leave a tip **dejar propina** (8); leave-takings **despedidas** (P)

left *adj.* **izquierdo/a** (8); turn left **doble a la izquierda** (15)

leisure time **ocio** (18)

lemon **limón** *m.* (7)

lentils **lentejas** (7)

less **menos** (1)

letters **letras** (P)

lettuce **lechuga** (7)

life: everyday life **la vida de todos los días** (1)

lift weights **levantar pesas** (10)

like: do you like ____? **¿te gusta(n) ____?** (P); I don't like it (them) at all **no me gusta(n) para nada** (P); to look like **parecerse (zc)** (5); to feel like *(doing something)* **tener** *irreg.* **ganas de** (+ *inf.*) (10); what are you like? **¿cómo eres?** (13)

likewise **igualmente** (P)

line: to stand in line **hacer** *irreg.* **cola** (16)

linear: to think in a linear (direct) manner **pensar (ie) de una manera directa** (17)

listen (to) **escuchar** (1)

literature **literatura** (P)

little **poco/a** (P); little while **un rato** (3)

located: to be located **quedar** (15)

lodge *v.* **alojarse** (16)

lodging **alojamiento** (16)

look: to look at **mirar** (1); to look for **buscar (qu)** (3); to look (good) **verse** *irreg.* **(bien)** (16); to look like **parecerse (zc)** (5); what does he/she look like? **¿cómo es?** (5)

lot: a lot **mucho** (P)

loudly: to laugh loudly **reírse (ie, i) a carcajadas** (11)

loyal **leal** (13)

luggage **equipaje** *m.* (16); to check luggage **facturar el equipaje** (16)

lunch *n.* **almuerzo** (7); to have lunch **almorzar (ue) (c)** (1)

luxury hotel **hotel** *m.* **de lujo** (16)

M

machine: vending machine **máquina vendedora** (7)

main dish **plato principal** (8)

major **carrera** (P), **especialización** (P); what is your major? **¿qué carrera haces?** (P)

make **hacer** *irreg.* to make a good (bad) impression **caer** *irreg.* **bien (mal)** (7); to make a stop *(on a flight)* **hacer escala** (16); to make fun (of) **burlarse (de)** (13); to make laugh **causar risa** (11), **hacer reír** (11); to make noise **hacer ruido** (10)

manager **gerente** *m., f.* (17)

manner: good manners **buenos modales** (8); to think in a direct (linear) manner **pensar (ie) de una manera directa** (17)

manual: ability to work with one's hands **habilidad** *f.* **manual** (17)

many **muchos/as** (P); how many? **¿cuántos/as?** (P)

March **marzo** (2)

marketing **mercadeo** (P)

marmalade **mermelada** (7)

married: he/she is married **está casado/a** (4); married couple **esposos** (4)

material **material** *m.* (16)

math(ematics) **matemáticas** (P); good at math **hábil para las matemáticas** (17)

matter *v.* **importar** (7); what's the matter (with you)? **¿qué te pasa?** (10)

May **mayo** (2)

may: be that as it may **sea lo que sea** (17)

mayonnaise **mayonesa** (7)

meal **comida** (7)

meat **carne** *f.* (7)

medicine **medicina** (17)

meditate **meditar** (11)

medium: of medium height **de estatura mediana** (5)

meet: pleased to meet you **encantado/a** (P), **mucho gusto** (P)

melancholy **melancólico/a** (14)

menu **menú** *m.* (7); daily menu **menú del día** (7)

messy **caótico/a** (13)

methodical **metódico/a** (13)

milk **leche** *f.* (7)

mind: state of mind **estado de ánimo** (10)

missing: to be missing *(lacking)* **faltar** (10)

Monday **lunes** *m.* (1)

month **mes** *m.* (2)

mood: to be in a good (bad) mood **estar** *irreg.* **de buen (mal) humor** *m.* (10)

more **más** (1)

morning: **mañana** (1); every morning **todas las mañanas** (1); good morning **buenos días** (P); in the morning **por la mañana** (1)

mother **madre** *f.* (4); single mother **madre soltera** (4)

mother-in-law **suegra** (4)

mountain **montaña** (11); to mountain climb **escalar montañas** (11)

mouth **boca** (8)

movie **cine** *m.* (2); to go to the movies **ir** *irreg.* **al cine** (2)

much **mucho/a** (P); very much **mucho** (P)

museum **museo** (11)

music **música** (P)

musician **músico** *m., f.* (17)

mustard **mostaza** (7)

my *poss.* **mi(s)** (P)

N

nails: to bite one's nails **comerse las uñas** (10)

naive **ingenuo/a** (13)

name **nombre** *m.* (P); his/her name is ____ **se llama** ____(P), **su nombre es** ____ (P); last name **apellido** (4); my name is ____ **me llamo** (P), **mi nombre es** ____(P); what's your name? **¿cómo te llamas?** (P), **¿como se llama usted?** (P), **¿cuál es tu/su nombre?** (P)

napkin **servilleta** (8)

natural fabric **tela de fibras naturales** (16)

natural sciences **ciencias naturales** (P)

nauseated: to get nauseated **marearse** (16)

near **cerca (de)** (15)

necessary **necesario/a** (8); it's necessary **es necesario** (8), **es preciso** (8); **hay que** (8)

need *v.* **necesitar** (1)

negation: word of negation **palabra de negación** (2)

neither **tampoco** (2)

nephew **sobrino** (4)

nervous **nervioso/a** (10); to be nervous **estar** *irreg.* **nervioso/a** (10)

net **red** *f.* (1)

never **jamás** (2), **nunca** (2)

new **nuevo/a** (4)

newspaper **periódico** (1)

next **luego** (2); next to **al lado (de)** (15)

niece **sobrina** (4)

night: at night **por la noche** (1); every night **todas las noches** (1); last night **anoche** (3)

nine **nueve** (P)

nine hundred **novecientos** (6)

nineteen **diecinueve** (P)

ninety **noventa** (6)

no **no** (P); no one **nadie** (2)
noise **ruido** (10); to make noise **hacer** *irreg.* **ruido** (10)
none, not any **ninguno/a** (2)
normally **normalmente** (1)
north **norte** *m.* (15)
nose **nariz** *f.* (5)
nothing **nada** (2)
November **noviembre** (2)
number **cifra** (6), **número** (P)
nurse **enfermero/a** (17)
nursing **enfermería** (P)
nut **nuez** *f.* (*pl.* **nueces**) (7)

O

obligation **obligación** *f.* (8); impersonal obligation **obligación impersonal** (8)
obvious: it is obvious **es obvio** (5)
ocean **océano** (11)
o'clock: at one o'clock **a la una** (10); at two (three) o'clock **a las dos (tres)** (1); it's one o'clock **es la una** (1); it's two (three) o'clock **son las dos (tres)** (1)
October **octubre** (2)
of **de** (1); of medium height **de estatura mediana** (5)
off: to get off (*a bus, car, plane, etc.*) **bajar de** (16); to take off (*clothing*) **quitarse** (16)
offended: to be (get) offended **ofenderse** (10)
often **con frecuencia** (1); how often? **¿con qué frecuencia?** (1)
oil **aceite** *m.* (7); corn oil **aceite de maíz** (7); olive oil **aceite de oliva** (7)
OK: is everything OK? **¿está todo bien?** (8)
old **viejo/a** (5); to be ___ years old **tener** *irreg.* ___ **años** (4)
older **mayor** (4)
oldest **el/la mayor** (4)
olive oil **aceite** *m.* **de oliva** (7)
omelette *Sp.* **tortilla** (7)
on: to get on (*a bus, car, plane, etc.*) **subir a** (16); to put on (*clothing*) **ponerse** *irreg.* (16)
once **una vez** (3)
one **uno** (P); at one o'clock **a la una** (1); it's one o'clock **es la una** (1)
one hundred **cien(to)** (6)
one thousand **mil** (6)
one-way ticket *Lat. Am.* **boleto de ida** (16), *Sp.* **billete** *m.* **de ida** (16)
opera: soap opera **telenovela** (3)
opinion **opinión** *f.* (5); to give opinions **para dar opiniones** (5); to have the opinion **opinar** (5)
optimistic **optimista** (P)
or **o** (P)
orange **naranja** (7); orange juice **jugo de naranja** (7)

order (*in a restaurant*) **ordenar** (8), **pedir (i, i)** (8)
organized **organizado/a** (17)
other **otro** (P)
ought to (*do something*) **deber** (+ *inf.*) (1)
overcoat **abrigo** (16)
overcome an addiction **salir** *irreg.* **de una adicción** (12)

P

pack one's suitcase **hacer** *irreg.* **la maleta** (16)
paint *v.* **pintar** (10)
painter **pintor(a)** (17)
pancake **panqueque** *m.* (7)
pants **pantalones** *m.* (16)
pardon me? **¿cómo?** (P)
parents **padres** (4)
park **parque** *m.* (11)
partner **pareja** (4)
party **fiesta** (2); to throw/have a party **dar** *irreg.* **una fiesta** (11)
passage (*ticket*) **pasaje** *m.* (16)
passenger **pasajero/a** (16)
passionate **apasionado/a** (14)
past: half past **y media** (1); quarter past **y cuarto** (1)
pasta **pasta alimenticia** (7)
pastry **pastel** *m.* (7)
patient **paciente** (17)
pay **pagar (gu)** (3); to pay the bill **pagar la cuenta** (3)
peanut butter **mantequilla de cacahuete** (7)
peas **guisantes** *m.* (7)
people **gente** *f.* (6); to have a way with people **tener** *irreg.* **don de gentes** (17)
pepper **pimienta** *m.* (7)
pepper shaker **pimentero** (8)
permit **permitir** (9)
personality **personalidad** *f.* (5); personality trait **característica de la personalidad** (5)
pesimistic **pesimista** (P)
pharmacist **farmacéutico/a** (17)
pharmacy **farmacia** (17)
philosophy **filosofía** (P)
phone: to call on the phone **llamar por teléfono** (3)
photographer **fotógrafo/a** (17)
physical **físico/a**; physical characteristic **característica física** (5); physical education **educación** *f.* **física** (P); physical injury **daño físico** (12); physical therapy **terapia física** (17)
physically strong **físicamente fuerte** (17)
physicist **físico/a** (17)
physics **física** (P)
picnic: to have a picnic **tener** *irreg.* **un picnic** (11)

picture: to take pictures **sacar (qu) fotos** *f.* (16)
pie **tarta** (7)
pink **rosado/a** (7)
pitcher **jarra** (8)
place **lugar** *m.* (11); *v.* **poner** *irreg.* (7)
plate **plato** (8)
play (*sports*) **jugar (ue) (gu)** (1), **practicar (qu)**; (*an instrument*) **tocar (qu)** (1); to play basketball/baseball/golf/soccer/volleyball **jugar al basquetbol** (10) / **béisbol** (10) / **golf** (11) / **fútbol** (2) / **voleibol** (11); to play cards **jugar a los naipes** (11); to play football **jugar al fútbol americano** (2); to play the guitar **tocar (qu) la guitarra** (1); to play video games **jugar a los videojuegos** (3)
player: ___ player **jugador(a) de...** (17)
pleasant **simpático/a** (4)
please *v.* **agradar** (7); *adv.* **por favor** (P); again, please **otra vez, por favor** (P); I have a question, please **tengo una pregunta, por favor** (P); repeat, please **repita, por favor** (P)
pleased to meet you **encantado/a** (P), **mucho gusto** (P)
pleasing: to be very/extremely pleasing **encantar** (7)
polite **educado/a** (8)
political science **ciencias políticas** *pl.* (P)
politician **político/a** (17)
politics **política** (17)
polyester **poliéster** *m.* (16)
poorly **mal** (5); to get along poorly **llevarse mal** (5)
popcorn **palomitas** (7)
pork chop **chuleta de cerdo** (7)
porter **maletero/a** (16)
Portuguese (*language*) **portugués** *m.* (P)
position (*job*) **puesto** (17)
possessive adjective **adjetivo de posesión** (P)
possibility **posibilidad** *f.* (18)
possible: it's (not) possible that ___ **(no) es posible que** ___ (18)
potato **papa** *Lat. Am.* (7), **patata** (7) *Sp.*; French fries (*potatoes*) **papas fritas** *Lat. Am.* (7), **patatas fritas** *Sp.* (7); mashed potatoes **puré** *m.* **de papas** (7); potato chips **papas fritas** *Lat. Am.* (7), **patatas fritas** *Sp.* (7)
poultry **aves** *f. pl.* (7)
practical **práctico/a** (14)
practice **practicar (qu)** (2); to practice (*play*) (*a sport*) **practicar (qu) un deporte** (2)
prefer **preferir (ie, i)** (1)
preferences **preferencias** (P)
prepare **preparar**; to prepare dinner **preparar la cena** (3)
president **presidente/a** (17)

pretty **bonito/a** (P)

private: room with a private bath **habitación** *f.* **con baño privado** (16)

probability **probabilidad** *f.* (18)

probable: it's (not) probable that ___ **(no) es probable que** ___ (18)

producer **productor(a)** (17)

professor **profesor(a)** (P)

profession **profesión** *f.* (17)

professional **profesional** *m., f.* (17)

programmer **programador(a)** (17)

prohibit **prohibir (prohíbo)** (9)

pronoun **pronombre** *m.* (P); subject pronoun **pronombre de sujeto** (P)

proteins **proteínas** (7)

proud **orgulloso/a** (10); to feel proud **sentirse (ie, i) orgulloso/a** (10)

psychologist **psicólogo/a** (17)

psychology **psicología** (P)

pullover **jersey** *m.* (16)

punish **castigar (gu)** (9)

put **poner** (7); to put on (*clothing*) **ponerse** *irreg.* (16)

Q

quality **qualidad** *f.* (17)

quantifying adjective **adjetivo de cantidad** (P)

quarter: quarter to **menos cuarto** (1); quarter past **y cuarto** (1)

question: I have a question, please **tengo una pregunta, por favor** (P); to ask a question **hacer** *irreg.* **una pregunta** (4)

quiet: to keep quiet **permanecer (zc) callado/a** (10)

R

rain *v.:* it's raining **llueve** (2), **está lloviendo** (2)

rare **raro/a** (P)

rarely **pocas veces** (1), **raras veces** (1)

raw **crudo/a** (7)

rayon **rayón** *m.* (16)

read **leer (y)** (1)

realistic **realista** (P)

realize (*something*) **darse** *irreg.* **cuenta (de)** (13)

rebellious **rebelde** (13)

receive **recibir** (1)

red **rojo/a** (7); red wine **vino tinto** (9)

redheaded **pelirrojo/a** (5)

regularly **regularmente** (1)

related (to) **relacionado/a (con)** (9)

relative **pariente** (4)

relax **relajarse** (10); to feel relaxed **sentirse (ie, i) relajado/a** (10)

religion **religión** *f.* (P)

remaining: to be remaining **quedar** (10)

remember **recordar (ue)** (3)

remove **quitar** (7)

rent *v.* **alquilar** (16); to rent videos **sacar (qu) vídeos** (2)

repeat, please **repita, por favor** (P)

representative *n.* **representante** *m., f.* (17)

request *v.* **pedir (i, i)** (1)

resemble **parecerse (zc)** (5)

reserve *v.* **reservar** (16); to reserve (*amount of time*) in advance **reservar con** (*time* + **de**) **anticipación** (16)

reserved **reservado/a** (5)

rest *v.* **descansar** (1)

restaurant **restaurante** *m.* (8)

restless **inquieto/a** (13)

retire **jubilarse** (17)

return (*to a place*) **regresar** (1), **volver (ue)** (1)

rice **arroz** *m.* (7)

ride: to ride a bicycle **andar** *irreg.* **en bicicleta** (11); to ride a skateboard **andar** *irreg.* **en patineta** (11); to ride a scooter, skateboard **andar** *irreg.* **en monopatín** (11)

right (*direction*) *adj.* **derecho/a** (8); turn right **doble a la derecha** (15)

risk: tendency to avoid risks **tendencia a evitar riesgos** (13)

river **río** (11)

roast(ed) **asado/a** (7); (half a) roasted chicken **(medio) pollo asado** (7)

roll **bollo** (7); assorted breads and rolls **bollería** (7)

room **cuarto** (1), **habitación** *f.* (16); room and breakfast (*often with one other meal*) **media pensión** *f.* (16); room and full board **pensión** *f.* **completa** (16); room service **servicio de cuarto** (16); room with a (private) bath **habitación con baño (privado)** (16); room with a shower **habitación con ducha** (16); shut oneself up in one's room **encerrarse (ie) en su cuarto** (10)

roommate **compañero/a de cuarto** (P)

rope: to jump rope **saltar a la cuerda** (11)

round-trip ticket **boleto de ida y vuelta** *Lat. Am.* (16); **billete** *m.* **de ida y vuelta** *Sp.* (16)

routine **rutina** (1)

run **correr** (2)

S

sad **triste** (5); to be (get) sad **ponerse** *irreg.* **triste** (10)

sail *v.* **navegar (gu) en un barco** (11)

salad **ensalada** (7)

salt **sal** *f.* (7)

salt shaker **salero** (8)

sandwich **sándwich** *m.* (7)

Saturday **sábado** (1)

saucer **platillo** (8)

sausage **salchicha** (7)

say **decir** *irreg.* (3); to say good-bye **despedirse (i, i) (de)** (5); how do you say ___ in Spanish? **¿cómo se dice ___ en español?** (P); that is to say **o sea** (17); what did you say? **¿cómo dice?** (P)

scary **espantoso/a** (P)

science **ciencia** (P); computer science **computación** *f.* (P), **informática** (P); natural sciences **ciencias naturales** (P); political science **ciencias políticas** *pl.* (P); social sciences **ciencias sociales** (P)

scientist **científico/a** (17)

scooter **monopatín** *m.* (11); to ride a scooter **andar** *irreg.* **en monopatín** (11)

sculptor **escultor(a)** (17)

sea **mar** *m.* (11)

season (*of the year*) **estación** *f.* (2)

seat **asiento** (16)

second course **segundo plato** (7)

section: (no) smoking section **sección** *f.* **de (no) fumar** (16)

secure **seguro/a** (13)

seductive **seductor(a)** (14)

see **ver** *irreg.* (2); see you soon **hasta pronto** (P); see you tomorrow **hasta mañana** (P); we'll be seeing each other **nos vemos** (P)

seem **parecer (zc)** (5)

self-centered **egoísta** (13)

self-esteem **autoestima** (12)

senator **senador(a)** (17)

send **enviar (envío)** (1), **mandar** (1)

sensitive **sensible** (13)

September **septiembre** (2)

serious (*person*) **serio/a** (P); (*situation*) **grave** (12)

service: room service **servicio de cuarto** (16)

set the table **poner** *irreg.* **la mesa** (8)

seven **siete** (P)

seven hundred **setecientos** (6)

seventeen **diecisiete** (P)

seventy **setenta** (6)

shaker: pepper shaker **pimentero** (8); salt shaker **salero** (8)

shame **vergüenza** (10)

shave (*someone*) **afeitar** (5)

she *pron.* **ella** (P)

shellfish **mariscos** *m. pl.* (7)

ship: cruise ship **crucero** (16)

shirt **camisa** (16)

shoe **zapato** (16); high-heeled shoe **zapato de tacón alto** (16)

shopping: to go shopping **ir** *irreg.* **de compras** (1)

short **bajo/a** (5); short time **un rato** (3)

shorts **pantalones cortos** (16)

should (*do something*) **deber** (+ *inf.*) (1); one/you (*impersonal*) should **se debe** (8) shout v. **gritar** (10)

shower: room with a shower **habitación f. con ducha** (16)

shrimp **camarones** m. pl. (7)

shut oneself up in one's room **encerrarse (ie) en su cuarto** (10)

shy **tímido/a** (13)

sick: to get sick (nauseated) **marearse** (16)

silk **seda** (16)

silverware **cubiertos** pl. (8)

similar **parecido/a** (5)

sincere **sincero/a** (P)

sing **cantar** (10)

single: he/she is single **es soltero/a** (4); single father **padre** m. **soltero** (4); single mother **madre** f. **soltera** (4)

sister **hermana** (4); half sister **media hermana** (4); sisters and brothers, siblings **hermanos** (4)

sister-in-law **cuñada** (4)

six **seis** (P)

six hundred **seiscientos** (6)

sixteen **dieciséis** (P)

sixty **sesenta** (6)

size **tamaño** (6)

skate **patín** m. (pl. **patines**) (11); inline skates **patines en línea**; v. **patinar**; to inline skate **patinar en línea** (11)

skateboard n. **patineta** (11); v. **andar** irreg. **en patineta/monopatín** (11)

ski: to snow ski **esquiar (esquío) en las montañas** (11); to water ski **esquiar en el agua** (11)

skin **pelo**; dark-skinned **moreno/a** (5)

skirt **falda** (16)

skycap **maletero/a** (16)

sleep **dormir (ue, u)** (1)

small **pequeño/a** (4)

smaller (than) **menos grande (que)** (5)

smart **listo/a** (17)

smile **sonreír (i, i)** (10)

smoke **fumar** (9)

smoking: (no) smoking section **sección f. de (no) fumar** (16)

snack n. **merienda** (7); v. to snack on **merendar (ie)** (7)

snow: v. it's snowing **nieva** (2), **está nevando** (2); to snow ski **esquiar (esquío) en las montañas** (11)

soap opera **telenovela** (3); to watch a soap opera **ver** irreg. **una telenovela** (3)

soccer **fútbol** m. (2); to play soccer **jugar (ue) (gu) al fútbol** (2)

social **social** (P); social sciences **ciencias sociales** (P); social work **asistencia social** (17); social worker **trabajador(a) social** (17)

sociology **sociología** (P)

sock (for foot) **calcetín** m. (pl. **calcetines**) (16)

soft drink **refresco** (7)

solitary **retraído/a** (5)

some **algunos/as** (P), **unos/as** (P)

sometimes **a veces** (1)

son **hijo** (4)

soon: as soon as **en cuanto** (17), **tan pronto como** (17); see you soon **hasta pronto** (P)

soup bowl **plato de sopa** (8)

sour **agrio/a**

south **sur** m. (15)

spaghetti **espaguetis** pl. (7)

Spanish (language) **español** m. (P); how do you say ____ in Spanish? **¿cómo se dice ____ en español?** (P)

speak **hablar** (1); to speak another language **hablar otro idioma** m. (17)

special: daily special **plato del día** (8)

specialist (in something) **especialista** m., f. **(en algo)** (17)

speech (school subject) **oratoria** (P)

spend (money) **gastar** (2); (time) **pasar** (1)

spill **derramar** (8)

spinach **espinacas** pl. (7)

spoiled **pasado/a** (7)

spoon **cuchara** (8)

sport **deporte** m.; to play/practice a sport **jugar (ue) (gu) un deporte** (1), **practicar (qu) un deporte** (2)

spring (season) **primavera** (2)

stand in line **hacer** irreg. **cola** (16)

star: four-star hotel **hotel** m. **de cuatro estrellas** (16)

state of mind **estado de ánimo** (10)

station **estación** f. (16)

stay **quedarse** (2); (in a hotel or boardinghouse) **alojarse** (16); to stay at home **quedarse en casa** (2)

steak **bistec** m. (7)

steamed **al vapor** (7)

stepbrother **hermanastro** (4)

stepfather **padrastro** (4)

stepmother **madrastra** (4)

stepsister **hermanastra** (4)

stingy **tacaño/a** (13)

stockings **medias** (16)

stop: to make a stop (on a flight) **hacer** irreg. **escala** (16)

straight **derecho** (15), **recto** (15); continue/go straight **siga derecho/recto** (15); straight hair **pelo lacio** (5)

strange **raro/a** (P)

strawberry **fresa** (7)

street **calle** f. (15); cross the street **cruce la calle** (15)

strike someone as funny **hacerle** irreg. **gracia a uno** (11)

strong **fuerte** (17); physically strong **físicamente fuerte** (17)

stubborn **cabezón, cabezona** (13)

student **estudiante** m., f. (P); I am a(n) ____ student **soy estudiante de ____** (P)

study **estudiar** (1); I'm studying ____ **estudio ____** (P); what are you studying? **¿qué estudias?** (P)

subject (class) **materia** (P); subject pronoun **pronombre** m. **de sujeto** (P)

suffer (experience) **sufrir** (12)

sugar **azúcar** (7)

suit **traje** m. (16); bathing suit **traje de baño** (16)

suitcase **maleta** (16); to pack one's suitcase **hacer** irreg. **la maleta** (16)

summer **verano** (2)

Sunday **domingo** (1)

superficial **superficial** (14)

support v. (emotionally) **apoyar** (5); (financially) **mantener** (like **tener**) (5)

surf the Web (Internet) **navegar (gu) la Red** (1)

sweater **suéter** m. (16)

sweats, sweat pants **sudadera** (16)

sweet adj. **dulce** (7)

swim **nadar** (2)

swordfish **emperador** m. (7)

synthetic fabric **tela de fibras sintéticas** (16)

T

table **mesa** (8); to clear the table **levantar la mesa** (8); to set the table **poner** irreg. **la mesa** (8)

tablecloth **mantel** m. (8)

take: to take a test **tener** irreg. **un examen** (3); to take a trip **hacer** irreg. **un viaje** (16); to take a walk **dar** irreg. **un paseo** (2); to take away **quitar** (7); to take off (clothing) **quitarse** (16); to take pictures **sacar (qu) fotos** f. (16)

talent for leadership **don** m. **de mando** (13)

talk v. **hablar**; to talk on the phone **hablar por teléfono** (1)

talkative **hablador(a)** (13)

tall **alto/a** (5)

taller (than) **más alto/a (que)** (5)

tallest **el/la más alto/a (de)** (5)

taste n. (flavor) **sabor** m. (7); (preference) **gusto** (7)

taste v. (sample, try) **probar (ue)** (8); it tastes like ____ **sabe a ____** (7)

tea **té** m. (7); herbal tea **té de hierbas** (9); iced tea **té helado** (9)

teacher (elementary school) **maestro/a** (17)

teaching (profession) **enseñanza** (17)

technician **técnico** m., f. (17)

telephone **teléfono** (3); to talk on the phone **hablar por teléfono** (1)

television **televisión** f. (1)

tell **decir** irreg. (3); to tell a joke **contar (ue) un chiste** (10); could you tell me ____? **¿me podría decir ____?** (15)

temperature **temperatura** (2)

ten **diez** (P)

tenacious **tenaz** (14)

tendency to avoid risks **tendencia a evitar riesgos** (13)

tennis **tenis** *m.* (10); to play tennis **jugar (ue) (gu) al tenis** (10)

tense **tenso/a** (10); to be tense **estar** *irreg.* **tenso/a** (10)

test **examen** *m.* (*pl.* **exámenes**) (P); to take a test **tener** *irreg.* **un examen** (3)

thank you, thanks **gracias** (P)

that **ese/a** *adj.* (P); **que** *conj.* (P); that is to say **o sea** (17)

the **el** *m. s.* (P); **la** *f. s.* (P); **los** *m. pl.* (P); **las** *f. pl.* (P)

theater (*school subject*) **teatro** (P); to go to the theater **ir** *irreg.* **al teatro** (11)

their *poss.* **su(s)** (P)

then **luego** (2)

therapist **terapeuta** *m., f.* (17)

there: from here to there **de aquí para allá** (15); there is, there are **hay** (P)

these **estos/as** *adj.* (P)

they *pron.* **ellos/as** (P)

thin **delgado/a** (5)

thing **cosa** (5)

think **pensar (ie)** (1); (*have the opinion*) **opinar** (5); to think about **pensar (ie) en** (1); to think in a direct (linear) manner **pensar (ie) de una manera directa** (17); I (don't) think that ____ **(no) creo que** ____ (18)

third course **tercer plato** (7)

thirsty: to be thirsty **tener** *irreg.* **sed** *f.* (9)

thirteen **trece** (P)

thirty **treinta** (P)

this **este/a** *adj.* (P)

those **esos/as** *adj.* (P)

three **tres** (P); at three o'clock **a las tres** (1); it's three o'clock **son las tres** (1)

three hundred **trescientos** (6)

throw (have) a party **dar** *irreg.* **una fiesta** (11)

Thursday **jueves** *m.* (1)

ticket **billete** *m. Sp.* (16), **boleto** *Lat. Am.* (16); ticket (*passage*) **pasaje** (16); one-way ticket **billete/boleto de ida** (16); round-trip ticket **billete/boleto de ida y vuelta** (16)

tie **corbata** (16)

time: at what time? **¿a qué hora?** (1); from time to time **de vez en cuando** (2); last time **última vez** (3); short time **un rato** (3); time period **época** (6); to have a (very) bad time **pasarlo (muy) mal** (10); what time is it? **¿qué hora es?** (1)

timid **tímido/a** (5)

tip *n.* **propina** (8); to leave a tip **dejar propina** (8)

tired **cansado/a** (10); to be tired **estar** *irreg.* **cansado/a** (10); to get tired **cansarse** (10)

toast **pan** *m.* **tostado** (7), **tostada** (7)

today **hoy** (1); today is ____ **hoy es** ____ (1)

tomato **tomate** *m.* (7); tomato juice **jugo de tomate** (9)

tomorrow **mañana** (1); see you tomorrow **hasta mañana** (P); tomorrow is ____ **mañana es** ____ (1)

traffic light **semáforo** (15)

train **tren** *m.* (16)

trait **característica** (5), (*usually facial features*) **rasgo** (5); personality trait **característica de la personalidad** (5); physical characteristic **característica física** (5)

travel **viajar** (16)

travel agent **agente** *m., f.* **de viajes** (16)

treat *v.* (*pay for someone*) **invitar** (8)

trip *n.* **viaje** *m.* (16); on a trip **de viaje** (16); to take a trip **hacer** *irreg.* **un viaje** (16)

trustworthy **confidente** (13)

try (*taste*) **probar (ue)** (8)

T-shirt **camiseta** (16)

Tuesday **martes** *m.* (1)

tuna **atún** *m.* (7)

turn right/left **doble a la derecha/izquierda** (15)

twelve **doce** (P)

twenties **los años 20** (6)

twenty **veinte** (P)

twenty-eight **veintiocho** (P)

twenty-five **veinticinco** (P)

twenty-four **veinticuatro** (P)

twenty-nine **veintinueve** (P)

twenty-one *m.* **veintiún** (P), **veintiuno** (P); *f.* **veintiuna** (P)

twenty-seven **veintisiete** (P)

twenty-six **veintiséis** (P)

twenty-three **veintitrés** (P)

twenty-two **veintidós** (P)

twin **gemelo/a** (4); twin bed **cama sencilla** (4)

two **dos** (P); at two o'clock **a las dos** (1); it's two o'clock **son las dos** (1)

two hundred **doscientos** (6)

U

ugly **feo/a** (5)

uncertain **incierto/a** (14)

uncle/aunt **tío/a** (4)

understand **comprender** (5), **entender (ie)** (1); I don't understand **no comprendo** (P), **no entiendo** (P)

unoccupied **desocupado/a** (16)

until *conj.* **hasta que** (17); until (very) late **hasta (muy) tarde** (2)

up: to get up **levantarse** (1) what's up? **¿qué tal?** (P)

use: to use a computer **usar una computadora** (17); to use aromatherapy **utilizar (c) la aromaterapia** (11)

V

vacancy: no vacancy **completo/a** (16)

vacant **desocupado/a** (16)

veal **ternera** (7)

vegetable **verdura** (7)

vending machine **máquina vendedora** (7)

verb **verbo** (P)

very **muy** (P); very cold **bien frío/a** (9); very hot **bien caliente** (9)

veterinarian **veterinario/a** (17)

video **vídeo** (2); to rent videos **sacar (qu) vídeos** (2)

video game **videojuego** (3); to play video games **jugar (ue) (gu) a los videojuegos** (3)

view: to have a view **tener** *irreg.* **vista** (16)

visionary **visionario/a** (14)

vitamin **vitamina** (7)

vocabulary **vocabulario** (P)

volleyball: to play volleyball **jugar (ue) (gu) al voleibol** (11)

W

wait on (*a customer*) **atender (ie)** (8)

waiter **camarero** (8), **mesero** (8)

waiting room **sala de espera** (16)

waitress **camarera** (8), **mesera** (8)

wake up **despertarse (ie)** (1)

walk **andar** *irreg.* (3), **caminar** (10); to take a walk **dar** *irreg.* **un paseo** (2)

want *v.* **querer** *irreg.* (1)

wash *v.*: to wash clothes **lavar la ropa** (2); to wash the dishes **lavar los platos** (8)

watch *v.* **mirar** (1), **ver** *irreg.* (2); to watch a soap opera **ver** *irreg.* **una telenovela** (3); to watch television **mirar la televisión** (1), **ver** *irreg.* **la televisión** (2)

water **agua** *f.* (*but* **el agua**) (7); to water ski **esquiar (esquío) en el agua** (11); water glass **vaso** (8)

way: one-way ticket **billete** *m.***/boleto de ida** (16); to have a way with people **tener** *irreg.* **don de gentes** (17)

we *pron.* **nosotros/as** (P); we'll be seeing each other **nos vemos** (P)

wear **llevar** (16), **vestir (i, i)** (16)

weather **tiempo** (2); the weather's bad **hace mal tiempo** (2); the weather's good **hace buen tiempo** (2); what's the weather like? **¿qué tiempo hace?** (2)

Wednesday **miércoles** (1)

week **semana** (3); last week **semana pasada** (3)

weekend **fin** *m.* **de semana** (1); last weekend **fin de semana pasado** (3); weekend activities **actividades** *f.* **para el fin de semana** (2)

weights: to lift weights **levantar pesas** (10)

well **bien** (5); to feel well **para sentirse (ie, i) bien** (10); to get along well **llevarse bien** (5)

well-mannered **educado** (8); to be well-mannered **tener** *irreg.* **buena educación** (8)

west **oeste** *m.* (15)

what? **¿qué?** (P); **¿cuál(es)?** (4); what are you like? **¿cómo eres?** (13); what are you studying? **¿qué estudias?** (P); what color is/are ____? **¿de qué color es/son** ____? (5); what did you say? **¿cómo dice?** (P); what does ____ come with? **¿qué trae** ____? (8); what does he/she look like? **¿cómo es?** (5); what height is he/she? **¿de qué estatura es?** (5); what is your major? **¿qué carrera haces?** (P); what time is it? **¿qué hora es?** (1); what's on the table? **¿qué hay en la mesa?** (8); what's the matter with you? **¿qué te pasa?** (10); what's up? **¿qué tal?** (P); what's your name? **¿cómo te llamas?** (P), **¿cómo se llama usted?** (P), **¿cuál es tu/su nombre?** (P); what time is it? **¿qué hora es?** (1)

wheat: whole-wheat bread **pan** *m.* **integral** (7)

when? **¿cuándo?** (1); **¿a qué hora?** (1)

where? **¿dónde?** (1); where are you from? **¿de dónde eres?** (P), **¿de dónde es usted?** (P); where is ____? **¿dónde está** ____? (15), **¿dónde queda** ____? (15)

which? **¿cuál(es)?** (4); **¿qué?** (4)

while: little while **un rato** (3)

whistle *v.* **silbar** (10)

white **blanco/a** (7); white bread **pan** *m.* **blanco** (7); white wine **vino blanco** (9)

who/whom **¿quién(es)?** (P)

whole-wheat bread **pan** *m.* **integral** (7)

widow: she is a widow **es viuda** (4)

widower: he is a widower **es viudo** (4)

wife **esposa** (4), **mujer** *f.* (4)

windy: it's windy **hace viento** (2)

wine **vino** (7); red/white wine **vino tinto/blanco** (9); wine glass **copa** (8)

winter **invierno** (2)

wise **sabio/a** (13)

with **con** (1); with ice **con hielo** (9)

without **sin** (9); without a doubt **indudable** (5); one/you (*impersonal*) can't ____ without ____ **no se puede** ____ **sin** ____ (8); without ice **sin hielo** (9)

wool **lana** (16)

word **palabra** (P)

work *v.* **trabajar** (1); ability to work with one's hands **habilidad** *f.* **manual** (17); *n.* social work **asistencia social** (17)

workday **día** *m.* **de trabajo** (1), **día laboral** (1)

worry *v.* **preocuparse (por)** (10)

wound *n.* **herida** (12), **lesión** (12); *v.* **herir (ie, i)** (12)

write **escribir** (1)

writing *n.* **composición** *f.* (P)

Y

year **año** (2); to be ____ years old **tener** *irreg.* ____ **años** (4)

yellow **amarillo/a** (7)

yes **sí** (P)

yesterday **ayer** (3)

yoga **yoga** (11); to do/practice yoga **hacer** *irreg.* **yoga** (11)

yogurt **yogur** *m.* (7)

you *pron.* **tú** *fam. s.* (P), **usted (Ud.)** *form. s.* (P), **ustedes (Uds.)** *form. pl.*, **vosotros/as** *fam. pl. Sp.*; and you? **¿y tú?** (P), **¿y usted?** (P)

young **joven** *m., f.* (*pl.* **jóvenes**) (6)

younger **menor** (4)

youngest **el/la menor** (4)

your (*form. s., pl.*) his, her, their **su(s)** (P)

your **tu(s)** *fam. poss.* (P), **su(s)** *form. s., pl. poss.* (P)

Z

zero **cero** (P)

INDEX

This index is divided into two parts: Part I (Grammar) covers topics in grammar, structure, and usage. Part II (Topics) lists cultural topics, everyday language (functional topics), maps, reading strategies, and vocabulary topics treated in the text. Topics in Part II appear as groups; they are not cross-referenced.

Part I: Grammar

a, personal, to mark human object of verb. *See* object marker, personal **a** as
acabar de + infinitive, 355
accent mark,
    acoustic stress and, 23, 177, 242, 261, 345
    in past participles, 354
    to denote meaning, 23, 233
    unnecessary, 90, 94, 309
    when pronouns are attached to present participles, 128
acostarse (ue), 36, 41–42, 49, 69
acoustic stress, 23, 177, 242, 261, 345
adjectives,
    after **ser** and **estar,** 5, 126
    demonstrative, 18, 28
    descriptive, 15–16, 111, 126
    gender and number of, 15–16, 111, 146, 268, 362, 400
    nouns corresponding to, 352
    possessive, 16, 28, 111, 120
    quantifying, 28
    superlative forms of, 125
    that precede nouns, 18
    used as nouns after **lo,** 400, 415
    veintiún and **veintiuna,** 18
    word order with, 18
adverbs,
    of frequency, 37, 51
    of time, 34, 98
age, 165, 187
andar (*irreg.*), 112, 304, 344. *See also* Appendix
apocopation,
    mal, 71
    ningún, 63
    un/un(a), 166
    veintiún, 18
-ar verbs. *See specific tenses and* Appendix

articles,
    definite, 9, 29, 194
    indefinite, 9, 29, 444

caer (*irreg.*), 260, 384. *See also* Appendix
cardinal numbers. *See* numbers, cardinal
commands,
    affirmative, 332, 345, 430–431, 484
    defined, 332
    negative, 334–335, 345, 431–484
    softened, 333
    spelling changes in, 335, 345
    tú form, 332, 333, 334–335, 345
    Ud. form, 430–431, 484
    Uds. form, 332, 334, 430–431, 484
    vosotros form, 332, 334
    word order with pronouns, 332, 334, 345, 431
    See also Appendix (imperative)
¿cómo?, 2, 117, 119, 202
comparison,
    of equality, 180, 187, 189
    of more and less with adjectives, 143, 145, 163
comprender, preterite meaning of, 243
conditional, 376–377, 414, 432–433, 484. *See also* Appendix
conducir (zc), 42, 111
conjugation, definition of, 35
conjunctions,
    of time, 454
    use of subjunctive after, 454–456
conocer (zc), 42, 111, 118, 151, 243, 305
    versus **saber,** 151, 189
    See also Appendix
construir (y). *See* Appendix
¿cuál?, 119, 141, 201

¿cuándo?, 34, 119, 141
¿cuántos/as?, 19, 119, 141

dar (*irreg.*),
    commands with, 334, 431
    idioms with, 61
    present subjunctive of, 448, 486
    present tense of, 111
    preterite of, 304, 344
    with indirect object pronoun, 96, 200
    See also also Appendix
days of the week, 40, 57
de, used with prepositions of location, 394
decir (*irreg.*),
    conditional of, 376, 414, 432
    future tense of, 467, 486
    in commands, 332, 334, 345
    past subjunctive of, 379
    present perfect of, 353, 413
    present tense of, 42
    preterite of, 104, 344
    with indirect object, 200
    See also Appendix
deducir (zc), 420. *See also* Appendix
definite article, 9, 29, 194
describing, 15–16, 111, 126, 149–150, 265, 447. *See also* adjectives, descriptive
direct object pronouns, 127–129, 131–132, 144, 188, 332, 335, 484
do, 113, 129
¿dónde?, 2, 119, 141
dormir (ue, u),
    present perfect of, 353
    present subjunctive of, 456, 486
    present tense of, 36, 41, 111
    preterite of, 90, 243, 261, 344
    See also Appendix

Part II: Topics

Culture

Everyday Language

CREDITS

Photos

Page 1 © Rhoda Sidney/Stock Boston; **23** © PhotoDisc/Getty Images; **30** (*top*) Kahlo, Frida (1907–1954) *The Bus* (*El camión*), 1929. Oil on canvas, 26 × 55 cm. © Banco de México Trust. Fundación Dolores Olmedo, México, D.F., México; **30** (*bottom*) © Frerck/Odyssey/Chicago; **31** © Frerck/Odyssey/Chicago; **44** © PhotoDisc/Getty Images; **54** © Bob Daemmrich/Stock Boston; **59** © Frerck/Odyssey/Chicago; **80** © Frerck/Odyssey/Chicago; **81** © Nik Wheeler/Corbis; **85** © Frerck/Odyssey/Chicago; **98** © Reuters NewMedia/Corbis; **98** © Reuters NewMedia/Corbis; **106** Courtesy of Diana Bryer; **107** (*bottom*) © Corbis; **107** (*top*) © Dave G.Houser/Corbis; **114** (*top*) © Ariel Skelley/Corbis; **114** (*bottom*) © Bonnie Kamin; **115** © Ulrike Welsch; **120** © Ulrike Welsch; **142** Courtesy of the Marlborough Gallery; **144** (*left*) © Jeremy Horner/Corbis; **144** (*right*) © David Simson/Stock Boston; **145** (*left*) © LWA-Sharie Kennedy/Corbis; **145** (*right*) © Jan Butchofsky-Houser/Corbis; **146** (*left*) © Nick Stockbridge/Camera Press/Retna; **146** (*right*) © Sainlouis/Retna; **155** "Mis abuelos, mis padres y yo," 1936. Frida Kahlo, Oil and tempera on metal panel, 30.7 cm. × 34.5 cm. © Banco de México Trust Photo credit: Digital Image © The Museum of Modern Art/Licensed by SCALA. Gift of Allan Roos, M.D. and B. Mathieu Roos; **157** © Beryl Goldberg; **161** (*top left*) © Frerck/Odyssey/Chicago; **161** (*top right*) © The Purcell Team/Corbis; **161** (*bottom left*) © Bob Krist/Corbis; **161** (*bottom right*) © Ulrike Welsch/Stock Boston; **164** © David Wells/The Image Works; **165** © Stuart Cohen; **166** © Frerck/Odyssey/Chicago; **184** © Inga Spence/DDB Stock Photo; **190** (*top*) Courtesy of Diana Bryer; **190** (*bottom*) © Owen Franken/Corbis; **191** © Nik Wheeler/Corbis; **206** © Reg Charity/Corbis; **208** © Dennis Gottlieb/FoodPix; **214** © Jack Kurtz/The Image Works; **216** (*top*) © John Burwell/FoodPix; **216** (*middle*) © Ben Fink/FoodPix; **216** (*bottom*) © Wolfgang Kaehler/Corbis; **217** (*top*) © AFP/Corbis; **217** (*bottom*) © Jan Butchofsky-Houser/Corbis; **221** © Robert Frerck/Woodfin Camp; **230** © Comstock; **231** © Stuart Cohen; **236** © H.Huntly Hersch/DDB Stock Photo; **237** © Carol Rosegg/AP/Wide World Photos; **240** © DDB Stock Photo; **247** © Jimmy Dorantes/LatinFocus.com; **248** (*top*) © Frerck/Odyssey/Chicago; **248** (*bottom*) © Jimmy Dorantes/LatinFocus.com; **250** © Beryl Goldberg, **252** © Douglas Peebles/Corbis; **256** © Timothy Ross/The Image Works; **257** (*top*) Courtesy of Marlborough Gallery; **257** (*middle*) Courtesy of Diana Bryer; **257** (*bottom*) Courtesy of Ramon Lombarte; **262** (*top*) © David Madison/Getty Images; **262** (*bottom*) Courtesy of Ramon Lombarte; **263** © Frerck/Odyssey/Chicago; **274** © Stuart Cohen; **289** © Frerck/Odyssey/Chicago; **293** © David Stoecklein/Corbis; **298** © Peter Menzel; **299** © Reuters NewMedia; **312** © Frerck/Odyssey/Getty Images; **313** © PhotoDisc/Getty Images; **315** (*top*) © Frerck/Odyssey/Chicago; **315** (*bottom*) © Corbis; **319** © José Luis Peláez, Inc./Corbis; **324** © Peter Menzel/Stock Boston; **329** © Javier Pierini/Corbis; **330** © PhotoDisc/Getty Images; **331** © José Luis Peláez, Inc./Corbis; **339** AP/Wide World Photos; **346** Courtesy of Diana Bryer; **346** © David Madison/Getty Images; **347** © José Luis Peláez, Inc./Corbis; **360** © PhotoDisc/Getty Images; **362** © DDB Stock Photo; **366** © Bates Littlehales/Corbis; **367** (*top*) © Wolfgang Kaehler/Corbis; **367** (*bottom*) © Kevin Schafer/Corbis; **371** © Kipa Collection/Corbis; **375** © Swim Ink/Corbis; **389** © Nik Wheeler/Corbis; **393** Courtesy of Cecilia Concepción Álvarez; **397** © PhotoDisc/Getty Images; **404** © Dennis Degnan/Corbis; **409** Courtesy of Pedro Alfonso Ochoa Ledesma; **410** © Richard Bickel/Corbis; **416** (*top*) © Mug Shots/Corbis; **416** (*bottom*) © Andrew Brookes/Corbis; **417** © Fernando Alda/Corbis; **418** (*top left*) © Corbis; **418** (*top middle*) Courtesy of the Institut Amatller d'Art Hispànic; **418** (*top right*) © Erich Lessing/Art Resource; **418** (*bottom left*) © Rob Lewine/Corbis; **418** (*bottom middle*) © Will and Deni McIntyre/Photo Researchers, Inc.; **418** (*bottom right*) © Sergio Carmona/Corbis; **427** (*top*) © Buddy Mays/Corbis; **427** (*bottom*) © Michael Busselle/Corbis; **429** © Michael Busselle/Corbis; **436** (*top*) © Patrick Roncen/Kipa/Corbis; **436** (*bottom*) © Kathy Willens/AP/Wide World Photos; **437** (*top*) © H.Huntley Hersch/DDB Stock Photo; **437** (*bottom*) © Hubert Stadler/Corbis; **441** © Pablo Corral Vega/Corbis; **446** © Owen Franken/Stock Boston; **461** (*top left*) © Corbis; **461** (*top right*) © Reuters NewMedia Inc./Corbis; **461** (*bottom*) © Chris Lisle/Corbis; **465** © Pablo Corral Vega/Corbis; **475** © Bob Daemmrich/Stock Boston; **481** © Bob Daemmrich/Stock Boston.

Realia

Page 5 © Quino/Quipos; **8** *Hombre Internacional*; **39** Televisó de Catalunya; **136** © Quino/Quipos; **147** *Miami Mensual* magazine; **202** Courtesy of The Quaker Oats Company; **224** Editorial Televisa, S. A.; **228** Editorial América, S. A.; **277** *Muy Interesante*; **323** © Quino/Quipos; **325** © Quino/Quipos; **333** Editorial Televisa, S.A.; **335** Reprinted with permission of International Editors; **442** © Quino/Quipos; **445** © Quino/Quipos; **455** © Quino/Quipos; **469** Ministerio de Asuntos Sociales, Instituto de la Mujer; **476** (*top*) *Conocer*; **476** (*bottom*) *Conocer*.

Readings

Page 135 Editorial América, S. A.; **197** *Noticias*, Editorial Perfil, Argentina; **473** "Apocalipsis" *Falsificaciones, Obras Completas*, by Marco Denevi, Buenos Aires, Corregidor 2002. Used by permisison.

ABOUT THE AUTHORS

BILL VANPATTEN is Professor of Spanish and Second Language Acquisition at the University of Illinois at Chicago where he is also the Director of Spanish Basic Language. His areas of research are input and input processing in second language acquisition and the effects of formal instruction on acquisitional processes. He has published widely in the fields of second language acquisition and language teaching and is a frequent conference speaker and presenter. In addition to ¿Sabías que... ?, he is also the lead author and designer of *Destinos* and co-author with James F. Lee of *Making Communicative Language Teaching Happen*, Second Edition (2003, McGraw-Hill), now in its second edition. He is the author of *Input Processing and Grammar Instruction: Theory and Research* (1996, Ablex/Greenwood) and *From Input to Output: A Teacher's Guide to Second Language Acquisition* (2003, McGraw-Hill), and he is the editor of the newly published *Processing Instruction* (2003, Erlbaum). He has a new project in production with McGraw-Hill called *Sol y viento*, a movie with accompanying textbook and other learning materials.

JAMES F. LEE is Associate Professor of Spanish, Director of Language Instruction, and Director of the Programs in Hispanic Linguistics in the Department of Spanish and Portuguese at Indiana University. His research interests lie in the areas of second language reading comprehension, input processing, and exploring the relationship between the two. His research papers have appeared in a number of scholarly journals and publications. His previous publications include *Making Communicative Language Teaching Happen*, Second Edition (2003, McGraw-Hill) and several co-edited volumes, including *Multiple Perspectives on Form and Meaning*, the 1999 volume of the American Association of University Supervisors and Coordinators. Dr. Lee is also the author of *Tasks and Communicating in Language Classrooms* (2000, McGraw-Hill). He has also co-authored several textbooks including ¿Qué te parece? *Intermediate Spanish*, Third Edition (2003, McGraw-Hill) and *Ideas: Lecturas, estrategias, actividades y composiciones*, Fifth Edition (2002, McGraw-Hill). He and Bill VanPatten are series editors for the McGraw-Hill Second Language Professional Series.

TERRY L. BALLMAN is Associate Professor and the founding faculty member of Spanish and Languages at California State University, Channel Islands. Her teaching experience includes Spanish language and linguistics courses as well as methods courses for foreign language, ESL, and bilingual teachers. She has also coordinated lower-division language programs, supervised student teachers, and served as department chair. She is a recipient of several teaching awards, including one from the University of Texas where she received her Ph.D. in Hispanic Linguistics. A frequent presenter of workshops and papers, she has published numerous articles in research volumes and journals. She is a co-author of *Vistazos* (2002, McGraw-Hill), as well as project leader and co-author of *The Communicative Classroom* (2002, Heinle), a volume of the American Association of Teachers of Spanish and Portuguese Professional Development Series for K-16 Teachers.